· 国家社会科学基金之西部项目（08SHX009）后续研究部分成果

· 全国教育科学规划之教育部规划课题（FBB150504）研究成果

· 甘肃省教育厅城市社会心理研究新型智库建设项目经费资助出版

· 兰州城市学院城市文化与社会心理学重点学科建设经费资助出版

中国文化与
城市社会心理学探论

张海钟◎著

人民出版社

序　言

游旭群

（中国心理学会前任理事长；陕西师范大学校长、心理学教授、博士生导师）

20 世纪 70 年代末至 80 年代初期，我国高等学校陆续恢复开办心理学专业，开展心理学学术研究，到了 80 年代中期就有学者提出了西方心理学的本土化问题；20 世纪 90 年代以来，更多的心理学者开始呼吁西方心理学的中国化、本土化，有的学者还提出中国本土心理学的建设问题；到了 90 年代，随着港台心理学家与大陆心理学家交流的增多，越来越多的心理学家关心中国文化与心理学本土化问题。

《中国文化与城市社会心理学探论》是兰州城市学院张海钟教授及其部分研究生和同事合作的论著，其中包括了中国本土心理学科建设的理论探索、当代城市社会心理现象的分析研究、中国民俗文化现象的心理学分析、中国本土文化与心理卫生和心理教育有关问题的理论分析，还有甘肃省域中小学生心理健康和心理素质测评方面的研究成果。

认真阅读论著，结合 CNKI 网发表的论文以及张海钟教授出版的著作就会发现，早在 1989 年，作者就开始关注心理学的本土化问题，发表过思想政治教育与心理咨询技术结合问题的论文，1995 年发表《评梁漱溟的大心理学思想》，将梁漱溟著作《人心与人生》中的心理学思想作为其中国文化心理学和心理学本土化的奠基之作。1996 年发表的《论中国文化与心理咨询的本土化》，直接提出了心理学的本土化问题。2001 年发表《中国本土的心理咨询辅导形式与方法举隅》，2002—2004 年，集中研究心理健康与心理素质标准、心理健康教育与全面发展教育的关系以及心理咨询的本土化问题，出版了《心理健康与心理素质——中国本土的概念、标准、测评》。2006—2009 年，出版《精神分析学派与女性心理学的发展》、《现代女性心理学导论》、《人性人格人生——现当代心理学视野的理论探索》。2005 年至 2012 年，以前期发表的跨文化心理学研究论著为基础，集中开展城乡跨文化心理学与区域跨文化心理学理论探索和实证研究，在国家社会科学基金项目经费和各方面力量的支持下，发表论文60余篇，出版了50余万字的专著《中国区域跨文化心理学：理论探索与实证研究》。该著作出版后，张教授继续开展文化心理学研究的同时，2011年成立城市社会心理研究中心，开展文化与社会心理研究，后来这个中心被增列为甘肃省高等学校人文社会科学重点研究基地，2016年又被遴选为甘肃省高等学校新型智库，同时增列为重点建设学科，这部著作就是智库建设和重点学科建设经费支持出版的城市社会心理研究中心的标志性成果。

我作为甘肃省高等学校人文社会科学重点研究基地的学术委员会委员，愿意推荐该著作出版。

这部著作中有些属于中国区域跨文化心理学新领域的扩展研究，比如县域文化与社会心理研究；有些是基于城市社会心理研究中心学术定位开展的探索性研究，关注的是当代城市社会发生的热点心理问题；有些是因为教学科研和社会生活中的热点事件刺激和学术感悟而做的文化与民俗心理学研究，更多的还是基于中国文化、区域文化、城乡文化、阶层文化差异的变态心理学和心理教育学研究。这些研究既是前期研究工作的扩展和完善，更是作者2009年出版的《人性人格人生——现当代心理学视野的理论探索》的后续研究。

这部著作的有些思想和观点很有新意，值得我们关注和思考，比如中国心理学研究对象的内容和形式结合问题，比如提出高等学校设立中国心理学专业、建设课程体系的问题，比如城市社会心理学学科建设和研究选题问题、基于文化差异的心理咨询辅导价值干预问题、生理心理类型受害者与社会预防导泄机制建设问题。

这部著作的最后部分是基于区域文化差异的中小学心理教育特色模式创建问题研究，作者以甘肃省心理健康教育专项课题研究为契机，完成了2008年出版的《心理健康与心理素质——中国本土的概念、标准、测评》中测评部分的问卷编制工作，编制了中小学生心理健康与心理素质系列问卷，其中最突出的创新是分别编制自评问卷、家评问卷、师评问卷，解决了单纯自评问卷的缺陷，为中小学心理咨询辅导提供了测评普查和临床诊断参照工具。

我特别关注到这些论文中有3篇被《中国人民大学复印报刊资料·心理学》专集全文复印，其中《中国当代心理学者的本土理论心理学思想述评》，全面梳理了中国大陆和港台心理学界20多名心理学家和学者的普通心理学、文化心理学、社会心理学、教育心理学思想，试图总结出中国本土心理学的建设思路和学科内容，后来部分内容以《当代中国本土理论心理学》为题，翻译成英文，被收入英国卡普图斯大学出版社正式出版的 ISTP 国际会议论文集《理论心理学：全球变革和挑战》。

20 世纪 90 年代以来，我国心理学界始终在探索心理学的本土化问题，有很多学者提出了很多有意义的论述。作者认为，以中国传统文化为中国心理学研究的框架，开展中国本土心理学研究，将中国心理学赋予中国的文化品性，是中国本土心理学研究的应有之义，也是中国本土心理学研究的未来取向。文化心理的差异性要求我国心理学界要对心理学进行本土文化根植性的理论探索，把心理学研究纳入文化框架中，这也是发掘心理学文化品性的必然选择。建立在实证主义哲学基础上的心理学客观研究范式和建立在现象学存在主义哲学基础上的心理学主观研究范式，由于受到主客二元思维的束缚，虽然有效地揭示了人类心理现实性的一面，但仍没能揭示人类心理完整的一面。建立在东方哲学精神，尤其是中国传统文化中儒家、道家、禅宗思想基础上的中国心理学传统，提供了与西方科学心理学有着本质区别的研究方式方法，试图超越主体和客体、主观和客观的分离与对立，揭示人类心理的全貌。这些都是作者提出的中国本土心理学建设主张。

张海钟教授 1985 年本科毕业于西北师范大学教育学专业，讲师、副教授、教授都是破格晋升，还历任公共教育心理教研室副主任、教务处副处长、科研管理处处长、科技处处长、校长助理等职务，其间在陕西师范大学获得心理学硕士学位，也算是校友。我任教育科学学院、心理学院院长期间，在宁夏大学参加中国西部大开发与心理学发展论坛，结识了神交已久的海钟教授，后来我应邀到西北师范大学做心理学研究生论文答辩会主席，与兼任西北师范大学心理学硕士研究生导师的海钟教授多有学术交流，对其活跃的学术思想和执着的学术精神深感钦佩。

海钟教授是一个笔耕不辍、思想活跃的学者，因为教育学本科出身，又获心理学硕士学位，擅长理论思辨、逻辑推理，以心理学教学与研究为主业的同时，学术兴趣广泛，喜欢涉猎吸收文化学、社会学、哲学、文学知识和思想，因此他的研究总是带有交叉性特质和多学科特色；同时因为乃性情中人、书生意气，为人耿介、敢于为先，他的探索总是充满学术激情感和社会责任感。

因为年龄原因，海钟教授已经在 2016 年底卸任教育学院院长，转任教学质量监测与评估中心主任，将更多的精力放在城市社会心理研究基地和智库建设方面。我们相信，有了更多的时间，海钟教授今后的研究将更加系统，在中国本土的文化心理学、社会心理学、人格心理学的教学科研领域做出更好的成绩。谨此为序。

游旭群

2017 年暑假撰稿于陕西师范大学

2018 年 7 月修订于陕西师范大学

目　录

第一章 中国本土心理学的
文化传统超越创新

第一节 中国本土心理学的传统超越

实证主义心理学与人文主义心理学的分歧贯穿了心理学发展的整个历程，实证主义心理学在过去的论战中始终占据着绝对的主导地位。然而，当代实证主义心理学的解释力以及与生活相脱离的现象则重新点燃了人文主义心理学研究的激情。随即而来的心理学本土化问题则再一次将心理学人文主义取向的研究推向高潮，新一轮的心理学角力已经拉开序幕，心理学文化品性也随之彰显，中国心理学研究顺应时代潮流，也率先于 20 世纪 80 年代拉开了中国心理学本土化研究的序幕，文化品性探求的结果是：中国文化是人的文化，西方文化是物的文化；中国文化是内省文化，西方文化是外求文化；中国文化是重情文化，西方文化是重智文化；中国文化是伦常本位文化，西方文化是个人本位文化；中国文化重人文精神，西方文化重科学精神；中国文化重统一性，西方文化重差别性。[①] 种种文化品性的差异决定着中国心理学研究的中国本土化取向，中国心理学的应有之义是中国的文化品性，应该在中国文化框架下进行中国心理学的本土研究，以中国心理学的文化品性为线索探寻中国本土心理学研究议题，并为开展中国心理学本土化提供内容的延伸，是我们长期思考的课题。

一、中国文化与心理学的本土化问题
中国文化心理学研究的实质是中国本土心理学研究的序幕，最早对于中国

---

① 参见汪凤炎：《中国文化心理学》，暨南大学出版社 2004 年版，第 23—25 页。

文化心理学的研究，是汪凤炎和郑红对中国文化心理学的开创性探索，在这里他们对中国文化心理学做了深入和细致的研究，主张以中国文化心理学为底蕴，从中国文化的角度来研究中国人的心理与行为，认为中国文化只是起到一个背景作用，"心理学"才是视觉对象，这样一种研究可以凸显出中国特色的心理与文化观。[①] 文化的确是心理学研究的重要因素，如其所言，心理学的研究分为两种：一种是西方的以自然科学为基础的实证研究，另一种是以社会为取向的人文研究。而从人文的角度来说，就必须要研究文化心理。而在《中国文化心理学》中汪凤炎通过细致的阐述与讨论，对中国文化心理学的研究范围、中国文化心理学与中国古代心理学思想史的异同、中国文化心理学与中国心理学史的异同、中国文化心理学是否在鼓吹"文化本位"等进行了较具体的分析，并且认为中国文化心理学的研究是必要的，而且要用适合于中国人的方法来研究，避免以西方心理学为参考框架来证明现象的思想存在，这是没有任何价值的，对于中国文化心理学的定位，应该是研究中国文化影响下的中国人的心理与行为的一门学科。

我们认为，中国文化心理学研究有利于揭示当代中国人的心理深层次内涵，通过文化心理的研究来寻求解决中国人价值层面的心理的文化机制，只有揭露出这些机制，中国几千年的文化积淀才能促进我们从传统的心理素质向现代心理素质转变。就像鲁迅先生说的一样"我们的一举一动，虽似自主，其实多受死鬼的牵制"，纵观整个心理学界，重心是建立在西方的科学主义之上的，这与西方的实用主义文化是相关的，而社会人文的文化心理则备受冷落，虽然现代西方心理学也在自省，但是无论怎样自省，他们缺失的都是一种文化的力量，文化的思想。而这种文化的思想只有在中国才是丰富的。因此，研究中国文化心理学能够为我国心理学弥补上一笔空白，而且也能够为西方乃至整个心理学提供动力，因此我们要研究中国文化心理学，而且中国的心理学者要学会两条腿走路，既要实证也要人文心理，这是中国心理学的发展落脚点。

二、当代中国心理学本土化研究课题

（一）中国人的社会化问题

参照中国古代文化思想，中国人的社会化不同于西方，中国人的社会化是一个"做人"的过程，而西方则是一个"做事"的过程，但东西方对于社会化

---

① 李炳全：《文化心理学》，上海教育出版社 2007 年版，第 14—38 页。

这一概念还是趋于一致的，即个体通过与社会的交互作用，适应并吸收社会文化成为一个合格的社会成员的过程，但是这个过程中西方差异是大的，中国人把"做人"看作一辈子的头等大事，"人"做不成便不可做事。孟子说："圣人，人伦之至也"①；北宋邵雍说："人也者，物之至者也，圣也者，人之至者也。"②这说明中国人一直将"做人"视为做社会人的传统源远流长，这也就是中国传统文化具有的伦理道德特点的深层次根源之一。

关于中国人的社会化过程，我们应从中国古代文化中寻求这样一种诉求，中国人在很早的时候就开始研究人的社会化过程，只不过是没有使用这样一个词汇，其中最为大众所熟知的就是"性成论"、"慎染说"和"童失心说"，这三种理论都是先哲们在生活中归纳出来的。"性成论"是说习惯成自然，便形成一种社会行为，笔者认为其可以与西方行为主义相媲美。而"慎染说"说明中国人很早就注意到环境对于一个人的社会化的影响。"童失心说"则认识到了本我与真我之分、现实我与理想我之分。而以上这三种观点在当代心理学界仍是有一定价值的，而且也可以得到相关的印证。③中国人的社会化过程是随着年龄的不同而不同的，中国人常说"懂事"，这是中国人社会化过程中的一个分水岭，懂事前与懂事后，父母对一个人的态度是完全不一样的，这是与中国"做人文化"相关的，"懂事"后社会就给予严格的约束，要求服从权威，极力压制各种欲望和冲动行为，随着年龄的增大，大人要求你是一个诚实人，而进入社会，要求你是一个现实人，而这两种要求又是相互矛盾的，诚实要求刚、正、公、直、信，现实要求圆滑，有处世技巧，正是这个原因现代人也常说"做人难"。而中国孔儒文化正是要综合这两种思想，要求做事要适中，过犹不及，正所谓"中庸之道"。现代社会的中国人仍然受到中庸之道的影响，从国际上看，中国的形象始终是一种谦逊，处事不紧不慢，有条不紊，这就是现代的"中庸"。

（二）中国人的自我观问题

关于中国人的自我观，应该从中国古典文学与古典文献中深层次地挖掘中国人心中的"我"。首先，从中国人的"仁"出发，认为只有在"二人"的对应关系中，人才能称其为"人"，一个人只有与另外一个人形成对应关系中才能

① 杨伯峻：《孟子译注·告子上》，中华书局 1960 年版，第 261 页。
② 迈克·彭：《中国人的心理》，新华出版社 1990 年版，第 2—19 页。
③ 汪凤炎：《中国传统德育心理学思想及其现代意义》，黑龙江教育出版社 2002 年版，第142—149 页。

定位，说明中国人的"人"具有共生取向，但却缺乏一种独立取向，这也正是当代中国人与西方人对于"我"的观点的显著差异。① 这也同样说明了中国文化为了彰显社会我的地位与价值，不惜忽略、压抑个我的地位与价值，中国人无论是古代还是当代，追求自由、独立、开放的意识明显不如西方人，中国文化中小我的价值明显是小于大我的价值。中国几千年的"家天下"就是这种价值取向在中国的力量的彰显。我们中国人的"我"不仅分成小我与大我，还可以这样分：人前我与人后我、公我与私我、表我与里我、真我与伪我，这是基于中国这样一种人性文化的结果。是怎样一种人性文化呢？作者认为应该指出的是"道德文化"，在"道德文化"的影响下形成"道德我"，于是"我"是私我、小我，我们的存在是次要的，我们的存在是为了成就大我，这就是一种"道德我"。儒家的这种思想在中国人中是相当受欢迎的，直至今天我们仍旧是以"为公"、"舍我"为道德标准受到称赞。自我和小我的价值是微乎其微的。"大义灭亲"的行为使西方人很难读懂中国人，很难想象这种泯灭伦理人情的做法居然会受到社会称赞，尽管当代我们已经认识到了自我的价值，但是这种舍我为公的思想在中国仍旧是根深蒂固的。

其次，我们看到儒家的"道德我"在中华民族的血液中是如此地激荡昂扬，然而在道家看来，人应该是"柔我"，它的特点是贵柔、畏争、能忍、谦下，认为"以生为大忧，以死为至乐"是一种厌世观，这种思想在一定程度上也是深刻影响中国人的自我观的。墨家则主张"无我"，主张"兼相爱，交相利"，要求人们去除一己之私，要求忽略小我，一切为他人，这是与儒家有相通之处的。② 那么从以上我们可以看出小我始终被忽略，被压抑，倡导大我、公我、谦爱。一方面我们应该肯定这种思想在古代社会和现代社会是有积极价值的，要求我们遵从一个积极的、道德的、向上的准则来对人对事。另一方面忽略小我，贬低自我的价值，压抑独立性，导致中国人缺少独立思维，缺少创造性，缺少批判性，主张服从权威而缺少自主性，这是束缚中国人发展的一个桎梏。既然这种文化影响很大，那么，在"我"的行为表现上对中国人造成的影响是什么呢？作者认为在这种文化下，中国人受"礼"束缚；中国人怕彰显，怕出格，不敢为天下先，这样也就造成了中国人的一种压抑的心理气质；有的

---

① 杨国枢、陆洛：《中国人的自我：心理学的分析》，重庆大学出版社 2009 年版，第 1—5 页。

② 参见杨宇：《中国社会心理学评论（第四辑）》，社会科学文献出版社 2008 年版，第 147—247 页。

人表里不一，人前人后两张皮，中国人自古就是双重人格。这就是说，中国人喜欢生活在一个群体之中，这个群体就是一种关系，在这种关系中是特别在意别人对自己的看法的，一切围绕"我"的思想而动，想张扬却不敢，一切以和谐关系为本位，这正和费孝通先生所说的"差序格局"有相通之处。

尽管古代社会文化对当代中国人仍有所影响，但是随着一体化进程，中国人的观念也有所变化，我们现在需要做的就是去粗取精、去伪存真，塑造一个现代的"我"来适应一个现代的社会，正如汪凤炎所说"健全我是刚柔相济的我"，"健全我是融道德我，理想我和审美我于一体的我"，"健全我是独立自主的我"[①]。因此，笔者认为，当代中国人应该在中国文化基础上汲取其精华，建立一种适合于中国人特质的自我观。这种自我观应该是吸收传统文化并吸取西方有价值的文化，在这个基础上我们可以杂糅并统合一个真正的"我"。

（三）中国人的尚和心态问题

关于中国人尚和心态的研究在中国由来已久。孔子说："君子和而不同，小人同而不和"，这种以儒家为统治地位的思想长期统治中国，因而导致"和"成为处理人际关系的基本准则。既然"和"对于中国人影响是深远的，那它究竟是怎样起作用的呢？我们不妨再回到古籍中来，中国人常以"和"为贵，"二人同心，其利断金"，"内睦者，家道昌，外睦者，人事济"，"将相不和，国有大祸"，"二虎相争，必有一伤"，以上这些习语说明中国人对于"和"的丧失是怀有一种恐惧感的，怕失和。说到中国人的"和"，不能不探讨中国人的从众心理，老子说："我有三宝，持而宝之，一曰慈，二曰信，三曰不敢为天下先。"[②] 可见我们是怕出头的，既怕出头又想让别人高看一眼，这种矛盾心理使得我们学着不失和，而不失和的最好办法就是别人做我也做，便产生了从众。因为中国人是以关系社会为基础的，所以说在关系中，中国人喜欢迎合别人以求得"和"，这也许并非刻意，而是一种集体潜意识在起作用。这样，我们就不得不或主动或被动地压抑自己的欲求以求得"和"。笔者认为中国人的这种"和"在一定程度上还是以尊重个体的多样性为前提的，承认个体差异，主张互补互济的。关于和的产生原因，笔者认为首先应该是农业的发展为中国人"尚和"提供了丰厚的土壤，系于土地的农民是很少迁移的，这也形成了稳定的社会关系，这种关系中便产生了"人情""乡情"，而这种感情主要是通过"和"

---

① 汪凤炎：《古代中国人心中的我及其启示》，《心理科学》2004 年第 2 期。

② 陈萍：《中国人尚忍心态的心理学研究》，南京师范大学硕士学位论文，2006 年。

来维系的。

因此，"和"的研究是中国文化的学者必须要考虑的课题，"和"乃是中国人人际交往的一把钥匙，了解"和"是有利于理解中国社会关系的，"和"曾在中华民族历史上维系了长期的统一，那句"合久必分，分久必合"也成为中国的一句至理名言，这不是与"和"文化没有关系的。在当代，"和文化思想"仍旧深入中国人骨髓，和谐社会的提出似乎回到了2500年前的孔子时代，然而现在对于"和"这样一种文化，我们也不是一定要全盘接受的，我们也要在批判这种思想给我们带来负面影响的同时彰显我们的个性，勇于打破"和"来维护自己的正当权利。

（四）中国人的人情面子问题

中国人"尚和"，为人处世是以"和"为前提的，而"人情"一词也是中国人所特有的。在中国文化里面中国人的"人情"是有其特殊含义、特定范围和特定方法的，正像费孝通先生所说的"差序格局"一样①，传统的中国农业社会，各种关系都是以农业为基础的，这种相对小的流动性便形成"熟人社会"，而熟人社会则必是重人情的社会。按照梁漱溟先生所讲："儒家学说的特色不是从社会本位或个人本位出发，而是从人与人的关系着眼，重交换"。因此说中国的农业文化底蕴决定了中国是一个重人情的社会，而中国这种人情社会势必会与西方形成完全不同的社会关系和生活方式，但是随着发展，费先生所讲的"差序格局"势必会被打破，这种以伦理社会关系为基础的中国传统乡土社会文化同样会随着时代的变迁而有所改变，这也是中国人的思维方式——"循环与发展思维"。

而如果说到中国人特性中尚存在许多暗锁尚未被我们打开的话，那么"面子"或许就是打开这把暗锁的金钥匙，"面子"是理解中国人一系列复杂问题的关键所在。中国人的面子文化确实是在中国这种特有文化下的特有现象，作者关于"面子"问题的研究我想是必要的，原因在于中国社会深层次的人际关系问题的症结在中国人的"面子观"②。欲打开中国人的暗锁就必须要研究中国文化下的"面子"问题。尽管脸面问题在世界上也可以说是一种普遍现象，但是中国人的面子却形成了一种特有的"面子文化"，而归结起来，中国人的"面

① 费孝通：《乡土中国》，人民出版社2008年版，第25—34页。
② 杨国枢：《华人自我的理论分析与实证研究：社会取向与个人取向的观点》，《本土心理学研究》2004年第22期。

子文化"是一种"耻感文化",而西方人的面子则是一种"罪感文化"。中国人面子一旦受损便可以产生一种可耻和自责心理。而西方人则是产生负罪心理,中国人对于自己的面子如此的重视乃至认为没有面子便做不成人,这种深层次的原因还要归结于中国古代文化,首当其冲的应该就是儒家文化,儒家注重"礼教"育人,一个人只要违背了"礼"就要被惩罚、被嘲笑。其次就是中国的家庭教养方式也强化了一个人对于面子的错误理解,"孩子要长脸"大人才会有"面子"等这些事例在生活中是不胜枚举的。最后就是"面子"本身也是有一定的社会功能的,促使人们倾向于爱"面子"。中国人的这种"面子文化"其实在生活中是一种无形的思想,我们既不能看到也摸不到,只能意会不能言传。因此欲打开中国人的心里世界,"面子"是必须要理解的,因为这是打开中国人社会交际问题的金钥匙。

（五）中国人的迷信心理问题

剖析中国人,解读中国人的心理,也许还有一个问题不得不研究、不探索,那就是中国人的迷信心理。通俗的迷信是指人类对于超自然力量的崇拜与信仰,是对客观世界的一种虚幻的歪曲反映。古今中外,在生产力低下的生活条件下,这种心理是人类普遍存在的,西方和中国的"图腾崇拜"就是一种对信仰物的膜拜。然而在中国这样一种特殊文化背景下却也形成了一种特殊的中国式的迷信心理。中国人的迷信心理分以下几个问题[①],首先是中国人的忌讳心理,如忌言死,从中国的文化角度来说还当属儒家思想,儒家认为人生观应该是积极的,人不应该以死后的彼岸世界作为归属,而应该以治理好人的现实世界为终极目标,并且主张生命的价值在于现世的功绩。其次是盲信心理,信天、信命。如"谋事在人,成事在天",这种思想的存在一样是有着深层次的文化根源的。在古代,人们对于自己的生活往往是不能够掌控的,并认为存在一种外力支配着一个人的生活,人的一生是被安排好的,孔子对于这样一种看法的态度是肯定的,他说"君子有三畏,畏天命、畏大人、畏圣人"。这种思想往往又被一代代统治阶级加以神化,成为维护统治阶层利益的一种手段。正是因为自古中国人这种意识就深刻,导致迷信在当代中国社会,尤其是农村社会是有一定市场的。另外我想还有一个比较重要的原因是中国古代社会的各种思想相互碰撞产生了诸子百家,而在这样的一种情形下就不会产生单一的宗教

---

① 雒焕国:《迷信的学习机制探析——从学习心理学的角度看迷信的形成》,《甘肃高师学报》2001年第4期。

信仰，而这种宗教信仰的缺失我想是会导致中国人没有统一的思想意识，而诸子百家之言有相当有市场，所以造就了今天中国人心理的一种信仰的缺失进而导致迷信心理泛滥。第三是迷信家庭，中国人普遍有一种观念"金窝银窝不如自己的草窝"，叶落归根是每一个中国人都期望的，为什么家永远是好的，永远是一个人生命终结的归宿呢？究其原因是深受家庭伦理观念的影响，马斯洛认为，生理需要、安全需要、尊重和爱的需要是作为一个人的基本需要。而这些需要在中国只有家庭才会给我们，只有家庭才会给我们归属感。我们暂且可以把这种迷信家庭的意识归属为东西方不同的"家庭伦理观问题"。中国人的这种迷信心理是有着一种深远的传统文化的烙印的，而这种文化的印记却无时无刻不对当代中国人产生潜移默化的影响。

三、中国心理学文化品性的时代呼唤

前面所论只是中国传统古文化的关于人的文化品性，只因身在主位文化的当代中国人无法体会到文化的巨大差异，但是新世纪跨文化心理学的研究为我们敲开了通向心理的文化品性研究的大门。当代中国心理学研究的过度模仿、复制、跟随西方心理学体系，已经严重阻滞了中国本土心理学的发展，西方心理学尤其是美国心理学，其发展历程是一部民族与社会文化变迁的心理学史，它完全根植于西方本土文化，是西方社会在社会变迁中形成的有效的针对本土社会、解决本土社会民众心理的心理学。虽然人类在很大程度上是具有共同性的，但是恰恰文化就是其中最大的一个差异，文化品性的差异最终将导致文化心理、社会心理、世界观、价值观、人生观、思维体系的差异，这些差异又往往是建构社会与文化的基础，因此往复循环，将形成两种不同的东西方文化品性。[①] 故此，中国心理学需要反思，反思心理学文化品性的差异会给我们的心理学研究带来哪些弊端，而扎根于中国本土的传统文化及心性心理学思想则是世代影响中国人心理的文化传统，这些文化传统已内化为世代遗传的集体潜意识，形成集体人格，这才是中国文化下的心理学框架，只有在这样一种文化框架下进行心理学本土的研究才是真正解释与预测中国人心理的心理学之路。

前述中国人的社会化问题、中国人的自我观问题、中国人的尚和心态问题、中国人的人情与面子问题、中国人的迷信心理问题等都是中国文化框架下的心理学研究议题，这是在不同文化的心理学中很难想象到的，况且这还只是

---

① 孟维杰：《论心理学文化品性》，《云南师范大学学报》(哲学社会科学版) 2006 年第 1 期。

中国文化品性被挖掘的很小一部分。中国心理学当代研究正在从以前的复制、跟随和模仿向中国心理学文化品性的理论创新与构建，这一过程是艰辛的、痛苦的，但是，中国心理学新世纪的发展议题必须要根植于我们自己的主位文化，通过对中国文化自觉性的觉解，立足本土，挖掘本土文化，借鉴国内外有效方法论，包括实证的、人文的、历史传统的以及中国传统儒家、道家和佛家的身心一体的体征功夫，全方位、多角度、立体式的研究。因此，中国心理学研究应该根植于中国本土文化传统，中国心理学也应该具有自己的文化品性，文化品性乃是中国心理学研究的应有之义。

第二节　中国本土心理学的研究命题

心理学发展是在追求其学科的科学化基础上对心理现象进行科学、实用和有效的科学研究，以此来为社会民众服务，这是心理学发展的基本路线。世界心理学科学化的追求始于冯特的心理学实验室的建立。这个心理学实验室的建立将心理学的发展引向了一条既定的路线，这条路线就是科学实证主义。虽然冯特在学术生命的最后 20 年完成 10 卷本的《民族心理学》，将心理学一部分分成个体的实验心理学或生理心理学，另一部分分成研究语言、文化、宗教、习俗等的群体的民族心理学。但是，19—20 世纪是物理学和化学的世纪，已经很难改变个体的实验心理学所主导的自然科学取向被标榜为科学的化身的结局，科学研究就等同于客观的实证研究。世界心理学发展的哲学根源沿袭的正是孔德实证主义哲学、罗素和弗雷格逻辑原子主义哲学以及卡尔纳普和亨普尔等人的逻辑实证主义哲学发展脉络[1]，实证主义哲学最终还是将心理学的发展引向实证主义的道路。这种重视实证材料积累、忽视心理学理论建设的倾向同时也影响了世界心理学整体的发展，中国早期的科学心理学是对西方心理学的模仿、复制和跟随，也未能完全摆脱心理学研究实证主义化的困境。

综观心理学各个分支学科，我们看到的往往都是欧美心理学家的研究成果，很难找寻到中国心理学家的足迹，这让国内心理学工作者很悲哀。因此，中国心理学的发展问题在 20 世纪末期曾引起过中国港澳台学者的广泛探讨，最集中地体现在中国心理学的本土化问题上。但是，直至今日，中国心理学应

① 夏基松：《现代西方哲学教程新编》，高等教育出版社 2010 年版，第 98—106 页。

该如何走出一条适合自己的有关中国人心理的心理学发展道路，仍然存在很多理论问题需要进一步探讨和澄清。如，中国心理学理论研究与实证研究之分离抑或整合问题、心理学学科归属与学科分裂问题、心理学研究之文化差异与文化适用问题、心理学道路发展之西方化抑或自主创新问题、心理学之理论挖掘与理论独创问题等，这些问题的解决其实也正是中国心理学走中国特色心理学之路的问题。

一、理论研究与实证研究的分离或整合问题

心理学理论研究与实证研究的关系始终是心理学学科发展无法回避的问题。科学的心理学是以实证主义为逻辑主线的，无论是冯特的构造主义心理学、华生的行为主义心理学、弗洛伊德的早期的精神分析心理学、惠特海默和考夫卡的格式塔心理学，还是近几十年兴起的认知心理学和人本主义心理学，都主要以实证主义的方法论为其哲学基础。虽然人文主义心理学重视理论的研究，但是很多时候，它仍然承袭了欧美实证主义心理学的传统。导致实证研究与理论研究分歧的最主要原因是实证主义心理学所追求的经验证实原则和客观的研究立场，在对自然科学传统研究范式的殷羡下，心理学完全倾向了这位"科学楷模"。传统科学方法论是以物理主义的世界观和实证主义方法论为基础的，物理主义世界观和实证主义方法论直接构成了现代科学的实证主义心理学的基本假设。科学的实证主义心理学认为，心理现象是可以通过感官或借助于感官的延长工具客观地把握的，只有感官把握到的才是客观的真实的，否则是虚假的。实证主义立场的心理学其实揭示的只是人类全部心理现象的一部分内容，很多无法用经验证实的心理现象必须借助于非实证的研究。[①] 格根等人就曾指出，心理学理论研究的最大挑战是需要从实证主义传统中解放出来。心理学的理论研究由来已久，冯特虽然推崇实验的心理学，但是他并没有对实证的心理学研究达到崇拜的程度，他清楚认识到，实证的心理学根本无法揭示全部心理现象，因此也就有了经典的《民族心理学》。这部使用了民族学、社会学、历史学、民俗学等方法对习俗、信仰、语言、神话、宗教进行研究的著作已经诠释了心理学理论研究与实证研究已达同等重要的程度，遗憾的是，深受自然科学影响的心理学者无法容忍非经验证实和有主观参与的理论研究，最终将心

---

① 葛鲁嘉:《中国心理学的科学化与本土化——中国心理学发展的跨世纪主题》,《吉林大学社会科学学报》2002 年第 2 期。

理学推向了实证的极端。

　　然而，20 世纪后期，随着实证心理学研究弊端的显现，心理学理论研究继冯特之后再次受到重视。重要的标志性事件就是 1985 年理论心理学国际协会在英国成立，世界心理学已经开始关注理论研究，同时也提出一些有价值的理论。[①] 我国心理学者也在这一旗帜影响下开展了一些心理学理论研究，尤其是港台学者杨国枢的团队所进行的本土心理研究产生了强烈反响[②]，大陆主张的中国特色社会主义心理学的建设也引起强烈反响。[③]21 世纪初，一批年轻的心理学理论研究者，如葛鲁嘉对中国心性心理学思想进行挖掘形成新心性心理学的理论体系[④]、汪凤炎对中国古代心理学思想的挖掘形成了中国心理学思想史[⑤]、彭彦琴等对传统佛家心理学思想进行发掘形成了禅宗的心理学思想体系。[⑥] 这些研究对我国本土心理学的发展无疑是有建设意义的，是应该予以肯定的。但是，问题在于，是否做心理学理论研究的学者就只做理论而不做实证研究，是否做实证研究的就不做理论研究？以笔者观察，在中国心理学界大多数研究者都是要么做理论要么做实证，很少有将理论与实证结合起来的，其中北京师范大学金盛华教授所提出的自我价值定向理论是一个例外，这个理论既做理论也做实证研究来支撑。但更多的学者仍是专攻其一。我们翻看国外很多知名学者的简历会发现，他们不仅在自然科学上有所造诣，而且在人文社会学科上也有建树，这不仅让我们国内学者汗颜。科学史的事实也证明了只有在人文科学理论的基础之上辅之以严密的自然科学实证研究，才能对某一心理现象做到全方位的研究。[⑦] 在这一点上国内心理学者做得还很不够，因此就有了我国本土心理学发展是否应该将理论研究与实证研究二者割裂开来的问题。一般来讲，理论心理研究从非经验的角度通过分析、综合归纳、类比、假设、抽象、演绎或推理等多种理论思维的方式，对心理现象进行探索，对心理学学科

①　燕良轼、曾练平：《中国理论心理学的原创性反思》，《心理科学》2011 年第 5 期。

②　杨国枢、陆洛：《中国人的自我：心理学的分析》，重庆大学出版社 2009 年版，第 1—5 页。

③　潘菽：《论心理学基本理论问题的研究》，江苏教育出版社 1987 年版，第 54 页。

④　葛鲁嘉：《新心性心理学宣言———中国本土心理学原创性理论建构》，人民出版社 2008 年版，第 110—114 页。

⑤　汪凤炎：《中国心理学思想史》，上海教育出版社 2008 年版，第 1—8 页。

⑥　彭彦琴、江波、杨宪敏：《无我：佛教中自我观的心理学分析》，《心理学报》2011 年第 2 期。

⑦　宋六锁：《论心理学的理论研究和实证研究》，《学术交流》2005 年第 8 期。

本身发展中的一些问题进行反思。但同时理论心理研究所提出的假设或做出的预测能够为实证心理研究提供课题，相反，该课题又可支持理论的假设。这样看来，心理学理论研究与心理学实证研究不应该各行其是、互不相干，而是相辅相成、相得益彰。因此，中国本体心理学发展也应该在心理学理论研究和实证研究上相互配合，这样才有可能提升中国心理学本土化的品位和质量，才能更好地融入国际心理学的阵营。

二、心理学的学科归属与学科分裂问题

心理学学科归属与学科分裂问题仍是我国本土心理学面临的一个理论问题。探讨心理学为何会分裂和如何会分裂的问题必须首先澄清一个问题，即心理学学科归属问题，这一问题时至今日仍处于争论之中。从学科归属上来讲，心理学学科目前处于一个很尴尬的境地，心理科学既不为自然科学接纳，又不愿依附于人文科学而不得不沦为"准自然科学"。综合西方的观点，主要有三种关于心理学学科归属的界说：一是自冯特用实验的方法建立科学心理学，使心理学从哲学中分化出来以来，心理学就被人们看成一门自然科学；二是由于心理学研究的是人的心理和行为，它们与社会文化又有着密切关系，所以有些人又将之视为社会科学或人文科学；三是有些人认为上述两种看法均不妥，便把心理学看作一门介于自然科学和社会科学之间的中间学科或综合科学。因此，心理学史学家墨菲就打比方说，"心理学独立之前曾经像个流浪儿，一会儿敲敲伦理学的门，一会儿敲敲认识论的门"，那么，在心理学独立之后，在科学共同体中，心理学仍是一个到处流浪的打工仔，它的研究领域不断被生物学、医学、计算机科学、神经科学、人类学、民俗学等众多学科瓜分，已经失去很多本属于心理学自身的研究领域。在国内也有相关的理论探讨，台湾心理学家杨国枢和张春兴认为心理学是社会科学；新儒家的开山人物梁漱溟认为"心理学天然该当是介于哲学与科学之间，自然科学与社会科学之间，纯理科学与应用科学之间，而为一核心或联络中枢者。它是最无比重要的一门学问，凡百术统在其后"；潘菽先生则明确指出，"心理学兼有自然科学和社会科学两种性质，是一种中间科学或跨界科学，具有沟通自然科学和社会科学的桥梁作用"；车文博先生主张树立大心理观，"把心理学视为介乎自然科学和社会科学之间的一门中间科学，采用主观客观统一的研究方法，重视实验方法和现象学方法的结合……至于心理学的分支，有的可作为社会科学如社会心理学，有的可作为自然科学如神经生理心理学"；著名科学家钱学森先生从系统科学思

想出发，在提出了现代科学技术的体系结构的 11 大门类后，认为心理学应包含在思维科学之中，思维科学除了心理学外还有人工智能、认识科学、神经生理学（神经解剖学）、语言学、数理语言学、文字学、科学方法论、形式逻辑、辩证逻辑、数理逻辑、算法论等。[①]

从国内外学者对心理学学科的不同归属来看，学科归属的模糊是心理学学科分裂的必然结果。因此也就出现了做基础理论研究的学者不懂实验心理研究，做实验心理研究的学者不懂理论心理学；做认知神经心理学研究的学者不了解做人格心理学研究，做人格心理研究的学者不懂认知神经心理学研究；做人文心理学的学者看不懂做自然科学学者做的研究，做自然科学研究的学者不屑于人文心理研究的学者。这种学科的分裂进一步表现为：心理学研究者之间的分裂、心理学研究课题的分裂和心理学指导思想和方法论的分裂，这种学科间的分裂不仅阻碍了学科之间的沟通联系，更重要的是使心理学学科之间越来越独立，互不往来，心理学统一体的形成将很难实现。正如美国心理学家斯彭斯所言："在我一个可怕的梦中，我预见到心理学组织机构的解体，实验心理学家被分配到正在兴起的认知科学学科当中，生理心理学家愉快地到生物学和神经科学系报到，工业和组织心理学家被商业学院抢走，心理疾病学家在医学院中找到了他们的位置。"[②] 长此以往，心理学研究领域被其他学科瓜分的机会将会进一步增大。我国心理学的学科体系基本与西方心理学体系是一致的，学科归属、学科分类和学科设置也并没有太多变化。我国心理学发展长期以来一直依赖国外心理学，历史上曾经历过心理学对国外心理学的三次模仿、复制和跟随以及三次批判和反思。但是我国本土的心理学在同世界心理学接轨上显然是落后的，原因就在于中国心理学过度地引进和介绍国外心理学的进展，而很少将中国人自己的心理学体系和理论研究介绍到国外去，这导致的后果就是中国本土的心理学始终未能为自己的心理学找到一个合适的位置。其学科归属问题不能有效解决也就不能最终解决中国本土心理学学科分裂的问题，最终也会出现欧美心理学学科分裂的结果。而笔者认为，我国本土心理学与其尴尬地逡巡于自然科学、人文科学和综合边缘学科之间，不如抛弃传统科学观，以宽广的胸怀、宏大的视野树立系统科学观，只有这样才能促进目前心理学发展的突破。

[①]　张海钟、姜永志：《当代理论心理学概论》，线装书局 2011 年版，第 20—26 页。

[②]　李炳全：《文化心理学》，上海教育出版社 2007 年版，第 1—22 页。

三、心理学研究的文化差异与文化适用问题

在《中国心理学城乡分野的文化心理学批判与反思》一文中[①]，我和姜永志曾就我国心理学与西方心理学文化根植性、文化差异性以及文化适用的问题做过讨论。前文已经提到，中国心理学与西方心理学的关系曾有过三次模仿复制和跟随过程，第一次是在19世纪末20世纪初，以引进西方心理学（主要是美国心理学）为主。第二次是在20世纪50年代，中国心理学受政治形态影响，唯前苏联心理学马首是瞻，巴甫洛夫的高级神经活动说成了中国心理学的代名词。第三次是在20世纪70年代中期，中国心理学又重新开始大量地引进、介绍西方尤其是美国心理学。虽然引进发达国家心理学对于一个发展较缓慢地区的心理学来说无疑可以提高发展速度，节省发展时间，另一方面也使该地区心理学发展失去了自主性和创新性，过于依赖反而伤害了本国心理学发展的民族情结。中国心理学的发展就经历了这种过程，20世纪80年代，很多中国心理学学者发现了复制来的美国心理学研究理论和内容并不能完全适用中国人的心理，因此才有了杨国枢先生致力于发展本土心理学的重要宣言。

心理学的发展原本就没有脱离开文化的范畴，心理学自身原本就存在着文化品性问题，这与西方的自然科学品性是相区别的。心理学的自然品性表现为三方面：一是追求心理学研究的客观性，二是依赖研究者感官经验的普遍性，三是确立实证方法的中心地位。心理学的自然品性作为心理学本身存在的两个属性之一，它使用研究物理现象的手段来研究主观自觉的心理现象，不免使人类内在心理产生了隔膜，有时甚至是脱离现实，使心理学的适用性存在文化上的差异。在文化品性的框架来界说心理学的发展，目前有三种提法：一是文化心理学，二是跨文化心理学，三是本土心理学。这三种提法也是以文化为取向的心理学发展趋势。[②] 文化心理学强调人类心理行为是文化历史的产物，与特定文化有着密切关系，无法脱离文化历史背景进行理解，不同文化具有不同的文化心理特征，文化与心理和行为是一个相互构建的过程。[③] 跨文化心理学强调文化作为一种自变量，是以文化为变量研究心理和行为的异同，通过跨文

① 张海钟、姜永志：《中国心理学城乡分野的文化心理学批判与反思》，《山西大学学报》（社科版）2010年第4期。

② 王晓丽、姜永志、张海钟：《文化的框架：心理学研究文化取向的辨析》，《内蒙古师范大学学报》（教育科学版）2011年第7期。

③ 姜永志、张海钟：《文化心理学视域下的城乡文化心理差异分析》，《社会心理科学》2009年第5期。

比较，对心理学的某些概念、理论和假设予以文化上的比较和检验的心理学研究范式，从而找到人类心理与行为的跨文化一致性及心理与行为的普适性。跨文化心理学研究的兴起也正说明了文化间确实是存在文化心理的差异，心理学确实是存在文化不适用性的，但是它的目的却是检验主流文化中的心理学理论在其他文化的普适性，其实质仍旧沿袭了心理学的自然品性。本土心理学则是在对跨文化心理学不满的基础上，结合本国具体文化特征进行心理学研究，对心理学本土化的讨论也多见于20世纪末期，虽然有倾向于实证主义心理学的，有倾向于人文主义心理学的，但是我们仍坚持主张建立"内发性本土心理学"，其目标是要根植文化传统，挖掘文化资源，建立特定文化中的特定的心理与行为解释方式，为特定文化中的人所服务的本土契合性心理学。虽然这三种研究取向都强调了文化的重要性，但是中国心理学的发展仍是重视实证资料的积累而忽视本土理论的建构，当然这种建构是基于本土文化特征的建构。仅有的少量的理论建构却只注重挖掘古代心理学思想，其目的不过是为现代西方心理学理论寻找或提供中国文化中的证据罢了。因此，笔者认为，我国心理学的发展也无法回避文化差异与文化适用问题，心理学研究的本真就在于"求真"（做最好的研究）、"求存"（解决生存问题，一般研究）、"求用"（与实践相结合，服务社会的研究），而求真、求存、求用这六字也揭示了中国心理学最终目的是要与实践结合、服务社会。

四、心理学发展道路的西方追赶或自主创新问题

如前文所述，心理学文化差异与文化适用问题是我国心理学发展所要解决的理论问题，在此基础上就再引出另外一个理论问题，即对于中国心理学究竟是应该走西方化的发展道路，还是走自主创新的道路。这二者其实是相关联的，文化差异与文化适用决定了心理学发展的目的，而西方心理学体系不能完全揭示我国文化背景下民众的心理现象，这已是公认的事实，所以文化差异与文化适用问题的解决也要讨论我国心理学发展道路的问题。我认为有三种观点：一是对西方心理学采取默认态度，这主要集中在进行基础实验研究和神经心理学研究的心理学工作者中间，他们往往不关注现实和实践问题，将心理学基础实验研究作为不受文化影响的研究。二是认为中国心理学应该坚持独立自主创新，走与西方心理学完全不同的道路，因为文化的差异，必然存在文化心理的差异，因此要研究中国文化背景下典型的心理现象，进行独立的理论创新和研究。三是折中主义，认为中国心理学既要吸收国外先进理论和成果，也应该采取自主

的理论创新，这种观点存在于绝大多数国内做心理学理论研究的学者身上。

这三种观点反映的是我国心理学者对西方心理学的不同态度，有排斥也有吸收。我国心理学前期发展走的是吸收的道路，通过三次较大的模仿复制和跟随，将我国心理学水平与世界的差距缩小，这是可以肯定的。我国心理学发展的后期应该是独立自主创新的阶段，当然我们基本支持第三种观点，主张合理但不过度地吸收国外有益的心理学成果，即做到不盲从，毕竟我国心理学发展需要良好的外部学术资源，只有吸收有益的资源才能促进我国本土心理学的发展。可见，心理学的西方化倾向既有利也有弊，西方化容易使心理学研究迷失自我意识，缺乏创新，相反也会给心理学发展带来学术资源。心理学独立创新同样也有利有弊，独立创新容易形成闭门造车、与外界隔绝的心理学发展境地，相反也可以提高一国心理学发展的独创水平。因此，心理学的发展需要资源，这种资源既是国外同行带来的学术资源，也应该是根植于我国传统的儒道释文化的历史文化资源。[①] 基于这样一些资源我们进行的心理学理论与实践创新，才能够既与世界心理学接轨，又能有效揭示我国文化背景下国人的心理现象，达到服务社会的目的。

总而言之，心理学发展中的理论问题是最容易被心理学者所忽视的内容，我国科学心理学是在承袭西方科学的实证心理学基础上发展起来的。无论在理论体系、研究内容或学科分类上都基本与西方一致，但是这种协调一致并没有完全使中国心理学得到充分的发展，根本原因在于文化传统的差异，直接影响了人们对心理学理论和心理学研究方式的建构。对我国心理学理论研究与实证研究之分离抑或整合问题、心理学学科归属与学科分裂问题、心理学研究之文化差异与文化适用问题、心理学发展道路之西方化抑或自主创新问题的辨析，为我国本土心理学的发展提供了进一步理论支持。因此，我国本土心理学发展必须要澄清相关的理论问题，才能为我国心理学进一步明确发展指明方向。

第三节　中国本土心理学的理论创新

中国心理学发展的道路从开始就布满了荆棘与坎坷。中国从无心理学到有

---

① 葛鲁嘉：《心理学文化论要——中西心理学传统跨文化解析》，辽宁师范大学出版社1995年版，第48—52页。

心理学,从无科学心理学到有科学心理学,从无自己的心理学到有自己的本土心理学,可以说是中国心理学发展的巨大转变。科学心理学诞生于德国,繁荣在美国,发展在当代,但是欧美心理学的强势话语一度压制乃至遏制外围文化中的心理学形态发展,以其强硬的话语霸权和帝国主义的姿态掌控着世界心理学的发展方向。以实证主义为基础的科学心理学是世界心理学的主流,它以心理学掌门人的身份引领着世界心理学的发展。但是 20 世纪 80 年代以后,西方实证主义科学心理学的科学性与其心理学宗旨——为人类心灵服务,相距越来越遥远,已经不能满足现实社会的需要,世界心理学界也开始出现心理学本土化的呼声,并且目前已经发展为较有影响的世界心理学势力。对于中国心理学来说,也有学者开始试图建立中国文化中的中国心理学理论原创,这其中包括早期的梁漱溟先生、潘菽先生、朱智贤先生、杨永明先生、杨国枢先生,以及当代的燕国材先生、申荷永先生、葛鲁嘉先生、汪凤炎先生,其中以葛鲁嘉先生独创的新心性心理学理论最具代表性,可以说是开创了中国本土心理学理论创新之先河、之典范、之楷模。这一理论创新不仅对中国心理学而且对世界心理学都将是一个极具价值的开拓。

一、新心性心理学的产生和背景

从历史背景来说,中国心理学的发展道路是一部引进、复制、跟随、模仿的历史。早期中国心理学是没有自己的内容的,所有理论、内容、方法都是模仿西方科学心理学而来,模仿的对象主要是欧美心理学,将欧美心理学视为心理学的正统、楷模并加以膜拜。中国心理学的发展史可以分为四个阶段,也可以说是模仿、复制和跟随的发展阶段:第一个阶段是 19 世纪末 20 世纪初,在这一阶段,中国心理学是模仿、复制、跟随西方心理学,早期的学者将西方心理学的理论、方法、技术引进中国,并组织学术机构创办期刊。第二阶段是 20 世纪中期,在这一阶段中国建国后完全反对西方资本主义价值观,全盘接受前苏联心理学体系,因此,前苏联巴甫洛夫的高级神经活动说便构成中国心理学的全部内容。第三个阶段是 20 世纪 80 年代,改革开放后,中国心理学开始了新一轮的复制、跟随、模仿美国心理学,将西方心理学的理论、方法、技术照搬引进中国,这一时期的心理学以实证主义和科学主义心理学为主流,此时,中国心理学内部已经初步出现心理学本土化的萌芽。第四阶段是 21 世纪初,中国心理学开始主张结束复制跟随西方心理学,主张建立根植于中国本土文化的中国心理学,此时的中国心理学一方面学习和吸收国外心理学的有益理论、方法和技术，另一方面又根植于文化建立本土化的理论构想，并已经做出一些符合中国本土心理学的理论创新。因此，从中国现代心理学发展的历史主线上可以看出，中国心理学是舶来的欧美心理学，中国心理学的这一历史背景使中国心理学家认识到，中国心理学不应跟随欧美心理学，科学主义心理学是一种根植于西方文化中的心理学形态，科学主义心理学也可以说是西方本土文化心理学。中国心理学也应该有自己的道路要走，因此中国心理学者开始呼唤中国本土心理学的理论创新，葛鲁嘉先生酝酿 16 年后，作为第一个本土心理学理论创新的践行者提出了中国新心性心理学。

从社会文化背景来说，目前的中国本土心理学已经越过对西方心理学研究对象的扩展以及对西方心理学研究方式改造的阶段，进入中国本土心理学的原创理论创新阶段。[①] 进行中国心理学本土创新就要根植于中国文化、立足于中国传统文化、解释并扩展中国传统文化，因此中国心理学本土化应该是一个广义的文化心理学、广义的历史心理学、广义的生活心理学、广义的创新心理学、广义的未来心理学。从中国文化传统来看，中国文化是有自己的心理学资源、心理学文化传统的。在任何一种文化中，有没有心理学的传统，或者说有没有心理学的资源，葛鲁嘉先生认为可以按照三个标准去衡量：第一，可以看有没有解释和说明心理行为的概念、理论、学说和思想；第二，可以看有没有考察和了解心理行为的方式方法；第三，可以看有没有影响和干预心理与行为的技术和手段。若按照这些标准来看，中国传统文化则提供了丰富的心理学资源，因此，中国本土的文化传统中有自己独特的心理学探索或心理学资源，这就是根植于本土心性学说中的心性心理学，其提供的是对心性的理论解释、探索方式和技术手段。[②] 这种心性学说是建立和根植于中国传统儒家、道家、佛家文化中的心性学说、历史心理学，提供了中国文化传统中独特的对心理与行为的解释和干预的技术和手段。在此基础之上可以说中国历史文化中具有心理学资源，而本土心理学的创新与发展就必须要根植于这样一种社会文化传统，只有这样的一种根植才是发展中国文化中的本土心理学的有效途径。因此，在充分透析中国传统文化、中国心性学说的基础之上，提出了中国新心性心理学，这不是要立足于传统解释传统，而是一种发展的心性心理学，是一种对心

---

① 葛鲁嘉：《新心性心理学的理论建构》，《吉林大学社会科学学报》2005 年第 5 期。

② 葛鲁嘉：《新心性心理学宣言——中国本土心理学原创性理论建构》，人民出版社 2008年版，第 42—43 页。

性学说的全新认识，其中涉及了关于自我的独特的建构、独特的理解、独特的阐释，是以自我觉解为核心的心理与行为的全新界说。

二、新心性心理学的内涵和主张

任何一门科学的发展都是立足于一定的理论假设基础之上的，科学心理学同样立足于一种假设，它以本体论和认识论为前提预设，认识论以只有人类认知活动科学信念为前提假设，从而使科学的地位在社会范围内不断得到扩展和提升。本体论则是人类认识现实的基础，通过概念化和逻辑关系追求超于现实存在的外在本质、永恒原则和绝对真理，以便理解和规范现实万物存在及其变化的实质和规律。因此科学心理学所追求的表现形式是可证实性，技术支持是实验方法，研究模式是主客绝对分离。[①] 新心性心理学同样立足于一种假设，它以中国传统哲学中的儒道释为哲学基础，反对主体与客体、主观与客观、研究者与研究对象的绝对分离，主张主体与客体、主观与客观、研究者与研究对象的内在融合与统一。新心性心理学就是建立在这样一种预设之下，它是一种根植于本土文化资源的创新努力，试图开辟中国心理学自己的新世纪发展的道路。新心性心理学有其基本的内涵和主张，对于心理学研究对象的理解和心理学研究方式的确立有一个基本的变化。葛鲁嘉先生的新心性心理学论及六个部分的基本内容：心理资源论析、心理文化论要、心理生活论纲、心理环境论说、心理成长论本、心理科学论总。其核心部分是心理文化论要、心理生活论纲和心理环境论说。

（一）心理文化

心理文化是新心性心理学最重要的组成部分之一，它是从跨文化的角度，对生长于不同文化根基和相应于不同心理生活的中西心理学传统进行比较和分析，探讨它们彼此之间沟通的可能性和心理学发展的新道路。[②] 西方科学心理学根植于一种实证主义的传统，是西方社会发展史中关于人的心理学，它强调心理学的自然品性，突出心理学的实证价值、客观价值、中立价值，探讨的是一种外在于个体而存在的心理与行为的心理学。而东方或者中国本土心理学应该根植于中国传统文化，是中国社会发展史中人的心理学，它强调心理学的文

---

① 孟维杰：《论心理学文化品性》，南京师范大学博士学位论文，2006年。

② 葛鲁嘉：《心理学文化论要——中西心理学传统跨文化解析》，辽宁师范大学出版社1995年版，第28—29页。

化品性，突出心理学的人文价值、主观价值、现实价值、生存价值，探讨的是一种内在于人自身的内在存在心理的心理学。因此，这是两种文化心理学，是两类传统心理学，是两种科学观，而所有心理学必然根植的都是文化土壤，没有或缺失文化土壤的心理学是不存在的，心理学研究者、心理学研究对象、心理学研究方法、心理学理论、心理学技术具有文化品性，都是社会中人与社会相互适应的产物，因此心理学欲建立一种宏大的理论视野，就要对东西文化进行有效沟通，在各自文化基础上进行有效的沟通，建立一种包括西方文化与东方文化乃至其他文化的大的心理学科学观。

（二）心理生活

心理生活也是新心性心理学重要内容之一，它是对传统的科学心理学研究对象的另类考察。西方科学心理学一直是将心理学的研究对象确定为心理现象，而心理生活的探索则是将心理学的研究对象确定为心理生活。心理现象是西方科学心理学产生以来就已经定位的，虽然研究对象在心理学发展史中不断在变化，但是有一点是不变的，那就是它是外在于人而存在的客体，研究者与研究对象是绝对分离的，而研究者与研究对象绝对分离就要求研究的客观观察性、价值中立性，但却忽略了人的自觉性，忽视了人心灵的主观性，因此它只揭示了人类心理的一个表面和一个侧面。而新心性心理学要求必须改变研究者与研究对象的绝对分离，改变科学心理学现有关于研究对象的分类标准和分类体系。新心性心理学把心理学的研究对象确立为是心理生活，它是建立在两个基本设定上：一是研究者与研究对象的彼此统一，二是生活者是通过心理本性的自觉来创造心理生活。心理生活的性质是觉解，方式为体悟，探索在体证，质量是基本。[①] 这说明心理生活就是自觉的活动，就是意识的觉知，就是自我的构筑。心理对象的这一改变实则是将人置于主客一体的地位，人既是研究者也是研究对象，人的心灵的自我觉解、自我建构成为了心理生活最主要的内容，人在特定的历史文化传统中对其自身的心理与行为进行主观的构建，这一转变就突破了传统的科学心理学忽视人的主观性、忽视人的自觉性的缺陷。

（三）心理环境

心理环境重新考察了心理与环境的关系，心理环境的概念是从人类心理的视角理解环境，心理学怎样理解环境就决定了其怎样理解心理行为，物理环境对人是外在的和间接的，心理环境对人是内在的和直接的，是超出了物理意义

---

① 孟维杰、葛鲁嘉：《论心理学的文化品性》，《心理科学》2008 年第 1 期。

和生物意义的环境，是被觉知、被理解、被创造、被把握的环境。人可以在心理上分离出自己所处的环境，并针对该环境调整或调节自己的心理行为，意识觉知到、自我意识到、自主建构出的环境。如果从心理环境去理解，环境的演变就是属人的过程，是人对环境的把握、人对环境的作为、人对环境的创造，环境与心理是共生的过程。西方科学主义心理学对环境的理解最主要的就是主客二分，环境是外在于人存在的客观本质，是影响人心理与行为的主要因素，但却忽略了人的心灵的自觉性，无论是物理意义的环境、生物意义的环境还是社会意义上的环境都将心灵作为一种客观存在。[①] 新心性心理学最突出的特点就是将环境理解为心理环境，心理环境是人在社会文化与历史中建构的，同时心理环境也建构着物理环境。这种理解就考虑了文化的价值，将心灵置于个体内化的文化中来考察，将心理置于历史文化的熏染中来考察。因此，人的心灵将从主体与客体进行双向思维，主观与客观的反应，不仅是环境决定或塑造了人的心理，而且也是心理理解或创造了人的环境，心理与环境是共生的关系，这就是中国文化传统中的"天人合一"。

三、新心性心理学的创新与突破

新心性心理学本土理论创新还在于它是突破的创新，是根植于传统文化而突破传统文化的创新，凸显了中国文化中主客一体的独特思维方式，展现了中国传统文化心道一体、天人合一与心灵的结合的创新。这些都是根植于文化品性，对文化品性的挖掘。新心性心理学还在于它不仅是只从文化的角度对心理进行解读，它还从哲学的高度、生态学的共生取向、社会建构论的相互建构观来解读心理，因此说新心性心理学不仅是根植传统解释传统，它还突破学科壁垒从相关学科中汲取有益的养分来弥补传统科学心理学的客观性、实证性、价值无涉性、研究狭窄性、视域紧缩性等缺陷。

（一）立足文化的传统突破与发展

透过中国心理学的发展史来看，从认为中国本土文化中没有自己的心理学传统，到认为有自己的独特的心理学传统，这是一个根本性的进步和变化。但是，当心理学者去挖掘、梳理和阐释中国本土的传统心理学时，如果是仅仅限于传统和解释传统，则是另外一种倒退。事实上，在中国源远流长的文化传

---

① 葛鲁嘉：《心理环境论说——关于心理学对象环境的重新理解》，《陕西师范大学学报》（哲学社会科学版）2006 年第 1 期。

中，一直都生长、传承和发展着属于中国人自己的心理学思想或者传统。千百年来，它就一直孕育、承续和流传在中国文化传统之中，实现着对国人内心世界的观照、理解和解说。创造性地展现了中国心理学传统在对中国人内心世界的观照、理解和解说上的独特魅力，以独特手法全面构筑了中国心理学传统体系，还原其本来应有的风貌。新心性心理学的第一个突破之处就在于重新解释和理解了中国本土传统心理学有独特的理论概念和理论解说。例如，中国思想家所说的心、心性、心理，行、践行、实行，知、觉知、知道，情、心情、性情，意、意见、意识，思考、思想、思索，体察、体验、体会，人格、性格、品格、人品，道理、道德、道义、道统等，都有其独特的含义。① 它并不是要立足于传统而解释传统，并不是要用西方科学心理学的标准、框架、筛淘标准来提炼和抽象中国心理学思想，为西方心理学体系提供一种解释支持，仔细解读、详尽分析、系统阐释古典文献不是中国本土心理学研究的最终目的，而是要根植于传统文化，借助于中国传统文化中的心理资源，我们需要的是对传统文化资源的转化、提炼和重新发现。

（二）主客二体的思维转变与创新

新心性心理学第二个突破之处在于，它以一种主客一体的思维方式对心理学的研究对象、研究者以及研究的环境进行了深入的另类考察和解读。西方科学主义心理学根植于西方自然科学传统，努力追求心理学学科的科学合理地位，努力向自然科学的物理主义靠拢，最终舍弃了冯特建立科学心理学的初衷，将心理学推向了一条纯实证主义的道路，将心理学的主体与客体绝对地分离，将研究者与研究对象绝对分离，将客观性、实证性、感官验证性、价值无涉性作为衡量心理学是否科学的终极依据和标准，这一方面限制了心理学研究方法与研究对象，将内隐的心理生活排除在心理学研究之外，注重的是可感、可知、可测量的外在客观心理实在，因此它只揭示了人类心灵中外显的心理现象，却忽视了内隐的心理生活，这就是科学心理学今天出现重重危机的主要原因。新心性心理学的突破就在于打破了主客思维方式，为我们提供了一种主客一体的思维方式、思考方式和研究方式，因此将科学主义心理学所排斥的内容重新整合到心理学研究的框架中来，并以文化品性对其进行包容。在这一框架下将研究者与研究对象在历史文化中进行融合，将研究者与环境融为一体。在

① 孟维杰：《构建中国自己心理学的努力和尝试——评〈新心性心理学宣言：中国本土心理学原创性理论建构〉》，《心理研究》2009 年第 6 期。

研究方法与技术上借助中国心性心理学说，将中国传统心理学思想引进当代心理学发展中，用体征的方法弥补实证方法的不足，这种体征方法同样是主客一体，它追求对内对道的体认，对外对道的践行，体认自身达到理想的精神境界，这就是心道一体的体证方法。① 这种思维方式贯穿新心性心理学理论的始终。人作为社会化的产物，作为社会历史文化的建造者与建造者，它时刻都以一种主动自觉的心理在建构社会历史文化，文化同时建构个体的心理文化，将主客一体的思维方式引进中国心理学，这就是最大的突破。

（三）学科壁垒的突破与创新

实证主义的科学心理学虽然在演进的过程中也有对相关学科的包容与借鉴，但由于心理学自身在形成之初就受物理学、化学、生物学、医学等自然学科的影响，最终形成我们所熟知的心理学理论学派。在近代，后现代主义哲学的转变以及多元文化论的兴起，对心理学科学主义的冲击比较大，但是这种文化转向实质是根植于西方自然科学观的历史中，② 仍旧是主客二分的思维方式，没能突破心理学的小科学观。所以，科学主义心理学对相关学科的包容与突破并不成功。反观心性心理学的包容与借鉴，应该说是成功的。成功与否的标准应该是是否突破了心理学的小科学观，是否突破了主客二分的思维方式。新心性心理学显然形成了一种大科学观，显然突破了主客一体的思维方式，这种思维方式是根植于中国文化传统的思维方式，因此可以说是借鉴传统文化。因此，一方面新心性心理学是根植于中国传统文化的心道一体、天人合一的心理学说。另一方面它也继承了现代生态学研究取向，主张心理与环境共存，这种环境既包括物理环境、社会环境、文化环境、生物环境，也包括心理环境。生态学为心理学提供了一种新的视角——审视心理学，它是一种新的思考方式，这种思考方式突破了传统的分离的、孤立的、隔绝的思考，而建立了系统的、联结的好共生的思考，这种共生也并不是共同生存或者共同依赖，而是共同发展。另外，新心性心理学也充分吸收了社会建构论的思想，将人看作生成的存在而不仅仅是物理的存在，将人的心理看作是生成的创造，这种生成的创造是受历史、社会、文化的影响，并在文化中建构自己的心理，心理是动态的建构，心理文化的生成反过来也同样建构着社会历史文化。因此，新心性心理学

---

① 葛鲁嘉：《体证和体验的方法对心理学研究的价值》，《华南师范大学学报》（社会科学版）2006 年第 4 期。

② 姜永志、张海钟：《中国心理学的本土化转变与探索》，《鸡西大学学报》2009 年第 5 期。

对生态学和社会建构论的吸收、借鉴与包容将心理学重新引入了人文主义的阵营中来，注重心理与行为的现实性建构，注重心理与行为的人文主义关怀。

四、新心性心理学的评价与展望

新心性心理学作为中国本土心理学原创性理论无疑是成功的，这一理论创新为中国心理学结束复制、跟随和模仿西方心理学拉开了序幕，这一理论创新最突出的一点在于根植于中国文化传统，充分挖掘中国传统古文化的原创性资源对心理学学科进行构建。① 新心性心理学的几个亮点也一目了然，它是从哲学高度对中国心理学发展进行了高度概括：第一，根植于传统文化并创新文化，将人置身于社会历史文化的视野中，将人看作是文化的个体，并对文化中人的心理与行为进行重新审视、诠释和解读。第二，突破了主客二分的思维方式，根植于传统儒道释文化，将人看作主客一体，人既是研究者也是被研究者，寻找回了人的意识的自觉性。第三，突破了意识的物化，唤回了意识的觉解，将意识不光看作是外在于人的客观镜像，同时将人看作是意识的自觉、觉解、觉悟的生成。任何一种新生的理论都将面临着弱小和脆弱，新心性心理学作为新生事物必然也面临这一问题，尤其是关于人的意识自觉的把握很难推广并研究，体征的方式也必然对研究者或者研究对象具有较高要求，而且没有关于心理学体证的操作或者是干预的手段，这必将是在今后发展中要求不断完善的。新心性心理学作为中国本土心理学原创性理论，给中国本土心理学带来了难得的甘露，这一创新理论极具远见的创造性、体系的完整性、结构的严谨性、主题的开创性、内容的创新性、思维的前瞻性、论述的深刻性，必然给中国心理学发展带来重大启示，为中国心理学本土化带来积极的启迪和示范作用。

第四节　中国本土心理学的文化取向

心理学研究的自然品性在心理学发展中始终都扮演着最主要的角色，但是进入后现代时代，心理学自然品性在各个方面都显示出与现实的剥离感，不能很好地解释人的心理与行为。20 世纪后半期心理学的文化转向则为心理学研

---

① 张海钟、蔡丹丰、刘芳：《中国当代心理学者的本土理论心理学思想述评》，《心理研究》2009 年第 5 期。

究提供了一个崭新的平台，这一平台试图以文化的框架包容心理学的自然品性、超越心理学的自然品性，以文化的名义、文化的内涵、文化的本质来抽象现代心理学研究，将心理学研究对象、研究方法、研究理论、研究技术、研究者等放置于历史的、社会的、文化的视野中来，以文化包容、融合、阐释心理与行为，将文化作为心理与行为的永恒中介变量，因而心理学则具有了不可避免的各具形态的文化品性或文化品格。以文化为基点，发展出了各具形态的心理学学科分支或心理学文化研究取向，因此，以文化的框架对其进行辨析，使其明确具有现实意义。

一、文化品性的心理学立场

在心理学科学的进化过程中，科学心理学研究倾向于把人的心理理解为自然现象，或者与自然现象类同的性质。这一方面促成了心理学成为独立的科学门类和使心理学越来越精密化，但另一方面也使心理学的研究具有了局限性。一是心理学研究的无文化研究，或者说是摒除了人类心理的文化性质。二是伪文化的研究，或者说是扭曲了人类心理的文化性质。概括而言，科学心理学的研究方式主要表现为三方面：一是追求心理学研究的客观性，二是依赖研究者感官经验的普遍性，三是确立实证方法的中心地位。可见，现代实证主义心理学研究方法是严密的，理论是明晰的，技术是精确的，强调客观观察和统计概括，提供了有关心理现象的客观知识，消除了迷信、歧义和模糊的东西。但是对于这种研究定位，研究的问题是有限的，这种实证的研究使研究只是研究，与人类内在心理产生了隔膜，有时甚至是格格不入、脱离现实，它不能涵盖心理学研究的所有问题。[①]心理学研究中并不是所有的现象都可以操作化和量化，因而过度推崇心理学的自然品性，必然使心理学研究走向自然的极端，使之陷入困境。

在对过度推崇自然品性进行批判的同时，心理学者开始更多地关注心理学的文化特质。而心理学文化品性的研究则是这一转折的一个有力证明。心理学的文化品性或文化性格、文化品格，这一概念最早是由孟维杰博士提出来的，他认为心理学研究对象、使用概念、心理学者生存方式、心理学习俗及心理学理论中的隐喻等元素都具有历史的文化特质，由于心理学诸要素的以上若干文

---

① 姜永志：《实证心理学发展的困境与中国本土心理学发展思路初探》，《陇东学院学报》2009年第6期。

化特征，用"心理学文化品性"这个概念来表达对心理学总体性质的看法，也是从文化视角对"什么是心理学"这个根本问题的回答。[①] 于是，将"品性"概念特征与文化结合起来后，赋予心理学。很显然，心理学文化品性是指心理学本来具有的文化层面的品质和性格，即心理学原来应该存有的文化的东西，这便建立起一个文化解释框架。用这一命题来阐释了在文化解释框架思维对心理学问题的根本认识，对逻辑的、技术的外表下心理学诸要素的文化特征的总概括和深入挖掘，从而实现对心理学完整、深刻的把握。心理学文化品性作为心理学本身固有的一种性质，应该成为重新审视和理解心理学本真面目的深度视角，应该是心理学一种分析框架，也应该是心理学之所以是"心理学"的根本。[②] 在心理学文化品性的生成性意义内，有必要在文化框架内对心理学研究的文化取向进行辨析，使之明确，并将心理学的文化性研究加以整理。

二、文化框架的心理学取向

（一）文化心理学

文化心理学在 20 世纪 60 年代开始发展，20 世纪 90 年代最终得以确立，以斯迪格勒等人主编的《文化心理学：人类发展的比较研究》出版为标志。其间经历了不同的发展阶段，文化心理学的理论和形态也在发生变化。一般认为，文化心理学是研究人的文化心理和文化行为的一门心理学学科或取向。[③] 希维德尔认为文化心理学是研究"近经验概念"的一门学科。所谓"近经验概念"，是指人所获得的，隐藏在其行为背后，一般不为他所意识或觉察的，但支配其行为的经验或观念，即文化意义和资源。该概念包含了两种基本含义：一是文化心理学的研究对象是与刺激的意义相联系的或者说表现在刺激的意义之中的心理和行为，二是意义与心理的关系是一种相互建构的关系。科尔与卡特认为"文化心理学是研究以人的创造物为中介的文化与心理相互构建的一门学科"，是"一门研究个体与社会、文化之间的相互作用的学科"[④]。文化心理学的研究从研究对象入手，力图扩展主流心理学关于研究对象的设定，把心理行为看作特定文化的产物，重视各种文化条件下的心理行为的独特性。文化心

① 孟维杰、葛鲁嘉：《论心理学文化品性》，《心理科学》2008 年第 1 期。

② 孟维杰、葛鲁嘉：《文化品格：心理学概念重新考评》，《山东师范大学学报》（人文社会科学版）2005 年第 5 期。

③ 田浩：《文化心理学的双重内涵》，《心理科学进展》2006 年第 5 期。

④ 李炳全：《文化心理学》，上海教育出版社 2007 年版，第 78—258 页。

理研究基于这样的认识，即人类心理行为是文化历史的产物，与特定文化有着密切关系，无法脱离文化历史背景进行理解。文化心理学的一个重要特征或标记是它对意义过程的文化和种族差异的关注，致力于理解这些差异怎样与解释活动和社会所结构化的刺激事件的意义或表征相联系。另外，文化心理学还主张从建构主义的观点研究文化心理与行为的关系问题，突出从符号与心理关系上重点研究文化符号在心理形成与发展中的作用。人的心理与行为是在掌握人类所积淀下来的文化符号过程中形成与发展的，是个体的活动使然。人类在社会活动中创造各种文化符号，同时文化物反过来又改变人的心理与行为。文化与心理和行为的相互构建是文化心理学最主要的一个理论预设，强调特定文化与特定心理行为的对应，每一种文化生成一种意义文化、一种意义心理、一种心理行为，因此，不同文化具有不同的文化心理，它就是要研究不同文化情境中的人的典型心理特征，希望通过对不同文化的考察来发掘人类心理的普遍意义与心理的典型性差异。文化心理学这种不再以从异域文化寻求理论检验为目的，而是从特定社会文化背景下特有心理问题出发，注重以社会现实为研究重点将文化元素推到了令人瞩目的位置，也使人们开始重新思考和重新定位文化在人类心理和行为中的作用与价值，从而将心理学理论视野从过去传统的"心理主义"入手来推知行为原因拓展到广阔的社会文化背景中来追问，也就使心理学理论建构从原来的抽象性向具体性转向，具有相当的现实性和说服力，它强调特定的民族文化背景下人的心理特征与心理问题研究。[①]

（二）本土心理学

19世纪70年代后期，许多国家的心理学家认识到，由西方心理学家采用他们本国的问题作为研究课题，通过使用在他们自己的文化背景中有意义的资料发展出来的测量工具所产生的心理学一般理论，实际上反映的是美国等西方国家的价值观、目标和问题，不能类化到其他的国家。因此，他们开始发起一场心理学研究的本土化运动。作为对西方现代心理学的一种超越，本土心理学从80年代初开始发展，以1981年希勒斯和洛克的《本土心理学》的出版为本土心理学正式产生的标志。本土心理学的产生有着广泛的思想、文化、社会和学科背景。它与后现代主义思潮、文化多样性以及世界政治经济格局的变化之间存在着深刻的联系。[②]但是导致本土心理学最终得以问世的直接原因还是科

学心理学特别是西方心理学的局限性的凸显。目前，许多心理学家使用本土心理学这一术语，但是含义却不尽相同，一种用法是指实证心理学之外的，不同本土文化滋生的传统心理学；另一种是指在不同文化圈中对西方或美国的实证心理学的本土化改造而形成的科学心理学。这正与当代心理学的发展趋势相吻合，一种是对实证心理学研究方式的不满，回过头去重新考察探讨本土文化中的传统心理学；一种是对西方实证心理学的霸权主义的不满，试图结合各自本土文化改造或重建西方或美国的实证心理学，因此便有了两种取向的本土心理学。[1] 这两种本土心理学的研究传统是当代心理学本土化的两种形式，金和伯里曾指出："本土心理学取向可以定义为对人的心理和行为的科学研究，它是本地的，而不是从其他文化输入的，它是为本地民众所设计的。"[2] 据于此，本土心理学理解就应该根植于特定的历史文化背景中。进而本土心理学的研究可以包括两个发展步骤，一是对特定文化背景中的人的心理与行为的描述和解释，一是对不同文化中的心理与行为进行概括与总结，寻求心理的普遍性。这两种本土心理学取向在我国的本土心理学研究中亦有所论述。20 世纪 70 年代末 80 年代初，我国心理学家潘菽先生指出，中国心理学要走自己的道路，建立中国特色的社会主义体系，应该包括四个途径，一是坚持辩证唯物主义指导思想，二是密切联系我国建设实际，三是继承我国古代有关科学心理学的可贵观点、论断和学说，四是批判性地吸收外国心理学中对科学心理学一切有价值的东西。[3] 我国台湾心理学家杨国枢先生在 20 世纪 80 年代也提出构建中国本土心理学的理论设想，一是要重新验证西方心理学的重大发现，二是研究国人的重要与特有现象，三是修改或创立概念体系，四是改良旧方法与设计新方法，并提出用本土契合性的概念来衡量本土心理学和心理学本土化研究的标准，认为中国本土心理学的建立要建立"内发性本土心理学"，反对建立"外衍性本土心理学"[4]。另外，从 20 世纪末开始，中国新一代理论心理学者也开始以此为标准试图建立中国本土心理学的理论，其中包括葛鲁嘉先生所创的新

① 葛鲁嘉：《新心性心理学宣言——中国本土心理学原创性理论建构》，人民出版社 2008 年版，第 162—163 页。

② 张秀琴、叶浩生：《本土心理学评析》，《心理学探新》2008 年第 1 期。

③ 潘菽：《加紧改造心理学，为全面开创社会主义现代化建设的新局面服务》，江苏教育出版社 1987 年版，第 32—41 页。

④ 张海钟、蔡丹丰、刘芳：《中国当代心理学者的本土理论心理学思想述评》，《心理研究》2009 年第 5 期。

心性心理学、申荷永先生的中国分析心理学、叶浩生先生的中西方理论心理学的整合探索、燕国材先生的本土心理学理论建构、孟维杰博士的中国心理学文化品性的探索等等。因此，本土心理学研究的立足点是文化的差异性，因为文化间具有异质性，才会导致异质的文化心理差异，真正的本土心理学就根植于此，其目标是要根植文化传统，挖掘文化资源，建立特定文化中的特定的心理与行为解释方式，为特定文化中的人提供的本土契合性心理学服务。

(三) 跨文化心理学

早期的跨文化研究可以追溯到20世纪20年代，冯特的弟子人类学家马林诺夫斯基的社会学研究，他结合德国民族心理学注重研究文化之间差异的特征与法国社会学强调文化内部的相似性的特征，进行了早期的社会与心理的跨文化研。[1] 同时期的著名人类学家泰勒也注重比较不同文化中社会习俗、禁忌、语言与行为的关系的研究，这也是跨文化心理学产生的先见性早期研究。[2] 随后米德、本尼迪克特、卡丁纳、克鲁克享等也进行了卓有成就的跨文化研究，但是，这只是跨文化心理学研究的早期探索。随着20世纪60年代以来后现代思潮滥殇与殖民运动大潮涤荡，多元文化论兴起，为西方心理学文化转向提供了新的契机和机遇。跨文化心理学在这一背景中得以最终确立，1969年，Robert D. Meade 和 Walter J. Lonner 在美国西华盛顿大学创立了跨文化研究中心，以促进跨文化心理学的发展。Walter. J. Lonner 在 1970 年正式创办《跨文化心理学杂志》标志着跨文化心理学取得进一步的学术地位。[3] 1980 年美国著名心理学家推蒂斯出版六卷本的《跨文化心理学手册》，这是跨文化心理学发展史上的又一个标志性的里程碑。在随后的时间里，心理学家进行了一系列的跨文化心理研究，同时不同的学者也对什么是跨文化心理学以及跨文化心理研究做过界定。《跨文化心理学手册》第二卷 (1997 年) 把跨文化心理学界定为：一种系统的研究，关注文化范畴内的人类发展与在特殊文化中成长起来的个体所产生的行为之间的关系。[4] 因此，它的研究对象是不同文化群体的心理与行为比较。其中，我国心理学家万明钢认为，跨文化心理学是比较研究两个或者多个文化背景中个体和群体心理发展变化的规律，从而找出哪些是适用于任何

---

① 马林诺夫斯基：《文化论》，中国民间文艺出版社 1987 年版，第 7 页。

② 泰勒：《人类学——人及其文化研究》，上海文艺出版社 1993 年版，第 30 页。

③ 吴荣先，Walter, J. Lonner：《论跨文化心理学的创立》，《苏州科技学院学报》(社会科学版) 2005 年第 3 期。

④ 参见李炳全：《文化心理学》，上海教育出版社 2007 年版，第 78—258 页。

社会文化背景下的人类行为的普遍法则，哪些是仅适用于特殊文化背景下的人类行为的特殊法则，它的研究目的在于查明人类心理在多大程度上以相同的形式发展，用什么来解释不同社会文化之间人们明显的个性和认知特征方面的差异，用心理因素能够解释哪些文化的差异和用文化因素能够解释哪些心理差异。① 这个定义将文化从众多的环境变量中凸显出来作为一个核心自变量，作为被关注的焦点进入心理学研究视野。由跨文化心理学衍生的跨文化研究则为心理学的未来发展从根本上转换了研究视角，它是以文化为变量研究心理和行为的异同，通过跨文化比较，对心理学的某些概念、理论和假设予以文化上的比较和检验，从而验证研究过程和结果解释上的外在效度。每一种心理学理论的产生和发展，尽管在单一文化中或是在控制实验条件下可能具有较高的文化解释性，但在缺失跨文化比较时，能否外推到其他文化，以观照该文化内民众心理，也具有文化的解释性，即一定的外在效度，则未为可知。因此，跨文化心理学最主要的目标就是以文化为变量，比较多种文化情境中人们的心理与行为，从而找到人类心理与行为的跨文化一致性及心理与行为的普适性。

（四）中国区域跨文化心理学

20 世纪 80 年代以来，学术界先后产生了区域经济学、区域教育学等学科。从心理学的发展来看，目前的跨文化心理学主要研究的是从宏观的角度对不同民族、不同国家的心理差异进行研究，没有把不同典型文化区域人的心理差异研究纳入研究范围。2005 年张海钟结合心理学文化转向、后现代思潮对心理学的影响以及中国社会区域文化性凸显与区域心理差异问题，首先提出中国区域心理学这一概念，中国区域心理学是将不同区域的人群的心理共同性和差异性作为研究对象。② 区域心理学也可以称为区域跨文化心理学，其理论假设是不同区域的文化存在很大差异，因而其心理也必然存在很大差异，因为文化是影响社会心理活动的一个重要因素。中国区域心理学又可包括中国城乡区域心理研究、中国地理文化区域心理研究、中国行政区域文化心理研究等，在此基础之上主张以中国文化传统为心理资源，用传统心理学观念深刻挖掘当代中国区域文化背景下的中国人的心理与行为。③

---

① 万明钢：《文化视野中的人类行为——跨文化心理学导论》，甘肃文化出版社 1996 年版，第 1—10 页。

② 张海钟：《中国城乡跨文化心理学刍议》，《心理科学》2005 年第 5 期。

③ 张海钟：《中国城乡跨文化心理学和区域心理学与心理学本土化》，《内蒙古师范大学学报》（哲学社会科学版）2006 年第 1 期。

中国区域心理学的提出，既是社会现实的需要，也是中国心理学学科发展的需要。中国区域跨文化心理学的核心是文化心理问题[①]，最主要的哲学基础是中国传统文化，其中包括儒家文化、道家文化以及佛家文化。它注重对中国传统文化及文化心理的解读与诠释，它的研究对象要求是带有文化属性的个体或群体，它的研究内容不局限于科学主义心理学，它立足于传统，主张多角度、多维度阐述传统及传统文化与人的心理的关系，致力于用有效的研究方法，如人类学、文化学、历史学、地理学等学科的研究方法，以问题为中心进行深入的心理学研究。区域跨文化心理学不同于文化心理学、跨文化心理学、本土心理学，它是综合相关学科的理论与方法的综合体。区域跨文化心理学虽然注重心理学研究的文化品性，但是它又不完全沉溺于传统文化对人心理学的局限，它既立足于传统文化又对文化有所突破。它不仅关注传统文化影响下的观念对中国人心理与行为的影响与构建，它还注重现实情境下中国当代文化转型情境下的社会现实对中国人心理与行为的影响与构建，不仅涉及文化心理还涉及心理文化、心理生活以及心理环境，是具有深层次的心理理论研究。因此，可以说区域心理学是以文化心理研究为依托，借助交叉学科的多种研究方法，对区域文化影响下的区域心理差异及其人格构建、影响因素的研究，它的研究内容正在以更加贴近现实的人文主义关怀不断波及社会心理学的各个层面，其理论建构也是以中国本土化心理学理论建构为目标，最终形成独特的研究中国人区域心理与行为差异的学科分支。

三、文化框架的心理学思想

心理学研究的自然科学主义与人文主义立场是心理学发展的两种取向，心理学文化转向背景下，心理学研究更加强调心理学研究的文化特质，文化品性的研究应运而生，心理学文化取向的研究再一次掀起人文主义心理学研究的热潮，注重心理学的文化性已经成为心理学对传统的超越。一方面，心理学文化取向的研究都将文化作为一个实实在在的变量将其纳入心理学研究中，对文化都是高度重视的。另一方面，对文化与心理的关注虽然在一定程度上具有分歧性，但是都将文化的连续性看作是影响心理与行为的重要因素。但是，心理学文化取向的研究目前呈现出纷繁杂乱的现状，文化心理学、跨文化心理学、本土心理学、区域心理学之间的交叉与重叠往往导致研究者眼花缭乱、目不暇

---

① 姜永志、张海钟：《社会认同的区域文化心理研究》，《长安大学学报》2009年第4期。

接，因此，如何将这几种心理学文化研究取向的内在联系、区别与逻辑关系在文化的框架之下梳理出来则是一个关键问题。

（一）文化概念与内涵的不同理解

虽然心理学文化取向的研究都十分重视文化的作用，但是他们对文化的理解在一定程度上是有差别的。本土心理学强调文化，它更多的是考虑文化的单一维度，即文化的一维性，这种文化是本土衍生的，不是外来的，它主张在单一的文化中进行一种根植于内发性的本土文化心理研究，它较少考虑文化的差异性，更多关注的是在单一文化中，一种文化对该文化下的人们的心理与行为所产生的影响。文化心理学强调文化，它从其相对主义、多元论的立场出发，认为各文化都是平等的，不存在文化先进、文化落后的问题，文化差异是文化多样性、丰富性的表现，不同的文化都各有其存在的理由和合理性。强调文化的建构论，文化是个体与社会历史环境相互建构的产物，是动态的而非静止的。因此，文化心理学强调文化差异性、文化异质性，强调多元共存、异质共生。① 跨文化心理学用进化论的观点看待文化，注重文化的共同性和文化发展的基本规律，这样，把文化差异看作是文化发展水平低的表现，作为不利于文化发展的"落后的"乃至"有害的"东西，假定不同的有差异的文化只是文化进化的不同程度的表现，处于文化进化的阶段，主要关注不同文化群体的心理与行为的相似性，而不是差异性。另外，跨文化心理学把文化看作是外在于人的，文化是影响人的变量，把文化看成是静态的，把研究限制于主客观相分离的基础之上。② 区域心理学强调文化，它认为文化应是本土性的衍生物而非舶来文化，要建立在本土契合性之上对传统的文化进行研究，强调区域文化与人的互动与建构，强调区域间的文化差异性，但却追求在差异的基础上达成区域文化的一般性，希望通过探求文化的差异性来解释文化心理与行为，目标是达成文化与心理的统合性。这是介于文化心理学、跨文化心理学与本土心理学对文化理解间的一种折中主义。③

（二）心理与文化关系的不同理解

本土心理学强调心理与文化的关系，内发性的本土心理学强调根植于本土文化传统的心理学研究，强调文化根植于传统，心理根植于文化，传统

---

① 李炳全、叶浩生：《文化心理学的基本内涵辨析》，《心理科学》2004 年第 1 期。
② 杨莉萍：《从跨文化心理学到文化建构主义心理学》，《心理科学进展》2003 年第 2 期。
③ 张海钟：《中国区域心理学与和谐社会建设》，《甘肃理论学刊》2008 年第 1 期。

文化对心理的影响是以传统的集体潜意识代代相传来影响个体心理的，传统的力量以及对传统规范的遵守程度，决定了文化与心理的关系。传统文化在社会濡化过程中建构着个体的心理与行为。文化心理学强调文化与心理的关系，它认为，文化与心理是一体两面，是相互建构与影响的，个体既是文化大厦的建筑师，同时也是大厦建筑的基石。文化与心理在传统与社会变迁中通过人的主观能动性与社会现实的相互影响而形成，没有固定的心理与文化关系，它是变动不居的，个体在将文化内化为自身组成部分的同时，也在适应环境的过程中将内化的文化作用于现实世界，对现实世界进行着文化的创造与改变，这种改变通过文化适应再次内化为个体的文化心理，如此循环，个体不仅在建构文化，同时文化也在建构个体的心理。① 跨文化心理学强调文化与心理的关系，把文化与心理的关系看作是影响与被影响的关系，认为人的行为是由外在于人的客观因素所决定的，按照科学心理学的规范，将心理与文化分为自变量与因变量，把文化作为自变量，把心理或行为作为因变量，认为二者可以彼此区分开来。它还认为心理过程与行为过程及它们的结构是分离的、具体的，甚至是孤立的实体，倾向于对心理与行为的概念进行与背景无关的定义，坚持对心理与行为的普遍化解释比本土化解释更为重要。② 区域心理学强调心理与文化的关系，它认为心理是与文化相互作用而建构的，要求根植于传统，在分析传统文化的基础上建构区域文化，区域文化与历史、社会、地理环境的连续性是其强调的主要方面，强调环境与人类社会适应的关系，人类在适应生存环境过程中形成适应性心理，这种适应性心理则因区域的地理环境的差异而不同，从而形成典型的文化心理与文化行为。因此，环境与文化、心理的连续性是区域心理学中心理与文化关系的主要出发点。③

（三）理论研究与方法的不同理解

跨文化心理学实质上是科学心理学的文化取向，它基本以自然科学的理论基础和研究方法进行研究，其理论基础仍是以客观主义、主客观相分离、经验的客观性和价值无涉为准绳，在方法上则秉承自然科学的纯实证主义的方法论，主要进行跨文化的比较研究，以概念、建构或测量的假定的跨文化等价作

---

① 李炳全：《文化心理学与本土心理学的辨析》，《肇庆学院学报》2006 年第 6 期。

② 李炳全：《文化心理学与跨文化心理学的比较与整合》，《心理科学进展》2006 年第 2 期。

③ 姜永志、张海钟：《区域心理学与人文地理学的整合探索》，《心理学探新》2010 年第 2 期。

为比较的基础，倾向于量化的实验和心理测量的研究方法。① 文化心理学则与之相对应，文化心理学主要采取人文或社会科学理论模式，认为心理与行为表现是自我存在的，文化与心理或行为是相互建构、彼此不可区分的。强调研究者与被研究者的互为主体的关系，采用哲学解释学方法，同时借鉴文化学、人类学、社会学、民族学等学科的相关方法，强调质化研究方法能够深入了解文化背后隐藏的心理，而量化研究方法则无法达到。② 本土心理学则是继承了跨文化心理学与文化心理学的传统，在理论建构上主张以内发性文化传统为基础，独创自己本土文化的理论，但是并不主张主客相分离的客观性研究，主张主客观一体的心理研究。在方法上既不排斥实证主义也不排除人文主义方法，主张以问题为中心，兼收并蓄各家所长，对本土文化中的心理与行为进行深层次的研究，但是在某些时候本土心理学更侧重对本土文化的挖掘，倾向于质化研究的方法。区域心理学与本土心理学相近，在理论建构上基本主张以本土文化为基础，在文化差异的基础上寻找文化与心理行为的关系，建立本土化的心理与行为模式及相关理论，在研究范式上基本没有独创性的研究方法，仍是以问题为中心兼收并蓄。

心理学研究的文化品性作为心理学研究的独特品格，在相关的文化研究取向中已经表现得淋漓尽致，虽然文化取向的心理研究有的已经被学术界所公认，有的仍只是一种小的思潮，但是文化与心理和行为的关系必将是心理学研究未来的一个取向。文中对心理学研究文化取向的相关学科分支和学术思潮进行了辨析与比对，篇幅所限不能尽全，可以从分析中概括出心理学文化取向的层级关系。首先，是跨文化心理学的早期研究，并逐渐形成了追求文化普适性的跨文化心理学。其次，在其研究基础之上兴起的文化心理学将其研究的文化一致性推向心理与文化的差异性研究，主张心理行为与文化的相互建构。再次，随后的本土心理学则以二者为基点，立足本土文化传统，开创了心理学的本土化研究取向，将文化的维度指向根植于本土的内生性本土一维文化。最后，区域心理学则是将本土心理学的本土一维文化进行了更为微观的区分，提出本土心理的区域文化研究，建立区域文化与心理和行为的关系研究。这四种文化研究取向显然是包含了所有的对心理与行为的研究维度，是一个层级递

---

① 乐国安、纪海英：《文化与心理关系的三种研究模式及其发展趋势》，《西南大学学报》（社科版）2007 年第 3 期。

② 李炳全：《论文化心理学在心理学方法论上的突破》，《自然辩证法通讯》2005 年第 4 期。

进、层级推进的研究过程。因此，在文化框架内，心理学文化研究取向具有很高的拟合度，可以进行文化的统合和研究的统合，这必将为文化与心理和行为的研究做出贡献。

第五节　中国本土心理学的范式超越

心理学的发展史与哲学历史形态的演变有着千丝万缕的关联，西方心理学曾有过与古老形态哲学的依附或附属阶段，有过与心灵哲学的排斥阶段，也有过与现代科学哲学的合作阶段，随着哲学形态的再次转向，心理学与哲学进入了共同生存、共同进步和共同发展的共生阶段。[①] 因此，心理学作为一门学科，它发展的历程既有过依附和排斥也有过合作和共生，作为一门成熟学科，它应该与其母体共生。心理学从哲学母体脱离出来的一百多年时间，在哲学母体或隐或显的影响和对近代自然科学辉煌成就的艳羡下，形成了心理学发展不同时期的不同研究传统，这就包括不同历史时期心理学研究范式的客观范式研究传统、主观范式研究传统和超越于主客体的东方的心理学研究范式。以往的心理学家认为主观研究取向是与客观研究取向相对立的研究传统，但是他们忽略了西方人文主义心理学所根植的文化土壤，无论是实证的主流的科学心理学还是人文的非主流的人文主义心理学，它们都没有放弃主客二分的思维形式，既然区分了主观，那就必然承认了客观，实则还是将心灵作为分离的异己来进行研究。当代西方心理学仍未能摆脱二元思维分离的本质，但却在东方心理学中出现了一种新的声音试图对其进行突破，希冀能够完整地揭示被西方心理学所忽视的人类心灵真实的一面。因此，文中通过对心理学研究范式的不同传统进行梳理，剖析其发展历程中对科学心理学的价值及局限，从另外一条路径对主客二分的主观研究范式传统和客观研究范式传统进行超越。

一、科学范式的概念

"范式"作为科学哲学20世纪60年代的产物，给整个自然科学和人文科学带来了一场激烈的关于学科范式的讨论。库恩认为范式是科学家集团或科学共同体所共同具有的东西，而科学共同体是指在科学发展的某一历史时期该学

---

① 葛鲁嘉：《心理学与相关学科的关系探讨》，《吉林大学社会科学学报》2009年第5期。

科领域中持有共同的基本理论、基本观点和基本方法的科学家集团。从心理上说，范式是科学共同体所持有的共有信念；从理论和方法上说，是科学共同体所共有的模型或框架。总的来说就是某一科学家集团在某一专业或学科中所具有的共同信念，这种信念规定了他们共同的基本理论、基本观点和基本方法，为他们提供了共同的解决问题的模型和框架，从而成为该学科的共同传统，并为该学科的发展规定了共同的方向。[①] 在心理学内部关于心理学范式的讨论就曾有过不同的声音，即心理学中是否存在统一的"范式"，存在过哪些范式，心理学是不是常规科学，心理学中是否存在库恩意义上的"危机"与"革命"，出现过哪些危机和革命等。有研究者认为，心理学发展共经历了心理主义、行为主义、认知主义三个范式科学时期和行为主义革命和认知主义两个科学革命时期；也有学者认为心理学中从未形成过统一的范式，也最终没能形成心理学的科学统一，目前心理学的四分五裂就是最好的表征。

其实，库恩的范式论引进心理学，对心理学发展的理论建构、方法论界说等一系列重大理论问题都是有启发意义的，它既是一种哲学思想，也是一种方法论体系，提供给人们看待世界和看待科学的另一种视域界限。库恩认为，范式是一门学科成为科学的必要条件，一门学科只有具有共同的范式，才可以称为科学，他坚信科学的发展是一个进化和革命、积累和飞跃、连续和间断交替的过程[②]，范式论关于科学发展动态模式的研究，范式的约定主义和不可通约性，都在心理学内部产生了巨大影响。因此，从积极方面来说，范式论所确立的"多元化"理论视角有助于消解心理学不同范式之间的对立，促进不同范式之间的相互理解与融合范式对于科学研究的指导作用，昭示了心理学中理论研究的重要性；但范式论对心理学的发展也有一定的负面作用，范式论所倡导的相对主义价值观是把双刃剑，既可能消解心理学不同范式间的对立，也可能加剧心理学的分裂与破碎。库恩的范式论及拉卡托斯的科学研究纲领作为科学哲学历史主义的领导者，他们都认为科学非理性的事业，科学只有相对性而没有绝对性，这种无政府主义多元化为费耶·阿本德所发挥，很容易使心理学理论研究陷入"怎么都行"的无政府主义状态，最终将科学推向虚无主义。因此，既要对范式论的合理成分进行吸收，也要尽量避免其相对主义对心理学的过度

---

① 夏基松：《现代西方哲学教程新编》(上册)，高等教育出版社 2010 年版，第 251—267 页。

② 杨莉萍：《范式论对心理学研究的双重意义》，《南京师范大学学报》(社会科学版) 2001 年第 3 期。

阐释。那么，从范式论的视角对心理学的传统进行挖掘和诠释，就会发现西方心理学具有客观研究范式的传统和主观研究范式的传统，发现东方心理学中具有与之完全不同的对心理的系统的诠释，那就是根植于东方本土文化的超越于主客体的研究范式，尤其是根植于中国心理学传统中的心性传统。

二、客观研究的范式传统

客观研究范式是西方现代心理学实证主义的方法论范式，也是同人文主义相对立的科学主义心理学的理论取向。客观研究范式接受实证主义哲学和逻辑经验主义哲学的影响。孔德认为，一切科学知识必须建立在来自观察和实验的经验事实的基础上，经验是知识的唯一来源和基础，这种把知识局限在主观经验范围内，不讨论经验范围以外是否有事物存在的原则，就是他的实证主义原则。以卡尔纳普为代表的逻辑经验主义继承了罗素和维特根斯坦的逻辑原子主义思想，从知识依赖于经验出发，认为一个命题是否有意义取决于该命题表示的经验内容能否被经验证实或证伪，只有能够被经验证实或证伪的命题才是有意义的，否则毫无意义。[①] 这种客观性和经验的证实原则直接被早期科学心理学所承载，从而进一步诱惑了心理学对科学化的追求，也就是追求心理学客观化的历程，最终形成了客观范式的心理学研究传统。

其实，客观研究范式的传统一方面来自科学哲学的实证主义哲学，另一方面也来自心理学对当时取得辉煌成就的自然科学的羡慕，黧黑称为"物理学妒羡"，在自然科学夺目的光环下，心理学不得不全盘接受自然科学的研究传统。自然科学所持有的是物理主义的世界观和实证主义的方法论，物理主义是有关世界图景的一种基本理解，实证主义则是一种有关知识获取的基本立场。物理主义的研究遵循主客分离、还原主义、自然主义世界观、价值中立的立场等原则和立场。关于研究对象的理解，实证立场的心理学持有的是物理主义的世界图景，关于研究方式的理解，实证主义立场的心理学运用的是实证论的研究方式。[②] 实证主义立场的心理学不可避免地要以自然科学基本原则来衡量心理学的科学性，也就有了实证立场的心理学对心理学研究对象的理解，是建立在主观和客观分离之上的，也就有了心理学研究方式建立在感官经验的证实上，这

---

① T.H.黧黑:《心理学史——心理学思想的主要趋势》，浙江教育出版社 1998 年版，第218—222 页。

② 葛鲁嘉:《心理学中国化的学术演进与目标》，《陕西师范大学学报》(哲学社会科学版) 2007 年第 4 期。

种研究的客观性只有通过感官和经验证实才能保障。物理现象可以按照进化的阶梯排列为物理学、化学、生物学、生理学、心理学等，排在上端的科学解释可以向下端的科学解释还原。那么，遵照物理主义的世界观，心理现象也可以还原为最基本的元素，早期的冯特和铁钦纳就将意识还原为心理元素，试图寻找由心理元素构成的心理规律，行为主义者则将行为还原为一种物理和化学刺激引起的另一种物理的和化学的反应。[①] 物理主义所坚持的人、人的心理与行为乃自然世界的一部分，有着某种先定的、普适的、凝固不变的本质或运动规律。人类认识的基本任务，在于揭示自然世界的本质与规律，进而实现对自然物的预测与控制。客观的研究范式还要求研究者要价值无涉地对研究对象加以研究，任何价值导向都是不允许的，价值的涉入会影响研究的客观性，这样就将人的心理也看作是静止的不变的物理现象。

最初的心理学客观研究范式有两个根本目的，一是建立一种普遍性适用的实证科学；二是建立一种严格意义的实证科学。这种客观的研究范式确实给心理学研究带来了科学的地位，揭开了人类心灵的神秘面纱，操作主义使人类心灵越来越具有可操作性，提供了客观揭示和理解心灵的方式方法和有效的干预技术，合理地揭示了人类心理的一个侧面。但是，这种客观研究范式所坚持的主客分离的思维模式没能完全阐释具有自觉能动性的人类心灵主观性，它将心理学的研究对象，人的心理与行为视为自然物一样的认识客体，主张主体与客体的截然分离。物理主义的世界观、方法中心论的科学本质观、自然科学取向、客观主义、还原主义的研究原则、因果决定论的心理学解释框架等是其根本特征。[②] 因而，这种客观的研究范式的自然还原主义导致人性的物化，客观主义导致主体性的迷失，主客二分研究范式限制了心理学的视野，也阻碍了心理学的进一步发展。

三、主观研究的范式传统

主观研究范式是西方现代心理学现象学—存在主义的方法论范式，也是同科学主义相对立的人文主义心理学理论取向。主观研究范式直接来自胡塞尔的现象学和海德格尔、伽达默尔的存在主义哲学。但是，从客观研究范式向主观

① 王海英：《论科学主义心理学研究中的还原论倾向》，《社会科学战线》2009 年第 9 期。

② 佟冬英：《心理学的分裂与统一研究评述》，《杭州师范大学学报》（哲学社会科学版）2005 年第 5 期。

研究范式的过渡，还经历了后实证主义时期，由于客观研究范式将人"物化"，忽视人性的主观自觉性，没能全面揭示人的心灵，因而不是一个全面的研究范式。后实证主义者波普尔在反归纳主义和经验证实的基础上，贯彻了非理性主义科学观，否认理论来源于经验，坚信理论先于观察，理论来自科学家的灵感，理论是大胆的猜测。科学哲学历史学派的代表人物汉森的观察负载理论，则对逻辑实证主义的解体和历史主义流派的形成与发展起了巨大作用，从观察负载理论出发驳倒了价值中立的客观主义原则。费耶·阿本德发展了库恩和拉卡托斯的非理性主义思想，明确提出科学不能排除非理性，认为科学研究既可以用理性的方法也可以用非理性的方法，而他的非理性就是指主观性。① 另外，他也反对对科学进行经验证实或证伪的、范式的、科学研究纲领的划界标准的讨论，提倡多元方法论。

后实证主义对实证主义的反驳以及非理性思想的发展，科学研究已经由客观性向主观性过渡。但真正将科学研究主体化的是现象学和存在主义哲学。胡塞尔认为应该提出一种在研究中能符合人的独特存在的科学，直指人的主观意识性，反对将人及心灵客体化。他认为实证主义将人的心灵与物质对等起来，损害了人的精神生活，使人的生存失去了尊严，失去了意义，精神变得枯竭。他的现象学将纯粹自我意识和先验主观性作为哲学研究的对象，将人心灵的主体性提高到了前所未有的地步，主张通过现象学的本质直观来认识纯粹的自我意识。本质的直观是自我意识的内省活动，是一种不能对之进行逻辑分析的本质的洞察，只有通过本质的直观才能实现现象学还原，从而直接洞察现象的本质，把握纯粹自我意识。存在主义哲学领袖海德格尔，在基尔凯戈尔的"存在就是非理性的主观经验"的观点上，追寻存在与此在的意义，企图否定主客体的二元对立，建立超越主观和客观的哲学，将人的主观性提高到了本体论哲学的高度。② 他反对传统的认识论和真理符合论，而认为真理是存在自身的显示，即让此在摆脱沉沦自由的存在。他认为要真正把握存在的本质，不是运用科学思维，只能依靠思，思就是悟，就是非理性的领会、体验或直觉。

正如车文博所言，目前心理学的研究发展"已经超越了以往狭隘的定义，已经从关注实验室中的人，转化到了研究复杂的社会、文化问题和理论问

① 阳小华：《西方哲学中语言学转向的哲学渊源演变》，《外语学刊》2005 年第 3 期。

② 夏基松：《现代西方哲学教程新编》(上册)，高等教育出版社 2010 年版，第 481—535 页。

题"①，这说明科学心理学的研究已由客观研究范式传统向主观研究范式传统转变。科学哲学的后实证主义转向和人文主义的现象学—存在主义哲学对主体的关注，已经使心理学研究具备了跳出客观经验证实的束缚的可能，这种可能性就是用主观研究范式对人类心灵的直观现实的体验。人文主义心理学就立足于这种主观研究范式，人文心理学的奠基者都承认现象学和存在主义给了他们灵感。正是在现象学和存在主义的立场上，他们反对对完整的人进行抽象的分割和歪曲，和以坚持客观性为名否弃人的主观性的地位。主张应肯定人是自主性和创造性的存在，回到经验主体本身，确立人的主观经验的真实性，研究人的价值、尊严、自由、责任、选择、意义等与人的现实存在有关的问题。人文主义心理学立足于主观研究范式，强调心理学所研究的人及其心理行为有着不同于自然物的独特本质，即人的心理具有自觉性、主观性、创造性和生成性，并积极追寻与人的本质相适应的心理学研究方式，主张研究主体向研究客体的渗透、移入、融合，凸显心理学真理的人性本质。②主观研究范式将人本主义的世界观、问题中心论的科学本质观、人文科学的研究取向、直觉主义的人本学、整体主义的研究路线和非决定论的心理学解释框架等看作是其基本特征。从与客观研究范式相对立的方面，它给予了对人类的心理行为的独特的心理学阐释，提供了有效的心灵的理论假说、理论观点、研究方式方法和干预技术，因此，在客观研究范式的对立面也有效地揭示了人类心灵的一面。

主观研究范式的心理学研究传统充分彰显了人的主观性，突破了客观研究范式以"物"为中心的科学主义心理学方法论。作为心理学的生存依据与存在价值的载体，在客观主义研究范式下，人在心理学庞杂的内容下要么成为机器，要么沦为动物，要么变成了神，人被割裂与分解，而主观研究范式则使人的主体真实性得以恢复和彰显，从物性的研究恢复到了人性的研究，体现了存在的价值。但是，主观研究范式以本质直观的内省为研究方式，通过自我意识的内省达到对心理的认识与理解，也很容易陷入主观的心理主义，退回到古老哲学的思辨与内省。它虽然强调对自我意识的本质的直观，但仍缺乏确证性和普遍性，这一点是实证主义心理学最常抨击的软肋。西方

---

① 车文博：《客观实验范式与直观经验范式的整合——当代西方心理学理论范式发展的走向》，《自然辩证法研究》2003 年第 5 期。

② 彭运石、林崇德、佟冬英：《论主客同一的心理学研究范式》，《心理科学》2006 年第 1 期。

的个体主义文化使人文主义心理学过分关注个体，极易忽视整体性，另外，人文主义心理学所追求的自我实现的价值也是一种"似本能"的东西①，极易陷入本能还原论。

其实，人文主义的主观研究范式虽然恢复了人的主体性，将人的存在和价值推向了极致，但仍未能摆脱主客二分思维的束缚。主观研究范式恢复的只是心理学研究对象对人性的关注，但仍旧以主体对人性这一客体的认识为出发点，从自我中将人性分离出来，人性在一定意义上说就是客观存在的，只不过主观研究范式者眼中所理解的是主体对主观性的认识。尽管他们自称已经超越于客观研究范式，但却又走向了另一个极端。旧有的二元对立思维作为一种内隐的西方文化精神，已经深植于西方心理学研究中，形成内隐的文化内核。主观性强调的是以内隐的客观性为依据，因而不可能摆脱客观主义的束缚。主观研究范式对客观研究范式的超越是不成功的，它只具有突破的意义而不具有超越的意义，因而这种超越必定要到其他的心理学传统中去寻求。

四、心理学研究范式的超越

西方心理学的两种研究传统：客观研究范式和主观研究范式，它们始终未能真正完全地跳出二元思维的桎梏，客观研究范式以实证主义为论调，将心理学研究对象物化，走向了客观主义；主观研究范式以人文主义为论调，将心理学研究对象非理性化，走向了主观主义。随着西方心理学与东方心理学的跨文化沟通日益加深，西方学者极度关注东方心理学传统，尤其是禅学，将其视为西方心理学可以借鉴的资源，可以用来弥补西方心理学对人类心灵的片面的揭示和理解。东方心理学思想日益受到心理学者的关注并非空穴来风，因为在东方心理学传统中虽然没有发展出西方科学意义上的心理学，但却有着独特的揭示、理解和干预心灵的方式方法、理论和技术，这也是系统的心理学体系。也正是在这样的心理学体系中，蕴含着一种独特的心理学研究范式。

其实，作为东方文化代言人之一的中国，自古就有不同于西方科学心理学的对心灵的独特解说、理解和阐释。中国的心理学既应该包括由西方传入的科学心理学，也应该包括根植于中国文化内核的中国心理学传统。西方传入的科

---

① 车文博：《人本主义心理学》，浙江教育出版社 2003 年版，第 333—343 页。

学心理学，给中国心理学带来了前所未有的发展，使中国有了自己的科学心理学；中国心理学传统则是一种另类的心理学，它有着丰富的文化资源，这些资源就包括常识心理的资源、宗教心理的资源、哲学心理的资源。[①] 在这些心理学资源内产生了一种对人类心灵进行解说的理论、考察的方式方法和心理干预的技术，它提供的是对心性的理论解释、探索方式和技术手段。这种心性心理学说立足于一种假设，它以中国传统哲学中的儒道释为哲学基础，反对主体与客体、主观与客观、研究者与研究对象的绝对分离，主张主体与客体、主观与客观、研究者与研究对象的内在融合与统一，因而对心理学研究对象和心理学研究方式要有一个新的理解。[②] 对心理学研究对象的理解，就应该摆脱那种根植于物理主义和实证主义的对人物化和经验证实的理解，摆脱对人性的自然科学假说，即心理现象是外在于人而存在的客体，研究者与研究对象是绝对分离的，研究的客观观察性、价值中立性的假说，而应从人的主观性、生成性、创造性、建构性和历史性去理解，因而心理学研究的不应该是与主体相分离的研究对象，而是与主体合二为一的心理生活，心理生活是研究者与研究对象的彼此统一，生活者是通过心理本性的自觉来创造心理生活。心理生活的性质是觉解，方式为体悟，探索在体证，质量是基本。这说明心理生活就是自觉的活动，就是意识的觉知，就是意识的构筑。

　　研究方式和方法上也应该有一个根本的改变，这种改变基于两个假设：一是人的心灵与终极的世界本体是内在相通的，二是人可以通过心灵的内在超越，摆脱个体的有效性，体认终极本体，获得生活的意义。因而在方式方法上应该开放实证心理学方法中心的边界，拓展实证心理学客观分离的、价值中立的实验研究，采用体验和体证而不是实验和实证的研究方式。体验或体证是人有意识地把握心理对象的一种活动。体验或体征的历程是人的心理的自觉活动、自觉创造和自主生成。人通过心理体验把握心理自身时，是一种没有分离感知者与感知对象、没有分离认识者与认识对象的活动。在这样的心理活动中，人是感受者，是体验者。这就凸显了中国文化中主客一体的独特思维方式，展现了中国传统文化心道一体、天人合一与心灵结合的创新。心道一体的重要含义在于道并不是在人心之外而是在人心之内，个体可以通过对道的体认

① 葛鲁嘉:《心理学的五种历史形态及其考评》,《吉林师范大学学报》(人文社会科学版) 2004 年第 2 期。

② 葛鲁嘉:《中国心理学的科学化与本土化——中国心理学发展的跨世纪主题》,《吉林大学社会科学学报》2002 年第 2 期。

扩展自己的心灵，达到内省的普遍性和超越性，最终体认终极本体。①正是由于对天人合一是通过中国传统的文化的直觉体悟来把握的，这种直觉体悟又是整体的、直观的、超逻辑的、主客统一的，所以，通过主体的内省和体验来把握客体，既可以获得人生的意义与价值，确立主体存在的方式，实现自我心灵与自然、社会、他人的和谐统一，超越主客、心物、人我、有无、是非等二元对立的立场，实现人在存在论上的统一；又可超越于主观和客观的束缚，达于一种心灵超越的境界，这就是在中国心理学传统中对主观研究范式和客观研究范式的超越的理解。

综上所述，科学心理学诞生以来的两种研究范式，没能从根本上摆脱西方文化精神的枷锁，要么将心灵物化，将心理学研究推向客观主义；要么将心灵非理性化，将心理学研究推向主观主义。不可否认，西方心理学在追求科学化的进程中，采用客观的研究方式或主观的研究方式，使人类有了对心灵的更多认识与了解，建立了关于心灵的理论假说，进行了系统的科学研究，提供了有效的对心灵进行干预的技术，有效地揭示了人类心灵的很多方面，使原本神秘的心灵得以现实地呈现，但是它并不是完整的心理学，它未能完整地揭示人类心灵的全貌。东方心理学传统却可以弥补这一缺陷，虽然东方的心理学也未必可以揭示人类心灵的全貌，但它却揭示了人类心灵的真实和本真的一面，既将人作为自然的存在，也将人作为生成的存在，不仅突破了主观研究范式对主体性的过分关注，而且也突破了客观研究范式对客观性的过分关注。它将心灵视为自然的和生成的，完成了对心灵的扩展，在一定程度上超越了主观和客观的对立，因而不仅提供了完整的对心灵的界说，而且提供了一种天人合一和心道一体的全新研究范式。

---

① 葛鲁嘉：《新心性心理学宣言——中国本土心理学原创性理论建构》，人民出版社2008年版，第269—285页。

第二章　当代中国心理学本土化理论转向探索

第一节　中国心理学学科建设的梁漱溟思想

梁漱溟先生是中国著名的思想家、哲学家、教育家、社会活动家、国学大师，主要研究人生问题和社会问题，是现代新儒家的早期代表人物之一，有"中国最后一位大儒家"之称。我们认为，梁先生晚年所著《人心与人生》其实是一部大心理学（或曰广义心理学）著作。《人心与人生》以心理学为圆规，论及人与自然、自然与人生、生理与心理、理智与本能、道德与人生、宗教与艺术等人文领域。

当今之世，科学与哲学分途，自然科学与社会科学分野，而梁先生却以心理学为核心、为枢纽，串联科学与哲学、社会科学与自然科学、纯理科学与应用科学于一体，透彻地揭露人生心理学的实质，为他的中国文化、西方文化与印度文化的界定寻根添据，为新儒学大唱赞歌。

我们不敢贸然肯定或否定梁先生所倡导的新儒学对中国文化的重建和世界文化的发展所具有的意义，但仅就《人心与人生》的方法论而言，却不无借鉴意义。特别是对心理学的批评和论证，更为惊世骇俗。我们试图以心理学基本理论为出发点，妄评梁先生的人生心理学的某些观点，就教于学界同人。

一、关于心理学的性质、对象、方法

心理学界关于心理学性质的讨论及争论由来已久。有些学者认为，心理学是实验科学，当然属于自然科学。而有些学者则认为心理学的研究对象是人的心理和行为，应属于人文科学范围，还有些学者则在教科书中把心理学定为介

于自然科学和社会科学之间的中间科学。这里我们只看梁先生这个心理学的圈外人如何看待心理学的性质问题。

"在学术猛进之今世，其长时间盘旋不得其路而进者，最最落后者，莫若心理学矣。心理学的方法如何？其研究对象或范围如何？其旨的或任务如何？人殊其说，莫衷一是。即其派别纷杂，总在开端处争吵不休。则无所成就也不可见乎？盖为此学者狂于学术风气之偏，自居为科学而不甘为哲学，却不晓得心理学在一切学术中间原有其特殊位置也。心理学天然当是介居哲学与科学之间，自然科学与社会科学之间，纯理科学与应用科学之间，而为一枢纽或核心者，它是最重要无比的一种学问，凡百学术统在其后。"①

梁先生这段表述有三层意见：一是心理学无所成就，其原因在于对象、范围、方法、目的、任务皆不明确；二是当今之心理学自居于科学而不甘心为哲学，乃是狃于学术风气之偏；三是心理学是一切科学之间的联络中枢。

关于心理学无所成就的问题，学界同人有目共睹，至目前为止，心理学已在自然、社会、人类思维各个领域中无所不用，其分支科学遍地开花，自然不能说是无所成就。至于说心理学界学派纷呈，各执一端，互不相让，究竟对心理学发展起到了促进作用还是干扰作用，却要另当别论。当代心理学已趋向于整合，行为主义、精神分析、人本主义都在求同存异，但是不可否认，当代心理学仍然没有形成如现代物理学、数学、生物学一般的规范化体系，要达到这个标准还有待几代心理学家的努力。按照库恩的科学发展理论，心理学仍然缺乏作为科学的标准范型，也许当代认知心理学和跨文化心理学两个方向的研究可以使这一问题在不久的将来得到解决。

关于心理学的对象问题，当代心理学显然已达成了共识，就总体来讲，心理和行为自然是心理学的对象；至于其范围，异彩纷呈的心理学分支科学可做回答；就方法而言，当代心理学家大多数认同于实验法，从而向自然科学方法看齐，但也有一些心理学家采用思辨的方法、田野的方法、临床的方法。这取决于各种分支科学的性质。诚然方法的正确与否直接关系到结论的真理性，但方法必须根据目标而选择，梁先生坚持二分法，认为非此即彼，自然不合适宜；总的趋势是一切科学研究都走向数学化的方向，心理学的数学化已成为当代学者的普遍追求。

梁先生认为心理学最最重要，凡百学术统在其后。但事实是不是这样呢？

---

① 梁漱溟：《人心与人生》，学林出版社 1987 年版，第 45—47 页。

任何一个科学家都无权认为自己研究的科学是用于一切科学之上的，数学家也不敢如此说，何况心理学。梁先生的二分法，自然与社会、纯理与应用、哲学与科学，曾使许多人对心理学的性质茫然不解。其实，这种二分法本身早已不适合概括当代科学的发展分类。

钱学森先生曾于20世纪80年代中期就提出一种九大门类的分法，即哲学、数学、自然科学、社会科学、人体科学、行为科学、思维科学、文艺科学和生命科学。但这一分法似乎没有得到科学界的认可。我们认为这一分类可以从根本上解决心理学的归属问题。按此分类，心理学当属于行为科学，但心理学的许多分支科学可以被认为是介于社会科学与行为科学之间的交叉科学或与其他门类相联系的边缘科学。

梁先生还一再强调，"晚近心理学家失败在自居科学而不甘为哲学；而一向从帮人生哲学（或伦理学或道德论）者适得其反，其失在株守哲学，不善资取科学。"[1]

梁先生之意指，现代心理学界有两种心理学，一种是科学实验的心理学，一种是哲学思辨的心理学。梁先生以为应中和两种方法。此说颇有见地。纵观当代心理学界，以实验统计方法为导向者多对观察法、个案分析法等不以为然，自居为正统的心理科学，而以社会科学（含人文科学）为方法导向者，则以为统计实验乃不过是唬人的幌子，其实统计不过是一场游戏。然若细究，则各有是非。实验法之弊端在于埋没于数字之中，得出的结论虽可令人信服，而于应用则捉襟见肘；观察分析虽然头头是道，却又难以令人信服，若是互为借鉴，互相吸收，则会更妙。问题在于，心理学界部分学者是文科出身，于统计见拙，大有望而生畏之感，而部分理科出身者却又没有得到人文科学的理论思辨训练，致使干巴巴的统计数据堆砌不成"真正的论文"，上升不到理论。再加上各门分支学科之特点不同，致使任何行业的任何人均可奢谈心理学，便有所谓"江湖心理学"之说。使民众觉得心理哲学就是算卦术，而于社会、于人文无补。

二、关于心理学的未来、方向、前途

当代中国(含港台)心理学者关于心理学的未来方向问题的争论由来已久。有的学者主张心理学应该本土化、民族化，或者说具有中国特色。有的学者则

---

[1] 梁漱溟：《人心与人生》，学林出版社1987年版，第49—52页。

认为，中国心理学仍处于进口消化阶段，还谈不上本土化、民族化问题。第一线的心理学教师则对方向问题漠然视之，一切以能否发表文章为标准，不谈什么西洋化或民族化。

且看梁先生是如何对待该问题的。梁先生说："心理学之无成就与人类之于自己无认识正为一事。此学论重要则凡百学术统在其后，但在学术发达次第上则其它学术大都属其先焉。是何为然？动物生存向外求食，对外防敌为先。人为动物之一，耳目心思之用恒先在认识外物固其自然之势。抑且学术之发生发展，恒必从问题来。方当问题之外也，则其学术亦必在外，其反转向内而认识自己。非待文化大进之后，心思聪明大有余裕不能也。"

梁先生的结论有二：一是凡百学术统在心理学之后；二则心理学最最落后。然后分析原因，一是人是动物，必须先满足生理需要，然后方可产生精神需要。也就是说，人类必须先认识自然，再认识社会，而后方可翻转而认识自己。而心理学则正是一门认识你自己的科学。二是一切科学的发展必须从问题来，因为文化尚未大进，认识自己的需要尚未产生，心思聪明还运用不到"自己"上去。这两个原因的分析确实有道理。

纵观心理学发展史，心理学每前进一步，都必须以自然科学，特别是生理学、动物学、脑科学以及物理学发展为前提，当代计算机科学的发展为心理学提供了全新的研究途径，并造成了认知心理学的繁荣，更可为明证。至于社会科学、人文科学，如经络学、教育学、论理学、法学、语言学的发展则不断为心理学提出新的要求和动力，这是有目共睹的。

当代社会真可谓"文化之大进"，无怪乎有人预言"21 世纪将是心理学和细胞生物学的世纪"。人类该到认识自己的时候了。当代心理学几十门分支学科的飞速发展正在预示着 21 世纪的心理学的曙光。

三、人类心理的本质、特征、范畴

普通心理学讲人类心理和本质时说明了人的心理是人脑对客观事物的主观能力的反映。在这里，人的心理与动物的心理的根本区别在于主观能动性。而梁先生则不以为然。他认为，一切生命皆是"自动的、能动的、主动的、更无使之动者"。人与其他生命体的不同在于人的心理是自觉主动的，这种自觉主动性具体表现为计划性、灵活性两个方面。计划性是前定的，而灵活性则是在过程中方可决定。然而梁先生以生物进化论角度细论计划性与灵活性之后，却又云"说计划性是人心之基本特征，自未为不可；顾吾意别有所雇而不在此"①。所属在何处呢？先生云"吾以为人心特征要在其能静耳"②。依梁先生之见，人若不能神则计划性、灵活性或谓自觉的主动性便为一张空白纸，有何作为？

其实梁先生谈的不过是知行问题，即知行关系，知者思想也，行者行动也。梁先生认为先有思想而后才可行动。游者思也，计划性、灵活性是属行动。反转于称而论之，则自觉便是思，主动便是行，思静行动。所以人与一切生命体的根本区别仍可概括为自觉的主动性而已。

我们以为，梁先生此论确实是对心理学基本理论的一大成就，普通心理学所讲的心理是对现实事物的主动反映。但确然某些动物也有主动性，而且事实上确实为主动，而人的心理则不仅主动反映客观事物，而且可以自觉地反映客观，改造客观，甚至改造主观。就此而言，自觉性当为人的心理与动物心理之本质区别。

四、关于男女两性心理的差异、根源、联系

梁先生在论及身心关系时，对男女心理差异做了十分有趣的论述，他认为身心一体相联往复相通，而身为阴极，心为阳极，性向各有所偏。

人类之所以比动物优胜，乃是因为其力量之大，这种力量当然是指脑力而言，就身心两端来说，身主于受，属阴极；而心主于施，取阳极，受指被动，而施当指主动。但身心相通，施中有受，受中有施，身外而心内，心深而身浅，其间往复交流还有不少深浅差异可言，但非人人都是如此。其原因在于两端之间原有着可以伸缩的距离；鼻心之间距离的远近深浅决定力之大小。

女性身心距离不及男子深远，其根源在于"女子担负着创造人类幼体的天赋任务……盖在女子，身体势力天然大过于心，心恒受到身体势力的牵掣影响"③。

梁先生举例说女子总比男子爱哭爱笑，声音高，胆小，正因为其身体力拉大的缘故，实际上梁先生之意是说，女子的心理受生理变化的影响极大。他又举例说，"男子不及女子的心灵手巧，而女子又不及男子的才思。"心灵手巧属于身体能力，而才思敏捷则属于内心力量、精神力量。用心理学概念讲，就是女子擅长动作思维，男子善于抽象思维。

---

① 梁漱溟:《人心与人生》，学林出版社 1987 年版，第 53—57 页。
② 梁漱溟:《人心与人生》，学林出版社 1987 年版，第 64—68 页。
③ 梁漱溟:《人心与人生》，学林出版社 1987 年版，第 69—76 页。

人类所贵在于创造，女子所贵在于创造一个富有创造力的新人（小孩），而男子在于创造一些身外之物，如一件艺术品，一种哲学理论，一种科学发明等等。正所谓男子以心为正身为副，女子以身为正心为副。接着梁先生写道："试数一数几千年中外过去历史上伟大思想家或事功方面的伟大人物里有几多妇女呢？然而任何伟大思想家或其它各种伟大人物却无一不是女子所创造——所生育。就女子力量为一切伟大创造力的根本源泉具有决定性而说，则女子力量固有其贵重过男子力量的一面，不是吗？"[①]

"不徒以表面形态来分别男女，而更以根本理解上认识男女天生的互不相同之后，则在其它无教育上和取业工作上男女当不强同，便是十分明白的道理。……然而世俗见不及此。男女教育，男女工作职业率多强求其同，此因近世力反封建陋俗歧视女性之所为，不免多而矫枉，实不符合科学客观真理。"[②]

可以看出，梁先生是生理遗传决定论者，男女的心理差别乃天赋而定，并非后天使然。这与弗洛伊德及其弟子多伊奇、埃里克森等如出一辙。不过，梁先生只是说女性是被动的，男性是主动的，还没有像弗洛伊德那样指出女性具有自恋、被动、自单、缺乏正义感和道德等弱点。这种理论早已受到阿德勒、雀妮等精神分析学中社会文化学派的批评，也受到女权主义的攻击。梁先生只看男女性的生理差异而忽视社会文化对女性角色要求的作用，显然令人难以苟同。社会心理学中各种实验研究已在明证，此处不再赘述。然梁先生批评妇女解放者矫枉过正，由男女平等以致男女相等，在教育、职业安排上强求同一，实为惊世之语，当为当代妇女解放者戒。

总而言之，梁先生的《人心与人生》乃是科学与哲学的交融，东方与西方的中和，何以见得呢？言其科学与哲学之交融者，是说梁先生论述的是人生哲学、人生心理，虽采用历史文献法、理论分析法、哲学思辨法，然而所引根据却是物学、心理学、生理学、人类学乃至其他自然科学家的研究成果。言其东方与西方之中和者，是说梁先生将现代心理学的概念、原理用中国古代哲学的名词术语去阐释，反过来又将古代哲学各种哲学范畴用现代科学理论去论证。使其东西中和，仅其中所引用之理论不下百家，如西方罗素、麦独孤、达尔文、弗洛伊德、柏格森、康德、巴甫洛夫、马克思等无所不用，中国如孔子、孟子、墨子、王阳明等无所不通。

---

① 梁漱溟：《人心与人生》，学林出版社 1987 年版，第 78—81 页。
② 梁漱溟：《人心与人生》，学林出版社 1987 年版，第 89—96 页。

我们将梁先生的人生哲学称为大心理学，是因为他论述的是人生心理学问题，但又不使用实验心理学的术语。梁先生论人生心理，从人性论到自然与人，从本能与理智到身心关系，从性情、气质到礼俗制度，从宗教与人生到道德与人生，最后归论人类心理发展史，洋洋洒洒，蔚为壮观。可以说是人生心理哲学，也可以说是广义心理学，乃至可以说是中国特色的人生心理学，从而排除了现当代心理学移植式研究的弊端，实为当代心理学本土化运动之先驱，梁先生当然并不自觉这一殊荣。

第二节　中国现当代心理学家的理论探索

在西方心理学 120 多年的发展中，许多心理学家都试图建立一个像数学、物理学、化学一样的学科概念体系，使心理学成为一门具有统一范式的科学，但从冯特到詹姆斯，从华生到弗洛伊德，从皮亚杰到维果茨基，几乎所有的心理学大师都以失败而告终。20 世纪 50 年代以来，为了向自然科学靠拢，心理学纯粹成为行为主义影响下以实验方法为唯一方法的实证主义学科，虽然其间产生了人本主义心理学，推崇人文主义研究取向，虽然后来也产生了模拟信息加工研究认知过程的认知心理学，甚至现在还产生了认知神经科学，但心理学基本上成为微观理论越来越多、数理统计越来越复杂、研究课题与社会生活越来越远的玄学。有人戏称心理学家越来越成为数学家，心理学的研究对象越来越成为城市大学生，由于理论学派林立，概念统一困难，所以没有人再做理论体系建设的努力。虽然 20 世纪中后期，也有心理学家提出理论心理学、文化心理学，试图矫正实证主义的弊端，但都没有引起心理学界的重视。终于，在新世纪的到来前夜，西方心理学家自己发现，无论是坚持反射论的认知心理学还是坚持还原论的认知神经科学，都已经穷途末路，于是有人提出必须建设一门理论心理学。

中国现行心理学基本上是进口心理学，所以西方的思潮必然反映到中国。鉴于中国模仿的西方实证主义心理学的衰落、人文主义心理学的复兴，为了整合西方本土心理学 100 多年历史中发展起来的各种学派理论，规范心理学的概念体系和研究方法建设，从 20 世纪 90 年代以来，中国本土的一些心理学家分别以自己的专业领域为视野，开展了理论心理学学科建设的讨论和探索。新世纪西方理论心理学研究思潮的传播，使中国心理学家建设本土理论心理学的信心进一步增强。

一、20世纪70年代中国心理学的理论心理学探索

中国心理学从清朝末年民国初年进口，到新中国成立初期，其发展历程步履维艰，个中缘由不必细说。新中国成立后刚刚起步，又在20世纪50年代末到70年代末被视为唯心主义伪科学，近20年未曾发展。但有一位学者却是例外，这位学者就是梁漱溟。梁漱溟是一位文化学、哲学家，名冠中华，在"文化大革命"中，他孤守三尺书屋，思考写作凡十余年，在诸多著作中有一本《人心与人生》，被公认为理论心理学著作。由于"文化大革命"的影响，这本1975年就写完的著作直到1984年才出版。

《人心与人生》以心理学为圆规，论及人与自然、自然与人生、生理与心理、理智与本能、道德与人生、宗教与艺术等人文领域，梁先生称其为人生哲学。[①] 在论及心理学的现状和地位时，梁先生认为：一是心理学无所成就，其原因在于对象、范围、方法、目的、任务皆不明确；二是当今之心理学自居于科学而不甘心为哲学，乃是狃于学术风气之偏；三是心理学是一切科学之间的联络中枢。

究其深层原因，梁先生说："心理学之无成就与人类之于自己无认识正为一事。人为动物之一，耳目心思之用恒先在认识外物固其自然之势。抑且学术之发生发展，恒必从问题来。方当问题之外也，则其学术亦必在外，其反转向内而认识自己。非待文化大进之后，心思聪明大有余裕不能也。"[②]

现代心理学认为，人类心理和本质是人脑对客观事物的主观能动的反映。而梁先生则不以为然。他认为，一切生命皆是"自动的、能动的、主动的、更无使之动者"。人与其他生命体之不同在于人的心理是自觉主动的，这种自觉主动性具体表现为计划性、灵活性两个方面。"计划性是前定的，而灵活性则是在过程中方可决定的。"然而梁先生以生物进化论角度细论计划性与灵活性之后，却又云"说计划性是人心之基本特征，自未为不可；顾吾意别有所属而不在此"[③]。所属在何处呢？梁先生说："吾以为人心特征要在其能静耳。"依梁先生之见，人若不能"静"则计划性、灵活性或谓自觉的主动性便为一张空白

---

① 梁漱溟：《人心与人生》，学林出版社1987年版，第4—5页。

② 梁漱溟：《人心与人生》，学林出版社1987年版，第36—37页。

③ 张海钟：《评梁漱溟的大心理学思想》，《殷都学刊》1995年第1期。

纸，有何作为？总而言之，人类心理的本质是可以安静，然后是具有自觉性、计划性、灵活性。

《人心与人生》包括20章，每章又有几个小节，论人生心理，从人性论到自然与人，从本能与理智到身心关系，从性情、气质到礼俗制度，从宗教与人生到道德与人生，最后归论人类心理发展史，洋洋洒洒，蔚为壮观。可以说是人生心理哲学，也可以说是广义心理学，乃至可以说是中国特色的理论心理学，从而排除了现当代心理学移植式研究的弊端，实为当代心理学本土化运动之先驱，也是本土理论心理学的先驱。

二、20世纪80年代中国心理学的理论心理学探索

（一）潘菽建立有中国特色心理学的思想

早在20世纪20—30年代，潘菽先生就萌发了建立中国化心理学的思想。20世纪80年代，更是发表多篇论文，主张建设中国特色的心理学理论体系。"纵观潘菽一生中对心理学发表的诸多言论，不难看出，其中有一条红线贯穿始终，这条红线就是潘菽心理学思想的核心——建立有中国特色的心理学思想。"[1]

"照我个人的看法，走我们自己的道路，有自己的特点，就是要用马克思主义的理论指导心理学的研究，要以此来提高心理学的科学性，把心理科学推向前进，以服务于我国的社会主义现代化建设。"[2]

"为了改造现有的心理学，以建立适合我国社会主义现代化建设要求的心理学，必须好好挖掘我国古代心理学思想这个宝藏。这个宝藏有丰富而可贵的蕴藏。……这些从我国古代的心理学思想中挖掘而来的材料，将构成我国将要建成的心理学中很重要的一部分，也将构成我国将要建立起来的自己的心理学体系中最有特色的一部分。"[3]

潘菽先生曾多次论述关于"建立有中国特色的心理学"的途径问题：第一，要以马列主义、毛泽东思想作为心理学工作的指导思想。第二，要坚决贯彻理论联系实际的原则，使一切心理学工作都最密切地结合着我国的

---

[1] 汪凤炎等：《论潘菽建立有中国特色的心理学思想》，《纪念潘菽诞辰100周年文集》，1997年。

[2] 潘菽：《论心理学基本理论问题的研究》，江苏教育出版社1987年版，第219—220页。

[3] 潘菽：《加紧改造心理学，为全面开创社会主义现代化建设的新局面服务》，江苏教育出版社1987年版，第417—423页。

社会主义现代化建设的实际而为之有效地服务。第三，要贯彻"洋为中用"的原则，积极地通过批判分析，学习吸收国外心理学的一切有价值的东西。第四，要贯彻"古为今用"的原则，好好挖掘我国古代心理学思想这个宝藏。①

为了能更好地"建立有中国特色的心理学"，潘菽先生不仅指明了研究途径，而且做了一些有关这方面的范例性研究，其内容主要包括以下三个方面：第一，关于心理学基本理论的研究，对于心理活动范畴的分类、心理活动的矛盾、心理学的研究方法、心理学的学科性质、心身关系、心物关系、心理与实践和意识问题等心理学基本理论问题，潘菽都做了一些研究，并提出了自己的观点。如认为心理学是一门中间科学、将心理活动范畴划分为知和意两大部分并提出唯物论的心身一元论等。②

潘菽先生的这些思想和探索虽然没有成为现实，但比较大地影响了中国理论心理学的建设。与他同时代的心理学前辈高觉敷以及燕国材、杨鑫辉等心理学家，一直致力于中国古代心理学思想的挖掘整理，出版了大批心理学史论书籍，不能不承认与他的影响息息相关。这些研究客观上推进了中国本土理论心理学的探索和建设，也影响了一批青年心理学家对西方心理学和中国心理学的观念。

(二) 朱智贤的辩证唯物主义儿童心理学思想

朱智贤教授专门研究发展心理学，坚持用辩证唯物主义观点研究儿童心理发展问题，主张儿童心理学研究中国化，关于先天与后天的关系，有先天来自后天，后天决定先天的观点。首先，他承认先天因素在心理发展中的作用，不论是遗传因素还是生理成熟，它们都是儿童与青少年心理发展的生物前提，提供了这种发展的可能性；而环境与教育则将这种可能性变成为现实性，决定着儿童心理发展的方向和内容。关于内因与外因的关系，他认为环境和教育不是机械地决定心理的发展，而是通过心理发展的内部矛盾起作用。这个内部矛盾是主体在实践中，通过主客体的交互作用而形成的新需要与原有水平的矛盾。这个矛盾是心理发展的动力。关于教育与发展的关系，他认为，这不是由外因机械决定的，也不是由内因孤立决定的，而是由适合于内因的一定的外因决定

---

①　潘菽：《建立有中国特色的心理学》，《文汇报》1983 年第 1 期。

②　汪凤炎等：《论潘菽建立有中国特色的心理学思想》，《纪念潘菽诞辰 100 周年文集》1997 年第 1 期。

的，也就是说，心理发展主要是由适合于主体心理内因的那些教育条件决定的。从学习到心理发展，人类心理要经过一系列的量变到质变的过程。关于年龄特征与个别特征的关系，他认为心理发展的年龄特征，不仅有稳定性，而且也有可变性。在同一年龄段中，既有本质的、一般的、典型的特征，又有人与人之间的差异性，即个别特点。

同时他多次提出发展心理学研究的中国化问题，而且早在 1978 年就指出："中国的儿童与青少年及其在教育中的种种心理现象有自己的特点，这些特点，表现在教育实践中，需要我们深入下去研究。"他指出，坚持在实践中，特别是在教育实践中研究发展心理学，这是我国心理学前进道路上的主要方向。他反对脱离实际的为研究而研究的风气，主张研究中国人从出生到成熟心理发展特点及其规律；主张将发展心理学的基础理论与应用结合起来研究。

朱智贤教授的理论使中国儿童心理学形成了独特的理论体系，至今为止，在中国心理学的各个分支学科中，只有儿童心理学基本理论是完全中国化的。应该说朱智贤教授是一位名副其实的马克思主义心理学家。[①] 他的学生林崇德、申继亮、董琦等正在使他的理论获得更大发展和完善。

三、20 世纪 90 年代以来中国心理学的理论心理学探索

20 世纪 90 年代以来，是中国的心理学学科走向繁荣的时代，但也是一个进口理论遍地开花的时代，一个极力模仿西方心理学研究方法，引进西方心理学概念的时代，这个时代的中国心理学逐步演化为"数学"，博士、硕士研究生以满篇的图表和检验炫耀自己的高深学问，自变量、因变量、无关变量、标准差、T 检验 F 检验、SPSS 软件、回归分析、结构方程成为研究生复试的必答概念。理论心理学探索者成为弱势群体。以《心理学报》编委会为代表的实证主义主流心理学的话语霸权，剥夺了理论工作者的发言机会。但是，有几个学者并没有沉默，他们在默默构建自己的本土的中国特色的心理学理论体系。他们有燕国材、葛鲁嘉、杨永明、苏富忠等。

（一）燕国材的本土理论心理学探索

上海师范大学教授燕国材（1931—）长于中国心理学史、教育心理学、理论心理学与教育理论研究。与几位学者一起创建中国心理学史与中国教育

---

① 林崇德：《发展心理学》，人民教育出版社 1999 年版，第 102—108 页。

心理学两门新学科；在国内首次提出非智力因素概念及其理论；是素质教育的积极倡导者。在中国古代心理学史的研究中，他主张科学主义人文主义取向相统一，外在逻辑原则与内在逻辑原则相统一，挖掘整理与解释构建方法相统一。[①] 他认为心理科学有三个层次，即理论心理学、基础心理学、应用心理学，理论心理学以心理理论为研究对象。他虽然同意心理理论按照西方心理学家的看法可以划分为元理论和实体理论，但元理论可以划分为学科问题、方法论问题、心理学基本框架三方面；而实体理论可以划分为一般理论和具体理论两个层次。进而他又认为，心理理论划分为基本理论和实际理论更好。他把理论心理学定义为：研究反映一般规律和具体规律的基本理论与实际理论的一门高层次心理学。他设计的理论心理学教材包括 17 讲：绪论、心理论、意识论、无意识论、方法论、心理过程论、感知论、记忆论、思维论、需要论、情感论、动机论、行为论、心理状态论、智力论、非智力论、素质论。他认为理论心理学的意义在于融合、辨别、构建、发挥、预测、指导。[②]

燕国材先生是一位常常引发争议的心理学家，他提出的智力和非智力因素划分曾经引起全国性的争论，其素质教育概念虽然得到政府和广大基础教育工作者的应用，但在心理学、教育学理论界至今仍是一个令许多理论工作者如鲠在喉、难以接受的概念。他的理论心理学体系设计和论述并没有摆脱前苏联心理学的影响，而且渗透了美国心理学的概念，也加进了自己的思想，比如心理状态论、素质论、非智力论等，需要在今后的研究中进一步完善。他的学生朱永新不仅是一位心理学家、教育学家，在心理学史、管理心理学方面有一定造诣，而且也是一颗政治明星，出版的教育学丛书正在引起学界的广泛关注。

（二）葛鲁嘉的本土理论心理学探索

因为获得中国心理学会终身成就奖的心理学前辈——车文博教授的旗帜作用，吉林大学成为中国人文主义心理学的重要策源地。在车先生的精神分析理论和人本主义理论研究的基础上，葛鲁嘉（1956—）的理论心理学探索颇具特色。他的文化心理学建设尝试、心性心理学体系设想、本土心理学发展意见以及对叙事方法应用的提倡，都在逐步引起心理学界的高度关注。近十年来他所

---

① 燕国材：《关于中国古代心理学思想研究的几个问题》，《心理科学》2002 年第 4 期。

② 燕国材：《关于理论心理学的几个问题》，《心理学探新》2000 年第 3 期。

发表的理论心理学研究论文不下 20 篇，是当代中国心理学界发表理论心理学研究论文最多的心理学家。

葛鲁嘉认为新世纪中国本土心理学面临一个重要选择，即从对西方和外国心理学的复制模仿移植中摆脱出来，根植于中国本土文化资源之中。新心性心理学的基本主张有三项核心内容，即心理文化是对心理本土传统的新挖掘、心理生活是对心理学研究对象的新理解、心理环境是心理学环境因素的新探索。他认为，如果按照西方心理学概念体系，中国确实只有零散的心理学思想，但如果彻底放弃西方心理学参照系，则中国实际上就有系统的心理学概念体系。中国古代思想家提出的心性学说就是独特的心理学。之所以称为新心性心理学，是因为传统心性学需要现代发展创新。新心性心理学的研究对象是人的心理生活，而不是心理现象，不是用实证的方法，而是用体证的方法。人的心理不仅是物理环境的产物，更是心理环境的产物，心理与环境是共生的关系，研究人类心理行为首先应该研究心理环境—内在环境，而不是行为主义的外在环境。[1]

他总结了西方实证主义心理学和中国心性心理学发展过程中形成的一些概念，两两对应，并且对这些定义进行了比较[2]，试图建设本土心理学的概念体系。为了更清楚地表达，我们列表于后。就心理学研究方法来说，他主张内省，但这种内省不是西方心理学区分研究主体和客体的内省，而是中国古代儒家、道家、佛家心理学的天人合一、反求诸己的内省。[3] 在对人格心理学的探索中，他提出了完全中国化的理论。他认为，人格就是人的德行，人的道德境界。人格心理学就是心性心理学，它包括心性性质、特征、觉解、体验、意向、践行、异常的理解和解说。西方人格心理学讲求客观研究，中国心理学讲求主观内省和修养[4]，这与王宏印的理解如出一辙。[5]

---

① 葛鲁嘉：《新心性心理学理论构建——中国本土心理学理论创新的新世纪选择》，《吉林大学学报》2005 年第 5 期。

② 葛鲁嘉：《西方实证主义心理学与中国心性心理学概念范畴的比较研究》，《社会科学战线》2005 年第 6 期。

③ 葛鲁嘉：《中国古代传统心理学的内省方式及其现代启示》，《吉林大学社会科学学报》1997 年第 6 期。

④ 鲁嘉：《本土心性心理学对人格的独特探索》，《华中师范大学学报》（人文社会科学版）2004 年第 6 期。

⑤ 王宏印：《跨文化心理学导论》，陕西师范大学出版社 1992 年版，第 211—228 页。

表 2-1　西方实证主义心理学和中国心性心理学概念比较表

西方实证主义心理学	中国心性心理学	西方实证主义心理学	中国心性心理学	西方实证主义心理学	中国心性心理学
实证	体证	生理	生活	知觉	知道
实验	体验	性格	品格	思维	思考
心理	心性	感觉	感受	情绪	情理
人格	人品	感知	感悟	情感	情义
思想	思念	本能	情欲	心境	心情
动机	欲望	意志	意念		

关于理论心理学体系，他认为包括理论心理学研究的理论前提的反思和心理学研究对象的理论界说的建构。前者是心理学哲学的研究范围，主要包括研究对象的理论预设或前提假设的反思；研究方式的理论预设或前提假设的反思。研究对象的理论预设或前提假设的反思主要包括心理与物理、心理与人性、个体与群体、心理与生理、内容与机制、元素与整体、意识与行为的关系。研究方式的理论预设或前提假设的反思主要包括科学划界、研究者与研究对象的关系、研究方法与研究方式问题、理论概念和理论体系建设问题。建设理论心理学不仅可以构建心理学的理论基础，促进心理学理论创新，而且可以推动心理学的学科统一，强化心理学的社会应用。[①]

葛鲁嘉教授的这些建构确实是一道独特的风景，在中国当代本土心理学建设中，除了台湾心理学家杨国枢以外，就数这些概念设定、体系设想比较系统。它很可能成为中国本土心理学的一个基础建构。

（三）杨永明等心理学家的理论心理学探索

在中国本土理论心理学的探索中，除了葛鲁嘉、燕国材的研究影响较大之外，陕西师范大学的杨永明教授（1930—2004）也一直在寻求出路，他博览群书，中西合璧，试图建设一门人生心理学。计划写作人生十大心理矛盾、人生十大心理规律、人生十大心理误区三本著作，结果只完成了《人生十大心理矛盾》，其他两本只在两篇论文中设计了框架。他认为人生心理矛盾是人生心理学中带有根本性、纲领性的一个问题。"纲举"才能"目张"，剖析人

---

① 葛鲁嘉：《理论心理学的理论功能》，《陕西师范大学学报》2005 年第 4 期。

生心理矛盾，是打开人生心理大门的一把钥匙，因为没有矛盾就没有世界，对立统一的规律是宇宙的根本规律，也是心理活动的根本规律。人生心理问题，归根到底就是人生的心理矛盾问题。这些矛盾如：①人性与兽性的矛盾；②生与死的矛盾；③智与愚的矛盾；④是与非的矛盾；⑤真与假的矛盾；⑥爱与恨的矛盾；⑦苦与乐的矛盾；⑧意与行的矛盾，⑨成与败的矛盾；⑩人与己的矛盾。这十对矛盾大致可归为四类，即人的本性方面的心理矛盾，人的认识方面的心理矛盾，人的情意方面的心理矛盾，人的人格方面的心理矛盾。科学研究的根本目的在于揭示规律。人生的主要心理规律有十个，即生存律、自爱律、情爱律、实现律、控制律、竞争律、交换律、强化律、喜新律、奉献律。按照现代西方心理学的观点，杨先生的人生心理学与其说是研究，不如说是思辨；与其说是心理学，不如说是人生哲学。但这些思辨是真正的引领人走向幸福自由的学问，是吸收了西方哲学、心理学、文化学、伦理学和本土哲学心理学的中国特色心理学，我们应该高度重视这些研究，将其作为中国心理学的一个方向。

还有一位哲学工作者的心理学理论探索也应该受到重视，他就是济南大学政治历史系的苏富忠教授（1935—）。他所著的《心理学的沉思——心理学基本理论研究》有车文博教授作序推荐，从哲学、文化学、逻辑学、语言学、信息科学等角度对中国现行移植前苏联的概念体系进行了系统的研究，提出了一系列新见解，建构了自己的概念体系，比如心理观、信息观、意识观；比如心理结构论、心理状态论、心理过程论，以及关于社会心理、个体心理、心理健康、心理测量等方面的讨论。但文字表达抽象晦涩，没有得到心理学界的重视。[1] 同时，一批青年心理学者也在积极探索本土理论心理学或世界理论心理学体系问题，比如曾经在华南师范大学攻读研究生的陈少华[2]、西北师范大学的罗新红[3]、陕西师范大学的霍涌泉[4]、大连理工大学的宋晓东[5]、厦门大学的

① 张博文：《心理学的系统理论创新——评〈心理学的沉思〉》，《天津市教育科学研究院学报》2002年第4期。

② 陈少华：《从心理学理论到理论心理学》，《西南师范大学学报》2000年第2期。

③ 罗新红：《理论心理学发展及其研究新特点》，《安阳师范学院学报》2005年第6期。

④ 霍涌泉：《西方理论心理学的复兴及其面临的挑战》，《陕西师范大学学报》（哲学社会科学版）2002年第5期。

⑤ 宋晓东：《整合创造力研究的理论心理学途径》，《大连理工大学学报》（社会科学版）2004年第1期。

李炳全[①]、河南师范大学的郑荣双[②]、内蒙古师范大学的郑淑杰[③]等。这些青年心理学家并不完全是中国本土心理学的倡导者，他们要么述评西方的理论心理学思潮，要么希望建立世界统一的理论心理学。但他们有一个共同的理论基础，就是希望打破心理学中实证主义一统天下的局面，尤其是实现心理学方法的多元化，不仅引入西方流行的叙事心理学、进化心理学，而且提倡中国式的哲学思辨和语意分析乃至个人体验。

（四）申荷永的本土文化心理学探索

华南师范大学教授申荷永（1959—）是一位中年心理学家，他是国内研究方向比较独特的心理学家，专长心理分析，主要研究中国文化心理学，著作有《中国文化心理学心要》、《心理教育》、《灵性：分析与体验》等。在他的学术辞典里，荣格、周易、心理分析、沙盘游戏、"心"等是关键词。他认为，中国汉语文化里的心并不是指心脏，而是心灵、灵魂、精神，所以把英文中"psychology"和"mind"翻译为心理学和心理并没有错，反而是名副其实。中国文化的精髓就在这个"心"。中国心理学发展的失误在于接受了西方的"psychology"，却丢失了中国的"心"理学。他引用大量的外国心理学家的著述，试图说明不论是荣格的分析心理学，还是马斯洛的人本主义心理学，都是从中国道家、儒家的思想中受到启发而形成的。在《中国文化与心理学》[④] 一文中，他说，马斯洛、荣格、弗洛姆的思想都是从东方获得灵感的切实体验。在《心理学与中国文化》[⑤] 一文中说，西方的心理学家将中国作为心理学的第一个故乡，在追求中国的文化与中国文化中的心理学；而我们中国的心理学家则是在"念佛生西方"，将心理学单纯作为源自西方的科学。实际上，经过西方心理学家们的努力，当代的心理学已经有了一个较为完整的躯体，并且五官俱全，也有了一个注重认知的头颅。但是其所缺少的，正是一颗"心"。而在我们中国文化的心理学中，所蕴含的也正是这种"心"的意义。若说我们心理学的目的是增进人对其自身的认识，那么这种认识的目的，应该是为了自我或自性的发展。自我的发展应该是一种整合性的发展，这是我们的一种理解和信

---

    ① 李炳全：《文化心理学的基本内涵辨析》，《心理科学》2004 年第 1 期。

    ② 郑荣双：《心理学的整合理论》，《心理科学》2003 年第 2 期。

    ③ 郑淑杰等：《关于理论心理学的几个基本问题的探讨》，《山东理工大学学报》（社会科学版）2003 年第 6 期。

    ④ 申荷永、高岚：《中国文化与心理学》，《学术研究》2000 年第 8 期。

    ⑤ 申荷永：《心理学与中国文化》，《光明日报》1997 年第 3 期。

念。我们不但要发展我们的 Ego，而且要发展我们的 Seif；我们不但要发展我们的头脑，而且要发展我们的"心"。于是，一种为了人的整合性发展的心理学，也应该是一种自身具有整合性的心理学。因而，心理学的整合与发展一直是我们所关注的问题。未来心理学家的任务，是最终发现一种能整合一切观点于一体的统一的原理。若是心理学能够真正反映出人的本性，那么这种心理学就必然是一种整合性的心理学。

《周易》作为儒家五经之一，一直是学术界争论不休的书籍，许多心理学家对其避而不谈，但申荷永对其情有独钟，多次发表论文提倡用《周易》的思想整合心理学。他引用《易经·系辞》中注解"咸卦"之感应时说："天下何思何虑，天下同归而殊途，一致而百虑，天下何思何虑。"其中所包含的意蕴，也是一种理论的整合性，也是心理学的整合性意义。当我们的心理学真正拥有了这心的时候，我们也就拥有了一种统一的整合性的心理学。

综上所述，申荷永是一位充满神秘感的心理学家，他致力于整合东西方心理学的中国文化心理学，但又不同于叶浩生和葛鲁嘉，至今为止，尚未建立起来自己的概念体系，给人感觉比较零散。这也许是因为受荣格的影响，是分析心理学固有的特点。

（五）叶浩生的理论心理学探索

作为中国心理学的大腕，南京师范大学叶浩生教授所代表的是中国理论心理学的主流，但他的理论心理学并不是"本土理论心理学"，而是"本土"心理学家的世界理论心理学。严格地说，他的思想不应该归入这一述评里面。但从理论心理学角度，又必须列述他的探索。

研究心理学史出身的叶浩生教授是中国心理学会副理事长，《心理学探新》主编，他的专长是引进西方的各种心理学思潮，并介绍评价，引领中国理论心理学的走向。他与本土理论心理学家的共同点在于主张实证主义没落，人文主义复兴。但葛鲁嘉主张撇开西方心理学体系，建立一套自己的本土心理学体系，他却主张整合东方心理学和西方心理学、科学主义心理学和人文主义心理学。

早在 1998—1999 年他就发表了《实证主义心理学的没落与理论心理学的复兴》、《理论心理学辨析》、《思维方式转变与心理学的整合》等论文。新世纪以来，他和他的博士、硕士研究生发表论文 80 多篇，涉及文化心理学、进化心理学、叙事心理学、后现代主义心理学、积极心理学、意义心理学、女性主义心理学、人格心理学、社会心理学、心理学方法等多个领域。

他指出，在西方主流心理学中，实证主义作为一种方法论一直左右着心理学的发展方向。理论心理学成为一个被人忽视的领域。近年来，随着实证主义的衰落，许多心理学家认识到实证主义的那种狭隘经验主义的弊端，以非经验的观点重新开始了心理学的理论探索。这导致了理论心理学的复兴。

实证主义对心理学的影响主要通过下述两条方法论原则：一是经验证实原则，一是客观主义原则，实证主义的这两条原则给理论心理学的发展带来毁灭性的结果。因为理论心理学是从非经验的角度探讨心理学的问题的，如心身关系、认识的心理起源等。这些问题的非经验属性使它既不可能符合经验证实原则，也不可能体现客观主义的精神，它只能是一种理论的探索，或像某些排斥理论研究的人所称的，是"哲学思辨的"、"形而上学的"。实证主义的原则排斥了理论探讨在心理学中的合法地位。

毋庸置疑，冯特之前的心理学是思辨的，或理论的，以往我们一直贬低这种心理学，认为它的哲学气息阻碍了科学心理学的出现。实际上，从今天的角度来看，那种思辨的心理学对科学心理学并非无所贡献，更没有阻碍科学心理学的发展。它对许多问题的哲学思考从宏观角度加深了人们对心理本质的认识，为科学心理学的发展构建了一个内容广泛的理论体系。冯特的实验心理学正是建筑在这样的理论体系的基础之上的。

但是从行为主义开始，实证主义的原则逐渐渗透到心理学的各个领域，并进而成为一种类似于"范式"的东西支配了心理学家的思维方式。当心理学家把实证原则当成科学真理崇拜时，实证主义的科学观已经受到新兴科学哲学的挑战了。科学哲学家波普早在 20 世纪 60 年代就对实证主义的经验证实原则提出批判，认为科学知识并非始于经验，而是始于问题；理论先于经验观察，指导经验观察。波普的观点强调了理论的重要性，动摇了实证主义在哲学中不可一世的地位。1967 年，"理论心理学高级研究中心"在加拿大艾伯塔大学成立。这是理论心理学发展中的一个重要事件，它标志着理论心理学作为一个独立的研究领域开始恢复它在心理学中的合法地位。该研究中心主任贝克（Baker，W.J.）在阐述该中心建立的意义时指出："在北美这样一种环境中，它的建立明显是对那种'充满尘埃的经验主义'的反动。这种经验主义极大地阻碍了心理学的哲学基础的探索，而这种探索对于这门学科是非常必要的。"

忽视理论建设而专注于实证分析的直接结果是心理学研究的琐碎和分裂。因此，心理学破碎和分裂的现实需要理论思维，需要理论心理学。20 世纪 80 年代起，不同国家的理论心理学工作者开始组织起来，出版统一的理论刊物，建立理论心理学的国际组织。1984 年，《理论心理学年鉴》开始出版，《理论心理学与哲学心理学》杂志、《理论与心理学》杂志、《哲学心理学》杂志也相继出版。1985 年，理论心理学国际协会在英国建立。这个协会已成功地主办了多次理论心理学国际研讨会，并把会议论文编辑成《理论心理学的当代问题》（1985）、《理论心理学的发展趋势》（1988）等书籍出版。目前，理论心理学正显示出蓬勃发展之势，展现出较强的生命力。但是理论心理学的发展也面临着许多困难。由于实证主义的长期影响，心理学界至今仍存在着重实验研究、轻理论思维的思想倾向。实证主义心理学仍然是心理学的主流。理论心理学是从非经验的角度，以理论思维的方法对心理学的基本问题进行探索的一门学科。它在心理学中的地位就像理论物理学、理论化学在物理学和化学中一样，是心理学的学科体系中不可缺少的一部分。它的研究与心理学中的实证性研究相互依赖、相互补充，而且由于一切实证研究总是以一定的理论为指导，因此理论研究总是先于实证性的研究。

从理论心理学的性质来讲，理论心理学是一门非经验性的学科。是从非经验的角度，通过抽象、分析、综合、归类、类比等方法，以富有哲理、符合逻辑的思维方式，对心理现象、心理学学科发展中的一些基本问题进行理论探索。其研究的范围包括两个方面，即心理学的元理论（metatheory）和实体理论（substantivetheory）。元理论类似于我们所说的基本理论，是理论的理论，是心理学理论与方法的指导思想和指导原则，它所研究的范围是：1. 心理学的学科问题，包括心理学的性质，心理学发展过程中的经验教训，未来的发展方向，心理学与哲学、生理学、物理学等学科的关系，心理学与社会的关系，心理学研究的社会意义和伦理意义等。2. 方法论，包括研究方法的指导思想、选择方法的依据、理论的评价标准、科学哲学对心理学的影响、方法与对象的关系、研究方法的利弊得失等。实体理论是有关意识和心理的特性以及各种具体的心理现象和心理过程的理论，它也包括两个方面：1. 意识和心理的特性，包括意识的起源与特征、身心关系、遗传与环境的关系、自由意志与决定论、意识或心理的结构等问题。2. 具体的心理过程的理论，如感觉理论、知觉理论、学习理论、情绪理论、人格理论、能力理论、创造力理论等。这类理论的一个共同特点是理论思维有时是同实证研究相结合的，即从观察与实验中获取数据和资料；或以现有的理论解释观察和实验的结果，体现了理论思维和实证研究的互助关系，是一种值得提倡的研究方式。但是这类研究目前存在一个明显缺陷：理论与理论之间缺乏一致性，有些理论相互冲突、互相矛盾，难以构成完整的理论体系。

元理论的研究多少带有一些哲学的色彩，它往往被认为是"形而上学的"，而不是心理学的。但是，理论心理学工作并不惧怕这种指责，因为哲学对于科学研究工作者并非那么可怕。元理论探讨心理学的哲学基础、心理学研究的指导思想和未来心理学的发展方向等对心理科学发展具有重大意义的理论问题，因此是当代心理学的发展所迫切需要的。[①]

叶浩生先生的理论心理学研究论文和著作比较多，主要思想就是这些。除此之外，就是文化心理学的研究。他所研究的文化心理学其实就是文化取向的心理学，也是国外进口的，不是国产的、本土的。

（六）杨国枢等港台心理学家的本土心理学研究

台湾心理学家杨国枢 1932 年 12 月 22 日生于山东胶县。早年在台湾大学心理学系任教，后赴美留学，1969 年获伊利诺伊大学博士学位。返台后任台湾大学心理学系教授兼主任。曾兼任台湾心理学会、台湾心理卫生协会理事长。20 世纪 60 年代初曾从事动物行为、罗夏测验、文艺心理学等方面的研究工作，从 1969 年起致力于社会心理学领域的研究，重点研究中国人性格。著有《中国人的性格》、《现代社会的心理适应》、《现代化与民族主义》、《现代化与中国化论丛》，主编《中国人的心理》等。自 1992 年至今每年暑期都与中国社会科学院社会学所联合举办社会心理学高级研讨班并亲自主持教学。

他认为，在过去将近半个世纪中，政治制度、经济形态及社会变迁的差异，使台湾、大陆及香港这三个地区主要的华人社会各有其不同的发展轨迹与文化特征。在不同发展模式与社会形态的制约下，三个地区的心理科学也各有其不同的经历与际遇。多年来台湾的心理学一直是美国心理学的附庸，缺乏应有的自发性与独创性。我们所探讨的对象虽是中国社会与中国社会中的中国人，所采用的理论与方法却几乎全是西方的或西方式的。在日常生活中我们是中国人，从事研究时我们却变成了西方人。我们有意无意地抑制自己中国式的思想观念与哲学取向，使其难以表现在研究历程中，同时不加批判地接受与承袭西方的问题、理论及方法。因此，自 1975 年开始，我们展开反省的尝试，并联合人类学、社会学等学科同人，共同探讨社会及行为科学研究之中国化的可能性。[②]

---

① 叶浩生：《实证主义的衰落与理论心理学的复兴》，《南京师范大学学报》1998 年第 1 期。
② 李桦：《迈向二十一世纪的华人心理 —— 访台湾大学杨国枢教授》，《开放时代》1996 年第 5 期。

他因为 1988 年春季在美国东部康奈尔大学任访问学者时受到美国学者诘问的启发而提出"建立中国人之本土心理学"口号,倡导建立华人本土心理学。他说,讨论本土心理学的问题,必须同时考虑研究对象与研究者两方面的情形。一个社会之相同种族的成员,其心理与行为兼受文化性与生物性两大因素的影响。特定社会或国家的特定社会、文化、历史、哲学及其成员的遗传因素,一方面影响或决定当地被研究者的心理与行为,同时又影响或决定当地心理学研究人员的问题、理论与方法。也经由这样一套共同的因素的机制,才可保证当地心理学者所研究的问题、所建构的理论、所采用的方法能够高度适合当地民众的需要。由于受到同一组文化性与生物性因素的影响,研究者的研究活动及知识体系与被研究者的心理及行为之间便能够形成一种契合状态,我们称之为"本土性契合",本土心理学就是一种能达到本土性契合境界的心理学。心理学研究的本土化,重点即在使心理学的研究能够达到本土性契合的标准。"中国人的本土心理学",则是一种在本土性契合条件下以三个地区华人社会的中国人为主要对象所建立的心理学知识体系。在建立此种体系的过程中,研究者根据当地华人社会中之社会的、文化的、哲学的及历史的观点,自然反映华人种族进化及遗传因素的影响,从而提出妥切的问题,建构合适的理论,设计有效的方法,以便在当地的社会、文化及历史脉络中,尽量准确而充分地描述、分析、理解及预测当地中国人的心理与行为。[①]

他认为到目前为止的跨文化心理学难以有效反映非西方人在其独特社会文化下的心理与行为。只有在众多国家或社会之本土心理学发展有成之后,真正人类心理学的建立才有可能。人类心理学或全球心理学是不同族群、宗教或地域的本土心理学,是不同国家或社会的本土心理学以及不同种族或地区的本土心理学自下而上的统合。因而各国的本土心理学不仅具有切实系统地描述、分析、解释及预测该国或社会之人民的心理行为并从而能有效预防、减轻或解决该国或社会的各种独特的或共有的社会问题的特殊性功能,还具有建立真正人类心理学的共同性功能。[②]

中国人的本土心理学所强调的是从过分优势之西方心理学的主控中重新获得自发性、自主性及自动性,使有关中国人之心理与行为的研究做到自由化及

---

① 李桦:《迈向二十一世纪的华人心理学 —— 访台湾大学杨国枢教授》,《开放时代》1996 年第 5 期。

② 李桦:《迈向二十一世纪的华人心理学 —— 访台湾大学杨国枢教授》,《开放时代》1996 年第 5 期。

独立化。但本土心理学的性质和目的要靠妥善的研究方法和适当的研究策略才能凸显和达成。除了不套用他国的理论与方法，不忽略他国的理论方法，不排斥他人所用之方法，不采用跨文化研究策略，不采用抽象性太高的或变项范围太大的项目，不用外语进行思考、不将学术研究泛政治化之外，还有十件事是应该特别着意去做的。这十件事可以简称"十要"：1．要忍受悬而未决的状态。2．要充分反映中国人的思想。3．要批判地运用西方理论。4．要强调社会文化的脉络。5．要研究特有的心理与行为。6．要详细描述研究之现象。7．要同样重视内容与机制。8．要与华人学术传统衔接，其中最重要的是古代学者之有关历代中国人的心理与行为的观念、思想及理论。藉助中国古代学者的心理思想，较易创造能够适当反映华人社会文化因素的概念、理论及方法。9．要兼顾传统面与现代面，也就是兼顾所研究之心理与行为的传统面与现代面，并探讨其间之变迁的动力历程，以确切了解所研究之行为的当前真相及演变由来。10．要兼研今人与古人的心理。[①]

基于这些思想，他领导的台湾心理学者在 20 世纪 90 年代以来，先后完成多项有关的研究，如人情、面子、缘、报、关系取向、孝道、家族主义及其相关现象、社会取向、社会取向的成就动机、个人传统性、组织行为、公平观、正义观、价值观、中国古代的心理学思想以及华语文心理、书法心理、儒法思想的心理学观等。他强调：只有中国人的本土心理学才是有关中国人的心理与行为之真正的心理学。西方的本土心理学已有长足的进步，但我们的本土心理学却尚在步履蹒跚的襁褓期中。相信终有一天，通过大陆、台湾、香港三地学者的共同努力，我们必将缔造华人本土心理学，并会因此而重写适合于中国人的普通心理学、重写社会心理学、重写人格心理学、重写发展心理学、重写教育心理学，等等。中国人的本土心理学有成之日，便是华人社会各种心理学的"改朝换代"之时。我们应以此为目标，以此为职志。[②]

杨国枢先生生于民国，几乎一生都在台湾从事心理学研究，有美国留学经历，起初也是一位实证主义心理学家。但后来极力转向中国人的本土心理学研究，成为台湾心理学界的领袖人物，其后梯队庞大，著名者有杨中芳女士、黄光国先生等。20 世纪 90 年代以来，这些心理学家的活动主要转向大陆，其学

---

① 李桦：《迈向二十一世纪的华人心理学 —— 访台湾大学杨国枢教授》，《开放时代》1996年第 5 期。

② 李桦：《迈向二十一世纪的华人心理学 —— 访台湾大学杨国枢教授》，《开放时代》1996年第 5 期。

术活动和著作对大陆心理学家产生了深刻影响。可以说，本土心理学这个概念之所以流行，主要源于杨先生及其他台湾心理学家。然而，杨先生并不是目前大陆心理学家定义的理论心理学家。他提出了自己的建设思想，并做了深入的独特的研究，但还没有建立起自己的概念体系。对心理学的学科性质、研究对象、研究方法等见解，尚须与大陆心理学家进行话语转换。

四、关于中国本土理论心理学学科建设的意见

确切地说，理论心理学也是进口的心理学分支，因为在叶浩生先生提出建立理论心理学之前，中国大陆和港台心理学家都没有提出理论心理学这个学科，大家都习惯使用心理学基本理论这种用法。而叶先生也是翻译了国外的论著后才提出这个概念的。尽管叶先生强调理论心理学与心理学基本理论多么不同，其实不外乎就是心理学是科学领域中的"男人"（自然科学）还是"女人"（社会科学）；心理学是研究意识的、心理的还是行为的，心理学的研究用哲学式的逻辑推理、语义分析、观察思辨方法好，还是用实验研究、调查分析、统计分析好，然后就是心理与物理、生理、意识、行为的关系，内因外因、教育发展、遗传环境的关系。要说实体理论或具体理论，那只不过是对基础研究成果的抽象概括。至于本土心理学这个概念也是从台湾、香港引进的，如果不是杨国枢教授来介绍自己的思想，即使大陆的跨文化心理学家也没有人敢于提出这些新概念。从这个意义上说，我们应该向燕国材教授致敬，不管怎么说，他敢于提出自己的概念，比如智力和非智力因素的划分。当然我们必须指出，杨先生的本土心理学是与台湾20世纪90年代政治方面的本土化思潮分不开的。如果不是意识形态领域的本土化浪潮，可能杨先生也不会提出这个概念。包括潘老的中国特色心理学概念，也与中国20世纪80年代的政治理念难以分开。但是笔者并不是要否认杨潘两位心理学泰斗的贡献，因为"心理"和"思想"本身就是分不开的。所以，心理学永远也不可能脱离意识形态。

要说建设中国的理论心理学，我们更同意葛鲁嘉、杨中芳的思路，干脆抛开现在占主流的西方本土心理学概念体系，自己做自己的概念体系，否则，我们永远只能跟在西方心理学后面跑。心理学毕竟不同于自然科学，有些学科或者大部分学科，西方占绝对的优势，不学习引进，就得走许多弯路，就得花费许多人力财力物力。心理是世界的，但更是民族的、本土的。葛鲁嘉教授已经提出一个概念框架，笔者认为可以作为基础，建设一套本土理论心理学概念体系，在此基础上研究形神关系、荣辱关系、心性关系、人物关系

等。心理学原本就是哲学，哲学是一切科学的最高概括，把心理学纳入哲学并不是耻辱可怕的。但方法上却不可单凭理论推导，现代一切学科都是方法多元化。研究中国本土心理学，有些问题必须使用实验方法、统计方法、调查方法，至于是否任何调查、实验都必须把统计搞得那么复杂，尚须进一步探讨。世界心理学史上那么多心理学大师没有用调查统计，也没有谁不认为他们是心理学家。即使有人不认可，人民群众照样在他们的理论指导下生活工作学习，作家照样按他们的思想创作，比如精神分析学派的心理学家。对于心理学的学科性质，纠缠过多没有意义，现在许多学科归类都争论不休，主要是中国乃至世界科学的发展，早已使自然科学和社会科学、思维科学的划分不合适宜。这里我们再次引用自己以前的看法，以与大家讨论：钱学森先生曾于 20 世纪 80 年代中期就提出一种十大门类的新分法，即哲学、数学、自然科学、社会科学、人体科学、行为科学、思维科学、生命科学、管理科学和文艺理论。但这一分法似乎没有得到科学界的认可。笔者认为这一分类可以从根本上解决心理学的归属问题，按此分类，心理学当属于行为科学。但心理学的许多分支科学可以被认为是社会科学与行为科学之间的交叉科学或与其他门类相联系的边缘科学。[①]

第三节　中国心理学研究对象的内容和形式

20 世纪 50 年代，中国心理学界就心理学的研究对象应该是心理的形式还是内容发生过激烈争论。后来的心理学教科书认为，心理学的研究对象是心理现象及其规律，然而又把心理现象理解为心理机能，也就是心理学应该研究心理的形式，如感觉、知觉、记忆、思维、情绪、情感、意志、行为以及这些心理形式组合成的个性心理倾向、心理特征（人格、性格）等。但是考察 60 年来心理学的发展道路，这种纯粹的形式主义研究存在诸多弊端。

一、西方心理学历史中的心理学研究对象和任务的争论

早在冯特时期，心理学的研究对象就成为大家关注的问题，发生了意动心理学与内容心理学的争论。冯特认为，心理学应该研究直接经验，他依据直

---

① 张海钟：《评梁漱溟的大心理学思想》，《殷都学刊》1995 年第 1 期。

接经验的性质提出心理学研究的任务如下："作为心理学研究对象的直接经验，在任何情况下都是一些具有复合性质的过程，外在对象的知觉，对这些对象的回忆、情感、情绪、意志动作，不仅经常按照极其多种多样的方式彼此组合，而且这些过程中的每一种过程本身，也永远是程度不一的复杂性总体。"[1]

后来布伦塔诺把冯特的心理学称为内容心理学，而自己则提出意动心理学。他认为冯特的心理学是物理学，误将物理现象当作心理学的研究对象，研究的内容不是心理现象，而心理学应该研究的是意识的动作。[2] 布伦塔诺的学生斯图姆夫进一步提出，心理学的研究对象应该是心理的机能，而心理的机能就是意动。斯图姆夫把直接经验区分为现象和机能，认为冯特研究的是现象，也就是心理的内容，而心理学的研究对象应该是机能。[3] 试图解决意动心理学与内容心理学的矛盾的心理学家是屈尔佩和麦塞尔，他们提出了二重学说，认为机能和内容都是心理学的研究对象。

王启康认为，其实冯特不是布伦塔诺所批评的内容心理学家，布伦塔诺自己也不是意动心理学家，他把外在客观世界和内部的心理活动混在一起，他提出的区别意动和内容的依据难以成立。王启康还认为，意动、机能、过程、动作和内容、经验、客观世界的主观映象都是心理现象、心理状态，都是心理学的对象。如果按照詹姆斯的意识流的实体状态和过渡状态来理解更为科学，当然这种意识流可以是有意识的，也可以是无意识的、潜意识的。[4]

西方心理学发展出人意料，联想主义、机能主义、行为主义、精神分析、人本主义以及更多的微型理论，都有自己的研究对象。但主流心理学其实都是机能主义心理学，尽管研究的概念、焦点、范围不同，却都在研究心理形式、心理活动、心理机能、心理过程，而心理内容、心理生活、心理世界、心理状态却无人关注。当代心理学家已经习惯于这种抽象的心理学、麻木的心理学。社会心理学、管理心理学等分支学科本来是内容心理学，而现在也模仿主流基础心理学的研究对象和方法。

---

① 高申春：《冯特心理学遗产的历史重估》，《心理学探新》2002 年第 1 期。

② 姜永志：《布伦塔诺意动心理学对理论心理学的贡献》，《心理研究》2014 年第 3 期。

③ 郭本禹、崔光辉、陈巍：《经验的描述：意动心理学》，山东教育出版社 2010 年版，第 60—61 页。

④ 王启康：《试论心理学史上的意动和内容之争——对一场争论的重新评价》，《华中师范大学学报》1987 年第 1 期。

二、20世纪50年代以来的心理学研究对象争论及其当代后果

早在20世纪50年代，中国大陆便爆发了心理学研究对象的内容与形式的争论，这种争论虽然夹杂着政治表态的倾向，但也可以反映出心理学研究对象问题的真诚探索。争论中，有的学者认为，心理的内容是客观世界的主观反映，如果把心理的内容确定为心理学的研究对象，等于心理学要研究大千世界，而大千世界是其他自然科学、社会科学研究的对象。作为科学领域的分支学科，心理学的研究对象应该有自己的边界和范围。[1] 但也有学者并不同意这种观点，他们认为，心理现象是形式与内容的统一。[2] 争论尚未形成一致意见，心理学便被宣布为唯心主义哲学而禁止研究。十余年后的20世纪80年代，心理学界似乎失去了理论探索的热情，学者们就心理的机能研究达成默契，所有的心理学教科书都认为心理学是研究心理现象及其规律的科学，而心理现象则被解释为认识、认知；情绪、情感；意志、行为；智慧、能力；气质、性格等等。心理现象就是感觉、知觉、记忆、遗忘、表象、想象、思维、言语、抑郁、焦虑、果断、犹豫等。至于认知的内容、情感的内容、行为的内容，引发知、情、意的生活世界、心理世界则被完全抛开。[3]

20世纪90年代以后，心理学家们不再关注心理学研究对象的形式和内容问题，学术界认为，心理学是研究动物和人的心理现象发生、发展及活动规律的科学。学者们运用科学实验的方法、问卷调查的方法、数学统计的方法，追求心理现象的共性规律探索和总结，但却忘记了科学研究的最终目的是解决问题，解决社会生活中的心理问题、心理障碍、心理疾病；解决人类经济、政治、教育、管理、文艺、司法、军事、交通、休闲活动中的心理问题处理策略。[4] 当代心理学中的内容心理学成为文学家、社会学家的领域。民众觉得，心理学家的心理学不是他们需要的心理学，而作家才是真挚的心理学家。政府官员则认为，社会学家是解决社会问题的学者，而心理学家的研究逐渐成为玄学。

20世纪90年代初期，某省心理学会的学术年会上，一位学者讲述了她的心理咨询案例：有一对夫妻闹离婚，男方不同意，两人僵持不下，找到刚刚开

---

① 章志光：《心理学》，人民教育出版社1984年版，第22—26页。

② 维之：《心理现象本质新论》，《南华大学学报》（社会科学版）2009年第3期。

③ 刘茂哉：《略论心理现象结构因素的特征》，《心理学探新》1982年第2期。

④ 庆承瑞、何祚庥：《为什么在心理现象一类科学实验中必须坚持"双盲"准则?》，《自然辩证法研究》1995年第10期。

始做心理咨询的学者（某师范大学教授），没有运用多少西方心理学中的规范的咨询程序和技术，男方很快告诉教授，因为他们家穷，一家四口住宿在 23 平米的房子里，只好用两层床，母亲和孙子住宿在下床，夫妻住宿在上床，晚上夫妻不敢行床笫之事，怕吵醒老人孩子。久而久之，夫妻情感矛盾爆发，互相埋怨，导致离婚。我们可以告诉这对夫妻，心理学家只解决认知问题、情感问题、行为问题、人格问题，我们可以按照理性情绪治疗、系统脱敏治疗、当事人中心治疗等方法，给予长期的持续的治疗，甚至一个疗程一个疗程地治疗。但是，这位教授没有这样做，她通过自己的关系，协调解决了当事人的房子问题，他们的认知、情感、行为问题彻底解决了，离婚事件到此结束。然而，这个故事受到了与会青年教授的批评乃至讽刺，他们认为这根本不是心理咨询。教授的工作已经超出心理学的范围，心理学家不研究住房问题。如果这样做心理咨询，心理学家的工作就会越界，成为政府官员、社会服务人员。

反思 20 年前的这次争论，我们认为，正是因为心理学家坚持认为，心理学只研究心理的形式、心理的机能，而不研究心理生活、心理内容。只研究认知，而不研究认知的内容，只研究情感，而不研究情感的内容，只研究行为，而不研究行为的内容。20 世纪 60 年来，心理学家为了探索心理发生发展乃至消亡的规律，远离生活世界、远离政治经济、远离社会大众，躲避在象牙塔里，采用逻辑的、数学的、自然科学的、信息科学的方法，试图通过描述心理机能的规律、预测个体或社会心理发展的趋势、期待未来可以设计控制心理活动的方向。然而因为研究的纯粹形式化，使得心理学至今难以发挥社会实践指导作用，相对经济学、社会学、政治学来说，其为民众社会生活幸福发挥的作用显然不足。特别是中国心理学家其实在极力回避社会生活事件，生怕自己沾染政治问题。我们认为，至少中国心理学家需要关注社会热点问题，关注民生幸福问题，关注社会和谐公平问题。

20 世纪前 50 年，中国心理学是进口加本土研究，50 年代至 60 年代初期 15 年，是进口苏联心理学，60 年代中期至 70 年代末期，是毁灭阶段，自 80 年代至 90 年代末期，完全进入翻译美国和欧洲著作的进口阶段。新的世纪到来，形成了进口心理学、本土心理学的交叉，但主流心理学仍然是西方进口概念和理论的跨文化心理学验证研究。① 本土心理学至今左冲右突，不外乎整理

① 葛鲁嘉：《中国心理学的科学化和本土化——中国心理学发展的跨世纪主题》，《吉林大学社会科学学报》2002 年第 2 期。

古代哲学思想、提出现代的借鉴意义。然而，有些社会学家、管理学家、政治学家、经济学家们却把西方的社会心理学、管理心理学应用于自己的学术研究之中，创造着本土的、实践导向的理论，成为治国方略的重要参考资料或者观点。

三、社会生活实践和事件应该成为心理学课题的重要来源

中国改革开放 40 年来，社会生活不断发生革命性变迁，也不断伴随着社会心理的动荡和变迁。比如马加爵事件、河南兰考"爱心妈妈"孤儿收养所火灾、李双江之子李天一陷强奸案被判十年、2013 年全国 10 天发生了 6 起患者伤医事件、2013 年复旦大学投毒案、北京"扫桥爷爷"不慎坠落身亡、老外撞大妈事件、山西临汾一名男童被其伯母残忍挖眼等。这些社会事件不仅仅应该是社会学、政治学、经济学、管理学研究的范围，也应该是社会心理学研究的范围。但是，至今为止，没有一个心理学家就这些问题发声。心理学学术刊物都忙于使用满篇的表格，表达着翻译进口的概念、融合重复的实验而产生的心理科学研究成果。

有的学者评价说，现代心理学存在的第一个问题，也是当前最为严重的，当属科学家与实践者的分裂，即基础心理学家同应用心理学者的分裂。[①] 基础研究的科学家往往认为临床应用的心理学家过于浮浅，而应用心理学家则认为基础研究的心理学家钻到科学的象牙塔里，脱离实际。现代心理学所面临的第二个问题是无法解决科学主义、实验主义、个体主义与人文主义、文化主义、社会主义的矛盾。个体主义方法论忽视心理和行为产生的文化背景和社会原因，从个体内部寻求行为的原因，从个体本身寻找心理和行为的解释。但心理学现象是一种社会现象，心理现象无论就其起源和发生、发展来讲都受到文化因素的制约，脱离文化和社会历史背景去从事心理学的研究，其结果只能是歪曲心理生活的现实，阻碍人们对心理和行为本质的正确认识。现代心理学所面临的第三个问题是与现实生活的脱节。这种脱节表现在忽视精神生活，过于重视经验方法，以至于不能以经验方法研究的精神领域被排斥在科学心理学之外。[②] 当然，我们并不是说心理学没有应用研究，恰恰是应用心理学如航天心理学、军事心理学、广告心理学在结合社会生活进行研究，但这些应用研究并

---

①　叶浩生：《有关西方心理学分裂与整合问题的再思考》，《心理学报》2002 年第 4 期。

②　叶浩生：《现代心理学的困境与出路》，《国外社会科学》2002 年第 4 期。

不采用学院派心理学家的方法，也很少应用心理学的原理和结论，而是自成概念体系。

有的学者引述美国心理学家斯宾塞的噩梦："在我一个最可怕的噩梦中，我预见到心理学组织机构的解体：实验心理学家被发配到正在兴起的认知科学学科中，生理心理学家愉快地到生物和神经科学系报到，工业和组织心理学家被商学院抢走，心理病理学家在医学院中找到了他们的位置。"① 以证明心理学的分裂及其后果，而我们认为，恰恰是因为主流心理学家长期脱离经济、政治生活实际，被科学界边缘化的后果。心理学家的选题得不到学术界的认同，国家社会科学基金每年的立项就是证明。

基于这些问题，我们认为，心理学的对象不应该仅仅是心理的形式、心理的机能，也应该包括心理的内容、心理的生活。心理学家应该向经济学家、社会学家、生态学家学习，关注社会生活事件、关注重大社会变革、关爱社会民众苦乐、关心应用心理实践。心理学的研究对象和任务应该是心理内容与形式研究的统一。应该关注和研究社会生活中发生的各类具体的心理事件，坚持实践是检验真理的唯一标准。那种逃避现实、逃避生活、逃避实践的心理学应该得到矫正。

第四节　中国本土文化心理学转向中国心理学

中国的心理学发展经历了翻译介绍、移植研究、本土探索三个阶段，目前处于移植研究、本土探索交错阶段。2009 年，我们发表论文指出"鉴于中国模仿的西方实证主义心理学的衰落，人文主义心理学的复兴，从 20 世纪 90 年代以来，中国本土的心理学家分别以自己的专业领域为视野，开展了理论心理学学科建设的讨论和探索。新世纪西方理论心理学研究思潮的传播，使中国心理学家建设本土理论心理学的信心进一步增强"②。之所以开展本土探索，是因为 20 世纪 90 年代以来，中国心理学家发现了西方心理学移植进口的跨文化适用性问题，因此，在开展西方心理学理论的跨文化心理学验证研究的同时，积

---

① 姜永志、张海钟：《中国本土心理学研究理论问题反思》，《心理研究》2012 年第 3 期。

② 张海钟、蔡丹丰、刘芳：《中国当代心理学者的本土理论心理学思想述评》，《心理研究》2009 年第 5 期。

极开展本土文化理论心理学的研究，同时挖掘中国传统哲学中的心理学思想，试图建设中国本土心理学理论体系。但是，因为西方进口实验心理学的强势地位，中国本土心理学的发展非常缓慢。目前，实验心理学家处于追赶焦虑状态，而本土心理学家则始终被排挤，处于弱势群体状态。中国本土心理学有五种研究范型：第一种是理论心理学，第二种是中国心理学史，第三种是中国文化心理学，第四种是中国民族心理学，第五种是中国哲学心理学，都没有形成自己的体系。我们认为，既然科学主义与人文主义、西化心理学与本土心理学难以契合，何不学习哲学、经济学、语言学、文学，建设中国心理学，区分为中国心理学和西方心理学两个学科开展研究。

一、西方心理学进口移植的科学实验主义及其后果

　　无论是哲学式的思辨心理学还是科学式的实验心理学，西方心理学都是在 19 世纪末 20 世纪初逐步进入中国。但西方心理学进口中国后，基本成为纯粹实证主义的实验心理学。先是 20 世纪 20—30 年代引进测验心理学，后是 20 世纪 50 年代引进以条件反射理论为核心的生理心理学，再后来的 20 世纪 80—90 年代，引进问卷调查统计实验、电子实验室仪器实验，新世纪则回归到高级电子技术控制的认知神经科学实验。

　　科学主义心理学、实证主义心理学、实验主义心理学有自己的优势，强调因果关系，强调客观性原则，强调可重复性研究，强调定量研究，坚持生理还原论、方法数学化。但新世纪以来，统计方法越来越复杂，研究主题越来越贵族化，研究内容越来越远离社会生活。更适合研究感觉、知觉、记忆、思维等认知心理学，拙于研究情绪心理学、人格心理学、变态心理学、社会心理学。随着跨文化心理学的兴起，实验心理学也越来越重视研究思路的生态化、多学科化，重视跨文化比较研究，注意方法的综合化，注重手段的现代化。

　　20 世纪 80 年代以来，以中国科学院心理学研究所、中国心理学会秘书处为核心，以《心理学报》为最高学术杂志的中国心理学界，实验心理学始终占据强势地位，迫使师范大学教育学背景的教育心理学家、综合大学社会学背景的社会心理学家、哲学背景的理论心理学家全部向实验心理学看齐。缺少实验心理学成果的学者难以进入中国心理学会理事会，《心理科学进展》、《心理科学》、《心理与行为研究》、《应用心理学》等学科权威期刊发表的论文和研究报告，绝大多数是实验心理学成果。仅有的理论心理学学术期刊《心理学探新》也被迫走向实验心理学轨道。哲学的、人文的、理论的心理学研究只能发表在高等学校学报和社会科学学术期刊。

无论是西方的人本主义心理学家、文化主义心理学家、人文主义心理学家，或者是中国的哲学心理学、文化心理学、理论心理学家，都难以或者无愿排斥实证主义心理学、科学主义、实验主义心理学，但 20 世纪末至 20 世纪 10 年代科学、实证、实验心理学的霸权，却引发了心理学学术界的科学主义与人文主义争论，乃至争论中给予实证主义心理学的强烈批评。[1] 因为中国缺少实证主义的传统，而中国的实证主义心理学家又极力排斥人文主义心理学家，特别是西方人本主义心理学和精神分析心理学在中国学术界的式微，强烈挤压着本土心理学的生存空间，以至于致力理论心理学、文化心理学、哲学心理学乃至部分社会心理学的学者逐步走向团结，形成第二种势力。

许多心理学家痛苦地寻求科学主义、实证主义心理学与哲学主义、人文主义心理学的整合路径，试图建立契合的、整合的、融合的、润和的心理学体系，但却始终难得其路而进。[2] 这使得第二种势力逐步走向逆反，反过来排斥实证主义心理学。2010 年以来的中国学术界，以中国本土社会心理学、文化心理学、心理人类学、民族心理学为学科建设主题的心理学家，走上了高举本土心理学旗帜的学术舞台。综合大学、民族大学、师范大学的心理学家以跨文化心理学为纽带，将民族比较主题、社会生活主题、区域比较主题、传统文化主题的研究成果带入民众生活，从学术的边缘走向社会的中心。远离民众、远离生活、远离社会的实证主义心理学正在逐步走向危机。

二、中国本土心理学的发展及其学科体系混乱后果

20 世纪 90 年代以来，随着跨文化心理学的兴起，随着台湾心理学进入大陆，挖掘中国传统哲学中的心理学思想，立足中国民族心理学研究，致力于本土社会心理学研究的本土心理学家，受到学术界的关注。也有几位心理学家出

---

[1] 王伟:《论心理学中科学主义与人文主义的整合》,《宁夏大学学报》(社会科学版) 2004 年第 4 期。

[2] Haizhong Zhang1 & Hongxia Li, The characteristics of Indigenous Theoretical Psychology in Modern China, Captus University Publications, ISBN 978-1-55322-240-8 (2011); Paul Stenner, et. al. (Ed.); Theoretical Psychology, Global Transformations and Challenges, Order 4 books for the ISTP conference.

版了中国本土心理学、民族心理学、民俗心理学、文化心理学著作。①② 但这些研究始终难以得到主流心理学的认可，高校本科心理学专业也不开设这些课程。而主流心理学家所做的实验主义、实证主义、物理主义、还原主义、客观主义研究，却始终处于追赶焦虑心态下的翻译、移植、模仿状态。③

　　综观主张中国心理学本土化或者致力于中国本土心理学研究的学者所开展的研究，可以归纳出高觉敷、杨鑫辉、燕国材等主导的中国心理学史，杨国枢④、葛鲁嘉⑤、朱永新⑥分别主导的中国本土心理学，车文博⑦、叶浩生⑧等主导的中国理论心理学，李炳全⑨、汪凤炎⑩、许波、侯玉波等主导的中国文化心理学，张世富⑪、万明钢⑫等主导的中国民族心理学，张海钟、姜永志等主导的中国区域心理学⑬，李静等主导的中国心理人类学⑭，梁漱溟、杨永明、张海钟等主导的中国人生心理学⑮等。所有这些学者多半与高觉敷、杨鑫辉、燕国材、杨永明、赵鸣久、张世富等老辈心理学家存在关联，或者存在历史渊源，或者出自其师门。但无论是民族心理学，还是本土心理学，或者理论心理学、文化心理学，所有的学科概念都进口于西方，而学科

　①　朱永新：《中国本土心理学研究》，中国人民大学出版社 2011 年版，第 1 页。
　②　葛鲁嘉：《新心性心理学宣言：中国本土心理学原创性理论建构》，人民出版社 2008 年版，第 1 页。
　③　张海钟、姜永志等：《当代理论心理学概论》，线装书局 2011 年版，第 1 页。
　④　杨国枢：《中国人的心理与行为：本土化研究》，中国人民大学出版社 2004 年版，第 1 页。
　⑤　朱永新：《中国本土心理学研究》，中国人民大学出版社 2011 年版，第 1 页。
　⑥　葛鲁嘉：《新心性心理学宣言：中国本土心理学原创性理论建构》，人民出版社 2008 年版，第 1 页。
　⑦　车文博：《中国理论心理学》，首都师范大学出版社 2010 年版，第 1 页。
　⑧　叶浩生、杨万景：《理论心理学：概念与展望》，《中国科学院院刊》2012 年第 S1 期。
　⑨　李炳全：《文化心理学》，上海教育出版社 2007 年版，第 1 页。
　⑩　汪凤炎、郑红：《中国文化心理学》，暨南大学出版社 2006 年版，第 1 页。
　⑪　张世富：《民族心理学》，山东教育出版社 1996 年版，第 5 页。
　⑫　万明钢：《西北民族地区青少年文化认同研究》，民族出版社 2012 年版，第 6 页。
　⑬　张海钟、姜永志等：《中国区域跨文化心理学研究：理论探索与实证》，人民出版社 2012 年版，第 6 页。
　⑭　李静：《民族心理学》，民族出版社 2005 年版，第 6 页。
　⑮　梁漱溟：《人心与人生》，上海人民出版社 2012 年版，第 6 页；杨永明：《人生十大心理矛盾》，海天出版社 2005 年版，第 6 页；张海钟、舒跃育等：《人性、人格、人生——现当代心理学视野的理论探索》，社会科学文献出版社 2009 年版，第 6 页。

内容又肇始于中国古代的心理学思想，即使杨永明先生的人生心理学、杨国枢先生的本土心理学、葛鲁嘉先生的心性心理学，也同样是西方心理学的形态、中国传统哲学的内容，或者中国传统哲学的形态、西方心理学的内容。

我们认为，当代中国理论心理学家的研究，更多的是西方心理学思潮中各种概念的翻译介绍，就中国心理学体系建设而言，更多的是启发作用而非内涵促发作用。文化心理学更多纠缠于文化心理学理论建设，或忙于将中国古代的哲学、管理学、文学思想粘贴心理学的标签，或忙于区分文化心理学、跨文化心理学、心理人类学、本土心理学的概念内涵。民族心理学的更多研究则是采用西方进口的研究方法，开展中国各民族心理的比较，很多内容与民俗心理学混同。而跨文化心理学实际上是民族心理学、文化心理学、本土心理学的源头，目前逐步引起广泛关注的这些新学科，都滥觞于跨文化心理学。真正可以称得上本土心理学的只有葛鲁嘉的新心性心理学，探索了中国本土心理学的概念体系。但因为主流心理学的高压，新心性心理学根本没有引起心理学界的重视，即使是致力于本土心理学研究或者主张心理学本土化的学者。最遗憾的是梁漱溟先生的人生心理学，因为"文化大革命"的影响，没有培养出研究生，以致缺少继承人，但后继的很多学者倾心传承其思想。

我们认为，中国本土心理学，或者说中国心理学本土化之所以处于目前这种"条条大路通罗马"的混乱局面，根本原因是学科建设道路缺乏旗帜，缺乏领袖。总结包括西方心理学在内的其他学科发展道路，总会在某一时代出现某一思想的领袖式学者，进而带动一个学派、一种思潮、一个学科的发展。但同时，一个学科的发展也需要适宜的意识形态土壤和经济社会环境。更需要通过高等教育中系统的人才培养，获得思想传播和后发继承。目前，中国本土心理学尚未进入高等学校的专业课表，更没有进入本科生的专业目录，但某些高校的研究生教育阶段已经开始开设民族心理学、文化心理学、理论心理学、心性心理学、心理学史课程或者专题，而且，随着新时代国家领导的意识形态转型，中国本土心理学的春天即将来临。

三、建设中国心理学的逻辑起点和高等教育实践起点

承前所论，中国本土心理学因为中国主流实证主义心理学的高压，难以获得发展，许多悲天悯人的学者试图整合、寻求契合、希望润和、致力融合，都是无功而返。我们反思反转而论，既然难以整合，何不寻求分裂、分离、分析、分派。我国学术界，西方与中国分裂的学科不计其数，如语言学，文学有

外国语言文学、中国语言文学，还有少数民族语言文学，高等学校分设学部、学院、学系，分设专业招生培养人才，各自建设发展学科，基本互不往来。如哲学学科，有西方哲学、中国哲学、马克思主义哲学，理论体系差别悬殊，各自设立专业，发展各自的学科。历史学科有世界历史学、中国历史学。医学学科里有西方医学，简称西医，有中国医学，简称中医，都是分学科开专业培养人才。

如果我们设想，将心理学分为西方心理学、中国心理学，分别设立专业，分别发展，有何不可？因为西方心理学与中国心理学概念体系、研究方法、思想路线完全不同，试图整合、融合，只能是用复杂的统计实验方法证明古今圣贤的至理名言，或者套用西方心理学的概念解读中国心理学的思想。如果能够形成共同认识，我们希望建设一套由中国哲学、中国文化学、中国历史学、中国文学、中国科学技术史为学科基础，中国心理学史、中国文化心理学、中国民俗心理学、中国民族心理学、中国社会心理学、中国宗教心理学、中国人生心理学、中国人才心理学、中国管理心理学、中国儿童教育心理学、中国心理辅导学、中国心理测验学等课程组成的中国心理学专业，先行设立为研究生教育的一个专业，同时为本科生开设部分课程，随后申请教育部增列为本科专业。至于交叉学科，如认知神经科学、脑科学、精神病学，则自然按照其本来逻辑发展。

当然，我们不能因为离婚分家就老死不相往来，恰恰相反，中国心理学实际就是中国本土心理学，要以中国人民的幸福自由为主题，以和谐社会建设为目标，继承传统文化中的心理学思想，研究当代中国社会民众的心理规律，借鉴西方心理学或者说外国心理学的研究成果，形成中国特色的心理学理论体系和实践发展领域。为了达到该目的，我们必须高举旗帜、选拔领袖、争取政策、开办报刊、举行会议、发表演讲；要求我们坚持内容与形式统一的研究原则，关注社会生活中发生的各类具体的心理事件，坚持实践是检验真理的唯一标准，矫正那种逃避现实、逃避生活、逃避实践的心理学。向经济学家、社会学家、生态学家学习，关注社会生活事件、关注重大社会变革、关爱社会民众苦乐、关心应用心理实践。

第三章　西方心理学与中国本土心理学概念

第一节　实证心理学的反动与常识心理学的地位

在汉语语境中，"反动"这个词汇有许多含义，老子《道德经》第四十章云："反者道之动，弱者道之用。"现代汉语词典中的解释是：①在物理学中指反向运动；②在历史学中指历史的倒退行为，或者逆于正常历史进程的行为；③在马克思社会主义中，主要指反对无产阶级革命的思想和行为；④某些场合下也被赋予"反政府"的意义。笔者使用"反动"，取反向而动之意义，指对实证主义心理学的批判、颠覆、重建。

20世纪80年代，曾经有科学家预言，21世纪是生物学和心理学的世纪。但新世纪以来，心理学家自己的困境只有自己清楚。自心理学从哲学的母体中分离出来之后，经过一百多年的发展，已成长为一棵枝繁叶茂的大树，心理学研究成果的应用，为科学理论的发展和人们的生活实践都做出了巨大贡献。但由于历史、科学发展及心理学家自身的局限，当代心理学的发展出现了诸多问题，甚至面临极大的困境，这些困境正如有些学者概括的那样：理论与实践的分离、内容与形式的分离、元素与整体的分离、实验与内省的分离、定性与定量的分离、科学与人文的分离、心理学家与民众的分离等。①

作为心理学工作者，我们越来越感到困惑甚至自卑的是，当我们耳闻目睹那些并未专门研究心理学的官员熟练地运用心理学来处理上下左右的人际关系，那些并未专门研究心理学的商人熟练地运用心理学来促进销售，甚至让消费者上当受骗还感激涕零，那些并未专门研究心理学的作家细致入微地描写人

---

① 白雪苹：《心理学的困境与常识心理学的启示》，《郑州轻工业学院学报》（社会科学版）2008年第3期。

物的内心世界；当我们读了保罗·凯林《心理学大曝光——皇帝的新装》[①]和晚年陈立《平话心理学向何处去》[②]对现代心理学方法论批判；当我们听到许多学者批评心理学不如读者文摘时，我们真正怀疑心理学家已误入歧途，忧虑实验、实证主义心理学存在的前景。

一、保罗·凯林的《心理学大曝光——皇帝的新装》

保罗·凯林（Kline，Paul）是不列颠唯一的一名心理测量学教授，著名心理学家卡特尔先生的同事。他写了一本《心理学大曝光——皇帝的新装》，被郑伟建先生 1992 年译成中文由中国人民大学出版社出版。著作用大量的事实说明：1. 实验心理学研究琐碎问题，这些问题与大多数人认为在他们生活中的主要问题无关。2. 这主要依赖于对实验心理学"科学方法"的信任。3. 我们已表明这种方法在心理学中是人为构想出来的，它不适用于心理学中的大多数事情。4. 尽管实验心理学所产生的结果是不成功的，但其科学方法与实验心理学是牢牢结合在一起的。5. 对于实验心理学和被称为"真正的"心理学之间的明显的差别，暂且不论，可能会出现这种情况，即实验心理学已经发现了重要的问题。6. 对心理学的不同课题的考察表明：很不幸，并没有出现上述所说的那种情况。7. 的确，从这种意义上来说，实验心理学与其说是科学的，倒不如说更像是卖弄学问。8. 所以，本书的副标题："皇帝的新装"，特指实验心理学的所有大厦。对于朴实的观察者来说，实验心理学看起来完全是没有价值的，剥去这层科学和学术的装饰，就不难看出它究竟是些什么。

通过实验心理学检讨，保罗·凯林"指出了一些促使心理学进步的方法，使其能解决一些在人类生活中真正重要的问题以及能使它变成它所应该具有的那样，成为一门真正有价值的学科"[③]。这些方法包括知觉遗传学和作为一种防御测量的 DMT 的效度等；作者还"建议在心理学家的教育和培养方面进行变革，使人性和科学达到一种很好的结合，从而能使这个学科充满新的活力"[④]。

[①]　保罗·凯林著，郑伟建译：《心理学大曝光——皇帝的新装》，中国人民大学出版社1992 年版，第 35 页。

[②]　陈立：《平话心理学向何处去》，《心理科学》1997 年第 5 期。

[③]　保罗·凯林著，郑伟建译：《心理学大曝光——皇帝的新装》，中国人民大学出版社1992 年版，第 35 页。

[④]　保罗·凯林著，郑伟建译：《心理学大曝光——皇帝的新装》，中国人民大学出版社1992 年版，第 35 页。

　　作者说，这本书就像是一本忏悔录，因为他也作为经院心理学家从事所谓的心理学研究 25 年。他说"我犯了许多我在本书中所叙述的错误"①，"因此本书的目的只在于使奥古斯丁时代的缺陷减少到零——请上帝还我纯洁吧！但还不可能——因为我知道除非经院心理学能够迅速有所转变，否则这个学科将被抛进装有诸如颅相学、巫术和色情文学知识的垃圾箱里，并将永远消失"②。

　　出版社评价保罗·凯林就像是一个不合时宜的人，唯一不合时宜的地方就是他一语道破了真理。他的观点就像是一盆冷水，把对心理学怀有幻想的人们的狂热的激情和热情浇灭。冷静一点，睁开眼睛，看一看所谓的心理学是怎样的一门科学，人们像鸭子一样赶过去，饥渴地寻觅属于自己的东西——最终却发现找到的东西没有营养，纯粹一堆垃圾。③ 这种刻薄的批评难道是空穴来风吗？显然不是，让我们再读一读中国心理学的终身成就奖获得者、老一辈心理学家、已故的陈立先生晚年的批评。

二、中国心理学家陈立的方法论制度化批评

　　陈立（1902—2004），字卓如，中国现代心理学家，原杭州大学校长。是我国最早从事工业心理研究的著名工业心理学家，最早采用因素分析方法进行研究心理学。1935 年出版的《工业心理学概观》是我国最早的一本工业心理学专著。他曾在清华大学筹建疲劳研究实验室，主要著作还有《管理心理学》（1982）、《陈立心理学科学论著选》（1993）等。

　　晚年的陈立深感心理学方法论制度化的弊端，在《心理科学》1997 年第 5 期发表《平话心理学向何处去》，对心理学的方法论制度化予以强烈批评。认为心理学要从课题的琐细及屈从物理方法的独裁中解放出来。建议群策群力，从战略的高度进行战役性的研究，避免仓猝应付的遭遇战。要理论研究结合实际，从现实中发现漏洞以资利用。克服方法论中的诸多限制，比较机器人学的缺陷，重视意义的地位，采纳释义学的方法，打破"所谓"科学的桎梏，以活

① 保罗·凯林著，郑伟建译：《心理学大曝光——皇帝的新装》，中国人民大学出版社1992 年版，第 35 页。

② 保罗·凯林著，郑伟建译：《心理学大曝光——皇帝的新装》，中国人民大学出版社1992 年版，第 35 页。

③ 保罗·凯林著，郑伟建译：《心理学大曝光——皇帝的新装》，中国人民大学出版社1992 年版，第 35 页。

跃心理学克服科学方法论的专制。①

他认为，对心理学现状的危机感最突出的代表作是保罗·凯林《心理学大曝光——皇帝的新装》。指出作者在消极方面提出的许多典型事例是值得细心研究的，但无法完全苟同作者的方法建议。因为作者提出的积极主张，仍不外乎实证主义的科学方法。他认为这完全是陈词滥调。他对方法论的制度化持强烈的反感，认为这样就会窒息许多有益的实践。他强烈批评人工智能对人性的忽视，通过爱因斯坦关于相对论发现方法的通俗解释，主张采用释义学等方法研究心理学。②

三、《读者》文摘杂志与人生哲学心理学

甘肃人民出版社出版的《读者》文摘原名为《读者文摘》，后来因知识产权问题改名《读者》，是发行量特别大的杂志，每期发表的文章中大多与人生心理有关，虽然也有些文章列举实验数据，但多数是作者的感悟、体验。实证主义心理学家根本不承认这是心理学。但民众认为这才是心理学。限于篇幅，下面就以其中一篇文章"找黄金"为例。

> 父亲与儿子做游戏：10分钟代表一个人的一生，在这10分钟里，每人各翻一本书，从里面找"黄金"这个词，谁找得多谁就赢……。计时开始！儿子双目圆睁，父亲逐页寻找。房间里很安静，只听见唰唰的翻书声。"找到一个！"一分钟后儿子兴奋地叫道。"我也找到一个。"父亲叫道。电子表上的数字不紧不慢地跳着。5分钟后儿子蹦起来："第3个找到了！"父亲慌了："我这里的'黄金'为啥这么少呢？"儿子得意地说："你不会找嘛！要细心！"电子表上的数字跳得好像更快了。"第2个！"父亲说。"第4个！"儿子盖过父亲的声音。到了第8分钟，儿子又一连找到3个"黄金"。最后他一共找到10个，父亲只找到4个。"爸，你输了。"儿子说。父亲点点头："我承认我输了。可是就这么完了吗？""还要干什么？"儿子问。"如何使用黄金，你想了吗？"父亲问。儿子考虑片刻说："我要买一大堆巧克力、玩具，买一辆真正的赛车，还要去埃及看金字塔……"父亲指指电子表：9分

---

① 陈立：《平话心理学向何处去》，《心理科学》1997年第5期。

② 陈立：《平话心理学向何处去》，《心理科学》1997年第5期。

10秒。儿子问："又怎么了？"父亲笑道："你那些愿望都不现实。你已经老了，巧克力不敢吃，赛车开不动，金字塔也看不成了。你看，说着说着9分40秒了，10分钟的一生很快就要结束了。"儿子呆呆地望着父亲。父亲说："为了寻找黄金，你花去了大半生的时间，却难以享用它。其实黄金并不宝贵，时间才是最宝贵的，它是每个人的终极资源。"①

如果我们用实验法揭示这样一个原理，肯定需要一个复杂的实验设计，区分自变量、因变量、无关变量，寻找被试，被试分组，开展调查、实验，数据统计，数据分析，甚至回归分析，得出一个常识性结论，只不过这个结论运用了晦涩难懂的心理学术语。但这篇文章巧妙的想象设计，却揭示了一个心理学原理。

四、心理学的困境与常识心理学的反叛

在心理学界为自己的发展路径苦恼之际，国外传来了几种可以选择的心理学发展理论，其中之一就是常识心理学。根据有关资料，常识心理学也被称为民俗心理学、素朴心理学等，它是人们在日常生活中创建并使用的心理学，是存在于普通人生活经验中的心理学。自从有了人类，有了人类的自我意识，人们就有了对自身心理行为和心理生活经验的直观理解、解释和建构。因此，常识心理学是与人类共始终的。②

有的学者认为，主流心理学家为了维护心理学的实证科学性质，要么忽略常识心理学的重要性，要么认为"他们是外行的理解而不值得认真对待"③。近年来，一些心理学家开始尝试通过常识心理学来了解人们的心理生活，一些哲学家和心理学家也试图通过常识心理学来重构实证的心理学。认为常识心理学可以匡正心理学的研究对象和内容，扩展了心理学的研究方法，有助于填平心理学中科学主义与人文主义的鸿沟，进而为心理学的学科统一奠定基础；有利于加强心理学理论与实际的联系，提升心理学的存在价值；有利于心理学的本

---

① 纯子：《找黄金》，《读者》2009年第5期。
② 白雪苹：《心理学的困境与常识心理学的启示》，《郑州轻工业学院学报》（社会科学版）2008年第3期。
③ 白雪苹：《心理学的困境与常识心理学的启示》，《郑州轻工业学院学报》（社会科学版）2008年第3期。

土化和本土心理学的发展；有利于促进心理学分支学科的发展。①

我们非常同意这些意见，主张积极发展常识心理学。前述官员们之所以能够熟练地运用他们自己的心理学来处理上下左右的人际关系，商人之所以能够熟练地运用他们自己的心理学来促进销售，作家之所以能够细致入微地描写人物的内心世界，那是因为他们虽然没有按照实证主义心理学所认可的实验方法验证过自己的心理学，但他们在心理生活中不断地观察、思考、体验、感悟，通过一次又一次的亲身实践，总结出了自己的常识心理学。这些常识心理学虽然没有发表，但它却是颠扑不破的真理。实证主义心理学的错误就在于注重心理的结构与形式，却忽略了作为心理行为的实际生活内容，坚持"方法中心"和"价值中立"，于是就背上了"没有心理的心理学"的恶名。

我们设想可以通过对官员、商人的采访来总结社会心理的规律，通过作家的作品分析来总结人的情感活动规律。官员、商人、作家的常识心理学来源于自己的实践，也即直接经验，同时也来源于前辈、同辈的实践，即间接经验。这些经验不是实验室实验得到的真理，而是现场实践反复证明的真理。它们没有被编辑成书本知识，没有逻辑体系，但存在于他们的脑中，随时指挥他们的行动。我们认为，未来的心理学是常识心理学的科学化、科学心理学的常识化。

第二节　当代心理学学科发展中的十对概念辨析

学术语言的发展变化与日常语言的发展一样，很多时候都难以用形式逻辑来要求。即使是教育部的学科专业目录，也是因为制定期间受邀请专家的偏好影响而离奇古怪。比如本科学士专业目录中心理学属于理学，硕士研究生教育阶段的学科专业目录中，心理学属于教育学，到了博士学位学科专业目录中，心理学再次成为理学。那是因为编制本科目录时邀请的专家是中国科学院心理学研究所的心理学研究员，而编制硕士学位研究生学科专业目录时，邀请的是北京师范大学心理学教授。最有意思的是，发展与教育心理学是一个二级学科独立专业，而社会心理学却不是，只能成为社会学的一个方向。当然说起教育

---

① 白雪苹：《心理学的困境与常识心理学的启示》，《郑州轻工业学院学报》（社会科学版）2008 年第 3 期。

心理学与心理教育学，理论心理学与心理学理论，人类心理学与心理人类学，西方心理学与本土心理学，哲学心理学与心理学哲学，应用心理学与心理学应用，文化心理学与实验心理学，实验心理学与心理学实验，发展心理学与心理学发展，科学心理学与常识心理学，心理生活与生活心理，文化心理与心理文化等学科或者概念这些问题。

一、人类心理学与心理人类学

现代心理学的研究发现，只要是动物都有心理活动，只不过动物心理比较简单低级，特别低级的动物只有感觉，稍微高级一点的有知觉，再高级一点的有记忆，再高级的就有动作思维，最高级的也就有点形象思维，而人类则有抽象思维能力。当然动物也有文化社会心理，但人的文化心理可以内化为人格特质或者称为文化谜米①，而动物的文化心理最后积淀为基因。我们平时说到心理学，除了比较心理学是比较人和动物的心理共同性和差异性之外，都是指人类心理学，所有的心理学分支学科都是研究人类心理学的分支学科。所以我们一般说起人类心理学都简称为心理学。

而心理人类学则是新兴的心理学分支学科，其实称为"人类学分支学科"更符合逻辑。按照形式逻辑，前标概念一般是属概念，而后标概念才是种概念。心理人类学首先是人类学，随后才是心理人类学，区别于体质人类学、文化人类学、教育人类学等。心理人类学滥觞于早期文化学家波亚士、卡丁纳、林顿、玛格丽特等文化人类学的研究，后发展为许烺光（FrancisL.K.Hsu）的文化与人格相互作用研究，再后来才被许烺光称为心理人类学。1961年，美籍华裔人类学家许烺光出版了《心理人类学——研究文化和个性的方法》，引起了美国心理学界的关注，形成了学派，还导致了认知人类学的产生。当代中国的部分民族学、文化学、心理学专家为了拓展自己的学科，把自己的民族心理学、文化心理学研究称为心理人类学研究。②

二、理论心理学与心理学理论

20 世纪 90 年代初期，笔者在陕西师范大学攻读硕士学位时，学习的一门

---

① 苏珊·布莱克摩尔著，高申春、吴友军、许波译：《谜米机器——文化之社会传递过程的基因学》，吉林人民出版社 2001 年版，第 1 页。

② 葛鲁嘉：《从文化与人格到文化与自我——心理人类学研究重心的转移》，《求是学刊》1996 年第 1 期。

课程是心理学基本理论和体系，其中主要研究心理的实质、心理的生理机制；心理学的对象、性质、方法、历史、心理学的概念、心理现象之间的关系，如身体和心理、原因和结果、内因和外因、遗传和环境等；还有心理学各个分支学科之间的关系。我国前辈心理学家潘菽就主要研究心理学基本理论。当时的心理学界将心理学基本理论作为普通心理学或者基础心理学的前导部分，后来的发展心理学、教育心理学、人格心理学、变态心理学、社会心理学都在绪论中演绎心理学的分支学科基本理论。

新世纪初期，有的学者引进外国的概念，把它称为理论心理学，或者体系心理学。按照理论心理学家的概括，理论心理学从非经验的角度，通过分析、综合、归纳、类比、假设、抽象、演绎、归纳、推理等多种理论思维方式，研究心理学的基本理论问题。其在心理学中的地位就像理论物理学、理论化学，是心理学的学科体系中不可缺少的组成部分。实验心理学创立之前的哲学心理学的视角某种意义上是一种理论心理学。理论心理学包含两大部分：元理论和实体理论。元理论是学科的基础理论，是心理学学科性质的高度理论概括，是心理学的实体理论和心理学研究方法的指导思想和指导原则。元理论的探讨主要依赖于抽象思辨的方法，实体理论更多地依赖逻辑推理和数学演绎的方法，研究各种心理现象的发生发展机制。1984 年，美国开始出版《理论心理学年鉴》、《理论心理学与哲学心理学杂志》、《理论与心理学》杂志。1985 年，理论心理学国际协会在英国成立，成功地主办了多次理论心理学国际研讨会，并把会议论文编辑成《理论心理学的当代问题》(1985)、《理论心理学的发展趋势》(1988) 等书籍出版。目前，理论心理学正显示出蓬勃发展之势，展现出较强的生命力。

三、哲学心理学与心理学哲学

现代心理学家将哲学心理学定义为：在科学心理学诞生以前，哲学家、教育家运用思辨的方法对人的心理活动规律进行研究所得到的认识的总和。提起哲学心理学，就必然会联想到、联系到理论心理学、中国古代心理学思想、西方心理学思潮等。20 世纪 80 年代英美国家兴起的理论心理学，其著作或者论文汇编也被称为哲学心理学。新世纪以来，许多理论心理学、本土心理学、中国心理学史学者的成果被称为是哲学式的心理学，但这些心理学家并不承认或者不敢承认自己是哲学心理学家。实证主义心理学的强势地位，使采用哲学思辨的方法、逻辑推理的方法、语意分析的方法开展心理学理论研究的学者心有余悸。因此哲学心理学目前并没有成为一个独立学科，也没有学者出版哲学心理学著作。但心理学的著作里经常会出现哲学心理学的概念，主要用来标识人文主义心理学研究。

同样，心理学哲学也没有成为一个学科，它其实就是心理学理论的哲学反思和评论，就是对心理学历史、理论、成果的哲学概括。更加明白地说，心理学哲学其实就是理论心理学。理论心理学就是不断采用哲学的基本原理和方法，批评心理学研究成绩和问题，导引心理学未来走向的学科。但是，我们必须注意到另外一个概念，就是心理哲学。心理学哲学是对心理学学科的哲学研究，而心理哲学则是对心理现象的哲学辨证。许多报纸杂志设立的心灵鸡汤、哲理故事、佛学禅语、人生智慧、成长生活等栏目发表的各类小寓言、故事，其实就是心理哲学，就是对日常心理活动的哲学指导。哲学寓言、幽默、格言、随笔、散文、诗歌等文艺形式所表达的哲理，被心理学家称为"常识心理学"，这是一种平民心理学，是更有实践生活意义的江湖心理学，但却为民众所认可，倒是形成了对学院派贵族心理学的挑战。[①]

四、西方心理学与本土心理学

我国古代并没有现代意义的心理学，只有心理的哲学，或者称为思想道德的哲学更为贴切。最初进口中国的西方心理学，主要是冯特的心理学，比纳、西蒙的心理学以及华生、斯金纳的心理学，还有弗洛伊德的精神分析心理学，其中前者被认为是实验心理学。后来的 20 世纪 80 年代，随着马斯洛人本主义心理学的传入和传播，我们对心理学的印象发生了改变，但后来的中国心理学发展却最终走向实验心理学。实验心理学或者实证主义心理学成为主流心理学的代名词，也成为西方心理学的代表概念。现当代主流实证心理学家为了使自己的学问区别于哲学，认为心理学研究人实际上如何思考、如何产生感情、如何行动，而哲学则研究人应该如何思考才能获得真理。哲学是研究人的认知和行动，也就是理论和实践，而心理学必须研究情感问题。其实，西方心理学当然不是实验主义心理学，有很多的心理学家致力于运用哲学思辨的方法、逻辑推理的方法、语意分析的方法开展研究。

中国本土心理学并非来源于中国本土，甚至到 20 世纪 80 年代，我们使用的是中国特色的心理学这个概念。后来我们从两个渠道获得本土心理学的

---

① 参见王兴隆、张海钟：《现代人生心理哲学故事》，中国戏剧出版社 2011 年版，第 43 页。

概念，一个是台湾心理学家杨国枢、黄光国参加大陆社会心理学研讨会的传播，一个是翻译两个英国学者的《本土心理学》著作。本土心理学的产生是因为主流心理学的缺陷。本土心理学要求心理学概念本土化、课题本土化、方法本土化、制度本土化。文化契合是本土心理学的关键。目前本土心理学体系不完善、缺乏原创性，还没有成为一个学术界认可的学科，只是心理学中的一种思潮。

学术上广义的本土心理学是指心理学家研究与本土文化有关的课题。美国有美国的本土心理学，英国有英国的本土心理学。我们所研究的是中国文化背景下的心理学。狭义的本土心理学或者说当前讨论的本土心理学是文化的心理学、理论的心理学、历史的心理学、哲学的心理学、民族的心理学、跨文化的心理学，是针对实验心理学、科学心理学而提出的一个心理学概念。其实整个全球心理学都是美国的本土心理学。但是这种美国的心理学是去文化的、超越文化的心理学，是实验主义话语霸权的心理学。本土心理学是基于多元文化背景的跨文化心理学。本土心理学重视同位研究和主位研究。

五、文化心理学与实验心理学

文化心理学与本土心理学、跨文化心理学、民族心理学紧密相连，是基于本土文化与人格心理相互作用的心理学，是科学主义心理学与人文主义心理学论战的结果，是冯特的民族心理学的当代复兴。当代中国，文化心理学还没有成为一个学科，缺乏学科理论体系。有的文化心理学其实就是中国心理学史的西方心理学强制解析，有的文化心理学其实就是中国哲学伦理学思想的西方心理学概念转换。更多的文化心理学其实就是模仿西方进口的跨文化心理学方法和理论模型，解读中国民族、区域、城乡文化与居民人格心理的相互关系。

学术上广义的实验心理学，其实就是实证主义心理学。实证研究并没有错误，但是将实证作为一种主义，只认可问卷统计实验、仪器设备实验，排斥主位研究、叙事研究、逻辑推理、语意分析、临床观察，就引发了同行的反抗。狭义的实验心理学是指实验室实验心理学，是一门心理学分支学科。实验心理学的发展表明，它更多的是研究心理学的一种方法学。虽然实验心理学开始于德国，后来经过了艾宾浩斯、桑代克、巴甫洛夫、华生、韦特海默、斯金纳等，成为一种主流心理学方法。实验心理学的鲜明特点是数理统计学方法的应用，因此实验心理学最核心的概念是变量、自变量、因变量、中介变量等。当代心理学中计算机技术的应用和高级数学理论和方法的应用，比如回归分析、结构方程等，使实验心理学成为心理学方法学中的贵族。虽然理论思维是科学家的最高学术特质，但心理学中的实验心理学家更加高人一等。

六、实验心理学与心理学实验

严格地说，实验心理学本来就不应该称为实验心理学，而应该是心理学实验或者心理实验。但 20 世纪 60 年代以来的科学研究和大学课程学科化走向，使得所有的学者都愿意把自己研究领域的某种思想、方法、理论等称为某某学，心理学实验也就自然成为实验心理学。就如同心理学理论研究成为理论心理学、心理学的跨文化研究成为跨文化心理学一样。

随着电子学和工程技术的发展，心理学的实验装置和测量仪器日益精密，从而使心理学的实验研究在客观性和准确性方面都得到了提高，并逐渐摆脱了不同心理学流派对实验方法的影响和束缚。通过与工程学的合作，将实验心理学应用于人机系统，使设计的机器能较符合人体的结构和功能，从而降低劳动强度、提高工作效率。心理学实验中概率论数学的进一步应用，使数学模型能够更好地解释心理现象之间的因果关系。控制论的发展和计算机的广泛使用，不仅使心理实验的数据能在很短的时间内得到处理，而且为自动控制呈现刺激和记录反应提供了方便，为模拟复杂的心理过程开辟了新的途径，进而发展了行为的信息加工理论和认知心理学，并赋予学习和记忆等心理活动以新的解释。

随着研究的不断深入和社会需求的日益迫切，实验室研究日益显现出其固有模式的局限性，心理学研究出现了生态化的趋势，即强调从现实生活中、自然情境下研究个体与自然、社会环境中各种因素的相互作用，从而揭示心理发展和变化的规律。这种研究思路使心理学的研究更为客观、真实、接近自然，提高了研究结果的外部效度、生态效度。尤其是大数据时代的到来，实验心理学再次面临时代化的改革。

七、应用心理学与心理学应用

按照学术分类学的思想，应用心理学也不应该是一个独立学科，而应该是心理学的应用。但如前所述，20 世纪 60 年代以来的科学研究学科化走向，使得所有的学者都愿意把自己研究领域的某种思想、方法、理论等称为某某学，乃至教育技术都成为教育技术学。因此，心理学的应用成为应用心理学也就不足为怪。我国的教育部本科专业目录中应用心理学甚至成为一个二级学科专业。这种划分，使得除了基础心理学、发展与教育心理学之外的所有心理学分支全部成为应用心理学，比如社会心理学、政治心理学、宗教心理学、迷信心理学、民族心理学、文化心理学、文艺心理学、审美心理学、司法心理学、犯罪心理学、军事心理学、广告心理学、消费心理学、管理心理学、工程心理学等。

理论的、逻辑的分析，心理学应用其实就是心理学各个分支学科的理论、原理在政治、经济、社会、教育、文化、科技、司法等领域的应用，是解决问题的过程。至少发展心理学、社会心理学不应该被分类到应用心理学。心理学的应用领域目前主要集中在学校教育、医疗康复、人才开发、企业管理、广告消费、临床咨询、环境控制、犯罪侦查等领域。其中学校教育和咨询治疗领域应用最为广泛。但总体上来看，心理学应用的实效性还很不足，为人类社会作出的贡献远远不如其他学科。原因在于心理学的研究还缺乏公认的科学性，绝大多数的理论尚未转化为心理技术。特别是如宗教迷信、特异功能、梦的机制等问题至今没有令人信服的成果。因此，心理学还缺乏进入社会生活中心的学科资质。

八、发展心理学与心理学发展

发展心理学是研究人类心理发生发展规律的科学，严格地说应该称为心理发展学。广义的心理发展包含心理的种系发展、心理的种族发展和个体心理发展；狭义的心理发展仅指个体心理发展。早期的发展心理学主要研究儿童心理发展，因而被称为儿童心理学。1957年美国《心理学年鉴》第一次使用发展心理学代替了以前的儿童心理学；1980年德国贝尔特斯提出毕生发展观理论，标志着发展心理学的完善。

发展心理学在二维结构中研究心理发展，一维是普通心理学的心理机能维度，包括感觉、知觉、记忆、思维、想象、情绪、情感、意志、行为、兴趣、气质、性格等因素；一维是生命成熟的发展阶段维度，如胎儿、婴儿、幼儿、儿童、少年、青年、中年、老年。发展心理学认为人的心理发展存在阶段性和连续性，遗传和环境是影响心理发展的两个重大因素，其中遗传提供生物前提，环境决定心理发展的内容。

心理学的发展则是指一个学科的发展历史和未来趋势。研究心理学发展的学科有心理学史和理论心理学以及各个分支学科历史发展和未来预测。心理学有一个很长的过去，却有很短的历史。艾宾浩斯实际上是把人类社会漫长进化中的哲学、伦理学、医学中的心理学研究排除在心理学之外，因为他认为实验心理学才是真正的心理学。当代心理学中科学主义与人文主义逐步分裂，心理学的发展走向科学心理学、文化心理学以及脑心理学三个方向，或者说心理学分裂成了自然科学、社会科学、医药科学三个价值取向。未来的心理学很难再实现统一。

九、教育心理学与心理教育学

教育心理学是研究和解决教育活动，特别是学校教育活动中的心理学问题的学科，是最早发展起来的应用心理学分支学科。它以普通心理学、发展心理学、管理心理学、咨询心理学为基础，主要研究学习心理学、教学心理学、学校管理心理学、班级辅导心理学。中国的教育心理学也分为德育心理学、智育心理学、体育心理学。教育心理学的具体研究范畴是围绕学与教相互作用过程而展开的。学与教相互作用过程是一个系统过程，该系统包含学生、教师、教学内容、教学媒体和教学环境等五要素；由学习过程、教学过程和评价反思过程这三种活动过程交织在一起。因为学校教育的阶段性，教育心理学也分为幼儿园教育心理学、小学教育心理学、中学教育心理学、大学教育心理学。有的学者认为，教育心理学是心理学与教育学的交叉学科，既是心理学分支学科，也是教育学分支学科。

心理教育学是研究利用知识传授、能力提升等教育技术手段，开展心理保健、提升心理素质的教育学分支学科，早在民国初年心理学刚刚进口时，就有心理学家出版了心理教育学著作，但后来的心理教育被教育心理学所掩盖。许多学者和民众将教育心理学与心理教育学混同。直到 20 世纪 80 年代以后的30 年，随着心理咨询、心理辅导、心理保健、心理治疗技术的发展，随着学校心理健康教育的普及，心理教育的理论研究开始复兴。但直到 2000 年，还没有学者敢于将心理健康教育上升为学科，只有申荷永出版了心理教育学，但这本心理教育学论著其实并不是学校教育层面的心理教育学，而是中国传统文化立场的社会心理教育学。我们在有关论著中表达过，心理健康教育是一个逻辑病句，健康是不能教育的。心理教育就是心理教育，传统的心理健康教育理论应该上升为心理教育学理论。建设心理教育学的时机已经成熟。

十、科学心理学与常识心理学

心理学与物理学、医学、数学等学科的显著不同在于，每个人都有心理，每个人每天都有心理活动，每个人都是心理专家，每个人都对心理学有发言权，只不过没有使用心理学的专业术语。作家、政治家、商人、智者等驾驭他人心理的能力显著高于心理学家，这也正是心理学曲高和寡的原因之一。早在18世纪就有生理学出身的心理学家提出常识心理学的概念。后来冯特的民族心理学(张世富认为应该翻译为民俗心理学）思想中包含了常识心理学的意思。1981年，丹尼特在《三个意向的心理学》中提出了常识心理学概念。外国许多心理学家从不同角度提出了常识心理学的定义。我国心理学家则愿意称为民俗心理学、民众心理学。常识心理学是为了对抗科学心理学的霸权主义而提出的心理学。

科学心理学本来没有任何错误，但因为许多心理学家坚持实验主义、实证主义为心理学的唯一原则和方法，自己又号称是心理科学家，于是科学心理学便成为实验心理学的代表名词。但常识心理学确实不能代替科学心理学，科学心理学的发展也不可能消除常识心理学，就像西医再科学也不能由此消除中医一样。常识心理学可以弥补科学心理学远离社会民众生活的问题，直觉的、感性的、信念的自我心理学，使民众自己的心灵更加安宁。医生知道抽烟的危害，但有的医生照样抽烟；物理学教师照样还得请电工修理自己的洗衣机；哲学家给他人讲授人生哲学头头是道，有的照样自杀；唯物主义者也照样算命抽签；心理学家照样相信周公解梦。每个人都有自己的心理学或者心理哲学。我们的世界就是如此丰富多彩。

总而言之，心理学的发展出乎意料，各种学科概念异彩纷呈，任何学科都无法一统天下。归根到底还是因为人是心理非常复杂的动物。心理学的前途莫测，一切皆有可能。

第三节　民族心理学视域的汉族心理学研究思路

20世纪90年代后期以来，民族心理学成为心理学领域中一门重要分支学科，受到学术界的青睐。但是，中国的民族心理学其实是少数民族心理学，或者说少数民族与汉族的比较心理学，也称为民族跨文化心理学。这种学科划分和研究划界虽然适应了中国民族研究的实际和政治需要，但却将汉族立于少数民族的差别地位，给民众的印象是，中国的普通心理学、认知心理学、人格心理学、发展心理学、社会心理学都是汉族心理学，而少数民族的心理学则称为民族心理学。我们认为，民族心理学应该包括汉族心理学，这样才能体现民族平等。

一、我国民族心理学研究的历史回顾与当前的现状和问题

当代中国学术界研究民族问题，往往是不同论著不同篇章中民族概念使用的外延和内涵不同，有时候有的论著指的是全世界各种民族，有时候有的论文指的是少数民族，有时候有的篇章指的是某一个或者某几个民族。当使用"民族心理"这个词汇概念时，有时候指的是西方进口主流心理学意义上的心理，比如认知、情感、行为、个性、气质等等；有时候则指的是文化学意义上的心理，是哲学家、文学家自己理解和建构的心理概念；有时候指的是某一个具体的心理现象、心理因素、心理特质，比如心理健康、人格特质、文化心理、自我效能感、主观幸福感、学习动机、社交态度等。

民族心理学则有四个渊源，第一，是以冯特的民族心理学为起源的民族心理学，主张用实验心理学研究知觉、记忆等认知心理活动，而用语言、神话、宗教、传说、风俗等文化现象分析的方法，研究人类思维、情感、意识等心理活动。这一思想被后来的部分实验心理学家、人类学家、文化学家乃至文学家所继承，目前社会心理学、人格心理学、跨文化心理学教材中所讲解的弗洛伊德的部分心理学思想，荣格的心理学思想，博亚士、马林诺夫斯基、林顿、卡丁纳、克拉克洪、米德等文化人类学家、跨文化心理学家的研究成果，以及后来的许烺光的心理人类学（文化与人格的相互作用论）思想，还有当代中国部分民族学家的文化学研究，都滥觞于冯特的民族心理学。显然，冯特使用的民族指的是人类，而不是现代学术和政治意义上的民族。第二，是基于我国民族团结问题研究的本土民族心理学，是参考西方的文化人类学、社会心理学、跨文化心理学、民族心理学、实验心理学概念和理论，开展少数民族语言、风俗、习惯、禁忌、服饰等文化心理田野考察、问卷调查、描述分析，就我国目前的藏族、维吾尔族、回族等人数相对较多民族的中华民族认同问题、民族融合问题开展应用研究或者应用理论研究。当然还包括外围的社会学工作者、心理学工作者、管理学工作者、教育学工作者开展的各种民族的心理素质、心理特质、心理健康、心理特点的比较研究，可以称为民族跨文化心理学研究。第三，是基于我国传统文化心理与西方文化传统与现代文化心理的比较研究，力图寻找中国文化的未来走向。这些研究使用的民族和民族心理的概念显然限定于汉族为主体、儒家道家文化为传承的文化心理。而且这些研究者主要是部分

哲学家、文学家、文化学家特别是国学家和国学批评家。当然，这些研究还未标榜民族心理学的概念。第四，是民族学与心理学结合的民族心理学研究，主要是国内不同民族的心理特征比较研究，特别是少数民族心理与汉族心理的比较研究。但是，目前我国正式使用民族心理学学科概念而开展研究的多数都是心理学专业出身的学者，比如张世富[①]、刘毅[②]、时蓉华[③]、李静[④]等以民族心理学为著作名称出版专著，还有很多西部地区的心理学工作者以课题研究、论文发表、著作出版等形式开展民族心理学的研究，如万明钢[⑤]、于海涛[⑥]等。

社会心理学绪论认为，社会心理学有三个取向，一个是实验心理学或者称为科学心理学，简称为心理学取向；一个是社会学取向；一个是文化人类学、跨文化心理学，简称为文化学取向。我们可以认为民族心理学也是四个取向，第一是冯特的民族心理学，第二是现代文化人类学，第三是当代民族学，第四是当代民族学与心理学的结合。其中民族学与心理学结合的民族心理学实际上已经将前四种起源的人类学、文化学、社会学理论应用于民族心理学研究之中。但与民族学一样，当前的民族心理学虽然也有少数民族与汉族的心理比较研究，却往往等同于少数民族心理学，忘记了汉族也是一个民族，内隐的概念是本土的普通心理学、发展心理学、人格心理学、社会心理学、管理心理学等都是汉族主流心理学，而少数民族心理与汉族心理有差异，因而必须单独作为一个分支学科进行研究。好比女性心理学、区域心理学、农民心理学一样，因为男性是主流、北上广是主流、市民是主流。其实这些学科都是差异心理学、比较心理学，如果不是动物与人的心理比较研究称为比较心理学，无论是跨文化心理学还是民族心理学，都可以称为文化比较心理学[⑦]、民族比较心理学[⑧]，

①　张世富：《民族心理学》，山东教育出版社 1996 年版，第 53 页。

②　刘毅、时蓉华：《中国民族心理学概论》，甘肃民族出版社 1996 年版，第 32 页。

③　刘毅、时蓉华：《中国民族心理学概论》，甘肃民族出版社 1996 年版，第 32 页。

④　李静：《民族心理学》，民族出版社 2009 年版，第 14 页。

⑤　万明钢：《多元文化视野价值观与民族认同研究》，民族出版社 2006 年版，第 63 页。

⑥　秦秋霞、于海涛、乔亲才：《全球化时代跨界民族国家认同的心理机制》，《心理科学进展》2015 年第 5 期。

⑦　姜永志、张海钟等：《中国老乡心理效应的跨文化心理学研究》，《心理科学进展》2012 年第 8 期。

⑧　张海钟等：《中国区域跨文化心理学：理论探索与实证研究》，人民出版社 2012 年版，第 32 页。

当然还有男女比较心理学①、区域比较心理学②、城乡比较心理学③，等等。

二、汉族心理学与民族心理学——基于民族概念分析的课题研究

中国的汉族经历了华夏族的前身炎黄子孙、夏商周和春秋时代的华夏诸族、秦始皇统一后的秦人再到汉朝时期的汉人、汉族，后来也称为华人、唐人。近现代以来的民族学家、历史学家将其称为汉族。④

中华民族历史五千年，民族融合五千年，历史地考察，中国汉族并不是任何时期都是主流民族，比如五代十国、南北朝时期、宋辽夏时期，特别是元朝和清朝时期，汉族其实是少数民族而且是被歧视民族。汉族部分居民实际上不一定是纯种的汉族，但只要是自称汉族的民众都认可为汉族人民。当代中国汉族占 56 个民族中人口的 90% 以上，而且在全世界各个国家生活的汉族人有 3 亿 5 千多万，以至于生活在中国的汉族人往往会忘记自己的汉族身份，特别是居住在中原和南方的汉族居民，除非遇到少数民族居民发生族际交往，激活汉族身份，一般缺少甚至没有汉族自我意识。因为都是儒家主流思想文化、道家民间思想文化教育熏陶出来的后代，缺少语言、宗教、风俗、习惯、禁忌的差异感，学术研究中也甚少强调汉族作为一个民族的特殊性，只是历史学、民族学学术著作中强调少数民族与汉族的差别。

就中国而言，无论是中国传统的文化哲学心理学，还是 19 世纪末期至今发生发展起来，进口到中国的现当代科学实验心理学，很长时期都没有民族比较或者关注民族差异。查阅我国学术文献可以发现，改革开放以来的医学和艺术学、历史学、语言学研究，非常注重汉族和非汉族群体的身体疾病和身体素质、音乐美术特色、语言文字的比较研究，前者是因为饮食和体质类型差异，后者是因为文化和习俗差异。但直到 20 世纪 90 年代初期，学院派心理学家才开始做民族比较实验研究，比如孙根寿等 1991 年的研究⑤，到了 1995 年，中国各民族心理的比较研究、跨文化研究才逐渐增多，比如原献学等开展的民族心理比

① 张海钟等:《现代女性心理学导论》,中国档案出版社 2007 年版,第 84 页。

② 张海钟:《中国城乡跨文化心理学刍议》,《心理科学》2005 年第 5 期。

③ 张海钟:《中国文化的区域亚文化标识与区域居民人格心理研究路径》,《教育文化论坛》2015 年第 5 期。

④ 史继忠:《汉族的形成及其历史地位》,《贵州民族研究》1993 年第 2 期。

⑤ 孙根寿、陶远岑、刘萍:《东乡、保安、汉族儿童颜色爱好的实验研究》,《西北师大学报》(社会科学版) 1991 年第 2 期。

较研究。① 其中部分研究标题是汉族与其他少数民族的差异比较，但并没有将汉族作为一个特殊民族进行研究。然而，查阅文献，单独将汉族作为一个族群研究对象的文献几乎是零，而医学、艺术学以及人类学的研究却很多。因此，我们认为，将汉族心理作为一个课题开展研究，有利于体现民族平等，有利于民族心理学体系建设的完整性，有利于反向研究当代中国民族认同问题、民族素质问题。通过研究汉族对少数民族的认知、情感、态度、刻板印象、政策认识，可以为国家决策提供更好的社会心理学、跨文化心理学、民族心理学意见。

三、民族心理学组成部分的汉族心理学研究的总体思路

当代的民族心理学著作主要是张世富和李静的民族心理学。20 世纪 80 年代出版的张世富的民族心理学借用了社会心理学的体系，结合了中国社会时代需要，将民族心理研究划分为民族个体心理和民族群体心理两大部分，其中重点研究的概念和主题有社会现代化与民族心理、文化移入与民族心理、民族的社会心理、民族的个体社会化、民族认知、民族的个性、民族的自我意识、民族心理研究中的民族的道德发展、民族的群体心理如民族群体的规范、民族群体的凝聚力、民族大众心理现象、民族团结的心理分析、民族与心理卫生、民族与精神疾病、从巫术到心理治疗等。② 与张世富著作同时出版的刘毅和时蓉华的著作，则主要是实证调查研究的论文集。③ 在其后兴起的民族心理学和跨文化心理学潮流中，许多学者带领研究生开展民族心理比较研究，先发表论文后结集出版，比如万明钢的《多元文化视野价值观与民族认同研究》等。④

20 年后，后起的学者李静所著的民族心理学，则主要关注民族心理学的心理学基础、民族心理学史略、民族心理学的产生及发展、冯特的民族心理学思想、弗洛伊德的民族心理学思想、民族心理学的跨文化研究、民族共同体心理、勒温的拓扑心理学、民族共同体心理、民族共同体中的从众心理与行为、民族语言文化心理、民族意识论、民族自尊、凝聚力在民族意识中的核心地位、宗教对民族意识的提升作用、民族认知结构、民族认知与民族文化、民族的想象与释梦心理、集体意象中的民族女性形象、民族释梦心理、民族的需要动机特

---

① 秦素琼、吕志革、邹平：《中国少数民族心理研究的 25 年回顾与反思》，《广西师范大学学报》（哲学社会科学版）2007 年第 4 期。

② 张世富：《民族心理学》，山东教育出版社 1996 年版，第 53 页。

③ 刘毅、时蓉华：《国民族心理学概论》，甘肃民族出版社 1996 年版，第 32 页。

④ 万明钢：《多元文化视野价值观与民族认同研究》，民族出版社 2006 年版，第 63 页。

点、民族共同体的需要动机、民族群体人格、群体人格的心理人类学研究、民族性别角色社会化、民族巫术与心理治疗等①，显然有些标题参考了前辈的著作。

汉族心理学研究有三个视角，第一是汉族和少数民族心理的跨文化比较研究资料整理。查阅资料发现，自 20 世纪 80 年代以来的将近 40 年，我国学者发表的民族心理比较研究论文数万篇，其中涉及汉族与少数民族比较研究的数千篇。重新整理这些资料，抽出汉族青少年学生普通心理学、发展心理学、人格心理学、社会心理学研究的数据和结论，可以概括汉族部分个体、群体的认知心理、情感心理、性格心理、道德心理、语言心理、宗教心理特质和特点。第二是近代以来非心理学专业的文学家、民族学家、文化学家、社会学家所著的汉族文化心理、民族文化心理、中华民族文化心理、中国文化心理、中外文化心理比较研究论著。这些论著中使用的概念都是自我定义的概念，其内涵和外延与学院派心理学家的定义有很大差异，但都是以汉族或者汉族为主体的中华民族心理学的组成部分。如鲁迅、柏杨的国民性研究，如杨国枢②、黄光国③、杨中芳④、梁漱溟⑤、许烺光⑥、杨永明⑦、周晓虹⑧、王宏印⑨、翟学伟⑩等学者的本土心理学研究。第三是汉族民众的国家认同、民族认同、民族素质、民族精神、国民性格、国民意识研究，汉族民众对少数民族的性格刻板印象、风俗习惯认知、社会交际态度、和谐共处情感等研究。100 年来，我们往往更加关注少数民族对中华民族、中国文化、中国国家的认同态度，少数民族之间的相互刻板印象，很少关注汉族民众对少数民族的态度，汉族与少数民族融合的认知和情感问题。当然，汉族心理学还应该参考国家跨文化心理

---

① 李静：《民族心理学》，民族出版社 2009 年版，第 14 页。

② 杨国枢：《中国人的心理》，中国人民大学出版社 2012 年版，第 30 页。

③ 黄光国：《面子与人情——中国人的权力游戏》，中国人民大学出版社 2010 年版，第 19 页。

④ 杨中芳：《如何研究中国人——心理学研究本土化论文集》，重庆大学出版社 2009 年版，第 95 页。

⑤ 梁漱溟：《人心与人生》，学林出版社 1987 年版，第 10 页。

⑥ 许烺光：《美国人与中国人：两种生活方式比较》，华夏出版社 1989 年版，第 10 页。

⑦ 杨永明：《人生十大心理矛盾》，陕西人民教育出版社 1997 年版，第 10 页。

⑧ 周晓虹：《现代社会心理学——多维视野中的社会行为研究》，上海人民出版社 1997 年版，第 65 页。

⑨ 王宏印：《跨文化心理学导论》，陕西师范大学出版社 1992 年版，第 13 页。

⑩ 翟学伟：《人情、面子与权力的再生产》，北京大学出版社 2005 年版，第 97 页。

学、民族心理学的成果，以世界的眼光看汉族、中华民族心理发展、团结、保健、和谐。汉族人口占中华民族的 90% 以上，其居住区域可以分为独立汉族地区、汉族与几个少数民族杂居地区、汉族与多个民族杂居地区、汉族与世界其他国家和民族的民众杂居地区（跨界民族）[①]，比较研究相异区域汉族文化心理的学科，可以称为中国区域民族跨文化心理学。

　　总而言之，中国上古时期的典籍中有民、族、种、部、类等单音词，也有民人、种人、民群、民种、部族、部人、族类等双音词，独独未见民族二字连缀并用成词者。民族的概念来源于翻译日本的概念。当代中国有 56 个民族，其中汉族是主体民族，人口多数民族，主流文化民族。但是，因为中国文化中的简称偏好，中国当代的政治语言习惯将民族限定为少数民族，因此造成心理学界的民族心理学将民族心理学研究定位在少数民族心理研究范围。笔者认为，冯特初创民族心理学中的民族其实是指特定区域语言、神话、风俗独特的民众组成的族群，这些族群后来被斯大林论述为民族。无论是按照冯特的思想还是斯大林的概念，或者是现当代中国的政治性概念，汉族心理学都应该是民族心理学的重要研究内容和组成部分。但当代心理学家似乎禁忌于某种约定俗成的政治语言约束，担心使用汉族心理研究抑或汉族心理学可能进入政治禁区。我们认为，虽然因为汉族是中华民族中的多数民族，中国心理学的研究对象多数是汉族民众，但不能将普通心理学、社会心理学等同于中国汉族心理学，而单独发展一个简称为民族心理学的少数民族心理学。中国区域跨文化心理学既是汉民族区域比较心理学，也是少数民族区域比较心理学。正如有些学者所言，民族心理学应该是族群心理学，历史世界中各个时期的族群，现时世界中各个国家的族群，冯特民族心理学研究的内容，当代社会心理学的群体心理学研究课题，都应该是民族心理学的研究对象。民族心理学的本质是文化心理学。民族文化与民族心理的关系是民族心理学的核心课题。因此，跨文化心理学、中国文化心理学是民族心理学的重要交叉学科。

第四节　种族民族家族与老乡心理效应层次解析

　　2009 年以来，笔者及其合作者在中国区域跨文化心理学探索中，将老乡

[①]　马富英：《全球化背景下跨界民族的国家认同建构》，《贵州民族研究》2014 年第 6 期。

心理效应作为一种群体心理效应[①]，视老乡群体为实在群体，忽视了作为虚拟群体的存在。而民族心理学往往局限于少数民族，忽视汉族作为一个民族，而且忽视种族、民族、氏族、家族之间的逻辑关系。同时老乡群体心理学也未将同一民族实在群体和虚拟群体作为老乡群体的组成部分。我们试图进一步论述种族、民族、氏族、家族之间的逻辑关系、同一民族实在老乡群体与虚拟老乡群体的关系、中国民族心理学和中国区域跨文化心理学视野的区域和民族层次老乡心理效应。

一、社会心理学视域的种族民族家族的概念及其逻辑关系

种族，亦称人种，是具有形态生理特点和语言习俗等历史文化因素组成的有区域性特点的群体。1775 年德国生理和解剖学家弗雷德里奇·布鲁门巴赫教授（1752—1840）提出人种的生物学概念，1785 年康德出版《什么是人种》，进行了哲学化解释，后来达尔文进化论进一步推进了人种及其人种分类等概念。根据人种的自然体质特征，生物学家以体质特征为标准，将全世界的现代人类划分为四大人种：欧罗巴人种、蒙古人种、尼格罗人种和澳大利亚人种，俗称白种人、黄种人、黑种人和棕种人。心理学家 T.R. 加思 1931 年出版了第一本《种族心理学》。他认为，种族心理差异是遗传与环境共同作用的产物。不同种族在感觉特点、智力发展、颜色爱好、艺术欣赏方面不同程度地存在差异，主要原因是文化教育和宗教传说的影响。

民族是人类历史经过长期发展而形成的稳定共同体。中国古代并无民族概念，只用族、族类等形式来表达相同或相似的含义。西方印欧语系各种文字的民族多源于希腊文 ethnos，意即依靠历史、语言或种族的联系而被视作整体的人群。日本明治维新后，借用汉语文的"民"、"族"两字翻译西方语言的 Nation，并于 19 世纪末 20 世纪初传入中国。广义的民族是人类历史中形成而处于不同历史阶段的各种共同体（如原始民族、古代民族、近代民族、现代民族等），或作为一个区域内所有民族的统称（如美洲民族、非洲民族、阿拉伯民族等），或作为多民族国家内所有民族的总称（如中华民族）。狭义的民族专指斯大林 1913 年的定义：民族是人们在历史上形成的一个有共同语言、共同地域、共同经济生活以及表现于共同文化上的共同心理素质的稳定的人们共同

---

① 姜永志、张海钟等：《中国老乡心理效应的跨文化心理学研究》，《心理科学进展》2012年第 8 期。

体。目前，全世界约有 2000 个民族，其中中国有 56 个，包括汉族和 55 个少数民族。

　　氏族是原始社会基于相同血缘关系结合的人类社会群体，其成员出自一个共同的祖先。往往以一种动物或植物作为图腾标记。氏族禁止长辈与晚辈之间的通婚，也排斥兄弟姐妹婚配，甚至禁止与母亲最远旁系亲属的婚配。姓者统其祖考之所自出；氏者别其子孙之所自分。《通志·氏族略》曰：三代（指夏商周）以前，姓氏分而为二，男子称氏，妇人（女子）称姓。氏所以别贵贱，贵者有氏，贱者有名无氏。姓所以别婚姻，故有同姓异姓庶姓之别。氏同姓不同者，婚姻可通；姓同氏不同者，婚姻不可通。三代之后，姓氏合而为一，皆所以别婚姻而以地望明贵贱。姓氏的起源可以追溯到人类原始社会的母系氏族制度时期，所以中国的许多古姓都是女字旁或底。姓是作为区分氏族的特定标志符号，如部落的名称或部落首领的名字。

　　家族由姓氏衍生而来，姓产生于原始氏族社会，若干氏族组成一个原始部落，部落内各氏族又独立存在。同时，各氏族之间又有着密切的婚姻联系，姓就作为识别和区分氏族的特定标记符号应运而生。中国最早的姓都带有"女"字，如姬、姜、妫、姒等，可以推断，早在母系氏族时期，姓就已经形成，是母权制社会妇女地位的标志，其目的是便于通婚与鉴别子孙后代的归属。在原始群的杂交时期，不能产生家族。母权制氏族公社时期，男从妻居的多偶通婚，形成了母系家族，这种家族是大家族；到了父权制氏族公社时期，女从夫居的多偶通婚，形成了父系大家族。但对偶和专偶的通婚，父系大家族已经包容了若干父系小家族组成的个体家庭。现代的家族已经演化为以婚姻和血缘关系结成的亲属集团，是社会的基本单位。家庭是用夫妻关系与亲子女关系构成的最小社会生活共同体，不断维持着人类社会的延续性，并形成家族体系。

　　综合前述，可以认为，种族、民族、氏族、家族存在一定的内在联系和逻辑关系，种族是民族、氏族、家族之生物学根源，同一民族和氏族肯定是同一种族；同时，民族又是氏族和家族的升学根源，同一氏族、家族肯定是同一民族；再同时，氏族又是家族的生物学根源，后来的氏族其实已经演化为家族。无论种族、民族、氏族、家族都是社会心理学视域的族群或者群体。但现代社会心理学更多关注的是小群体心理学和群众（集群）心理学以及民族心理学研究。比如社会心理学首先将群体（团体）分为大群体和小群体、统计群体和实际群体，再将小群体分为正式群体和非正式群体、命令型群体和任务型群体、利益型群体和友谊型群体等①，着力于研究群体目标、群体规范、群体沟通、群体认同、群体归属、群体凝聚、群体士气、群体舆论、群体领导、群体动力、群体决策、社会促进和社会抑制、群体极化等。再如集群（群众）的同质性、匿名性和过激性；被暗示性、情绪性；无批判性和无责任性；去个性化和去人性化。②如集群行为机制解释的暗示理论、模仿理论、感染理论、压力理论、需要不满理论、群体标准理论。再比如民族心理学的民族意识、民族认同、民族情感、民族性格等研究。③而与家族有关的心理学问题则更多受到台湾心理学家的关注和探索。比如孝道、关系、人情、面子、报恩、送礼等心理学研究。④我们认为，社会心理学可以将种族心理学、民族心理学、家族心理学作为一个序列研究。族者，群也，种族、民族、氏族、家族心理研究都应该是群体心理研究的组成部分。

二、老乡心理效应的家族民族种族梯度递进关系

2009 年以来，笔者与合作者一起，提出了老乡观念、老乡认同、老乡心理效应等概念，并进行了理论探索和实验研究，发表了系列论文，出版了专著。⑤论著认为，社会认同是社会学、人类学、心理学和民族学多学科关注的焦点。社会认同的核心是文化认同。老乡认同的心理本质上是祖籍族群认同。老乡观念是形成区域心理性格的基础，也是区域文化差异与人格差异相互作用的重要标志。老乡观念是民族认同、国家认同的心理基础。⑥但在民族、国家内部人口规模流动的跨文化适应中也是影响社会和谐的重要因素。方言认同与老乡认同是区域心理学研究的主要内容。在区域跨文化心理学视野中，方言是研究区域文化和区域心理差异的核心，它背后载负的更多的是区域文化心理问题。区域跨文化心理学视野中的方言与老乡认同问题研究将缩小区域文化心理

---

① 全国 13 所高等院校编：《社会心理学》，中共中央党校出版社 2001 年版，第 387 页。

② 金盛华：《社会心理学》，高等教育出版社 2005 年版，第 295 页。

③ 李静：《民族心理学研究》，民族出版社 2005 年版，第 123 页。

④ 张海钟、刘芳、蔡丹丰：《中国当代心理学者的本土理论心理学思想述评》，《心理研究》2009 年第 5 期。

⑤ 姜永志、张海钟：《社会认同的区域文化心理研究》，《长安大学学报》（社会科学版）2009 年第 4 期。

⑥ 张海钟、姜永志等：《中国区域跨文化心理学：理论探索与实证研究》，人民出版社 2012 年版，第 238 页。

差异，扩大区域文化心理和谐的可能性。[①]

　　老乡认同的影响因素有区域文化传统、家乡亲友舆论、个人处境利益、性别年龄经历。老乡观念作为一种心理观念具有内外两层的双层结构。老乡作为一个松散的社会群体，其形成必须具备四个条件：一是个体流动在外，二是原籍地切近且文化共识趋同，三是彼此关怀与帮助，四是个体对行政区划的认知。对老乡观念社会表征结构的成因进行进一步分析发现，只有当具备相关的群体共享认知结构的个体离开自己的原籍地或原住地，移居或寄居外地时，有关两地的风俗习惯、方言俚语、行为方式以及周遭人群的心理社会距离等客体的社会比较过程才更有可能被激活。老乡观念社会表征的中心因素以其对地缘社会共同性的界定，规约着谁能成为老乡行政区划的心理认知作为外围要素则引导个体检视周遭潜在同乡人群在各层次行政区划的分布，最终以较高的标准贴合度及较低的比较贴近度，聚焦在其原生地所属或与之相切近的行政区划层次上，从而将归属于该层次的人群视作老乡，并且老乡既有的内涵被付于具体实践，老乡社会认同便在该层次得以凸显。[②]

　　老乡观念的形成是以认知为基础，以情感联结为纽带，以心理地域图式为基本单位所形成的动态心理过程。心理地域图式作为老乡观念最基本的心理表征单元，提供了个体或群体生存所必需的关于过去、现在与未来的完整的意识经验，这种意识经验的流动性也使老乡观念随着环境不断地进行必要的调整。老乡观念受到地缘因素的影响而形成不同情感卷入度与趋同心理倾向。通过编制《老乡观念问卷》（包括五个维度，分别是语言认同、文化认同、情感归属、习俗认同和地域认同）实验研究发现，老乡心理或老乡观念侧重点主要是个体离家在外所形成的对老乡群体的社会认同以及情感归属。老乡效应则既包括心理层面也包括行为层面，它以老乡心理或老乡观念为中介，形成特有的老乡行为。[③]

　　深入的逻辑推导发现，老乡观念、老乡情结、老乡心理效应都是老乡群体心理规律的表征。老乡群体可以是当前生活在某一个区域的实在群体，也可以是当前跨区域生活的虚拟群体，但都与种族、民族、氏族、家族紧密关联。因为相异民族居住区域的交叉重叠化，虽然同一区域的相异民族个体也会认同为

---

①　张海钟、姜永志：《方言与老乡认同的区域跨文化心理学解析》，《中北大学学报》2010年第4期。

②　姜永志、张海钟：《老乡观念的结构及问卷编制》，《心理研究》2010年第8期。

③　张海钟、姜永志：《中国人老乡观念的心理表征及其心理机制》，《辽宁师范大学学报》2010年第4期。

老乡，但老乡认同和心理效应首先会表现在同一家族，随后是同一氏族，再后是同一民族，最后是同一种族。当同一家族、氏族、民族、种族的人民处于同一相对距离比较近的区域时，不存在老乡心理效应问题。而当同一家族、氏族、民族、种族的人民，离开自己家乡居住地，进入相异区域时，自然产生老乡观念、老乡认同，进而因为各种社会要素的交互作用，便会形成老乡心理效应。当张姓张氏家族的人离开老家区域，进入相异区域，遇到同族群老乡时，首先会更加认同张姓张氏老乡，产生第一级强度的认知、情感、行为的心理效应；其次会认同同一民族的老乡，产生第二级强度的认知、情感、行为的心理效应；再次是认同同一种族的老乡，产生第三级强度的认知、情感、行为的心理效应。比如一个出自甘肃省的汉族中国学生出国到英国留学，到一个陌生人比较多的场合，遇到黄种的亚洲人，产生一定的亲近感、归属感、认同感等老乡心理效应；如果遇到一个中国汉族人，就会产生比较强烈的亲近感、归属感、认同感等老乡心理效应；如果再遇到一个甘肃汉族的同姓人，就会产生特别强烈的亲近感、归属感、认同感等老乡心理效应。

三、老乡心理效应的族群梯度递进与区域梯度递进

笔者的论著曾经指出，中国历史悠久、地域辽阔，各个区域不仅地理环境、历史人文、经济发展水平、民族构成不同，而且在文化传统、生活方式等方面也有巨大差异。20世纪80年代以来，中国心理学工作者已做了许多跨文化心理学研究，但绝大多数研究都是狭义民族跨文化心理学研究，没有将地理区域、行政区域、历史区域、生态区域等文化区域作为变量来研究区域跨文化心理学或者区域心理差异的跨文化研究。这显然不符合跨文化心理学的定义中"比较研究两个或多个社会或文化背景中，个体或群体心理发展和变化的规律"的限定，因为多个社会或者文化，显然应该包括不同地理、生态、历史、行政等文化区域。[①]

同时，经过进一步推论，我们发现，中国人民的行政区域认同度非常高，老乡心理效应按照区域认同度排序，依次为村域、乡域、县域、省域、国域，我们继续假设，一个甘肃省白银市靖远县东湾镇大坝村的居民，独自离开大坝村，到了红柳泉村，如果偶遇大坝人，就会产生一定强度的老乡心理效应；

① 张海钟、姜永志等：《中国区域跨文化心理学理论探索与实证研究》，《心理科学进展》2012年第8期。

如果他到了县城，偶遇东湾镇的人，也会产生一定的老乡心理效应；如果到了白银市，偶遇靖远县的人，也会产生一定的老乡心理效应；如果到了省域其他市州，偶遇白银市的人，也会产生一定的老乡心理效应；如果到了全国其他省市，偶遇甘肃省的人，更会产生一定的老乡心理效应。再举例，如果大坝村的居民，独自或者三五人离开大坝村，到广东打工，遇到甘肃人，产生一级强度的老乡心理效应；如果遇到白银人，则产生二级强度的老乡心理效应；如果遇到靖远人，则产生三级强度的老乡心理效应；如果遇到东湾人，则产生四级强度的老乡心理效应；如果遇到大坝人，则产生五级强度的老乡心理效应。可以再举例论证，假设一人为某种目的，邀请一群陌生的朋友吃饭，饭桌之间，必然会相互询问籍贯和出生地，其间观察和体验发现，老乡心理效应非常明显。如某 A 问某 B 家乡哪里，某 B 回答西北人。某 A 马上反应，我也是西北人，你是西北哪里人？甘肃白银人。马上反应，哎呀，我也是白银人。我是白银靖远人，你是哪个县的？我也是靖远人，你是哪个乡啊？我是北湾乡蒋滩村的，你呢？哦，我是东湾乡沙梁村的。于是，两人不由自主地情绪高涨，更加兴奋地交流。综括起来，个体距离家乡越远，遇到的老乡籍贯地越近，老乡心理效应越强烈，反之亦然。其中最核心的认同基础是地方语言，最核心的认同纽带是风俗习惯，最核心的认同心理是情感依赖，最核心的认同观念是相互支持。

四、老乡心理效应的族群层次强度和区域层次强度变化的关系

最后，我们如果把老乡心理效应的族群层次强度变化和区域层次强度变化做逻辑关系的梳理，就形成了一个二维的认同心理效应表征结构。

表 3-1　老乡心理效应的族群层次强度变化和区域层次强度变化的关系

族群	国域强度	省域强度	市域强度	县域强度	乡域强度	村域强度
种族	1 级	2 级	3 级	4 级	5 级	6 级
民族	7 级	8 级	9 级	10 级	11 级	12 级
家族	13 级	14 级	15 级	16 级	17 级	18 级

需要论证的是，社会心理学中的群体其实可以区分出实在群体和虚拟群体。实在群体是在同一城镇或者村落空间环境生活的群体，而虚拟群体则跨城镇或者村落空间环境，更多时间仅仅发生心理联系的群体。老乡群体部分可以

视为实在群体，比如某县中学考入大学后来在同一县外单位工作的同学，可能会经常聚会，形成实体老乡群体。但老乡群体更多情境下实际是虚拟群体，同一种族同一祖国在不同种族的外国生活的虚拟老乡群体，其老乡心理效应假设为 1 级，则同一种族民族家族同一省域市域县域乡域村域的老乡群体则为实在群体，其老乡心理效应为 18 级。但这里必须注意两个特殊现象，第一就是同一村域的居民外出，有可能反而产生比较低强度的老乡心理效应，或者老乡心理负效应，因为同村居民可能因为各种生活冲突产生偏见或者心理矛盾，乃至互相仇视；第二就是同一祖国同一民族的居民出国生活工作，可能因为宗教信仰和政治思想的矛盾，产生比较低强度的老乡心理效应或者老乡心理负效应。

总结全文，现代社会心理学、跨文化心理学、文化心理学、民族心理学、心理人类学的研究过程中，研究民族心理比较多，很少按照社会生物学的层次顺序把种族、民族、氏族、家族放在一个序列来研究。从社会心理学角度而言，族者群也，种族、民族、氏族、家族心理研究都应该是群体心理研究的组成部分。老乡观念、老乡情结、老乡心理效应都是老乡群体心理规律的表征。老乡群体可以是当前生活在某一个区域的实在群体，也可以是当前跨区域生活的虚拟群体，但都与种族、民族、氏族、家族紧密关联。因为相异民族居住区域的交叉重叠化，虽然同一区域的相异民族个体也会认同为老乡，但老乡认同和心理效应首先会表现在同一家族，随后是同一氏族，再后是同一民族，最后是同一种族。同时，中国人的行政区域认同度非常高，老乡心理效应按照区域认同度排序，依次为村域、乡域、县域、省域、国域，其中最核心的认同基础是地方语言，最核心的认同纽带是风俗习惯，最核心的认同心理是情感依赖，最核心的认同观念是相互支持，这就形成了一个二维的认同效应表征结构。

第四章 中国本土文化类型与文化心理特质

第一节 文化类型论与中国区域文化心理类型的解析

现代学术史上第一个界定文化的学者是人类学的鼻祖泰勒，他认为：文化是复杂的整体，它包括知识、信仰、艺术、道德、法律风俗以及其他作为社会一分子所习得的任何才能与习惯，是人类为使自己适应其环境和改善其生活方式的努力的总成绩。这个定义受到 W.H.Kelley 的批评，但也有许多学者支持。美国社会学家 David 则从抽象的定义角度对文化做了如下的定义：一个群体或社会共同具有的价值观和意义体系，它包括这些价值观和意义在物质形态上的具体化，人们通过观查和接受其他成员的教育而学到其所在社会的文化。David 总结文化的要素主要为三个：符号、定义和价值观。文化促进了人类社会的发展、文化促进了人体生物进化，文化本身成为人类环境中的一种力量。①

文化在汉语中实际是"人文教化"的简称。前提是有"人"才有文化，意即文化是讨论人类社会的专属语；"文"是基础和工具，包括语言和（或）文字；"教化"是这个词的真正重心所在：作为名词的"教化"是人群精神活动和物质活动的共同规范（同时这一规范在精神活动和物质活动的对象化成果中得到体现），作为动词的"教化"是共同规范产生、传承、传播及得到认同的过程和手段。

克莱德·克拉克洪在 1950 年代末期搜集了 100 多个文化的定义。据当代的统计，有关"文化"的各种不同的定义至少有 200 多种。人们对"文化"一词的理解差异之大，足以说明界定"文化"概念的难度。笼统地说，文化是一

---

① 瞿明安：《文化人类学》，云南出版集团公司 2009 年版，第 18 页。

种社会现象，是人们长期创造形成的产物。同时又是一种历史现象，是社会历史的积淀物。确切地说，文化是指一个国家或民族的历史、地理、风土人情、传统习俗、生活方式、文学艺术、行为规范、思维方式、价值观念等。[①] 本文试图通过回顾总结百年来东西方文化学界（纯粹的文化学界是不存在的，它实际上包括了所有的人文科学、社会科学和自然科学界）关于文化模式的概括和分类，进而区分出中国区域文化心理学视野的区域文化模式，讨论区域文化模式与人格的关系，分析区域文化心理冲突的消解策略，为和谐社会建设提供理论支持和政策建议。

一、文化类型、模式理论与中国文化心理类型分析

文化是社会发展与人类创造的才智在历史上所达到的水平，它既体现在物质财富中，也体现在精神财富中。文化因素及其分布、组合和发展在地域内存在复杂的相似性和差异性，因而划分文化类型缺乏统一的分类标志。文化类型是由于自然环境和生存方式差异，以及观念、信仰、兴趣、行为、习惯、智力发展方向和心理性格不同而形成的具有相似文化特征或文化素质的地理或者行业单元。[②]

文化模式是社会学与文化人类学研究的课题之一。分为特殊的文化模式和普遍的文化模式两类。特殊的文化模式是指各民族或国家具有的独特的文化体系。它是由各种文化特质、文化集丛有机结合而构成的一个有特色的文化体系。各民族或国家之间有着不同的文化，即文化模式的不同。每一种文化模式内部必然具有自己的一致性，否则各种文化特质、文化集丛便不可能结合在一起形成独具特色的文化模式。多数学者认为，形成这种一致性的原因是统一的社会价值标准，也有学者认为是一个社会中的人共有的潜在意愿。普遍的文化模式是指一切文化都是由各个不同的部分组成的，这种文化构造适用于任何一个民族的文化。[③] 美国人类学家 C. 威斯勒尔认为，普遍的文化模式包括以下九个部分：语言；物质特质；美术；神话与科学知识；宗教习惯；家庭与社会体制；财产；政府；战争。[④] 三百年来，不同学科如人类学、考古学、管理学、心理学、教育学、民俗学、社会学等领域的不同学者根据所采用的指标，划分出

---

① 杨海文：《文化类型与文化模式简论》，《中州学刊》1996 年第 2 期。

② 瞿明安：《文化人类学》，云南出版集团公司 2009 年版，第 19 页。

③ 瞿明安：《文化人类学》，云南出版集团公司 2009 年版，第 24 页。

④ 瞿明安：《文化人类学》，云南出版集团公司 2009 年版，第 38 页。

不同功能的文化类型。形成了千差万别的理论，根据这些理论整理，审视中国文化，并给予文化类型的区域研究分析，将对区域心理学学科建设产生很好的理论意义。

其一，根据生产方式差异及其发展阶段，有的学者区分出游牧文化、农业文化以及工业文化。游牧文化是一种驰骋奔波竞争的文化，农耕文化则是安居乐业过日子的文化。农业文化体现出自给自足、安定保守型的文化素质特征；工业文化趋于流动、进取和机敏型的文化心理。相对于游牧文化、农业文化以及工业文化的划分，中国文化是三种文化并存的文化。

其二，中国人文学科把文化理解为三个层次，第一层次是考古学、人类学、人种学所使用的文化，类似于 H.H.Stern 的广义的文化即大写的文化（Culture with a big C）；第二层次是人文社会科学所使用的文化，类似于 H.H.Stern 所谓的狭义的文化即小写的文化；第三层次是日常生活中所使用的文化，泛指学校中传授的知识技能。根据表现形式可以区分为物质文化、制度文化和心理文化，物质文化是指人类创造的种种物质文明，包括交通工具、服饰、日常用品等，是一种可见的显性文化；制度文化和心理文化分别指生活制度、家庭制度、社会制度以及思维方式、宗教信仰、审美情趣，它们属于不可见的隐性文化。①

其三，Hammerly 把文化分为信息文化、行为文化和成就文化。信息文化指一般受教育本族语者所掌握的关于社会、地理、历史等知识；行为文化指人的生活方式、实际行为、态度、价值等，它是成功交际最重要的因素；成就文化是指艺术和文学成就，它是传统的文化概念。有的学者把文化的内部结构区分为物态文化、制度文化、行为文化、心态文化。物态文化层是人类的物质生产活动方式和产品的总和，是可触知的具有物质实体的文化事物；制度文化层是人类在社会实践中组建的各种社会行为规范；行为文化层是人际交往中约定俗成的以礼俗、民俗、风俗等形态表现出来的行为模式；心态文化是人类在社会意识活动中孕育出来的价值观念、审美情趣、思维方式等主观因素，相当于通常所说的精神文化、社会意识等概念，这是文化的核心。有些人类学家将文化分为三个层次：高级文化（high culture），包括哲学、文学、艺术、宗教等；大众文化（popular culture），指习俗、仪式以及包括衣食住行、人际关系各方面的生活方式；深层文化（deep culture），主要指价值观的美丑定义、时间取

---

① 瞿明安：《文化人类学》，云南出版集团公司 2009 年版，第 53 页。

向、生活节奏、解决问题的方式以及与性别、阶层、职业、亲属关系相关的个人角色。高级文化和大众文化均植根于深层文化，而深层文化的某一概念又以一种习俗或生活方式反映在大众文化中，以一种艺术形式或文学主题反映在高级文化中。按照这些划分，中国文化正处于各种文化齐头并进的时代。①

其四，有的学者根据性别人格与文化表现区分出男性文化和女性文化，"我和他（她）不同"，当意识到和对方不同时，这种性别意识就进入了文化的视野，对于这种的"不同"的文化的表演就形成了性别文化。性别意识中的这种不同被加以不同的文化的演绎，形成了不同的性别文化，高大威猛、帅气、潇洒、如绅士般的、儒雅的等等，这些被认为是一个好男人的特征，形成社会共同的标准；优雅、漂亮、温柔、婀娜多姿等这些被赋予是好女人的标准。而龌龊、小气、粗俗、邋遢等则变成了坏男人的形象；恶毒、丑陋、老妖婆则被用来形容坏女人。好男人、好女人，坏男人、坏女人在文化上被建立起来，且在不同的文化背景下又各不相同。按照这个区分，中国是男女文化彼此消长的文化。

其五，根据民族文化性格，可以区分出酒神文化和日神文化。德国哲学家尼采在名著《悲剧的诞生》中，曾用古希腊神话中的日神（阿波罗）和酒神（狄奥尼索斯）的象征精神说明悲剧和艺术的起源。美国著名文化人类学家露丝·本尼迪克特写了《文化模式》这本书，将尼采的观点加以发挥，分析了"日神型"和"酒神型"这两种类型的民族文化性格，在学术界颇有影响。这两种类型的区别在于：日神是乐观之神、光明之神，而酒神是忧患之神，带有深度的悲剧性情绪。日神强调德行、礼仪规范，酒神则感情冲动，打破规范；日神要求信奉者适度、中和、安分，酒神则不拘礼法，有冒险精神。②③同时在《菊与刀》中还将日本文化定义为耻感文化，美国文化定义为罪感文化。根据酒神（狄奥尼索斯）文化和日神（阿波罗）文化的文化性格划分，按照费孝通的观点，中国文化属于"日神型"文化性格。

其六，早在20世纪30年代，中国社会学家费孝通就对中国乡土文化进行了田野工作研究，并出版了《乡土中国》④，他引用《西方陆沉论》中区分出的两种文化模式：一种叫亚普罗式（后人译为阿波罗式），一种叫浮士德式。阿

---

① 瞿明安：《文化人类学》，云南出版集团公司2009年版，第61页。

② 胡伟希：《20世纪中国哲学的学术伦理："日神类型"与"酒神类型"》，《学术月刊》1999年第3期。

③ 王雯露：《酒神精神与日神精神——浅析〈悲剧的诞生〉》，《山花》2008年第15期。

④ 费孝通：《乡土中国》，三联书店1985年版，第32页。

波罗式的文化在感情定向上表现为认定宇宙有一个本来的秩序，这个秩序超于人力创造，人不过去接受它，安于其位；而浮士德式的感情定向则认定冲突是生命价值的基础，生命的意义在于障碍的克服，失去了障碍，生命也就失去了意义。中国文化整体上是阿波罗文化，但到了现当代，城市文化的崛起，则更多地表现为浮士德精神，阿波罗文化退居乡土社会。因此，费孝通认为，乡土社会是亚普罗式（阿波罗式）的，而城市社会则是浮士德式的。现当代中国文化的心理学考察表明，这种区分仍适用于都市文化与乡村文化的比较理解。我们还可以依据都市和村落的生活方式区分都市文化和村落文化。一般来说，村落文化是一种开放式的文化，怎么开放？就是说，家与家之间的历史被人为传载下来。对于祖先的历史是无法隐瞒的历史。比如年龄，比如姐妹几人，比如人性等等，都可以在人们的脑海里刻下很深的印记。说到底，没有你的隐私。而开放的城市文化却由种种障碍的阻隔，仿佛是厚的障蔽，把人紧紧地裹起来。你的隐私是保护了，可是人与人之间因为不了解的缘故，一般也是不会轻易来往的，所谓老死不相往来。①

其七，除了前述文化类型模式理论之外，还有许多划分，限于篇幅这里只介绍大概，比如可以把中国文化类型确定为相对于海洋文化、岛国文化的大陆文化；相对于尼罗河流域文化、两河流域文化、印度河流域文化的黄河流域文化；相对于古希腊/罗马文化、古波斯文化、古印度文化的古代中国文化；相对于资本主义文化的社会主义文化。相对于发达国家文化、最不发达国家文化，中国文化是发展中国家文化。相对于基督教文化、佛教文化、伊斯兰教文化划分是儒家佛家道家文化与伊斯兰文化并存的文化。如果把文化区分出史前文化、古代文化、中古文化、中世纪文化、近代文化、现代文化、后现代文化、未来文化，则中国文化是正在保护史前文化、古代文化、近代文化，积极发展现代文化、后现代文化、未来文化。如果可以区分为雅文化、士大夫文化、精英文化，俗文化、通俗文化、大众文化，则中国正在积极发展雅文化、精英文化并极力包容俗文化、通俗文化、大众文化。如果可以把文化分类为主流文化和亚文化、都市文化和村落文化、隐性文化和显性文化，则中国正处于主流文化和亚文化、都市文化和村落文化、隐性文化和显性文化并存，同时交织融合的时期，也处于积极弘扬主流文化的时期。根据传统文化与现代文化的划分，中国文化属于传统文化向现代文化过渡的文化。还可以根据人类活动领

---

① 王沪宁：《当代中国村落家族文化》，上海人民出版社 1990 年版，第 52 页。

域区分出行业文化，比如教育文化、科技文化、卫生文化、政治文化、经济文化、社会文化等，按照这个划分中国文化正处于文化全面发展时期。根据"创新型文化"和"保守型文化"两大类型，中国文化属于保守型文化，但新世纪以来，中国政府在不断强调创新型文化。在茶文化、酒文化、饮食文化、建筑文化、服饰文化划分中，中国和中华民族是茶文化、酒文化、饮食文化最发达的国家和民族；也是建筑文化、服饰文化十分独特的国家和民族。我们还可以区分出官方文化与江湖文化，中国封建社会一直是两种文化交织冲突；新中国成立后，江湖文化一度灭绝，但改革开放后，江湖文化复活，目前官方文化是主流文化、显性文化，江湖文化是亚文化、隐性文化。如果把企业文化分为三种类型：强力型企业文化、策略合理型企业文化以及灵活适应型企业文化，则中国企业文化可以看作是三种文化并存交融的文化。①

二、中国区域跨文化心理学的学科理论基础

中国是世界四大文明古国之一，幅员辽阔，山河壮丽，气象万千，物产丰富，历史文化悠久。五千年的人文创造和天开万物造就的自然景观为我们留下了景象骄人、数量繁多的名胜古迹，创造了辉煌的文化艺术。位于亚洲东部、太平洋西岸，面积 960 万平方公里。人口约 13 亿，共有 56 个民族。是世界上人口最多的国家，也是面积最大的国家之一；设有 4 个直辖市，23 个省，5 个自治区，2 个特别行政区。可以划分为东北、西南、东南、西北、华北、华中、华南等大区。不仅各大区域的地理环境、历史人文、经济发展水平、民族构成不同，而且省市县乡区域也在文化传统、生活方式等方面有巨大差异，相对低下的生产力水平和相对过大的人口密度，地理条件和发展水平的参差不齐等等，使沿海和内地、东部和西部、南方和北方形成了社会心理特质各异的文化圈。在这些文化圈里各种区域性文化心理又纵横交错；同时在中华民族 5000 年文化大背景下，历史的时间原因和地理的空间原因，形成了近现代以来中国特有的乡土农业文化和都市工业文化两种不同文化类型的异质并存，城市里的小群体文化以及各具形态的副文化现象层峦叠嶂。体制原因造成的城乡二元社会结构，导致了两种不同的文化土壤，在这些文化土壤上根植出各自的社会心理特征和价值观念体系。②

---

① 王玉德：《文化学》，云南大学出版社 2006 年版，第 78 页。

② 张海钟：《中国城乡跨文化心理学刍议》，《心理科学》2005 年第 5 期。

　　"跨文化心理学是比较研究两个或者多个文化背景中个体和群体心理发展变化的规律，从而找出哪些是适用于任何社会文化背景中的人类行为的普遍法则，哪些是仅适用于特殊文化背景中的人类行为的特殊法则，它的研究目的在于查明人类心理在多大程度上以相同的形式发展；用什么来解释不同社会文化之间人们明显的个性和认知特征方面的差异；用心理因素能够解释哪些文化的差异和用文化因素能够解释哪些心理差异。"[1]

　　20世纪80年代以来，国内先后产生了区域经济学、区域教育学、区域文化学等学科。笔者曾经在于1992年提出建设中国城乡跨文化心理学，后在2005年重申这一设想。2006年提出建设区域跨文化心理学，把中国城乡跨文化心理学纳入中国区域跨文化心理学之中，简称区域心理学。

　　中国城乡跨文化心理学和区域跨文化心理学都属于跨文化心理学的分支学科，是对国内不同文化区域的个体和群体心理进行比较研究的学科；如果把城市和乡村作为两个大的区域，那么，城乡跨文化心理学实际上又属于区域跨文化心理学。也就是说，一级学科心理学，二级学科社会心理学，三级学科跨文化心理学，四级学科中国区域跨文化心理学，五级学科中国城乡跨文化心理学。本土心理学是针对西方移植的心理学而言的，主要是概念和方法问题。本土心理学不是一个学科，属于心理学基本理论问题研究，但在本质上仍然是文化问题。之所以要本土化，是因为中国文化与西方文化存在巨大差异，在西方文化背景下研究出的个体和群体心理规律，难以解释、预测、指导中国人的心理行为。所以，本土心理学实际也是文化差异心理学。统而言之，跨文化心理学、本土心理学都可以简称为文化心理学，中国城乡跨文化心理学和区域跨文化心理学都属于文化心理学范畴。区域心理学将采用现代心理学的研究方法，借鉴人类学、民俗学、文化学、人文地理学的方法和成果，开展中国不同地区、不同省区的人格心理、教育心理、心理健康、社会心理的比较研究，具有十分重要的理论和现实意义。[2]

三、中国区域心理学视野的区域文化类型和模式

　　中国区域和城乡跨文化心理学的母体是跨文化心理学，它的研究在于探讨

---

　　①　万明钢：《跨文化心理学的兴起和发展对我国心理研究的启示》，《西北师大学报》1989年第4期。

　　②　张海钟等：《中国区域心理学与和谐社会建设》，《甘肃理论学刊》2008年第1期。

东南西北区域和城乡两种亚文化背景中的社会结构、思想观念、生活准则、价值体系、行为方式、民俗习惯、神话传说、宗教信仰以及语言特点等方面的共同文化心理特质和文化心态差异，其研究的目的在于揭示个体或群体在城乡和区域亚文化背景中心理活动的普遍规律，以期获得文化学和心理学两方面的意义。①

区域文化是区域地理环境、生产方式、历史积淀、经济发展水平、政治文化影响的结果，所有这些因素最后都积淀为区域文化性格。这些性格又反作用于区域文化。我们把区域文化分成纵向和横向，中国区域心理学把中国不同地理环境区域心理差异作为横向比较研究任务；中国区域心理学把中国城乡区域心理差异作为纵向比较研究任务。

横向比较研究主要是指东南西北中各个地理历史区域的文化心理比较，比如江南水乡与北国风光、东部海洋与西部大漠的不同环境，形成了不同的文化区，也导致了不同的群体与个体社会心理差异。南方人的清秀、含蓄与北方人的粗犷、豪放形成显明的性格和气质对照。东南沿海城市人口密度大，人们不得不游离谋生，而且形成了适应各种陌生环境的心理习惯。相对而言，西北贫困山区的农民，则宁可在死亡线上挣扎，也难离故土。有的学者结合历史、地理、政治、经济等各种因素，总结了齐鲁文化、中原文化、燕赵文化、关中文化、巴蜀文化、荆楚文化、吴越文化、岭南文化、滇黔文化、闽台文化及西藏文化、蒙古草原文化、松辽文化等类型和模式，这些文化类型造就了全国各地不同的文化圈，形成了不同文化性格。除了这些宏观的划分之外，还可以区分出许多区域亚文化，比如甘肃文化可以按照历史地理以及传统并结合现行市域行政区分出陇东文化、陇中文化、陇南文化、陇右文化、河西文化；还可以根据民族不同区分出藏族文化、裕固族文化、回族文化；还可以根据文化特色区分出会宁文化、秦安文化、陇西文化、民勤文化等县域文化；还可以区分出金川有色金属集团公司、酒泉钢铁集团公司、白银有色金属集团公司为代表的企业文化、高速公路管理集团为代表的交通文化、兰新线管理机构——兰州铁路集团为代表的铁路文化、窑街煤炭公司、靖远煤炭公司、华亭煤炭公司为代表的煤炭矿区文化。文化与性格交互作用，彼此消长。

纵向把中国区域文化区分为都市文化和村落文化，简称城乡文化。前已述

① 张海钟等：《中国区域跨文化心理学：理论探索与实证研究》，人民出版社2012年版，第32页。

及，中国社会学家费孝通认为[①]，乡土社会是亚普罗式（阿波罗式）的，而城市社会则是浮士德式的。现当代中国文化的心理学考察表明，这种区分仍适用于都市文化与乡村文化的比较理解。传统的学术观点认为，城市文化是开放式的文化，而乡村文化是封闭式文化。但现在有的学者认为，村落文化才是一种开放式的文化，而城市文化却是封闭式文化。我们认为所谓城市的开放与封闭是指生活方式的开放和心理的封闭；所谓乡村的封闭与开放是指生活方式的封闭和心理的开放。

第二节　中国文化类型与双文化多文化个体心理适应

新世纪以来，社会心理学、文化心理学、跨文化心理学在个体文化心理适应研究中提出了双文化个体的概念，进而推导出多文化个体概念。学界比较认可的双文化个体概念是自我标榜为具有文化双重性的人，或者把自己同时归类为不同文化群体的成员。虽然这些定义尚有争议，而且容易与双语个体混淆，但实践层面的研究实际上没有必要过多追究。

当代社会心理学中的双文化个体、多文化个体概念是基于国家跨文化心理学、民族跨文化心理学、洲际跨文化心理学的比较而言。就中国国内文化类型而言，也有区域跨文化、城乡跨文化、阶层跨文化、行业跨文化、专业跨文化心理适应问题。我们试图结合中国区域和城乡跨文化心理学的研究，基于和谐社会建设心理健康，促进心理矛盾化解，分析中国文化分类分型前提下的双文化、多文化个体心理适应问题。

一、中国文化类型的多学科多视野多层次分析综述

人类的文化、文化模式、文化类型是学术界争论不休的话题，不同学科有不同的文化定义，因而形成了千差万别的文化模式分型。笼统地说，文化是一种社会现象，是人们长期创造形成的产物，同时又是一种历史现象，是社会历史的积淀物。我们把文化定义为一个国家或民族的历史、地理、风土人情、传统习俗、生活方式、文学艺术、行为规范、思维方式、价值观念等。根据生产方式差异及其发展阶段，有的学者区分出游牧文化、农业文化以及工业文化。

---

① 费孝通：《乡土中国》，三联书店 1985 年版，第 32 页。

中国人文学科把文化理解为三个层次，第一层次是考古学、人类学、人种学所使用的文化，类似于 H.H.Stern 广义的文化即大写的文化（Culture with a big C）；第二层次是人文社会科学所使用的文化；第三层次是日常生活中所使用的文化。根据表现形式可以区分出物质文化、制度文化和心理文化。Hammerly 把文化分为信息文化、行为文化和成就文化。有的学者把文化的内部结构区分为物态文化、制度文化、行为文化、心态文化。有些人类学家将文化分为三个层次：高级文化（high culture）、大众文化（popular culture）、深层文化（deep culture）。有的学者根据性别人格与文化表现区分出男性文化和女性文化；根据民族文化性格，可以区分为酒神文化和日神文化。本尼迪克特的《菊与刀》中还将日本文化定义为耻感文化，美国文化定义为罪感文化。中国社会学家费孝通根据西方文化学家奥斯陆的思想，区分出阿波罗式和浮士德式文化，进而认为乡土社会是阿波罗式文化，而城市社会则是浮士德式文化，现当代中国文化的心理学考察表明，这种区分仍适用于都市文化与乡村文化的比较理解。[①]

还有许多划分，比如相对于基督教文化、佛教文化、伊斯兰教文化划分，中国是儒家佛家道家文化与伊斯兰文化并存的文化。还可以根据人类活动领域区分出行业文化，比如教育文化、科技文化、卫生文化、政治文化、经济文化、社会文化等，按照这个划分，中国文化正处于文化全面发展时期。在茶文化、酒文化、饮食文化、建筑文化、服饰文化划分中，中国和中华民族是茶文化、酒文化、饮食文化最发达的国家和民族，也是建筑文化、服饰文化十分独特的国家和民族。我们还可以区分出官方文化与江湖文化，目前官方文化是主流文化、显性文化，江湖文化是亚文化、隐性文化。[②] 将这些分析作为基础，我们便可以深入分析城乡文化、区域文化、专业文化、性别文化、行业文化等文化类型与个体的跨文化心理适应问题。

二、中国文化类型与双文化个体的跨文化适应

（一）中国城乡区域文化与双文化个体的跨文化心理适应

中国文化首先可以分为都市文化、城市文化、城镇文化和村落文化、乡村文化、农村文化。中国是一个城乡二元社会，一个户口固定了公民的城乡居民

---

① 张海钟、冯媛媛：《文化类型论与中国区域文化心理类型解析》，《阴山学刊》2010 年第1 期。

② 张海钟、冯媛媛：《文化类型论与中国区域文化心理类型解析》，《阴山学刊》2010 年第1 期。

身份，这就造成中国特有的城乡双文化个体的心理冲突。当一个农民子弟通过考入大学而进入城市工作后，经过一定时间，就会成为城乡双文化个体；当农民工在城市文化中熏陶时间太长，就难以接受农村文化，变成双文化边缘人。因为村落文化是一种开放式的文化，是一种没有隐私的文化，一种家庭历史被人为传载的文化。但是开放的城市文化却因为种种障碍的阻隔，人与人之间心理相互障蔽，形成所谓隐私，不轻易来往，甚至老死不相往来。脱离农村的第三代城市居民基本没有家族概念和农村情结，也就不存在文化冲突，而第一代、二代进入城市的居民就成为真正的双文化个体。一方面他是城市人身份，一方面又是农民的根源。城乡双文化个体的心理冲突主要表现在认知冲突、情感冲突、行为冲突、性格冲突等方面。心理冲突主要表现在自我认同的冲突，当一个城乡双文化个体从城市返回农村参加民俗活动时，就会面对角色认同冲突，比如参加农村葬礼需要经过一系列难以适应的仪式，这些仪式很多与自己生活的城市文化难以契合，具体而言，下跪磕头、念经超度、敲锣打鼓、迎来送往都特别复杂，往往使双文化个体感受到认知必要与礼节烦琐的冲突、情感悲伤无奈与痛苦忍耐的冲突、行为屈于应付与身体摧残的冲突，这些冲突最后会聚集为双重性格。一方面希望表达自己的孝顺行为，一方面慑服于烦琐的礼节行为。

（二）中国生态区域文化与双文化个体的跨文化心理适应

中国是一个国土面积和人口数量大国，不仅民族众多，而且经过生态变迁、历史变迁、行政变迁、社会变迁，形成多种文化重叠的地理区域文化、行政区域区域文化、生态区域文化，由此一区域进入彼一区域的人便会面临区域文化适应问题。如果在出生地区域生活一定时间又在工作地区域生活一定时间，就会成为区域双文化个体。如果不断迁徙居住地和工作岗位，就会成为多文化个体。区域双文化、多文化个体同样会产生文化心理冲突，冲突的核心是生活方式不断变化带来的社会心理冲突。比如一个甘肃人通过考大学进入北京，随后在北京工作，便存在省域跨文化心理适应问题；同样，一个浙江出生成长起来的青年到甘肃做生意，也存在跨文化心理适应问题。即使是同一乡、县、市籍贯的人进入异域乡、县、市生活、工作、学习，同样会面对跨文化心理适应问题，这也正是笔者着力研究老乡心理效应的起因。之所以出现老乡心理效应，是因为某一区域的人进入相异区域工作、生活，跨文化心理适应障碍导致的焦虑和恐惧。当代中国市场经济社会，跨区域物流、人流速度急剧加快，大学生、研究生、公务员、商人、企业家需要经常性跨区域流动，因此，研究区域跨文化心理适应就成为心理学的重要领域。

（三）中国阶层身份文化与双文化个体的跨文化心理适应

阶层跨文化心理学是一个概念性空白，需要学术界给予高度关注。随着市场经济的日益推进，中国社会的阶层分化越来越引起社会学家的关注，出现了中产阶层、白领阶层、农民工阶层、老年阶层、干部阶层、妇女阶层等新的提法，我们认为，阶层的划分还是以政治地位和经济收入为依据比较符合本义。比如可以划分为资产阶层、中产阶层、弱势阶层；高级干部与管理人员阶层、专业技术人员阶层、技术工人阶层、农民阶层，不同阶层内部又会有身份文化问题。当一个人从某个阶层通过努力进入另外一个阶层时，不仅进入过程是一个跨文化心理适应过程，进入以后更会面临心理适应。一个社会底层家庭的女子嫁给一个中产阶层家庭，在生活习惯、价值观念、心理生活等方面都要进行适应，适应的过程是一个心理斗争过程。一个专业技术人员兼任行政职务，就会成为阶层身份双文化个体，其思维方式和行为方式都要面对挑战，必须在不断的角色变换中，根据不同场合的身份角色改变自己的行为方式。将道不同不相为谋，改为道不同也相为谋。

（四）中国行业专业文化与双文化个体的跨文化心理适应

中国古语说，三百六十行，行行出状元。行业与专业紧密关联，不同行业有不同的文化，行业文化与专业文化交叉叠错。当一个人同时工作或生活在两个行业或专业时，其双文化个体的心理冲突需要一定时间的适应，甚至需要妥协中的和谐。比如一个博士教授进入党政机关工作，就会面临激烈的心理冲突，因为博士教授的职业目标是追求真理，而党政干部的职业目标是权力平衡。再如一个教师业余经商，开始时商业文化的唯利是图与教师职业的教书育人会发生冲突，久而久之形成人格分离、自我分裂，成为双文化个体，分别在不同场合扮演不同角色，但总体肯定会偏向某一种文化。一个军人转业到地方党政机关或者事业单位，同样会面临部队文化与政府文化的冲突。即使如此，在面临一个具体事件时，仍然会发生心理矛盾，形成心理适应困难。

三、中国文化类型与多文化个体的跨文化心理适应

社会学、心理学、人类学的科学研究对象都是人，人事档案管理、情报安全管理、学籍档案管理、人力资源管理，都是对人的管理，因此，无论是科学研究中的问卷研究或是田野工作、访谈调查还是叙事研究，无论是组织人事管理，或是学生学籍管理，都要事先设计研究对象和管理对象的人口学变量，比

如姓名表示家族，籍贯和出生地表示生态和行政区域，民族类别表示所属民族，年龄表示研究对象的年龄段以及出生年代，性别表示其生理性别（目前我们还没有承认人的心理性别和文化性别，因此无论档案还是调查研究，性别两个字都表示生理性别），党派表示政治身份和理想信念，职业表示所属行业，户口表示城乡居民身份归属（目前全世界只有中国还存在城乡户口分离管理制度，最近已经政策性取消，但真正取消需要时间和配套制度设计），职务表示组织内部的地位和权力界限，职称表示其专业技术地位和能力，兼职表示其专业技术能力的社会地位和社会影响力，如此等等，不一而足。

　　由此可以推理，每个生活工作在社会中的人，都同时隶属于各种文化之中，包括生态文化、政治文化、经济文化、行政文化、教育文化、行业文化、专业文化、区域文化等等。而且越是生活在城市的人面对的文化交叉重叠越多，越是主流社会、上流社会中的人文化交叉重叠越多。每个人都不仅仅是双文化个体，多数人都是多文化个体。每个人随时都会面临多文化冲突激发、引发、积淀、积累的文化心理冲突。比如一个高校教师，他是教师，必须按照教育文化中教书育人、为人师表的职业道德塑造自己；他是男性，必须按照男性文化规范和角色期望塑造自己；他是数学教师，必须按照数学家的严谨严肃的专业文化要求自己；他是教授，必须按照学术文化中的清高博学尚礼要求自己；他兼任院系领导，必须按照行政文化的权衡利弊、民主决策的程序开展工作，甚至必要时玩弄权术；他是党员，必须按照党章和党的政策参加党员活动，按照个人服从组织、少数服从多数、下级服从上级、全党服从中央的组织原则，参加党组织的政治活动；他是农村出身的城市居民，他必须保持农民的节俭朴实善良，他必须适应城市的交通规则、生活方式，保持计较的市民游戏规则；他必须按照乡村礼仪对待老乡，又必须按照城市潜在规则对待自己的同事和领导。

　　问题在于，根据心理人类学的研究，人格心理与社会文化相互作用、互为因果，相异的文化造就相异的人格，文化中的个体心理深层必然打上文化的烙印，文化冲突必然内化为心理冲突。冲突的行为解决方式要么是选择某一种文化，要么就是整合两种文化，摆脱心理冲突。无论何种方式，都需要心理适应。如果是两种文化冲突，只需要解决一种文化心理适应问题。比如一个农村出身进入城市的大学生，在城市买房、工作、生活，将父母从农村接到城市养老，但父母坚持百年后回老家土葬，其间必须按照农村的礼仪，设灵堂、请道士、吹唢呐、穿孝服、行跪礼、摆大席，而城市的文化则是火葬，只需要举行一个城市化的葬礼仪式即可完成。此时，作为双文化个体的人，面临心理上的纠结，要么选择城市文化，违背父母遗愿，要么选择农村文化，违背自己作为城市人的社会角色期望。再比如一个背负多个文化身份或者社会角色的人，面对文化冲突引起的心理冲突时，必须选择一个社会角色，或者进行角色转换，即不同的时间地点场合，按照不同的角色要求做出相应行为。以笔者自己为例，参加党总支会议时，扮演好党总支委员角色；主持行政会议时扮演好院长角色；进入课堂和举办讲座时扮演好教授角色；项目招标时扮演好甲方的角色；回到老家参加婚丧活动时，扮演好作为农民子弟的城市知识分子角色；与学院教师聚会时，扮演好领导、男人、教授的多重角色；参加学术性会议时扮演好专家的角色；如此等等，实际就是人格分裂，有时会难以控制地发生角色扮演混乱，从而引发自己的内心痛苦和他人的是非评价。

表面来看，我们的社会中并没有表现出因为双文化个体、多文化个体的跨文化心理适应问题而引发的社会心理矛盾，这是因为心理冲突更多是内隐的、压抑的、潜在的。许多的社会矛盾本质上是双文化、多文化个体的跨文化心理适应所引发。建设心理健康文明的城市和谐社会，必须采取对策，化解双文化、多文化个体的心理矛盾，促进跨文化心理适应。解决问题的思路有两条，一是通过心理教育、心理辅导，改变当事人的认知，学会适应不同的文化社会角色；二是通过社会管理机制改革，宽容多文化、双文化个体的角色心理冲突。具体的方案和策略需要社会学家、政治学家、管理学家的制度设计和观念宣教。

第三节　亲情的跨学科研究与文化心理学研究思路发微

唐代诗人孟郊在《游子吟》中吟唱"慈母手中线，游子身上衣。临行密密缝，意恐迟迟归。谁言寸草心？报得三春晖"。千百年来这首诗被人们不断传诵。著名哲学家所罗门说"智慧之子使父亲快乐，愚昧之子使母亲蒙羞"。朱自清的散文《背影》被选入中学语文课本。20世纪80—90年代，歌颂亲爱、呼唤亲情的歌曲如《父亲》、《常回家看看》等风靡大江南北。新世纪以来，随着市场经济的发展，道德滑坡引起社会对亲情的再次高度关注，歌手罗文的专辑《emi真存版系列——亲情》唱道："问世上有几多爱流露无限美善／象世间舐犊情深／永不改变／……亲情无处不现／就象春风吹遍身心／去我满怀倦……"

歌手王宏伟在专辑《西部放歌之儿行千里母担忧》中反复吟唱"……如今要到了离开家的时候／才理解儿行千里母担忧／千里的路啊我还一步没走／就看见泪水在妈妈眼里流／妈妈眼里流……"电视剧《我的丑娘》、《满堂爹娘》，无不呼唤青年一代关爱父母，珍视亲情。新世纪以来，学术界在和谐社会建设与心理学的研究中，也更加关心亲情优化。《北京日报》2005年2月2日的访谈稿《和谐社会缺不得正向的社会激励系统》中，中国心理学会理事长张侃指出，心理学研究表明：人的亲情和交往状态跟生命长度成正比，因此不宜将"竞争"和"优胜劣汰"当成人类活动的唯一状态。一个完整的人，他是需要"和谐"和"亲情"的。可是现在有的人就宣扬什么"商场如战场"、"商场无父子"，我觉得，这种理念宣扬得有些过分了。为了赚钱就连父子亲情都不管啦？那么这个人活在世上，就算他赚了很多钱，等他临死的时候想一想，还有什么意思呢？没意思了。

然而，20世纪的100年，哲学、文学、心理学、社会学界虽然对人情、爱情、友情等社会感情开展了大量研究，包括发展心理学对依恋进行了一些研究，形成了许多理论，有些理论已经被应用到家庭婚姻治疗，有些成为思想教育工作的借鉴，有些被政治家用来推动和谐社会建设。现行社会心理学把爱情理论和友情理论编辑在社会感情和人际关系章节。比如目前被普遍介绍的Sternberg（1986）的爱情三角理论（Triangular theory of love）认为爱情包括三种成分：亲密（Intimacy）、激情（passion）及承诺（commitment）。其中亲密是爱情的情感成分；激情是爱情的动机成分；而承诺是爱情的认知成分。随着认识的时间增加及相处方式的改变，上述的三种成分将有所改变，爱情的三角形会因其中所组成元素的增减，其形状与大小也会跟着改变。三角形的面积代表爱情的质与量，三角形面积越大，爱情就越丰富。在三种成分下有八种不同的爱情关系组合，其分别为：喜欢、迷恋、空爱、浪漫之爱、友谊之爱、愚爱、无爱、完整的爱。但社会心理学角度专门的亲情心理学研究一直比较少，倒是教育学、青年学做了一些侧面的研究，但没有形成专门的理论，这不能不说是社会心理学的一个缺憾。为此，我们试图通过整理列述心理学、社会学、伦理学、社会生物学的现有相关研究成果，启发我们的思路，推论亲情文化心理学研究的路径。

一、伦理与亲情的语义社会学解析

查阅字典辞典，"伦"字，繁体为"倫"，读音为"lún"，形声。从人，仑

(lún) 声。本义为辈、类。《说文》："伦，辈也"。比如：伦辈（伦匹，伦党，伦伍）；伦序（流辈；等类）；伦表（流辈之上）；伦品（等类品第）；伦侯（秦爵名，与列侯相类而无封邑）；伦望（流辈中的声望）；伦族（所属之族）；《逸周书》："悌乃知序，序乃伦；伦不腾上，上乃不崩。"人伦就是人与人之间的道德关系。伦常、纲纪就是封建礼教规定的人与人之间正常关系；伦又有时特指尊卑长幼之间的关系；天伦就是指父子、兄弟等关系，人伦就是道德之伦。①

历史上的中国人按照血缘关系的亲疏远近来处理人际关系。正如费孝通所说："中国社会以己为中心，像石子一般投入水中。和别人所联系成的社会关系不像团体中的分子一般大家全在一平面上的，而是像水的波纹一般一圈圈推出去。愈推愈远，也愈推愈薄。"②"伦"古时通"轮"，石子投入水中，一圈圈推出的波纹就是"伦"。以自己为中心，最亲的人是自己的血亲姻亲——父母兄弟夫妻儿女是最中心的伦，波纹重厚，亲情最厚重；第二伦是父母的血亲姻亲——叔叔姑姑舅舅姨姨、表兄表弟表姐表妹；第三伦是妻子的血亲——岳父岳母妻兄妻弟妻姐妻妹；第四伦是兄弟姐妹的姻亲；第五伦是祖母、岳祖母的血亲；第六伦是堂兄弟；第七伦是太爷祖太爷的子孙；第八伦才超越血亲姻亲，进入同村异姓；第九伦进入同学、战友、同事、朋友，依次类推，愈推愈远，波纹愈宽，但亲情、感情愈推愈薄，一切社会关系都是家庭关系的放大与延伸。这些学说在传统中国宗法社会演变成了国法与家规，维护着社会人伦秩序。总而言之，中国传统的人际感情深厚程度是按照血亲亲情、姻亲亲情、友情的顺序来排列的，如果既是血亲姻亲又是朋友，感情就更加深厚。

在早期的东西文化比较研究中，费孝通的差序格局／团体格局、梁漱溟的伦理本位／个人本位、许烺光的情境中心／个人中心是其中相当成功的对应式理论模型。比较而言，差序格局是其中把握中国宏观社会结构与微观人际关系最为成功的一个概念，也是最有生命力的一个本土概念。费孝通认为在西方社会的团体格局中，个体可以比较自由地选择加入自身所喜好的若干团体，个体也可能同时属于不同的团体，因此团体的内外界限也就相当清楚，团体彼此就像是一捆一捆扎清楚的柴。与之相比，中国社会中的差序格局则"好像把一块石头丢在水面上所发生的一圈圈推出去的波纹。每个人都是他社会影响所推出去的圈子的中心"。这样，由"己—家—国—天下"不断外推的差序格局，即

① 张侃：《和谐社会缺不得正向的社会激励系统》，《北京日报》2005 年 2 月 2 日。
② 费孝通：《乡土中国》，三联书店 1985 年版，第 44—47 页。

为由自己为核心的一组同心圆结构模式。在这种由己外推的差序格局之中，所存在的不是界限分明的内群体/外群体的分别，而是一种界限模糊、具有相当大伸缩性与情境性的自己人/外人的划分：在从己往外推的任何一圈上，向内看是自己人，向外看则是外人。这样差序格局中的人己界限、群己界限都相当模糊，是一种你中有我、我中有你之私人联系所构成的人伦关系网络，这样的人伦关系网络一般以血缘与地缘关系为基础，其中又以血缘关系最为重要。①

二、人情与人际关系的社会心理学研究

早在 20 世纪 30 到 40 年代，中国社会学家费孝通、胡先晋、杨联升等就对"报"、人情、面子、孝道等现象进行了研究。从 20 世纪 80 年代开始，心理学家和社会心理学家对中国的人际关系和人情进行了大量的研究。比如黄光国的"人情与面子"模式，何友晖等人的"关系取向"理论，杨国枢的"社会取向"理论等，在实证研究方面也取得了一定的成就。研究认为中国人的人际关系基本维度是情感上的亲疏维度和地位上的尊卑维度。次要维度是"特殊主义与普遍主义"（前者讲人情，做事因人而异，后者讲一视同仁），"工作导向与非工作导向"等。研究表明：当互动双方在"尊卑"维度上表现出互补性（一方的支配行为引发另一方的顺从行为），在"亲疏"维度上表现出对等性行为（如一方的友善引发另一方的友善）时，双方的关系比较和谐；相反，当互动双方在"尊卑"维度上表现出对等性（双方都顺从或都支配），在亲疏维度上表现出对立性（一方友善，另一方却带有敌意时，双方关系容易紧张）。这两个维度在中国人的人际关系中有非常明显的表现，不少学者对此有很深入的分析。②

中国社会中的人际关系类型也有许多学者给予研究，可以看作亲情心理学研究的基础理论。台湾心理学家黄光国把中国社会中的人际关系类型分为既有关系与交往关系；情感关系、工具关系与混合关系。情感性关系是家人、亲密朋友之间一种长久、稳定的关系，它可以满足个人在关爱、温情、安全感、归属感等情感方面的需求。"各尽所能、各取所需"是情感性关系的需求法则，类似共享关系。工具性关系是陌生人之间一种短暂、不稳定的关系。"公平法则"是这一关系的交往法则，类似市场定价模式，例如店员与顾客。混合性关系界于情感性关系与工具性关系之间，双方有一定程度的情感关系，但是并不

---

①　费孝通：《乡土中国》，三联书店 1985 年版，第 44—47 页。

②　周晓虹：《现代社会心理学》，上海人民出版社 1997 年版，第 111—157 页。

是很深刻，没有达到可以随意表现出真诚行为的地步，亲戚、邻居、师生、同学、同事等关系属于混合性关系，具有延续性，双方预期有进一步的交往，遵循"人情法则"，注重均等与互惠，类似于对等互惠模式。①

台湾心理学家杨国枢根据亲疏远近把中国社会中的人际关系类型分为家人关系、熟人关系和生人关系。在家人关系中，双方要讲责任，不太在意对方是否回报。在熟人关系中，双方要讲人情，在生人关系中，双方都讲利害。② 有的学者如阎云翔在《礼物的流动——一个中国村庄中的互惠原则与社会网络》中则把人际关系分为核心区、可靠区及有效区。一个村民私人关系根据可靠性程度可以分为几个区域，分别是核心区域、可靠区域、有效区域和村庄共同体，再往外就是外部世界。在外部世界，关系是一种办事的手段，送礼也是一种短期、工具性的活动。在村庄的内部，送礼和关系则有不同的含义。核心区域由一个人的家庭成员构成，包括亲近的族亲和姻亲，这是一个人亲属网络的中心。可靠区域由一个人的好友们组成，核心区域与可靠区域之间的界限并非很严格，因为最好的朋友有可能比亲戚还要好。有效区域由一般亲友组成，包括的人数较多，在吸收新成员方面更加开放。阎云翔的研究发现，个人与在核心区的人交换的礼物最多，可靠区次之，有效区再次之。③ 这些研究成果成为专门亲情研究的重要分析基础。

三、母子依恋的发展心理学研究

发展心理学关于母子依恋的研究也可以视为亲情研究的基础性工作。依恋被定义为婴儿和他的照顾者（一般为母亲）之间存在的一种特殊的感情关系。它产生于婴儿与其父母的相互作用过程中，是一种感情上的联结和纽带。依恋是儿童早期生活中最重要的社会关系，也是个体社会性发展的开端和组成部分。发展心理学家在依恋产生的根源、影响依恋发展的因素以及依恋发展的内在机制等问题上存在着众多的争议，提出了各种理论解释。精神分析理论把依恋看作早期儿童对能够满足其生理需要的父母形成的一种情感关系。他们强调儿童的生理因素在依恋建立和发展中的决定作用，都把喂养作为依恋形成的起源。习性学理论家 Bowlby 指出，依恋是人类在面对可能的威胁和意识到的危

---

① 周晓虹：《现代社会心理学》，上海人民出版社 1997 年版，第 111—157 页。
② 周晓虹：《现代社会心理学》，上海人民出版社 1997 年版，第 111—157 页。
③ 阎云翔：《礼物的流动——一个中国村庄中的互惠原则与社会网络》，上海人民出版社 2000 年版，第 230—234 页。

险时所采取的必然的、本能的反应方式。社会生物学的亲情投资理论认为，依恋是母亲为避免生殖的高昂代价作废而作出的抚养努力的产物，结果形成了对儿童的依恋（Kenrick，1994）。20 世纪 90 年代以来，发展心理学家对传统理论进行了质疑，比如对儿童与母亲的依恋关系对其他依恋关系的建立具有决定性作用提出了质疑，进而提出了"多重依恋关系"。认为同伴关系在某些条件下它们本身可成为依恋关系。一些新的研究方法如陌生情境法、依恋 Q-set 以及成人依恋访谈被用来开展研究。提出了内部工作模型、母子吻合度、拟合优度模型等概念，其跨文化研究也获得了一定进展。这些研究都为亲情的文化心理学研究提供了参考资料。

四、社会感情的社会心理学研究

无论是普通心理学还是社会心理学，无论是社会学的社会心理学还是心理学的社会心理学，情感、感情、社会感情的研究都是薄弱领域。以普通心理学为基础，社会心理学认为，社会感情是指伴随整个社会心理过程产生的心理体验和心理感受，是一种特殊的社会心理过程。从人的自然属性与社会属性相统一的本质看，人的感情就是社会感情。社会感情对社会行为起发动作用、对社会行为起定向作用、对人际关系起纽带作用。从横的角度看，社会感情有两种状态：一种是短时期起作用的情绪状态，包括激动、热情、应激等；另一种是持续起作用的感情状态，包括道德感、美感和理智感。这两种形态是相互贯通、相互作用的。从纵的角度看，社会感情是由不同层次构成的感情系统，即：内心感情→感情移入→人际感情→群体感情→民族感情→宗教感情。斯蒂文·戈登认为，社会感情在社会学研究和心理学研究的区别，关键在于感情的突生属性，所谓突生属性是指只有在人与人发生关系或者当个人的心理或行为同他所处的社会文化结合时才能显示出来的那些特点，而这些特点是无法还原到个人的或生理的基础上去的。感情的突生属性表现在四个方面：第一是来源。社会学家在研究感情时，要考察感情的来源，社会感情来源于社会关系，而个体情绪来源于个体生理。例如爱情是人际关系中的相互吸引关系，不同于来自生理快感的性快乐。第二是时间。感情维持的时间幅度。像爱和恨这样的社会情感可以超越单一的社会情境，维持较长的时期，而狂怒、惊奇等则表现在短暂的刺激上。第三是结构。社会情感的诱因是以社会力量而非心理力量维持的。例如妒忌的结构和模式是在社会方面被建构起来和有意义的，它可以在不同的个体身上伴有不同的心理动力和动机。第四是变化。社会感情并非固定在先天的人性之中，而是在对于社会互动以及文化规范和信念做出反应时具有变化性。也就是说。人们可以怀疑感情、改变感情，以及解释感情的表达。我们可以唤起感情，也可以改变感情。在社会生活中，人们依据社会关系的规范要求或者出于策略性的考虑，有意识地控制（唤起、压抑和改变）自己的某些情感的现象，就是社会感情的整饰化。社会感情的整饰表现为表情的整饰，有意图地展示不同于内部感情的姿态的过程，其目的是塑造自己的某种公众形象。社会感情的整饰具有一定的群体功能，它可以加强群体的运行功能。表现在三个方面：一是可以允许行动具有连续性；二是可以建立群体团结；三是可以指出地位的差异。[①] 这些研究也为亲情的文化心理学研究提供了基础和参考思路。

五、社会行为的社会生物学观点

虽然地缘关系形成的人际关系如老乡关系也可以称为亲情，但从原始意义上讲，亲情是以血缘和姻缘为基础形成的社会感情，因此，要研究亲情就必须从生物学角度廓清血缘和姻缘的本质及其感情形成机制。

社会生物学起源于爱德华·O. 威尔逊 1975 年出版了《社会生物学》，这本著作被誉为社会生物学领域的奠基性著作。1989 年，被国际动物行为协会评为历史上最重要的关于动物行为的著作，其重要性超过了达尔文 1872 年出版的经典著作《人与动物的表情》。著作再次提出了人类行为的基因本能决定论。1976 年因推出《自私的基因》一书而名声大噪同时也毁誉参半的理查德·道金斯，堪称威尔逊的坚定"盟友"。苏珊·布莱克摩尔的《谜米机器——文化之社会传递过程的基因学》进一步发展了社会生物学理论。因为威尔逊 1989 年的《社会生物学——新的综合》，没有足够的证据说明人类心灵与进化论的关系，招致众多的质疑，于是科学家试图用进化论来揭示人类心灵的起源，解释人类的心理现象，这门学科在 20 世纪 80 年代末逐渐成熟，被称为进化心理学。这些理论都认为人类行为是进化适应的结果，人的一切行为都是为了基因的复制传播，包括亲情也是为了传播自私基因的需要。亲情投资理论就是一种社会生物学和进化心理学理论，无论是母子情、父子情，还是祖孙情、兄妹情都是为了传播基因的需要，都是一种自私的投资。当然，苏珊·布莱克摩尔略有不同，她认为，人类经过进化，不仅要复制生物基因 Gene，还要传播文化

---

① 周晓虹：《现代社会心理学》，上海人民出版社 1997 年版，第 111—157 页。

谜米 Meme。就人类来说，每个人都是生物基因 Gene 和文化谜米 Meme 争夺的对象。文化谜米 Meme 越强大的人，亲情越淡，反之生物基因 Gene 复制力量越强大的人，亲情越浓。人并不是什么理性的、自我的、主动的、自觉的万物之灵，人的自我是虚幻的假象。人是被生物基因 Gene 和文化谜米 Meme 决定的。这种理论已经引起学术界、政治界的广泛关注，可以说是毁誉参半。①

马克思主义认为，人是自然性与社会性的统一，但本质是社会关系的总和。人的意识、心理、精神是人对客观世界的主观能动的反映。社会生物学、进化心理学则完全否定人的主观能动性，认为人是被决定的，先是被遗传生物基因决定，后又被自己通过模仿形成的文化谜米所决定。人的认识、情感、意志都是基因和谜米的表征。选择配偶也好，抚养子女也好，都服从于基因复制和谜米传播。亲情不是人们想象和建构的那么纯洁的感情，而是基于自我基因复制或者文化传播的需要。这种观点肯定是不正确的，但是，虽然我们目前难以接受这种观点，但它无疑为我们提供了一个理解社会行为包括社会感情的新视角。

六、亲情的文化心理学定义及其研究思路

如果追溯一下"亲情"一词的历史，会发现这只是一个在 20 世纪 90 年代后期才开始在中国流行、21 世纪初才开始在《新华词典》（商务印书馆 2001 年修订版）上出现的"新"词汇——尽管早已蛰伏在五千年中国文化中。作为一个专用词汇，古时"亲情"只是"亲戚"别称。唐传奇《霍小玉传》中"或有亲情，曲相劝喻"即此指。商务印书馆 2001 年修订版《新华词典》"亲情"含义则有扩展："亲人之间的感情。"不过，这都是指狭义"亲情"。广义亲情则指中国的一种文化——亲情文化。"亲情文化"源自于"亲情"。提及"亲情"，任何一个中国人都可能会不约而同想及那些与自己情感亲近的人——亲族、亲戚、亲信——还有同乡、同学、同事和同道等。如果，人们再稍许咀嚼一下自己的国家、民族、家族或个人史，更不难觉察出作为文化意义上的亲情，对于中国社会、单位、组织、家族和个人等非同小可的影响。研究后可以发现，亲情文化可以从五个方面去研究，即血缘、姻缘、地缘、业缘和机缘，即亲情

---

① 苏珊·布莱克摩尔著，高申春、吴友军、许波译：《谜米机器——文化之社会传递过程的基因学》，吉林人民出版社 2001 年版，第 356—369 页。

"五缘"。1. 血缘，即直系和旁系血缘构成的宗族关系。其包括父母子女关系、祖父母孙子（女）关系、堂兄关系、表兄关系、叔侄关系、甥姨关系、甥舅关系等。血缘是亲情的内里核心。2. 姻缘，即婚姻关系构成的较为接近宗族关系的亲属关系。包括夫妻关系、亲家关系、婆媳（岳婿、翁媳）关系、内兄（姐、弟、妹）关系、连襟关系等。姻缘是血缘意识的泛化。3. 地缘，即以共同或相近地理空间（环境）引发的特殊亲近关系，如同乡关系和邻居关系等。地缘是血缘与姻缘意识于人和物的泛化。4. 业缘，即以曾经存在或正存在的职业、事业等原因引发的经常交往而产生的特殊亲近关系，如师生关系、同窗关系、同事关系、战友关系、买卖关系、消费关系、阶级关系和事业关系等。业缘是血缘意识、姻缘意识和地缘意识的泛化。5. 机缘，即以某种机缘引发的人与人或人与物之间的特殊亲近关系，如朋友关系、义气关系、同道关系、兴趣关系和恋人关系等。机缘是血缘意识、姻缘意识、地缘意识和业缘意识的泛化。关于中国亲情文化"五缘"，有五句中国俗语来简释最容易使人心领意会——血缘："一笔难写两个姓"；姻缘："夫贵妻荣"；地缘："老乡见老乡，两眼泪汪汪"；业缘："一日为师，终生为父"；机缘："一面三分情"。

有人认为，亲情特指亲人之间的那种特殊的感情，不管对方是什么样的情况也要爱对方，无论贫穷或富有，无论健康或疾病，甚至无论善恶。它有两个特点：一是互相的，不是单方面的，母爱是亲情，爱母也是亲情；二是立体的，不是专指母女情，也不是专指父子情，如父子（父女）情、母子（母女）情、手足情（兄弟姐妹）、祖孙情（祖辈与孙辈），甚至朋友之情，都是可以是亲情。"亲情"重在"情"字。不是亲人也可以有亲情；有血缘关系也不一定有亲情。亲情就是亲人之间存在的那种感情。

我们认为，狭义亲情专指有血缘关系和姻缘关系的人之间的情意，广义亲情则可以包括地缘和业缘关系而形成的情谊以及因机缘关系而形成的情义。中国传统社会包括现代农村社会，血缘关系和姻缘关系的人之间的情意是应有之情，而地缘和业缘关系而形成的情谊是应有之情与真有之情混合的感情，因机缘关系而形成的情义则完全是真有之情。按照杨国枢的人际关系类型分类，亲情之情意属于家人关系之情感，主要表现为责任感；情谊属于熟人关系之情感，主要表现为互惠感；情义属于生人关系之情感，主要表现为道德感。按照阎云翔的核心区域、可靠区域、有效区域和村庄共同体的划分，核心区域成员的亲情是情意，可靠区域是情谊；有效区域是情义。20 世纪以来，传统的血亲亲情逐步淡化，而姻亲亲情逐渐加深。有的学者如杨善华等认为，姻亲关系在家族关系中作用的增大已经威胁到男系家族关系的不容置疑的核心地位①；而王铭铭通过对福建塘东村 30 个住户的社会互助调查却发现血缘关系在农村社会互助中仍占据着明显的优势。②不论哪一方占有优势，现在不容置疑的一点是，姻缘关系地位正在不断上升，血缘认同正在不断被弱化。正是利益认同的加剧和自我中心主义的强化两者互动共同导致了血缘认同的下降、姻亲关系地位的提升，而利益认同的加剧、自我中心主义的强化体现出的是人们由价值理性向工具理性的衍化。

第四节　东西方生理学心理学中气质概念的
流变与解读

西方心理学引进中国一百多年来，心理学教科书中的气质概念始终难以为中国大学生所理解，百姓日常生活中更加难以理解，原因在于中国人日常生活中的气质概念内涵与心理学中的气质概念内涵存在交叉和冲突。根源在于中国 20 世纪 20 年代的文学家翻译西方心理学的"气质"这一概念时没有找到一个合适的词汇。我们试图通过考察中国汉语意义上的气质概念意义的流变，探索文化心理学的气质理论建设思路。

一、中国古代哲学中的气质概念及其流变

考察中国汉语词典，气质这个词的核心是"气"。"气"是中国传统哲学概念，早期写作"炁"，后来写作"气"。在甲骨文、小篆字形中，气属于象形，像云气蒸腾上升的样子。《说文》：气，云气也；《礼记·月令》："天气下降，地气上腾。"《左传·昭公元年》："天有六气……六气曰阴、阳、风、雨、晦、明也。"后来扩展到气象、节气、气味，再后来引申为呼吸、气息，再再后来发展为声气、语气，如气长（理直气壮）；气拍（醒木、惊堂木）；气竭声嘶（气力竭尽，声音嘶哑）；后来发展为景象、气氛、社会风气和习俗；再后来指人指人、物的属性，如气习、气质、习性。还可以指气运、人的元

①　杨善华、侯红蕊：《血缘、姻缘、亲情与利益——现阶段中国农村社会中"差序格局"的"理性化"趋势》，《宁夏社会科学》1999 年第 6 期。

②　张庆国：《现阶段中国农村血缘与姻缘博弈现象探析》，《许昌学院学报》2003 年第 4 期。

气、精神状态、情绪、气派、义气、作品的风格、气势等。质的本义是本体、本性，如物质、实质、本质、资质，也可以理解为朴素、单纯，比如质朴、扩展为问明、辨别、责问，比如质疑、质问、对质等。也可以理解为抵押或抵押品，如人质。

将"气"和"质"放在一起称为"气质"，最早张载《张子全书·语录钞》曰："为学大益，在自求变化气质。"张载提出："形而后有气质之性，善反之，则天地之性存焉"（《正蒙·诚明》）。二程赞同此说，认为"论性不论气，不备；论气不论性，不明，二之则不是"（《二程遗书》卷六）。"性即是理，理则自尧舜至于涂人，一也。才禀于气，气有清浊。禀其清者为贤，禀于浊者为愚"（《二程遗书》卷十八）。明确将人性分为"天命之性"，与"气质之性"。"天命之性"即"理"，即"五常"。圣人、凡人皆同。"气质之性"，亦称"才"，则因人出生时所禀气之清浊而异，但均可通过教育和自身的努力而发生变化。朱熹说"论性不论气，则无以见生质之异；论气不论性，则无以见义理之同"。"性只是理，然无那天气地质，则此理无安顿处。但得气之清明，则不蔽锢此理，顺发出来。蔽锢少者，发出来的天理胜；蔽固多者，则私欲胜。便见得本原之性，无有不善"（《朱子语类》卷四）。并进而认为人的性格刚柔、资质聪愚贤不肖、寿命长短、身份贵贱等，皆由"气质之性"所决定。但又强调气质可变，并据以论证教育的必要性与可能性。也有诗人和文艺理论家将气质理解为指风骨、诗文慷慨的风格。如《宋书·谢灵运传论》："子建、仲宣以气质为体。"《隋书·文学传序》："气质则理性其词，清绮则文过其意。"①

我国古代的思想家孔子从类似气质的角度把人分为"中行"、"狂"、"狷"三类。他认为"狂者进取，狷者有所不为"。意思是说，"狂者"一类的人，对客观事物的态度是积极的、进取的，他们"志大言大"，言行比较强烈地表现于外；属于"狷者"一类的人比较拘谨，因而就"有所谨畏不为"；"中行"一类的人则介乎两者之间，是所谓"依中庸而行"的人。我国春秋战国时期的古代医学中，曾根据阴阳五行学说，把人的某些心理上的个别差异与生理解剖特点联系起来。按阴阳的强弱，分为太阴、少阴、太阳、少阳、阴阳和平五种类型，每种类型各具有不同的体质形态和气质。又根据五行法把人分为"金形"、"木形"、"水形"、"火形"和"土形"，也各有不同的肤色、体形和气质特点。

---

① 张丽华：《宋明理学中"气质之性"的考察》，《武汉大学学报》（人文科学版）2005年第4期。

这两种分法是互相联系的。作为分类基础的阴阳与近代西方生理学研究的兴奋和抑制有某些类似之处，但并没有使用气质这个概念。①

二、西方实验心理学的气质概念及其本质

现代心理学中气质概念及其理论是 20 世纪初期随着西方心理学的引进而翻译过来的。按照进口的气质理论，早在公元前 5 世纪，古希腊著名医生希波克拉底就提出了四种体液的气质（temperament）学说。他认为人体内有四种体液：血液（来自拉丁语—sanguis）、粘液（来自希腊语—phlegma）、黄胆汁（来自希腊语—chole）和黑胆汁（来自希腊语—melanoschole）。四种体液谐调，人就健康，四种体液失调，人就会生病。希波克拉底曾根据哪一种体液在人体内占优势把气质分为四种基本类型：多血质、胆汁质、粘液质和抑郁质。多血质的人体液混合比例中血液占优势，胆汁质的人体内黄胆汁占优势，粘液质的人体内粘液占优势，抑郁质的人体内黑胆汁占优势。几个世纪以后，罗马医生哈林（Galen）用拉丁语"emperametnum"一词来表示这个概念。这就是现代西方"气质"（temperament）概念的来源。②

前苏联诺贝尔生理学奖获得者巴甫洛夫认为人有四种典型的高级神经活动类型，即活泼型、安静型、不可抑制型、弱型，分别与希波克拉底的四种气质类型相对应，四种气质类型即四种典型的高级神经活动类型的行为表现。除这四种典型的类型外，还有许多中间类型。巴甫洛夫学派的观点得到后继者的进一步发展，如捷普洛夫和涅贝利岑等主张研究神经系统的各种特性及其判定指标。梅尔林主张探讨神经系统特性与气质的关系，强调神经系统的几种特性的组织是气质产生的基础。还有人将气质归因于体质、内分泌腺、血型的差异，特别是日本学者古川竹二、能见正比古的血型学说非常流行，但气质的生理基础仍无法确定。最近的 20 世纪 80 年代，巴斯和普洛明提出气质的 EAS 模型，确定三种气质倾向：情绪性，指个体情绪反应的强度；活动性，指个体能量释放的一般水平；交际性，指个体的人际交往特点。A．托马斯和切斯提出儿童气质的九个维度，即活动水平、节律性、主动或退缩、适应性、反应阈限、反应强度、情绪质量、分心程度、注意广度和持久性，并据此划分三种气质类

① 张海钟：《高师学生考试焦虑与气质类型的相关研究》，《高等师范教育研究》1995 年第 4 期。

② 张海钟：《生理／心理类型受害者与社会预防导泄机制》，《临沂师范学院学报》2004 年第 1 期。

型：易教养型、困难型和缓慢发动型。①

三、现当代文化学者梁漱溟的气质概念解析

现当代国学大师梁漱溟在《人心与人生》第十四章"人的性情、气质、习惯、社会的礼俗、制度（上）"中，结合东方哲学和西方心理学就气质进行了进一步解析。他说："为了讲明人心与人生，有必要分从性情、气质、习惯、礼俗、制度这几方面来谈一谈。人类生命既由其个体和群体之两面所合成……习惯则居于个体群体之间为其中介。"②"说情，我指人的情感意志，而情感意志（包括行动在内）所恒有的倾向或趋势，我便谓之性。"③"人性之云，意谓人情趋向……通者言其情同一体，局者谓其情分内外。"④"喜怒哀乐之情不外是生命本原从生物机体辟创得几许活动自由所流露的征兆。在生物进化途程中，高等动物原同人类一路向着理智生活前进，未尝不争取得一点灵活自由，遂有其一点情感可见。"⑤"从情感就可谈到冲动（impulse）。假若以情感从属于心，那冲动便从属于身。假若以知与行来分别，情感尚在从知到行的较前阶段，冲动既入于其较后阶段。"⑥

（一）气质是性情组成部分："说了冲动便要说到气质。冲动就是人的性情中属于气质的那部分。"⑦"性情表露在一时，气质却较牢固少变，而是使得其性情前后表露多相类似者。就心理学来讲，有必要提出气质一词，指明一个人性情的表露一时一事，或彼或此，虽非所预定者，但总是从其生来禀赋即此所云气质者显发出来。"⑧

（二）气质是遗传的本能："人类虽从动物式本能解放出来，但人仍自有其本能，只是不像动物本能那样机械性顽强、牢固、紧迫、直率耳。……西方便有不少心理学家好谈本能……而我兹云气质者，其基本成分亦即在此。例如有

① 张海钟：《人性人格人生——现当代心理学视野的理论探索》，社会科学文献出版社2009年版，第288—296页。

② 梁漱溟：《人心与人生》，学林出版社1986年版，第267—308页。

③ 梁漱溟：《人心与人生》，学林出版社1986年版，第267—308页。

④ 梁漱溟：《人心与人生》，学林出版社1986年版，第267—308页。

⑤ 梁漱溟：《人心与人生》，学林出版社1986年版，第267—308页。

⑥ 梁漱溟：《人心与人生》，学林出版社1986年版，第267—308页。

⑦ 梁漱溟：《人心与人生》，学林出版社1986年版，第267—308页。

⑧ 梁漱溟：《人心与人生》，学林出版社1986年版，第267—308页。

人好发怒斗争，有人则否；又如男女情欲或强或不强，人各不等，其彼此不同者即彼此气质之不同也。而论其事，均属本能冲动之事。"显然，梁先生认为气质来自遗传的本能，但他有认为，归因于本能又不完全是本能。"气质在人各不相同，事实昭然可见；但究问其不同之所从来，则甚难知。气质随从于体质，体质首先得之父母乃至祖上遗传，固可为一种解释，却未能尽归之于此，往往同胞亲兄弟而其秉赋乃绝异也。"①

（三）气质受制于体质：他认为，"一个人的气质与其体质密切相关，如形影之相随不离。……从一个人的言动之间可以察知其气质之如何；甚且不待言动表现而检察其体质有时亦可判知其气质。气质且时时受体质的影响而变，如有病变在身，立即影响于气质者是。古书有云：少之时血气未定，戒之在色；及其壮也，血气方刚，戒之在斗；及其老也，血气既衰，戒之在得。那正是指出了体质有改变而气质从之的一好例。人们的体质各不相同，从而其气质亦就不同，从而性情表现多有不同，寻常说每一个人总有其个性者，即基于此而来"。②"伟大的天才人物与一般庸俗的人的比较，大约是一面其气质偏度显得强大，而另一面其气质又清明过人，两面好像趋于相反之两极。前云人性清明是对动物而说的，动物太受蔽于其身体本能，其透露出的宇宙生命本原殊有限。伟大天才之所以清明过人，正因他比通常人更障蔽少而透露大也。但他气质仍然有其所偏者在，其偏度随着其高度的透露遂显得强大。一般人受蔽的程度相差不多，其偏向往往一般化，亦就不强了。"③

（四）气质凝固有偏："人心是灵活的，自然无偏颇，气质却相当凝固而有偏。东方三家之学不相同也，却均在主动地对气质下矫正功夫，提高其生命的自觉性，以进于生活上的自主、自知。宋儒不云乎：学至气质变化方是有功。避免气质用事，要为三家相通处（三家同一主动地对气质下矫正功夫，同以人心自觉为其入手处，还更有以提高其自觉；所不同者：道家功夫用在此身，儒家功夫用在此心，佛家直彻底解放生命，还于不生不灭，无复气质之存。）。"④

四、当代文化心理学视野的气质概念解析

通过东方西方古代哲学中气质概念的考察我们发现，古代哲学家、文学界

---

① 梁漱溟：《人心与人生》，学林出版社 1986 年版，第 267—308 页。

② 梁漱溟：《人心与人生》，学林出版社 1986 年版，第 267—308 页。

③ 梁漱溟：《人心与人生》，学林出版社 1986 年版，第 267—308 页。

④ 梁漱溟：《人心与人生》，学林出版社 1986 年版，第 267—308 页。

是将气质之性与天理之性对立而提出的，天命之性即是天"理"，而气质之性则是地"理"。天理之性属于理，圣人凡人一样，而地理之性属于"才"，各人有差异。但天理之性与气质之性都是性，都是天生的，生来就有的。如果翻译成现代汉语，那就是说，天理之性是共性，气质之性属于个性，天理之性属于人性中的理智，气质之性属于人性中的性情。天理之性是认知、智慧；气质之性是情感、意志。事实上个性确实主要表现在情感意志方面。

但是，西方心理学所言之气质则主要来自医学而不是哲学。从古代希腊开始的人的类型研究并不是心理学研究，而是人的生理类型的研究，这种研究有两个方向，一个是根据生理类型解析心理类型，一个是根据心理类型找寻生理根据。但无论哪个方向，总体均是把这种类型看作先天遗传的难以改变的，于是经过千年流变，就形成了用 temperament 这个词汇表示生理心理类型的共同认识。就此意义而言，20 世纪初期中国文学家、哲学家在引进心理学的翻译过程中，把 temperament 翻译成气质是有道理的。因为在中国古代现代哲学心理学家的词汇中，气质确实就是遗传的天性，而且因人而异。现当代国学大师梁漱溟则是通过综合东西方哲学、心理学、生理学而论述气质与性情、习惯以及风俗等关系的。按照他的人生心理学理论体系，气质是性情组成部分，是性情中难以改变而比较冲动的部分，气质是遗传的本能，但益处只是一种解释，因为"往往同胞亲兄弟而其秉赋乃绝异也"。同时气质受制于体质而且凝固有偏，为了实现人生的理性化，就必须改造气质。儒、佛、道各家，无非告诫人们改造气质而已。

当代中国心理学结合前苏联和美国的理论，认为气质（temperament）是不以人的活动目的和内容为转移的心理活动的典型的稳定的动力特征。它与日常生活中人们所说的"脾气"、"性格"、"性情"等含义相近。按照前苏联心理学体系，气质是人的个性心理特征之一，它是指在人的认识、情感、言语、行动中，心理活动发生时力量的强弱、变化的快慢和均衡程度等稳定的动力特征。主要表现在情绪体验的快慢、强弱、表现的隐显以及动作的灵敏或迟钝方面，因而它为人的全部心理活动表现染上了一层浓厚的色彩。气质是由人的生理素质或身体特点反映出的人格特征，是人格形成的原始材料之一。气质与人格的区别在于，人格的形成除以气质、体质等先天禀赋为基础外，社会环境的影响起决定作用；而气质是人格中的先天倾向。

20 世纪 90 年代，笔者曾经在讨论普通心理学体系建设时，提出将气质从心理学中排除出去，因为气质的概念的内涵与中国人日常理解错位太大，不利于建设中国化、本土化的心理学概念体系。[①] 今天看来，如果基本刬除西方心理学的概念，建设中国本土心理学概念体系，也即文化心理学概念体系，则完全可以保留气质概念，并给予文化心理学的阐释。我们认为，当代文化心理学的气质可以定义为：以人的性情之气为基础而形成的人的个体性质。至于如何在未来的文化心理学体系中定位，还需要进一步探索和研究。

第五节　中国文化区域亚文化标识与区域居民心理研究

20 世纪 90 年代至今的二十余年里，我们曾就中国文化中的区域文化与区域居民心理共同性和差异性进行了理论探索与实证研究，发表了系列论文，出版了著作。[②] 最近几年，经过进一步推导，就区域亚文化中的标志性文化现象及其与居民心理的相互作用机制发现了很多新的研究思路。

一、中国区域亚文化的四个维度及其逻辑关系

中国区域文化可以分为四个维度的区域亚文化：第一是行政与历史区域文化，主要有省（市、区）地域文化、市（州、区、盟）地域文化、县（市、区、旗）地域文化、乡（镇、街道）地域文化、村（社区）地域文化；第二是城镇与乡村区域文化，每个地理与行政区域都穿插着城镇与乡村文化；第三是生态与地理区域文化，包括江南水乡文化、西北大漠文化、东北黑土文化、中原农耕文化、云贵山地文化等；第四是种族与民族区域文化，包括儒道互补的汉族文化、能歌善舞的维吾尔族文化、擅长经商的回族文化、宗教神秘的藏族文化、强悍豪爽的蒙古族文化等。除四个维度，还交叉着性别文化、阶层文化、行业文化、专业文化、家族文化、经济文化、信息文化、教育文化、建筑文化等存在区域差异的文化。

---

① 张海钟：《现行普通心理学体系中的几个逻辑矛盾——评几本心理学教材对概念的定义和分类》，《张掖师专学报》1993 年第 2 期；张海钟：《再论心理学体系中的概念混乱和逻辑矛盾及其本土化问题》，《青海师专学报》2001 年第 1 期；张海钟：《三论普通心理学体系中的矛盾及其构建》，《社科纵横》2004 年第 5 期。

② 张海钟等：《中国区域跨文化心理学：理论探索与实证研究》，人民出版社 2012 年版，第 156 页。

中国区域跨文化心理学就是各级各类区域亚文化中居民社会心理的比较研究和差异研究学科；中国区域跨文化心理学首先是心理学，是社会心理学与人格心理学，也是文化学与文化心理学，更是心理人类学与民族心理学。民族心理学不是少数民族心理学，汉族也是民族。越是强调少数民族越不利于研究、越不利于和谐发展。每个维度的区域亚文化都是多元文化交互重叠、融合渗透的文化。每个亚区域个体都是多元文化塑造的人格个体。每个亚区域文化都有标志性的文化现象、文化活动，当代社会称之为文化特色、民族特色、区域特色，但是最原生态的文化标志和标识就是地方生态、地方民族、地方语言、地方民歌、地方戏曲、地方习俗、地方建筑、地方饮食。

二、中国区域跨文化心理学的文化标识路径

中国区域跨文化心理学就是要研究最原始的、原生态的文化标志现象与区域居民的人格心理基因，揭示区域生态、民族、区划、城乡维度文化与区域居民的文化心理基因，描述地方区域生态文化、地方区域语言文化、地方区域民族文化、地方区域民歌文化、地方区域戏曲文化、地方区域风俗文化、地方区域建筑文化与地方居民的人格发生、发展、变迁、变异，预测区域文化与心理相互作用中的走向、趋势。

地方区域生态是最原始的、原生态的自然地理环境，山地、湖泊、草原、戈壁、水乡、河畔、平原、盆地……都是形成区域生产方式、生活习俗的基因，更是地方戏曲样式、民歌艺术、建筑形式形成的基础。区域家乡的山川河流，是投射居民心理潜意识的对象，是老乡认同的生态基础[1]，是内化了家乡认知、老乡情感、童年记忆的物质载体，是地方区域文化的根本标志，是区域文化个体的人格基因。

地方区域方言是最原始的、原生态的文化标志现象，民族语言也是广义的方言。方言中的生态性概念、生产性概念、习俗性概念、生活性概念是区别区域亚文化、产生老乡认同和老乡心理效应的纽带。也是区别地方民族、地方戏曲、地方民歌、地方民俗的元素，更是形成地方居民认知风格、情感特点、行为方式、人格特质的基础和基因。

地方区域民族是最原始的、原生态的、原根基的文化标志，是以种族为生

---

① 张海钟、姜永志：《中国人老乡观念的跨区域文化心理学解析》，《教育文化论坛》2010年第 3 期。

物基因，以家族为血缘纽带，以民族语言为心理认同的实在而又虚拟的社会群体，是区域文化的核心基础。民族心理中认知、情感、行为、人格都是生物基因、家族血缘、民族语言、民俗风俗的积淀组合体，这种组合体也是文化基因的基础，可以借用社会生物学的概念称为文化谜米。①

地方区域民歌是以生态环境、民族体质、区域风俗、区域方言为纽带的生活艺术，是区域个体和群体表达情感的艺术样式，是最原生态的文化标志。以情歌为主题和基质的民歌，方言是其音乐特色，其格调和格式反映出区域青少年追求爱情和表达压抑的呼声。民歌作为区域居民心理领域认知、情感、行为表达的外部表征，既是区域文化的鲜明特色标志，更是研究区域文化心理学的重要对象。

地方区域戏曲是最有代表性的区域文化象征，是以方言为格调，以民歌为基因，以区域故事为原象，用来表达社会心理主题、开展道德心理教化、排解休闲生活郁闷、交流相互情感积淀的艺术形式。无论是上海文化圈吴侬软语的越剧还是陕西文化圈悲怆苍凉的秦腔，无论是张扬激越的河南豫剧、山西晋剧、山东吕剧，还是唱腔优美的京剧、安徽黄梅戏，无不表征出、影射出区域生态特点、区域文化特色，特别是居民的认知、情感、行为、人格心理特质。

地方区域习俗是文化心理的核心行为表现，习俗包括了习惯和风俗，包括了日常生活中的习惯、节日喜丧中的禁忌、社会交往中的礼仪等。每个文化个体都生活在习俗之中，社会化的过程无疑就是将习俗内化为行为方式的过程。所有的习俗包括以迷信和宗教为主题的习俗，都反映了区域个体和群体的自然力量恐惧，都象征了区域居民追求和谐、自由、幸福、安全的心理。既是集体潜意识的现代表达，也是个体文化谜米的自动外现。区域民俗既是区域民歌、区域戏曲的养料，也是区域建筑设计的导师。

地方区域建筑是区域文化的外在的物化的载体，是区域居民适应区域生态，满足生活需要，投射区域文化，反映区域思想，追求情感永恒的文化标志。区域建筑是区域居民心理积淀的活化石，是文化个体故乡情感的生命港。区域建筑的样式、走向、格调，是研究区域居民文化心理、社会心理、人格心理的典型样本。通过区域建筑可以提取区域居民的认知信息、情感信息、生物基因、文化谜米，可以活现区域居民的自我意识和集体情结。

---

① 苏珊·布莱克摩尔著，高申春、吴友军、许波译：《谜米机器——文化之社会传递过程的基因学》，吉林人民出版社 2011 年版，第 125 页。

地方区域饮食是区域文化的重要组成部分，饮食制作方式和特点是区域居民适应气候生态和作物栽培而创造的文化标志。区域饮食习惯和品种是区域审美意识、民间习俗、生活情趣的外现形式，更是区域居民生命智慧的内在表达。饮食文化与生态文化紧密相连，互为因果，也是寓居外乡时思乡情绪的直接根苗，是老乡识别的核心标志。饮食文化不仅直接反映区域居民的人格特质，而且也是区域集体潜意识的历史传承。

三、中国区域亚文化标识现象与人格相互作用

承前所述，中国区域文化可以分为行政与历史区域文化、城镇与乡村区域文化、生态与地理区域文化、种族与民族区域文化等四个维度的区域亚文化。最原生态的区域亚文化标识是地方生态、地方民族、地方语言、地方民歌、地方戏曲、地方习俗、地方建筑、地方饮食。

（一）地方生态文化是地方居民人格形成和表现的基础自变量。生态学变量包括气候、水源、地形等自然因素，生产方式、动物养殖、食物类型、人口密度等经济因素，都会影响乃至决定居民的人格特质。跨文化心理学家伯里指出，生态学的作用是文化与行为的原动力和塑造者，生态学的变量培育出了塑造人类行为的文化模式，同时也对文化模式具有强制性的作用。人类的生理机能是与生态环境的长期相互作用而不断得到进化的。人类种族生理和遗传上的差异是对生态环境的生物适应结果。[①] 中国幅员辽阔，地理生态环境复杂，无论省域、市域或县域，都有鲜明的生态环境，南方人的清秀、含蓄与北方人的粗犷、豪放形成显明的性格和气质对照，主要是生态环境的影响。

（二）地方民族文化是地方居民人格形成和表现的适应变量、过程变量。人类对文化的适应也在于文化能帮助人类更好地生存于他们所处的生态环境中。文化中包含有社会和经济系统、亲属关系、社会化方式等，在任何一个社会中社会化比其他方面都更具有强迫性，而亲属的组织系统比其他任何一个社会系统都严密。中国有56个民族，分布在全国各地，每个地方区域的每个群体或者个体居民，都属于某一个民族，同一的民族宗教信仰、民族风俗习惯造就了同一的民族意识、民族认知、民族情绪、民族行为、民族性格。民族心理人格的形成是民族文化适应的结果。

---

① 万明钢：《文化视野中的人类行为——跨文化心理学导论》，甘肃文化出版社1996年版，第167页。

（三）地方语言文化是地方居民人格形成和表现的中介变量。方言是一个特定地理区域中某种语言的变体，是全民语言的不同地域上的分支。所谓方言岛就是成片的方言区域中存在着一个讲不同方言的人口居住地，它与周围方言有着明显的不同。方言背后隐藏的是方言区的文化内涵，其中就包括方言区的生活习惯、风俗习俗、宗教信仰、价值观念、行为方式等，方言认同是老乡认同的最深层次和核心问题。①方言的声调、节奏、强度等特点可以反映出区域居民的性格特质。东北方言的速度和流畅，西北方言的刚烈和重音，江浙方言的情调和委婉，西南方言的质地和色彩，都是区域性格的外部表征。

（四）地方戏曲文化是地方居民人格与文化相互作用的集中表现，既是过程变量，也是结果变量。比如泉州人的性格就与高甲戏的形成、发展紧密相关。早期高甲戏大量搬演《三国》、《水浒》等英雄人物故事，属于"铜琵琶铁棹板、豪唱大江东去"之类的格调，无疑体现了泉州乃至闽南人那种豪迈豁达、敢拼敢赢的性格特征。有位作家说泉州人的性格是"爱你爱得要死，恨你恨得要命"，概括得颇为生动传神。泉州人重情尚义、乐善好施、扶危济困、爱憎分明、诚毅坚忍，高甲戏舞台上表现的大喜大悲、大爱大憎、善恶美丑分明，乃至音乐唱腔上的高亢激越、荡气回肠的旋律，恰恰是泉州人、闽南人性格的形象写照。

（五）地方民歌文化更是地方居民人格与文化交互作用的集中表现。江苏自古繁华，且山清水秀，人们安居乐业。因此，江苏民歌以欢快、活泼、婉约，歌唱美好生活为主题的歌曲比较多，例如《紫竹调》、《采红菱》、《拔根芦柴花》等。在表达爱情方面，江苏人温柔、含蓄，明明很喜欢，偏要转一个弯、打一个比方。例如《茉莉花》中又怕看花的人儿骂，又怕来年不发芽，其实都是情歌中的比喻，实际所指是人和事。陕西民歌中的陕西人性格是朴讷温厚而又爽直豪放，他们十分保守，安于现状，厚道又偏执。陕西人习惯大喊着唱秦腔和信天游，而不会踏实地赚钱，因此陕西总体比较贫穷落后。

（六）地方习俗文化本身就是居民人格与文化相互作用的载体。早在 20 世纪初期，精神分析学派的人类学家卡丁纳就研究了习俗制度与人格的相互作用关系。初级习俗制度是塑造一个社会的基本人格结构的基础，包括家庭组织、群体结构、基本规范，哺乳和断奶方式，关爱孩子的方式，大便训练、性的禁忌、谋生技能等。已经形成的基本人格结构反过来会对文化施加影响，它

---

① 张海钟、姜永志：《方言与老乡认同的区域跨文化心理学解析》，《中北大学学报》2010年第 4 期。

通过投射系统塑造社会的次级习俗制度，即次级制度是基本人格结构的投射物，包括民间传说，宗教信仰、仪式、禁忌系统，思维方式以及相关技术。因此，基本人格结构是初级制度和次级制度之间的一个中介而又能动的环节。①

（七）地方建筑文化是地方居民人格与文化交互作用的物质表征。每个地区的文化必然反映为建筑风格，这种建筑风格被称为建筑性格，而这些建筑性格又与居民性格相互作用。建筑性格积淀为居民性格，而居民性格又物化为建筑性格。江南水乡的建筑，精巧有余，气派不足，表征了江南居民的精明和睿智；西北黄土高原的窑洞和封闭式土坯院落，表征了西北居民的忠厚和忍耐。西南云贵川的民居则是顺应天成、融合自然的竹楼家园，景致格外迷人，昭示着区域居民的纯朴憨直、豪爽善良的品格。

（八）地方饮食文化是区域居民人格与文化交互作用的典型例证。中国是饮食文化非常发达的国家，地方区域饮食文化千姿百态，依凭饮食的样式便可判断其文化籍贯。山东大汉都是大口吃鱼，大碗喝酒，性情豪爽，脾气率直。烟台海边，吃海鲜论盆吃，客人到来，一盆清蒸大海蟹，一盆大海螺，一盆八爪鱼。最后的饺子，跟包子一般块头。所以这里的人，个个人高马大，性情豪爽，也不失侠骨柔情。无锡苏州一带的居民，喜吃包子，馅都放糖，难怪一天到晚总是吴侬软语。男人一副甜蜜蜜的样子，昆曲中的手的姿态兰花指便是例证。女人则是纤纤腰身，一步三摇，如杨柳扶风，姿态万千。

总而言之，无论是中国区域文化中的行政与历史区域文化、城镇与乡村区域文化、生态与地理区域文化或种族与民族区域文化，都以地方区域生态文化、地方区域语言文化、地方区域民族文化、地方区域民歌文化、地方区域戏曲文化、地方区域风俗文化、地方区域建筑文化为共同的核心差异。这为中国区域跨文化心理学提供了一个研究视角，采用多学科的研究方法，也许可以实现中国省域、市域、县域、乡域文化中的多文化个体居民心理规律性和差异性，为国家文化认同、民族文化认同研究提供资料。

第六节 中国城乡与区域和阶层文化心理的跨文化研究

欧洲国家的殖民者18到19世纪到了异族国家，逐渐对异族文化与心理产

---

① 郑雪：《人格心理学》，暨南大学出版社2007年版，第121页。

生了兴趣，从而促成了人类学、文化学的研究。19 世纪末，摩尔根出版了《古代社会》，米尔首次提出种族学概念，这些人类学、文化学者同时开展了许多文化心理学研究。人类学文化学和社会学家提供的大量的相异文化背景中人们生活方式的资料促成了跨文化心理学的早期研究。但是此时心理学尚未从哲学、生理学中分离出来，所以学者们还没有开展真正的跨文化心理学研究。

一、跨文化心理学的简短历史与研究主题

20 世纪初，美国耶鲁大学的萨姆纳针对德国人倡导的民族精神，提出从民俗学角度给予研究，表现出对跨文化心理学的兴趣。后来人类学家博厄斯通过对印第安人的部落加以考察，初步研究了文化与人格的关系，他的学生本尼迪克特通过对日本民族的远距离研究，出版了《菊与刀》，成为文化人类学的经典著作。而实际上，实验心理学创始人冯特，从开始就注意到文化多心理的影响，所以他在 1900 年就出版了《民族心理学》10 卷。他的学生马林诺夫斯基还撰写了《野蛮人的性生活》，开展了心理学的跨文化研究。20 世纪 30—40 年代，耶鲁大学成立了"人类关系研究中心"，聚集了大批当时最有才华的人类学家和心理学家，使跨文化研究成为可能。该大学还建立了人类关系区域档案，使跨文化心理学进入了最辉煌的发展时期。20 世纪 60 年代以后，跨文化心理学进入了一个发展黄金时期，创造性的研究积累了大量的资料，产生了本尼迪克特、马林诺夫斯基、米德、卡丁纳、林顿等一批文化人类学家，出版了一大批与心理学紧密相关的著作。1980 年，美国著名的心理学家推蒂斯组织编纂的六卷本《跨文化心理学手册》正式出版。与此同时，人类学家和心理学家共同编辑的《跨文化人类发展手册》也正式出版。这两部书的出版标志着跨文化心理学的建立。至此，跨文化心理学作为一个成熟的研究领域才为西方主流心理学所认可。同年，马塞拉主编的《跨文化心理学》出版，1991 年塞格尔又出版了《跨文化心理学》。从此跨文化心理学成为心理学中的一个重要学科。[①]

我国的跨文化心理学研究开始于 20 世纪 70 年代末 80 年代初，当时一批留学归国的心理学者将西方的跨文化心理学研究方法介绍到国内，引起了国内心理学界的极大兴趣，以至 20 世纪 90 年代初，大陆一度形成跨文化心理学热

---

① 万明钢：《文化视野中的人类行为——跨文化心理学导论》，甘肃文化出版社 1996 年版，第 12 页。

潮。除了介绍探索性的论文之外，有些心理学者如张世富、万明钢等还带领研究生开始了西北西南汉族和少数民族心理的跨文化研究，甚至远在上海的心理学家都积极鼓励研究生开展跨文化研究。在这种背景下出版了王宏印的《跨文化心理学导论》、郑雪的《跨文化智力心理学研究》、万明钢的《文化视野中的人类行为——跨文化心理学导论》等三本著作就是代表作。20世纪90年代中期以来，跨文化心理学在我国心理学界得到更为广泛的关注，发表了许多不同领域、不同角度的研究成果，包括我们的科研团队开展的一系列城乡和区域跨文化心理学研究。[①]

二、文化概念与跨文化心理学领域扩展的依据

现代学术史上第一个界定文化的学者是人类学的鼻祖泰勒，他认为：文化是复杂的整体，它包括知识、信仰、艺术、道德、法律、风俗以及其他作为社会一分子所习得的任何才能与习惯，是人类为使自己适应其环境和改善其生活方式的努力的总成绩。克莱德·克拉克洪在1950年代末期搜集了100多个文化的定义。当代的统计，有关"文化"的各种不同的定义至少有200多种。人们对"文化"一词的理解差异如此之大，足以说明界定"文化"概念的难度。笼统地说，文化是一种社会现象，是人们长期创造形成的产物。同时又是一种历史现象，是社会历史的积淀物。确切地说，文化是指一个国家或民族的历史、地理、风土人情、传统习俗、生活方式、文学艺术、行为规范、思维方式、价值观念等。[②]

300年来，不同学科如人类学、考古学、管理学、心理学、教育学、民俗学、社会学等领域的学者根据所采用的指标，划分出不同功能的文化类型。这里引用笔者最近发表的一篇论文的综述给予解析。[③] 根据生产方式差异及其发展阶段，可以区分出游牧文化、农业文化以及工业文化。中国人文学科把文化理解为三个层次，第一层次是考古学、人类学、人种学所使用的文化；第二层次是人文社会科学所使用的文化；第三层次是日常生活中所使用的文化。Hammerly把文化分为信息文化、行为文化和成就文化。有些人类学家将文化分为三个层次：高级文化（high culture）、大众文化（popular culture）、深层文

① 张海钟等：《国内出版的三本跨文化心理学著作与中国城乡和区域跨文化心理学研究》，《河西学院学报》2005年第3期。

② 张海钟、冯媛媛：《文化类型论与中国区域文化类型简析》，《阴山学刊》2010年第1期。

③ 张海钟、冯媛媛：《文化类型论与中国区域文化类型简析》，《阴山学刊》2010年第1期。

化（deep culture）。有的学者根据性别人格与文化表现区分出男性文化和女性文化。根据民族文化性格，可以区分出酒神文化和日神文化。中国社会学家费孝通《西方陆沉论》中，区分出阿波罗式和浮士德式文化。现当代中国文化的心理学考察表明，这种区分仍适用于都市文化与乡村文化的比较理解。还有许多划分，比如海洋文化、岛国文化、大陆文化；尼罗河流域文化、两河流域文化、印度河流域文化、黄河流域文化；古希腊／罗马文化、古波斯文化、古印度文化、古代中国文化；资本主义文化、社会主义文化；发达国家文化、最不发达国家文化、发展中国家文化；基督教文化、佛教文化、伊斯兰教文化、儒家佛家道家文化；史前文化、古代文化、中古文化、中世纪文化、近代文化、现代文化、后现代文化、未来文化；雅文化、士大夫文化、精英文化；俗文化、通俗文化、大众文化；主流文化和亚文化；都市文化和村落文化；隐性文化和显性文化；都市文化和村落文化；传统文化与现代文化；教育文化、科技文化、卫生文化、政治文化、经济文化、社会文化等；创新型文化和保守型文化。我们认为，既然文化可以从不同角度理解，那么只要是两种以上文化之间的人的心理的比较研究，都可以称为跨文化心理学研究。

中国是世界四大文明古国之一，设有 4 个直辖市、23 个省、5 个自治区、2 个特别行政区。可以划分为东北、西南、东南、西北、华北、华中、华南等大区。各个区域不仅地理环境、历史人文、经济发展水平、民族构成不同，而且在文化传统、生活方式等方面也有巨大差异。不同省市县区域文化与居民心理相互作用，不同年龄阶段崇尚的文化与年龄心理相互作用，不同性别文化与性别角色意识相互作用，不同阶层职业的独特文化与阶层职业人群心理之间相互影响，从理论和实践的角度看，这些领域的研究就会衍生出许多跨文化心理学分支学科。比如区域跨文化心理学、年龄跨文化心理学、性别跨文化心理学、阶层跨文化心理学、雅俗跨文化心理学、海陆跨文化心理学、职业跨文化心理学、历史跨文化心理学等。

三、新世纪我国跨文化心理学的主要成果

20 世纪 90 年代，国内出版了王宏印的《跨文化心理学导论》、郑雪的《跨文化智力心理学研究》、万明钢的《文化视野中的人类行为——跨文化心理学导论》、石文典著《跨文化企业管理心理学》。这些著作主要综述了感觉、知觉、认知方式、智力、人格、性别角色的跨文化心理学研究成果。新世纪以来，有许多的实证研究成果反映出我国跨文化心理学正在由民族跨文化心理学向性别

跨文化心理学、年龄跨文化心理学、城乡跨文化心理学、区域跨文化心理学、阶层跨文化心理学扩展。因为性别跨文化心理学已经成为跨文化心理学的一项重要内容，不再赘述。

（一）年龄跨文化心理学研究：年龄跨文化心理学研究有两层意义，一是代际文化与不同年龄阶段心理发展特征的比较研究，一是民族文化、区域文化、城乡文化与不同年龄阶段心理发展特征的比较研究。关于前者，我国研究很少，多数属于社会学、青年学研究领域的课题。对于后者，心理学家做的研究汗牛充栋。比较不同民族文化中成长起来的儿童青少年的心理发展阶段，不仅是国际跨文化心理学的时髦话题，也是国内20世纪90年代的热点。这些研究的最初目的都是为了验证西方心理学理论，比如皮亚杰智力理论的跨文化适应性，比如弗洛伊德理论的民族文化检验等。后来才发展到国内汉族主流文化与民族亚文化中的儿童青少年心理发展比较研究，为民族教育提供心理学理论支撑。我们的发展心理学家开展的许多实证研究也有跨文化心理学性质。

（二）城乡跨文化心理学研究：20世纪50—90年代，西方跨文化心理学家在世界各地开展田野调查研究中，以城市文化和乡村文化为变量，做了一些城乡跨文化研究，为城乡跨文化心理学研究提供了基础。笔者自20世纪90年代开始关注中国城乡文化与居民社会心理的相互作用。新世纪以来发表多篇论文和报告给予论述。我们认为，中国的城乡跨文化心理学要在描述和分析中国文化共同社会心理特征的基础上，着重揭示城乡两种文化背景下个体或群体社会心理的基本差别，并以此为心理学提供研究原则和方法方面的启示，进而为乡村城市化过程中各种问题的解决查明心理学上的依据。近些年来，发展心理学、社会心理学、健康心理学的许多研究成果都已涉及城市和乡村的比较，但系统的比较研究尚未引起足够的关注。我们认为应当从分析城乡两种文化心态的总体差异、比较不同代际之间的社会心理差异、比较不同阶层的城乡心理差异等角度开展研究。2005年以来，我们在国家社会科学基金项目支持下，开展了以甘肃为例的系列研究。

（三）区域跨文化心理学研究：20世纪80年代以来，国内外心理学工作者对跨文化的研究主要是民族跨文化心理学研究，没有将地理区域、行政区域、历史区域、生态区域等文化区域作为变量研究。笔者认为，中国区域跨文化心理学其理论假设是不同区域的文化存在很大差异，因而其心理也必然存在很大差异，因为文化是影响社会心理活动的一个重要因素。基于对中国现有的客观现实的考察，我们自2005年以来，开展了甘肃省域河东河西各个市县居民性格特征、心理健康，气质类型、人际信任、攻击性、刻板印象、自我意识等文化心理差异的实证研究和中国省域跨文化心理学实证研究。同时发表多篇论文论述了中国区域跨文化心理学的学科归属，研究了内容体系，利用实证的量化研究方法和社会文化的质化研究方法对不同文化区域背景下的个体及群体的心理进行了比较深入的研究。

（四）阶层跨文化心理学研究：随着市场经济的日益推进，中国社会的阶层分化越来越引起社会学家的关注，出现了中产阶层、白领阶层、农民工阶层、老年阶层、干部阶层、妇女阶层等新的提法，这些提法都是非逻辑的概念。有些学者随意创设一些阶层概念开展比较研究，虽然是一种探索，但从学术研究角度而言，分层依据需要重新定位。按照年龄可以分为儿童阶层、青年阶层、成年阶层、老年阶层；按照性别可以分为妇女阶层、男性阶层；按照职业可以分为党政干部阶层、企业管理人员阶层、事业管理人员阶层、专业技术人员阶层、技术工人阶层、农民阶层；按照工作的脑力和体力支出性质，可以分为白领阶层和蓝领阶层；按体制内外划分，可以分为国家工作者阶层和自由职业者阶层。如此一来，实际上阶层与职业、年龄、性别完全交叉，逻辑上难以把握。我们认为，阶层的划分还是以政治地位和经济收入为依据比较符合本义。比如可以划分为资产阶层、中产阶层、弱势阶层；高级干部与管理人员阶层、专业技术人员阶层、技术工人阶层、农民阶层。可以根据研究的实际需要进行调整。阶层跨文化心理学是一个概念性空白，需要学术界给予高度关注。

综上所述，跨文化心理学的研究正在向本土化、现实化扩展，跨文化心理学的课题正在偏离单纯的西方心理学理论检验的方向，逐步扩展出更多带有比较性质的新领域。许多学者更加关注中国本土的现实问题，立足于通过自己的研究为中国社会和谐与发展提供理论依据。

第五章　中国本土民俗文化现象的心理学分析

第一节　中国民俗文化中女性经血禁忌的深度心理分析

中国民间文化习俗生活中有许多禁忌，也叫作祭俗、记俗。以笔者老家甘肃靖远为例：死在外，不论男女老少忌再进家宅，只能停尸户外。死去亲人的小辈谓有"生孝"，忌去别家走动。未成年男女，已婚未生子女者，以及死于产期的产妇忌埋入祖坟内。人甫死之后，未经选择，忌动哭声。妇人产小孩，产房门口挂红布，忌他人进入。制醋酱房门，悬挂红布，忌他人进入。亲友互相忌讲长辈姓名及诨号，家庭小辈忌称长辈姓名，同时同辈忌互称乳名。衣服扣子忌钉双数，谓"四六不上身"。老人死后寿衣忌穿双件、毛料和皮衣，被褥忌用缎子（谐音断子）。修盖房屋屋基忌砌双层。双方嬉玩忌玩弄对方帽子和以铁器指对方。忌一年之内兄弟二人先后结婚，忌姐妹二人同年出嫁。忌借房给别人结婚，民谚有："宁借房给别人停丧，不借房给人成双"之说。死了未成年的小口，尸体忌从大门出，须从墙头转出。上炕忌不脱鞋，有谚说："上炕不脱鞋，死了没人埋。"死者葬埋三日内，孝子每日日落前往坟地送水火，忌和别人说话。男女年龄忌说逢九之数。农村忌宅院内动土木。忌在牲畜圈内便溺、解手。忌对小孩说"肥"。坟地内忌挖土。忌近亲结婚。忌用餐时以筷子敲打碗碟。孝子百日内忌剃头、理发，妇女忌穿花红衣服。大伯子不能与弟媳妇开玩笑，但是，小叔子可以开玩笑、闹洞房，等等。

一、中国民俗文化中女性及其经血禁忌举隅

中国民俗中前述的有些禁忌很容易理解，也是全国各地普遍存在的，比如大伯子不能与弟媳妇开玩笑甚至不能说话，它是来源于《礼记》规定的汉族古俗："叔嫂不通问，不相为服"、"嫂不抚叔，叔不抚嫂"。这里的叔既包括大

伯子，也包括小叔子，可是后来全国各地基本上都是小叔子不限，具体原因待考。

但禁忌和忌讳最多的还是女性及其经血，其中一些禁忌很有意思，比如忌女儿、女婿在岳父家中同室住宿，俗谓"女婿上床，家破人亡"。再比如忌女性大年三十晚上在娘家过年。忌女性将月经流在娘家房屋任何地方，如果女性将月经流在娘家，娘家哥哥就要用犁地的犁从娘家一直犁回婆家，方才可以免去灾祸，也就是说，女性月经期间最好不要回娘家。忌女性月经期间上坟。忌女性月经期间参加祭祀祖先神灵的活动。忌妇女们在白天洗涤、处理这些经血秽物，而且洗涤时只能站着不能坐着。此类衣物不能见太阳，一定要隐藏起来。文化学家、社会学家、民俗学家擅长于描述、批判，心理学家则试图追根求源，这里就经血禁忌问题进行心理学的分析，就教于方家。

二、中国民俗文化中女性经血禁忌的几种解说

早在19世纪末20世纪初，西格蒙德·弗洛伊德和詹姆士·弗雷泽就在《性爱与文明》①和《金枝精要》②中讨论了原始先民文化中流行的各种女性禁忌和女性经血禁忌现象，并给予可能的解释。100余年来，人类学、文化学、民族学、民俗学、社会学、心理学、性科学界出版了几十本专著，描述千奇百怪的女性经血禁忌习俗，论述女性经血禁忌的象征意义。2005年以来，李金莲、朱和双通过数十篇少数民族、汉族、外国少数民族世界各地原始部落民俗研究论文的综述，先后发表《论中国少数民族的月经禁忌与女性民俗》、《中国传统婚俗中的月经禁忌与民间信仰》、《女性、污秽与象征：宗教人类学视野中的月经禁忌》③3篇文章，列举10余个少数民族和外国原始部落以及汉族婚俗中千奇百怪的经血禁忌民俗事实，论述中国大陆各少数民族女性及女性经血禁忌的人类学、民俗学解释。

（一）深度心理学的观点

许多人类学、文化学研究早就证实，原始民族把血视为生命的源泉，十分畏惧流血，也形成了流血的禁忌，它是"不可杀人"这样一个禁令的基础，代表着对原始人的情操和对杀人狂欲的禁止和预防。著名的奥地利心理学家弗洛

---

① 西格蒙德·弗洛伊德：《性爱与文明》，安徽文艺出版社2007年版，第3页。

② 詹姆士·弗雷泽：《金枝精要》，上海文艺出版社2001年版，第538页。

③ 李金莲、朱和双：《论中国少数民族的月经禁忌与女性民俗》，《楚雄师范学院学报》2005年第5期。

伊德在《性爱与文明》①里详细讨论了女性禁忌问题，还在《图腾与禁忌》②里进行了进一步阐释。他认为，凡是原始人禁忌的东西，都与恐惧有密切联系，在原始人的眼里，女性的月经、分娩、第一次性交的流血都是令人惊奇而恐惧的，因而，处女的第一次性交也被宣布为一种禁忌。它必须在祭祀活动中由巫师、年老的妇女甚至新娘的父亲或一个象征性的阳具来完成，并不是由新郎在新婚之夜来完成的。

后来的 1918 年，弗洛伊德又详细讨论了处女禁忌之谜。原始社会中，之所以禁忌与处女的性交合，乃源于一种对处女第一次性交后所产生的矛盾情绪反应的恐惧。"对女人的恐惧大概基于这样一种认识：她不同于男子，她们的性格永远难以捉摸、神秘而奇特，因而也是歹毒的；男人害怕女人会夺取他的力量，担心女人的气质会影响自己，使自己成为一个弱者。"③除了对女性的恐惧之外，导致这种禁忌的心理根源在于新娘的第一次性交中会产生矛盾的情绪反应，令新郎惊惧不已。

"女子在性交时，将男子紧紧地抱在怀中，在满足达到高潮时，使男子紧贴自己。我们以为：这是正常的性交反应。……但我们知道，第一次反应总不都是这样。经验告诉我们，经常的情况是：女子感到失望，她并没什么热情，感到没有满足"④"这些例子还包括这样一些妇女，在她们的性交中……以及每次性交之后……公开表达出对男人的歧视、辱骂男人，威胁要打他，或者真正打了他"⑤。导致这种矛盾反应的根源并不仅仅在于破坏处女膜造成的痛楚，而是来自自恋创伤。同时，因为女性的性愿望从性器期一直固置于父亲或者代替父亲的身上，而新郎弄破处女膜无疑激起了新娘的"男性反抗"，这就是说女性一直没有或无法消除她成为男性的情结。这一矛盾反应还被追溯到生物学上，弗洛伊德引述了费伦齐的观点："最初的交媾是在两个同类单细胞有机体之间进行的。后来其中一个强大起来，迫使较弱者屈服成性结合的配对体。这种屈服带来的痛恨情绪仍然在当今妇女身上起作用"⑥。

总之，女性在性交合中总是有顺从和敌视两种反应，禁忌的目的在于使新

---

① 弗洛伊德著，腾守尧译：《性爱与文明》，安徽文艺出版社 1987 年版，第 241 页。

② 西格蒙德·弗洛伊德著，赵立玮译：《图腾与禁忌》，上海人民出版社 2005 年版，第 1 页。

③ 张海钟等：《精神分析学派与女性心理学的发展》，兰州大学出版社 2006 年版，第 4 页。

④ 张海钟等：《精神分析学派与女性心理学的发展》，兰州大学出版社 2006 年版，第 54 页。

⑤ 张海钟等：《精神分析学派与女性心理学的发展》，兰州大学出版社 2006 年版，第 61 页。

⑥ 张海钟等：《精神分析学派与女性心理学的发展》，兰州大学出版社 2006 年版，第 74 页。

郎避免这种敌视带来的危险。这种解释可以为很多女人再婚后方可过得美满提供根据，因为在与第一个男人的性生活中已经耗尽了敌视反应的里比多能量，而在人类社会发展中，为了一夫一妻制婚姻的需要，处女的禁忌便正好反转过来，把女子婚前与别的男人有过性关系当成了一种禁忌。

（二）文化人类学的观点

文化学人类学家则认为，处处可见的月经禁忌，还有处女禁忌，都受这样一种观念的支配：原始人面对着这种月月必来的神秘流血现象，免不了会怀疑有什么东西在迫害她们，所以他们把行经（尤其是初次来经）解释成是由于某种精灵鬼怪的撕咬导致的，有些干脆就认为是与某种精灵性交的结果，有些资料中提出，很多原始人认为这个精灵就是她的某个祖先，还有些资料谈到，经期中的女孩常常被人认为身上附着祖先的灵魂，所以使人敬畏，被作为"禁忌"对待。学术界主流观点是：这些风俗一方面是因为对女性的经血的恐惧，认为是不洁的，危险的；另一方面也是性压迫、性歧视的结果。性歧视、性压迫是性别禁忌中的一个主要的谬误，限于篇幅，我们暂时不讨论。中国的民俗学家依据各个民族的女性及其经血禁忌的共同性，针对女性回娘家不能同床的禁忌，结合民间认识以为：娘家和婆家不归一个血统，怎么能在娘家室内为婆家提供传宗接代的场所呢？假如真的是在娘家怀了孕，岂不将娘家的"人势"、"财势"带到婆家去了吗？娘家一定会因此而衰落的。① 笔者比较同意这种解释。但是，同是在汉族，也有许多地方是不忌讳新婚夫妇在娘家同床共枕的。有时，这两种截然不同的风俗还会并存于同一县境之内，例如在河南林县这两种风俗就同时存在。也许是特例，也许要进一步探究心理根源。同时，这只是解释了夫妻不能在娘家同床，却没有解释经血禁忌。

（三）民间民俗学观点

民间认为，之所以禁忌经血是因为经血会亵渎神灵。但是，为什么女人会亵渎神明呢？如果反过来想想，神灵鬼魅是不是也有一点怕女人呢？是不是女人的经血对神灵鬼魅也有一点"煞威风"、"破灵性"的作用呢？所以"经血"的"不洁"是否也有一种真正能够胁迫神鬼的东西呢？这是男人的力量中所没有的，是男人们所不能理解的，因此也为男人所嫉妒、所担忧。所以男子要竭力贬斥经血为污秽的东西，说它会损伤神灵和男人。因此，禁忌妇女们在白天洗涤、处理这些秽物，而且洗涤时只能站着不能坐着。此类衣物不能见太阳，

---

① 　刘达临：《世界性史》，郑州大学出版社 2005 年版，第 121 页。

一定要隐藏起来。经血最忌让男人看见，但民间也有以经血来行法术以制服鬼祟的。这时，经血又有了其神圣的一面。在生小孩的时候，男人是不准进产房的，否则，会被产妇的污血冲犯，会发生凶事。按说这是妇女有理由阻止男人的时候了，但在旧社会里许多地方的风俗都规定让产妇离开家门到别处生产。可见即便是在性亵渎的信仰中，也仍然是不能摆脱性歧视和性压抑的。因此，性亵渎就几乎成为女性单独一方面的罪孽了，这可能是问题的根源。

三、中国民俗文化中女性经血禁忌的综合解说

著名人类学家列维—布留尔在《原始思维》[1]中认为原始人没有能力区分主体客体，是没有逻辑的或前逻辑的神秘思维者。很多原始人的思维缺乏逻辑，他们发现杀人、杀动物都会流血，而杀人是非常令人恐惧的，于是看到人身上流血，就以为要死亡，所以就形成经血禁忌。

李金莲、朱和双认为，人们对月经现象的认识经历了神秘、敬畏、不洁到理性的发展过程，由于认识水平的限制，原始先民尚无法理解和解释妇女在生理上有别于男性的一些特征。许多不发达社会中的民族对月经所持的复杂观念都是由对经血的不同看法引起的，妇女在月经期间要发生流血，这对于原始先民来说，不仅难以理解，而且造成了极大的恐惧，因而对经期妇女的行为加以规范。许多针对妇女的限制都是由月经禁忌引申出来的，因为流血常常意味着死亡，所以是一种不吉利的象征。妇女对月经隐瞒或公开的程度取决于她所属的社会是否视之为凶兆，有些少数民族不仅把处于月经期间的妇女视为污秽不洁之物，并以此延伸进而认为妇女及其相关物品都是不洁净的，需要避讳，这样就形成了许多针对经期妇女的特殊禁忌与习俗。[2]

综合心理学、民俗学的观点，我们认为可以形成这样一个解释链条，即很多原始人的思维缺乏逻辑，他们发现杀人、杀动物都会流血，而杀人是非常令人恐惧的，于是看到人身上流血，就以为要死亡，所以，就形成经血禁忌。然而看到女子身上经常流血却并不死亡，就更加惊奇，猜测是精灵附体，而这个精灵就是她的某个祖先，甚至解释成是由于某种精灵鬼怪的撕咬导致的，有些干脆就认为是与某种精灵性交的结果，进而猜测经期中的女孩身上附着祖先的

---

① 列维—布留尔著，丁由译：《原始思维》，商务印书馆 1981 年版，第 119 页。

② 李金莲：《女性、污秽与象征：宗教人类学视野中的月经禁忌》，《宗教学研究》2006 年第 3 期。

灵魂，所以使人敬畏，被作为"禁忌"对待。同时，因为处女第一次性交时要流血，而且处女第一次性交所产生的矛盾情绪反应也令人恐惧，所以也被宣布为一种禁忌。

至于有些地区特别是西北地区，忌女、婿在岳父家中同室住宿，俗谓"女婿上床，家破人亡"。比如忌女性大年三十晚上在娘家过年。忌女性将月经流在娘家房屋任何地方，如果女性将月经流在娘家，娘家哥哥就要用犁地的犁从娘家一直犁回婆家，方可免去灾祸。考察其源流，乃是古俗之遗传，其心理意义在于如果既嫁女儿与女婿在家同床，象征女儿招汉子卖淫；女儿既然嫁出，便是婆家人，作为养育他人家后代身体生理基础的经血，如果流在娘家，象征娘家成为婆家生育的地盘；至于不让女儿在娘家过年，则是为了避免邻居议论自己女儿不贤被婆家逐出家门。但归根到底还是因为女性经血不洁的观念，追根溯源，乃是原始人经血恐惧心理的积淀和流变。至于学术界有许多观点认为，经血禁忌是导致性压迫、性歧视的根源，而且把原始习惯与妇女解放联系起来，笔者认为需要进一步讨论。

第二节　闹洞房习俗与甘肃婚俗的性禁忌与性心理保健

婚姻涉及家庭、社会、经济许多方面，但根本的核心的要素是性和生育。现代社会是一个比较开放的时代，性和生育已经不神秘。而传统社会里，性是一个敏感忌讳的话题和事情。因此传统婚姻习俗中，几乎所有的环节细节都与性紧密相关，充满了性禁忌、性保健、性教育的象征意义。点喜日、接亲戚、拜亲人、闹洞房、三回门、站对月等这些很热闹、很讲究的习俗都与性有关系，但也有些习俗，比如两辆接亲的车相互碰见新娘要换裤带，至今也无法推测其中的起源和原因。文化学、人类学的论著中有许多研究，揭示了世界各地婚姻习俗中的性禁忌，社会文化历史传播中的性问题也是当代社会生物学着力研究的课题。我们试图通过甘肃部分地区婚姻习俗的考察，分析某些习俗中的性禁忌和性教育的象征意义。

一、闹洞房的历史溯源及其性色彩臆说

先秦时期，婚礼风格淳朴，气氛肃穆。孔子在《礼记·曾子问》中描述当时的嫁娶情景时说："嫁女之家，三日不熄烛，思相离也；娶归之家，三日不

举乐，思嗣亲也。"① 反映了先秦婚礼的淳朴习尚，没有喧嚷纷闹大操大办的场面。入汉以后，社会经济有了长足的发展，人们不再满足古板而沉闷的旧式婚礼，不再固守"三日不举乐"的古训，开始大操大办，使婚礼披上世俗的喜庆色彩。近人杨树达在《汉代婚丧礼俗考》中考证："而为之宾客者，往往饮酒欢笑，言行无忌，如近世闹新房之所为者，汉时即已有之。"② 杨氏引汉末仲长统《昌言》的记载："今嫁娶之会，捶杖以督之戏谑醻以趣之情欲，宣淫佚于广众之中，显阴私于新族之间，污风诡俗，生淫长奸，莫此之甚，不可不断之也。"③ 从中可知，闹房从其出现伊始，就被视为一种陋俗恶习。

有的学者认为闹洞房源于驱邪避灾。④ 相传，很早以前紫微星一日下凡，在路上遇到一个披麻戴孝的女子，尾随在一伙迎亲队伍之后，他看出这是魔鬼在伺机作恶，于是就跟踪至新郎家，只见那女人已先到了，并躲进洞房。当新郎、新娘拜完天地要进入洞房时，紫微星守着门不让进，说里面藏着魔鬼。众人请他指点除魔办法，他建议道："魔鬼最怕人多，人多势众，魔鬼就不敢行凶作恶了。"于是，新郎请客人们在洞房里嬉戏说笑，用笑声驱走邪鬼。果然，到了五更时分，魔鬼终于逃走了。可见，闹房一开始即被蒙上了驱邪避灾的色彩。长江中下游地区，新人入洞房前，新郎前一晚就须睡在洞房，事先请两名女童手执红烛将新房内照一遍；天津人则请吹打班子在新房内吹打，以求吉利。新人入房后，驱房内邪气依然十分重要。诸如，新郎进屋后要象征性地向新房四角各射一箭，或手执单刀朝每个角落虚砍一刀，并歌曰："一砍妖，二砍怪，三砍魔鬼坏脑袋，四砍丧神快离开，笑看麒麟送子来。"更普遍的习俗是在新房内置长明灯。所谓"洞房花烛夜"说的就是这个意思。有学者研究说，"听房"习俗，实质上也是防鬼怪进入洞房的一种保护措施。

有的学者则认为⑤，闹洞房首先在北方出现，而开始时主要是闹新郎，这大概与北方民族的生活习性有关。他们以狩猎和游牧为生活手段，使得男子十分慓悍和勇健，在新婚时忍受棒打可以证明一个男人是合格的大丈夫。世界上有些落后的民族以自残和被虐来表明男人资格，甚至拿猎取到的人头作为信物求偶，乃是同出一义，中国古代部分地区的闹洞房习俗遗留了这一原始习俗。

---

① 《礼记·曾子问》。
② 杨树达：《汉代婚丧礼俗考》，上海古籍出版社 2007 年版，第 58—79 页。
③ 杨树达：《汉代婚丧礼俗考》，上海古籍出版社 2007 年版，第 58—79 页。
④ 《中国传统婚姻中"闹洞房"的习俗及性色彩》，星岛环球网 www.singtaonet.com。
⑤ 《中国传统婚姻中"闹洞房"的习俗及性色彩》，星岛环球网 www.singtaonet.com。

闹洞房虽然在我国随处可见，但这并不是我国的"特产"，它是个带有世界性的风俗，在野蛮部落中自不消说，就是已入文明之邦的国家，还可见到它的残迹。如在 Ceo·Markun 的《欧美淫业史》第二篇第六章，描述中古时代法国结婚风俗时就描述："……在结婚的日子，也有闹新房的举动。他们以为站在窗边，或敲墙壁，并且看新夫妇的同衾共枕是很好玩的。再者，某日文杂志在描述日本信浓植科郡西船山村的婚礼一节中写道：婚礼毕后，新夫妇上床时，村中少年群集，将新夫妇之衣剥得一丝不挂。于是高呼新相公、新娘娘，似有莫大欢乐。而新妇怕羞，每有隐匿啜泣者。"①

巴勒斯坦地区的古希伯来人对男女婚前的性行为持双重标准，要求女子在婚前保守贞操，新娘必须是处女，但对新郎却不问其处男与否。如果发现女子在婚前有越轨行为，处罚非常严厉——用石头打死。在一些民族中还有婚前性自由的习俗，如古代的色雷斯人、克尔特人，近代印度许多土著居民、太平洋地区的岛民、印第安人、东南亚、非洲一些民族和我国西南的一些少数民族等。在这些民族中，男女青年在结婚之前都享有性自由，有的地方甚至为这种性自由提供合法场地。②

二、闹洞房习俗与图腾崇拜和原始禁忌的关系

弗洛伊德在其《图腾与禁忌》中表述说，自己与弗雷泽关于禁忌的观点有相似之处，于是就引用弗雷泽的观点"禁忌是出自一种人类最原始也是保留最长久的害怕本能——对超自然力的恐惧，为什么隐藏于人类心理深处的本能还需要法律来加强控制。人类并不需要经过立法程序才开始吃喝，才能将手远离烈火。人类吃、喝和躲避烈火纯粹是一种自然状态而不必藉助任何外力或法律；法律只是禁止人们去做本能所喜好的事，至于对那些自然禁止的事，法律的禁止将显得多余可笑（例如立法禁止人们用手去抓火）。基于此，我们可以很自然地假设，法律所明文禁止的犯罪行为常常是人们在本质上具有触犯倾向的行为。因为，倘若没有此种触犯倾向则自然没有此种犯罪行为，既然没有此种犯罪行为，那么法律的规定岂不是无的放矢？依此推演法律之所以禁止乱伦，我们不难推出人类的本能中必然具有此种倾向。因为，法律之所以禁止实

① 刘文明、刘宇：《性生活与社会规范——社会变迁与多元文化视野中的性》，武汉大学出版社 2006 年版，第 43—46 页。

② 高洪兴、徐锦钧、张强：《妇女风俗考》，上海文艺出版社 1991 年版，第 36—41 页。

是由于文明人认为此种自然本能满足的结果将破坏社会的公共道德和秩序而促成。(Frazer，1910)"①。所以"性"乃人类的一种本能，各类禁忌、法律或社会规范对人类"性"的压抑是非常荒谬的，但是统治阶级为了巩固自己的政权，这类"制度"还是应运而生了，人们不敢违背这些"制度"而去自由释放自己的性本能，所以直到洞房花烛夜男女都不知道该做什么，"闹洞房"习俗就是在这类"制度"的"压迫"下产生的。作为思维发展的一个阶段，图腾观念在世界各地各民族中都发生过。到氏族公社阶段臻于成熟，表现出完整的崇拜仪式，各种禁规及不同形式不同范围的图腾。直到氏族制衰亡期，当具有人形的神的观念产生后，才超越图腾时代。这一发展模式具有普遍意义。作为一种共识，在消亡后仍然在很长时期保留其痕迹，影响深远。②所以闹洞房习俗在世界各地都存在其雏形。

三、闹洞房婚姻习俗的形式及其性教育功能

关溪莹总结出了闹洞房习俗的七种功能，包括：祝福功能、娱乐功能、教育功能、帮助新人建立感情、在新人的福地祈福禳灾、为未婚男女交往了解创造机会、警诫功能等。③七种功能在闹洞房的过程中均有体现，但是大多数只是表面的功能而已，其原始的、内在的功能是什么？关溪莹提到的教育功能和帮助新人建立感情的功能即是，其实这两个功能之间是有穿插的，帮助新人建立感情的功能的同时就是在教育，其形式表面上主要还是做一些类似性游戏的活动，如唱歌、刁难新人等，里面无不渗透着性的东西，其实这些做法就是一种观念的泛化，是人们长期以来为男女新婚之夜初次性交时不知所措而打的预防针，只不过在方式上没有以前那么野蛮。随着社会的发展、传媒形式的增多，女性的社会地位也逐渐提高，闹洞房的形式也在不断改革，朝着健康、文明、礼貌、高尚的方向发展，过去那种狂欢喧哗、肆意戏谑等低级趣味的形式已经极为少见，而是把它看成是生动、活泼、有趣的庆贺新婚的一种形式，但是类似于在新娘的领口放入一颗豌豆，让新郎把手塞进去寻找，如果找不到，闹者吓唬新郎，摸不到让别人代替摸，但是闹者还是不敢亲手去摸，或者将一颗生鸡蛋从新娘的裤管塞入，让新郎推着直到从领口取出，逼新娘新郎讲一些

① 弗洛伊德著，杨庸一译：《图腾与禁忌》，中国民间文艺出版社1986年版，第51—55页。
② 陈明莉：《图腾崇拜与原始禁忌》，《贵州师范大学学报》（社会科学版）1998年第2期。
③ 关溪莹：《闹洞房习俗的文化内涵及功能分析》，《中南民族学院学报》（人文社会科学版）2001年第4期。

隐私，强求新郎新娘当众拥抱、接吻的闹洞房方式，无不体现着上古时代流传下来的闹洞房痕迹。

其实性的吸引可以追寻到有关两个人之间的一种肉体上的感应，颜色、声音、接触、气味等感性刺激是激起和增强性激情的有力的手段。[①]霭理士的《性心理学》也论述了性欲与触觉、听觉、嗅觉、视觉的关系。[②]闹洞房的时候，人们通过让新人之间拥抱、接吻等形式也是达到这种目的的一种方式，这就是性启蒙教育。

四、闹洞房婚姻习俗的历史和现实理论总结

（一）闹洞房是禁忌、节欲、禁欲的遗俗。正如弗洛伊德所言，禁忌完全不仅仅是幻想的产物，它也有实践的和有用的一面。[③]上古人类在对各种自然现象无法做解释的时候，就造就各类禁忌，来保护自我或者他人免受所有的或某一个恶魔的伤害，所以闹洞房作为一种"原始仪式"，它是禁忌发展到一定阶段、禁忌处于"相对化"时的必然产物。禁欲而不反对婚姻，婚姻是对禁欲的补充而已。

（二）闹洞房是私有制、初夜权的遗俗。从初夜权变到闹新房的过程大致是：初夜权所从属的社会制度已成过去，一夫一妻制随着私产制度一同成立，开化了人类，不愿意再见自己私有的妇人供族人优先享用，于是把初夜权的旧制度柔和化，把实际的交接变为形式的戏谑，那便是古人之所谓"戏妇"，今人之所谓闹房。所以在新婚的初夕，宾客对新妇，可以逾越礼法，可以狂嘲浪谑，甚至于一切难堪的淫词鄙语、猥亵行为，都在许可之列。这就是一切闹新房的形式，多少总带有放纵狂欢的色彩的根本理由。但有一条最后的防线，万不能冲破，那便是不许实际地侵犯新妇的肉体，这是闹新房与初夜权的根本差别。总而言之，初夜权是闹新房所从出的根源，但只是它所残留的遗俗。

（三）闹洞房是愚民政策的必然产物。历朝历代对人类性行为的禁锢、对人类性本能的摧残的方式和程度是不同的。比如盛唐时期，性的禁锢就比较宽松，而处在没落的朝代，如从宋朝开始，统治阶级对性的禁锢就达到了无以复加的地步。所以闹洞房是在特定的历史环境下才得以产生，它并不是人们无聊

---

① 王东峰、林小璋：《性伦理学》，农村读物出版社1989年版，第77—82页。
② 霭理士著，潘光旦译：《性心理学》，三联书店1987年版，第125页。
③ 陈明莉：《图腾崇拜与原始禁忌》，《贵州师范大学学报》（社会科学版）1998年第2期。

之时的无聊创意。

（四）闹洞房是媒妁婚姻、包办婚姻的结果。《诗经》云："伐柯如何？匪斧不克；取妻如何？匪媒不得。"媒妁婚从西周以后成为社会婚姻的主流，故有"天上无云不下雨，地上无媒不成婚"之说。

五、甘肃婚姻习俗及其性禁忌性保健性教育意义臆说

（一）换八字点喜日习俗的性生理性心理禁忌意义

点喜日只是一个通俗名词，正式的说法是换帖。传统婚姻习俗中经媒人协调，结为亲家的双方为新郎新娘确定娶亲日期之时，新郎家会要求新娘家提供新娘的生年八字（八字是指按照天干地支排列的年、月、日、时），然后由阴阳先生按照属相和当年皇历确定娶亲日期。确定后征求新娘家意见，新娘家认为不合适就要修改。民众通常认为，这是新娘家认为，日期不符合神道吉日的要求，因此必须修改。而真正的含义是，新娘家通过这种方式告知亲家，这个日期不能结婚，原因是新娘这个时间有月经，而月经禁忌是世界各地传统社会普遍的禁忌，中国许多地方也都有这个禁忌。

中国民间禁忌颇多，其中以女性经血禁忌为特色。比如忌女、婿在岳父家中同室住宿，俗谓"女婿上床，家破人亡"。比如忌女性大年三十晚上在娘家过年。忌女性将月经流在娘家房屋任何地方，如果女性将月经流在娘家，娘家哥哥就要用犁地的犁从娘家一直犁回婆家，方才可以免去灾祸。这些民俗不仅存在于现当代汉族村庄、少数民族村落，而且也存在于世界许多原始部落，乃至中国当代一些城市的中老年一代市民的心理深层。考察其源流，乃是古俗之遗传，其心理意义在于如果既嫁女儿与女婿在家同床，象征女儿招汉子卖淫；女儿既然嫁出，便是婆家人，作为养育他人家族后代身体生理基础的经血，如果流在娘家，象征娘家成为婆家生育的地盘；至于不让女儿在娘家过年，则是为了避免邻居议论自己女儿不贤被婆家逐出家门。但归根到底是因为女性经血不洁的观念，追根溯源，乃是原始人经血恐惧心理的积淀和流变。而这种经血恐惧是因为原始人的思维没有逻辑或处于前逻辑发展阶段。同时，处女第一次性交后的矛盾情绪反应也是导致经血恐惧的深层心理原因。①

---

① 张海钟、秦积翠：《人类学视野的青春期少女反抗理论启示》，《甘肃高师学报》2010年第3期。

(二) 闹洞房闹公婆习俗的性生理性心理教育意义

中国古代近代的礼教规定，女子到了二八即 16 岁，原则上要关入闺房，称为待字闺中。绝大多数女子出嫁之前，几乎没有任何性的知识，更不要说性经验。许多男女少年意识不到婚姻的实质意义，但性又是一件非常忌讳的事情，这就需要创造一种风俗，对新郎新娘进行性知识普及和启蒙教育，于是闹洞房这习俗就产生了。

闹洞房时，三天无大小，无论新郎是长辈还是晚辈，均可逾越礼法，肆意地开玩笑，污言秽语随便说，如要求新郎新娘点烟、当众接吻或用席子捆卷要求自行解开等等，尤其是新郎的父母亲都难以幸免，有肆无忌惮的恶作剧，如给新郎父母扣高帽子或给脸上抹锅底灰甚至鞋油；闹洞房是宾客的特殊权利，无论闹得怎样过分，主家都得耐着性子忍受，一旦某家新婚之时没有闹房之人，便断定这家人肯定不与其他人家来往，将被全村人所鄙视；主家不但不讨厌，反以宾客的嬉闹为荣，这无形中助长了闹房者的兴致，以致越闹越过分。

尽管新娘子走之前，姑姑、表姐要告诉她一些规矩，尤其是入洞房后的规矩，还要给姑娘看压箱底，也就是几幅用不同材质雕刻的黄色图片，好些的是象牙，差点的是竹子之类的东西，让新娘子有个基本的心理准备。入洞房后，新郎的亲戚朋友嬉闹，让新人做各种亲密的、隐晦的但是指向性很明确的动作以打消新娘子新郎官的陌生感、羞涩感，为那激动人心的时刻做好铺垫，这是众人共同参与的前戏。闹洞房主要看新娘子，既不能很痛快地答应做节目，也不能僵持着坚决不做，要拿捏好分寸。

(三) 倒回门站对月习俗的性生理性心理保健意义

按照婚姻习俗，新娘子在结婚的第三天，要由她的弟弟或者哥哥把新娘子接回去住三天，然后再由新郎去接回来。表面的意思是说，新娘子从小在父母身边，这次离家后，怕想念家人，所以要回去看看父母。其实，真正的原因是：新娘子在那时候大门不出、二门不迈，大部分都是处女。处女初夜时，处女膜损伤，比较疼痛。新郎官正是青春勃发的时候，不懂得怜香惜玉，大家担心新娘子受不了，所以，以想念父母的名义把新娘子接回去疗伤。当然，还有一个重要原因，就是害怕新郎"阴着"，而所谓"阴着"就是指性生活过度，导致身体虚弱，甚至头晕眼花、头发脱落，肾脏出现问题。刚结婚的青年人精力旺盛，蜜月期间往往难以自制，性生活次数过多，就会出现类似问题，因此需要站对月，让新郎得到休息。

总而言之，"闹洞房"所体现的性启蒙教育的作用，其实主要的对象是女性，因为在男权社会里，男性是有权利参与各类活动的，他们耳濡目染学到一些性爱知识，而处在闺房中的女性只能靠想象，她们在 16 岁左右出嫁之时根本就没有与男性做爱的准备或者意识。中国如此，前文所提到的日本、西方诸国也一样。但是处在太平洋上的萨摩亚人却不存在这类现象，他们很顺利、很自然地度过"危险期"，性观念、性文化不同的原因就是处在不同的特定背景下的文化所致。

第三节　人类学视野的青春期少女反抗理论与心理教育

青春期是一个年龄概念，指个体的人处于 11、12 岁至 17、18 岁之间的年龄段，其中开始年龄以男性第一次遗精和女性月经初潮、男女性第二性征出现为标志。相当于发展心理学的少年期和青年初期，教育学的中学（初中和高中）阶段，与社会学、伦理学、文学划分的人生阶段有重叠。关于青春期的生理学、心理学、教育学研究理论非常繁杂，但都认为，这个时期是反抗期，而反抗期的根源是性成熟引起的生理身体、心理行为变化以及相应的社会功能失调和社会适应障碍。但人类学家却从生物进化角度提出了学科特色的理论，这些理论有助于我们以新的视角理解青春期反抗的本质，选择相应的教育对策。

一、青春期少女身心特点的多学科理论综述与分析

百余年来，生理学、心理学、社会学、教育学从各自的角度，观察、实验、调查、分析、概括、抽象出了许多关于青春期特点和形成机制的理论，回顾这些理论，有利于与人类学理论的比较，进而辨析得失，形成全面认识。

心理学家斯朗认为，当个体进入青春期以后，其心理变化为："自我发现"；"产生对未来生活的设想"；"开始逐步跨入生活的各个领域"。因此，他把青春期称为"人生的第二次诞生"。心理学家霍林沃斯认为，青春期到来之后的生理、心理变化相似于幼儿的断乳现象。幼儿断乳意味着与母亲身体完全脱离联系。由于急剧而彻底地断绝母乳喂养，儿童陷入欲求而得不到满足，从而给儿童带来深刻的不安。这是人生的"第一次危机"。儿童进入青春期，意味着要从心理上摆脱对双亲的依赖。这种急剧而彻底的心理性"断乳"，也同样会给他们带来突如其来的一时不安，产生情绪上的激动和动乱，这便是人生的

"第二次危机"。经过"第二次危机"之后，人们就可以逐渐步入脱离父母的监护，走向一个独立、完整人的过程。因此，他把青春期称为人生的"第二次危机"①。

心理学家汤姆利兹认为，儿童期是"外界的获得时代"，而青春期则是"内部的获得时代"。由于性本能的起动，使个体逐渐地将注意力转向自己的内部。青春初期，他们常常会因自己不能掌握这种变化而烦恼，昔日儿童时期平静的心田被搅乱了而陷入于以反抗、冷淡、横蛮、怠慢、多变等表现为特征的否定与不安情绪之中。他们不仅对外界，就是对自己也都采取了"否定"的态度。因此，他把青春期称为"否定期"或"反抗期"。心理学家霍尔认为，到了青春期，人的"身体与心理跟以前相比，大为不同，而发展的趋势是跳跃而来的。他们对于社会的义务感和新的爱情生活，忽然惊醒"，"他们既不了解世界，又不了解本身生理的发展所引起的心理变化"。因此，他把青春期称为"危机时期"。而心理学家盖脱则称为"暴风骤雨时期"，心理学家弋特又称为"疾风怒涛时期"。心理学家律留宏认为，青春期是"从他律向自律发展的转变期"，也是"人生的十字路口"时期。中国心理学家则认为青春期是人生的最关键的转折时期。②

总而言之，青春期被心理学家、教育学家称为过渡期、叛逆期、反抗期、急风暴雨期、青春骚动期、危机期、转折期、心理断乳期，普遍归因于身体发育的自然成熟。当代心理学家通过总结历史和开展新的研究认为，青春期的这种危机、反抗、叛逆，都是因为性成熟和身体进入第二发育高峰而引起的心理动荡与社会适应相互作用的结果，但人类学家却有更加深入的观点。

二、人类学的青春期换群行为与少女反抗理论

生物学研究发现，动物的本能是指从上一代遗传获得的并能稳定遗传给下一代的生存能力，动物都依靠本能实现生息繁衍。然而，确保动物不把生存能力用于生存繁衍以外的地方是绝对必要的。如果不能对源自本能的生存能力加以严格有效的管束，动物就可能乱用其能力：雄狮会用它的猎食能力将同伴变成早餐；武装到牙齿的兵蚁会用它们"母后"肥硕的鲜肉解馋；多情的头马会把它亲生的雌马圈进"后宫"当作异性伙伴。

---

① 林崇德：《发展心理学》，人民教育出版社 2009 年版，第 89 页。
② 林崇德：《发展心理学》，人民教育出版社 2009 年版，第 89 页。

（一）动物界的限制性本能

自然界里没有发生前述这些可怕的事情，是因为动物在进化出一项生存本能的同时，也进化出对这一生存能力使用范围加以严格限制的另一"限制性本能"，用以确保为生存目的而进化出的本能只服务于这一目的本身。现在，我们把那些由遗传获得的生存能力称为本能，把那些"限制性本能"称为禁忌。本能让动物能够做什么，是行为能力；禁忌让动物应该做什么，是行为法则。禁忌让本能能力只转化成为对种群生存繁衍有益的行为，而不会做出危害种群利益的"傻事"。随着动物由低级向高级的进化发展，高等动物在拥有更多的生存本能的同时，也就拥有了更多的行为禁忌。包括人类在内的具有复杂心理与行为的高级哺乳动物，自然要拥有种类繁多的心理与行为禁忌：如动物个体的自杀禁忌；同种动物间的互残禁忌、互食禁忌；不同种类动物间的杂交禁忌；同种动物间雄性对雌性的强交禁忌；血亲个体间的乱伦禁忌；结群动物个体的孤独禁忌等等。①

（二）社会性哺乳动物的乱伦禁忌与换群行为

大多数的哺乳动物都是群居的，人类所属的灵长类动物结群性更强。结群而居在给社会性动物带来明显的生存利益的同时，也带来了如何避免近亲交配繁殖的现实问题。实际上，在人类科学地认识到近亲繁殖会导致种群退化以前，高等动物就已经"知道"了乱伦的严重危害，因为很多动物甚至在人类诞生以前就已经进化出了避免近亲繁殖的换群行为。

在漫长的动物进化的历程中，社会性哺乳动物进化出了三种不同的换群模式以避免乱伦的发生：第一种是两性换群模式，即群内出生的所有两性个体在青春期都离开群体，加入到其他没有直接血缘关系的群体，在新的群体里生活和繁殖后代。自然生活的马群就采用这种模式换群。第二种是雄性换群模式，即群内出生的所有雄性个体在青春期离开其生长的群体，雌性则终生生活在自己出生的群体里。虽然群内的雌性都是血肉至亲，但是，由于所有成年雄性都来自没有血缘的群体，这种换群方式同样可以避免近亲繁殖。大多数猴类采用这种模式换群。第三种是雌性换群模式，即群内出生的所有雌性个体在青春期离开其出生的群体，加入到其他没有血缘关系的新群体并在那里生活和繁殖后代，雄性则终生留在其出生的群体里。大多数猿类采用这种模式换群。通过这

---

① 李红月：《禁忌、换群与微妙的婆媳关系》，《中国人民政治协商会议长春市委员会主办内部资料·议政》2002年第5期。

几种模式换群，高等动物成功地避免了乱伦的发生，也避免了因近亲繁殖导致的种群退化。[①]

（三）人类的换群行为与青春期少女的离家冲动

从生物学角度看，人类是灵长目动物中的一员。和大多数灵长目一样，以狩猎—采集为基本生存方式的早期人类也是采用女性换群模式来避免近亲繁殖的。这通过对世界偏远角落里还生存着几种人类的猿类表亲——黑猩猩和倭黑猩猩的研究以及人类祖先——能人的研究可以得到证明。直到今天，世界上绝大多数民族仍然保留着姑娘出嫁——这个源自早期人类女性换群的婚配传统——的传统。

青春期女性的离群冲动是换群发生的起点。然而，让一个从未离开过群体的少女离开她熟悉的群体到一个完全陌生的群体里生活，需要多么大的决心和勇气啊！但是，换群是不容商量的，为了确保女性换群的顺利完成，漫长的进化历程赋予那些进入青春期的少女以强烈的换群心理冲动，让她们拥有足够的勇气义无反顾地离开她生长的群体，走进陌生的世界。尽管人类通过婚姻制度理性地避免了近亲繁殖，换群的心理冲动也不知被婚姻制度"埋没"了多少万年，然而，这一非理性的心理冲动至今仍蛰伏于青春期少女的心理深处，不同程度地影响着每个青春期少女的心理与行为，一些反应强烈的青春期少女甚至不能再集中精力于学习。"离群冲动"让青春期少女容易产生离家出走的念头和行动，也容易产生对家庭和母亲的对立情绪。从少女走过来的母亲也不能理解女儿此时的非理性心理情绪，只有"姑娘大了不能留，留来留去留成仇"的感叹与无奈。[②]

这就是说，生理成熟特别是性成熟只是生物学原因，其人类学原因是类似于集体潜意识的文化本能——换群本能。离群心理冲动演化来的离家冲动是导致青春期女子反叛对抗父母的根源。所谓独立性和依赖性的矛盾、成人感与幼稚感的矛盾、开放性与封闭性的矛盾、渴求感与压抑感的矛盾、自制性与冲动性的矛盾等只不过都是表现形式而已。

三、青春期少女换群心理冲动的教育对策设计

显然，按照人类学的这种理论，青春期少女离家出走、反抗父母、叛逆社

---

① 李红月：《禁忌、换群与微妙的婆媳关系》，《中国人民政治协商会议长春市委员会主办内部资料·议政》2002 年第 5 期。

② 李红月：《禁忌、换群与微妙的婆媳关系》，《中国人民政治协商会议长春市委员会主办内部资料·议政》2002 年第 5 期。

会、违法犯罪等行为的发生，并不能简单地归因为性成熟，也不能简单归因于社会适应不良，或者如一般发展心理学归因的各种矛盾。而是漫长的进化过程中形成的似本能性质的潜意识换群心理冲动，少女自身是无奈的、被动的。进入现代社会后，这种换群冲动变化为一种出嫁无意识，具体表现为喜欢离家出走，在其他家庭生活，特别是男孩子家庭生活，希望获得男孩家庭父母的认同。而且，青春期女子还表现出渴望受孕的潜意识。因为未婚先孕，会优先获得未来婆家的认同。至于后来的婆媳关系理论则更加复杂，笔者另文论述。

我们人类解决少女青春期叛逆问题策略是与文化历史紧密联系的，正如本文所述，早期人类防止乱伦禁忌的办法就是换群，即使母系社会也是如此。后来的社会对青春期少女的自由和行为做严格限制，当然还有月经禁忌的习俗，古代的闺房就是为了防止青春期少女出轨，结果导致许多少女身心遭到摧残乃至自杀，要么患上严重抑郁症，有的则抓住机会私奔。现代社会，性的禁忌和月经禁忌被步步解放，少女青春期的自由度很快增加，于是就出现一系列与生育有关的问题，比如未婚先孕、流产等问题。

为了解决这个问题，有的学者建议，建立"三道防火墙"。所谓第一道"防火墙"就是防止未成年人的性关系；第二道"防火墙"就是避孕和紧急避孕；第三道"防火墙"就是讲终止妊娠。[①] 这个建议虽然属于消极被动，但正在被秘而不宣地推广，原因在于这是我们无奈的选择。因为，人类文明的进化史就是对本能的压迫史，在文明社会中，解决文化与本能冲突的唯一选择就是压抑本能冲动。我们人类的文化就是以限制某些本能需要的满足为代价的，比如男性的雄性动物基因传播无限性本能，会造成强壮、聪明的男性得到更多情人，生育更多后代，那就要实行一夫一妻制度进行限制。同样，为了人类坚持的各种主流价值观，就不得不限制少女少男的青春期冲动，采用教育、规范、宣泄、制裁、医疗等策略限制少女换群冲动带来的副效应。

第四节　当代中国学者的民俗与迷信心理研究成果述评

从古至今，宗教、民俗、迷信一直是社会生活中的重要现象，要科学地研

---

　　① 陈一筠：《青春期教育就是人生教育》，《中国性学会 2003 年第五届年会学术论文集》，第 123 页。

究人类，就不能不研究宗教、民俗，甚至迷信心理。我国是一个人口众多的多民族国家，13 亿人口中有 1 亿多人有明确的宗教信仰，而且种类繁多。在各民族中，原始宗教与世界宗教同时存在，本土宗教与外来宗教并行不悖，除佛教、基督教、伊斯兰教、道教、天主教、犹太教、摩尼教等具有世界影响的宗教以外，还有萨满教、东巴教、毕摩教等各个民族的原始宗教。广大的西部地区（包括十二省 / 区 / 市）：重庆、四川、贵州、云南、西藏、陕西、甘肃、青海、宁夏、新疆、内蒙古、广西占国土面积的 71.5%，人口占 28.7%，宗教信仰异彩纷呈。藏、蒙古、裕固和部分羌、普米族信仰藏传佛教——喇嘛教；回、维吾尔、哈萨克、柯尔克孜、塔吉克、塔塔尔、东乡、保安、撒拉等十多个民族信仰伊斯兰教；傣、布朗、阿昌、德昂等民族信奉小乘佛教；白、京、拉祜等族信仰佛教；彝、朝鲜、苗、傈僳、怒、独龙、景颇、佤、京等十多个民族中，部分人信仰本民族原始宗教，部分人信仰基督教或天主教；满、鄂伦春、鄂温克、赫哲、达斡尔等民族中，多数人信仰萨满教；京、瑶、白等民族中部分人信仰道教；纳西族信仰东巴教；俄罗斯族信仰东正教。而汉族，有着悠久的宗教传统，儒佛道合一，在宗教信仰上存在多元、调和的倾向，但人们并不执着于教义神学，而是更多地注重现实功利。

虽然许多民众无明确的宗教信仰，但却深受民俗影响，普遍存在迷信心理。所以，要研究民族心理就不能忽视宗教、民俗甚至是迷信对人心理的作用。当前我国正处于经济转型时期，人在现实中始终存在各种各样的压力，有些人在生活、事业上的挫折和不幸会导致其向宗教或信仰靠拢，寻求一种精神上的超越和庇护。同时由于人的知识和经验的局限，对许多自然和社会现象还不能解释，而人的主观世界的形而上学性对这种变化现象往往归因于超自然的力量。对这些人群及其宗教迷信心理的关注，是心理学工作者的一项现实任务，研究他们的心理变化过程，对揭示宗教、民俗、迷信的起源和本质，促进心理学的学科体系建设，建设社会主义和谐社会具有重要的理论和现实意义。

一、民俗心理研究成果综述

民俗心理是指"一定人类群体中蕴含的一种较稳定的习俗意识定势"，是"民俗生活在发生、发展中，反馈于人类自身而形成的具有群体历史精神内涵，较稳定的意识定势或思考原型。人类的生活也受到它既定的意识定势的牵制，直至平衡"[①]。

---

① 陈勤建：《文艺民俗学导论》，上海文艺出版社 1991 年版，第 32—34 页。

时蓉华、刘毅① 认为民俗心理有自身的特点：首先，民俗心理形成于民俗生活之中，它作为民俗的伴随物出现，是民俗生活的一种独特的表现方式。其次，民俗心理具有鲜明的民族性。由于民族的生活地域、历史文化不同，各民族在历史发展中，在各自生活中形成的民俗也不同，因而，任何民俗心理都体现的是民族心理。再次，民俗心理还以民族成员对族群的规范、期望、价值的相符为重要特征。最后，民俗心理还表现为极大的稳定性。即它一旦形成，便具有不可变性的趋势。他们还对特定民俗、艺术中所表现的民族心理做了分析。如纳西族最盛大的民族节日"祭天"中"射杀仇敌"的仪式，既表现了对昔日勇士的追忆，也表现了今日纳西族人尚武、骁勇的民族性格；永宁纳西族少年男子在举行成年仪式时，左手拿银元，右手握着利刃，象征勇敢、善战、生活富裕。清朝满族的服饰可以反映清朝满族的民族意识、社会角色、生活期望、人际关系、自我表现等方面的社会心理，即强烈的统治民族意识、等级森严的人际关系、感情丰富的内心世界、讲究礼节的交往方式等。凉山彝族艺术品所采取的传统色彩也反映了他们的民族心理：红色象征勇敢、热烈的性格，黄色标志富贵和美丽，而黑色则表明尊贵、威严。

裴惠云认为民俗心理是民众心理结构中最深层、最隐蔽，同时也是最稳固的部分。民间信仰是构成民俗心理的核心部分。中国古代信仰中残留至今最集中的是对鬼神的信仰。民俗心理受到天地祖先信仰、宗教信仰、由祖先信仰培植起来的家族意识以及"宁信其有，不信其无"的思维方式的影响。②

魏德毓认为中国民众在民间信仰心理上呈现出功利主义、道德内省、人性造神性和多神并存的包容性的特点。③

李玲珑认为中国民俗信仰很重视"善有善报，恶有恶报"的天命观；重视祖先崇拜；民俗中有抑恶扬善的心理愿望；传统民俗有"满招损"的观念，对所谓"满"有着独到的认识，由此产生了忌讳圆满的心理，民间盼望圆满，同时又忌讳圆满。如民间忌讳一百岁，说"老驴一百岁"④。

余险峰⑤ 认为民间信仰是传袭下来的根植民间的"尊神崇圣"和"功施之于民则礼之"思想的反映，是较低层次的信仰。民间信仰所崇奉的神祇多为历

① 时蓉华、刘毅：《中国民族心理学概论》，甘肃民族出版社1993年版，第40—42页。

② 裴惠云：《中国传统文化对现代民俗心理的影响》，《西安联合大学学报》2002年第16期。

③ 魏德毓：《观音传说与民众宗教信仰心理》，福建师范大学硕士学位论文，2002年。

④ 李玲珑：《论元代四大悲剧中的民俗心理特点》，《青海民族研究》2005年第4期。

⑤ 余险峰：《不可忽视民间信仰问题》，《中国宗教》2003年第9期。

代的忠臣孝烈，民众的信仰反映了他们对这些神祇所代表的忠廉孝义、保国护民、扶弱拯危的积极精神崇拜，人们纪念这些忠义英烈，也祈求其英灵保佑他们消灾解厄、添福进财，这反映了民间对正义的呼唤和对功利的追求心理。

吴晓东认为，中国民俗文化的心理结构是以直觉和实用理性为思维方式，道德伦理异化亲情，压抑其他情感为情感方式，以多重的道德理想为其人格（包括闭固性的人格、权威性的人格、形式化的人格、圆通性的人格）的表现方式的。①

王忠丽认为原始心理是民俗心理共同的基础，原始心理主要表现在崇拜、信仰、祭俗等方面。禁忌作为特殊的民俗事项，包含两方面的心理因素：其一，是对受尊崇的神物不许随便使用；其二，是对受鄙视的贱物，不洁之物不许随便接触。道德心理是民俗心理的发展，审美心理是民俗心理的深层结构，"趋利心性"是民俗心理的归宿。②

刘道超在对择吉心理的研究中认为，择吉民俗具有满足人们取吉避凶愿望的效应。择吉的目的终于获取吉祥，但也反映出人们想更好地保存自身的愿望。③

罗勇、王院成在对风水信仰的研究中将民众信仰风水的心理归结为安全的需要和自我实现的需要，认为风水信仰对客家世俗民众确实具有类似于宗教性质的人文主义关怀功能，它有效地化解了客家世俗民众所面临的人生困厄，满足了他们祈求幸福生活的美好愿望。④

孙永兰认为汉字构形也表现出民俗心理：一种字形构造表示人们喜见的事物，另一种表示人们所忌见或不吉的事物，第三种属心意民俗范畴的字往往都有"心"的字素。⑤

夏维波关于中国古代的蜡祭仪式中民俗心理的研究认为，蜡祭的民俗功能就是"息老物"，杀死处于衰老状态的谷物生命，从而让谷物的精灵在新的生命体上再生，这是息老物仪式和蜡祭的巫术理念。对于岁除来说，所有的古近

---

①　吴晓东：《简论中国传统文化的心理结构》，《锦州师范学院学报》2003 年第 3 期。

②　王忠丽：《民俗心理探微》，《职大学刊》1994 年第 2 期。

③　刘道超：《择吉民俗之性质、特征及长期传承之原因探析》，《广西师范大学学报》2003 年第 3 期。

④　罗勇、王院成：《民间风水信仰的心理解读——以赣闽粤客家地区为例》，《西南民族大学学报》2005 年第 12 期。

⑤　孙永兰：《汉字构形和民俗心理》，《昭乌达蒙族师专学报》1999 年第 6 期。

传说和仪式也都是同根一源，这个源即是杀死或驱逐衰老的谷神以使新的谷物再生的原始心理。总之，蜡祭作为一种古老的祭祀，它与春社一同构成了民俗观念中谷神的再生和死亡的仪式。①

徐华龙关于泛民俗的研究认为，泛民俗作为在现实生活中形成并带有一定传统民俗成分的社会文化现象，某些个人或部分人群的心理因素对其出现起着重要作用，并使之具有求大、求新、求洋、求吉、求利和求热闹的心理定位。②

二、迷信心理研究成果综述

迷信是指人们对内心中认为对生命个体或群体有支配力量的神灵的畏惧和遵循状态，是人们在社会生活中遇到不可认知之物而无所适从，或遇到难以克服的挫折和障碍时所表现出来的对鬼神天命等的认同、祈求以改善状况的一种信仰和行为。③杨颖认为迷信往往是个体在无法把握未来事件的情况下产生的，这种不可把握性容易使人产生危机感，导致人心理失衡，不得不求助于外界某些能"预测"自己未来命运的载体，以安慰自己，达到心理平衡。她在对中学生迷信心理的研究中将中学生迷信心理产生的内部原因归于：（1）青少年心理品质发展不平；（2）从众心理作祟；（3）错误的归因与不恰当的强化。④

雒焕国认为迷信的心理结构由意识形态和活动形态组成。其意识形态包括迷信认识、迷信情感、迷信动机、迷信信念和迷信意志等；活动形态包括迷信行为和迷信行为习惯。迷信心理的形成源于崇拜，包括自然崇拜、图腾崇拜再到神灵崇拜、偶像崇拜和英雄崇拜；从个体的心理发展角度来看，迷信心理形成于病态文化的熏陶、错误的归因和不恰当的强化。⑤

吴大兴、姚树桥⑥认为，迷信心理是个体所处时代与社会亚文化环境的深层次折射，是具有社会亚文化色彩的心理认知偏差，是个体遭受负性生活事件、受社会文化氛围影响加上个体不良个性产生心理应激后的域外求助方式。

---

① 夏维波：《中国古代蜡祭的民俗心理探析》，《东北师范大学学报》2002 年第 2 期。
② 徐华龙：《泛民俗形成的心理定位》，《广西民族学院学报》2001 年第 4 期。
③ 权福军：《青少年迷信心理的成因及教育对策》，《青少年研究（山东省团校学报）》2001 年第 4 期。
④ 杨颖：《中学生的迷信心理及教育辅导》，《中小学心理健康教育》2002 年第 7 期。
⑤ 雒焕国：《迷信心理的形成与改变》，《张掖师专学报》2000 年第 1 期。
⑥ 吴大兴、姚树桥：《迷信心理浅析》，《湖南医科大学学报》1999 年第 2 期。

迷信包含有个体迷信观念和群体迷信意识。虽然迷信活动违反科学和客观现实，但它具有精神寄托的社会功能，或者说它的存在是个人寻求慰藉和支持、消福降灾、摆脱现实的需要，在这一点上，个人观念起着重要作用；另一方面，作为调和社会利益冲突的工具，群体迷信意识起到了重要作用。个体的生活经历、文化程度、个性特点及获得或形成自己民间信仰的途径决定了个体迷信观念的内容不同、程度不同，从而对个体认知行为产生主要影响；主体所遭遇的困境、社会文化传统习俗决定群体迷信意识的深浅。迷信观念的社会相感性较强。迷信的社会相感性依据不同的内外因条件，可呈不相信、可信可疑、相信三种表现形式。迷信活动的种种禁忌具有较强的心理麻醉作用。高度的易受暗示性是信奉迷信活动的人普遍的心理特点。

崔景贵在对大学生迷信心理的研究中发现，大学生相信现代迷信的内在的心理动机与目的主要有以下四个方面：一是寻求精神寄托与心理调适。二是企求精神愉快与生活充实。三是探求人际沟通与社会保护。四是追求强身健体与延年益寿。他认为现代迷信的流行有以下四方面的心理基础：一是利用从众心理。二是利用心理暗示。三是利用心理治疗。四是利用心理改造。[1]

杨现勇、林佳树在对现代迷信的研究中表明，现代迷信的社会心理机制由三方面构成。一是社会主体固有的心理矛盾内在地具有导致迷信的倾向：第一个是关于人的生命存在的矛盾，第二个是关于人的生命活动的矛盾。二是社会变革对心理的冲击给现代迷信以可乘之机：社会转型造成人的精神危机，改革中的许多矛盾导致人们心理失衡。三是现代科技对社会心理的消极影响，诱发了现代迷信的发生。[2]

公冶祥洪认为，恐惧是迷信赖以产生、存在和保持的原因，各种迷信的核心是鬼神观念。祈祷神佑所起的心理作用并不能持续很久。其心理基础是一种特殊的"与神的契约"，向神央求某些幸福，并相应地许愿承担履行某些诺言或约束。迷信活动的特点在于，人通过崇拜实现其对存在超自然力量或超自然实体的信仰，以及借助于特殊的礼仪实现他可以影响超自然物的信仰。迷信心理只是个体信以为正确的假设或判断，被动接受既成事实，并名曰"天注定"，其结局正中了自我预言的实现效应。[3]

---

①　崔景贵：《现代迷信与大学生心理健康》，《现代教育科学》2002 年第 3 期。

②　杨现勇、林佳树：《论现代迷信的社会心理机制》，《理论观察》2002 年第 4 期。

③　公冶祥洪：《封建迷信的心理学透析与哲学思考》，《东岳论丛》2000 年第 2 期。

权福军在对青少年迷信心理的研究中发现，青少年之所以为迷信思想所迷惑，与社会影响、精神需求及他们感知觉过程中的幻觉和错觉现象及心理暗示作用影响有关。①

笔者在对迷信心理的研究中发现，生活上有很强依赖性的人，在对生活中的许多困难不能应付的情况下，容易将命运交给所谓的神灵，导致迷信心理的产生。出于获取安全感的需要，在"宁可信其有，不可信其无"的传统思维下，很多人随顺了迷信活动。迷信治疗对心因性的身体疾病或纯粹由社会原因引起的心理疾病有显著疗效，对纯身体疾病却无效。迷信治疗利用的是患者对神灵的极度信任，对自身疾病的恐惧，以及在治疗过程中的易受暗示性。②

时蓉华、刘毅在关于民族心理的研究中认为巫术有心理治疗的功能。巫术建立在这样的信念基础之上：自然界普遍存在不可见的种种联系和影响；外界（包括人死后的冥界）有种种可能对人们产生影响；人反过来也可以对这些外界产生影响；人与人之间也可能产生某种看不见的影响。相信巫术的人确信，只要采取相应的方法与手段，就有可能按自己的意愿去影响外界和他人，影响与人发生着不可见的联系与作用的一切事物。巫术幻想依靠超自然的力对客体施加影响与控制，因而，巫术的效力主要是心理信仰上的，具有心理上的排解功能。③

梁瑞琼、邱鸿钟关于膜拜痴迷意识转换状况的研究认为，膜拜痴迷的意识转换状况是指一种与亚文化信仰密切相关的理性被搅乱的精神障碍，这些案例常见于对宗教、邪教、迷信、气功等膜拜团体的极少数信众之中。导致膜拜痴迷意识转化状况的心理因素包含以下原因：（1）个人欲望受阻：费尔巴哈敏锐地看到："上帝起源于缺乏感；人缺乏什么，上帝就是什么。""宗教的前提，是意志与能力之间、愿望与获得之间、目的与结果之间、思想与存在之间的对立或矛盾。"痴迷于某些膜拜团体的人原来往往对健康、期望寿命、仕途、金钱、家庭、爱情等抱有较高或不切实际的欲望。（2）认知上的失调或归因不当。当个人的成就欲望在现实中遭到挫折时，他们倾向于归因于别人、运气、缘分、情境或某种超自然的力量影响等外在的原因。（3）身体因素。身体本身即是人意识的对象。当身体虚弱，长期患慢性病或心身性疾病或疑难杂症或绝症而且

---

① 权福军：《青少年迷信心理的成因及教育对策》，《青少年研究（山东省团校学报）》2001年第4期。

② 张海钟：《揭开神秘的面纱》，《心理世界》1993年第5期。

③ 陈勤建：《文艺民俗学导论》，上海文艺出版社1991年版，第32—34页。

治疗效果不良时，个体通常会有焦虑、抑郁、恐惧，对医学等主流文化的不满，对前途与生命的悲观等消极情绪，有笃信神秘现象和特异功能奇迹的希冀。(4) 个人境遇。当事人在事业、工作、家庭、财产、感情等方面常遭受过较大的挫折，精神受到过度刺激时，会寄希望于超自然力量。[①]

三、当代中国民俗迷信心理研究成果的简要评价

综上所述，20 年来，我国民俗迷信心理的研究有一定发展。但民俗心理方面很多研究还停留在传统的思辨角度，有些研究的针对性不强，而且从心理学角度关注的较少，多从文化、哲学、民族角度出发。作为一个交叉学科，研究者必须具备民俗学、心理学、社会学、民族学的专业知识，这给研究带来了一定困难。而且，民俗心理这一广博的课题，需要研究者长期、深入地接触民间，这也限制了民俗心理的研究。但不可否认，近年来，从专业角度出发的研究呈上升趋势。

迷信心理方面研究成果较多，但在研究内容、方法上却一直没有大的突破。迷信与宗教、民俗有一定的交叉，长期受到宗教、民俗的影响，虽有独立的行为表现，却无独立的心理根源；迷信心理是宗教心理与民俗心理的绝对化、极端化表现，迷信心理的突破，有助于宗教、民俗心理的研究。总的来看，相关的研究以调查、访谈、分析、文献法为主，虽然有一些调查揭示了某些群体宗教民俗迷信心理的内涵和特点，但定性研究仍然占据有关研究的主要地位。这些思辨的方法未能很好地揭示本质，制约了研究的纵深进展。虽然研究主题的特性限制了方法的使用，但心理学研究的大趋势要求我们要量化统计结合质性分析，完成由定性与定量结合的历程。在未来，民俗中的民俗信仰、迷信心理方面的研究有整合为信仰研究的趋势，我国在这方面的研究已经起步。

第五节　当代中国学者宗教心理研究成果综述与评价

如第四节所述，我国是一个人口众多的多民族国家，13 亿人口中有 1 亿

---

① 梁瑞琼、邱鸿钟：《一种古老而后现代的与文化相关的精神障碍——膜拜痴迷意识转换状况》，《医学与哲学》2005 年第 4 期。

多人有明确的宗教信仰。在各民族中，原始宗教与世界宗教同时存在，本土宗教与外来宗教并行不悖，除佛教、基督教、伊斯兰教、道教、天主教、犹太教、摩尼教等具有世界影响的总交易外，还有萨满教、东巴教、毕摩教等各个民族的原始宗教。而且民俗种类繁多，前文综述评价了学术界关于民俗迷信心里的研究成果，本节综述评价学术界关于宗教心理的研究成果。

一、宗教心理的早期心理学研究

（一）宗教心理学科发展概述

从科学心理学奠基人冯特开始，西方心理学便十分重视对宗教信仰的研究。斯塔伯克首次出版了题为《宗教心理学》的专著。威廉·詹姆斯的《宗教经验种种》一书，从心理学角度对各种各样的宗教体验做了描述和解析。精神分析学派心理学家尤其重视宗教心理，有《图腾与禁忌》（弗洛伊德）、《人类心理与宗教》（荣格）、《精神分析与宗教》（弗洛姆）等著作。还有一些心理学家不懈探究促进宗教心理学的完善，如奥尔波特、马斯洛以及费斯廷格等，对其中的论题做了卓有成效的研究，并取得了可喜的成果。

相形之下，中国在宗教心理方面研究较少。20世纪初，个别大学和神学院曾有外籍教师做过有关宗教心理的讲座。早期的心理学家陈大齐曾撰写《迷信与心理》一书。此后，在相当一段时间内几乎无人涉足宗教心理领域。20世纪80年代以来，这方面的研究开始受到重视，宗教心理也开始为人们所重视。但国内做这方面研究的人不多，也很少有自己的研究成果。近年来，社会学者梁丽萍所著《中国人宗教心理——宗教认同的理论分析与实证研究》（中国社会科学文献出版社2003年版）一书，提供了对中国社会宗教徒宗教心理与行为的一些新的解释框架，为我们解读国人的宗教心理打开了一扇窗。

（二）宗教心理形成理论

宗教心理学从种族的或个体的角度出发，探讨了宗教心理的形成，认为人由于对客观世界的无知，或由于压力以及内心冲突，从而陷入恐惧、忧虑、绝望等状态并产生对超自然力量的依赖感和满足希望的感情。目前公认的关于宗教心理的形成（宗教的起源问题）的理论有四种[①]：（1）认知理论：认为人不能理解和解释自己的许多经历和体验，人们理性的特点促使他们不断思索，造出了种种宗教信仰的解释；原始人类思维单纯，不具有逻辑性，导致了宗教解释

---

① 宋兴川：《重视我国宗教心理学问题的研究》，《青海民族学院学报》2004年第1期。

的产生。（2）情绪理论：认为宗教是从无意识的恐惧和依赖的需要发展起来的；还认为宗教来源于对自然现象敬畏的强烈情绪的有意识体验。（3）意动理论：认为人类力图获得力量以支配万物的欲望推动宗教的产生。（4）人性理论：认为宗教是人的本能的反映或者是人种进化的产物。

二、当代中国学者宗教心理研究成果概述

（一）民众趋向宗教的心理机制

综合各家学者的观点，民众趋向宗教的心理，大概可以归结为以下几种：挫折心理，寻求转机[1]：有些人在工作和生活中屡遭挫折，或是身患疾病久治不愈，求助于宗教，以便在今后少受挫折，走出阴霾。逃避心理，寻求慰藉[2]：人一出生，便面临个体永远无法解决的生存困境。生老病死贫困、孤寂、战争、瘟疫、灾荒及现代社会的竞争压力，使人们的心灵日益感受到压迫，有的人便选择宗教来逃避困境，希望在宗教神圣的殿堂里寻求心灵的安宁。悔过心理，寻求宽恕[3]：有的人做了错事，担心因果报应，便积德行善，皈依宗教，祈求宽恕。迷信心理，寻求神灵[4]：有的人受封建迷信思想的影响，认为敬拜神灵可以趋福免灾，心想事成。归属心理，寻求认同[5]：每一个人都希望自己归属于某个群体，得到其他群体成员的关怀与照顾，而社会关系的复杂化与居住处所的独立化，使人们体会到了孤独的感觉，他们渴望有一个接纳他们的群体，而宗教满足了人们的需求，使其信仰者获得一种归属感。向善心理，追求超越[6]：宗教指向人类精神生活中终极的、无限的、无条件的一面，是一种终极关怀。宗教为众生提供了一种超越自我道德的标准。而超越的需要，从人的本质来讲，既是人最高的意识层次，也是人最根本的自我意识。个体在宗教中寻得了对生命的超越。

陈兵还从佛教研究的角度将民众趋向宗教的心理从畏惧、依赖、向上三种心理机能加以详细论述。他认为人类的宗教需求，大概以畏惧、依赖、向上三种心理机能为内因。畏惧，被认为是宗教特别是原始宗教产生的主要心理根

①　杨彦明：《八种信教的心理现象》，《世界宗教文化》2003 年第 3 期。
②　董西彩：《宗教信仰：一种心理逃避还是超越》，《论坛》2004 年第 4 期。
③　杨彦明：《八种信教的心理现象》，《世界宗教文化》2003 年第 3 期。
④　杨彦明：《八种信教的心理现象》，《世界宗教文化》2003 年第 3 期。
⑤　林彬：《略论宗教信仰的心理功能》，《福建师范大学学报》2002 年第 2 期。
⑥　董西彩：《宗教信仰：一种心理逃避还是超越》，《论坛》2004 年第 4 期。

源。先民们在强大、神秘的自然力量面前，深感自己弱小无力，从对地震水旱、风雨雷电、鬼神精灵、疾病死亡等的恐惧，产生屈服与崇拜心理，由屈服崇拜而向天地鬼神乞哀祈祷，献媚设供，甚而杀人祭神，贡献牺牲，以求神灵的宽宥保佑。这种低层次信仰，直到今天尚有残留。而渺小的个人在茫茫宇宙中的孤独感，是人内心深处产生畏惧的源泉，是最容易产生宗教需求的畏惧。依赖，指人在感到孤弱无力时，希望获得有力、可亲者如父亲等垂愍护佑的心理，就像儿童依恋父母一样。由这种心理，产生归投、敬爱、崇拜所依赖对象的宗教感情。这是较为高级的宗教特别是多数一神教信仰的主要心理基础。向上，准确地说是超越心理，是提高、提升自己境界或层次的意愿。在佛教中向上心从低到高可分多个层次，从完善人格、提高道德修养和精神境界，升天成仙，到天人合一、与道合真，及至解脱自在成就佛果，都包摄在向上心的范围。①

这三种心理机能并非仅仅属于宗教，只有当人遇到人力、人智所无法解决而又亟欲解决的切身问题时，才会从这三种心理机制产生宗教信仰。人的生存难免各种自然的、社会的压迫和苦难。无力战胜自然灾害的人，在遇到天灾时，容易从畏惧心理出发，相信主宰风雨雷电等自然现象的神鬼精灵。人生的旅程往往崎岖不平，人的命运机遇和前景对多数人而言带有神秘性、非自主性，当人在生活中遇到挫折、灾难和医药罔效的沉疴重病等困境无力自拔时，容易由依怙心理出发求神拜佛。因遭受某种打击对生活和人生灰心失望者、厌世者，容易产生超越人间的、出世的宗教需求，而极其聪明，对宇宙人生、人的存在问题考虑甚深，具有哲学气质者也容易产生超越性的、向上的宗教信仰。

（二）民众宗教信仰活动中的心理体验

宗教心理的另一层指宗教信仰者在其信仰活动中所获得的与宗教相关的各种心理体验。国内学者在这方面相关论述较少。戴晨京认为，宗教心理是一种自觉的宗教行为而产生的体验，它类似某种心理条件反射。宗教心理与宗教情感，在形式上有其相似性，但两者之间有着区别，宗教情感是人在与自然及社会的交往中形成的，是自发的；而宗教心理则是通过宗教方式诱导的，是有目的的一种行为，或者说，宗教心理是为了体验这种心理而进行的。正是为了体验宗教心理，人们创造了各种宗教物象、宗教礼仪、宗教艺术、宗教音乐等，以营造宗教氛围。宗教心理在宗教礼仪中有着较为集中的表现：物象礼仪（包

---

① 陈兵：《佛教的宗教信仰心理观》，《法音》2001 年第 5 期。

括各种物祭），是以物的形式与神沟通；示象礼仪（包括膜拜、祈求、忏悔、许愿、祝福等）以规范化的动作过程来体验人与神之间的交感；意象礼仪（包括各种修行，如修持、修道、灵修、修心、修身、修功等），在一种人造的境界中进入人神交融天人合一状态。宗教心理形成了宗教信仰者的宗教经验，使信仰者形成特定的宗教理念，它在一定时候会产生巨大的意志力和爱心，因此在宗教发展史上不断有伟大而感人的宗教者出现。宗教心理以及在宗教心理基础上形成的伦理精神和人文精神，在人类历史阶段曾起过很重要的作用。[①]

（三）宗教的社会心理功能

（1）从个体角度看，最明显的是心理慰藉，也有心理学家称之为"幻想补偿功能"。杨宜音认为，从广义上，任何一种有助于排解人的消极体验和克服内心冲突的影响，都可以称之为慰藉，而宗教慰藉的特殊性在于把人们面对的矛盾冲突转移到现实生活之外，以期得到神灵的救助，从而摆脱困扰，使心灵得到抚慰。[②]

宋广文[③]认为宗教的心理慰藉功能可从三个方面加以分析：一是满足个人自我中心的需要：对死亡的超脱。死亡，对人类来说一直是不可超越的。死亡的焦虑必然使人产生解释死亡及死后状况的动机，宗教恰恰对人死后的归宿做出了妥当的安排，每种宗教都对死亡做出解释，并在人死后举行仪式，对死亡的意义给以说明，所有这一切，都是以让其信徒能够安详地面对死亡为目的的。安全感的获得——死亡虽然是对一个人身体健康的最大威胁，但它决不只是一个身体上的问题。正因为我们会思考，生活中的许多不安全感才会在心理上反映出来。不同的宗教信仰者有不同的获得安全感的方式：基督教和伊斯兰教等许诺给信徒一个天堂；佛教寻求超脱，要求信徒放下尘世的欲念，修得极乐。所有这些，都使信仰者确信可以挣脱威胁人类安全的困境。权力和地位的补偿——当大多数人想到自己在茫茫宇宙中或错综复杂的社会中的地位时，免不了在某种程度上感觉到渺小与无能为力。宗教对此多少起到了补偿作用。无论哪种宗教，都使信徒相信，只要依从教义的明示，通过积善行德、苦修及保持信仰，必将进入美好的境界。这种心理的慰藉作用是相当强烈的。二是满足追求理想或价值的需要：马斯洛在需要五层说基础上，后期又提出一种超越自我的需要，他称之为"超越需要"。

---

① 戴晨京：《宗教心理的社会作用》，《中国宗教》2003 年第 12 期。

② 杨宜音：《略论宗教崇拜的社会心理功能》，《世界宗教研究》1996 年第 2 期。

③ 宋广文：《宗教心理功能初探》，《求是学刊》1996 年第 4 期。

宗教是追求理想与价值的强大动力。所有宗教都认为，为了超越自娱自乐的动物水平，人类必须认识到更高层次的超越自我的价值，并为之努力。对另一些信教者来说，想以极大的努力来满足自身的需要，但往往力有不逮，宗教使他们在其宿命观中得到解脱，就此而言，宗教可以使人的精神免于崩溃，可以调节信教者的失落与愤懑。三是满足探究世界本源及解释我们自身的需要：人类对外界及自身具有探究的本能。现代科学已经提供了对于自然的可靠的解释，如关于地震、飓风、火山爆发以及水灾等的本质和原因的解释已相当详尽。但科学并未穷尽所有的答案，对于人类及人的心灵的研究更是不能令人信服。而对于这些，宗教提供了信教者可以坦然接受的说法。

林彬[1]认为宗教还有如下功能：1. 宣泄：社会的发展在给人们的生活带来便利的同时，也使人们承受了越来越大的精神压力，而有些人由于各种原因不愿或不能向他人倾诉，尤其是一些性格内向、自我保护机制过强的个体。这种极端封闭的情况，给个体带来的是激烈的内心冲突与极度的苦闷焦虑，此时宗教信仰就可以给个体一个释放内心积郁的空间。2. 升华道德情操：宗教在满足人们利己心理的同时，引导人们将心比心，凡事先从别人的立场出发，弘扬利他精神，升华道德情操。3. 自觉地约束言行举止：各种宗教都直接或间接地描述了恶者多行不义的悲惨下场。西方的基督教认为行恶者只能下地狱，陷入万劫不复的境地。我国民间宗教普遍认为，做坏事会遭天谴。佛教的轮回观念表明，个人的灵魂要经历无数次的转世再生，行恶必有恶报甚至无法转世。这些宗教观念约束着教徒的一言一行，让教徒在嫉恶的同时更要忌恶。

罗映光认为，宗教对人具有调节心理平衡、消除不良心理、增进身心健康、提升精神境界等多重性功能。但宗教也容易使人产生宿命论思想，产生逃避现实倾向，使人减弱改造社会现实的愿望。[2]

（2）从群体角度看，宗教有社会认同功能。宗教通过使人们对现存社会关系、社会秩序以及个人在社会中的地位、角色的接受和认同，从而具有维护与稳定社会的功能，从而拥有了与所在社会相适应的内涵。

李向平[3]认为，认信、皈依、受洗等概念都表示一种选择性的自我认同，其中，信仰选择、个人虔信程度等，是信徒的个人认同，而宗教团体与凡俗社

---

① 林彬：《略论宗教信仰的心理功能》，《福建师范大学学报》2002 年第 2 期。

② 罗映光：《试论宗教心理调节功能的现代社会价值》，《中南民族大学学报》2004 年第 5 期。

③ 李向平：《伦理·身份·认同——中国当代基督教徒的伦理生活》，《当代中国宗教研究精选丛书·基督教卷》，民族出版社 2008 年版，第 230—233 页。

会之间以及与其他社会团体之间的关系互动，则可以呈现为一种群体间的社会认同。这意味着宗教组织成员及其共同拥有的信仰，同时还意味着能够使宗教信徒个体成员作为一个"我们"行事的制度，定义了宗教组织、信仰者个人与凡俗社会里各类他者之间的种种关系。

李天雪[1] 所做的民族心理研究表明，一旦宗教信仰为某一民族成员的心理所认同，这一民族成员之间将有共同的宗教信仰，随之产生了某种共同的宗教情感，从而增强了对同属一个民族的认同感，使宗教对增强该民族的内部团结和凝聚力起着重要作用。万明钢、王亚鹏、李继利所做的关于藏族大学生民族认同的调查也支持了这一点，将宗教认同看作是藏族大学生民族认同的一个重要方面。[2]

（四）中国人宗教心理的特点

袁银传[3] 在对农民小生产者的宗教心理加以分析后得出，农民小生产者的宗教心理是与封建迷信活动和各种民俗崇拜交织在一起的，具有多神崇拜、崇敬祖宗、求索型取向和世俗功利化宗教仪式的特点。

梁丽萍在对汉民族宗教信仰的研究中指出，"王权社会"、"儒教中国"的特点造成中国传统社会汉民族淡泊的宗教价值观；"宗法社会"、"巫术残余"的状况导致汉民族痴狂的宗教情绪；而中国哲学的政治化与人伦化特点和中国文化的"小传统"直接影响了汉民族的宗教信仰素质。具体表现为：汉民族的百姓见神就拜、见神就信，宗教崇拜达到了痴迷的程度；汉民族对神祇有着强烈的依赖，甚至形成了随意造神的传统；汉民族不仅在神祇认同上具有随意性的特点，而且在实际的宗教活动中也表现出散漫的倾向；汉民族的宗教信仰具有功利性、契约性；汉民族的宗教行为具有外在化、简单化的倾向。[4]

（五）宗教徒认同心理研究

近年来，国内关于宗教心理的研究比较关注宗教认同方面。于鹏杰、陈昌文在他们所做的研究中，将西部地区宗教认同状况的共性归纳为：（1）西部民族地区个体具有高度的民族宗教认同感，一般的个体都有信仰，并且具有相应的宗教行为，甚至有的民族整体信仰某一宗教。不同宗教的信仰者以及同一宗

① 李天雪：《论宗教对民族心理的渗透作用》，《西北第二民族学院学报》2003 年第 4 期。

② 万明钢、王亚鹏、李继利：《藏族大学生民族与文化认同调查研究》，《西北师大学报》2002 年第 5 期。

③ 袁银传：《小生产者宗教心理分析》，《求是学刊》1996 年第 6 期。

④ 梁丽萍：《中国人宗教心理——宗教认同的理论分析与实证研究》，中国社会科学文献出版社 2004 年版，第 162—163 页。

教的不同信仰者的宗教认同的强弱程度是不同的。（2）西部地区个体的宗教认同一般是通过家庭的社会化获得。（3）西部地区个体的宗教认同大多数已经只是一种单纯的宗教徒的名分了，并且日常的仪式行为逐渐简单或减少，个体的自我深度投入程度下降。[1]

李向平所做的调查表明，广大佛教徒对于佛教因果报应的道德教化功能还是具有相当深刻的体认的。不过，地区、职业的不同也会在此方面有所反映，各类职业、不同生活经历的佛教徒对于基本的佛教教义及其原则，各自具有不同的认同角度，佛教意识的深浅也出现相应的差异。佛教信徒的宗教认同基本没有问题，但是在具体认同程度上则呈现差异，从而说明了信徒们的宗教认同，大抵上是私人性强而社会性弱，个人性突出而团体功能淡出。[2]

梁丽萍[3]认为宗教徒的宗教认同是一个在自我发现和自我指导中不断建构的过程，其中，"人际网络"的导引是认同建立的初始媒介，而个人特定的宗教体验则是认同建立的关键要素。宗教徒的宗教认同是相关的宗教认知与特定的宗教体验交互作用下的意志选择。教义对于宗教徒宗教认同的构建起着相当重要的作用。她将促进宗教徒宗教认同发展的理性与判断因素归于三个方面：其一是个人在信仰生活中所获得的某些"福报"，如疾病的治愈、身体的康复、家庭及周围人际关系的改善、事业的顺达及意外事件的逢凶化吉；其二是个人在参与信仰团体的崇拜活动中所获得的集体归属感；其三是个人在信仰生活中由于教义的学习和仪式的参与所获得心灵状态的改善。

（六）青少年宗教心理的研究

李雄鹰通过对回族青少年的研究发现，影响回族青少年宗教价值观社会化的因素主要有社区、家庭、学校、清真寺。首先，社区为青少年宗教价值观的形成提供了背景，整个社区的宗教氛围有"淡化"倾向。这一倾向对青少年的宗教价值观产生了重要影响。其次，家庭在青少年宗教价值观的形成过程中有决定性作用，家长对子女的信仰期待有所降低。再次，学校在客观上对青少年宗教价值观的形成起负强化作用。[4]

---

① 于鹏杰、陈昌文：《对西部地区宗教认同状况的分析》，《西藏民族学院学报》2005 年第 1 期。

② 李向平：《"信仰但不归属"的佛教信仰形式——以浙闽地区佛教的宗教生活为中心》，《世界宗教研究》2004 年第 1 期。

③ 梁丽萍：《中国人宗教心理——宗教认同的理论分析与实证研究》，中国社会科学文献出版社 2004 年版，第 162—163 页。

④ 李雄鹰：《回族青少年宗教价值观社会化的质化研究》，西北师范大学硕士学位论文，2003 年。

赵国军将自我概念看作是一个多维度、多层次的复杂的结构系统，宗教意识是纳于自我概念之中的某一特殊维度，以此在自我概念的领域内探讨了青少年的宗教意识。他依次探讨了自我概念中宗教意识的存在状态和外在提取程度，自我对宗教意识与自我概念维度的评价比较、宗教意识在年级和性别方面的差异、宗教意识与价值取向的关系以及宗教意识社会化的影响因素等内容。研究发现：民族自治区穆斯林中学生自我概念中的宗教意识外在表现程度较低；其宗教意识属于自我概念的主体性维度；宗教意识的发展趋势呈现年级和性别差异，对价值取向产生一定影响；在宗教意识社会化过程中，家庭教养、宗教社区氛围、同伴互动和自我宗教行为的投入程度是主要的影响因素，其中家庭起着核心作用。[1]

三、当代中国学者宗教心理研究成果简要评价

综上所述，二十年来，我国宗教心理的研究有一定发展。宗教心理的研究由过去的纷杂状态向有体系状态转变，研究者逐渐集中于两派：一派从宗教内部出发阐释宗教心理，另一派从心理学的角度阐释宗教。前者有其易于将课题深入的优点，但在方法上未能突破思辨；后者在突破了方法的困扰的同时，却又陷入了难以深入研究课题的困境。好在，近年来宗教心理的研究呈现出质化研究与量化研究相结合的特点，研究课题上也有很大突破。迷信心理方面研究成果较多，但在研究内容、方法上却一直没有大的突破。迷信与宗教、民俗有一定的交叉，长期受到宗教、民俗的影响，虽有独立的行为表现，却无独立的心理根源；迷信心理是宗教心理与民俗心理的绝对化、极端化表现，迷信心理的突破，有助于宗教、民俗心理的研究。

总的来看，相关的研究以调查、访谈、分析、文献法为主，虽然有一些调查揭示了某些群体宗教民俗迷信心理的内涵和特点，但定性研究仍然占据有关研究的主要地位。这些思辨的方法未能很好地揭示本质，制约了研究的纵深进展。虽然研究主题的特性限制了方法的使用，但心理学研究的大趋势，要求我们要量化统计结合质性分析，完成由定性与定量结合的历程。在未来，宗教心理、民俗中的民俗信仰、迷信心理方面的研究有整合为信仰研究的趋势，我国在这方面的研究已经起步。

---

[1]　赵国军：《穆斯林中学生自我概念中宗教意识的研究》，西北师范大学硕士学位论文，2004 年。

第六章 中国城市化进程与城市社会心理研究

第一节 当代中国城市化背景下的城市社会心理 研究课题导论

早在 20 世纪初，社会学家齐美尔就在《桥与门——齐美尔随笔集》中论述了大城市和小城市的精神生活[①]，但还不是心理学意义上的城市社会心理研究。一百年来，世界心理学中的许多研究都以城市市民作为被试，开展心理学的基础研究和应用研究，但直接命名为城市社会心理学的著作还是空白。近30 年来，中国社会心理学研究中绝大多数以城市大学生和其他人群为对象，都可以看作城市社会心理研究，但以和谐社会建设为目标定位，以城市化背景下的社会心理问题为内容，开展城市社会心理学研究者还不多。仅有的研究都是社会学取向的宏观思辨的研究。特别是针对当前城乡差距拉大、贫富差距拉大、区域差距拉大背景下，城市社会心理疾病泛滥的当代中国，从心理学取向的社会心理学角度开展专题研究者很少。心理学界忙于建立模型，很少参与广阔丰富的社会生活，许多研究提出的建议缺乏政策参考性和实践可操作性。因此开展城市社会心理学研究就显得更有现实意义、实践价值。

一、城市化背景下的社会心理问题与和谐社会建设

社会主义和谐社会建设的目标是民主法制、公平正义、诚信友爱、充满活力、安定有序、人与自然和谐相处的社会。构建和谐社会的六个基本特征或目标，涉及到人与自身、人与人、人与社会、人与自然四个方面的全面和谐，四

---

① 齐美尔著，涯鸿、宇声等译：《桥与门——齐美尔随笔集》，三联书店 1991 年版，第23—25 页。

对矛盾双方不避免对抗和冲突，相互促进，良性运行，和谐共存，共同发展，就是社会和谐。而社会和谐的本质是心理和谐，因为社会是由人组成的，只有心理和谐才能实现社会和谐。[1]

当前中国正经历着人类历史上规模最大、最迅速的城市化进程。从 1978 年到 2011 年的 33 年中，中国的城市化水平从 19.7% 上升至 50%，目前中国的城市化水平仍在快速上升之中。无论是在城市生活的市民，还是准备进入城市生活的农民，在城市化浪潮的冲击下，都在经历重大的当代社会转型，体验着巨大的社会心理变迁。城市化是当代中国的经济社会发展选择，城市化社会中人的心理问题已经成为学术界普遍关注的热点问题。

早期和现代心理学家所研究的西方社会心理学，基本上以城市居民作为被试，其成果具有很好的当代中国城市和谐社会建设借鉴意义。但中国文化观念、政治环境显著有别于西方社会，中国城市化进程日益加快的今天，产生了一系列特异性的社会心理问题。这些问题既是政治经济问题的社会心理反映，又反作用于政治经济运行机制，需要各个学科的学者合作研究。研究中国城市化进程的社会心理问题，有重要的学术价值和现实意义。

二、社会心理学的三个取向与城市社会心理研究

社会心理学有三个价值取向，即社会学的社会心理学、心理学的社会心理学、文化学的社会心理学。[2] 无论哪个角度的社会心理学，其研究目的都是为了探索社会心理学产生发展的规律，为人的社会生活幸福而努力。其主要研究内容有个体社会心理领域的个体社会化、社会动机、社会认知（社会知觉、社会印象、社会判断）、社会感情、社会行为（亲社会行为和侵犯行为）；群体社会心理领域的群体心理、集群心理、领导心理，以及社会心理学应用领域的环境心理、消费心理、婚姻心理等等。城市社会心理中的行为归因、印象整饰、刻板印象、认知偏见、社会促进、态度转变、攻击行为、谣言、时尚、集群行为、旁观者效应等等现象，这些社会心理和行为因素直接影响城市和谐社会建设。具体而言，城市社会心理影响和谐社会的认识评价和态度，影响城市经济发展走向，影响城市区域社会精神文明建设，还影响城市科技文化和教育

① 姜永志、张海钟：《和谐社会建设背景下的中国区域跨文化心理差异研究》，《理论研究》2010 年第 3 期。

② 孙时进：《社会心理学》，复旦大学出版社 2005 年版，第 12—14 页。

发展。

我们自 2000 年以来开展的中国城乡跨文化心理学研究和中国区域跨文化心理学研究，是城市社会心理研究的前期理论探索。2010 年，城市社会心理研究中心成立，为开展城市社会心理与和谐社会建设研究提供了学术团队基础和机构设计平台。开展城市社会居民的行为归因、印象整饰、刻板印象、认知偏见、社会促进、态度转变、攻击行为、谣言、时尚、集群行为、旁观者效应等具体社会心理规律的研究，将为城市政治经济文化教育发展提供心理学的理论依据，为城市化过程中各种心理问题的解决提供政策制定依据，为公安、宣传、文化、教育部门解决具体的社会行为问题、倡导文明的社会行为提供实践指导策略。

三、城市社会心理研究的社会学取向历史回顾

早在 19 世纪末 20 世纪初，反实证主义社会学思潮的主要人物齐美尔就在《桥与门——齐美尔随笔集》[1] 论述了大城市与精神生活：大城市人的个性特点所赖以建立的心理基础，是表面和内心印象的接连不断地迅速变化而引起的精神生活的紧张。他认为，大城市的精神生活建立在情感和直觉的关系之上，当外界环境的潮流和矛盾使大城市人感到有失去依靠的威胁时，市民就会建立防卫机构来对付这种威胁，就会表现出社会性的消极行为。现代文明的发展形成了自己的特点，即在诸如语言和法律、生产技术和艺术、科学和家庭环境问题上体现出了一种总体精神，这种总体精神日渐发展，结果是主观的精神发展很不完善，距离越拉越大。大城市是超越于一切个性的文明的舞台。在大城市里，雄伟舒适的公寓建筑、学校的集体生活方式和明确的校服制度，都说明大城市充满着具体的无个性特点的思想。

可以查阅到的学术报告显示，我国现代意义上的城市社会心理研究可以追溯到 1994 年《中山大学学报论丛》发表的王兴周的论文《中国城市社会心理特征初探》[2]，论文指出，科学地指导城市精神文明建设、防治日益蔓延的城市精神疾病、解释城市改革中市民的心态、避免即将到来的中国城市化浪潮中必然出现的心理和人际冲突、充实中国城市社会学的基础理论、建立完整的城市社会学学利体系等，都需要中国城市社会学界和社会心理学界加强城市社会心

---

① 齐美尔著，涯鸿、宇声等译：《桥与门——齐美尔随笔集》，三联书店 1991 年版，第 65 页。
② 王兴周：《中国城市社会心理特征初探》，《中山大学学报论丛》1994 年第 3 期。

理学尤其是中国城市社会心理的研究。他认为，影响城市人的心理变量有三个，即人口数量、人口密度、异质性。中国城市社会心理具有计划性、传统文化、同质性。他结合实际讨论了中国城市社会的城市人格、城市人际关系、城市社会评价、城市个人空间、城市心理氛围等。

2000 年，同济大学出版社出版了杨贵庆编的《城市社会心理学》，但其中除了第四章的城市规划与社会心理学的交叉和第五章的城市社会心理学研究的基础，前 3 章后 3 章都是社会心理学的基本理论，主要供城市规划专业作为教材。[①]《上海统计》2001 年 12 期发表周侃的论文《对城市社会心理统计若干问题的思考》[②]，认为城市社会心理广泛地渗透在城市社会生活的各个领域中，总是最敏锐地感触着城市生活中大大小小的各种变化，并通过市民相互交流感染、暗示和模仿，自发形成一股社会力量。不仅直接影响着每个市民的日常行动，而且影响着城市社会发展的每个具体环节和步骤。论文认为所谓城市社会心理统计，就是根据城市社会学和社会心理学的理论，通过科学的抽样方法，取得有关市民中有代表性的行为以及贯穿在市民全部行为活动中的心理特征的数据，并做出数量分析和推论。城市社会心理统计只能用间接的调查方法，数量化是相对的，侧重于社会环境对人心理的影响。

2012 年 11 月 3—4 日，杭州师范大学、杭州国际城市学研究中心、中国社会心理学会、浙江省社会心理学会邀请对中国城市化问题、中国城市化进程的社会心理问题有真知灼见的学者、政府官员和社会人士相聚杭州，研讨中国城市化进程中的社会心理问题论坛主题，包括城市化与安全感、生活满意度、心理调适、幸福感；城市化与人际关系、社会支持网络、群际关系、社会认同；城市交通问题的社会心理研究和城市住房问题的社会心理研究以及社会管理与新媒体社会心理问题，特别是城市环境社会心理学研究等。

四、城市社会心理研究的跨文化心理学研究基础

笔者 2005 年以来发表多篇论文，论述城乡比较心理学或者城乡跨文化心理学，从城市比较的角度开展了城市和农村社会心理学研究。

研究指出，在中华民族的宏观文化背景下，中国特有的乡土农业文化和都市工业文化类型异质并存，体制原因造成的城乡二元社会结构，形成两种不同

---

① 杨贵庆：《城市社会心理学》，同济大学出版社 2000 年版，第 12 页。

② 周侃：《对城市社会心理统计若干问题的思考》，《上海统计》2001 年第 12 期。

的文化土壤，根植出各自的社会心理特征和价值观念体系。当代中国市场经济的发展，科学技术的进步，城市人口的膨胀，使城市结构承受着失业的威胁。农村的剩余劳动力潮水般涌进各大城市，造成了能源、交通、教育、计划生育等方面的诸多困难，精神文明建设的滞后，使市场经济下的竞争机制成了享乐主义和虚无主义的温床。群体观念失衡和心理偏常正从城市向农村蔓延。城乡跨文化心理学研究主要有三个层面：分析城乡两种文化心态的总体差异，比较不同代际之间的社会心理差异，比较不同阶层的城乡心理差异。

五、城市社会心理学课题的研究目标和内容

随着市场经济的日益推进和信息化社会的发展，中国社会的阶层分化和年龄社会心理变迁越来越引起社会学家的关注。新世纪以来，中国社会出现了中产阶层、白领阶层、农民工阶层、老年阶层、干部阶层、妇女阶层等新的提法，这些提法都是非逻辑的概念。有些学者随意创设一些阶层概念开展比较研究，虽然是一种探索，但从学术研究角度而言，分层依据需要重新定位。按照年龄可以分为儿童阶层、青年阶层、成年阶层、老年阶层；按照性别可以分为妇女阶层、男性阶层；按照职业可以分为党政干部阶层、企业管理人员阶层、事业管理人员阶层、专业技术人员阶层、技术工人阶层、农民阶层；按照工作的脑力和体力支出性质，可以分为白领阶层和蓝领阶层；按体制内外划分可以分为国家工作者阶层和自由职业者阶层。如此一来，实际上阶层与职业、年龄、性别完全交叉，逻辑上难以把握。我们认为，阶层的划分还是以政治地位和经济收入为依据比较符合本义。比如可以划分为资产阶层、中产阶层、弱势阶层；高级干部与管理人员阶层、专业技术人员阶层、技术工人阶层、农民阶层。可以根据研究的实际需要进行调整。阶层社会心理学是一个概念性空白，需要学术界给予高度关注。

城市社会心理学研究的目标是，通过当代中国城市化背景下的城市社会心理问题研究，形成系列研究报告，为党政机关职能部门精神文明建设、和谐社会建设、社会心理教育提供政策建议，为社会心理学学科建设提供新的领域的理论依据。具体研究内容包括城市年龄心理差异研究和阶层心理差异研究等等。

城市社会心理学可以选择的课题有：社会学取向的城市化与公民安全感、生活满意度；城市化与公民心理调适；城市化与公民生活方式、幸福感；城市化与公民人际关系、社会支持网络；城市化与公民群际关系；城市化与公民

社会认同；外来务工人员与城市社会心理融入；城市化与农民工、流动儿童心理研究；城市交通问题的社会心理研究；城市住房问题的社会心理研究；城市社会管理与新媒体使用中的社会心理问题；城市环境社会心理学研究。这些课题是解决城市化社会心理问题的核心问题。心理学取向的研究的城市公民不良行为行为归因研究；城市公民印象整饰研究；城市公民刻板印象研究；城市公民阶层认知偏见；城市公民社会促进；城市公民态度转变；城市公民攻击行为；城市公民谣言传播研究；城市公民时尚流行研究；城市公民行为集群行为；城市公民旁观者效应等等。这些社会心理和行为因素直接影响城市和谐社会建设。

六、城市社会心理研究中心的课题选择和研究设计

2011 年，我们成立了城市社会心理研究中心，根据我们的学科背景、专业方向、科研能力，选择城市公民不良行为行为归因研究；城市公民印象整饰研究；城市公民刻板印象研究；城市公民阶层认知偏见；城市公民攻击行为；城市公民谣言传播研究；城市公民时尚流行研究；城市公民旁观者效应等课题作为研究课题符合研究中心的发展定位目标。

研究课题的重点应该集中直接影响和谐社会建设的、近年发生率比较高的、引起社会高度关注的社会心理问题。比如地沟油与商业诚信的社会心理学问题；社会各个阶层之间的嫉妒、歧视心理学问题；刻板印象造成的沟通障碍以及老乡群体之间的和谐问题；交通事故后的逃避和欺诈以及信任危机；街市特殊事件发生时的公众袖手旁观行为等等。

1. 城市公民不良行为行为归因研究：选择城市公共场所市民开展现场研究，运用现场记录、随机访谈、开放式问卷调查方法，调查研究城市居民经济文化行为中的不良行为，如缺斤少两、态度恶劣、偷税漏税的认知归因。2012 年 10—12 月，以兰州市各类市场为平台开展研究。

2. 城市公民印象整饰研究：选择城市重大活动、消费行为、行政行为、教育行为中市民的印象整饰，运用现场记录、随即访谈、开放式问卷调查方法，调查研究城市居民印象整饰的社会心理规律。2012 年 10—12 月，以兰州市各类市场为平台开展研究。

3. 城市公民刻板印象研究：运用实验心理学的自由反应法、KaZt—Braly 法、Gadener 和 Bighham 法等方法，选择城市不同阶层、年龄、性别、行业的市民的相互刻板印象。2012 年 10—12 月，以城市社会心理研究中心心理学实

验室为基地开展研究。

4. 城市公民阶层认知偏见：运用投射测验内隐联想测验、现场研究等方法，选择不同阶层城市居民作为研究对象，调查城市不同阶层居民的阶层偏见以及形成机制。2013 年 3—12 月，以城市社会心理研究中心心理学实验室为基地，以兰州市各类行业不同人群为被试开展研究。

5. 城市公民侵犯行为：以网络报道的社会侵犯行为案例作为样本，运用社会心理学理论分析各种类型侵犯行为如校园欺负行为、办公室侵犯行为、市场侵犯行为的社会心理机制。2013 年 3—12 月，以网络心理学实验室为基地，以兰州市各类行业不同人群为被试开展研究。

6. 城市公民谣言传播研究：以网络报道中谣言传播时间、路径、传播人身份、接受者的心态等为案例为样本，运用社会心理学的现有理论，分析中国城市社会政治、经济、社会谣言发生发展衰减消亡的心理机制。2013 年 3—12 月，以网络心理学实验室为基地，以兰州市各类行业不同人群为被试开展研究。

7. 城市公民时尚流行研究：以发型、服装、流行语作为研究对象，采用现场照相、录像，调查问卷，现场采访的方法，进一步搞清中国当代城市社会时尚流行和传播的心理机制。2013 年 3—12 月，以城市大型商场和步行街道为基地，以兰州市各类行业不同人群为被试开展研究。

8. 城市公民旁观者效应：以网络报道案例为样本，运用社会心理学的现有理论，分析中国城市社会重大事故发生时旁观者效应形成的心理机制。2013 年 3—12 月，以网络心理学实验室为基地，以兰州市各类行业不同人群为被试开展研究。

这些课题在以往的研究中，都是学院派心理学家以大学生为被试在实验室进行研究。我们试图突破的是以自由民众为被试进行现场研究和案例研究，或者成为城市田野调查。最大的难题在于被试的自由选择的配合问题。试图以城市各个生活工作场所的自由公众为被试，会遇到态度问题、文化程度问题、心理阻抗问题、价值观念冲突问题等。因此需要录像照相，需要为选择到的被试准备可以得到配合的礼品。同时调查人员的选拔培训也是一个很大的难题，需要对心理学系的学生进行系统的课题培训，特别是与社会各类市民交际的能力培训。还有一个最大的难题，就是研究方法田野化带来的巨大经费开支，需要课题资助部门给予大力支持。

总而言之，现有的城市社会心理研究都是社会学的社会心理学取向，或者是纯粹社会学取向，许多研究成果都是西方社会心理学的翻译和介绍，缺少本土化、民族化的研究成果。尽管许多研究都是以大学生为被试，带有城市社会心理研究的倾向，但真正以当代中国城市化中的诸多带有本土文化特点的社会心理问题作为内容的研究非常少。我们试图以中国区域跨文化心理学课题研究的方法内容为基础，将城市作为一个特殊区域，以该区域内的市民公民为对象，以心理学取向的社会心理学和跨文化心理学为理论基础，着力研究城市化过程中发生的影响公民和谐社会建设的微观和宏观心理学问题。比如城市公民诚信缺失的不良交易行为、城市公民过度印象整饰、城市公民相互刻板印象与和谐建设、城市公民阶层之间的认知偏见和态度转变、街道活动中城市公民的侵犯行为、城市公民经济和政治谣言传播与社会稳定、城市公民过度时尚流行与畸形消费、重大事故场所的城市公民旁观者效应等。这些课题本身就是城市社会心理研究的创新，也具有很好的学术意义和实践价值。

第二节　当代城市社会青年过度隐私倾向与社会心理问题辨析

改革开放 40 年来，随着社会进步、法制逐步健全，法学家们一直在探索隐私权保护的边界问题，但面对网络暴民，出于名人隐私保护需要，出于防止诈骗犯罪需要，在法学家的论文和法律条文中，隐私的范围逐年扩大，上流社会中的人越来越接受西方化的隐私理念。但是，笔者禁不住要问，为什么需要那么强烈的隐私保护心理？不排除因为某些人违背道德的见不得人的事情太多，或者心理太脆弱没有自信。现在城市社会的居民们住在小区，小区大门有保安，楼房门口有摄像头和铁门，进自己家要开两层门，一道铁门、一道木门，甚至两道铁门，完全是比监狱还要严密的、可以自由出入的监狱。如此居住，一方面反映了治安状况，一方面反映了城市居民的封闭心理、阴暗心理。住宿在这样的环境中，人的心理越来越渺小、狭小，容纳度越来越低，于是矛盾不断。经济生活越来越好，心理生活越来越痛苦。因为缺乏和谐的集体生活，缺乏坦荡的情感交流，城市社会中人的表情越来越僵硬。我们试图通过隐私问题的历史学、法学综述，进而探讨过度隐私导致的社会心理问题，以及解决这些问题的多学科路径。

一、隐私与隐私权的历史演变及当代的概念和范围

隐私就是不愿告人或不愿公开的个人的私事，法理意义上的隐私是指已经发生了的符合道德规范和正当的而又不能或不愿示人的事或物以及情感活动等。隐私的本质既是个人的自然权利，也是客观事实。隐私的主体是自然人。隐私源于人的羞耻感，故只有自然人才可以成为享有隐私的主体。隐私的客体是自然人的个人事务，是相对于公共事务、群众事务、单位事务而言的。隐私的内容即客观方面是指特定个人对其事务、信息或领域秘而不宣、不愿他人探知或干涉的事实或行为。隐私本质上是一种信息、一种属于私人的排他性的不愿为他人知晓或干涉的信息。信件、记事本等并不是隐私，其中反映出来的信息才是隐私，比如年龄、身高、体重、心理疾病、女性三围等具体的人身性数据，以及嗜好、投资、收入、行踪等非人身性数据信息。①

根据隐私的内容，可以分为个人事务、个人信息、个人领域三种；根据隐私的外在表现形式，可将隐私分为抽象的隐私和具体的隐私。抽象的隐私是指数据、情报等，如日记内容、女性三围、通信秘密等。具体的隐私是指以具体形状、行为，如身体的隐蔽部位、婚外性行为、夫妻生活等；根据隐私的性质，可将隐私分为合法的隐私与非法的隐私。合法的隐私是指符合法律明文规定和社会公德的隐私，非法的隐私是指违反法律明文规定或违背社会公德的隐私，它又可分为违法的隐私、一般违规的隐私和法不调整的隐私。广义上的违法的隐私是指违反基本的实体法的强行性规定及一般的公共道德的隐私，狭义上的违法的隐私是指违反基本的实体法的强行性规定及重要的公共道德的隐私。隐私应包括绝对个人隐私和相对个人隐私。绝对个人隐私如人身性数据等，相对个人隐私如夫妻性生活、家庭关系等，可以合称为私人信息。

隐私权的客体即隐私。1995年10月美国商务部电讯与信息管理局发布的关于隐私与信息高速公路建设的白皮书中认为，隐私权至少包括以下九个方面：关于私有财产的隐私；关于姓名与形象利益的隐私；关于自己之事不为他人干涉之隐私；关于一个组织或事业内部事务的隐私；关于某些场合不便露面的隐私；关于尊重他人不透露其个人信息之隐私；关于性生活及其他私生活之隐私；关于不被他人监视之要求的隐私；私人相对于官员的隐私。② 中国现行法

---

① 徐亮：《论隐私权》，武汉大学博士学位论文，2005年。

② 王利明：《人格权法新论》，吉林人民出版社1994年版，第11—12页。

律中没有专门的隐私权，隐私权从属于名誉权。然而理论界已基本达成共识：隐私权应是一种独立的人格权。但是隐私权与名誉权有交集。

随着网络的不断发展，相关的安全性问题特别是个人隐私的保护备受关注。有人认为，隐私保护包括：1. 个人登录的身份、健康状况。网络用户在申请上网开户、个人主页、免费邮箱以及申请服务商提供的其他服务（购物、医疗、交友等）时，服务商往往要求用户登录姓名、年龄、住址、身份证、工作单位等身份和健康状况，服务者得以合法地获得用户的这些个人隐私，服务者有义务和责任保守个人的这些秘密，未经授权不得泄露。2. 个人的信用和财产状况，包括信用卡、电子消费卡、上网卡、上网账号和密码、交易账号和密码等。个人在上网、网上购物、消费、交易时，登录和使用的各种信用卡、账号均属个人隐私，不得泄露。3. 邮箱地址。邮箱地址同样也是个人的隐私，用户大多数不愿将之公开。掌握、搜集用户的邮箱，并将之公开或提供给他人，致使用户收到大量的广告邮件、垃圾邮件或遭受攻击不能使用，使用户受到干扰，显然也侵犯了用户的隐私权。4. 网络活动踪迹。个人在网上的活动踪迹，如 IP 地址、浏览踪迹、活动内容，均属个人的隐私。显示、跟踪并将该信息公之于众或提供给他人使用，也属侵权。比如，将某人的 IP 地址告诉黑客，使其受到攻击；或将某人浏览黄色网页、办公时间上网等信息公之于众，使其形象受损，这些也可构成对网络隐私权的侵犯。5. 通过使用纯网页版本的软件有利于保护隐私，比如纯网页版本的 PPMEET 视频会议；而类似于 360、QQ 之类需要安装到电脑硬盘上的软件会对用户隐私安全保护方面造成相当大的影响，存在潜在隐患。[①]

在保护隐私问题上，中国与欧美的差距很大。中国现行法律中，只有《侵权责任法》第二条民事权益中包括了隐私权。根据中国国情及国外有关资料，可归入侵犯隐私权范畴的行为有：1. 未经公民许可，公开其姓名、肖像、住址和电话号码。2. 非法侵入、搜查他人住宅，或以其他方式破坏他人居住安宁。3. 非法跟踪他人，监视他人住所，安装窃听设备，私拍他人私生活，窥探他人室内情况。4. 非法刺探他人财产状况或未经本人允许公布其财产状况。5. 私拆他人信件，偷看他人日记，刺探他人私人文件内容，以及将它们公开。6. 调查、刺探他人社会关系并非法公之于众。7. 干扰他人夫妻性生活或对其进行调查、公布。8. 将他人婚外性生活向社会公布。9. 泄露公民的个人材料或公之于众或

---

① 王旋：《网络隐私权保护研究》，首都经济贸易大学硕士学位论文，2012 年。

扩大公开范围。10.收集公民不愿向社会公开的纯属个人的情况。[①]

二、隐私过度与个体社会心理沟通路径堵塞问题举隅

我们不反对隐私和隐私权，但必须有边界，否则就会阻碍人际沟通。现代社会之所以产生很多的心理疾病，乃至心理咨询所越来越多，就是因为某些民众特别是"80后"、"90后"存在隐私过度倾向。比如手机号、邮箱号都是隐私，既然是隐私，登记干吗？比如做个博客也要使用假名、化名，登记个QQ，更是见不得阳光的荒唐怪名；有的人连姓名都是隐私。姓名是一个人人格的象征，连自己的姓名都作为隐私的人，心理能阳光吗？越是神秘，越会引起别人的好奇，越会谣言四起。比如小资女人们害怕别人问自己的年龄，认为属于隐私，是典型的虚荣心和缺乏自信的表现。把自己装在套子里的人，成为社会中的神秘人，一旦发生问题，同事、朋友想援助都很困难。

适当的隐私是必要的，但确实不应该过度。比如有些人搞婚外情，自然就要隐私，当然不搞了不是就没有了吗？天下哪有不透风的墙。比如某些难以启齿的身体疾病，自然属于隐私，但对于即将与你结婚的伴侣，隐瞒自己的身体问题，似乎也不公平。为了防止坐火车乘飞机被骗，见陌生人不要轻易透露个人信息，这没有错。但把所有人都当作坏人，坐几个小时不与人交流，就会把自己压抑成心理疾病。良好的人际关系需要适当的自我暴露，如果把自己的一切都隐私起来，就会造成社会功能障碍。隐藏自己的身份，成天在网络虚拟空间里与难以搞清身份的人说许多无聊的话，动辄做出些网友约会的强奸、杀人、受骗案件，给公安局增加不必要的麻烦。财产多少可以是隐私，因为钱太多怕露富，遭到敲诈。没有钱的、钱少的人就不必要隐私。但有的人虚荣，没有钱装有钱，就是另外一种心理变态，表现为人格异常。最近看到一篇网络文章，说一个国家干部调到新部门工作，把自己的工作经历当作隐私，要求保护。不外乎就是怕别人知道他学历低、出身贫寒、官职晋升太慢。

农村居民也有隐私，一般都是自己违反道德行为，担心别人谴责，或者是有遗传性的疾病怕别人笑话，或者有钱谎称没有钱，担心盗贼惦记，其他方面非常难以隐私。因为农村社会是一个开放式社会，农耕社会需要互相依赖，相互支持，东家长西家短，隐私藏不住。每个人的年龄、疾病、夫妻、儿女的一

---

① 刘帅：《论隐私权的法律保护》，河北师范大学硕士学位论文，2012年。

切信息都无法隐瞒。包括祖辈来源、女性娘家的情况、孩子所读的大学，没有什么不可告人的信息，除非有非法的行为，自然设法隐私起来。农村居民隐私少，反而心理疾病少，因为随时可以向亲戚朋友倾诉衷肠，就如西方进口的情绪宣泄治疗一般。

三、隐私过度的历史经济社会文化法律心理因素分析

任何事物的产生发展过度都有前因后果，过度隐私心理现象的出现，有其历史的、经济的、社会的、文化的原因。就社会道德退化而言，人际信任的缺失甚至危机，是隐私过度的直接原因。就历史因素而言，中国人自古就有"见人只说三分话，不可全抛一片心"的训示，过于自我暴露的人，会被别人视为不可靠，人际交往难以为继；就经济因素而言，市场经济条件下，贫富差距极度拉大，富人不敢露富，担心被人嫉妒惦记，穷人不甘贫穷，担心被人嘲笑轻视。就社会因素而言，每个人都有印象整饰的需要，排除谣言议论的需要，减少自我意象威胁的需要，保持内心宁静的需要。但网络信息社会，网络暴民往往会莫名其妙地炒作无关人士的社会生活事件，影响当事人的自我形象，造成心理痛苦。还有些群体团伙，利用公民的身份信息、财产信息、工具信息实施诈骗、敲诈等犯罪勾当，造成了社会中某些人的心理恐慌，导致了过度隐私倾向的激化。就文化因素而言，西方文化的传播，留学回国学者的助推，青少年的模仿，亚文化的宣传，使西方文化中的隐私观念逐步普及，导致西方式的隐私方式得以流行。从法律的角度而言，当代中国借鉴西方经济制度，自然也借鉴着西方的法律制度，包括隐私保护制度。如前所述，我国的司法制度越来越重视隐私保护，其中条文主要来自美国法律。法律保护隐私制度的完善，强化着作为西方文化流行的隐私行为方式。当然，每个人自己的社会身份、职业特点、家庭状况等也是影响隐私心理强度的重要因素。

隐私心理本身就是心理现象，其中包括隐私认知、隐私情感、隐私意向、隐私行为乃至隐私人格。就心理现象内部的相互作用而言，每个人的社会需要与动机、职业价值观、道德情感、气质类型、性格特质等心理特征，无疑会影响隐私心理和行为。一般而言，社会需要强度小、成就动机低、经济型现实型职业价值观、道德情感发展水平低、黏液质气质、内向性格的人，隐私心理强度更高。反而，许多人因为心理需要和性格特点，会主动公开自己的隐私，极力提高自己的知名度，并不在乎自己的手机号、邮箱号、肖像、博客账号等信息的公开，还会全力推广自己的信息。

四、隐私过度与心理健康问题的社会心理学辨析

适当地限定自己的隐私范围和保护自己的隐私，既是法律规定的人权，也是社会民俗的潜在规则，更是社会交往的基本要求。但是，隐私过度，把自己包装起来、包藏起来，难免影响社会生活的正常运行。西方的文化和社会生活规则不见得都是世界通则。市场经济条件下的商业化社会，许多人都是金钱的奴隶，商业秘密保护的习惯泛化为社会生活的潜规则，进而上升为法律规范。因为隐私保护的社会需要和自我需要，出现了人际交往障碍，人都成为都市的牧羊人，面对芸芸众生，难以建立真诚的朋友关系，乃至夫妻亲子都成为商业化关系，于是为了解决心理的压抑、孤独、痛苦，就需要专门的职业，这就是心理咨询。如果我们可以更加阳光地生活，建立更好的亲情、友情、爱情关系，则心理问题就可以在家庭、朋友交往中解决。就好比我们如果有更好的生活习惯，就可以减少医院的压力一样。中国古代儒家思想认为，"君子坦荡荡，小人常戚戚"。光明磊落，胸怀宽大，才能有朋友。如果人际交往中连姓名、年龄、婚姻状况、学历情况、家庭成员、单位工作信息都是隐私，就会发生社交障碍，进而导致严重心理疾病。社会心理学认为，一个自闭的人，对交往缺乏安全感。相对开放的人更有亲和力，朋友更多，心理更阳光、更健康、更和谐。当然，"见面只说三分话，不可全抛一片心"，过于开放暴露的人，别人会觉得不可靠。其实，保护隐私的最好办法就是公开所谓的隐私。当然不是全部公开，而是能公开的都公开。如果青少年能够辩证地处理隐私权、隐私保护、安全保护、心理沟通问题，我们的社会会更加文明和谐健康。

第三节 赏识教育愉快教育过度化的社会 心理学后果辨析

新世纪以来，网络报道不乏中学生、小学生因为被教师批评而离家出走，中学生因为同学之间的玩笑而自杀，因为成绩不好而绝食，幼儿园孩子因为父母要生小弟弟而绝食，威逼父母流产，如此等等，不一而足。很多研究将此归因于心理素质问题、思想品德问题、独生子女问题。而在笔者看来，改革开放40年来，各种进口的教育理念引导下的本土赏识教育、愉快教育、成功教育、人性化教育、个性化教育过度是主要的根源。

一、赏识教育的过度化及其后果

早在1997年，就已经有学者在论文中使用赏识教育的概念①，但把赏识教育概念制造成一种思潮，却起源于南京市赏识老爸、中国青少年研究中心赏识教育研究室主任、南京婷婷聋童学校校长周弘的成功和宣传。周弘的女儿因为童年生病打针造成双耳全聋，成为残疾人，周弘采取赏识教育，坚持鼓励、表扬、激励、辅导，女儿婷婷在小学跳了二级，能背诵圆周率小点数后一千位数字，被评为全国十佳少年，后来成为中国第一位聋人少年大学生，曾受到总书记的接见。再后来考上研究生，并且最终成为美国哥伦比亚大学博士生。1998年，周弘在《少年儿童研究》发表《让赏识回到孩子身旁——谨以此文献给为教育孩子而困惑的父母》②，拉开了赏识教育的序幕。查阅 CNKI 网络，1998 年至 2014 年间，全国各类教育学学术期刊、高校学报，特别是面向中小学幼儿园教师的各类教育学术刊物和教育方法交流杂志中，发表赏识教育学术论文、研究报告、随笔、案例、心得、体会等 15000 多篇，1998 年至 2005 年，每年 30—150 篇，2006 年至 2010 年，每年 500—100 篇，2011 年至 2014 年，每年 1200 篇，其中仅仅有 4 篇指出其利弊。③④ 目前，周弘已经于 2010 年出版著作《赏识你的孩子》⑤，将自己的案例进行心理学、教育学的理论包装，开办网站，把赏识教育作成产业，到全国各地巡回演讲。同时，因为教育记者的积极宣传，教育行政部门的积极推广，教育学者的积极张扬，致使全国中小学幼儿园形成赏识教育风潮，赏识教育还成为基础教育学校教学评价的指标之一。

究其原因，就是因为我国传统的教育方法批评过多，表扬过少。我国的教育思想历来强调"宝剑锋从磨砺出，梅花香自苦寒来，不吃苦中苦，难为人上人"，即使有了成绩，也要强调低调做人，戒骄戒躁。现在提出一种新的契合西方文化教育理念的教育观念和方法，同时又面对独生子女自私、虚荣教育难题和家长望子成龙的心态，特别是周弘的成功案例，于是赏识教育就成为一种思潮、一种行动。关于赏识教育的 10000 多篇实证研究、理论研究、行动研究、叙事研究、案例研究成果中，很多报告不同程度夸大了赏识教育的成效。

① 黄野坪：《利用赏识教育法做好后进生工作》，《盐城师专学报》1997 年第 4 期。

② 周弘：《让赏识回到孩子身旁——谨以此文献给为教育孩子而困惑的父母》，《少年儿童研究》1998 年第 1 期。

③ 常玉华：《赏识教育不是万能的》，《课程教学研究》2014 年第 4 期。

④ 裴媛媛：《赏识教育存在的误区与对策》，《甘肃教育》2013 年第 21 期。

⑤ 周弘：《赏识你的孩子》，广东科技出版社 2010 年版。

其实，周弘在各种报告中也在强调，赏识教育不是不要批评，而是在尊重儿童人格的基础上进行有技巧的、有艺术的批评。但是正如有的教师批评的那样，有的学校提出"没有赏识的教育是不完整的教育"，"教育必须赏识"①，结果造成家长、教师成天把"你真棒!"、"你太棒了!"、"你真聪明!"挂在嘴边，孩子发脾气耍性子，说"真有个性"，久而久之，学生陷入自我欣赏之中，滋生虚荣、自负、骄傲心理，容不得批评，受不得挫折。当别人比自己强的时候，产生强烈的嫉妒心理，当家长难以满足其虚荣心理时，产生任性心理，当家长实在找不出优点时，反而束手无策。教育是一种促进人的社会化的根本途径，无论是行为主义理论还是认知主义理论，都强调正强化和负强化的结合，奖励和惩罚的结合、批评和表扬的结合。社会不可能到处充满鲜花和掌声，反而到处都是竞争、批评、排挤、挫折，因此，赏识教育不能过度，过度的赏识教育会使学生走出家庭、学校后难以适应社会。确切地说，赏识教育主要适合于自卑感、挫折感很强的残疾儿童，正常儿童的教育应该坚持表扬为主、批评为辅的教育思想。

二、成功教育的过度化及其后果

1980 年的上海闸北第八中学是一个处于棚户区的中学，学校周围，居民文化程度较低、经济生活困难、青少年犯罪率比较高，学校招收的学生 37% 有留级经历，时任副校长刘京海几乎绝望。1983 年，他到上海师范大学教育管理系进修期间，开始专题研究差生的教育问题。1987 年，区教育局将该校确定为"改变初中薄弱学校面貌、提高教育教学质量"的试点学校。调任区教育科学研究室主任的刘京海，通过专题研究发现，反复失败是差生形成的根本原因，解决的办法是反其道而行之，变反复失败为反复成功，消除自卑自轻、自暴自弃，变恶性循环为良性循环，他把这种教育概括为成功教育。后来的教育行动有效地转变了大批学习困难学生，被原国家教委列为向全国基础教育重点推广的三个教育科研成果之一，被海内外教育界传播，产生比较大的国际影响，成批的考察团来到闸北第八中学学习。

周慰在《上海教育》杂志发表文章②，总结刘京海的教育探索：经历了帮助成功、尝试成功、自主成功三个阶段。1987 年至 1990 年，刘京海以闸北区教

---

① 何英:《赏识教育也要说不》，《现代教育科学（小学教师）》2015 年第 1 期。

② 周慰:《故事刘京海:"成功教育"的成功》，《上海教育》2008 年第 11 期。

研室副主任、主任身份，开展课题研究，形成成功教育的三个支点思想：明确的指导思想，科学的课堂教学指导策略，积极正面的评价，在这一思想指导下，成功教育成效显著，教育教学质量大幅度提高。从 1990 年开始，扩大研究范围，以闸北八中的一个年级为圆点，向四面八方辐射成功教育。通过对过去成功教育课堂改革的利弊进行深入分析，理顺了知识、能力和人格三者的关系，为成功教育的新发展找到了突破点。从 2004 年 9 月开始，打造托起成功的平台，把成功教育开成连锁店，闸北八中的教师们开始了"教与学电子平台"的设计研发工作和以成功教育理念为核心的文化建设工作，使学校的面貌在短期内发生了翻天覆地的变化。全国许多报纸杂志介绍成功教育经验，全国各省市自治区学习成功教育经验，开办成功教育学校。闸北八中成为名校，开办了成功教育研究所。刘京海成为全国优秀教师、十杰教师、全国劳动模范、五一劳动奖章获得者、国务院特殊津贴获得者、上海市特级教师、特级校长、教育功臣、闸北八中校长、田家炳中学董事长。

成功教育的主要思想有：1.三个相信的教育信念：相信每个孩子都有成功的愿望，相信每个孩子都有成功的潜能，相信每个孩子都可以取得多方面的成功（即三论：猴子论、老婆论、和尚论）。2.第一次提出成功是成功之母的思想；反复成功导致自我概念积极；自我概念积极是人格健康的核心。3.成功教育的三个要素：积极的期望、成功的机会、鼓励性评价。4.成功的三个阶段：帮助成功、尝试成功、自主成功（圈养、散养、野养）；做中学、做中思、做中创。5.三位一体的成功：教师、学生、家长。6.成功教育研究的逻辑关系：问题—原因—对策—效果。主要问题—主要原因—主要对策—主要效果。刘京海说：在每一个"差生"的背后，都有一段被冤屈的历史。[①]

2001 年，刘京海出版了《成功教育》[②]，2002 年，刘京海、陈德华出版了《成功教育的理论与实践》[③]，2008 年，刘京海出版了《刘京海成功教育随笔》。他的身影从城市到乡村，从上海到外省市，从国内到国外，马来西亚、新加坡、美国等地，成功教育之花，香溢四海，成功教育理念输出的众多项目中，马来西亚华校董事联合会总会项目、外省市人教版学科平台开发项目等都倾注了刘校长无数日日夜夜的心血。1990 年到 2014 年，CNKI 网显示，有关成功教育的

① 周慰：《故事 刘京海："成功教育"的成功》，《上海教育》2008 年第 11 期。

② 刘京海：《成功教育》，福建教育出版社 2001 年版，第 12—14 页。

③ 刘京海、陈德华：《成功教育的理论与实践》，上海教育出版社 2002 年版，第 87—89 页。

论文、随笔、报道等发表 800 余篇，只有 1 篇批评文章。但笔者认为，成功教育适合于学习困难学生的教育，并不完全适合于中等和优秀学生的学习。过度强调积极的期望，成功的机会，鼓励性评价，拒绝批评、拒绝挫折、拒绝失败，不利于学生进入社会后的心理适应，不利于学生进入社会的人生竞争，不利于学生面临失败的心理承受。因为过度强调成功，或者片面地理解这些理念，已经造成中国社会、家庭、学校教育中的尴尬处境。儿童青少年已经难以忍受批评、挫折、苦难、冲突、规章，家长已经难以接受学生被批评、受挫折，难以接受轻微的身体、心理伤痛，幼儿园、小学已经成为一个安全管理逐步走向类监狱化的教育环境，某些被溺爱的儿童青少年如果不成功，或者面对矛盾、面对冲突、面对挫折，就会离家出走、攻击社会、自残自杀。

三、愉快教育的过度化及其后果

愉快教育是上海第一师范学校附属小学名誉校长、特级教师倪谷音及其同事们探索总结、针对学业负担过重问题而创立的一种教育理念、教育思想、教学原则。20 世纪 80 年代起，按照邓小平同志提出的三个面向教育指导思想，该校积极进行教育改革，开始愉快教育的实验，努力实现教育思想、教育科研、教育质量的同步发展。1982 年起，教育部（1985 年到 1998 年名为国家教委）多次提出减轻学生过重的学业负担，上海市教育局又提出了提高学生素质的要求，该校联系实际，研究制订了办学宗旨，以使学生们都有幸福的童年作为我们办学的出发点。培养学生在思想道德、文化知识、身体素质、心理品质等方面都有扎实的基础，都有良好的起点，并以此制订愉快教育的具体目标，进行教育整体改革，全面提高学生素质。

上海第一师范学校附属小学是 20 世纪 40 年代中国近代著名教育家陈鹤琴先生创办的实验性学校。陈鹤琴先生曾引进杜威的教育思想，主持活的教育的实验。新中国成立后，该校重点研究的系列课题"推动儿童聪明才智"得到充分发展。1982 年以来，为了解决学业负担过重问题，学校提出"要使每一个孩子都有一个幸福的童年"，"让每个学生都有美好的心灵、创造的才干、健壮的体魄、活泼的个性"。1987 年总结改革实践，形成以"爱、美、兴趣、创造"为四个教育要素的愉快教育模式：（1）愉快教育的办学观：是要教会学生去做人，使每个学生都有幸福的童年，都能得到全面的发展。（2）愉快教育的学生观：把学生看成是有独立人格的人，把尊重学生的独立人格看作教育的前提和对待学生的基本态度。针对学生的不同特点，引导学生生动活泼、主动地发展。（3）愉快教育的学习观：学习是学生本身的自主活动，一切教育影响只有通过学生自身的积极活动才能转化为学生内在的精神财富，才能使学生得到成长和发展。（4）愉快教育的教学观：愉快教育历来提倡教学不只是传授知识的过程，也是师生情感交流的过程，教学不只是要学生去继承，还要学生去创造。[①]

愉快教育坚持教学与学习的学生主体性原则、教育艺术化原则、教育情感性原则、教育创造性原则；愉快教育的心理学基础是移情效应、威信效应、期望效应、情感效应；愉快教育坚持课堂教学的新颖性、审美性、适宜性、科学性。愉快教育实施后，很快受到全国教育界的普遍关注与重视，许多报刊曾广泛宣传，先后有美国、英国、法国、德国、俄罗斯、日本、朝鲜、比利时、澳大利亚等国外教育界人士和官员前来参观考察，成为教育界的热点，倪谷音老师也成为国内最知名的小学校长之一，她曾当选为第五届全国人大代表、全国人大常委；先后荣膺上海市优秀教师、特级教师、劳动模范、全国先进儿童工作者、全国优秀少先队辅导员、全国优秀教师等称号；1986 年获第二届樟树奖，并被推选为全国小学管理学会副理事长、上海教育国际交流学会副会长、上海市少先队工作学会副会长等，出版了《我和愉快教育》[②] 著作。1995 年以来，CNKI 显示，关于愉快教育的论文、随笔、经验总结、应用报告达到 450 余篇。

我们认为，作为一种小学教育理念、思想、教学模式、教学方法，愉快教育的本质是激发学生兴趣、强化学习动机、活跃课堂气氛、减轻学生负担、提高教学效果。青年时代，笔者曾发表随笔《学海无涯乐作舟》，宣传愉快教育。但二十年后回头看，过度强调学习愉快性，忽视学习艰苦性，使学生会产生错觉，如果教师的课堂教学内容抽象，无法做到有趣，无法实现互动，就会产生退缩心理、埋怨心理。特别是学生进入中学、大学，学习的知识难度大、容量大，教师不再强调教学的趣味性、愉快性，就会失去学习动力、学习热情。因此，我们认为，小学教育中既要强调学习的趣味性、快乐性，还要强调学习的刻苦性、艰难性。否则不利于学生更高层次学习的坚持性，不利于学生进入社会后自学抽象知识的忍耐性，不利于学生进入工作岗位后终身学习的守望性。

综上所述，赏识教育是民间土产的教育思想，是针对参加儿童教育成效而

---

① 倪谷音：《我和愉快教育》，上海教育出版社 1997 年版，第 23—28 页。

② 倪谷音：《我和愉快教育》，上海教育出版社 1997 年版，第 1 页。

总结出的教育理念、理论、模式、方法；成功教育是上海闸北第八中学针对差生学习困难而创造的教育思想，是国家教育行政部门向全国中学推广的教育理念、理论、模式、方法；愉快教育是上海第一师范学校附属小学针对课业负担过重而创造的教育思想，也是获得国家级教育成果奖励的教育理念、理论、模式、方法。三种教育思想在我国中小学乃至中等专业学校、高等学校得到普遍的推广应用，推进了我国中小学由应试教育向素质教育的转型，遏制了我国传统教育思想中的专制主义传统，更新了教师的教育观念，为我国基础教育的改革与发展做出了巨大贡献。然而，任何事物的发展都是辩证的，任何思想理论的发展过度都会造成反面的后果。因为过度强调赏识、愉快、成功、保健、安全、和谐、人性、个性，或者片面地理解这些理念，已经造成中国社会、家庭、学校教育中的尴尬处境。儿童青少年已经难以忍受批评、挫折、苦难、冲突、规章，家长已经难以接受学生被批评、受挫折。如果继续过度强调赏识、愉快、成功、保健、个性、和谐、安全，就会导致未来中国的接班人、建设者社会适应能力严重下降、社会实践能力难以发挥、社会抗挫素质结构失衡、社会心理发展变异，造成严重的民族社会心理学后果，影响中国未来的国际地位。

第四节　当代城市住宅楼杂物与城市居民环境心理健康问题分析

20 世纪 80—90 年代的 20 年，我国的大中小城市建设住宅楼都有阳台、有垃圾道，而且多数是 5—6 层，最高也就 7 层，无电梯。20 年后的今天，这些靠街楼房成为城市的脏乱风景，主要表现是阳台上的杂物、楼道里的旧货以及阴台防盗栏中的垃圾。有人认为，主要是当时经济困难，建设楼房时没有设计库房，导致杂物无处藏身。我们以为，这些现象既反映了经济的发展状况，也反映了一种社会心理态度（社会心态）。

一、城市住宅楼的阴阳台杂物的现象学分析

第一，中国尚未进公民市民社会，而是停留在私民市民社会。家庭装修的冠冕堂皇与楼道的脏乱形成鲜明对比。只要是公共场所，都以各种借口乱堆乱放，即使办公室也是如此。有些政府公务员、事业单位职员，家庭装修豪华、卫生干净，而办公室却是杂乱无章。

第二，中国社会是一个非常重视人际关系的社会，这种人际关系的核心是面子、人情。每个人都担心干涉住宅楼道公共事务，会造成邻居面子问题，而且特别担心邻居冲突，即使有些住户试图清理，但唯恐得罪邻居而敢怒不敢言，反映出人际关系和谐大于环境卫生的社会态度。

第三，中国城市社会是一个二律背反的社会，一方面城市人看不起农村人，经常会污名进城农村人的行为，另一方面又自己行为异常，公共场合假装卫生过度，家里却十分地不讲卫生。因此部分住户家庭没有养成良好的生活习惯，缺乏干净整洁的生活审美素质，特别是家庭经济拮据的居民。

第四，中国改革开放多年，各个阶层利益变迁很快，20 年前收入很好的企业，到了新世纪，都被破产重组，工人生活十分拮据。20 世纪 80—90 年代建设的居民区都是单位宿舍楼，单位破产重组后，居民楼没有进入现代社区管理模式，成为三不管区域，即便有人试图出头也是心有余悸。

第五，某些住户存在贮藏性格，自己使用过的物品，即使已经过时无用，也舍不得抛弃，但又无处存放，只有摆在楼道里，比如旧花盆和购买电冰箱、洗衣机、电视机、电脑时的外包装纸箱，穿过而不时髦的鞋，用过而舍不得扔的电器，装修完房子余出的建筑材料、装修材料等。

第六，当代中国社会是一个学历社会、知识经济时代，因为能力和体制机制问题，有些市民在社会重新分层中，被挤压到底层，存在报复社会、故意乱放乱扔的心理倾向。特别是生活不如意、仇富心理比较强烈的居民，故意乱放乱扔能够给自己带来心理愉悦感。

第七，20 世纪 80—90 年代，城乡差距、阶层差距很大，大多数人居住平房，进入楼房被认为是先行富裕起来的阶层，因为贫穷和心理失衡，城乡接合部居民盗窃楼房居民现象比较普遍。当年为了防止偷盗而安装的阴台防盗栏，现在成了各类私有公共垃圾的永久存放处，因为没有人敢于提出拆除防护栏。

第八，20 世纪 80—90 年代修建居住楼房者，基本都是国有企业事业单位，住宅管理与单位办公室管理属于统一后勤机构。随着改革深入，住房商品化的推进，部分单位的住宅楼成了半单位管理、半社区管理。因为缺少物业管理机构，住户之间相互埋怨，但任何人想插手管理都是名不正言不顺。

二、城市住宅楼的阴阳台杂物的学术理论分析

第一，社会生物学认为，人首先是动物，大至国家、民族，中至家族、亲

族，小至单位团体、群体个体，都有动物性的领地本能、地盘潜意识。[①] 住在无血缘、姻缘、亲缘关系的居民楼里，每户居民都以自己的楼房窗户和门作为类似于国界、院墙的家界，至于门和窗户以外的场所，则属于公共区域，既有扩展的潜意识，却不敢越雷池半步，唯恐给自己带来纷争。在楼道里模糊属于自己的地方，比如楼梯与门之间的地区放置自己的杂物，也有领地防护和扩张的潜意识心理动机。

第二，社会心理学认为，中国社会存在差序和隶属这两种潜结构，差序反映横向人际关系，社会交往活动中按血缘、地缘、情感等因素分亲疏远近差别对待；而隶属反映纵向人际关系，交往过程中形成环环相扣的垂直权力结构。是否能成为一个整体，关键看是否形成高强度隶属性人际关系。若干无情感性关系的个人群体，会造成窝里斗或内耗。[②] 中国人的传统文化是中庸之道和为贵，但陌生世界的居民更恐惧邻里纷争，各人自扫门前雪，莫管他人瓦上霜。

第三，管理心理学认为，群体必须成为组织团体才能保证正常运转，而组织的最大的特征是制度保障和职责明确。现代社会管理中的社区管理都是物业管理公司按照制度和职责管理。原生态的楼房居民因为原单位的解析，缺少社区物业管理，没有制度保障和职责明确，因此便陷入群体混乱状态。

第四，人格心理学认为，居民的性格存在很大差异，因此管理必须面对特殊个人，即使有组织管理也同样存在困难。[③] 比如，某高校为了迎接评估，选派副校长清理住宅楼垃圾，结果因为咸菜缸问题、烂纸箱问题发生冲突，因为老干部有冬天吃咸菜的习惯，而咸菜缸放在家里太热，放在楼下库房又太远。

三、城市住宅楼的阴阳台杂物清理的现实路径

前年有网络报道，某县县委书记带领干部清理城市临街楼房阴阳台杂物，造成全县大乱，几乎丢失官位。这说明城市化进程就如过早实行共和一样，民众的生活水平尚未达到，公民意识尚未达到，需要等待时机。但城市化进程不能不推进，这就需要国家层面出台过渡办法，等到旧式楼房都拆除，居民住上了商品楼小区，这一问题会逐步解决。

---

① 威尔逊著，毛盛贤等译：《社会生物学：新的综合》，北京理工大学出版社 2008 年版，第 12—18 页。

② 周晓虹著：《现代社会心理学》，上海人民出版社 1997 年版，第 98—102 页。

③ 张海钟等：《人性、人格、人生——现当代心理学视野的理论探索》，社会科学文献出版社 2009 年版，第 10—11 页。

第一，将所有住宅楼纳入社区管理，统一收取管理费、卫生费，统一打扫卫生，定期进行检查评比。这一举措的核心是社区管理服务到位，困难在于原生态的原有企业、事业单位穿插叠错在新建住宅小区之中，居民虽然愿意按照小区模式管理，但因为长期享受单位福利，习惯于无条件享受物业服务，不愿意缴纳卫生费和管理费。

第二，分类管理、分步推进物业管理，根据各类单位住宅楼的性质和类别，分别制定相应的规章制度。原单位存在，效益比较好的，与原单位联系，共同管理；原单位破产，居民情绪比较大的，适当降低标准，降低物业管理费用，逐步过渡；原单位已经注销，居民收入确实太低，无力缴纳物业费的，政府给予适当补贴，社区雇人员开展卫生管理。

第三，市、区社会主义精神文明建设办公室利用各类媒体宣传教育居民保持住宅楼清洁，会同卫生主管部门定期开展爱国卫生大检查，重点督查居民楼楼道、阴阳台杂物，督促街道、社区和相关企业事业单位随时清理，特别是临街楼房临窗栅栏中的陈年杂物。同时给予不清理的单位和住户一定处罚。

第四，根据每个住宅楼的实际，成立住宅楼管理委员会，选举出楼长和各门洞负责人，登记包括租住户在内的住户户主，制定相关规章制度，定期检查卫生和安全，随时提醒、警告楼道卫生和阴阳台卫生不合格住户，及时通报批评。对卫生和安全工作优异的住户通报表扬，以便树立榜样。

第五，根据社会生物学、社会心理学、人格心理学原理，开展全民健心活动，住宅管理委员会经常性组织本楼住户开展联谊活动，将住宅楼住户打造成熟人社会，增强隶属关系，增进相互了解，提高住户安全感。同时为楼道划定冬季食物摆放区域，防止对门住户和上下楼住户因为楼道交通而发生纠纷。

第五节　中国现代城市社会与传统乡村社会的人际关系比较

人际关系是指人与人之间的各种关系。广义的人际关系包括经济关系、政治关系、法律关系、角色关系、文化关系、心理关系等一切方面。社会心理学领域的人际关系，是指人们在交往过程中形成的心理关系，关注的是这种心理关系的亲密性、融洽性、协调性的程度，其结构成分有认知成分、情感成分、行为成分。

一、西方社会心理学的人际关系研究理论综述

西方现代社会学的人际关系研究，滥觞于达克主编的《人际关系手册》，后继的组织行为学则更加重视人群互动关系的研究。美国心理学家费斯克综合社会学、社会心理学和文化人类学的理论和研究，提出了一个相当系统的社会关系模式。他认为社会互动有以下四种模式：1. 共享：由团体成员共享情感与资源，不分彼此（家人关系、亲密朋友关系）；2. 权威排序：依据年龄、阶层、地位等形成不对等的权威与顺从关系（如长幼关系、上下级关系）；3. 对等互惠：双方平等，强调对等回报与交易的平衡（国与国之间）；4. 市场定价：双方基于理性，进行得失衡量，考虑成本与收益的比率，商业关系往往如此。费斯克认为，这四种模式是存在于个人大脑的关系原型。现实生活中，人们根据具体情境，灵活地组合这四种基本模式，建构出复杂的人际关系，而且不同的文化中都存在这些模式。哪些模式占据主导地位，各种模式的应用范围和实施细则因文化而异。①

克拉克和米尔斯模式则认为，人际关系有两种：强调礼尚往来，讲究平衡和对等的交换关系；关心对方的幸福，讲究需求法则，而且不希望对方做出对等回报的共享关系。共享关系中，人们并非不在乎公平问题，而是对不公平的容忍时间要长一些，容忍程度要大一些，在共享关系中，人们相互信任程度比较高，相信对方不会故意占自己的便宜，认为最后会达到大致的平衡，所以能够容忍一时的不平衡。相反，如果对方立即对等回报，反而会给人太见外的感觉，甚至影响关系的发展。②

社会心理学关注的是人际关系中的动机、认知、情感、人格问题。人际吸引只是关系发展的一部分，吸引可以增加人们交往的动机，但并不能保证关系的顺利发展，关系的进展还包括交往的动机和交往的行为。交往的动机是指人们在交往中想得到什么。交往的行为包括工具性的交换和情感性的交流。社会交换理论认为，人际交往是一个社会交换的过程，人们根据成本最小、收益最大的原则交往。若觉得贡献和收益大致相等，就会产生公平感，若不公平就会产生不舒服感。在其他条件下，权力较大的人在社会交换中收益更多。社会交换过程也包括情感的交流，而情感的交流是与自我表露分不开的。所谓自我表露就是把有关自我的信息、自己内心的思想和情感暴露给对方。良好的人际关

---

① 全国 13 所高等院校：《社会心理学》，南开大学出版社 2008 年版，第 20—96 页。

② 全国 13 所高等院校：《社会心理学》，南开大学出版社 2008 年版，第 20—96 页。

系是在交往双方的自我表露逐渐增加的过程中发展起来的。自我表露可以增加对方对你的喜欢，但过分的自我表露也会让人不舒服。[1]

勒温格等人认为关系的发展有三个阶段：第一是单向注意阶段，双方没有互动。第二是表面接触阶段，双方有初步的、浅层的互动，但是还没有相互卷入，没有走进彼此的私我领域。第三是相互卷入阶段，双方向对方开放自我表现，分享信息和感情，这是友谊发展的阶段。阿特曼的社会渗透理论认为，人际交往有两个维度，一是交往的广度，二是交往的深度。人们根据对交换成本和回报的计算来决定是否增加对关系的投入。据此，人际关系的发展一般经过四个阶段：定向阶段：对于选定的对象，初步的沟通，谈谈无关紧要的话题；情感探索阶段：有一定的情感卷入，但还不涉及私密性的领域；情感交流阶段：有较深的情感卷入，谈论一些相对私人性的问题（如工作中的烦恼、家庭中的情况）；稳定交往阶段：亲密朋友的阶段。[2]

美国学者舒茨以人际需要为主线提出人际关系的三维理论，他称自己的理论是基本人际关系取向理论。其要点是：个体都有三种基本的人际需要，包容需要，与他人接触、交往、相容；支配需要，控制他人或被他人控制；感情需要，爱他人或被他人所爱。如果加入主动和被动维度，可以区分出六种人际关系取向：主动包容式，即主动与他人交往，积极参与社会生活；被动包容式，即期待他人吸纳自己，往往退缩、孤独；主动支配式，即喜欢控制他人，能运用权力；被动支配式，即期待他人引导，愿意追随他人；主动感情式，即表现对他人喜爱、友善、同情、亲密；被动感情式，即对他人显得冷淡，负性情绪较重，但期待他人对自己亲密。[3]

还有的实验社会心理学家，根据情感卷入程度，分为轻度卷入、中度卷入、深度卷入。轻度卷入的人际关系，交往双方所发现的共同心理领域较小，双方的心理世界只有小部分重合，这一范围内，双方的情感是融合的。中度卷入的人际关系，交往双方已发现较大的共同心理领域，双方的心理世界也有较大的重合。在深度卷入的情况下，双方已发现的共同心理领域有可能大于相异的心理领域，彼此的心理世界高度（但从来不会完全）重合，情感融合的范围也覆盖了大多数的生活内容。在实际生活中，人们只同极少数人能够达到这种

---

[1]　全国 13 所高等院校：《社会心理学》，南开大学出版社 2008 年版，第 20—96 页。

[2]　全国 13 所高等院校：《社会心理学》，南开大学出版社 2008 年版，第 20—96 页。

[3]　全国 13 所高等院校：《社会心理学》，南开大学出版社 2008 年版，第 20—96 页。

人际关系深度，有些人则从来没有与任何人达到这种深度的关联。①

社会心理学还有角色互动理论、符号互动理论、参照群体理论等社会互动理论，从不同角度和层次解释人际关系。布鲁默的学生米德总结了互动论的三个原则：（1）根据我们对于事物所赋予的意义，我们对之采取行动；（2）我们对于事物所赋予的意义是社会互动的结果；（3）在任何情境下，这一解释过程通常包括米德所说的角色借用，即假定承担别人的角色并试图理解别人的思想和情感，也就是内在阐释过程，我们与我们自己交流。②

美国社会心理学家艾文·戈夫曼关于人类互动的研究被称为社会戏剧表演理论，这种理论把人们看成是戏剧中的演员，宣称人们是在按照社会剧本的要求扮演各种角色，并且人们的表演要接受观众的评判，观众对于可能解释演员真实性格的某些过失非常警惕。这种角色表演的一个重要方面就是印象管理或自我呈现，即向别人表现我们自己，以便他们能够按照我们的愿望看待我们，诱导他们做出我们期望的行为。人们的行为既包括"前台"行为，又包括"后台"行为。前台行为针对的是他们并不熟悉的一般观众，后台行为则是针对亲密朋友的。在有些情况下，人们组成剧班以表现某种印象。当印象或形象遭遇别人挑战时，通常会导致尴尬，表演者的尴尬也伴随着观众的尴尬，观众通常"有意忽视"表演中的过失，为表演者保全脸面。③

二、中国本土社会心理学的人际关系研究综述

中国社会心理学界的人际关系的研究可以追溯到儒家伦理中天人合一的群体人际和谐关系理论。20 世纪 40 年代，费孝通以农村调研为基础而提出的差序格局概念和圆轮交往结构，认为中国人往往以自己为中心，把他人按亲疏远近分为几个同心圆圈，与自己越亲近的，处于与中心越贴近的小圆圈内。人们以不同的交往法则来对待属于不同圆圈层里的人，跟中心越接近的，对他们越好。而且，尊卑有序也是中国乡土社会人际交往的一个特点。总体可以认为，中国的人际关系是既有家庭血缘的"近距离"的亲密，又具有不同等级"远距离"的尊恭，两者间的盘结交错即是"差序格局"式人际关系。④ 后来的梁漱溟针对西方心理学的分类，提出中国社会是关系本位的观点。他认为人际关系可以

---

① 全国 13 所高等院校：《社会心理学》，南开大学出版社 2008 年版，第 20—96 页。
② 全国 13 所高等院校：《社会心理学》，南开大学出版社 2008 年版，第 20—96 页。
③ 全国 13 所高等院校：《社会心理学》，南开大学出版社 2008 年版，第 20—96 页。
④ 费孝通：《乡土中国》，上海人民出版社 2011 年版，第 78—79 页。

分为伦理本位和个人本位，而中国社会则是关系本位。[①]杨国枢根据亲疏远近，提出的中国人人际关系类型，认为中国人的人际关系可以分为家人关系、熟人关系和生人关系。在家人关系中，双方要讲责任，不太在意对方是否回报。在熟人关系中，双方要讲人情。在生人关系中，双方都讲利害。[②]

黄光国等针对社会交易学立场的社会行为互动公平法则、均等法则、需求法则理论提出，中国社会的人际关系首先可以分为既有关系与交往关系，既有关系是指在某一时间点两人关系中经由社会既定和认可的连带而形成的一个交往基础，例如同乡、同事、校友等。交往关系是指在某一时间点两人实际交往的状态。其次可以区分出情感关系、工具关系与混合关系。在不同的关系中，遵循不同的交往法则。1. 情感性关系：在家人、亲密朋友之间，是一种长久、稳定的关系，它可以满足个人在关爱、温情、安全感、归属感等情感方面的需求。"各尽所能、各取所需"是情感性关系的需求法则（类似共享关系）。2. 工具性关系：在陌生人之间，是一种短暂、不稳定的关系。"公平法则"是这一关系的交往法则，类似市场定价模式，例如店员与顾客。3. 混合性关系介于情感性关系与工具性关系之间，双方有一定程度的情感关系，但并不是很深刻，没有达到可以随意表现出真诚行为的地步。亲戚、邻居、师生、同学、同事等关系属于混合性关系。具有延续性，双方预期有进一步的交往。遵循"人情法则"。注重均等与互惠，类似于对等互惠模式。[③]

翟学伟将中国社会人际关系分为情感上的亲疏维度和地位上的尊卑维度两个基本维度，当互动双方在尊卑维度上表现出互补性（一方的支配行为引发另一方的顺从行为），在亲疏维度上表现出对等性行为（如一方的友善引发另一方的友善）时，双方的关系比较和谐；相反，当互动双方在尊卑维度上表现出对等性（双方都顺从或都支配），在亲疏维度上表现出对立性（一方友善，另一方却带有敌意）时，双方关系容易紧张。次要维度是特殊主义与普遍主义（前者讲人情，做事因人而异，后者讲一视同仁），工作导向与非工作导向等。[④]

---

① 梁漱溟：《中国文化要义》，上海人民出版社 2011 年版，第 12—17 页。

② 杨国枢：《中国人的心理与行为：理论与方法篇》，桂冠图书公司 1993 年版，第 26—44 页。

③ 黄光国等：《人情与面子：中国人的权力游戏》，中国人民大学出版社 2010 年版，第 1—6 页。

④ 翟学伟：《人情、面子与权力的再生产——情理社会中的社会交换方式》，《社会学研究》2004 年第 5 期。

翟学伟认为，通常情况下，中国人的人情交换有三种类型，一种是某人在遇到危难的紧急关头得到了他人的帮助，这在人情交往中属于恩情的范畴，对此困难提供帮助的人叫作"恩人"。另一种是比较有目的的人情投资，通常叫送人情，送人情导致接受的对方有亏欠或愧疚感，双方构成一种"人情债"关系，结果在对方提出要求的时候不得不按对方的要求回报。第三种是一般性的礼尚往来，也就是有来有往的互相走动、请客或过节时的送礼行为，以加强彼此的感情联络，最终会在"给面子"中实现交换。①

有的社会学者将人际关系分为四个维度，即基缘维、间距维、交频维、信传维。基缘，是指构成人际关系的最基本的因素，包括血缘、地缘、业缘、趣缘等；血缘构成的人际关系，泛指因血缘和姻缘联系而交往形成的人际关系。间距维，指在交往过程中，交往双方相处的距离的远近对双方关系的影响。交频维，指交往双方频率的多少对人际关系的影响。信传维，指交往过程中信息传递对形成良好人际关系的影响。其中血缘，即直系和旁系血缘构成的宗族关系，包括父母子女关系、祖父母孙子女关系、堂兄关系、表兄关系、叔侄关系、甥姨关系、甥舅关系等。它是人先天的与生俱来的关系，在人类社会产生之初就已存在，是最早形成的一种社会关系。马克思说"家庭起初是唯一的社会关系"。血缘是亲情的内里核心。地缘，即以共同或相近地理空间（环境）引发的特殊亲近关系，如同乡关系和邻居关系等。地缘是血缘与姻缘意识与人和物的泛化。业缘，即以曾经存在或正存在的职业、事业等原因引发的经常交往而产生的特殊亲近关系，如师生关系、同窗关系、同事关系、战友关系、买卖关系、消费关系、阶级关系和事业关系等。业缘是血缘意识、姻缘意识和地缘意识的泛化。"一笔难写两个姓"；"老乡见老乡，两眼泪汪汪"；"一日为师，终生为父"，分别表达了血缘关系、地缘关系和业缘关系。②

三、中国近现代乡土社会人际关系的心理学研究综述

中国社会历史中，血缘关系的亲疏远近是人际关系的基本法则。正如费孝通所言："中国社会以己为中心，像石子一般投入水中。和别人所联系成的社会关系不像团体中的分子一般大家全在一平面上，而是像水的波纹一般一圈圈

---

① 翟学伟：《人情、面子与权力的再生产——情理社会中的社会交换方式》，《社会学研究》2004 年第 5 期。

② 李毅：《社会学概论》，暨南大学出版社 2011 年版，第 78—79 页。

推出去。愈推愈远，也愈推愈薄"。"每个人都是他社会影响所推出去的圈子的中心。"这样，由"己—家—国—天下"不断外推的差序格局，即为以自己为核心的一组同心圆结构模式。在这种由己外推的差序格局之中，所存在的不是界限分明的内群体/外群体的分别，而是一种界限模糊、具有相当大伸缩性与情境性的自己人/外人的划分。在从己往外推的任何一圈上，向内看是自己人，向外看则是外人。这样差序格局中的人己界限、群己界限都相当模糊，是一种你中有我、我中有你之私人联系所构成的人伦关系网络，这样的人伦关系网络一般以血缘与地缘关系为基础，其中又以血缘关系最为重要。①

　　阎云翔研究了乡村村民的私人关系，认为根据可靠性程度，可以分为核心区域、可靠区域、有效区域和村庄共同体，再往外就是外部世界。在外部世界，关系是一种办事的手段，送礼也是一种短期、工具性的活动。在村庄的内部，送礼和关系则有不同的含义。核心区域由一个人的家庭成员构成，包括亲近的族亲和姻亲，这是一个人亲属网络的中心。可靠区域由一个人的好友们组成，核心区域与可靠区域之间的界限并非很严格，因为最好的朋友有可能比亲戚还要好。有效区域由一般亲友组成，包括的人数较多，在吸收新成员方面更加开放。阎云翔的研究发现，个人与在核心区的人交换的礼物最多，可靠区次之，有效区再次之。②

　　"伦"字古时通"轮"字，石子投入水中，一圈圈推出的波纹就是伦。以自己为中心，最亲的人是自己的血亲姻亲——父母兄弟夫妻儿女是最中心的伦，波纹厚重，亲情最厚重；第二伦是父母的血亲姻亲——叔叔姑姑舅舅姨姨、表兄表弟表姐表妹；第三伦是妻子的血亲——岳父岳母妻兄妻弟妻姐妻妹；第四伦是兄弟姐妹的姻亲；第五伦是祖母、岳祖母的血亲；第六伦是堂兄弟；第七伦是太爷祖太爷的子孙，第八伦才超越血亲姻亲，进入同村异姓，第九伦进入同学、战友、同事、朋友范畴，依次类推，愈推愈远，波纹愈宽，但亲情、感情愈推愈薄，一切社会关系都是家庭关系的放大与延伸。这些学说在传统中国宗法社会演变成了国法与家规，维护着社会人伦秩序。总而言之，中国传统的人际感情深厚程度是按照血亲亲情、姻亲亲情、友情的顺序来排列的，如果既是血亲姻亲又是朋友，感情就更加深厚。

---

　　① 费孝通：《乡土中国》，上海人民出版社 2011 年版，第 78—79 页。

　　② 阎云翔：《私人生活的变革：一个中国村庄里的爱情、家庭与亲密关系》，上海书店出版社 2003 年版，第 61—63 页。

    乡土社会的人际关系主要由血缘关系、姻缘关系、地缘关系、学缘关系组成。具体表现为祖孙关系、父与母的关系、父母与子女关系、兄弟姐妹关系（兄妹关系）、夫妻关系、妯娌关系、亲家关系、翁婿关系、表兄弟姐妹关系（表亲关系）、邻里关系、小学中学同学关系等，各种关系交错纠结。

    父母关系是一种情感与资源不分彼此的共享关系，但共享关系也有费斯克的权威排序、对等互惠、市场定价的成分，更有克拉克和米尔斯的强调礼尚往来，讲究平衡和对等的交换关系成分，因为共享关系中，人们并非不在乎公平问题，而是对不公平的容忍时间要长一些，容忍程度要大一些，在共享关系中，人们相互信任程度比较高，相信对方不会故意占自己的便宜，认为最后会达到大致的平衡，所以能够容忍一时的不平衡。相反，如果对方立即对等回报，反而会给人太见外的感觉，甚至影响关系的发展。父母关系也是舒茨的主动感情式关系，是当代心理学家的深度情感卷入关系。父母之间的关系包含着角色互动、符号互动，也有参照家庭群体作为理想的目标和避免的方向。父母作为家庭的主要领导，经常分前台后台进行人际交往中的角色扮演。按照黄光国的分类，父母关系是既有关系与交往关系中的既有关系、情感关系、工具关系与混合关系中的情感关系，带有工具性关系的成分。按照翟学伟的情感上的亲疏维度和地位上的尊卑维度，父母关系表现为情感上的亲疏关系，有些家庭也存在地位上的尊卑关系。按照基缘维、间距维、交频维、信传维的分类，父母关系主要是基缘关系中的血缘（姻缘）关系和地缘关系。按照费孝通的伦理理论，当属于同心圆居中层次的亲缘关系。按照阎云翔可靠性程度分区，父母关系属于核心区域的亲戚关系。新世纪以来，以西方文化进口突破渗透为特征的城市化进程急剧加快，西方文化中的父母关系特征却难以进入中国家庭，中国城乡家庭中的父母关系继续保留着传统乡土社会的关系特征。

表 6-1　中国乡土社会人际关系心理类型表

关系	费斯克	克拉克	舒茨	黄光国	翟学伟	阎云翔	社会学	心理学
父母	共享	共享	主动感情	既有情感	亲疏	核心	姻缘	深度
亲子	共享	共享	主动感情	既有情感	尊卑	核心	血缘	深度

关系	费斯克	克拉克	舒茨	黄光国	翟学伟	阎云翔	社会学	心理学
兄妹	共享	共享	主动感情	既有情感	亲疏	可靠	血缘	深度
夫妻	共享	共享	主动感情	既有情感	亲疏	可靠	姻缘	深度
妯娌	对等互惠	交换	被动感情	交往混合	亲疏	有效	姻缘	中度
亲家	对等互惠	交换	被动感情	交往混合	亲疏	有效	姻缘	轻度
翁婿	对等互惠	交换	被动感情	交往混合	亲疏	有效	姻缘	轻度
表亲	对等互惠	交换	被动感情	既有混合	亲疏	有效	血缘	轻度
邻里	对等互惠	交换	被动感情	交往混合	亲疏	有效	地缘	轻度
同学	对等互惠	交换	被动感情	交往混合	亲疏	有效	学缘	轻度
朋友	对等互惠	交换	主动包容	交往混合	亲疏	村庄共同体	业缘	轻度

　　父母与子女的关系被心理学、教育学称为亲子关系，属于尊卑维度、血缘关系，其他维度都与父母关系一样。兄弟姐妹关系则是除了血缘关系之外，也属于阎云翔分区的可靠区域。夫妻关系本来与父母关系相同，但这里所指主要是青年夫妻，以区别于父母。妯娌关系就与父母关系、亲子关系、夫妻关系很不相同，属于对等互惠、交换关系、被动感情、交往关系与混合关系、有效区域的人际关系。至于亲家关系、翁婿则与妯娌关系一样。到了表亲，就又进入血缘关系。邻里、同学关系与亲家关系、翁婿一样，只是属于地缘关系和学缘关系。朋友就比较复杂，属于舒茨的主动包容关系、社会学的业缘关系，其他则与表亲相同。但是，经过解析发现，类型论其实有很大的缺陷，无论是西方心理学的区分的类型，还是本土心理学的划分，无论是二维分类，还是四维分型，相互之间都存在交叉。比如父母关系既是共享关系，也有权威排序、对等

互惠、市场定价的成分；比如，兄弟姐妹关系既是情感关系，也有工具关系的成分；比如妯娌关系、表亲关系、朋友关系，既有主动感情、被动感情式，也有主动支配和被动支配式，更有主动包容和被动包容式。同时，乡村社会还有很多关系，比如舅舅外甥的关系、姑姑侄儿侄女的关系、姨夫姨母与外甥的关系，限于篇幅，将在未来的著作中论述。而且，前述很多心理学家的维度划分，因为表格限制，也将在今后的论述中进一步精细化。

四、传统与现代的交和——中国当代城市社会的人际关系

费孝通认为，在西方社会的团体格局中，个体可以比较自由地选择加入自身所喜好的若干团体，个体也可能同时属于不同的团体，因此团体的内外界限也就相当地清楚，若干团体彼此就像是一捆一捆扎清楚的柴。中国城市社会的人际关系原则正是西方进口的人际关系模式。

随着城市化进程的加快以及社会结构的不断分化，我国的城市社区类型开始发生了显著分化与重组，出现了街道社区、单位社区和商品楼社区三种基本类型的社区。传统型城市社区和新型城市社区内部的人际关系均出现了比较严重的社会疏离现象。《零点宜居指数——中国公众城市宜居指数 2006 年度报告》中数据表明：有高达 55.5% 的市民不知道邻居户主的工作单位，42% 的市民不知道邻居户主的名字，33.3% 的市民不知道邻居家庭有几口人，10% 的市民根本就不认识自己的邻居。在这种人际交往缺乏的社区里，居民对社区的认同感也会降低，从而导致社区内联系的减弱，居民缺乏安全感与归属感。[1]

有学者认为，造成城市社区人际关系疏离的原因有社会环境的变迁、居住模式的改变、初级群体的衰落、社会互动障碍等。具体而言，包括流动人口的增加促使居民异质性增强；生活节奏加快导致闲暇时间减少，地缘关系退后业缘关系前置，社区成为居住空间而不再是精神文化空间；传媒互动造成足不出户的休闲方式和交往模式，社区居民的内部互动日益边缘化；信任危机迫使社区居民对日常生活中的他者保持警惕，彼此缺乏信任，严重困扰和阻碍人际关系；现代物业型小区居民的来源多向性、偶然性和住房类型的多样化使社区成员陌生化；现代社会中的初级群体成员关系松懈，社区居民情感满足发生困难；缺乏组织者和推动者，居民交往的意愿潜抑，社区人际更加疏离。当然政府职能的转变，社区居委会多元功能逐渐弱化，居民游离于社区互动之外，也

---

① 张继涛、潘晨晨：《城市社区人际关系何以疏离》，《中国教育报》2009 年 3 月 28 日。

造成了居民人际关系的疏离。①

　　笔者认为，城市社会人际关系则主要是组织缘关系、市场缘关系、同学缘关系，具体表现为领属关系、同事关系、同学关系、商业关系。血缘关系、姻缘关系、地缘关系等反而退居之后。西方心理学家习惯于用社会交换、社交需要等理论解释人际关系心理本质，往往忘记血缘、地缘、姻缘、学缘关系为纽带的亲情、爱情、友情的作用。这些关系的心理形式和内容是认知、情感、行为的交错。

表 6-2　中国现代城市社会人际关系心理类型表

关系	费斯克	克拉克	舒茨	黄光国	翟学伟	阎云翔	社会学	心理学
父母	共享	共享	主动感情	既有情感	亲疏	核心	姻缘	深度
亲子	共享	共享	主动感情	既有情感	尊卑	核心	血缘	深度
兄妹	共享	共享	主动感情	既有情感	亲疏	可靠	血缘	深度
夫妻	共享	共享	主动感情	既有情感	亲疏	可靠	姻缘	深度
妯娌	对等互惠	交换	被动感情	交往混合	亲疏	有效	姻缘	中度
亲家	对等互惠	交换	被动感情	交往混合	亲疏	有效	姻缘	轻度
翁婿	对等互惠	交换	被动感情	交往混合	亲疏	有效	姻缘	轻度
表亲	对等互惠	交换	被动感情	既有混合	亲疏	有效	血缘	轻度
邻居	对等互惠	交换	被动感情	交往混合	亲疏	社区共同体	地缘	轻度
同学	对等互惠	交换	被动感情	交往混合	亲疏	有效	学缘	轻度
朋友	对等互惠	交换	被动感情	交往混合	亲疏	有效	地缘	轻度
领属	权威排序	交换	被动感情	交往混合	亲疏	工作共同体	组织缘	轻度

---

① 张继涛、潘晨晨：《城市社区人际关系何以疏离》，《中国教育报》2009 年 3 月 28 日。

续表

关系	费斯克	克拉克	舒茨	黄光国	翟学伟	阎云翔	社会学	心理学
同事	对等互惠	交换	被动感情	交往混合	亲疏	工作共同体	组织缘	轻度
消费	市场定价	交换	被动感情	交往工具	亲疏	消费共同体	市场缘	轻度

正如前述，按照现有的人际关系分类，其实有很多关系难以归入理论维度。比如消费关系，无法归入阎云翔的区域划分。再比如，血亲、姻亲关系不见得就一定是深度卷入，而朋友关系、同事关系也有可能是深度卷入。特别是舒茨的分类，很可能亲亲关系是主动包容、被动包容，也可能是同事关系成为主动感情取向。教育学家总是批评心理学家喜欢把人分成型，阐释学则认为，任何事件、心情，只要诉诸语言，便觉得不准确，因为语言有限制性。但科学研究如果不分型分类，似乎又无法进行。虽然人格心理学家创造了特质理论，但终究还是因为太烦琐而放弃，重新回到简单的五大理论。可是这些点论仅仅是插入性评论，笔者试图说明的是，传统乡土社会的人际关系比较简单，乡土社会的人际关系主要由血缘关系、姻缘关系、地缘关系、学缘关系组成。具体表现为父与母关系、父母与子女关系、兄弟姐妹关系、夫妻关系、妯娌关系、亲家关系、翁婿关系、表兄弟姐妹关系、邻里关系、小学中学同学关系等，各种关系交错纠结；而城市现代社会的人际关系更加复杂，主要是组织缘关系、市场缘关系、同学缘关系，具体表现为领属关系、同事关系、同学关系、商业关系。血缘关系、姻缘关系、地缘关系等反而退居其后。目前的理论需要深入探索，就城市化过程中的市场化、商业化、功利化人际关系进行深入研究。

第六节　中国同乡会馆与老乡心理效应及社会管理策略辨析

会馆源于两汉，兴于晋隋，繁盛于明清，是中国社会政治经济发展到一定阶段的产物，是随着都市的出现和繁荣逐渐兴起的一种具有地缘性质的帮会组织，主要功能是联络乡谊、感怀乡情、会聚会议、祭祀神灵、帮助同乡等。《辞海》的解释是，同籍贯或同行业的人在京城及各大城市所设立的机构，建有馆所，供同乡同行集会、寄寓之用。中国历史中的会馆不仅为中国民族团结、文化融合做出了巨大的贡献，而且在中国文化发展的许多方面都扮演了重要的角色。当代社会中，政府导引的商业性跨区域会馆逐步兴起，其促进经济发展的同时，可以满足老乡群体的心理归属需要，但也可能会产生社会心理副效应，需要引起社会心理学的关注和研究，以期为政府管理提供决策参考。

一、同乡会馆的起源和变迁与社会经济功能

明代前期都市生活文化中兴盛发展起来的同乡或同业团体，主要有永乐年间的北京芜湖会馆等。明朝中期直至清朝中期，多数会馆都是地域性组织。清代后期，突破地域界限的行业性会馆仍然很少。超地域的行业组织，多以同业公会形式出现。工商业会馆在保护工商业者的自身利益方面发挥某些作用。这一时期的北京会馆，主要以地域关系作为建馆的基础，是一种同乡组织，与工商业者绝少关系。明中叶以后，具有工商业性质的会馆大量出现，会馆制度开始从单纯的同乡组织向工商业组织发展。后期的工商业会馆还可能同中国古代的纲运制度有着渊源关系。明代后期，工商性质的会馆虽占很大比重，但这些工商业会馆仍保持着浓厚的地域观念，绝大多数仍然是工商业者的同乡行帮会馆。清末民初北京著名的会馆有李鸿章支持的安徽会馆，康有为居住过的南海会馆，谭嗣同居住过的浏阳会馆，孙中山去过的湖广会馆，以及鲁迅居住过的绍兴会馆。①

中国人自古讲究内外有别、亲疏有别，熟人办事踏实，生意伙伴变成熟人更放心。可以想象，刚刚离开乡土、脱离宗族的乡村人到了都市里，面对茫茫人海难免不知所措，但为了生存又不得不和人打交道，为了安全、可靠，最捷径的方法就是找老乡。因为老乡单靠语音就可识别，很容易找到相识、相知、相互接受和认可的话题，就可以寻找到有乡土情维系的同乡人，不久就可以成为熟人。其后，熟人介绍熟人，滚雪球一般，同乡人的圈子越来越大，支支脉脉的关系越来越多，互相之间见面、说话、相互拜托，商量共同利益问题的内在需求，正是都市中按地域分别兴建会馆的文化基础，也是最原始的思想与心理初衷。

二、同乡会馆的当代表现形式与社会经济功能

中国历史中的会馆不仅为中国民族团结、文化融合做出了巨大的贡献，而

---

① 陈炜、史志刚：《地域会馆与商帮建构——明清商人会馆研究》，《乐山师范学院学报》2003 年第 1 期。

且在中国文化发展的许多方面都扮演了重要的角色。今天，大多数会馆早已面目全非，在城市房屋成片改造当中，不少馆舍被夷为平地，园林被毁，碑碣散失。少数会馆虽然被当作历史文物保存下来，但是要想恢复昔日风貌，尚须假以时日。"沉舟侧畔千帆过，病树前头万木春"，新世纪以来，有数百年历史的会馆在赋予其现代内涵之后，再次风行21世纪的神州大地，自东向西、从南到北，诸如艺海国际商务会馆、亚力山大会馆、雅商会馆、八号公馆、浪淘沙、嘉年华、东方夏威夷等新型会馆如雨后春笋般发展壮大，引来无数瞩目和惊喜，为国内外商务精英人士的商洽、宴请、休闲平添温馨与高雅。

最近几年，为了商业发展，各省市自治区都在全国各地设立商会，其实就是会馆的另一种模式，比如北京浙江企业商会、甘肃上海企业商会等。商会按照章程开展活动。北京甘肃企业商会章程规定，商会由甘肃驻京企业自愿组织建立，是经北京市社会团体登记管理机关核准登记的非营利性社会团体法人。其宗旨是：遵守国家宪法、法律、法规和国家政策，遵守社会道德风尚。团结在京发展创业的甘肃企业和务工经商的甘肃籍人士，通过广泛开展交流与合作，举办各项活动，实现服务会员、服务企业、服务家乡、服务社会，促进本省与首都经济发展和社会进步，使商会企业得到发展。商会的业务范围包括：致力于为会员开展学习交流，与本省企业、社会法人、政府机构之间的经济交流与合作，与在京企业、北京同行企业之间的经济交流合作，为会员搭建事业发展的平台，推动京陇两地企业在科技、文化、劳务输出、招商引资、项目合作等方面共同发展。发挥整体优势，发挥服务、协调、维权作用，打造"陇商"新形象。协助当地政府做好会员企业的管理工作，使其经营活动逐步纳入规范化管理，依法经营，照章纳税，有序竞争，提高自律意识；与当地政府和有关部门取得联系和沟通，反映会员的意见、愿望、建议和要求，依法保护会员正当的经营活动，维护会员的合法权益；组织会员开展形式多样的考察、学习、交流等联谊活动，加强北京甘肃两地企业以及本会会员企业之间的经济和文化联系，相互促进共同发展；组织北京甘肃两地新闻媒体宣传报道会员企业的生产经营情况，企业管理的成功经验，扩大企业影响，提高企业知名度；按照国家有关规定，为本会会员企业提供咨询、信息、培训等服务，关心会员企业的发展，帮助会员排忧解难。

三、同乡会馆文化发展与老乡心理正副效应

2009年以来，笔者与合作者一起，提出了老乡观念、老乡认同、老乡心

理效应等概念，并进行了理论探索和实验研究，发表了系列论文，出版了专著。论著认为，社会认同是社会学、人类学、心理学和民族学多学科关注的焦点。社会认同的核心是文化认同。老乡认同的心理本质是祖籍族群认同。老乡观念是形成区域心理性格的基础，也是区域文化差异与人格差异相互作用的重要标志。老乡观念是民族认同、国家认同的心理基础。但在民族、国家内部人口规模流动的跨文化适应中，也是影响社会和谐的重要因素。方言认同与老乡认同是区域心理学研究的主要内容。在区域跨文化心理学视野中，方言是研究区域文化和区域心理差异的核心，它背后载负的更多的是区域文化心理问题。区域跨文化心理学视野中的方言与老乡认同问题研究将缩小区域文化心理差异，扩大区域文化心理和谐的可能性。

老乡认同的影响因素有区域文化传统、家乡亲友舆论、个人处境利益、性别年龄经历。老乡观念作为一种心理观念具有内外两层的双层结构。老乡作为一个松散的社会群体，其形成必须具备四个条件：一是个体流动在外，二是原籍地切近且文化共识趋同，三是彼此关怀与帮助，四是个体对行政区划的认知。对老乡观念社会表征结构的成因进行进一步分析发现，只有当具备相关的群体共享认知结构的个体离开自己的原籍地或原住地，移居或寄居外地时，有关两地的风俗习惯、方言俚语、行为方式以及周遭人群的心理社会距离等客体的社会比较过程才更有可能被激活。老乡观念社会表征的中心因素以其对地缘社会共同性的界定，规约着谁能成为老乡行政区划的心理认知作为外围要素，则引导个体检视周遭潜在同乡人群在各层次行政区划的分布，最终以较高的标准贴合度及较低的比较贴近度，聚焦在其原生地所属或与之相切近的行政区划层次上，从而将归属于该层次的人群视作老乡，并且老乡既有的内涵被付于具体实践，老乡社会认同便在该层次得以凸显。

老乡观念的形成是以认知为基础，以情感联结为纽带，以心理地域图式为基本单位所形成的动态心理过程。心理地域图式作为老乡观念最基本的心理表征单元，提供了个体或群体生存所必需的关于过去、现在与未来的完整的意识经验，这种意识经验的流动性也使老乡观念随着环境变化不断地进行必要的调整。老乡观念受到地缘因素的影响而形成不同情感卷入度与趋同心理倾向。通过自编《老乡观念问卷》（包括五个维度，分别是语言认同、文化认同、情感归属、习俗认同和地域认同）实验研究发现，老乡心理或老乡观念侧重点主要是个体离家在外所形成的对老乡群体的社会认同以及情感归属。老乡效应则既包括心理层面也包括行为层面，它以老乡心理或老乡观念为中介，形成特有的老乡行为。

深入的逻辑推导发现，老乡观念、老乡情结、老乡心理效应都是老乡群体心理规律的表征。老乡群体可以是当前生活在某一个区域的实在群体，也可以是当前跨区域生活的虚拟群体。以商会为平台和纽带建立的老乡群体关系其实就是一种虚拟老乡群体。无论是实体老乡群体还是虚拟老乡群体，都有老乡心理正效应，如提供相互关照的安全感、相互倾诉的归属感。但同时也会产生副效应，当相异的老乡群体之间发生利益冲突时，会激活省域、市域等区域偏见，或者强化这种偏见，造成恶性竞争，甚至是区域歧视，进而影响全国各区域的稳定和谐发展。

四、同乡会馆发展与社会心理管理策略选择

当代中国社会管理成为一个非常复杂的管理活动，不仅涉及社会工作与社会服务，也涉及社会政治管理、经济管理、教育管理、卫生管理。广义的社会管理主要是政治和意识形态管理。以商会为联系形式的老乡群体是一种政府组建公开活动的社会团体，而社会生活中，潜在的虚拟老乡会馆更加值得社会心理学的注意。比如部队中的老乡虚拟群体，表现为见面用方言拉近情感距离，生活中经常人情来往，困难时老乡相互帮助，提拔时优先考虑老乡关系，久而久之，就形成潜在的老乡群体。而老乡群体一旦形成，就会形成老乡心理效应，这种效应更多地表现为情感色彩，当面临老乡利益问题时，就会丧失社会道德乃至法律原则和立场，造成法外开恩，或者违反原则帮助老乡。笔者回访老家，往往听说某家子弟参军当了部队领导干部，将自己的亲戚和本村子弟照顾得如何好，多少子弟得到提拔。我们也经常听说某部队是河南人当领导，某部队是陕西人当领导，参军者都希望到家乡人当军长师长的部队当兵。

同样，我国党政机关长期存在老乡群体，因为老乡心理效应的副作用，所以古代就有异地为官的规定。虽然很多80后特别是90后因为独生子女异地读书学习生活，老乡观念越来越弱，但进入公务员系统以后，同样是老乡观念越来越强烈。中国人强烈的乡土情结和血缘地缘关系本位，使老乡心理效应随着地缘距离而增加烈度。党政机关乃至高等学校和国有大型企业，凡是各地干部职工聚集的单位，都会因为地缘关系形成虚拟同乡会馆，或者在某老乡领导家庭，或者是在某个茶楼酒店。试图彻底消灭这种老乡群体，必然是非常难的，社会管理角度的策略只能是正确处理正副效应。副效应的主要外在表现就是拉帮结派、排斥异域、生成偏见、制造冲突、影响团结、危及稳定。

会馆文化是一种科举文化，也是商业文化，但更多则是同乡文化、地域文化、区域文化，其中内隐着强烈的老乡心理效应。政治家更多关注会馆的组织是否会威胁社会稳定，而心理学家、社会学家则以为，作为区域性的实体组织和虚拟组织性质并存的老乡社会群体，既有维护社会稳定的功能，也潜存着威胁社会稳定、制造社会矛盾的功能。这是因为老乡心理效应既是心理情感的表征，更是个体利益的锁链。就社会管理的视角而言，首先应该允许其适度发展，满足全国各省市县区域同乡异地生活工作中情感诉求和相互支持的需要，其次应该规范登记、制定章程，防止畸形发展，形成对抗政策和主流文化的非正式社会群体。

第七节　城市社会心理学视野的社区心理学与社区心理服务

社区是我国城市化进程中新创的行政管理概念、公共管理概念，是一个西方进口自我消化的概念。我国 40 年的改革开放和城市化进程中，随着传统农业为主的乡村组织逐步式微，城市社区建设成为社会学、心理学、教育学、管理学、卫生学，尤其是社会服务工作者、心理咨询工作者、基础教育工作者、基层管理工作者、卫生医疗工作者普遍关注的热点课题。文献表明，全国很多学者都在积极探索社区的概念、类型、建设策略、发展趋势，然而关注更多的还是社区特殊人群的心理保健服务，特别是生理卫生、心理卫生工作者发表的报告最多。我国政府设立的社区行政管理机构，主要是传统的街道居民委员会改建的社区，这种社区虽然就《宪法》而言是居民自治组织，而实际上与政府基层机构无本质区别。而作为学者们研究对象的社区却并非是政府机构，有的是将一个住宅小区看作一个社区，有的是将一个集中居住的社会群体作为一个社区，有的是将一个微博群体视为一个社区，有的是将某一个单位的家属院楼群、职工住宅楼群作为一个社区，笔者试图以社会心理学特别是城市社会心理学作为理论基础，探索中国本土的社区心理学和社区心理服务体制机制以及当前研究和服务中存在的问题与对策。

一、社区的概念与我国城市社区的类型差异辨析

当代中国社会学者、心理学者、政治学者普遍认为，社区概念起源于西方

城市社会，社区心理学起源于腾尼斯的《共同体与社会》①，这是正确的，也是不正确的。正确在于我国的社区研究确实以西方社会学、心理学的社区理论和建设经验为基础，不正确在于，我国社会虽然逐步进入完全市场经济，但基层社会组织建设与西方完全资本主义社会有很大差异。社区的建设只能是引进、参考、借鉴，具有中国特色、本土特质。

首先，我国社区难以摆脱传统乡土农业村社组织的痕迹。因为我国很长时期以来始终是一个农业社会，自封建农业社会到现代农业社会，基层组织基本都是以乡、里、村、社为主要名称，新中国成立以来，乡、镇成为政府组织，村、社则还是自治组织，但因为党组织的存在，实际上还是类政府组织。20世纪50—70年代甚至80年代前期，乡镇被改设为人民公社，村被改设为生产大队，社被改设为生产小队，80年代中期才重新恢复村、社组织。目前村级组织以村民委员会作为组织形式，社则由社长负责，有的省份称为村民小组和组长。这种社区是典型的农村社区，而且也符合中国文字中"社"的本义，社会、社员、社稷、社庙等，都是社区的最早起源表征。传统村社组织是家族社会、熟人社会、亲戚社会、人情社会，是家族组织、宗教组织、行政组织重叠交错的社区，有自身的人际关系处理规则，有自身的社会资源分配原则。可以说，至今仍继续传承着儒家思想、道家思想、佛家思想混融的为人处世策略，传承着相互依赖、相互竞争的社会生活游戏规则。这种社区中生活的农民随着城市化进程，进入城市新社区，面临着社会心理适应的焦虑②，是社会心理学特别是社区心理学的重大研究课题。

其次，原有的城市社区实际上就是作为政府机构的街道政府下属的居民委员会为核心的居民区。20世纪60—70年代，这些居民区主要由商贩、工人、基层干部、小学教师身份的市民组成，其主要职业是各类工厂的员工和事业单位的小职员，20世纪80—90年代主要是个体户（如小商贩、小菜贩、小摊贩、小饭馆老板、小工厂工人）、出租车司机、市场营销人员等。这是因为驻地在居民委员会辖区的党政机关和大中型企业、事业单位，都有自己的家属院，这些家属院虽然也属于居民委员会管辖，但很多事务都是单位自己管理，居民委员会只是户口管理、治安管理而已，因此居民委员会管理的只是前述部分居

---

① 达菲：《社区心理学》，世界图书出版公司2007年版，第33—57页。

② 张海钟等：《中国区域跨文化心理学：理论探索与实证研究》，人民出版社2012年版，第129—138页。

民。新世纪以来，为适应城市化建设需要，将脱离农业耕作的城乡接合部中的村级组织和原有的居民委员会一并改设为社区组织，形成了中国特色的社区。这种社区与西方城市的社区有本质的差异，也和传统的村落组织有很大差别，其重要特点是社区居民居住基本为楼房，每座楼房都属于某一建筑小区，小区设立物业管理服务公司，居民依靠缴纳物业管理服务费购买服务。居民工作的党政机关单位、商业企业公司、社会服务机构基本都在小区附近，或者至少在城市内环境之中。然而，无论是党政机关和大中型企业、事业单位的员工住宅社区，还是原住居民以居民委员会为纽带形成的社区，或者是城乡接合部拆迁后形成的安置社区，都各有特点。党政机关事业单位自建的单位社区，居民绝大多数无亲戚关系，但相互之间有行政隶属关系，单位本身有后勤保卫部门负责管理，水电暖自成系统，基本与居民委员会社区游离；原住居民形成的社区和乡村拆迁形成的社区，各自保持传统的邻居关系、亲戚关系、家族关系，平时都有人情来往，属于熟人社会；处于小市民社会向现代都市社会过渡、农村社会向城市社会过渡的社区，其重要特点是传统市民文化、乡民文化与现代城市文化、公民文化交错叠加。

再次，因为房地产开发商品化形成的新社区，这种社区尚未设立居民自治组织，往往被纳入原有的居民委员会改建的政府控制的社区统一管理，只有物业管理服务机构，有的成立了业主管理委员会。笔者认为，这种社区才是西方社会社区机构发展意义上的社区。这种社区的管理和建设是我们面临的最大挑战，因为这种社区住户居民来自全省乃至全国各省市自治区，各单元绝大多数住户中的常住居民及其亲朋，都不属于一个单位、一个公司，绝大多数居民不属于一个行业，也不从事同一种职业，完全脱离了传统市民社会和农民社会关系，完全属于陌生人社会，属于无统一文化传统的社会。以笔者居住的兰州安宁区刘家堡街道孔家崖社区兴兰阳光里小区为例，三座高层三座低层楼房，居住着660多户，常住人口3000人，相当于传统农村一个村的居民；而对面的锦河丹堤小区，常住居民8000人，既有高校教师、中小学教师，也有党政机关干部、公务员，有银行职员、企业员工，也有建筑工人、乡村农民，这种社区的管理我们缺乏经验，需要探索传统与现代结合的管理模式，更要借鉴西方社区管理经验。

最后，需要关注直辖特大城市、省会大城市、市府中型城市、县府小城市中的社区差异。中央直辖特大城市如北京、上海等，长期的城市发展，外来人口比例很大，绝大多数社区本身就是各种行业、职业，各个单位、各个公司的人群混合居住；而县城居住的小区里多半都是农民进城，混合着乡镇干部、中小学幼儿园教师，至于县府干部则多半都在省城、市城居住。市城、省城社区比较复杂，各种类型的社区都有。相对而言，特大城市已经形成都市文化特质，市民意识、公民意识、规则意识比较高，而县城则是典型的城乡文化交汇区。笔者家乡县城开发了几个小区，无论是原住小市民，还是农民进城，或者是中小学教师和乡镇干部，继续保留着乡村民俗习惯，小孩满月、老人去世、新居乔迁，都在小区大院里搭帐篷，摆流水席，甚至吹唢呐、奏哀乐，这在大城市的小区里根本不可能出现。[1]

根据前述分析，可以将城市社区分为：第一，居民委员会改建的政治学意义上的社区；第二，党政机关或大中型企事业单位自建的管理学意义上的家属院型社区；第三，政府负责为征地拆迁农民专门建设的社会学意义上的住宅安置小区；第四，开发商征地开发的经济学意义上的开放式独立产权小区。社区心理学研究需要更多关注第四类社区。

二、城市社会心理学与社区心理学的本土课题研究

我国现行的社会心理学分为社会学取向、心理学取向、文化学取向，无论何种取向，都是进口西方的心理学体系，社区心理学更是直接移植西方的社会心理学的分支学科。据有关文献，社区心理学发端于1965年在美国马萨诸塞州召开的万斯普斯科特会议，参加会议的39名心理学家针对传统心理服务的缺陷，提出建设一门社区心理学。[2] 他们认为，传统心理学家过于专业，缺乏社会学、管理学、政治学、生态学等综合知识。社区心理学工作者应该是多学科的研究专家。社区心理学应该由个体主义心理学转向生态学研究视角，由个体治疗转向群体预防，由关注心理健康转向关注社会公正、公民参与等价值主题。[3] 社区心理学主要研究人与环境的协调，是将社区作为一个社会环境，研究社区居民适应社会环境过程的心理障碍及改进，西方的社区心理学关注的关键词有赋权、社区感、价值、尊严、公正、地位、民主等等。[4] 笔者以为，所谓环境更应该视为一种心理环境、文化环境，特别是人际关系环境。西方心

---

[1] 张海钟：《中国县域文化与居民人格的田野工作主位研究》，《社会工作》2012年第4期。

[2] 唐文君：《社区心理学的新视角》，《科技视界》2016年第5期。

[3] 贾祥林、拾硕：《社区心理学及其研究转向》，《江苏师范大学学报》（哲学社会科学版）2015年第4期。

[4] 包开亮：《社区心理学研究述评》，陕西师范大学硕士学位论文，2012。

理学家其实是在强调社区心理学关注国家政策和社会问题，认为单纯的心理治疗难以解决问题。这反映了西方社会心理学的天然缺陷，是对远离政治、远离社会生活的实验心理学的讽刺。长期以来，西方心理学以实验为主流方法，以远离政治做书斋学者和田野学者为骄傲和自豪，使心理学成为玄学。社区心理学的生态主义立场和多学科综合研究和干预模式，是对传统心理学的反动。

中国现当代心理学理论基本都是进口的，20 世纪 70 年代末至 80 年代初期，我国高等学校陆续恢复开办心理学专业，开展心理学学术研究；到了 80 年代中期就有学者提出了西方心理学的本土化问题；20 世纪 90 年代以来，更多的心理学者开始呼吁西方心理学的中国化、本土化，有的学者还提出中国本土心理学的建设问题；到了 90 年代，随着港台心理学家与大陆心理学家交流的增多，越来越多的心理学家关心中国文化与心理学本土化问题，特别是社会心理学，其本土化任务更加繁重，虽然包括港台学者在内的很多心理学家致力于本土社会心理学的研究，但主流心理学却反而更加西方化。然而，21 世纪以来，随着我国经济持续增长，民族复兴的脚步越来越快，国际地位越来越高，社会心理学的本土化越来越得到认同，即使口头仍然反对本土化的心理学家，其研究课题也越来越本土化。但是，心理学脱离民众社会生活、脱离社会文明建设的问题还非常突出。

就现有资料而言，西方社区心理学其实是一门单独的学科，与社会心理学、文化心理学并无交叉，似乎更应该看作是社区心理咨询学或者社区心理治疗学。我们认为，中国本土的社区心理学应该是中国本土社会心理学的分支学科，因为社会心理学中的个体社会心理学和群体社会心理学可以成为社区心理学的理论基础。笔者曾发表论文，论述作为社会心理学分支的城市社会心理学学科建设[①]，社区心理学更应该是城市社会心理学的分支学科。承前所述，我国目前的社区基本都在城市，城市社区有四种类型，每种类型都有自己的人口学特征，盲目照搬西方的社区心理学显然难以解决中国的社区问题，西方社区心理学的理念只能借鉴，比如多学科综合研究思想和生态学思路。

社会心理学有三个取向，即社会学取向、心理学取向、文化学取向，当代社会心理学主要研究个体社会化；社会动机、社会知觉、社会认知、社会态度、社会感情、社会行为；社会角色与自我意识；人际关系与人际沟通；攻击

---

① 张海钟：《当代中国城市化背景下的城市社会心理研究课题导论》，《重庆科技学院学报》2012 年第 2 期。

与利他行为、侵犯行为、亲社会行为、从众和服从、人际吸引和爱情、非语言交流；群体心理、社会影响、社会助长、模仿与暗示、群体极化等等。中国社会心理学的体系主要是西方的体系，近 30 年来，中国社会心理学研究中绝大多数以城市大学生和城市市民为对象，都可以看作城市社会心理研究，但以和谐社会建设为目标定位，以城市化背景下的社会心理问题为内容，开展城市社会心理学研究者多是社会学取向的宏观思辨的研究。特别是针对当前城乡差距拉大、贫富差距拉大、区域差距拉大背景下，城市社会心理疾病泛滥的当代中国，从心理学取向的社会心理学角度开展专题研究的更少。心理学界忙于建立模型，很少参与广阔丰富的社会生活，许多研究提出的建议缺乏政策参考性和实践可操作性。正如杨莉萍等的《中国大陆社区心理学发展的现状、困难与机遇》中所言，我国的心理学家普遍重视理论研究，对参与社会实践缺少兴趣和经验，实证主义研究范式禁锢了心理学的视野[1]，因此开展城市社会心理学研究就显得更有现实意义和实践价值。

　　作为城市社会心理学分支的社区心理学应该是社会心理学的三级学科，即一级学科社会心理学，二级学科城市社会心理学，三级学科社区心理学。当前社区心理学关注最多的是社区与青少年发展，特别是青少年犯罪问题的预防和矫正；社区老年人问题，特别是老年人的心理健康与危机干预；社区特殊女性，比如更年期女性的情绪问题；社区残疾人的心理健康的维护等。[2] 这种研究范围显然过于狭窄，不利于社区心理学的发展。随着市场经济的日益推进和信息化社会的发展，中国社会的阶层分化，社会心理变迁越来越引起社会学家的关注。作为城市社会心理学分支的社区心理学，其研究内容应该以社会心理学特别是城市社会心理学为参照框架，集中于某一社区或者各类社区共有的特点和问题，开展社区内的心理问题研究和社区与社会其他系统的心理关系的研究。比如城市化与公民安全感、生活满意度、城市化与公民心理调适、城市化与公民生活方式和幸福感、城市化与公民人际关系和社会支持网络、城市化与公民群际关系、城市化与公民社会认同、新市民的城市社会心理润和、城市化与流动儿童心理研究、城市住房问题的社会心理研究、城市社会管理与新媒体使用的社会心理问题、城市环境社会心理学研究，这些课题是解决城市化社会心理

　　① 杨莉萍、D. D. 珀金斯：《中国大陆社区心理学发展的现状、困难与机遇》，《华东师范大学学报》（教育科学版）2012 年第 2 期。
　　② 于华林、杨毅：《我国社区心理学研究述评》，《山东商业职业技术学院学报》2008 年第4 期。

问题的核心问题。还可以研究的有城市公民不良行为行为归因研究、城市公民印象整饰研究、城市公民刻板印象研究、城市公民阶层认知偏见、城市公民社会促进、城市公民态度转变、城市公民攻击行为、城市公民谣言传播研究、城市公民时尚流行研究、城市公民集群行为、城市公民旁观者效应等等，这些社会心理和行为因素直接影响城市和谐社会建设。

三、全民健心活动与城市社会心理服务问题辨析

21世纪以来，我国体育界继续倡行全民健身理念，通过各种途径组织、宣传、推广健身活动，大妈广场舞、青年健身所就是标志；各类体育比赛、各种旅游活动已经成为时尚。可以说，21世纪的18年，是中国历史上最重视养生和健身的时期。然而，虽然近年来国家有关部门和非政府组织积极实施全民健心工程，以促进自尊自信、理性平和、积极向上社会心态的形成，促进全面小康心理建设，促进阳光中国民族复兴梦的实现，但是全民健心活动显然没有取得理想的成效。即使是大中小学，有教育部文件的指导和要求，有专门的心理教育和辅导机构，也没有取得理想的效果。为了解决这些问题，我们的政府正在逐步解决分配不公和区域差距问题。与此同时，很多的心理学家、文化学家、哲学家、文学家都在积极努力，利用科学心理学知识和常识心理学思想，开展社会心理调节和个体心理辅导。

我国的心理卫生和心理教育工作者可以分为学院派、医院派、社工派、政工派。学院派主要开展基础研究，发现心理活动的规律、发现心理要素相互作用的真理；医院派主要开展临床研究，总结心理咨询的经验和心理治疗的技术；社工派主要开展心理学与社会学、文学、文化学结合的应用研究，将心理学的原理应用到社会工作领域，提高社会工作的实效；政工派主要开展政治学、哲学、教育学结合的应用研究，将心理学的原理应用到政治工作领域，维护社会政治的稳定和意识形态的纯正。当前，以高校的心理学博士点、硕士点和各省市心理学会为基地，心理学学科建设取得丰硕成果，全国各级各类政府组织、中小学校、居民社区、司法机构的心理学工作者绝大多数来自高校心理学专业。以各省精神卫生中心和心理卫生协会为基地，我国的心理卫生临床治疗工作也得到长足的发展，正在逐步取得显著成效，全国的心理疾病和精神疾病的治疗机构遍布各省和各市州，为社会稳定和居民心理保健做出了巨大贡献。以各省心理咨询师学会和全国各类心理咨询师培训机构为平台的社会工作者，以教育部设立在部分省市到校的辅导员培训基地为基础的政治工作者，团

结党政机构和各界干部、团结学院教师和医院医师、团结社会专家和文艺作家，积极倡导全民健心，努力建设和谐社会，正在引起广泛关注，已经取得一定成效。

党的十八届五中全会就已经提出健全社会心理服务体系和疏导机制、危机干预机制的政策要求，2016年，国家卫生与健康大会强调，要加大心理健康问题基础性研究，做好心理健康知识和心理疾病科普工作，规范发展心理治疗、心理咨询等心理健康服务，党的十九大报告再次提出加强社会心理服务体系建设。然而，社会学、心理学、卫生学的社区心理学研究始终处于学院派的书斋里和研究生的论文里。学院派、医院派心理学家，精心开展科学心理学研究的同时，需要理解关注社工派、政工派的常识心理学实践活动和宣传活动，因为所有科学研究的目的都是为了解决问题。新闻记者、文艺作家们，应该在利用心灵鸡汤和电视访谈传播心理学的原理和知识的同时，科学解读心理学的著作和思想，西方化的心理咨询和本土化的心理教育应该逐步统一起来。

中国传统文化博大精深、源远流长，其中包含了现代科学界称为哲学、文学、文化学、教育学的思想，也包含了现代科学界称为心理学、管理学的思想。因为哲学、文学、文化学、教育学都是人学，都是思想科学、人文科学、行为科学，更是心理科学，因此很多学者都愿意将自己称为心理学家，我们将其称为本土心理学家、哲学心理学家、理论心理学家、经验心理学家、常识心理学家、文化心理学家。全民健心就是要将中国传统的文化教育思想、人生心理哲学复兴起来，吸收现代西方进口的科学心理学原理、基础心理学知识，推进全国人民的心理和谐、生活幸福。

四、城市社区心理学与社区心理服务体系建设

每个人都是心理机能的载体、都是心理活动的平台，每个人都有权利就心理健康发言，每个人都有权利就心理疾病发声。每个人都有自己的心理健康标准，每个人都有自己的心理疾病判断，我们都可以称为心理经验家，但是我们都不算心理科学家。我们需要科学心理学，我们更需要体验心理学。这种体验心理学，我们称为常识心理学。好比我们不是医生，但是我们知道如何减轻自己的身体疼痛、解决日常的身体疾病。因此，社区心理服务需要我们尊重我们的对象，减少我们的传道士和教育家角色，减少我们的咨询师和辅导员角色。当前，西化的科学心理学家和本土的文化心理学家都集中在学校和医院，其次是司法机关、企业机构，最缺乏心理学家的是城市社区机构和农村乡镇机构，

加快人才培养，形成全民健心活动人才梯队，是最重要的途径。同时，规范心理咨询师培训和考试活动，增加中国本土心理学的内容，也是当务之急，否则会使心理学江湖化，这无论对于科学心理学的普及还是文化心理学的传播都是致命的行为。

建设社区心理服务体系，预防社会心理危机，需要党委领导、政府主导，成立专家委员会，定期联系专家委员会，开展各类培训活动，建立社会心理危机预防方案，制定与完善心理健康服务的相关法律、法规和政策，形成与我国经济和社会发展水平相适应的社会心理健康服务保障体系。需要逐步立法规范生理卫生与治疗、心理卫生与治疗的观念和技术流程。通过科学普及，逐步规范民众的身体保健、心理保健行为，更要促进民众人生观、价值观尤其是生死观的科学化。需要设立社会心理危机预防实验区，开展身体保健、心理保健知识宣传工作，开展各种形式的身体保健、心理保健培训活动，提高民众的健身健心意识，促进健康中国社会建设事业和谐发展。

建设社区心理服务体系，预防社会心理危机，需要组建一支由精神病医生、心理咨询师、心理评估员、心理健康教育者、社会心理工作者、心理顾问组成的专业队伍，设立心理咨询热线，满足民众的心理疾病治疗、心理障碍咨询、心理问题评估、心理危机预防、心理困惑指导等各层次的心理服务需要。建立隶属于医疗机构、政府机关、企事业单位、军队、高校、社区、监狱、戒毒所等的临床心理学或咨询心理学专业机构，鼓励社会力量和个人（或合作）开办心理咨询与治疗机构，为社区人群提供心理咨询或心理治疗专业服务。需要通过网络传媒、报刊杂志、电视广播，倡导健康文明的生活方式，营造绿色安全的健康环境，树立大卫生、大健康的观念，把以治病为中心转变为以人民健康为中心，关注生命全周期、健康全过程，全面提高人民健康水平。重视严重情绪障碍发展危机儿童的干预；破碎家庭儿童心理健康的维护；农民工子女心理健康的维护；精神病患者治疗与康复；残疾人心理健康维护；老年痴呆、孤独症、抑郁症的预防；孕期妇女心理保健。需要密切关注社会弱势群体和服务缺失群体的心理健康维护；经受严重社会事件或有潜在自杀、伤害他人危险个体的干预；因精神障碍而涉及司法刑罚个体的精神卫生干预。

建设社区心理服务体系，预防社会心理危机，需要组建社会学、心理学、医学、哲学专家巡讲团，进社区、进学校、进企业、进机关，巡回宣讲社会心理保健知识和技能。利用医院和高校心理学资源，组织政工干部、社区干部，进行轮训，促进社会心理危机预防和干预的专业化。利用微博、微信、公众号等现代传输信息媒体平台，做好群体心理危机的预警工作。支持社会心理研究组织，开展社区心理问题调查，提出咨询报告；协调有关部门，争取指标，为社区配备专门的心理咨询师、辅导员，或者实行社区与高校合作，每所高校心理学教师联系一个社区，将心理咨询辅导工作人员配备和具体工作成效纳入社区工作业绩考核指标体系。但是最根本的路径是解决经济社会发展中的公平问题、正义问题、生活问题，因为绝大多数心理问题都是社会问题的反映，心理学界只能有限解决因为居民自身身体、性格问题造成的群际矛盾和个体冲突。

　　总而言之，杨莉萍认为，社区心理学以协调人与外部环境之间的关系为学科目的，以对心理问题的早期预防和治疗后期康复阶段的心理卫生服务为主要内容，是实践应用与学术研究并重的学科，生态学理念与实践导向决定了社区心理学研究方法的多样性。[1] 笔者以为，社区心理学是城市社会心理学分支学科，参照西方社区心理学的同时，必须充分考虑我国城市社区的类型和特点，建设中国特色的本土化社区心理学和社区心理服务体系。

---

　　① 　杨莉萍：《社区心理学研究的几个理论问题》，《江苏师范大学学报》（哲学社会科学版）2015 年第 4 期。

第七章　当代中国社会转型与
心理适应问题辨析

第一节　马加爵事件的社会心理学与变态心理学理论与
实践反思

马加爵（1981 年 5 月 4 日—2004 年 6 月 17 日），男，汉族，广西宾阳人，云南大学生化学院生物技术专业 2000 级学生，户籍地为广西宾阳县宾州镇马二村一队。1996 年至 1997 年在宾州初中读初三，以优异成绩考取省重点宾阳中学；1997 年至 2000 年就读于宾阳中学；1999 年至 2000 年读高三，成绩优异，被预评为"省三好学生"；2000 年至 2004 年就读于云南大学生化学院生物技术专业；2004 年 2 月 13 日晚杀一人，2 月 14 日晚杀一人，2 月 15 日再杀两人后从昆明火车站出逃。2004 年 3 月 15 日被公安部列为 A 级通缉犯；2004 年 6 月 17 日被执行死刑。2004 年其在云大宿舍连杀四个人，引发了轰动全国的"马加爵事件"。

马加爵杀人事件的受害者为：唐学李、龚博、杨开红、邵瑞杰四人。四人都是来自农村的贫困学生。唐学李家住怒江傈僳族自治州泸水县老窝乡崇仁村。唐学李本准备报考研究生，但因家里负担很重，为供他和弟弟读书已经欠下了大量债务而被迫放弃了考研。龚博家住汉中市勉县老道寺镇丁家庄。龚博一家 4 口人，爷爷年老体弱，父母靠种田和做小生意维持生活和供他上大学。被杀害前，龚博已经考取了硕士研究生。杨开红是云南开远市羊街乡卧龙谷村委会红塘子村人。杨开红是苗家子弟，家境十分贫寒，上高中时的不少衣服都是班上同学资助的。邵瑞杰是广西梧州市苍梧县夏郢镇周睦村人。邵瑞杰家境困难，在他考上大学的时候家里就已经外借了 7000 多元，之后又陆续贷款了 1 万多元。

一、马加爵事件起因的直观现象学描述分析

媒体报道,邵瑞杰是马加爵大学三年半最好的朋友,因为打牌与马加爵发生口角,批评了马加爵的为人,于是被杀。马加爵供述:"我跟邵瑞杰很好,邵还说我为人不好。我们那么多年住在一起,我把邵当作朋友,真心的朋友也不多。想不到他们这样说我的为人。我很绝望,我在云南大学一个朋友也没有……我把他当朋友,他这么说我,我就恨他们"。唐学李没有在邵瑞杰和马加爵的夺命牌局中争吵,也不曾和马加爵有任何过节。在唐学李女友看来,二人甚至算是不错的朋友,唐平时喊马加爵"马哥",从来没有言语不慎得罪马加爵,只因为他暂时借住在马加爵宿舍里,那两天又总是睡在宿舍不爱出门,妨碍了马加爵的杀人计划,因而被杀。马加爵亲口承认为什么第一个杀唐学李:"不是先后的问题,而是下手的机会来了,他恰好那时在寝室。如果是别人,结果也会一样。"龚博和马加爵从来没有冲突,来往不多,同样没有参与马和邵的牌局,因为过生日没请马加爵,而邵瑞杰又用此事教训马加爵:"就是因为你人品不好,所以龚博过生日都没叫你。"因而被马加爵怀恨,惨遭杀害。杨开红是因为马加爵正在宿舍里处理杀死邵瑞杰留下的血迹时,恰巧来到马加爵的宿舍找人,马加爵担心事情泄露,杀害了杨开红。

犯罪动机是受不了同窗讥讽。这个寒假由于要找工作,马加爵没有回家,而邵瑞杰和唐学李早早就返回了学校。案发前几天的某一天,马加爵和邵瑞杰等几个同学在打牌时,邵瑞杰怀疑马加爵出牌作弊,两人发生了争执。其间,邵瑞杰说:"没想到连打牌你都玩假,你为人太差了,难怪龚博过生日都不请你……"这样的话从邵瑞杰口中说出来,深深地伤害到了马加爵。邵瑞杰和马加爵都来自广西农村,同窗学习、同宿舍生活了4年,马加爵一直十分看重这个好朋友,但他万万没有想到,自己在邵瑞杰眼中竟然会是这样的评价,而且好朋友龚博居然也是如此。就是这句话使马加爵动了杀邵瑞杰和龚博的念头。

二、马加爵事件起因的深度社会学心理学问题启示

据《中国青年报》报道,为揭开"马加爵何以成为杀人凶手"的谜底,犯罪心理学教授李玫瑾奔赴云南,对此案进行了全面调查,还专门为马加爵设计了心理问卷,做了心理测试,之后写出了上万字的《马加爵犯罪心理分析报告》。报告指出,真正决定马加爵犯罪的心理问题,是他强烈、压抑的情绪特点,是他扭曲的人生观,还有"自我中心"的性格缺陷。

但是我们注意到媒体报道:1. 马加爵获得"全国奥林匹克物理竞赛的二等

奖"。2. 马加爵宿舍的同学曾在马加爵的被子上撒尿。3. 在冬天温度比较低的时候，马加爵宿舍的同学曾经给马加爵一二块钱，让他替自己洗衣服，马没钱就洗了。4. 马加爵在监狱中穿上了他这一生中穿过的最好的衣服——囚服。"这是我穿过的最好的衣服"，马加爵今天说的这句话让在场看押他的人都落泪。5. 马加爵因为没有鞋子穿，在助学贷款没发的几天里光脚、逃课。6. 马加爵家依靠给人熨衣服过活。其母亲丢了 100 元钱（熨 200 件衣服的钱），马加爵把 100 元丢在过道里让母亲捡到。7. 马加爵的 5000 元学费，是从家到学校借了一路借来的。8. 马加爵拒绝 4 位律师免费做无罪辩护，原因是他只求一死。9. 为读大学马加爵已经负债 1 万元，打零工补贴生活费。

媒体报道，马加爵案发生之后，许多社会公众，包括一些媒体，对马加爵表现出了同情，把其杀人动机归结于他的贫困和受到的"歧视"，及因此而对社会产生的仇恨。甚至认为，这是当前社会矛盾和不公平的结果，社会应对此悲剧负主要责任，对马加爵的量刑应予从宽。

而李玫瑾教授的报告对这种观点进行了反驳，她说，如果马加爵真的因为贫困和受歧视而杀人，那么他报复的对象，应该是那些凭借自身富有而对其付诸了歧视行为的人。但事实是，受害者多数是跟他一样家境贫寒的同学，甚至包括他最要好的朋友、身边对他最友善的人之一。媒体认为李教授的这一反驳是成立的。马加爵的杀人行为与贫穷无关、与歧视无关，应该对此血案负责的，不是社会而是马加爵本人。而现行的法律，也没有任何条文规定，在犯下此种罪行后，仅仅因为贫穷就可以减轻处罚。

我们认为，把其杀人动机归结于他的贫困和受到的歧视，对马加爵表现出了同情者有理，李玫瑾教授的报告有其道理，媒体的法学视角评论有其道理，法院判决死刑也有道理。但我们同时认为，自从马加爵事件发生以来，因为法律上的犯罪概念掩盖了或者掩蔽了社会心理学的分析。虽然网络舆论中也有学者提出了该事件的代表性，但大家都心照不宣地做沉默状。其实，马加爵事件至少应该引起我们思考社会公平、共同富裕的政治经济学问题，更应该引发我们思考的是城乡差距、贫富差距造成的心理失衡，特别是城市富裕人群对农村贫穷人口的偏见和歧视，所引发的压抑在潜意识中的敌对、仇视、反抗。

三、马加爵事件起因的深度社会心理学分析与警告

可以看到，目前网络已经有学者从人性善恶、社会支持、道德焦虑、人际关系等心理学角度进行了分析，对那些口无遮拦、肆意欺负他人、歧视他人提

出警告。但当我们看到"马加爵宿舍的同学曾在马加爵的被子上撒尿"时，我们觉得有必要更加理性地进行社会心理学的分析。

在社会心理学中，偏见属于社会态度的范畴。是人们以不正确或不充分的信息为根据而形成的对其他人或群体的片面甚至错误的看法与影响。偏见与态度不同，态度包括认知、情感、行为三种成分，而偏见则是与情感要素相联系的倾向性，它对人的评价建立在其所属的团体中，而不是正确的认识，偏见既不合情理，也不合逻辑。其行为成分表现为歧视。

团体冲突理论认为偏见产生的原因是为了争得稀有资源，如工作、石油等，偏见是团体冲突的表现。相对剥夺感较易产生偏见与对立，所谓相对剥夺感是指人们认为自己有权获得某些利益却没有得到，这时他们若把自己与获得这种利益的团体相比较时，便会产生相对剥夺感。社会学习理论认为偏见是社会学习的结果，父母的榜样作用和新闻媒体宣传效果最为重要，儿童的种族偏见与政治倾向大都来自父母。认知理论认为人们对陌生人的恐惧、对内团体与外团体的不同对待方式以及基于歧视的许多假相关等都助长了我们对他人的偏见。心理动力理论认为偏见起源于个人内部发生、发展的动机性紧张状态。偏见是替代性攻击，是一种人格病变。

中国城市人对乡村人的偏见，既是城市团体与乡村团体利益冲突的结果，也是城市居民长期歧视乡村居民，导致代代相传的社会学习结果，更是城市居民的内群体偏好造成的认知失调，当然也是城市居民的替代性攻击态度。

在中国这个城乡二元社会国家，城市居民得到了更多的稀有资源，一个户口把公民分成两个截然不可跨越的身份。城市居民能够享受到更多的政治权利和资源、经济权利和资源、文化权利和资源。农村居民的相对剥夺感是不可否认的客观存在。因为城市居民的先天优越感，长期存在对乡村居民的歧视是无可争议的事实。城市居民对农村居民的文化歧视、卫生歧视、经济歧视、习惯歧视、风俗歧视，既造成了乡村居民的羡慕嫉妒，也压抑着乡村居民的潜意识抵触仇恨。城市居民总是自以为是地强化自己的内群体偏好，把自己当作高贵的、干净的、雅致的、阳春白雪的贵人代表，而把乡村居民视为低俗的、不卫生的、下里巴人的下人代表。动辄就是"你们下面的"、"你们农村的"，等等。这些行为其实就是一种替代性攻击，反映了某些城市居民的人格异常。

在冬天温度比较低的时候，马加爵宿舍的同学曾经给马加爵一二块钱，让他替自己洗衣服，马没钱就洗了。"没想到连打牌你都玩假，你为人太差了，难怪龚博过生日都不请你……"，"马加爵宿舍的同学曾在马加爵的被子上撒尿"，这些行为背后的动机就是偏见和歧视，歧视农村人、歧视贫穷人。而歧视的后果就是招来激烈的反抗，乃至连同歧视行为比较少的同学也招来杀身之祸。

四、马加爵事件起因的深度人格心理学分析与警告

心理是脑对客观世界的主观反映，人的心理与人的思想、精神、意识一样，是人脑对客观世界的主观反映，人的社会心理是个体的人对社会互动现实的主观能动的反映。马克思主义哲学认为，社会存在决定社会意识、社会心理，社会意识、社会心理反作用于社会存在。

改革开放40年来，我国人民的物质生活水平普遍获得很大幅度提高，我国社会正在由温饱社会向全面建成小康社会迈进。但在这一进程中，因为经济社会发展中的区域失衡、城乡失衡、行业失衡、贫富失衡，因为计划经济向市场经济转型中的物质文明与精神文明建设失衡，我国社会中人的心理与人格发生了严重的失衡，心理健康问题成为整个社会普遍关注的热点问题。

马加爵在监狱中穿上了他这一生中穿过的最好的衣服——囚服。"这是我穿过的最好的衣服。"马加爵今天说的这句话让在场看押他的人都落泪。在一个经济高速发展、政治日益清明、文化繁荣昌盛的国家，如此贫穷的大学生并没有得到高度的、有效的资助，没有得到社会的温暖。就人格与变态心理学角度而言，并没有比较好的社会支持，既缺乏客观社会支持，也缺乏主观社会支持，更谈不到社会支持利用问题。因为，尽管十三婶等亲戚和班主任为代表的学校力量可以提供安慰，但面对经济困难，主观社会支持实际上是苍白无力的。长期的贫穷已经在某种程度上形成反社会人格、爆发性人格，而学校、宿舍的偏见和歧视更是雪上加霜。因此可以认为，这次事件其实就是社会心理的偏见歧视与人格心理的反抗爆发相互作用的结果，而导火索便是一次打扑克中的歧视性语言。

"富在深山有远亲，贫居闹市无人问。"如前所述，社会心理是社会存在的反映，也会反作用于社会存在。经济基础决定上层建筑。马加爵事件的核心问题、根本问题是经济问题、社会问题。马家的贫穷是因为在竞争性市场经济条件下，因为资源环境和生存能力的限制，但也不能排除我国目前客观存在的贫穷与富裕差距过大的社会公平问题，发展成果全民共享已经成为我们整个社会民众的理想和幻想。慰问被杀害同学的家属的同时，我们更应该迫切地呼吁城市居民、富裕民众，像远离毒品那样，消除歧视、减少偏见、关心弱势群体，远离心灵伤害。

第二节　基于弗罗姆社会性格理论的当代中国社会性格参照分析

关于中国人民族性格或者国民性的研究成果很多，也有许多不同的学科视角，笔者在著作《人性人格人生——现当代心理学视野的理论探索》①中已经做了比较全面的论述。但当代中国心理学对市场经济条件下的人的社会性格的研究非常少，仅有的一些非实证主义的研究成果都被心理学家认为违背价值中立原则而得不到认可，这是人格心理学和社会心理学以及文化心理学的缺憾。中国的市场经济虽然采取跨越式发展模式，但基本还是与西方的市场经济发展阶段相对应，甚至也有复演的痕迹。经过 40 年的发展，我们虽然自称仍然是发展中国家，但市场经济已经进入一个人均收入达到 2000—3000 美元的危机时期，进入贫富差距急剧拉大、区域差距急剧拉大、东西部差距急剧拉大的阶段，所以必须坚持全面协调可持续的科学发展观。这样一个阶段，人的社会性格出现的特点是高层决策的重要依据，利用各种思维方式总结其特点规律是社会主义和谐社会建设的需要，也是拓展心理学视野的需要。我们利用网络等传媒资料，经过长时间思考发现，运用弗罗姆的社会性格理论分析我国当前市场经济背景下的社会性格具有很好的参照价值。

一、弗罗姆的生平与学术经历简介

埃里克·弗罗姆（Fromm，Erich 1900—1980），1900 年出生于德国犹太人家庭，1922 年获海德堡大学哲学博士学位。次年入慕尼黑大学研究精神分析，并在柏林精神分析学院接受训练。1929 年在法兰克福精神分析学院和法兰克福大学任教。他曾是法兰克福学派的成员之一。1934 年移居美国。先后任教于哥伦比亚大学、耶鲁大学、密歇根州立大学和纽约大学等。1949 年，他曾经接受了墨西哥国立自治大学的教授职位，在那里创建了墨西哥精神分析研究及培训精神分析学家。到 20 世纪 60—70 年代，他更热衷于对禅宗的研究。1974 年搬至瑞士，1980 年在瑞士病逝。弗罗姆企图调和马克思的人本主义学说和弗洛伊德的精神分析学说，因此也被称为新弗洛伊德主义和新马克思主义

---

① 张海钟：《人性人格人生———现当代心理学视野的理论探索》，社会科学文献出版社 2009 年版，第 61—63 页。

的交汇。是新精神分析学派的奠基人之一。

弗罗姆早年学习过法学、社会学，后获得哲学博士，之后才开始研究精神分析。哲学和社会学的功底使他在研究社会文化因素对人格的影响时，不是空谈文化，而是把文化与政治、经济、社会和思想等各方面联系起来，超越了家庭环境的局限，使他的理论在新精神分析领域中影响很大。因为他在健全的社会中提出了建设美好社会的设想，所以人们称他为"人类梦想家"[①]。主要著作有：《逃避自由》（1941 年）。

二、弗罗姆的社会性格理论简述

弗罗姆把人格视为气质与性格的整合。气质因受先天遗传的影响，不可改变，性格因受社会的影响，必然构成人格的核心部分。弗罗姆把人的性格区分为两个部分，一部分为个人性格，另一部分为社会性格。社会性格是"一个团体的绝大多数人的性格结构的基本核心，是作为这一团体具有的生活方式和基本实践活动的结果而发展起来的"[②]，社会性格体现着个人与社会之间的相互作用，社会的客观需求被个人的社会性格所内化，同时社会条件以社会性格为媒介，影响个人的意识形态，变化的社会条件导致了社会性格的变化。因此，人的性格主要由他的社会性格那一部分所决定，在此基础上才表现出个人性格在行为上的差异。弗罗姆倾向于一定的社会性格产生于一定的社会经济结构，产生于人的本性对社会结构的动态的适应，这种并非被动的适应使社会性格成为社会条件的产物。正如卢文格所言："弗洛姆主要关心社会性格，即在不同社会中占支配地位的性格结构。这种关心导致他强调社会和经济对性格的决定因素，而不是其他决定因素。"[③] 弗罗姆企图用他建构的社会性格概念去解释弗洛伊德的心理学、马克思的经济学，甚至希特勒的法西斯主义。

弗罗姆认为，性格特征是行为的基础，许多性格特征构成各种性格类型，而在人的性格中占支配地位的性格类型，则称为"倾向性"，它是性格的核心，是"一个人的普遍态度或观点，包括了对世界中的人们、物体或事件的反映以及对自我的理智、情感和感觉的反映，可说是包括了人生的一切方面"[④]。

弗罗姆把性格类型分为两大类，即非生产倾向性和生产倾向性。非生产倾

[①]　季乃礼：《弗洛姆的社会性格论》，《宝鸡文理学院学报》（社会科学版）2004 年第 6 期。

[②]　弗罗姆著，陈学明译：《逃避自由》，工人出版社 1987 年版，第 23 页。

[③]　简·卢文格著，韦子木译：《自我的发展》，浙江教育出版社 1998 年版，第 32 页。

[④]　高觉敷：《西方心理学的新发展》，人民教育出版社 1987 年版，第 87—88 页。

向性是"不健康的、病态的";生产倾向性是"健康的",它是人对自己特有的潜能的实现,是对自己固有的"权力"的使用。弗罗姆以四种非生产倾向性和生产倾向性以及晚年提出的恋尸狂、恋生狂倾向性构筑其人格理论的性格类型学。性格类型的划分,并没有纯粹的形式,一个人心理健康与否,取决于体现在个人身上的消极和积极的性格的比例。对于心理健康的评定,弗罗姆强调以社会为参照,社会结构的性质是助于或妨碍人的心理健康的主要因素。要使人的性格具有生产倾向性,唯一的方法是使人生活在没有疾病的健康的社会之中,生活在一个可以促进生产性的社会之中。人格被弗罗姆赋予了崭新的社会特性,并被打上了明显社会性格及性格类型的烙印。既然性格是社会和经济的产物,那么完善性格的根本在于完善社会,弗罗姆把自己的矛头指向了资本主义社会。

弗罗姆认为,人在满足心理需要逃避孤独感时,由于满足的方式不同,产生了几种心理机制,称为性格的动力倾向性。健康的人是以创造性的、生产性的方式来获得满足,而病态的人则是以非理性非生产性的方式来获得满足。这几种性格的动力倾向性为:接纳倾向性、剥削倾向性、贮藏倾向性、市场倾向性、创造倾向性。其中接纳倾向性的人没有生产或提供爱的能力,完全寻求别人帮助、依赖别人,是接受者而不是给予者。剥削倾向性的人不期望接受,但是运用暴力、诡计等,从他人处巧取豪夺,以满足自己的欲望。贮藏倾向性的人节约、吝啬、锱铢必较,通过贮存和占有而获得安全感。市场倾向性的人的价值观是在市场上把自己当作商品,使自己具备适合雇主所需之性格特征。①

四种倾向性都是非生产性人格倾向的病态表现,只有创造倾向性的人格是生产性人格倾向。生产性人格倾向性的人充分发挥其潜能,成为创造者,对社会可以做出创造性的奉献。心理健康的关键因素,是一个社会满足人们的心理需要的程度。健康的社会使人格发展积极健康,病态的社会则阻碍人的需要,使人格朝向消极病态方向发展。健康人格的本质就是富于爱,有创造性,与世界相处得融洽并根植于社会之中。要医治病态社会,就要通过改善人的心理,改善社会中人与人的相互关系,建立一个友爱、互助、没有孤独感的理想社会。

三、市场经济条件下的社会性格改造与和谐社会建设

历史的实践表明,资本主义社会的固有矛盾往往会导致革命,主要根源是

---

① 季乃礼:《弗洛姆的社会性格论》,《宝鸡文理学院学报》(社会科学版)2004年第6期。

穷人的需要难以获得相对的满足或者纯粹不能满足，马克思认为残酷的剥削导致暴力革命，而弗罗姆认为，治疗的方案是心理革命。他把马克思主义和弗洛伊德的精神分析学结合起来，认为，人在社会中的基本特征是个体化；社会对人的影响在于形成具有社会烙印的人格；既然变态人格由社会造成，那就要改造社会，形成健全的社会。改造社会的途径是建构人本主义的"共有制社会主义"。通过这条主线，弗罗姆深入分析了人与社会的关系，并为我们勾勒出他理想中的"社会主义"①。

我们不能否定马克思主义的暴力革命论，但克服社会主义初级阶段市场经济缺点的道路不只有暴力革命一条，心理革命也是一个途径。社会主义和谐社会建设其实就是心理革命。在此大背景下开展的精神文明建设，实施的依法治国方略、科教兴国战略、人才强国战略都是心理革命的政策。30 年来，我国学术界一直对弗罗姆的思想持批判态度，但到了 21 世纪，我们发现，我们所坚持的以人为本、全面协调可持续发展的科学发展观，虽然吸收了中国儒家的民本思想，但与西方的人本主义思想特别是弗罗姆的思想不谋而合。弗罗姆的理想社会、健全社会设想虽然有待论证，但他的思想确实是我们发展市场经济，促进心理和谐，建设和谐社会过程中值得借鉴的思路。我们相信，随着科学发展观的深入贯彻，区域差距、城乡差距、贫富差距的缩小，我们社会中人的心理会更加健康，人格会更加健全，社会会更加和谐。

第三节　高校心理咨询辅导工作运行机制问题的多学科对策辨析

20 世纪 80 年代以来，我国引进西方特别是中国香港台湾地区的心理辅导理念和指导原则，引领各级各类学校的心理健康教育和心理咨询辅导工作逐步走向现代化。但西方的和西方化的港台心理辅导观念，有些并不适应中国大陆的传统文化和经济发展现状。为此，笔者曾于 10 年前发表文章论证价值干预问题。② 经过 10 年的心理健康教育工作和心理咨询辅导活动实践，笔者再次发现，经过新生心理测评筛选出来的学生和学生家长难以接受自己是心理疾病患

---

① 黄渭：《弗罗姆心理学思想研究》，《武汉教育学院学报》1998 年第 5 期。

② 张海钟、李红霞：《心理咨询中需要价值干预吗?》，《甘肃教育》2009 年第 1 期。

者，拒绝接受咨询治疗；同时，每个班级都有比较严重的心理疾病患者学生，平时无法保证上课，课程考试多半不及格，但如果教师不给及格，又会发生自杀等过激行为。这使任课教师和教学管理干部非常为难。这些问题还引发了教育理论层面的公平问题和精神卫生学层面的法学问题，需要深入研究，提出可以选择的策略。

一、高校学生心理咨询辅导工作运行问题案例举隅分析

我国高校为新生开展心理疾病测查建档已经有至少 20 年的历史，而且测验技术也在不断地现代化、信息化，测验使用的工具也从最早期的 SCL—90 到现在使用的 UPI，基本实现本土化。但每年测评筛选出来的存在不同程度的心理障碍乃至心理疾病的学生，却并没有得到有效的跟踪观察辅导，作为心理保健咨询、教育辅导教师，我们有许多困惑：比如，有的学生症状观察发现，确实有严重心理疾病（为了避免刺激性过强，这里不用精神病），但家长拒绝承认，拒绝送精神卫生机构；对有的学生行为观察，发现存在中度的人格障碍，但拒绝到心理咨询辅导中心接受治疗；有的学生因为家庭变故，存在严重的急性应激障碍，但心理防卫机制太强，也拒绝接受辅导治疗；有的学生入学时，数学只得 40 多分，却被录取到数学系，多门课程不及格，却拒绝转系；有的学生入校时心理测评发现，属于中度心理疾病，但国家并未规定这些学生必须退学治疗，而院系学生心理辅导教师如果主动开展辅导或者邀请精神卫生机构医师做康复治疗，学生和学生家长却不配合，而且操作不当又会涉及隐私问题；有时心理咨询辅导教师试图专门针对各个班级的心理障碍学生组织团体心理辅导，但没有学生愿意参加；至于有的学生学习动机和方法问题、恋爱受挫后的情绪问题、冲动造成的意外怀孕压力问题、人际关系恶化问题、家庭生活事件焦虑问题，都无主动寻求心理咨询和治疗的行为，或者慑于社会评价归类，或者慑于自我意象威胁，如此等等，一方面可以归因于各院系政工干部和辅导员的认识问题和懒惰，一方面也可以归因于心理教育辅导机构人员的缺乏以及这些人员的被动等待，同时还有学生本人和家长的思想观念问题，当然，中国文化中歧视心理疾病患者的传统也是根本要素之一，需要做出社会学、教育学、心理学、管理学的价值取向和实践策略辨证与选择。

二、高校心理咨询辅导工作机制的多学科困惑与思考

前述存在心理问题、心理障碍、心理疾病的学生，如果我们选择主动找寻

咨询服务，而当事学生和家长不接受，这就成为心理学家必须解决的问题；如果我们坚持被动等待咨询，这些学生的问题越来越严重，威胁学校安全，更为主要的是学生多门课程难以合格，无法毕业；而且，学校如果坚持必须毕业，为这些学生提供选择就业的机会，那就涉及培养目标是否实现。特别是当心理正常学生因为课程不合格不能毕业时，还会涉及教育的基本价值观问题，比如教育公平问题。但是，如果不允许这些学生毕业，就意味着这些学生将失去就业机会，在心理疾病的压力下，生活会雪上加霜，这又是一个社会学问题和管理学问题。

如果我们选参照医学的价值观，作为心理咨询师就可以心安理得，当事学生不寻求咨询，我们可以坐视不理；如果我们选择卫生学和教育学的价值观，那就完全不同，作为心理保健人员、心理教育人员，我们必须主动为心理障碍、心理疾病学生提供登门登舍、进院系进班级服务；如果我们选择社会学、管理学的价值观，那就需要强制性教育辅导、咨询治疗。但是，主动服务存在心理障碍、心理疾病学生的心理阻抗，也就是元阻抗。

显然，解决问题必须选择主动，心理教育必须选择主动，心理咨询、心理辅导也必须选择主动。因为，高等学校是教育机构，也是管理机构，是有一定卫生防疫职能的教育机构，不是医疗机构，不是司法机构。尤其是大学生是国家培养的高级人才，维护学生心理健康，治疗学生心理疾病，教育学生学会自我调节，培养心理健康的学生是学校所有部门的共同责任。解决阻抗问题的唯一途径，就是坚持不懈开展心理保健知识宣传，强化学生和家长的心理咨询意识，解除心理咨询的神秘感和威胁感。同时，加快本土文化背景下心理咨询技术、辅导技术、康复技术的研究和发展，消除心理咨询和辅导以及康复时间的漫长性，提高心理治疗技术的实效性。

三、高校解决心理咨询辅导工作运行机制的策略选择

就目前情况而言，必须采取管理学和社会学、教育学和心理学的综合对策，即将心理障碍、心理疾病学生进行分类，约谈家长，做好家长的心理疏导工作，形成家庭学校共同认识，采取强制性咨询治疗措施，具体办法是能休学治疗的休学治疗，能边咨询边学习的，就边学习边治疗；该团体辅导的就团体辅导；该到精神卫生机构治疗的就送精神卫生机构，通过专制的方式推进心理保健意识和知识的普及。同时，一定要建立心理保健和治疗的校医院和校心理辅导机构合作机制。

　　首先，需要解决的是心理教育、心理咨询、心理辅导机构的人员配置问题。目前绝大多数高校按照每 5000 名学生配备 1 名专职心理教育和咨询辅导教师。15000 名学生的高校也就 3—4 名专职人员，每年的心理健康教育必修课程和新生心理测评，特别是心理保健周和心理文化节以及日常心理咨询工作，就基本占据全部时间。而学校层面的策略是，依靠教育学院或心理学院兼职教师，同时依靠各院系党支部书记、学生工作办公室辅导员、班主任、团支部书记、各班级心理委员，构成工作网络。但这种机制其实难以产生实效，主要问题是党、学、团干部尚未受到科学的培训，更缺乏工作的主动性。很多情况下，他们缺乏关心心理疾病患者的耐心和爱心，甚至嘲笑和应付成为常态。如果按照 1000 名学生配备 1 名心理咨询辅导专职人员的校准，至少每个学院有 1 名专职心理辅导员，才可以做到主动服务，才可以做到科学化服务。

　　其次，必须解决学校医院与心理咨询辅导机构的协作问题。新世纪前 10年，随着高校后勤社会化风潮，高校医院发展进入低谷。许多高校医院都成了感冒打针机构。如果把心理健康与疾病问题分类为心理问题、心理障碍、心理疾病、精神疾病，显然心理健康教育机构只解决预防问题，心理咨询辅导机构只解决心理障碍问题，至少校医院应该能够解决一般心理疾病，而严重的精神疾病应该送到精神卫生机构。但目前校医院的医师配备、医疗设备以及场所都无法满足需要。即使心理咨询辅导机构试图将精神疾病患者强制送到精神卫生机构，没有医生的配合也是无法做到的，因为心理咨询师不是医生。

　　再次，需要解决政工干部、班主任以及心理辅导员的合作机制问题。目前，我国高校开展心理健康教育和心理咨询辅导工作有三种模式，一种是学生工作处负责，下设心理健康教育与咨询辅导中心，与教育学院、心理学院、医学院合作，这种模式的优势在于可以采取行政程序，督促各学院开展心理健康教育活动，但咨询辅导中心受到政治教育因素的制约，难以发挥作用；一种是团委总体负责，下设心理健康教育与咨询辅导中心，与教育学院、心理学院、医学院合作，这种模式的优点在于将政治教育、思想教育、心理教育完全融合，但只能是教育活动，咨询辅导往往成为文艺活动；一种是学校成立心理健康教育工作领导小组，在教育学院、心理学院、医学院等学科教学机构设立办公室，这种模式的专业化程度很高，但因为僵死的行政运行惯性，难以做到政工干部、班主任以及心理辅导员的合作机制的流畅。因此，最好的选择是成立心理教育处，但又会面临编制问题。

四、精神卫生法与高校心理咨询辅导工作的运行问题

2013 年，我国正式颁布实施《中华人民共和国精神卫生法》。该法规定，有关单位和个人应当对精神障碍患者的姓名、肖像、住址、工作单位、病历资料以及其他可能推断出其身份的信息予以保密；但是，依法履行职责需要公开的除外。心理咨询人员应当提高业务素质，遵守执业规范，为社会公众提供专业化的心理咨询服务。心理咨询人员不得从事心理治疗或者精神障碍的诊断、治疗。心理咨询人员发现接受咨询的人员可能患有精神障碍的，应当建议其到符合本法规定的医疗机构就诊。心理咨询人员应当尊重接受咨询人员的隐私，并为其保守秘密。

长期以来，我国高校的心理咨询辅导人员工作定位失措，总是喜欢越位开展心理治疗工作。而学校领导和政工干部们也错误地认为，心理咨询就是治疗精神病。显然，法律明确规定，心理咨询人员不得从事心理治疗或者精神障碍的诊断、治疗。而且有四种行为要给予处分：心理咨询人员从事心理治疗或者精神障碍的诊断、治疗的；从事心理治疗的人员在医疗机构以外开展心理治疗活动的；专门从事心理治疗的人员从事精神障碍的诊断的；专门从事心理治疗的人员为精神障碍患者开具处方或者提供外科治疗的。

因此，精神卫生法的颁布，其实界定了精神卫生工作者与心理咨询辅导工作者的界限。但是，高校心理健康教育和心理咨询辅导实践中，操作起来并不轻松。如果班主任、班级心理委员认为，某学生有精神疾病，送到心理咨询辅导中心，而心理咨询辅导中心的咨询师、教师又不能进行精神卫生诊断，那将如何确定是否该送精神卫生机构诊断治疗呢？而且，家长往往难以接受事实，这些问题有待于实践中进一步探索解决路径和策略。

第四节　婆媳关系问题多学科观点整合与有限解决策略设计思路

日本著名律师丹山雅在其著作《婆婆对付儿媳计》中说："如果谁能想出一个绝妙的解决婆媳关系的办法，应该授予他诺贝尔奖金。"[①] 实践证明，家庭日常生活中，婆媳关系问题和矛盾要比夫妻关系、亲子关系、祖孙关系、手足

---

① 谢洪英、杨健：《婆媳关系道德简析》，《道德与文明》1992 年第 3 期。

关系、亲戚关系、朋友关系等其他家庭问题和矛盾多得多、严重得多，可以认为，婆媳关系问题实际上成为社会学和心理学的永恒难题。考察 30 年学术史，针对这一问题的研究涉及生物学、经济学、法学、社会学、伦理学、文化学、人类学、文学、心理学等多个学科，几乎囊括了所有人文社会科学分支和部分自然科学分支。而且，随着网络普及，有人已经开通婆媳关系网，每天都有许多文章讨论这个问题，以女性为对象的各种网站网页都有婆媳妇关系专栏，可见问题的严重性。特别是电视剧《双面胶》播出后，更引起讨论热潮。我们试图通过对这些学科中有关婆媳关系问题理论假设的综述，进而提出自己的整合学说，就教于学界方家。

一、婆媳关系问题的多学科研究综述

通过查阅 CNKI 和谷歌、百度 30 年来的资料，生物学、人类学、经济学、社会学、历史学、伦理学、心理学、文学都有婆媳关系问题的研究成果，形成了一系列理论，比如生物学的亲缘等差关系理论、亲代投资理论；文化人类学的动物乱伦禁忌理论；经济学的养老资源争夺理论、投资成本收益理论；政治学的家庭权力争夺理论；社会心理学的中介失衡理论、心理学的恋母恋子情结理论、婆媳角色失调理论；历史学的历史习俗积淀理论；发展心理学的二次分离理论等，这些理论假说从不同角度、不同层面分析了婆媳关系问题的根源，但都难以对这个问题做出圆满的解释。

（一）社会生物学的亲缘等差关系理论

研究和实践表明，越是亲近的血缘亲属关系，彼此越是能够缓和冲突和矛盾。不同的关系有不同的伦理规范，也有不同的情感类型。社会心理学研究表明，中国人对各种人际关系会采用一个双维度的标准，一个维度是关系中的两个人身份角色的距离，另一个维度是关系中两个人的真情交换和义务履行的均衡。在家庭关系中，亲子关系是一种先天的最亲近的血缘关系，而婆媳关系、夫妻关系则没有血缘关系。亲子之间、夫妻之间、手足之间都有来自角色身份规定的情感。梁漱溟将其区分为应有之情和真有之情。亲子关系是"应有之情"，而婆媳关系、夫妻关系则是"真有之情"。著名社会学家费孝通先生称之为"等差之爱"。当原本没有亲缘关系，"本不是一家人"的男女，由于相爱"走进一家门"的时候，主要是被"真有之情"推动的。就媳妇而言，婚前与夫家的人一般交往比较少，所以，对丈夫是真有之情，而对公婆和夫家其他成员就只有应有之情。应有之情只是一种根据角色规定的情感，真有之情却是真情实感，当婆媳双方混淆了婆媳关系与母女关系，一方强调真有之情，另一方强调应有之情时，两方都不满意，会因为对方无法满足自己的预期而渐生不满。

我们在日常生活中经常可以听到婆婆抱怨媳妇或媳妇抱怨婆婆的事情，这实际上是因为婆媳双方混淆了婆媳关系的"真有之情"和母女关系的"应有之情"。如果用真情来换取真情，婆媳关系就一定会与母女关系一样，成为家庭关系中新的情感支柱。

（二）生物经济学的亲代投资理论

研究表明，动物在繁殖后代的过程中，雌雄双方都追求抚育投入与基因遗传收益的平衡，即都期望将各自一半的基因传给子代，但因为雌性的子代投资高于雄性，按照父子关系的不确定性假说、遗弃假说、择偶机会的代价假说，就形成了雌雄双方后代抚育态度差异。

这种亲代投资理论可以臆测性解释婆媳关系问题的生物学原理，婆婆对媳妇的所生子女与其儿子的关系存在不确定性（父子关系不确定性假说），导致婆媳之间信任关系难以建立。而且媳妇还可能跟公公有暧昧关系，这种结局将导致自己的利益受到极大损害。媳妇的进入家庭很大程度上剥夺了儿子的其他择偶机会（择偶机会的代价假说），而儿子可是千真万确地拥有婆婆一半的基因，这在生物演化过程中可是犯了大忌，无疑使媳妇丈夫对媳妇及其后代的亲代投入具有某种不确定性，这种状况将加深媳妇对婆婆的高度警惕，造成即使婆婆的好意也会被媳妇理解为别有用心。当然，这种心理机制是长期演化过程中形成的，根深蒂固于每个女人的潜意识中，导致婆媳关系天然的矛盾和冲突。用同样的理论很容易解释为什么公媳之间、爷婿之间的矛盾和冲突显然不会达到势不两立的地步。

（三）政治经济学的养老资源争夺理论

现代的家庭结构和家庭关系都较以前简单，特别是大部分妇女走出家庭进入社会中，家庭不再是她们人生唯一的舞台，婆婆和媳妇作为两个独立家庭的管理者，她们之间的直接联系并不是很多，但这并不妨碍她们之间的争权夺利，联结她们关系的男人便成为其矛盾的焦点。表面上婆媳冲突的焦点是婆婆为了永久地占有对儿子的控制权，媳妇是为了完全得到对丈夫的管理权，但实质是对养老资源的争夺。社会交换理论认为，交换行为不仅发生存在于市场关系中，而且存在于包括友谊、爱情、亲情在内的多种社会关系中。该理论是建立在投入与回报的基点上的，认为只要有投入就会获得回报。婆婆与儿子的关系、儿子与媳妇的关系实质上是一种交换关系，而且婆婆和媳妇二者都想交换到同一种资源，那就是养老资源。Wolf 有一个非常重要的概念，可以帮助我们理解妇女是怎样在婆媳关系中为自己的命运奋斗的，这个概念叫"母体家庭"。该理论说，在一个大家庭中，女人精心培育着和儿子之间最紧密的关系，为的都是她将来能在家中获得实力和晚年生活的保障。这种"母体家庭"从本质上讲反对任何其他成员进入这个圈子，可是母亲总要给儿子娶媳妇。这样就出现了一个不可解决的矛盾：儿子是母亲唯一的养老资源，孙子是媳妇唯一的养老资源，可是儿子又是媳妇的养老资源，以及孙子的主要投资者。[1] 所以婆婆将儿子视为自己希望的实现者和情感的寄托对象，儿子是婆婆的精神支柱，当然会对儿子投入很多，无论在物质上还是在情感上。作为儿子先期的投资者，婆婆为的是在自己年老时得到儿子的回报，但媳妇作为受益者却不愿意承担这一责任，因为她的丈夫同时也是自己的养老资源，她会把和丈夫生活一辈子作为砝码要求其养老，这就造成婆媳双方针锋相对，引发冲突。[2]

（四）应用经济学的投入成本收益理论

尽管我国的正式制度（譬如《婚姻法》）并没有规定子女随父姓，只是社会习俗，但习俗也是一种合约，经济学称为"非正式制度"，这就使婆媳关系完全适用于成本—收益分析法。按照这一非正式制度，婆婆的"收益"一般总是低于"成本"。投资 20 多年养育的成本，却对"收益"预期心里没底。从追求"利益最大化"的原则出发，最好是"收益 > 成本"，但是，一般找对象，很少有男方要求女方的综合条件超过自己的，对婆婆而言恰恰是"成本 > 收益"，除非婆婆是位有很好"理性预期"的人（譬如媳妇一定会生孙子而不是孙女）。假设儿子和媳妇是"天造一对，地设一双"，至少使婆婆的"成本 = 收益"（这就是经济学家眼中的"门当户对"），而且小两口一切靠"自力更生"，但婆婆还得面对"娶了媳妇忘了娘"的"感性预期"，生怕自己的投资回报被媳妇"搭便车"，老无所养。"婆媳关系"博弈中，儿子（老公）也是重要的一方，为了达到均衡，让婆媳"双赢"，儿子（老公）往往只好放弃"经济人"地位，主动追求零利益或负利益，即老百姓所说的成为"三夹板的中间一层"。如果仍然无法均衡，那就利用"信息不对称"，弄点"私房钱"安慰安慰老娘，或者猛拍老婆的马屁。当然，非正式制度毕竟还属于社会伦理的范畴，它必定

---

① 笑东：《最后一代传统婆婆》，《社会学研究》2002 年第 3 期。

② 朱东丽：《婆媳冲突的社会学分析》，《西北农林科技大学学报》（社会科学版）2007 年第 1 期。

受到许多人类情感的影响。既然约定俗成，做媳妇的应该主动支付些"孝顺成本"，既可以改变老公的"非人"地位，又有利于婆婆建立起对媳妇的"品牌忠诚"，何乐而不为呢？

（五）政治社会学的家庭权力争夺理论

社会冲突论的代表人科塞把社会冲突的根源归结为两类：第一类是物质性原因，第二类是非物质性原因。其中物质性原因指权力、地位和资源的分配不均。在家庭系统内部存在着不平等的权威关系，女性是主要的管理者与经营者，而且它的内部管理是以金字塔形构成的。按照中国社会长幼排序，婆婆自然拥有绝对的权力，婆婆和媳妇是管理者与被管理者的关系。但人的支配欲、权力欲是天性的，被支配者总想摆脱被支配，而拥有支配权的会想方设法维护其权威。在婆媳关系中，处于被支配地位的媳妇迫于种种压力在一定时间内是无力改变的；婆婆会把媳妇当作自己权力的直接威胁者，她们俩是家庭中唯一一对没有血缘关系的人，缺乏一般亲情关系中的宽容与理解，而家庭成员中即使出现了矛盾，解决起来也因亲情而具有一定的弹性，往往复杂问题简单化，婆媳之间往往因缺乏解决问题的弹性，就有简单问题复杂化的倾向。[①]

政治是经济的集中表现，政治权力本质上是经济权力。家庭作为社会的一个细胞，也不允许存在二元权力中心。[②] 对儿媳一方而言，家庭是以爱情为基础建立起来的，靠爱情建立起来的婚姻，在情感上具有排他性和占有性。但因爱情建立起来的婚姻有其短暂性，在热恋过程中，完全不去考虑婆婆的敌视和不满，而结婚后就变得势利，认为只有统帅家庭，击垮婆婆才能得到丈夫以及家庭其他成员或社会人的尊重。最终婆婆因年老失去经济基础，但是这一二元家庭权力之争需经过长期的斗争。[③]

（六）社会心理学的交换中介失衡理论

在婆媳关系中，联结她们之间关系的男人起着十分重要的作用，因为他承担着儿子和丈夫的双重角色，扮演着中介角色。埃默森提出了"交换网络"的概念，他认为交换网络由两个或更多个彼此联结的交换关系构成。[④] 以三人互

---

① 朱东丽：《婆媳冲突的社会学分析》，《西北农林科技大学学报》（社会科学版）2007年第1期。

② 马尔科姆·沃特斯著，杨善华译：《现代社会学理论》，华夏出版社2005年版，第45—47页。

③ 邓伟志、徐榕：《家庭社会学》，中国社会科学出版社2001年版，第32—35页。

④ 邓伟志、徐榕：《家庭社会学》，中国社会科学出版社2001年版，第32—35页。

动为例：假设 A—婆婆，C—媳妇，B—儿子和丈夫，A 与 C 的关系是通过 B
联结起来的。如果 A 与 B、B 与 C 之间的交换关系的增加会促进 A 与 C 关系
的增强，那么此时 B 的联结就是正向的或合作性的，而如果 A 与 B、B 与 C
之间的交换关系的增加会降低 A 与 C 关系的交往水平，此时 B 的联结就是负
向的或者是竞争性的。若儿子这种中介作用发挥得好，可以加强婆媳之间的情
感联系；反之，则使婆媳关系恶化，导致婆媳冲突，而且容易使自己成为矛盾
的焦点，出现"两面受敌"的困境。尽管母子情深，也难以避免结婚以后这种
关系变得复杂的事实。因为夫妻之间毕竟在活动、计划、开支以及交往等方面
有更多的共同点。在这些问题上，夫妻观点的一致性往往要超过母子观点的一
致性，这是因为儿子和母亲相隔一代，在心理上还是存在着差异，这样就容易
造成儿子中介作用的失衡。如果母亲不理解就会产生"儿子娶了媳妇忘了娘"
的心态，误认为儿子对自己的感情被儿媳夺去了，而迁怒于儿媳；当儿子特别
孝顺，事事听从母亲时，儿媳又会怪丈夫不把自己当"自己人"看待，会把婆
婆当作自己的"眼中钉"，这样儿媳可能会在自己的丈夫面前说婆婆的坏话，
一次可能不要紧，次数多了，儿子可能会对自己的母亲产生怀疑，慢慢地倒向
自己妻子这边，对自己母亲的感情减弱。这样，联结婆媳的中介失衡，婆媳关
系恶化，婆媳冲突发生。[①]

（七）民俗历史学的习俗演变理论

中国古代奴隶和封建社会的最大的特点是宗法制度决定社会及家庭生活的
方方面面。礼治而非法治的农业乡土社会结构，以纲常伦理为其治国的根本大
法。天人合一、政教合一的宇宙本体论指导下的家国一体论，决定了道德伦理
规范为教育的最高准则。历代女子教育、教材都强调男尊女卑、夫为妻纲、三
从四德、从一而终；柔弱静顺、贤孝敬慎、声言寡微、针织茶饭。[②] 所以中华
民族数千年来，媳妇始终屈从于婆婆，为此，中国文学史上，由婆媳矛盾而酿
成的家庭悲剧可以说是中国传统的叙事作品的基本主题之一，如《孔雀东南
飞》、《寒夜》等。[③]

同时，中国传统社会的"父系"制度强化了生男嗣的重要性。因为对于媳
妇而言，要巩固自己在夫家家族中的地位就得靠替夫家生出子嗣，唯有如此才

① 朱东丽：《婆媳冲突的社会学分析》，《西北农林科技大学学报》（社会科学版）2007 年
第 1 期。

② 张海钟：《现代女性心理学导论》，中国档案出版社 2007 年版，第 12 页。

③ 刘传霞：《论中国现代文学中的婆媳关系》，《东岳论丛》2004 年第 2 期。

能延绵夫家家族的香火并提供祖先祭拜时主要奉祭的人员。但若生不出子嗣，则恐遭休妻或纳妾的命运。在这重重压力之下媳妇由年轻到熬成婆婆的这一路上，儿子便成为自己最真实的情感寄托也是最重要的生活依靠。然而，这种因文化结构限制而更加强化的母子联结不但造成婆婆对儿子的绝对偏袒，更对婆媳关系而言成了一大致命伤。尽管婆媳关系之难由来已久，但毕竟还是以现代社会表现为甚。个中原因实际上也易于理解，就是因为在传统专制的社会里，婆媳之间的地位差异至巨，一方面婆婆高高在上，另一方面媳妇则俯首如奴。如此，在封建家长制的约束下，媳妇纵然再"强悍"，也自然不敢招惹婆婆，与其分庭对抗。现代则不同。所谓"萧瑟秋风今又是，换了人间"。现代民主的一个基本要求就是实现人与人之间的平等，从而表现在家庭关系上，使得那些长期备受恶性压迫的媳妇们终于从无比的艰难中解脱了出来。但也就这样一个解脱，给了她们对抗婆婆和舒展自我的机会，也才因此有了"婆媳斗法"的可能。新时代的婆媳关系与其说是个人之间的矛盾，不如说是传统道德与现代新思潮之间的斗争与冲击。

（八）文化人类学的动物乱伦禁忌理论

在人类科学地认识到近亲繁殖会导致种群退化以前，高等动物就已经"知道"了乱伦的严重危害，因为很多动物甚至在人类诞生以前就已经进化出了避免近亲繁殖的换群行为。漫长的动物进化的历程中，社会性哺乳动物进化出了三种不同的换群模式以避免乱伦的发生：第一种是两性换群模式，自然生活的马群就采用这种模式换群。第二种是雄性换群模式，大多数猴类采用这种模式换群。第三种是雌性换群模式，即群内出生的所有雌性个体在青春期离开其出生的群体，加入到其他没有血缘关系的新群体并在那里生活和繁殖后代，雄性则终生留在其出生的群体里。大多数猿类采用这种模式换群。通过这几种模式换群，高等动物成功地避免了乱伦的发生，也避免了因近亲繁殖导致的种群退化。早期人类也是采用女性换群模式来避免近亲繁殖的。直到今天，世界上绝大多数民族仍然保留着姑娘出嫁的传统，这个传统源自早期人类女性换群的婚配传统。因此，漫长的进化历程赋予那些进入青春期的少女以强烈的换群心理冲动，也即荣格所谓集体潜意识，这种集体潜意识让她们拥有足够的勇气义无反顾地离开她生长的群体进入另一个群体。[1]

---

[1]　李红月：《禁忌、换群与微妙的婆媳关系》，《中国人民政治协商会议长春市委员会主办内部资料·议政》2002年第5期。

结群动物的群体规模与其个体的生存能力成反比。人类在进化历程中的群体规模的演变也遵循着这一定律。早期人类族群中年长女首领的入群认可是少女换群成功与否的关键，因为她有责任把握群体中女人的生殖能力与男人的供养能力之间的平衡。换群少女的身心都融入新群体才标志换群的完成。在漫长的换群历史中，女首领权威性的入群认可总是新人入群的前提。即使换群少女选择一个群体而恰好女首领也有同意接纳的意向表示，也只意味着换群活动的开始。换群少女还必须做很多努力与女首领和整个群体进行长时间的情感磨合，才能使换群过程顺利进行。这就形成了数千年来媳妇顺从婆婆、婆婆领导媳妇的非理性心理定式。①

随着人类逐渐进化发展和个体适应能力的不断提高，人类生活的基本单位也由"浩浩荡荡"的能人群体逐渐演变成了现代家庭。那个"换群"而来的年轻女子演变成了现代家庭中的新媳妇；而那个高顺位的年长女性演变成了今天的婆婆；她们之间的关系也自然演变成了婚姻制度下的婆媳关系。但是，在自由恋爱和核心家庭流行的时代，家庭中的女首领（准婆婆）的认可不再具有权威性和决定性了。然而，在婆婆的潜意识里，她的认可仍然是姑娘能否走进家门的"路条"。如果儿子带回的女友——换群少女——恰好被她的直觉所认可，未来的婆媳间便没有非理性的心理障碍，两人之间也容易顺利发展出和睦的婆媳关系。相反，如果准婆婆潜意识里对未来儿媳不认可，她往往会固执地拒绝这个姑娘走进家门做媳妇。所以，早期人类的这些非理性的换群行为，为现代人理性地绕过婆媳间非理性心理障碍树起了参考坐标，但让每位婆与媳都清除其心灵深处的非理性心理定式是不可能的。②

（九）社会心理学恋母情结固着理论

早在 20 世纪 80 年代，就有文艺评论家用弗洛伊德理论分析《孔雀东南飞》的悲剧。根据弗洛伊德的精神分析学，如果深入到孤儿寡母的潜意识，我们不难发现，正是或隐或显的"恋子情结"使婆婆在儿子的婚姻上进退两难，对媳妇产生怨恨、忌妒之情，并刁难和折磨媳妇。软弱儿子的"恋母情结"不但使矛盾难以调和反而有所激化，悲剧也就在所难免。③ 弗洛伊德认为："儿童把自

① 刘雄平：《俄狄浦斯情结与现代文学作品中的婆媳矛盾》，《湛江师范学院学报》2005 年第 1 期。

② 弗洛伊德著，林尘等译：《弗洛伊德后期著作选》，上海译文出版社 1997 年版，第 108 页。

③ 刘荣荣（2008）：婚姻中的"恋母情结"与婆媳关系。http：//www.bhgmag.com.cn，05—30 。

己的父母当作最早的爱恋对象，这是不可避免的，也是完全正常的。但是他的利比多不会始终固着于这些最早的对象上，后来，它会仅仅把这些对象当作样板，而且等到最后选择对象的时机到来时就会逐渐从这些对象过渡到某些外界人物身上。由此可见，只要一个儿童不面临与社会不相适合的危险，他同自己父母的这种分离便是一个不可逃避的任务。"① 儿子迟早是要走出母亲的影子去独立面对人生的婚姻、爱情、家庭，母亲也应鼓励儿子这样去做，可母子间牢固的"俄狄浦斯情结"却总使他们剪不断理还乱。

儿子的"俄狄浦斯情结"是成长中的正常现象，但任何事物都是有两面性的，儿子依恋母亲，母亲对儿子的感情更是深厚的。儿子结婚之后，与媳妇如胶似漆，对母亲若即若离，婆婆已切切实实地品尝到了"娶了美人丢了妈"的滋味。同时，在生活起居上，儿子不再需要母亲无微不至的照顾，由媳妇来代替原先婆婆为儿子所做的，婆婆感到自己对儿子的感情和儿子对自己的感情日渐淡薄，甚至疏远了她。自己含辛茹苦培养的爱子竟轻而易举地被另一个女人拥有，又怎能不生嫉妒之心呢？② 嫉妒心理、占有心理导致婆婆将对儿子的怨全转化为对媳妇的恨，甚至由于女性的敏感多疑心理特征，可能会导致婆婆怀疑媳妇在儿子面前"嚼舌头"，总之，这些"恋子情结"表现得淋漓尽致，是导致婆媳关系不和的心理原因，母亲对儿子的态度是无私的奉献与自私的"占有"所构成的既相矛盾又相统一的心理表现。

（十）发展心理学的二次分离理论

如果依照发展心理学的观点，健康的母子关系要经历"二次分离"。第一次分离是"孩子的分娩"。"第一次分离"的结果是孩子由纯然的对母亲的依赖到自己独立地探索世界，尽可能地摆脱母亲的干预而独立自主。第一次分离如果成功的话，对母亲和孩子都是双赢的：母亲除了对孩子尽必要的照顾之责外，把生命的重心放在自己身上，依然追寻自己的情感、事业；孩子则可以自由地发展自己。假若"第一次分离"不成功，就会导致母子的"情感依恋"及"互赖"的现象。尤其是母亲本人的心理不成熟或情感遭受挫折，如离婚单亲、丈夫背叛、家庭意外事件等，都可能造成母亲把生命的重心放在孩子身上，全神贯注着孩子的每个动向。这样的母亲情感失衡，过多地"爱"孩子，从而对

---

① 刘荣荣（2008）：婚姻中的"恋母情结"与婆媳关系。http：//www.bhgmag.com.cn，05—30。

② 刘荣荣（2008）：婚姻中的"恋母情结"与婆媳关系。http：//www.bhgmag.com.cn，05—30。

孩子施加了更多的压力和期许。孩子也会很痛苦，面对一个"完美的"、"严厉的"母亲，也容易发展出"依恋型人格"或"畏缩型人格"——躺在母亲的怀里不想长大或长不大。①

"第一次分离"为孩子的"第二次分离"——结婚成家埋下了伏笔。如果说第一次的分离不成功，孩子结婚后（从恋爱开始），母亲便有被孩子遗弃的感觉，孩子也会产生"新婚焦虑症"——不适应婚姻生活，甚至在潜意识里期待妻子既是"太太"又有"妈妈的感觉"。这是很危险的信号！母亲想回到从前儿子只对她一人依恋的局面，而现实不许可，母亲的行为出现"退化现象"——情绪多变、敏感、脆弱等。其实，母亲"行为退化"的心理需要是"儿子的关注"。②

除了上述几种理论之外，有的学者还提出如下观点：解放前，农村婆媳关系一直是不平等的，婆婆占主导地位，儿媳处于被动地位，新中国成立以后，新文化思想使儿媳摆脱了传统的枷锁；婚姻自由确立了儿媳的家庭平等地位；土地公有使儿媳摆脱了对公婆财产的依赖；经济独立为农村婆媳关系的转变奠定了物质基础，但有些家庭中儿媳妇却反过来压迫婆婆，造成了许多家庭矛盾，影响和谐社会建设。③刘彩玲、李桂梅在《现代家庭婆媳关系的理性探索与关怀》中认为，传统家庭中由于经济因素、居住方式、文化因素，婆媳矛盾以婆婆为主体，婆婆是强者，专制的婆婆在家庭中处于重要的地位。随着女性的经济独立、社会地位的提高，各种权利逐渐确立和扩大，反对男权，提倡男女平等使得女性突破男权思想和家长制的控制，使传统家庭的婆媳关系受到挑战。现代家庭的婆婆已无威风可言，但婆媳矛盾中固有的敏感、微妙的状态仍然存在。由于文化差异、个性差异、经济利益、血缘之爱、亲情之爱的差异导致的矛盾越来越严重。④还有学者在解密婆媳难相处的十大根源时提出，争风吃醋、抢夺家权、观念冲突、同性相斥、混淆关系、父系制度、心胸狭隘、代沟问题、沟通不良、人格缺陷是婆媳妇矛盾的

---

① 刘荣荣（2008）：婚姻中的"恋母情结"与婆媳关系。http：//www.bhgmag.com.cn，05—30。

② 刘荣荣（2008）：婚姻中的"恋母情结"与婆媳关系。http：//www.bhgmag.com.cn，05—30。

③ 唐重振：《农村婆媳关系变化的制度分析》，《边疆经济与文化》2007年第7期。

④ 刘彩玲、李桂梅：《现代家庭婆媳关系的理性探索与关怀》，《株洲工学院学报》2005年第9期。

根源。①

二、婆媳关系问题的多学科处理原则和策略综述

前述有些理论的始作俑者和信徒们依据自己的理论，分别提出了处理婆媳关系的原则和策略，这些策略中有的可以通过婆婆、媳妇、儿子（丈夫）的行为自我控制来实现，但更多的则需要立法或道德修养来完成，但总体而言，悲观论比乐观论者多，所提出的建议都是常识性的、伦理性的，希望通过当事人的相互关怀、宽容、体谅实现和谐，缺乏深度可操作性意见。

（一）文化人类学的原则和策略建议

按照文化人类学的推论，要保证家庭和谐，第一，准婆婆应该无条件认可准儿媳，特别是当非理性情感倾向于拒绝的时候，一定要用理性控制情绪，因为"女族长"的认可不再是"换群"的前提。第二，婆婆要真心付出关爱，成为新媳妇的心灵依托。因为"换群"的年轻姑娘来到一个完全陌生的群体，只有在找到一位高辈分的女族长为依靠后，才能安心舒心地将身心融入这个新群体。这种心理定式至今仍存在于每一位新媳妇的心里，她的身心需要"女族长"的保护和抚慰。第三，青年女子在准备过门和过门以后，都应该多说一些表示感激甚至是讨好婆婆的话，尽量高频率地使用尊敬与亲昵的称谓，多一些对婆婆表达尊敬顺从和依赖依恋的行为举止。第四，婆婆一定要给儿媳准备一个结婚仪式即婚礼。因为仪式对人们非理性心理的影响远大于我们理性的估价。今天的新婚女子同样需要一个仪式作为她心理转换的契机，才能顺利完成从一家的姑娘到另一家媳妇的心理转变。第五，准媳妇和新媳妇要尽量减少对婆家母子关系的影响。因为母子关系是神圣而不可侵犯的，这是母子关系特殊性的自然体现。第六，经常互赠些礼物，包括分享食物和语言安慰。第七，婆媳间要多些体肤接触和互相陪伴。因为人类是典型的结群性社会动物，相互陪伴和抚摩是增进情感的纽带。总之婆媳关系本身是既无血亲又无姻情的。与夫妻关系和亲子关系相比，婆媳关系缺少自行化解矛盾的先天机制。因此，理性地回避非理性心理定式对婆媳关系的负面作用，就有机会让社会有更多的和睦婆媳、更多的幸福家庭和更多的灿烂笑容。②

---

① 爱燕双飞（2009）：解密婆媳难相处的十大根源 [EB/OL].http：//blog.163.com，01-07.07：10。

② 李红月：《禁忌、换群与微妙的婆媳关系》，《中国人民政治协商会议长春市委员会主办内部资料·议政》2002 年第 5 期。

(二) 认知心理学的处理原则和策略建议

中国妇女报 2007 年 1 月 8 日报道，全国妇女发展中心的一项调查显示，59.81%的婆媳关系相处良好，表示"没有太大意见，从未发生过争执"。这一比例大大高于 20 世纪 80 年代的调查结果。调查数据显示，婆媳关系处理良好的媳妇拥有大专以上文化程度的占 80%，婆婆中拥有初中（含）以上文化程度的占 40%；婆媳关系处理不太好的媳妇中拥有大专以上文化程度的仅占 2%。可以看出，受教育程度是影响婆媳关系的重要指数。

现代认知心理学研究发现，在认知心理学中对学习迁移的探讨与认知结构密切相连，媳妇在长期的学习过程中获得知识和经验，这些知识和经验便在主体中建立一定的心理结构。这种心理结构不断调节人的行为，使媳妇更好地适应和改造环境，媳妇的心理结构是知、情、意的统一，而认知结构便是心理结构的重要组成部分。接受教育的过程，实则是学习知识和经验的过程，接收到的知识信息量越多，在长时记忆中储存的线索就越多，当媳妇面对婆媳矛盾时就越有可能出现理智行为。随着时代的发展，城市女性大多数能接受高等教育，矛盾相对比较少。这说明媳妇受教育程度的高低将会很大程度地影响媳妇处理婆媳矛盾。所以，解决矛盾的途径之一就是提高女性的文化程度。[①]

(三) 社会心理学的处理原则和策略建议

根据社会心理学的理论，解决婆媳关系的原则是：第一，婆媳相互尊重和谅解，双方都要承认对方有独立的人格和经济地位，养成民主家风，互不干涉隐私。第二，婆媳之间尽量避免争吵，不要传播矛盾。第三，物质孝敬与情感交流相结合，在中国养老机制缺失的情况下，媳妇要给予老人经济上的赡养。第四，要发挥儿子的中介作用，儿子作为双方关系的中介点，要学会帮助婆媳进行心理沟通，婆媳之间出现矛盾，儿子可要起疏导作用。第五，要促进家庭规模的小型化，因为家庭规模越小型化，家庭中的代际层次越少，家庭关系便越简单化，家庭中的民主氛围也越浓厚。相反，家庭规模越大，代际层次越多，则家庭关系越复杂。[②] 转型时期的中国家庭发生了裂变，家庭结构趋向小型化、核心化，核心家庭成为现代家庭模式的潮流，这种潮流对解决婆媳关系有很大帮助。

---

① 张继平：《婆媳关系的心理学分析与对策》，河西学院学士学位论文，2009 年。

② 邓伟志、徐榕：《家庭社会学》，中国社会科学出版社 2001 年版，第 32—35 页。

（四）家庭社会学的处理原则和策略建议

新世纪以来，许多社会学者针对婆媳矛盾提出了解决的原则和策略，比如唐重振通过农村婆媳关系变化的制度分析认为，为了寻找新时代的农村婆媳关系平衡点，进而化解紧张的婆媳关系，营造良好的社会风气，建设和谐的社会主义新农村，建议重塑传统"孝"文化，发扬中华民族敬老的传统美德；基层政府应大力宣传尊婆爱媳的典型，在农村形成良好的尊婆爱媳风气；建立农村婆媳纠纷调解机制，使婆媳的矛盾解决在初发状态。[1] 刘彩玲、李桂梅认为，如果我们把关怀伦理学理论运用于中国现代家庭婆媳关系矛盾的解决，那么婆媳关系理所当然是关怀者（主体）与被关怀者（对象）的关系。在实施关怀的过程中婆婆关怀了媳妇，媳妇应该感受到了婆婆的关怀，同时媳妇承认婆婆关怀了她；或者媳妇关怀了婆婆，婆婆应该感受到了媳妇的关怀，同时婆婆承认媳妇关怀了她。只有凝聚了婆媳双方的爱的联合，才能使家庭团结一致，才能达到家庭思想的统一。也只有在这种前提下，婆媳间的个性差异、能力差异、智慧差异、知识差异等这些表面的现象才会显得微不足道。构建以爱为前提的经济关怀、物质关怀、精神关怀和人格关怀，这样才有可能达到处理好婆媳关系的目标。[2] 林世芳则在《社会学新问题：婆媳不和现象》中根据理论实践分析提出，首先是媳妇进门婆婆交权，其次是如果水火不容，最好分居，另外就是提高女性的受教育水平。[3]

三、婆媳关系问题理论的整合和解决问题的对策设计

课题研究过程中，笔者试图寻找西方社会处理婆媳关系问题的策略，查阅资料发现，有些出国的中国媳妇总是赞扬西方婆婆多好，认为西方社会并没有太多婆媳关系问题，倒是听有国外朋友谈起过丈母娘和女婿的关系挺难相处，不过也是很少的比例。西方的父母和子女之间的关系相对独立，一般成年子女结婚后，父母对子女小家庭的内部事务干涉很少，而且父母一般自己有养老金，不需要子女赡养，这样父母子女之间相互尊重，友好往来，有事儿互相帮帮忙，反而增进了相互之间的情谊。有的海外学者通过自己的体会，总结了美国婆媳关系处理的原则。婆婆原则上是绝对不干涉儿子找对象；绝对不干涉

---

① 唐重振：《农村婆媳关系变化的制度分析》，《边疆经济与文化》2007年第7期。

② 刘彩玲、李桂梅：《现代家庭婆媳关系的理性探索与关怀》，《株洲工学院学报》2005年第9期。

③ 林世芳：《社会学新问题：婆媳不和现象》，《福建师范大学福清分校学报》2000年第4期。

儿子和媳妇未来的生活。媳妇原则上是绝对不指望结婚的时候从婆家得到一分钱；搬家、买房、装修，绝对不指望婆家任何帮助。

但令人惊奇的是，英国剑桥大学心理学研究者特里·阿普特，积累过去20年的研究，在倾听了163个人的婆媳故事后，写成《你要从我这得到什么?》，2009年7月在美国上市。这本书千言万语汇成一句话就是：婆媳关系远比岳母和女婿的关系紧张。书中写道，60%的受访女性认为，与婆婆的矛盾让她们长期感到有压力；仅有15%的男性抱怨说，岳母让他们很头疼——先不管他们是不是在插科打诨。而婆媳争论的焦点则是育儿和做家务的方式。2007年以来大陆电视台播放的令人烦恼的韩剧则充分说明国外的婆媳关系问题严重程度决不亚于中国。至于印度的婆媳关系则因嫁妆问题而不得不制定《反嫁妆法》，结果又造成新的问题，不得不再次修改。日本为了解决婆媳关系问题还举办婆媳学校，很有特色。《日本新华侨报》报道，中国媳妇出嫁日本，不仅文化差异难以适应，心理适应问题更加严重。再对照本节开头日本律师的著作题词，我们可以进一步断定，婆媳关系问题是一个世界性难题，具有跨文化的普遍性，那些嫁到美国的中国媳妇的体验式报告并不可信。

现在我们回头来讨论前述各种理论的解释力问题。我们假设生物学、人类学、心理学理论完全正确，即造成婆婆媳妇矛盾的根源是婆媳有"换群女首领和少女"的集体潜意识；由于亲缘血缘关系，婆婆媳妇不可能亲热如亲子关系；婆婆有恋子情结、儿子有过恋母情结，这些都是经过生物进化和文化进化形成的生物本能和文化谜米，是不可能改变的，只能压抑。因为我们人类的现行文化与本能和谜米是严重冲突的，也就是弗洛伊德心理学中的超我和本我的冲突，或者说自然生物性和社会文化性的冲突，但我们不可能回归到原始社会乃至动物社会，人类为了种族发展不得不牺牲本能。

那么，要想解决这个问题，有两个退而求其次的策略可以选择，第一就是改变我们的习惯，采取男嫁女娶方式组合家庭，但两个男人（女婿和岳父）的矛盾如何表现，我们不得而知，而且这种习俗改变非人力自觉所能为，即使现行法律鼓励男嫁女娶，政府行为也无能为力；第二就是保持习俗现状，着力解决两个"天敌"的本能和集体潜意识以及非理性心理定式的竞争和矛盾，也就是解决家庭政治经济、社会伦理、心理感情方面的矛盾，而要提出良好的策略还需要参照一些成功例证。

首先来看国外，美国和其他国家婆媳矛盾相对比较少的原因之一是经济发展水平比较高，婆婆有退休金养老金，同时法律规定父母要抚养子女，但子女不必赡养父母，子女 18 岁以后完全独立，不与父母一起居住。其次是国内，中国的婆媳关系问题农村多于城市（主要是经济问题，婆婆无经济来源，需要媳妇养活）；家庭贫穷的多于富裕的（完全是经济问题）；媳妇不贤惠的多于贤惠的（虽然贫穷但相依为命，也是经济问题）；婆婆厉害的多于宽容的（道德修养问题）；婆婆没有工作的多于有工作的（经济问题）；婆婆家庭地位低的多于地位高的（经济政治问题）；文化程度低的多于文化程度高的（主要是经济问题，文化程度高有工作，不与婆婆争高低）；婆媳合住的多于分居的（也是经济问题，有钱才可以分开居住）。

就此可以发现，根本问题是经济问题，所谓家庭政治问题、社会问题、心理问题最具决定性的是经济问题，只要家庭经济生活水平达到一定高度，给老人一定的养老金，或者老人有退休金，就可以避免媳妇掌权遗弃婆婆；就可以分开居住，实现家庭小型化，减少矛盾。但是，就目前中国的经济状况而言，绝大多数工人农民是没有退休金的，养老金制度正在建立之中，这就不得不再退而求其次，依靠法律调节，正如现行法律规定子女必须赡养父母；依靠婆媳双方的道德修养，正如本文第二部分提出的尊重谅解宽容孝顺关怀等；同时依靠心理教育调节，比如提高女性的文化程度，比如前述儿子的中介作用、家庭心理治疗等。但是这个方案是就一般规律而言，即使经济问题解决了，还会有许多特殊情况，比如婆婆需要孙子，而媳妇生育的是孙女；比如婆婆认为自己付出养育成本，要求儿子报答；比如婆婆大病，需要照顾，婆媳还会发生矛盾；比如婆婆或媳妇成为高级干部，弱势方也只好忍耐；比如婆媳某方有人格缺陷；等等。这些特殊问题需要特殊解决。只要有人和人的相互作用，就会有矛盾，在这一点上，婆媳关系和亲子关系、夫妻关系、朋友关系、亲戚关系、同事关系一样，矛盾永远消除不完，政府、学者、社会服务机构只有不断探索其减少的策略。

总而言之，如果把生物学、人类学、心理学因素多归结于生物因素，把政治、经济、社会、伦理因素都归结于社会因素，我们可以说生物因素和社会因素的相互作用是造成婆媳关系问题的原因，中国婆媳关系问题减少的近期策略是道德修养、法律调节、心理控制；中期策略是家庭小型化；远期策略是提高全民经济生活水平，建立养老保障机制，但许多特殊问题还需要特殊解决。

第五节 生命周期理论与中国农村妇女的生命文化周期理论探构

生命周期（Life Cycle）的概念应用很广泛，特别是在政治、经济、环境、技术、社会等诸多领域经常出现，其基本含义可以通俗地理解为"从摇篮到坟墓"（Cradle-to-Grave）的整个过程。查阅网络、报刊有家庭生命周期、领导生命周期、产品生命周期、企业生命周期、组织生命周期、消费生命周期、软件生命周期、总裁生命周期、汽车生命周期、蚊子生命周期、细胞生命周期、职业生命周期等，不一而足。我们试图通过参照家庭生命周期理论和女性心理学、发展心理学相关理论探索中国农村妇女文化生命周期的建构。

一、社会科学领域的生命周期理论举隅

马克思主义哲学认为，任何事物都有发生、发展、消亡的过程，自然界的物质生命、社会中各种制度生命、人类个体群体组织生命莫不如此。20 世纪中期，西方的管理学界首先提出了领导生命周期理论，随后各种生命周期理论在经济学、社会学、科学学、心理学中普遍推广应用。

（一）家庭生命周期理论

家庭生命周期（Family Life Cycle）（也可译为它的生命循环、家庭生活历程）是家庭依照一定的轨道形成、发展、分裂出新的家庭，直至母家庭消亡的全过程。在家庭生命周期过程中，母家庭孕育子家庭并消亡，家庭继续得以延续。家庭生命周期是乡村社会学者在 20 世纪 30 年代初期发展出来的概念，用来描述家庭的结构、组成以及行为的改变。美国学者 Duvall（1977）就以孩子为主线，对一个完整的中产阶级的美国家庭的生命周期提出一种八阶段论的理论，这八阶段是：第一阶段是新婚未生育期（2 年）；第二阶段是老大出生至老大两岁半（2.5 年）；第三阶段是家中有学龄前的小孩，老大两岁半至六岁，属于"混乱期"（3.5 年）；第四阶段是家中有学龄中的小孩，老大六岁至十三岁（7 年）；第五阶段是家中有青少年阶段的小孩，老大十三岁至二十岁（7 年）；第六阶段是孩子陆续离开家庭，俗称"发射中心期"（8 年）；第七阶段是由家庭空巢期至退休，俗称"中年危机期"（15 年左右）；第八阶段是由退休至夫妇两人都死亡（10 至 15 年左右）。这一有关家庭生命周期的划分方式适用于独

立生活的核心家庭，各阶段划分脉络清晰。①我国学者也提出了一些类似理论，后文列举。

（二）领导生命周期理论

领导生命周期理论是由科曼首先提出，后由保罗·赫西和肯尼斯·布兰查德予以发展的领导生命周期理论，也称情景领导理论，这是一个重视下属的权变理论。

该理论认为，领导的成功取决于下属的成熟程度以及由此确定的领导风格。赫西—布兰查德的领导生命周期理论对下属成熟度的四个阶段的定义是：第一阶段：这些人对于执行某任务既无能力又不情愿。他们既不胜任工作又不能被信任。第二阶段：这些人缺乏能力，但愿意执行必要的工作任务。他们有积极性，但目前尚缺足够的技能。第三阶段：这些人有能力，却不愿意干领导者希望他们做的工作。第四阶段：这些人既有能力又愿意干让他们做的工作。为此，有效领导方式的选择方法是：当下属成熟程度为第一阶段时，选择命令型领导方式。当下属成熟程度为第二阶段时，选择说服型领导方式。当下属成熟程度为第三阶段时，选择参与型领导方式。当下属成熟程度为第四阶段时，选择授权型领导方式。

领导生命周期曲线模型概括了情景领导模型的各项要素。当下属的成熟水平不断提高时，领导者不但可以不断减少对下属行为和活动的控制，还可以不断减少关系行为。在第一阶段（M1），需要得到具体而明确的指导。在第二阶段（M2），领导者需要采取高工作—高关系行为；高工作行为能够弥补下属能力的欠缺，高关系行为则试图使下属在心理上"领会"领导者的意图。对于在第三阶段（M3）中出现的激励问题，领导者运用支持性、非领导性的参与风格可获最佳解决。最后，在第四阶段（M4）中，领导者不需要做太多事情，因为下属愿意又有能力担负责任。②

（三）消费生命周期理论

美国经济学家弗郎科·莫迪利安尼创立的消费生命周期理论强调，人们会在更长时间范围内计划他们的生活消费开支，以达到他们在整个生命周期内消费的最佳配置。一般说来，年轻人家庭收入偏低，这时消费可能会大于收入。随着他们进入壮年和中年，收入日益增加，这时收入会大于消费，不但可能偿

① 修慧兰：家庭生命周期理论[EB/OL].http://baike.baidu.com/view/1152503.htm？fr=ala0.
② 蔡耀得：《领导生命周期理论对教师管理的启示》，《现代教育科学》2008年第2期。

还青年时代欠下的债务，更重要的是可以积攒些钱以备养老。等到年老退休，收入下降，消费又会超过收入，形成所谓的负储蓄状态。但美国经济学家米尔顿·弗里德曼创立永久收入的消费理论却认为消费者的消费支出主要不是由他的现期收入决定，而是由他的永久收入决定。永久收入指消费者可以预计的长期收入。消费者的消费支出取决于永久收入。当前收入的边际消费倾向低于长期边际消费倾向。原因是，当收入上升时，人们不能确信收入的增加是否会一直继续下去，因而不会马上调整其消费；当收入下降时，人们也不能断定收入的下降是否就一直如此，因此消费也不会马上发生相应的下降。只有收入变动最终证明是永久的时，人们才会在最终证明是较高或较低的永久收入水平上充分调整其消费。①

（四）教师生命周期理论

休伯曼（Huberman，M.）等人从 20 世纪 70 年代末开始对教师职业生涯进行研究，把教师的职业生涯过程归纳为 5 个时期：（1）入职期（careeredtry），时间是入职的第 1 至 3 年，是"求生和发现期"。在这一时期，教师表现出对新职业的复杂感情，一方面是初为人师的积极热情，另一方面是面对新工作的无所适从，却又想尽快步入正轨而急切地希望获得教学的知识和技能。（2）稳定期，时间是工作后的第 4 至 6 年。这一时期教师逐渐适应了自己的工作，并且能够比较自如地驾驭课堂教学，形成了自己的教学风格，入职时的压力和不适已经消失，教师们此时已经能够比较轻松、自信地面对自己的工作。同时要求自己在教学技能等方面进行不断的改进与提高。（3）实验和歧变期，时间是工作后的第 7 至 25 年。该阶段是教师职业生涯道路上的转变期。教师的转变有两个方向：随着知识和阅历的增加，教师开始对自己及学校的各项工作大胆地进行求新和力求改革，在教学材料、评价方法等方面进行教改实验，关注学校发展，对学校组织和管理中的漏洞进行批评和指正，不断地对职业和自我进行挑战；另一方面，单调乏味的教学轮回使教师对自己的职业产生了倦怠感，对是否要继续执教产生动摇，因此开始对目前从事的工作进行新的评估。（4）平静和保守期，时间在从教的第 26 至 33 年左右。经过对教学和学校的激烈改造或是对教师职业的反思和重估，教师的工作进入了平静开展阶段。此时他们已经拥有丰富的经验和技巧来应对教师工作，但同时也失去了专业发展的热情和动力，因此教师的志向水平开始下降，教师的工作也

---

① 樊明：《消费的生命周期理论及实证经济学方法的反思》，《经济学动态》2002 年第 2 期。

变得较为保守。（5）退出教职期，时间是教师工作的第三十四年以后，教师的职业生涯步入了逐步终结的阶段。①

（五）员工生命周期理论

广东新宝电器股份有限公司的肖文军2009年7月完成的《岗位生命周期曲线理论与员工职业生涯规划》论文指出，通过对于某一特定岗位的群体进行分析研究，我们发现这些同一工作岗位上不同性别、不同年龄层次、来自不同区域、有不同文化层次、不同风俗习惯的员工，他们的岗位生命周期却有着惊人的相似。第一年，他们在进入某一岗位后认真学习，与团队内成员尽可能融合，工作中充满向往。第二年，融入团队文化，个人潜能逐步得到发挥，工作充满激情。第三年，通过自身的不断变革创新，个人才能发挥到极致，工作有成就感。第四年，个人才能与企业的发展出现不均衡，个人才能达不到岗位成长的速度或个人才能远超过岗位要求，工作中出现烦躁或松懈，个人的潜能发挥受到阻碍。第五年，个人才能发挥与企业岗位发展远远脱节，个人的才智不能正常发挥而停滞，从而产生心理烦躁、情绪低落、没有成就感等情绪，这就是"职业倦怠"。在这一岗位发展周期中，既有高峰，又有低谷，形成岗位生命周期曲线，这一发展曲线从某种程度上符合曲线理论的常态分布。高峰，是一个人才能发挥的极致，个人在这一特定岗位成长的巅峰；而波谷，则就是"职业倦怠期"②。

二、中国学者的家庭生命周期理论及其缺陷

20世纪80年代以来，我国社会学者也对家庭生命周期进行了探索，比如彭怀真在《婚姻与家庭》中提到家庭生命周期也可以和个人生命周期相结合考察，因为每个人生命发展的不同阶段各有不同的任务。对成人的生涯分期又划分为探索期、建立期、维持期、衰退期、死亡期等，每期之间又各有过渡转型期，各有不同的发展问题。家庭生命周期也可以根据妇女和儿童所遇到的主要问题来划分阶段，彭怀真将之划分成七个阶段：（1）新婚家庭，相关的妇女与儿童问题是：婚姻调适、性骚扰、就业妇女单身条款的压力；（2）有幼年子女的家庭，相关问题是：儿童照顾疏忽、妇女受虐、就业妇女托儿压力；（3）有

---

① 刘力全、刘丽湘：《教师职业生命周期论观照下的"工作滞涨"控制》，《现代教育论丛》2007年第2期。

② 肖文军：岗位生命周期曲线理论与员工职业生涯规划 [EB/OL].xiaowenjun1994 的博客 http：//blog.sina.com.cn/xwjune1。

学龄子女的家庭，相关问题是：儿童虐待、妇女就业、子女反抗；(4) 有青春期子女的家庭，相关问题是：性虐待、妇女二度就业；(5) 有年轻成年子女的家庭，相关问题是：性别歧视、妇女健康；(6) 子女成长独立后的家庭，相关问题是：贫穷女性化、妇女更年期；(7) 老年人家庭，相关问题是：贫穷女性化、寡居心理调适。比如王思斌把我国的家庭生命周期大致划分为五个阶段：新婚期（2 年左右），从结婚到生育第一个孩子；育儿期（5 到 6 年），从生第一个孩子到最后一个孩子上小学；教育期（15 年左右），从孩子上小学到孩子独立；向老期（20 年左右），子女相继离家；孤老期（10 到 15 年），夫妻中只剩一人直至该家庭生命终结。[①]

　　我国家庭生命周期的划分因国情的不同及家庭生活模式的特殊性而具有它自己的特点。中国的母家庭与子家庭往往界限不清，因为经济、住房等原因，子家庭建立后依然不得不寄居在母家庭之中。而在生育子女或父母年老体衰之时，子家庭又要迁回母家庭以求得相互间的支持与帮助。两者很难截然分开。有的子女结婚后依然与父母同住，这只是意味着原本的母家庭从核心家庭结构转变为主干或联合型家庭结构，子家庭的生命周期寓于母家庭之中，呈现出子家庭和母家庭交互发展的过程。

　　但是家庭生命周期的概念提供了一个了解家庭发展脉络的线索，对实务工作者具有重要的现实意义。在生命周期的阶段之间的转折与过渡是最容易产生家庭关系变化、紧张和家庭成员焦虑的主要时期，它也是决定家庭成员成长与发展的主要因素，由一个家庭发展阶段的脉络，可以使社会工作者更加了解一个家庭一般的行为形态，以及这个家庭面对危机时可能出现的反应，这种转折点正为家庭社会工作者提供了关注和介入家庭的时机。但随着社会的发展，婚姻家庭形态越来越呈现出多元化的发展趋势，可能会有某些家庭并不具备上述的周期模式，比如丁克家庭、单亲家庭、独身家庭等。不过，相信这些家庭也有它们的发展周期和每个周期要面对的问题。

　　尽管如此，笔者还是认为，这些理论具有很大的缺陷，主要是没有充分考虑城乡差异，这也是改革开放以来学术界普遍存在的问题。许多理论都很少涉及农村、农业、农民。无论是教师生命周期、产品生命周期还是企业生命周期、员工生命周期、家庭生命周期，都是城市理论。我们所关注的是城乡差异和农民的生命周期。中国是农业大国，大多数人是农民，从社会学、

　　① 彭怀真：《婚姻与家庭》，巨流图书有限公司 2009 年版，第 66 页。

心理学、行为学角度研究农民，为农民的社会和谐、家庭幸福、个人发展提供参照，为政府决策提供理论咨询，是我们的责任和义务。为此，我们选择农村妇女作为对象，通过文献整理、社会观察，来探索建构其生命周期，以期抛砖引玉。

三、中国农村妇女生命周期的理论与实践建构

中国是一个人口和土地面积大国，行政、地理、历史、文化区域交错，各个区域妇女的生存发展状况总体有共同性，但不同区域有所不同，为了建构方便，我们先做几个条件限定：1. 鉴于不同时代妇女的命运不同，我们以现年55—65 岁和45—55 岁妇女为样本，分别建构生命周期。2. 鉴于农村落实计划生育政策中有一定偏差，多数妇女生育 2 个孩子以上，所以假定 55—65 岁组生育妇女 4 个孩子；45—55 岁组生育 2 个孩子。3. 鉴于文化程度影响妇女生命周期，以 55—65 岁组为小学以下文化；45—55 岁组为初中以下文化程度。4. 农村妇女的生命周期与家庭紧密联系，为此，以家庭生命周期理论作为主要参考。

20 世纪 40 年代出生的农村妇女目前 60—70 岁，生命周期为：（1）第一阶段是婴幼儿期（1—6 岁），父母生育孩子多，家庭困难，营养不良，自然成长，间或挨打；（2）第二阶段是儿童期（7—12 岁），帮助父母拉扯弟妹，没有机会上学，间或下地劳动，多数时间做简单家务，经常挨骂；（3）第三阶段（13—18 岁），进入青春期，主要是帮助父母拉扯弟妹，间或下地劳动，多数时间做复杂家务，学习刺绣等女工，等待出嫁，梦想嫁个好人家；（4）第四阶段（19—20 岁），新婚期，多数女子都出嫁了，家境好些的比较高兴，家境差的忧愁焦虑，但新婚的喜悦普遍存在，对生活充满憧憬；（5）第五阶段（20—22 岁），第一个孩子出生，全家喜悦，但生育男孩者比较好些，生育女孩子者比较忧虑；（6）第六阶段（22—30 岁），夫妻协同，公婆帮助，养活儿女，不断生育，孩子达到 3 个以上，讲究穿戴，讲究卫生，如果没有男孩会忧愁至极；（7）第七阶段（31—45 岁），养活公婆，供孩子一个一个上学，家境日益拮据，家物凌乱，孩子上不了大学者开始张罗娶媳妇；（8）第八阶段（46—60 岁），大部分开始抱孙子，间或农忙季节下地劳动，做家务，重复婆婆的命运；小部分到城市为儿子、女儿带孩子，寄人篱下，受城市人的歧视；（9）第九阶段（60—70 岁以上），疾病缠身，血压偏高、脑子不太灵活，牙齿越来越差，儿女孝顺者，安度晚年，儿女家境不好者，生活艰难。死亡的恐惧

缠绕心头，瞌睡少，爱存钱。

20世纪60年代出生的农村妇女目前45—55岁，生命周期为：(1) 第一阶段是婴幼儿期（1—6岁），父母生育孩子多，家庭困难，营养不良，自然成长，间或挨打；(2) 第二阶段是儿童期（7—12岁），普遍上学，放学回家帮助父母拉扯弟妹，间或下地劳动，多数时间做简单家务，经常挨骂；(3) 第三阶段（13—18岁），进入青春期，继续上学，同时主要是帮助父母拉扯弟妹，间或下地劳动，多数时间做复杂家务，学习好的梦想上大学，学习不好的梦想嫁个好人家；(4) 第四阶段（19—22岁），考入大学者进入城市，摆脱农村生活，没有进入大学者普遍进入新婚期，多数女子都出嫁了，家境好些的比较高兴，家境差的忧愁焦虑，但新婚的喜悦普遍存在，对生活充满憧憬；(5) 第五阶段（22—25岁），第一个孩子出生，全家喜悦，但生育男孩者比较好些，生育女孩子者比较忧虑；(6) 第六阶段（25—35岁），夫妻协同，公婆帮助，养活儿女，没有男孩子者继续逃避计划生育，多数家庭孩子达到2个以上，讲究穿戴，讲究卫生，如果没有男孩会忧愁至极；(7) 第七阶段（35—50岁），养活公婆，供孩子一个一个上学，家境日益拮据，家物凌乱，孩子上不了大学者开始张罗娶媳妇；(8) 第八阶段（50—65岁），预计大部分开始抱孙子，间或农忙季节下地劳动，做家务，重复婆婆的命运；小部分到城市为儿子、女儿带孩子，寄人篱下，遭受城市人的歧视；(9) 第九阶段（60—70岁以上），因为生育较少，经济上略有积蓄，预计身体状况相对较好，生活状况相对上一代略好。

通过描述中国两代农村妇女的生命周期，我们可以发现，中国农村妇女的生命周期带有显著的时代特征，可以认为每个时代的妇女都有自己的命运轨迹。20世纪40年代和60年代出生的妇女在受教育程度、生活状况等方面都有比较大的差异。经济的发展、观念的改变、计划生育政策、文化程度提高为农村妇女的解放提供了很好的机遇和保障。未来的新农村妇女将会在国家一系列惠农政策的支持下，随着农村城市化，生命周期中吃苦受难的日子越来越少，幸福自由安乐的日子越来越多。

第六节　A型男性和E型女性与心身疾病的高发群体和保健策略

心身疾病，又称为心理生理障碍，指那些心理—社会因素在疾病的发生发展中起主导作用，但以躯体症状为主要表现的疾病。在现代人心目中，心身疾病已经不是一个陌生的概念，它与竞争、压力抑郁相伴而生。社会的发展在给人们实现自我机会的同时，也给人们带来了许多不得不接受的苦恼。整日忙于工作，急于成功的男男女女们不知不觉地成了心身疾病的罹患者。冠心病、高血压、溃疡等疾病时时威胁着我们。在身体的不适的背后，掩藏的是由社会环境因素引起的心理问题。早在20世纪70年代，美国的心脏病学专家森曼博士和弗里德曼博士就依据对易患冠心病者的行为特征和性格特征的研究，把人的性格分成A型和B型。后来，人们又把那些做事力求面面俱到的女性称为E型女性，并逐渐把她们的性格特点加以总结，作为性格类型的一种。E型性格的人比A型性格的人具有更复杂的应激行为和更多的患心身疾病的可能性。现仅就A型性格和E型性格讨论心身疾病的认知—行为特征，简析性格特征及发病成因，并提出保健策略。

一、A型B型性格与E型人格的概念

A型性格是一种行为与情绪的混合体，A型性格的人具有较多的不耐烦情绪，容易陷入愤怒和敌对的高度紧张状态之中。与A型相应的行为特征被称为A型行为特征，这种行为特征表现为勇于竞争、上进心强、咄咄逼人、急于求成等，所以患冠心病的概率较大。

B型的人与A型的人恰好相反，他们具有随和、无忧无虑的情绪表现和遇事顺其自然、沉着冷静、泰然自若，总是充满自信的处世风格。这种人通常待人耐心，患冠心病的概率较小。

"E型"并不是精神病学的特征，也不是一种症状或身体疾病形式，而是一种产生持续的过分唤起的行为形式。这种行为形式具有极其复杂的行为—认知根源，因而由这一行为产生的一系列心身疾病——E型行为综合症也是一种认知行为综合症。E型人格的人通常以近乎残酷的完美标准来衡量自己，永远把别人的需要置于自己的需要之上，她们不得不为人人做一切事情。

A型主要与那些成就动机很高、事业颇有成就的政府机关、科研院所、大中型企业的男性白领联系在一起，而E型性格多与兼顾家庭与事业的女性联系在一起。

二、A型男性与E型女性

(一) A型男性

在人们的传统观念中，男主外女主内已经成了自然而然的事实，自从农耕

社会开始，男子便被赋予了外出工作、供养家人、保卫国家的"强者"角色。A 型行为是对这一角色的继承。这一行为给了人们成功的经验，但也给了人们冠心病高发的危险。具体来说 A 型男性具有七种特征。

1. 为了取得成就而努力奋斗，A 型个性的典型做法是积极进取，工作起来不顾一切，为了追求更多成就不断奋斗；2. 具有竞争性，从竞争中得到对自我的肯定，但他们的竞争行为会泛化到生活的各个领域，从而使他们总是处于高度的紧张状态；3. 很容易感到不耐烦，A 型性格的人几乎在任何事情上都是急脾气，甚至连别人说话的速度也感到不耐烦，常常打断别人或帮助别人完成他们要说的话；4. 有时间紧迫感，常常同时做几件事情；5. 言语举止粗鲁，A 型男性不能容忍别人打乱他们的生活节奏，一旦被打乱他们就会十分愤怒；6. 对工作和职务提出过多保证，A 型的人自我期待很高，难以忍受自己的失败，因而不惜给自己定立高目标以督促自己；7. 精力旺盛，敌意过度，A 型男性因为精神紧张而精力旺盛，他们在潜意识中夸大了周围的人或事对他们的威胁，而把他门生命中的每一天都当成战场，这种敌意有时甚至表现为握拳、骨节嘎嘎作响、磨牙等外现行为。

国外学者曾做过一个动物实验：在白鼠的情绪中枢部位埋入一个电极，刺激脑部细胞就引起防御性反应，白鼠躲到角落里缩成一团，这样连续刺激了 3—4 个小时之后，白鼠的机体就会发生明显的失调：血压升高，心率、呼吸频率改变，出现严重的心脏衰竭，或血管梗塞。

A 型男性对周围环境的反应使他长期处于一种紧张的应激状态，在这种原始的"对抗或逃避"状态下，应力激素（肾上腺素和肾上腺皮质素等）超常排出，心跳频率加快，大脑处于高度戒备状态，主要神经系统也处于一种紧觉状态。总而言之，体内所有的系统都整装待发，过分的刺激导致应力刺激超长排出，最终导致在血液循环中存在超量胆固醇和脂肪，使心脏的冠状动脉淤积阻塞。正如实验中的老鼠一样，A 型男性很容易患上冠心病，难怪 A 型行为模式又叫冠心病易患行为模式。

（二）E 型女性

"E 型女性"这一称谓最早见于 1984 年 8 月美国《职业妇女》杂志。E 型妇女的出现并不是一种偶然，它是现代女性对社会变迁尴尬期适应的结果。随着时代的发展，女性有了更多接受教育的机会，随之而来的是许多女性自我意识的觉醒，她们不再甘心做男性的附庸，开始寻求自我价值的实现。女权运动的迅速兴起犹如一种才智和能量汇集的喷发，在曾是男性神圣不可侵犯的天空下久久回荡，同时也唤醒了更多女性自强、自立、自尊的意识。于是她们走出家门，为了经济的独立与男性竞争。但是千百年来人类社会形成的女性角色期待已经根深蒂固地埋藏在人们心里。现代女性不能像男性一样仅仅以事业的成功来衡量人生的成功，在她们的内心深处，成功更多地意味着做一个贤惠的妻子，慈爱的母亲，拥有一个和谐的家庭，因此她们矛盾重重，但两者又都不能放弃。一是心之所向，一是天性使然，无奈之中她们只好承担起了双重甚至多重的社会角色。在承担起诸多角色的同时，E 型妇女实质上也承担起了两倍、三倍于男性的压力。这便是典型的"E 型压力"。凡是那些扮演着多重角色并力求成功的妇女，不论她属于哪个年龄组，哪个阶层，他们都将感受到 E 型压力，E 型妇女还包括那些处于经济及生活困境——离婚，或亲人去世之中而忍让试图取得成就的妇女，也包括为取得成功而去努力拼搏的妇女，因而"E 型妇女"不是特指领导阶层的妇女。

　　"E 型压力"与"E 型行为"相伴而生，那么在 E 型行为之后潜伏着哪些危机呢？

　　第一，E 型妇女由于一方面要通过野心勃勃的竞争，去赢得事业的成功，这就要求她们果断、勇敢、坚强有力；另一方面又要求她们充满柔情、富有爱心、屈从羞怯地去对待家人和朋友。而且由于她们的选择是一种首创的行为模式，没有旧例可循，因而她们的自我意识是混乱的。心理健康和对压力的抵抗能力的标志是自我的完整统一。被自我混乱情绪折磨着的 E 型妇女实际上是试图同时做男人和女人要做的事，这就必然会导致她们的心理压力和紧张情绪，并使得他们筋疲力尽。

　　第二，E 型妇女给自己强加了太多的"完美标准"，因而她们无论做什么事情都力求尽善尽美，一旦不能达到自己的期望，她们就会全盘否定自己而变得沮丧消极。

　　第三，E 型妇女可以被人利用到极端的程度，却不愿表达自己的需求和感受。永远将他人的需要优先于自己的需要，这种行为方式会导致她们的反感和混乱心理，不可避免地形成敌对感觉，但依照社会期待，妇女不能像男子一样将自己的愤怒和不满表现出来，一旦发泄出来就会被人们嗤之以鼻，并借以贬低她们的成就。由此将产生更多的烦恼，压力也会更强。在很多情况下，承受压力的妇女也许不会意识到自己的愤怒情绪，相反她们用沮丧或软弱来掩饰愤怒。

　　E 型妇女性格中最危险的是它所造成的一种压力循环，这种循环持久存在，并最终导致自我毁灭。也许最初的一段时间她们会做到与自己期望一致，但是时间一长，当她们发现自己不能再满足别人，而自己的身体已经不允许自己再负担更多时，她们已经被各种各样的身心疾病纠缠得心力交瘁了。背痛、头痛、过敏症、周期性病毒传染等疾病几乎已经成为了职业妇女的通病。更糟糕的是，前所述及的紧张、沮丧、压抑等不良状态已经成了溃疡、高血压等身心疾病和癌症的主要诱因。

另外有人曾做过研究（无所适从的狗）：俄国生物学家巴甫洛夫让狗看两种图像：一种是圆形，另一种为椭圆形。每当见到圆形图像时，狗就得到一份食物；而每当见到椭圆形图像时，则挨一下痛苦的电击。如此重复若干次，狗就形成了条件反射：圆形出现，狗就摇头摆尾流口水，十分高兴；椭圆形出现，狗则紧张害怕。以后，实验者将圆形一点点变成椭圆形，将椭圆形一点点变成圆形。起初狗还能分辨，并做出相应的反应。可是，当这两种图像越来越近时，狗则表现得惶惑不安，无所适从，在笼子里乱转、嚎叫、拒食、腹肌痉挛、呕吐。再经过一段时间实验，狗不但患了"焦虑性神经症"，还出现皮肤干燥、脱屑、脱毛、溃疡等症状。

E型妇女就像实验中的狗，常常抑郁、失望、无所适从，这些都是人们罹患癌症的社会因素。这些因素之所以导致癌症是通过损伤机体的免疫系统而发生的，集体的免疫功能受神经内分泌系统的调节，当人的情绪处于抑郁、无助等状态时，人体中的儿茶酚胺、皮脂醇等的分泌量便会发生变化从而引起免疫细胞的功能下降，人的机体此时更易于被疾病侵袭。

忙忙碌碌的现代人中，不乏分秒必争的A型男性和疲于奔命的E型妇女，他们的行为方式为他们的身心健康埋下了深深的隐患，如不能及时地加以改变和治疗，便很有可能在将来的某个时刻爆发出来，造成难以补救的后果。因此在建议他们早日改变行为模式的基础之上提出以下一些具体建议。

三、"A型男性与E型女性"心身疾病的防御对策

（一）纠正不合理认知。A型男性应该认识到衡量事业成功的标准不是数量而是质量。事业取得成功应当归因于个人能力和周围资源的合理利用与分配，而不是以耗损生命为代价去换取金钱和地位。不论是自然、社会，还是人，都应当走一条可持续发展的道路，我们不妨将人的可持续发展这样定义：既能充分发挥自身的才能，又不损害自我发展的潜力。一个四五十岁病入膏肓的富翁显然不如一个尚有巨大潜力可挖的创业者有价值。因此，专家对E型

妇女提出四点建议。首先，不做完美主义者，人无完人，全面求好最终只会掩盖原有的成绩。其次，应当给他人以责任和义务，学会把任务分配给他人有助于工作效率的提高更有利于自我的发展，何乐而不为？再次，敢于表达自己的消极情绪，甘于做出否决、拒绝、批评、怀疑。人与环境是相互作用的，周围的人对你的态度有很大一部分取决于你。也就是说，一个暴躁的上级、一个专制的上级、一个暴躁的丈夫、一个懒惰的女儿，很有可能是由于你的忍让、退缩、迁就、娇惯形成的，你对他们的一再退让，只会强化他们原有的行为和心态，从而将你置于更加不利的境地。人本主义心理学家马斯洛告诉我们，人是永远有所需求的动物，即当一个需要被满足之后，新的需要又会马上产生，任何人都没有能力满足所有人的所有需要；马斯洛还告诉我们当人的需要满足之后，就会反过来轻视需要的满足物。E 型妇女的"面面俱到"其实是在给自己设置一个陷阱。当然作者在此并未丝毫贬低人们对"爱"的渴求与付出，只是要提醒 E 型妇女们，最恰当的付出才会有最好的结果。最后，学会照顾自己，满足自己的需求。这实质上也是一个可持续发展的问题。

（二）改变社会观念。除了 A 型男性和 E 型女性自身的观念要转变之外，全社会还应当以新的视角去看待人。对于 E 型妇女，更应当以新的标准去衡量她们。心理学家比姆站在社会发展的角度提出了男女双性化概念（即男性身上应当具有细致等女性化特点，女性身上应具有坚强等男性化特点，以适应社会发展）。这就说明职业妇女的出现符合人类社会发展的要求，"E 型妇女"的所作所为并不是作茧自缚，而是尽责于社会的自我牺牲。社会分工依据产业结构的变化而变化，也许人们需要的是一种更合理的分工方式。男人也好，女人也罢，生来是平等的。在曾经的家庭为主的生活里周旋了几千年的妇女们，在当今能够应时而变，转换角色，不也是一种社会进步吗？

（三）矫正行为。A 型男性可以尝试逐步放慢自己的节奏，每天给自己几分钟做深呼吸、冥想、散步，不仅劳逸结合，事半功倍，而且能够减少情绪的紧张从而降低冠心病的发病率。E 型妇女的行为模式是对多种复杂强劲的适应，因而其行为矫正也比 A 型男性复杂得多。可以从一些相关的书籍中寻求比较系统的调节与矫正方法，或听取心理治疗师的指导。

（四）如果心身疾病的症状已十分严重，应及时寻求治疗，不仅要依靠一些抗焦虑药物（如安定、利眠宁等）或抗抑郁药物（如阿密替林或多虑平等），而且要对个人的家庭、邻里或工作单位做适当的调整，通过解释、指导解除矛盾、协调关系。

不论是 A 型男性还是 E 型女性，她们都渴望着美好的生活，比其他人更努力更辛苦地工作，他们无疑是值得人们尊敬的，但是他们追求美好的方式却在无形中损害着他们的身心健康，这不得不引起各方面的关注。

第七节　大脑左右半球机能偏侧化优势与左撇子的生理心理机制

当代中国人日常生活中往往会表扬或预测左撇子聪明，其隐含的依据是大脑两半球左右交叉、上下倒置管理身体组成部分，而两半球的心理机能又存在单侧化优势，左半球是抽象思维优势半球，右半球是形象思维优势半球。这说明左撇子的右半球发达。但右半球发达，为何就与聪明联系在一起呢？更为令人不解的是，基督教国家的民众却认为，左撇子是一个带有歧视性的概念，因为左撇子是盛产天才的群体，也是盛产疯子的群体。为此，包括中国在内的许多国家出现了左利手协会，以对抗这种歧视。但是，现代生理学、心理学特别是认知神经科学的研究证明，左右利手的人在心理机能方面各有优势。我们试图通过历史回顾和现代心理学研究成果的梳理，廓清左撇子的心理学误解，反思当前研究中的问题，提出自己的看法。

一、左撇子的人物志及其社会认知观念

左撇子也叫左利手，以左手从事主要活动，惯以用左手的人称左利手。相应的以右手从事主要活动，惯以用右手的人则称右利手。有人认为，在欧洲历史上曾称左撇子为"与魔鬼（撒旦）为伍者"，因此"左撇子"被认为带有明显的歧视色彩，近年来这种称呼为许多人所厌弃，于是就有了左利手的命名。研究表明，左利手占总人口的十分之一左右，是一个独特的群体。严格意义上的左利手是很罕见的，因为许多人具有双利手特征，所以非主流的研究者和日常生活中的公众都以吃饭使用筷子和刀叉、打球使用的手臂、写字使用的手等作为左撇子的主要特征。

按照这个标准，查阅百度资料发现，有好事者列举了拿破仑、克林顿、奥巴马、伊丽莎白、贝多芬、毕加索、达·芬奇、米开朗琪罗、拉斐尔、爱因斯坦、牛顿、福特、福布斯、比尔·盖茨、乔布斯、卓别林、梦露、赵本山、马拉多纳等政治家、军事家、艺术家、体育明星、学者、科学家，他们都有

某方面的左撇子特征。统计发现，政治家军事家 54 名，包括中国总理温家宝等；科学家 32 名，包括爱因斯坦、牛顿、李政道、亚里士多德等；企业家 19 名，如亨利·福特、比尔·盖茨等；艺术家 34 名如达·芬奇、贝多芬、闵采尔、舒曼、马克·吐温等；著名演员 46 名如卓别林、玛丽莲·梦露；获得世界大奖的运动员 70 多名。① 左撇子的偏爱者和社会公众试图通过这些人物志证明，占有人口十分之一比例的左撇子，却有二分之一的才能出众者，进而反证左撇子智力超常，训练左手一定有助于提高智力。

二、大脑机能偏侧化优势的早期研究回顾

19 世纪末期到 20 世纪初期的解剖学研究就已经揭示了大脑两半球左右交叉、上下倒置管理身体各个组成部分的规律。大脑分左右两个半球，每一半球上分别有运动区、体觉区、视觉区、听觉区、联合区等神经中枢，两半球的生理结构是对称的。正常情形下，大脑两半球的功能分工合作，胼胝体是两半球信息交流的桥梁，完成各功能区的分工合作。在神经传导的运作上，两半球相对的神经中枢彼此配合，发生交叉作用：两半球的运动区对身体部位的管理，是左右交叉、上下倒置的。左半球管右半身，右半球管左半身。每一半球的纵面，在功能上也有层次之分，原则上是上层管下肢，中层管躯干，下层管头部。如此形成上下倒置、左右分叉的微妙构造。在每一半球上，又各自分区为数个神经中枢，每一中枢各有其固定的区域，分区专司形成大脑分化而又统合的复杂功能。在区域的分布上，两半球并不完全相同，比如两半球的视觉区与两眼的关系是：左半球视觉区管理两眼视网膜的左半，右半球视觉区管理两眼视网膜的右半；两半球的听觉区共同分担管理两耳传入的听觉信息。这种大脑两半球功能上的不对称，或者说脑的不同功能向一侧半球集中是人脑结构和认知的主要特征，生理学上称为大脑半球一侧优势，或简称大脑优势。

1863 年，法国外科医生皮埃尔·布罗卡（Pierre Broca）② 指出两个大脑半球的功能有差别，左额叶可能是控制言语的皮层区。这个区域被称为布罗卡区。除了左半球言语功能占优势，有关研究进一步证实，两个半球的感觉和运动功能完全是对等的。左半球接受身体右半侧的感觉传入，并支配右半侧肌肉运动；右半球接受身体左半侧的感觉传入，并支配左半侧肌肉运动。

---

① 百度百科：左利手，http://baike.baidu.com/view/1242490.htm。

② 百度百科：皮埃尔·保尔·布罗卡，http://baike.baidu.com/view/266512.htm。

1961 年，美国生理心理学家罗杰斯·斯佩里（Roger. Sperry）等以切断了胼胝体的猫及裂脑人为实验对象，发现了两半球的功能分离，证实了分离的右半球无语言功能。实验结果显示两半球是独立活动的，一侧半球学会的信息不会传递给另一侧半球，二者之间不会互相交流各自的感知，许多较高级的功能集中在右半球而不是左半球。斯佩里因在大脑偏侧优势上取得的成果而荣获 1981 年诺贝尔生理学或医学奖。这项研究成为科学界反向推理证明左撇子更聪明的依据。后来的研究证实，98%以上的成年右利手者中，左半球专管对语言的处理和语法表达，如词语、句法、命名、阅读、写作、学习记忆等。而右半球主要主管空间技巧，如对三维形状的感知、空间定位、自身打扮能力、音乐欣赏、歌唱、口语和印刷词理解。左半球是科学性的，而右半球是艺术性的。以儿童、婴儿、某些动物为被试的研究也证明了大脑半球单侧优势。[①]

三、大脑半球单侧优势理论的教育和智力开发应用

20 世纪 70 年代以来，许多心理学家、教育学家、医学家相信，既然左半球主管艺术思维、直觉思维、形象思维，那么就可以依据大脑两个半球左右交叉、上下倒置管理身体部位的原理，开展教育训练，开发右脑的所谓高级智力。于是，各种以训练左手开发右脑为理论基础的教育理念和训练技术被广泛传播，并运用到早期教育之中，专家提醒，家庭教育中不要纠正儿童用左手吃饭写字使用各种工具。而且，儿童心理学家开发的感觉统合训练器材也偏重左手知觉训练。20 世纪 80 年代以来，国内外专家探索了许多方法开发大脑：1. 运动肢体法如（1）手指快速计算法，（2）体育训练法，（3）书法训练；2. 脑电波法如（1）使用脑电波诱导器，（2）学习法；3. 精神放松法如（1）暗示法，（2）瞑想体操法；4. 半球刺激法；5. 汉字教学；6. 珠象心算法等。[②] 其中，香港中文大学高尚仁教授和郭可教授于 1986 年和 1991 年研究了书法对人大脑左右半球功能的影响。他以具有一定书法经验的书法家和无书法经验的人为被试，让他们进行书法创作，同时记录他们大脑左右半球的脑电活动频率和书法训练 30 分钟后和不进行书法训练的被试大脑左右半球的反应时，结果发现：用右手执笔进行书法创作时，无论是有经验的书法

---

① 薄三郎：《左撇子宝宝更聪明?》，《三联生活周刊》2007 年第 8 期。

② 沈德立：《关于大脑左右半球功能协调开发》，《天津师大学报》（社会科学版）1998 年第 4 期。

家还是无书法经验的一般人，他们大脑右半球的脑电活动明显比大脑左半球强；用右手执笔进行书法创作时，有书法经验的书法家的大脑右半球的脑电活动又明显比无书法经验者强。从事书法训练的人，经过 30 分钟书法训练后，大脑左右半球的反应时比进行训练前明显缩短；有书法经验的人比无书法经验的人，大脑右半球反应时的缩短比左半球更为明显。实验说明书法训练对人的大脑功能具有明显的影响，可以对大脑潜能进行开发。后来，又以弱智儿童、智力正常儿童、普通小学的中差生和优等生为被试研究表明，通过书法训练表明，可提高各类被试大脑的电生理活动和反应能力。同时也发现，书法训练开始的时间越早，对大脑功能开发的效果越好。[①]

最令人费解的是，20 世纪初美国曾有人成立左撇子协会，目的是矫正左撇子，因为左撇子确实在生活工作中会遇到许多麻烦，比如工厂做工时使用的工具多半是按照右撇子制造的。但 20 世纪 80 年代以来，中国许多地区成立的左撇子协会或者俱乐部却是为了发挥左撇子的优势，开发智力。比如左利手（国际）俱乐部，简称"左利手"，英文名称是"ZUOLISHOU（INTERNATIONAL）CLUB"，是世界顶级智商俱乐部的名称，于 2009 年 4 月成立于中国杭州，并先后在中国的北京、天津、上海、南京、深圳、长沙、重庆、成都、内蒙古、宁夏、呼和浩特等地设立分部。"左利手"通过提供有关左撇子与右脑开发的相关资讯信息，让更多朋友认识右脑、生命、潜能，以及右脑应用在未来社会发展中的重要性，唤起大家对右脑的高度重视。目前"左利手"官方网站在各大网络搜索引擎中排名首位，并提供中文简体、中文繁体、英语、日语、俄语、德语、法语等国家语言版本，促进国际交流与合作。2009 年，"左利手"俱乐部引起政府及媒体关注，得到了中央人民广播电、新华社、浙江电视台、杭州电视台、中国互联网新闻中心等众多国内外权威媒体支持。这个组织的理想是在全球范围引发一场右脑革命，引领新的商业文明。使更多的企业和组织认同并分享"左利手"的文化、模式，带领更多的企业走向正确的方向，并创造出更多的世界品牌。使"左利手"成为历史的一部分，让"左利手"的精神得以传承。他们认为右脑的闲置是人类自身能力资源的巨大浪费。挖掘右脑知觉、直观、形象思维的潜能，才能在计算机时代的竞争中立于不败之地。[②]

---

① 沈德立：《关于大脑左右半球功能协调开发》，《天津师大学报》（社会科学版）1998 年第 4 期。

② 百度百科：左利手，http：//baike.baidu.com/view/1242490.htm。

四、左撇子的标准及其科学研究中的错位

科学研究显著不同于日常研究的一个重要特征是概念定义的科学性。生理心理学家在界定左右利手时必须有一个标准。因为严格意义上的左利手是很罕见的。首先，手的动作包括拉、抛、拧、握、持笔、用针等许许多多动作。有相当一些人，不同的动作惯用手是不一样的。如有的人扔用右手，而接用左手；写字大部分人惯用右手，但持话筒惯用左手的人并不少。还有一些动作需双手协同，如刨镐、锄地、持锹、挥杆等。单手动作惯用某一侧手的人，双手动作的主导手有可能是另一侧的手。影响左利手判定的另一个因素是后天纠正。几乎各个民族和不同时代，都有纠正左撇子的习惯。在东方，手的最主要两项动作——用筷子和写字，对于天生惯用左手的人，前者多在儿时已在家中被强行扳过来，而后者又往往在学校被强行纠正。不过不管如何纠正，这些人天生惯用手仍是左手。如果考虑腿脚的动作，问题就更复杂了。跳高、跳远、蹬、踏、蹭等动作，许多用手百分百的右撇子，腿脚的动作却以左侧为主导。所以大多数人其实都是双撇子，总有某项动作肢体的惯用侧与其他动作的惯用侧不同。

为了研究，医学心理学家编制了左右利手量表，用来筛选左撇子和右撇子。在利手的研究中，西方国家目前采用的方法有 Annett 的利手问卷（Annett's Hand Prefrence Questionnaire，1970）和 Oldfield 的爱丁堡利手调查表（Edinburgh Handness Inventory，1971）。前者包含了 12 个项目，6 个为主要项目，6 个次要项目；后者包含了 10 个项目。我国学者参考了这两种方法，根据我国具体情况，并在天津（1979）试点的基础上加以改进，制定了中国人的利手分类标准。所采用的测试项目先为 12 个，最后定为 10 个，与西方的略有不同，但内容实质是一样的。这 10 个项目是：1. 执笔，2. 执筷，3. 掷东西，4. 刷牙，5. 执剪刀，6. 划火柴，7. 穿针，8. 握钉锤，9. 握球拍，10. 洗脸。[①]

利手分类标准与 Annett 的有相似之处，即根据用哪一只手执笔写字来划分左利或右利。不同的是，如果 10 个项目全都习用右手或左手，则称为强右利或强左利。如果前 6 项都习用右手或左手，而后 4 项中任何 1 至 4 项用另一手，则称为右利或左利。如果前 6 项中有 1～5 项习用一只手，其余 5～1 项用另一手，则称为混合利。在混合利中又以执笔为标准，如右手执笔则称混合利偏右，左手执笔称混合利偏左。据此利手可细分为六种：强右利、右利、混

---

①　李心天：《医学心理学》，中国协和医科大学出版社 1998 年版，第 579 页。

合利偏右、混合利偏左、左利、强左利。有时可粗分为三大类：右利（包括强右利）、混合利、左利（包手强左利）。或分为两大类：右利（包括强右利）和非右利（包括混合利、左利和强左利）[①]。

利手调查表中还印有幼时曾否用过左手、曾否被纠正过、家族中用左手史的项目。家族分直系、父系和母系三栏，调查项目为写字、拿筷子和干活三种。在医院向病人做利手测试时，调查表上还可增添有无精神病、神经官能症、癫痫、智力落后、古怪性格和口吃等栏目。[②]

但是值得注意的一点是，左撇子协会吸纳会员的标准要比医学家、心理学家研究中筛选的标准宽泛得多，以至于日常生活中，绝大多数人仅仅是以左手吃饭或者写字作为判断标准。更重要的是，许多非医学心理学专家的研究并没有严格筛选左撇子和右撇子，这就使得研究成果值得质疑。

五、生理心理学和认知神经科学研究的新成果

20 世纪 80 年代以来，我国生理心理学家对左右利手优势问题始终保持着浓厚的兴趣。比如李心天《精神分裂症的利手及其与某些精神疾病的关系》[③]，李鸣杲、李心天《儿童利手形成的实验研究》[④]，李心天《中国人的左右利手分布》[⑤]，茅于燕、张增辉《智力落后儿童左右手抓握的实验研究》[⑥]，陈海波等《右利手右大脑半球病变所致的失写症》[⑦] 等。这些研究的结论有些比较清晰，有些则比较模糊，有的认为左撇子容易患精神病，有的认为左撇子更容易有智力缺陷。其理论依据是左右利手是大脑功能单侧化优势的外在表现，是大脑优势半球的外在标志，右脑的记忆容量是左脑的 100 万倍，因此，训练左右利手有助于提高不同的智慧能力，而且左右利手好象对语言障碍有预测功能。这些依据都来自于国外，有些学者做了系统介绍，比如吕勇等《儿童大脑左右半球功

① 李心天：《医学心理学》，中国协和医科大学出版社 1998 年版，第 580 页。

② 李心天：《医学心理学》，中国协和医科大学出版社 1998 年版，第 580 页。

③ 李心天：《精神分裂症的利手及其与某些精神疾病的关系》，《中华神经精神科杂志》，1985 年第 1 期。

④ 李鸣杲、李心天：《儿童利手形成的实验研究》，《心理科学通讯》1984 年第 2 期。

⑤ 李心天：《中国人的左右利手分布》，《心理学学报》1983 年第 3 期。

⑥ 茅于燕、张增辉：《智力落后儿童左右手抓握的实验研究》，《心理学报》1985 年第 3 期。

⑦ 陈海波等：《右利手右大脑半球病变所致的失写症》，《中华神经精神科杂志》1994 年第 1 期。

能研究进展》。①2004 年，山东大学研究生潘筱的论文《左利手与右利手儿童智力分布与心理特点的对比研究》使用威克斯勒智力量表、艾森克人格测验量表测验了小学 1—5 年级的儿童，结果发现，左右利手儿童智力分布没有显著差异，但操作智力和语言智力有差异，左撇子的操作智力高于右撇子；艾森克人格测验（EPQ）发现，左撇子的倾向于内向、悲观、抑郁、脆弱、冲动、性格不稳定、罹患心理疾病的概率比较高，右撇子倾向于外向、乐观、情绪稳定。儿童感觉统一合作量表测验发现，左撇子存在一定程度的感觉统合障碍、身体协调不良、前庭器官平衡失调。可是这种研究仅仅是发现了差异，却并不能揭示因果关系。②

20 世纪 80 年代的认知语言学研究已经证明，汉语语言优势以左半球为主，20 世纪 90 年代以来，神经心理学、认知心理学的研究成果反证了前期的研究成果。石河子大学硕士研究生席艳玲的硕士论文《右半球的语言功能研究》③，采用汉语失语检查法、视觉空间结构检查表、汉字书写检查表，通过 31 名右半球损伤者、30 名左半球损伤者以及 30 名正常组比较发现，进一步证明了左半球损伤失语症发生率更高，反证了这个结果。同时研究还证明，右侧大脑半球损伤主要表现为语言的韵律障碍、书写的空间结构性障碍、疏忽性阅读障碍，右半球参与了汉语语音和形态编码认知过程。左右半球比较而言，左半球损伤失语发生率高，主要表现为深层次语言障碍，这提示左半球主要参与语言信息编码和语意整合编码，汉字学习需要左右脑的协同。可是这种方法仍然是传统的方法，其结论还只是一种推论。

21 世纪以来，学术界更多地直接关注大脑单侧化优势的研究，除了采用传统的裂脑方法和麻痹方法研究者大脑处于非正常状态下左右半球的功能之外，逐步探索出许多新的方法。这些新的研究技术可以分为两类：一类是生物医学方法，包括脑电活动记录法、正电子发射断层摄影术、核磁共振技术等；另一类是心理学方法，包括半视野速示法和双耳分听法。吕勇、白学军等在《儿童大脑左右半球功能研究进展》中对近年来有关儿童大脑左右半球的功能研究进展进行了系统的评述。方法论和技术的突破，很好地推动了儿童大脑左

---

① 吕勇、白学军、沈德立：《儿童大脑左右半球功能研究进展》，《天津师大学报》（社会科学版）1998 年第 2 期。

② 潘筱：《左利手与右利手儿童智力分布与心理特点的对比研究》，山东大学硕士学位论文，2004 年。

③ 席艳玲：《右半球的语言功能研究》，石河子大学硕士学位论文，2005 年。

右半球功能差异的研究进展，使国外的研究有了许多新成果。[1] 例如福克斯以10 个月的婴儿为被试，利用脑电活动记录法研究发现，积极的情绪与婴儿大脑左额叶处的脑电活动性相对比较大。消极情绪（如厌恶），婴儿大脑右额叶的脑电活动性相对比较大。阅读和理解成绩好的儿童，他们的大脑两半球都起作用。莫费斯给 3 个月大的婴儿实施纯音（如 ba 和 da）和单音节词刺激，同时记录他们的大脑的事件相关电位。利用诱发电位技术研究的成果，早期是双侧大脑作出反应，之后就表现为右半球的优势反应。莱森等人研究采用 PET技术，研究了朗读和默读时大脑皮层的活动情况。结果发现，在语言加工期间左半球和右半球是以同样的方式活动的。即大脑在完成心理活动时，大脑左右半球是协调活动，共同发挥作用的。胡碧媛以中国 7—16 岁儿童为被试，研究了他们辨认汉字时大脑两半球的功能特点。结果发现在辨认汉字时，从右半球优势发展到左半球优势，再到两半球优势。加拿大买麦吉尔大学的恩图斯用双耳分听法，研究表明功能偏向一侧在婴儿出生后就已经存在。实验结果发现：有 79% 的婴儿表现出右耳（左脑）在言语方面的优势，有 71% 的婴儿表现出左耳（右脑）在音乐方面的优势。佩克、波琳、卡姆尔也采用双耳分听法，以3—13 岁的儿童为被试，以语言学习为材料，结果发现被试都是表现出了左耳优势（即大脑右半球优势）。这些实验结果促成学术界发现，儿童大脑左右半球功能的不对称性在生命的早期就表现了出来，儿童大脑左右半球功能的不对称性与遗传因素有密切的关系。同时还有不少材料证实，儿童大脑左右半球功能的偏侧化是逐渐形成的。围绕大脑功能偏侧化的科学证据，还出现了三种不同的理论模型，它们与偏侧化的形成也有关系，即单侧特化模型、相互作用模型、偏好认知模型，但这些理论都需要进一步证明。

六、左撇子生理学心理学研究中成果的反思

笔者通过这些资料的整理，始终存在一个困惑，那就是既然左脑擅长语言、概念、数字、分析、逻辑、推理等功能；右脑主管音乐、美术、空间几何、想象、直觉、综合等功能。而科学研究也好，学术活动也好，都更需要语言、概念、数字、分析、逻辑、推理能力，而不是音乐、美术、空间几何、想象、直觉能力，莫非是人类的学习、创造活动更需要直觉思维、形象思维？或

---

[1]　吕勇、白学军、沈德立：《儿童大脑左右半球功能研究进展》，《天津师大学报》（社会科学版）1998 年第 2 期。

者我们更需要艺术家，而不需要科学家和学者？如果不是，那么为什么要一再强调多用左手，开发右脑呢？而且更主要的是，经过几十年的教育应用和人才开发，并没有研究或者案例报告因为开发右脑而促进了人才培养。学者们只是不厌其烦地告诫家长和学校，不要强行纠正儿童的左撇子，却难以举例证明训练的实效性。

非科学家的好事者只是不断举例说许多政治家、科学家、艺术家、企业家、军事家、运动员是左撇子，进而说明左撇子聪明。但这本身就是矛盾的：因为科学家、政治家、企业家本身需要有很强的语言能力、推理能力、分析能力、运算能力，这主要是由左脑主管的能力，而艺术家则需要更好的音乐、美术、空间几何、想象、直觉能力，这些能力则主要是由右脑主管的。至于运动员中的左撇子就更不可思议了，因为前述研究成果表明，左撇子倾向于身体平衡能力比较差，而且情绪不稳定，那为何又有很好的运动能力呢？

而且，20 世纪 60 年代以来，国内外报告了许多因为癫痫病人被切除右脑或者左脑后恢复正常的案例。最早的报告病例是昆明医学院附属医院脑系科 1966 年 3 月 21 日所做的全麻插管下作右半球全切除术。患者男性，30 岁，工人，因顽固性癫痫大发作做了右半球全切除术，1980 年 9 月术后 14 年，对他做了详细的成套神经心理学测验和实验一共进行了 24 个项目。结果显示这位仅有左半球的人基本进入正常状态。最近几年通过网络搜索可见国内外报告越来越多，比如"男孩被切掉右脑成'半脑人'左脑指挥说话走路"；"美国女子创医学奇迹——半脑人生活完全正常"；等等。这些事实和有关研究成果说明，所谓左撇子聪明的神话不过是一种对科学知识的误读，只不过是因为人类的活动多使用右手，专家担心右脑不能很好开发而已。人类大脑两个半球虽然有功能一侧化优势，但两个半球相辅相成、协同活动，而且可以互相补充、互相替代。因此，无论是学校智力开发还是人力资源开发，都应该左右手并重，左右脑并重。

第八章　中国县域文化与社会心理研究理论探索

第一节　基于甘肃的中国县域文化与居民性格研究导论

按照辞海的解释，中国汉语中的"县"作为名词，是会意字，从系持倒首，像悬挂的样子。县假借为"寰"，古代为州县的县，行政区划单位。最早的县指古代天子所治之地，在京都周围千里之内，即王畿。周代县大于郡，秦以后县属于郡。现在为一级行政区划，隶属于地区、自治州、直辖市、省辖市之下。日本行政区划中的县，相当于中国的省。县城即是县政府所在的城镇。作为动词的县是系挂的意思。有时也指悬挂的乐器，如钟磬等，有时表示远和悬殊。本文所指的县当然是行政单位，县域是指县行政管辖的地理区域。文化这个词汇是意义最复杂的概念，不同学科、学者、领域、职业对文化有不同的使用内涵、范围。哲学家、人类学家、文化学家、考古学家、心理学家使用的文化概念是指人类创造的全部物质和精神财富的总和。文学家、艺术家使用的文化概念主要是指历史传承的文学艺术作品和思想；政治家和当代宣传、文化部门所管理的文化则是指文学、艺术、文物、图书等文化承载管理机构和创造物。在此，文化是人类学、文化学意义上的文化。性格是一个心理学概念，但除了哲学、法学、文学、伦理学、教育学有不同意义的使用之外，即使心理学内部，西方和东方心理学家也有不同意义上的使用。本章中性格即人格，人性之格。因此，文化与性格的关系也就是文化与人格的关系。

一、文化与人格的民族心理学与心理人类学研究

20世纪以来，不仅心理学家在研究人格，社会生物学、文化人类学、心理人类学也在研究人格问题。社会生物学、文化人类学、心理人类学通过大量

的田野工作，不仅研究个体人格，更注重群体人格、民族性格、国民性格的研究，这些研究把人格置于更广阔的文化背景下，既研究人格的形成，也研究民族、国民性格特点，这里引用葛鲁嘉博士论著中的成果[①]，介绍几种比较流行的理论，以便进一步讨论研究。

（一）文化与人格的早期民族心理学研究

1879 年以来，德国心理学家冯特积极开展心理学实验研究的同时，发现实验方法对研究简单的心理现象具有重要的作用，但对复杂的心理现象则显得无能为力。对于像民族心理这样复杂的心理现象只有用社会学、文化人类学的方法才能进行有效的研究。为此，冯特在 1900—1920 年间，采用文化人类学的方法研究民族心理问题，出版了 10 卷的《民族心理学》和《民族心理学纲要》等著作。1890—1894 年英国策动心理学派创始人麦独孤随剑桥大学人类学探险队前往大洋洲托雷斯海峡列岛对原始民族进行心理考察，后又赴婆罗洲研究当地的土著民族心理。其著作《社会心理学导论》和《群众心理》以本能心理理论为基础，深入讨论了国民心理的发生、发展、变化的规律。受孔德的社会学思想影响较深的法国心理学家，在研究心理学时运用社会学的观点形成了群体心理学派。其代表人物勒朋在《民族进化的心理定律》中通过对不同民族的心理进行比较研究后认为，"各种族间心理上之特性乃是极不相似，它们乃是受同一之外部影响而却各不相同的印入，其常生出的结果即一种绝对的与互相的不了解。此种不了解之出现，特别是在交通迅速使各民族易于接触以后"[②]。奥地利精神分析大师弗洛伊德在创立精神分析主义心理学的过程中，把长期观察、研究、治疗心理疾病形成的精神分析理论迁移到民族心理研究中，创立了一种独特的民族心理理论。1913 年出版的《图腾与禁忌》和 1939 年出版的《摩西与 1 神教》，揭示了一神教的实质和起源，说明了犹太人与其他信奉基督教的民族分离的原因，并进一步论证了民族心理与宗教思想的密切关系，推动了民族心理研究的向前发展。1931 年，美国心理学家高斯出版了《种族心理学》，把人的心理特点看作是遗传与环境共同作用的产物。他认为，种族不是一成不变的，它总是有起有落。从血统遗传的观点看，人类实际上只有一个种族，即人类种族。我们今天所说的这些种族，仅仅是近亲繁殖的结果，或内部近亲繁

---

① 葛鲁嘉、周宁：《从文化与人格到文化与自我——心理人类学研究重心的转移》，《求是学刊》1996 年第 1 期。

② 葛鲁嘉、周宁：《从文化与人格到文化与自我——心理人类学研究重心的转移》，《求是学刊》1996 年第 1 期。

殖的结果，是人类代代相传形成的一条条长流不息的涡流。种族心理学的真正问题是确定种族之间是否存在心理差异。在心理方面，种族之间是否平等，这只有通过科学测量才能获知。作为一种实验事实，种族在感觉、智力、颜色爱好、艺术欣赏等方面都不同程度地存在差异，但差异的原因主要在于文化、教育以及宗教传统的影响，而不在于遗传。

（二）文化与人格的心理人类学研究

文化与人格的研究一直是心理人类学的主题，但近些年来，这一主题发生了改变，文化与自我的研究开始占据了重要的地位。这一研究重心的转移不仅加深了对人类文化、人类心理行为及其相互关系的理解，而且开启了许多新的研究思路，涌现了一些新的理论探索。

1. 文化与人格的文化决定论

人类学和心理学的前期研究普遍认为人类个体的人格根源于生物本能，文化不过是生物本能寻求满足的副产品。美国文化人类学之父博厄斯（F·Boas）的《原始人的心理》首先对进化论式的人类学研究提出了质疑，认为决定人类行为习惯的不是遗传因素，而是文化因素，这就是文化决定论。博厄斯的两位女弟子米德（M·Mead）和本尼迪克特（R·Benedict）收集了翔实的第一手材料，为文化决定论提供了证据。1918 年出版《萨摩亚人的青春期——为西方文明所作的原始人类的青年心理研究》和《三个原始部落的性别与气质》，全面阐述了文化塑造人格的思想。博厄斯学派全面阐述了文化对人格的塑造作用，开辟了心理人类学研究的新领域。文化人类学注重对文化制度的研究，忽视了文化主体的研究。而心理学只注重个体的研究，忽略了文化背景的作用。博厄斯学派则试图弥补两方的不足，把文化与人格结合起来。但是，博厄斯学派的理论并没有解决好文化与人格的关系，没有真正使二者有机结合起来。

2. 文化与人格的交互作用论

精神分析人类学的代表人物林顿和卡丁纳都意识到了博厄斯学派在理论上的缺憾，他们提出了文化与人格交互作用的理论，不仅强调文化在人格形式中的作用，而且重视人格在文化创造和变迁中的作用。他们对文化影响的分析主要着眼于决定个体童年早期经验的养育方式，对个体人格的分析，主要着眼于受文化影响而共同形成的基本人格类型或基本人格结构。林顿认为，一个社会所有成员由于共同的早期经验的影响，形成了一种共有的人格类型，即"基本人格类型"。基本人格类型是文化的产物，不同的文化背景下有不同的基本人格类型。但是，基本人格类型仅仅是个体人格的构成部分，而不是全部。文化塑造了基本人格类型，并通过它来影响个体人格。但基本人格类型又不完全决定个体人格，只是提供了一种发展趋势。文化正是由个体人格表现出来，个体人格通过基本人格的投射系统，以不同方式影响文化。卡丁纳采用风俗的概念来说明文化，把风俗又进一步区分为初级风俗和次级风俗。初级风俗指儿童出生时所面临的最基本的行为规则的总和，它是形成个体基本人格结构的文化基础。次级风俗是个体基本人格结构的投射物，包括宗教信仰、神话传说等。卡丁纳在个体人格中区分出了基本人格结构，用来指同一风俗中每个个体都具有的共同的"心理丛或行为丛的集合"。在初级风俗的影响下，形成社会个体相似的早期经验。相似的早期经验构成基本人格结构。基本人格结构成为个体适应外部世界的有效工具，并成为次级风俗的心理基础。那么，不同的社会风俗就会造就不同的基本人格结构。个体的基本人格结构是现存风俗塑造的结果，反过来，已形成的基本人格结构决定个体对周围事物的反应，从而导致现存风俗的改变或新风俗的创造。精神分析的人类学理论虽然强调了文化与人格的交互作用，但还是存在严重的不足或缺陷。要想真正地理解文化背景与个体心理的内在关联，就必须开辟新的思路。

3. 文化与自我的自主决定论

随着文化人类学的研究进展，一些研究者开始更多地从文化主体的角度来看待文化的性质、地位和作用。20 世纪 60 年代兴起的符号人类学和认知人类学就体现了这种从文化主体的内在心理意识入手的研究方向。美国哲学家和心理学家詹姆士（W·James）、美国哲学家和社会心理学家乔治·米德（G·Mead）早就考察过人的自我。认为人格和自我是从不同的角度说明人的心理构成的概念。马赛拉（A·Marsella）等 1989 年主编出版了《文化与自我——亚洲和西方的观点》，汇总了有关文化与自我的研究。这些研究者通过跨文化的比较，特别是对东西方文化的比较，考察了自我在不同文化中的差异。人的自我是以一种开放的形式与文化产生作用的，文化不断持续地作用于自我，而自我经过对文化的理解再现或再造文化，从而影响或改变文化的某些方面。从这个意义上讲，文化与自我的研究避免了文化与人格的研究的主要缺陷。文化与自我是相互依赖的关系。文化不是外在于人的存在，而是通过人展现出来的。一个社会的文化，不取决于它的抽象意义是什么，而取决于社会成员对它的理解和解释。同样，人的自我也不是独立于文化的存在，而是通过文化形成和发展起来的。自我的实际构造和活动是因文化而异的。在不同的文化中，人的自我构造就会不同。马库斯（H·R·Markus）和吉塔雅玛

（S・Kitayama）在其《文化与自我——对认知、情绪和动机的含义》中就指出了西方文化和非西方文化中的自我构造是不同的。文化并没有直接给定人的心理生活。人的心理生活是自我构筑的。这种自我构筑在于对自身心理生活的了解和解释。英国学者希勒斯（P・Heelas）和洛克（A・Lock）在其主编出版的《本土心理学——自我人类学》中，就于包罗甚广的文化里区分出了一个重要的构成部分，这就是有关人类心理的假设、理论、观点、猜想、分类和体现在习俗中的常识。这些本土的心理学涉及的是人的本性及人与世界的关系，包含着对人的感受和行动方式及人怎样在生活中寻求幸福和成功的告诫。本土的传统心理学可以有两种存在水平，即常识心理学的水平和哲学心理学的水平。社会个体可以通过日常的交往活动和特定的精神修养来掌握本土的心理学传统。个体自我可以依此来理解、解释和构筑自己的心理生活。

综上所述，心理人类学的研究重心从文化与人格转向文化与自我，体现了人类文化的回归，也即从立足于文化，通过文化来看人，转向了立足于人，通过人来看文化。文化不再是一种外在于人的抽象的存在，不再是从外部对人进行塑造和控制，而是人的创造，人的自我决定。体现了日常生活作用的凸显，也即从立足于人的抽象人格，转向了立足于人的日常心理生活。人的心理生活是人的最直接的现实体验，它可以是人主动构筑的。人对自身的心理生活有什么样的把握和理解，也就会构筑什么样式的心理生活，而这种把握和理解则有其文化的传承。

二、中国区域跨文化心理学视野的甘肃行政地理文化心理区域

中国主流的跨文化心理学主要研究的是不同民族的心理差异，没有把不同省或者不同区域人群的心理差异研究纳入研究范围，我们研究的中国区域和城乡跨文化心理学研究是将城市乡村、省域县域作为不同的文化区域来比较研究。[1] 甘肃是中国一个十分特殊的行政省区，地处黄河上游，位于我国的地理中心，东接陕西，南控巴蜀青海，西倚新疆，北扼内蒙古、宁夏，是古丝绸之路的锁匙之地和黄金路段，并与蒙古国接壤，东西蜿蜒1600多公里，纵横45.37万平方公里，占全国总面积的4.72%。人口2600多万，有汉族、回族、藏族、东乡族、裕固族、保安族、蒙古族、哈萨克族、土族、撒拉族、满族等民族。2007年末，全省常住人口为2617.16万人。其中，城镇人口826.76万

---

① 张海钟:《中国区域心理学与和谐社会建设》,《甘肃理论学刊》2008年第1期。

人，占全省常住人口的 31.59%；乡村人口 1790.40 万人，占全省常住人口的 68.41%。全年出生人口 34.36 万人，出生率为 13.14‰；死亡人口 17.39 万人，死亡率为 6.65‰，人口自然增长率为 6.49‰。甘肃省共有 55 个民族，少数民族人口 219.92 万人，占总人口的 8.75%。人口在千人以上的 16 个，主要少数民族为回、藏、东乡、土、裕固、满、保安、蒙古、撒拉和哈萨克族。①

甘肃省以黄河为界，可以分为河西和河东。黄河以西是河西走廊，总人口约 500 万，土地宽广，沙漠戈壁中散落着大大小小的几十个绿洲，形成 21 个县（市、区），组成 5 个市，从西到东分别是嘉峪关、酒泉、张掖、金昌、武威，其中嘉峪关、金昌是纯粹以酒泉钢铁集团和金昌有色金属集团为依托的工业城市，酒泉、张掖、武威是农业城市。嘉峪关市六街道三镇：五一街道、新华街道、前进街道、胜利街道、建设街道、镜铁山矿区街道、峪泉镇、文殊镇、新城镇；金昌市一区一县：金川区、永昌县；武威市一区三县：凉州区、古浪县、民勤县、天祝藏族自治县。张掖市一区五县：甘州区，山丹县、民乐县、临泽县、高台县、肃南裕固族自治县；酒泉市一区二市四县：肃州区、玉门市、敦煌市，金塔县、瓜州县、肃北蒙古族自治县、阿克塞哈萨克族自治县。

河西走廊虽然气候恶劣，但依靠祁连山雪水灌溉，绿洲土地肥沃，城乡居民生活水平明显好于河东地区。河西走廊的宽阔平原绿洲环境和陇右文化与西域文化杂糅的河西文化，特别是民族杂居的影响，使得居民的性格更加原始、厚道、豁达、开阔，但也表现出进取性、开拓性不足。

黄河以东有兰州、天水、白银、定西、庆阳、平凉、陇南、甘南、临夏等 7 市 2 州，总人口 2100 万，其中甘南、临夏为少数民族自治州。省会兰州市，天水、嘉峪关、平凉、酒泉、张掖、金昌、白银等为省内主要城市。河东地区的兰州市下辖五区三县：城关区、七里河区、西固区、安宁区、红古区，榆中县、皋兰县、永登县。白银市下辖二区三县：白银区、平川区、会宁县、靖远县、景泰县。天水市下辖二区五县：秦州区、麦积区，清水县、秦安县、甘谷县、武山县、张家川回族自治县。平凉市下辖一区六县：崆峒区，泾川县、灵台县、崇信县、华亭县、庄浪县、静宁县。庆阳市下辖一区七县：西峰区，正宁县、华池县、合水县、宁县、庆城县、镇原县、环县。定西市下辖一区六

---

① 甘肃人民政府：甘肃概览，甘肃人民政府网站 2006.http：//www.gansu.gov.cn/GsglItem.asp FLID=20。

县：安定区，通渭县、陇西县、漳县、渭源县、岷县、临洮县。陇南市下辖一区八县：武都区，成县、两当县、徽县、西和县、礼县、康县、文县、宕昌县。临夏回族自治州下辖一市七县：临夏市，临夏县、康乐县、广河县、永靖县、和政县、东乡族自治县、积石山保安族东乡族撒拉族自治县。甘南藏族自治州下辖一市七县：合作市，舟曲县、卓尼县、临潭县、迭部县、夏河县、碌曲县、玛曲县。

河东的地理环境是山岭纵横，沟壑遍地，出门下沟，进门爬山，劳作辛勤，经常发生饥荒，天水、白银、定西、庆阳、平凉、陇南等市域属于黄土高原地带，均为山区，农业经济不如河西 5 市，除天水、白银外，基本没有工业经济，即使天水、白银两个工业城市，现在也是天水工业倒退，白银资源枯竭，所属县域以农业为支柱产业，因为土地贫瘠，雨水稀少，靠天吃饭，城乡居民生活水平普遍较低，其中多数县是国家级贫困县。河东文化（包括陇中文化、陇东文化）属于陇右文化，基本上是秦文化的延伸，这种地理环境和历史文化造成了压抑、竞争、好强、辛劳的性格，但也表现出比较多的忍耐、迷信。

三、甘肃县域文化与居民人格的中国区域跨文化心理学研究思路

中国有句古话叫作"十里一风，八里一俗"，风俗是文化的集中反映。中国是一个地理、历史、文化、土地大国，不仅不同民族在语言、神话传说、生活习惯、宗教信仰等方面存在巨大差异，而且由于地理、历史、经济、政治等原因，不同大区、不同省区乃至不同县乡、不同自然村的语言（方言）、生活习惯、风俗习惯等方面也存在巨大差异，这些差异基本可以归结为文化差异，因为人类学、文化学领域的广义的文化包括了人类所创造的一切物质和精神文明的总和。按照心理人类学和文化人类学的观点，风俗既是文化现象也是心理现象，通过风俗的描述分析和实证研究，不仅可以概括文化，也可以概括区域性格。

县是中国行政区划中的基本单位，也是中国历史上历时最长的行政组织机构。中国人的区域风俗和文化认同主要是以县为基本单元，所谓乡情、亲情都负载在县这个概念之中。县意味着家乡、亲人、亲戚、老乡，到了县境，就意味着安全感、归属感。在数千年的文化和社会变迁中，中国以县为地理、历史、社会、政治、经济、心理区域，积淀形成了各自独特的地域文化群体性格，这些群体性格反作用于地域文化，相互助长，成为地域文化特色的核心特

质，这些特质具有潜隐性、固着性、排他性，有些县域文化性格更加积极、宽和，与主流文化匹配润和；有些则比较消极、狭私，与主流文化相对抗。从文化学、历史学、心理学、社会学、人类学角度开展县域文化与居民性格研究，为区域和谐社会建设提供决策依据，具有独特的现实和理论意义。

20 世纪 80 年代到 90 年代，甘肃的心理学家更多注重民族区域跨文化心理学的研究，比如临夏回族自治州的东乡族、保安族；甘南藏族自治州的藏族、蒙古族以及张掖市肃南县裕固族的研究，研究成果更多是偏重于人口学变量影响下的性别、年龄、民族心理差异描述，缺乏真正的民族区域文化与民族性格的理论分析。而且，以汉族为主的县域文化与居民性格研究基本空白。笔者自 2006 年以来开展的区域文化心理学研究，主要是对甘肃河西、河东两大区域和各个市域居民性格、刻板印象、攻击性、人际信任、老乡认同、心理健康等方面的研究。目前正在扩展省际比较研究，但县域文化与心理研究尚未开始。

我们认为，开展甘肃县域文化与居民性格关系研究有必要以西方跨文化心理学的既有理论作为基础，以中华民族文化在各个区域的具体表征为背景，以甘肃陇右文化、陇中文化、河西文化为参照系，强调共同性的同时，着力研究区域文化差异。必须采用心理人类学的田野工作方法，深入城市乡村居民家中，参与各种生产生活、宗教民俗活动，访谈居民的生活态度，查阅各类历史方志家谱资料，着力挖掘居民自我意识，分析县域文化类型，概括县域居民性格，揭示文化与自我的关系，区分主流文化和亚文化、消极文化与积极文化，总结居民自我意识的优缺点，从人格现代化的立场出发，提出文化弘扬或者扬弃的策略建议。

在数千年的文化和社会变迁中，中国以县为地理、历史、社会、政治、经济、心理区域，积淀形成了各自独特的地域文化群体性格，这些群体性格反作用于地域文化，相互助长，成为地域文化特色的核心特质，这些特质具有潜隐性、固着性、排他性，有些县域文化性格更加积极、宽和，与主流文化匹配润和，有些则比较消极、狭私，与主流文化相对抗。从文化学、历史学、心理学、社会学、人类学角度，开展县域文化与居民性格研究，为区域和谐社会建设提供决策依据，具有独特的现实和理论意义。

如前所述，中国县域文化与人格的研究，必须吸收心理人类学的新思想，从文化与人格转向文化与自我，立足于人的日常心理生活，在人的心理生活的把握和理解中研究文化与自我的关系。在常识心理学和哲学心理学两个水平上，通过县域人群日常的交往活动和特定的精神修养来掌握县域本土的心理学传统。同时，通过个体自我的研究来理解、解释和构筑自己的文化与心理生活。通过跨文化的比较，特别是对不同县域文化的比较，考察了自我在不同县域文化中的差异。以县域文化与自我的相互作用为立足点，分析文化如何持续不断地作用于自我，而自我如何经过对文化的理解再现或再造文化，从而影响或改变文化的某些方面。特别要将其理解为不是外在于人的存在，而是通过人展现出来的。一个县域社会的文化，不取决于它的抽象意义是什么，而取决于该县社会成员对它的理解和解释。同样，一个县域人的自我也不是独立于文化的存在，而是通过文化形成和发展起来的。县域人的自我的实际构造和活动是因区域文化而异的。在不同的区域文化中，人的自我构造就会不同。我们在研究过程中着力避免了文化与人格的研究的主要缺陷，力图揭示文化与自我是相互依赖的关系。

第二节　中国县域文化与居民人格的田野工作主位研究

县是中国行政区划中的基本单位，也是中国历史上历时最长的行政组织机构。中国人的区域风俗和文化认同主要是以县为基本单元，所谓乡情、亲情都负载在县这个概念之中。

一、靖远县的历史沿革和文化特色

靖远汉武置县，骞开丝路，民俗风情多彩多样，文化底蕴非常深厚，历史文化遗产丰富；中华民族的母亲河——黄河流经县城154公里，有雪山、戈壁、草场，还有黄土地貌、黄河峡谷等险峻地貌；靖远物产丰富，人文景观的发展已初具规模，美妙的田园风光，许多现代文明也可圈可点。靖远县位于黄河上游，甘肃省中东部，是古丝绸之路北路上的要道，距兰州140公里，处在兰、宁、呼经济带的几何中心，有"秦陇枢机，金城锁钥"之称；全县5809.4平方公里，辖18个乡镇,46.3万人，南北长135公里、东西宽120公里，地域广大，前景广阔；国道109线、省道207线、308线、白宝铁路、刘白高速公路穿境而过，京呼银兰光缆横穿全县，交通便捷，通讯方便。靖远造化毓秀，景观旖旎，黄河带两岸，屈吴襟三陇，一川烟霞，百顷碧畴。县内旅游资源丰富，其分布大体呈现"一带两山一线"的特点：一带指的是黄河沿岸带，黄河乌金峡、大浪天险、鹞子翻身、洋人招手、黄河飞虹、北湾河心岛、中流砥柱、虎豹口——红军渡、黄河风情园、碾湾生态园、乌兰耸翠、鹿鸣泰和、小口枣园、大庙梨园、大坝高效农业观光园、祖厉秋风、月河晚照、瓜园度假村、黄河水车、黄河古渡、羊皮筏子探险漂流、冲锋舟冲浪等主要旅游景区景点都分布在这个带上；两山主要是指屈吴山和哈思山，以自然风光为特色，有屈吴春嶂、雪岭堆银、原始森林、高山流水、雪山、草场以及云台山的旱塬风情等，在这里人们可以尽情地领略大自然、享受大自然，陶冶性情。一线指的是丝绸之路线，以古城堡、石窟、寺庙、岩画、雕塑等人文景观为特点，主要景点有平滩堡祖厉古城、北城滩遗址、明长城及烽燧遗址、哈思吉堡、黑城子古城堡、吴家川岩画、法泉寺石窟、接引寺石窟、红罗寺石窟以及三槐树、钟鼓楼、乌兰山等古建筑及仿古建筑群。靖远已命名的名片有：全国科普示范县、全国基本普及九年教育县、基本扫除青壮年文盲县、全国残疾人康复工作先进县、甘肃省发展个体私营经济十强县、甘肃省双拥模范县城、甘肃省卫生县城。是全省最大的稻米基地、羔羊肉集散地、亚洲稀土基地、甘肃煤都、陇原文化县、甘肃菜乡，被誉为"陇原水旱码头"、"黄河明珠"、"灵秀之地"、"建筑之乡"、"中国西部历史文化名城"①。

二、文化类型参照与靖远区域文化积极性格解析

然而这些只是正面、积极、宣传性的介绍，要想真正描述分析、综合概括靖远人的文化与性格，还必须认真研究靖远的文化习俗与行为习惯。作为一个县，靖远文化首先具有中国文化的特征，比如以儒家文化为主流的自强不息的政治文化、以道家文化为主流的顺应自然的人生文化、以佛家文化为主流的心灵向善的宗教文化；比如按照酒神文化和日神文化区分，更多地表现为日神文化；按照阿波罗式文化和浮士德式文化区分的阿波罗式文化定向。同时作为甘肃省的一个县，其文化特征必然打上甘肃文化的烙印，比如按照男性文化和女性文化划分，靖远文化更多地表现为男性文化；按照游牧文化、农业文化、工业文化、信息文化划分，靖远文化更多地表现为农业文化；按照乡土文化和都市文化划分，靖远文化更多地表现为乡土文化；如果按照中国文化的区域历史划分，甘肃文化主要可以概括为陇右文化、陇东文化、陇中文化、河西

---

① 靖远人民政府：人文靖远，靖远人民政府网站 2006.http://www.jingyuan.gov.cn/renwen/Index.asp。

文化①，则靖远文化属于陇中文化和陇右文化的杂糅融合。

靖远文化从区域和行业视角可以区分为四种，第一种是县城文化，可以定义为市民文化；第二种是水地川区文化（靖远人把黄河沿岸的北湾乡、东湾乡、糜滩乡、水泉乡、陡城乡的人称为水地里人，新世纪以来，这些乡都改成了镇），可以定义为精耕农业文化；第三种是山区乡村文化（靖远人把靠近会宁、海原、中卫等县地的高湾乡、大芦乡、共和乡、东升乡、永新乡等乡村的人称为乡里人），可以定义为粗耕农业文化；第四种是矿区文化，可以定义为企业工业文化，但这种文化仅仅存在于靖远矿区（1985 年已经划给新成立的平川区，但实际上平川文化还是靖远文化，因为平川人至今仍然认同自己是靖远人）。

按照现代当代文化与文明的衡量标准，靖远文化所塑造的居民性格有自己的优势和积极品质，这些积极品质造就了靖远人的总体外在形象和刻板印象，即开拓进取、文教立家、耕读传家、热情好客、孝顺父母、勤俭节约、重视名节等。

（一）开拓进取：靖远文化所塑造的居民性格是一种开拓进取的性格，无论何时何地，无论是当农民，做公干，无论是搞教育，兴文化，靖远人都不甘心落在他人之后。当农民，比谁的庄稼长得好，谁的耕种技术好；搞教育，比谁的孩子学习好，谁家孩子读的大学高；重文化，比谁家过年对联写得好，谁家上房中堂高雅。鄙视、谴责、讨伐那些懒汉、泼妇、二杆子、二流子。崇拜大气之人，敬仰有本事之人。

（二）文教立家：靖远文化非常重视文化传承，以家庭为单元的文化传承，其内容更多是儒家思想和儒家文化。家庭教育的核心还是孝敬、勤俭、诚信、谦让、忍耐。道德舆论谴责更多的是不孝子孙、铺张浪费、不讲信用、行事张扬、缺乏城府。不仅喜丧嫁娶活动贯穿着文教礼仪教育，就是在日常生活中也是处处体现文化教育。尤其是亲戚朋友的相互来往中，非常讲求长幼有序、尊长爱幼，注重学问，表扬技能。

（三）耕读传家：靖远文化传统与中国传统农业文化社会一样，城乡社会的家庭院门很容易见到"耕读传家"匾额。"耕读传家"观念流传深广，深入民心。因为古代社会，耕田可以事稼穑，丰五谷，养家糊口，以立性命；读书可以知诗书，达礼义，修身养性，以立高德。所以，"耕读传家"既学做人，又学谋

---

① 张海钟：《中国县域文化与居民性格探论》，见《中国民族学》（第二辑），甘肃民族出版社 2009 年版，第 31 页。

生。进入现代社会，工业文化、商业文化获得一定发展，但多数农业乡镇的农民家庭，继续以耕读传家作为家庭发展理念。绝大多数农民子弟一方面劳作于田野工地，一方面积极攻读，不仅比劳作技术，更比学历水平。

（四）孝顺父母：中国文化的一个重要内涵就是孝顺。靖远文化传统也不例外。无论是县城的小市民社会还是农村的农民社会，都是通过道德舆论谴责和表彰的方式，通过榜样示范和事迹传播的途径，弘扬孝顺，贬斥不孝。因此，大多数子女都很孝顺父母，尊敬老人，不孝子孙往往被社区人群边缘化，失去得到帮助的机会。一旦家庭有个三长两短，就会陷入孤立无援的境地。进入现代社会，这个传统正在悄悄改变，子女越来越少，进城做工后，很少回家，但内心仍然延续着传统的孝顺情感。

（五）勤奋节俭：勤奋节俭是中国农业社会的一个基本生活准则，即使到了现代社会也不例外。靖远文化与全国农业社会一样，讲求勤奋节俭。平常日子都是粗茶淡饭，服饰清素。但招待客人却不吝啬，往往是最好的食物。特别是喜丧嫁娶红白事，一定会充分表现出大方、大气、大度。可是，随着商品经济、市场经济的发展，传统的生活观念和方式正在改变。

（六）重视名节：名节就是名誉和节操，是中国古代儒家思想对人的道德要求。失却名节的人往往会受到谴责和排斥。靖远文化也比较重视名节，比如宁可站着生，不能跪着死；宁可饿死，不受他人施舍；跪天跪地跪父母而不跪强暴；杀人偿命，借债还钱；富贵不能淫，威武不能屈，贫贱不能移。但老百姓往往做不到，为了生存，只能把名节藏在内心。只有知识分子可以坚守。可是到了现代社会，名节思想逐步淡化，人们越来越实用，名节意识逐渐淡化。

三、靖远民俗文化特色与消极特点描述与分析

除了这些简单宏观的理论区分以外，作为一个童年少年在靖远家乡农村游戏学习劳动、青年早期在中心城市攻读学位、青年中期晚期和中年早期在中等城市工作、随后再次进入省城工作的学者，一个城乡边缘人，一个多文化个体，笔者通过耳闻目睹和理论概括发现，靖远风俗文化、饮食文化、生产文化等，与省内外许多地区相比较，具有很大特色。

1. 赌博风气全省第一：靖远人的赌博，可以说是全省第一。无论父母、妻子、亲戚生活多么艰苦，男人必须"耍赌博"，小到一元两元，大到十万百万，赢了继续耍，输了要么开煤矿挣，要么动脑子诈骗。一到逢年过节，大人小孩莫不忙着打麻将、摇单双，赌博起来父子同席、婶侄同炕，只认输赢，不认亲

友。有个男人开煤矿，年底收入百万，过年都输完，侄女穷得要死，一分不给。男人赌博赢钱，女人送饭，男人一旦输了，女人寻死觅活。为了赌博债务，几乎每天都有打架斗殴。其主要原因是农村文化生活贫乏，同时也是传统习惯的惯性使然。

2. 宗教风气全省之冠：全省没有一个县像靖远这样，每个村庄都有一个寺庙，甚至有的村庄几个庙宇，而且庙宇里面供奉的神灵千奇百怪，从孔夫子到太上老君、从吕祖爷到齐天大圣、从狗娃神到河神、从马王爷到毛主席，儒释道、方神、现世神全部塑身供奉在同一个寺庙。20世纪80年代以来，由于主流文化的没落，靖远文化整体向传统回归。农民的主要文化活动就是庙会。家庭生活的不顺利、家庭成员的疾病、家庭人际关系恶化等等问题，首要的破解形式是问神或算卦。问神就是提轿子、提角子。角子就是神灵的代言者。村民到庙里请求神灵示意，角子就向神灵请示，随后便神灵附体，以神灵的名义和口气给予"训示"，简称为"训"。"训"通常都是以古代格律"诗"的形式，由录生写在黄纸上。一般语言晦涩，很难理解其中含义。但神灵附体的角子会告诉求助者，如何采用宗教形式化解灾难。比如阳宅子有问题，就请神轿安顿，比如阴宅子有问题，就需要迁坟。

3. 传宗意识深入骨髓：没有一个县像靖远这样爱生孩子，从农民到国家干部，几乎没有只生一个孩子的，以至于20世纪80年代工作的干部都得了"副科病"（为了遏止生孩子，县委县政府作出决定，从1992年起，所有超生的干部一律不得再晋升职务，许多干部从此成为永远的副科级干部）。许多中小学教师成了永远的中级职称。但大家都不后悔，因为没有男孩的家庭会被人议论，感到非常自卑。当然更主要的是考虑自己的养老问题。作为一个以农业为主要生产方式的县份，居民不得不考虑60岁以后的家庭劳动力问题，没有男子当家，不仅会被人欺负，还会老无所养。女子出嫁后就是婆家的人，照顾娘家父母的能力非常有限。

4. 男性文化绝对权威：靖远还有一个非常突出的现象，男人平时都不进厨房、不做饭，多数男人不会做饭，但"过事情"（婚丧嫁娶）多半是男人做厨师。这都是古代近代传统农耕社会形成的习惯，因为在那种社会中，女人是被男人养活的，女人都是裹成小脚的，女人不用下地干活，主要任务是操持家务。但进入现代社会后，女人要和男人一样下地劳动，但不管女人有多么劳累，回家还须做饭洗衣服照顾孩子。当有客人时，女人一般只到厨房吃饭。

5. 老乡观念固执排外：靖远县城"港口"很硬，非本县干部做县长很难有所成就。靖远人办许多事情都不想通过国家法律、制度途径解决，以舞弊、走私手段办事为光荣。他们认为通过非正常手段套取国家资金然后胡花一通是有本事的表现。长此以往，群众都不再崇拜有学问、有技术、有志气的人，而是羡慕坑蒙拐骗的人。许多学生进入大学后不是想如何通过努力学习考试获得好成绩，而是成天琢磨认识一个有权力的老乡，靠作弊、仗势、假威而通过考试，惹是生非成为普遍现象。20世纪80年代，靖远中学有好多优秀的教师，是中学生崇拜的学者，但因为得不到提拔重用而调离。

6. 月经禁忌源流深远：月经禁忌是最典型、最强制性的风俗习惯。比如忌女、婿在岳父家中同室住宿，俗谓"女婿上床，家破人亡"。比如忌女性大年三十晚上在娘家过年。忌女性将月经流在娘家房屋任何地方，如果女性将月经流在娘家，娘家哥哥就要用犁地的犁从娘家一直犁回婆家，方才可以免去灾祸。这些民俗不仅存在于现当代汉族村庄、少数民族村落，而且也存在于世界许多原始部落，乃至中国当代一些城市的中老年一代市民心理深层。考察其源流，乃是古俗之遗传，女儿既然嫁出，便是婆家人，作为养育他人家族后代身体生理基础的经血，如果流在娘家，象征娘家成为婆家生育的地盘；至于不让女儿在娘家过年，则是为了避免邻居议论自己女儿不贤被婆家逐出家门。但归根到底是因为女性经血不洁的观念，乃是原始人经血恐惧心理的积淀和流变。而这种经血恐惧是因为原始人的思维没有逻辑或处于前逻辑发展阶段。同时，处女第一次性交后的矛盾情绪反应也是导致经血恐惧的深层心理原因。

7. 死亡禁忌遍布日常。比如人死在家外，不论男女老少忌再进家宅，只能停尸户外。死去亲人的小辈谓有"生孝"，忌去别家走动。未成年男女，已婚未生子女者，以及死于产期的产妇忌埋入祖坟内。人甫死之后，未经选择，忌动哭声。妇人产小孩，产房门口挂红布，忌他人进入。制醋酱房门，悬挂红布，忌他人进入。亲友互相忌讲长辈姓名及诨号，家庭小辈忌称长辈姓名，同时同辈忌互称乳名。衣服扣子忌钉双数，谓"四六不上身"。老人死后寿衣忌穿双件、毛料和皮衣，被褥忌用缎子（谐音断子）。修盖房屋屋基忌砌双层。双方嬉玩忌玩弄对方帽子和以铁器指对方。忌一年之内兄弟二人先后结婚，忌姐妹二人同年出嫁。忌借房给别人结婚，民谚有"宁借房给别人停丧，不借房给人成双"之说。死了未成年的小口，尸体忌从大门出，须从墙头转出埋之。上坑忌不脱鞋，有谚说："上坑不脱鞋，死了没人埋"。死者葬埋三日内，孝子每日日落前往坟地送水火，忌和别人说话。

8. 修房比赛代代相传：之所以说修房比赛，那是因为靖远人修房子，不仅是为了居住，更多是为了风水。同一个村庄，作为农民，显示自己和家庭地位主要是房子，这和城市人比住房大小一样。如果邻居家修了新房子，而且修得比自己房子高，那就一定要翻修房子，而且要比邻居家高。高了才能占天时地利，才能聚集财富，才能保证家庭和睦、人丁旺盛、生活平顺。否则就认为自己的家庭被邻居压住了。靖远人的房子非常传统，上房一定居中，而且高于其他房间。上房两边两个耳房，相当于半个上房大小。东房是厨房，相当于上房的三分之二大小。西房则可大可小，主要是孩子或常住的亲戚居住。男人一生有三大任务，第一是为父母养老送终，第二是为孩子娶上媳妇，第三是修一院房子。每一代人都是如此，而且要与邻居、亲戚的房子比较。房子高大就是一个男人最大的成就。

9. 乡镇文化各具特色：如前所述，靖远县城文化是典型的小市民文化，居民中除了国家干部、教师医生，多是摆摊设点的商人，主要特点具体表现为计较小利，亲戚到家，一个劲倒水喝，即使待上一天也不会给你饭吃。水地川区文化是典型的精耕农业文化，黄河滩为居民提供了坚实的农业基础。但耕地面积比较小，只能精细耕作，选种子，种植时间，浇水次数，薅草工具，都不敢马虎，劳作十分辛苦，但有足够的蔬菜；山区乡村文化是粗耕农业文化，干旱荒芜的黄土高原山峦，家家都有数百亩旱地，种植小麦，往往二尺宽种一垄，一旦种上，只有期盼老天下雨，几乎不用锄草。只要收成好一年几年都有粮食吃，当然吃饭也简单，不过大蒜就锅盔。浆水面的产生就是因为没有蔬菜、酱油、醋，面条难以下咽，把好不容易得到的莲花白菜叶子放在水里发酵发酸，然后用来下饭。川区的农民原来并不知道浆水面，都是山区媳妇带来的习惯。矿区文化是企业工业文化，但这仅仅存在于靖远矿区，主要特征就是经济头脑和生活匪气。因为矿区的后裔来自天南海北，没有传统文化积淀，矿区内干部职工都是外省外县人，企业文化的特征就是崇拜钱财，每个人每天的任务就是设法搞钱，养成了不顾一切手段赚钱的风气。同时霸气匪气成为征服的必要性格，每个人都极力培养自己的霸气，以便在竞争中获得支配地位。

四、靖远文化与靖远居民基本人格类型

我们还可以进一步以卡丁纳的风俗概念来说明靖远文化与靖远人的文化心理模式。风俗是特定社会文化区域内历代人们共同遵守的行为模式或规范。人们往往将由自然条件的不同而造成的行为规范差异称为"风"，而将由社会文化的差异所造成的行为规则之不同称为"俗"。风俗是一种社会传统，某些当

时流行的时尚、习俗随着久而久之的变迁，原有风俗中的不适宜部分，也会随着历史条件的变化而改变，所谓"移风易俗"正是这一含义。风俗对社会成员有一种非常强烈的行为制约作用。风俗是社会道德与法律的基础和相辅部分。民俗，即民间风俗，指一个国家或民族中广大民众所创造、享用和传承的生活文化。它起源于人类社会群体生活的需要，在特定的民族、时代和地域中不断形成、扩大和演变，为民众的日常生活服务。这里讨论的风俗主要指的是民间风俗。就今日民俗学界公认的范畴而言，民俗包含以下几大部分：生产劳动民俗、日常生活民俗、社会组织民俗、岁时节日民俗、人生仪礼风俗、游艺活动民俗、民间观念风俗、民间文学风俗。观察和资料分析发现，其他风俗方面靖远人与省内其他市县差异较小，而前述八个方面差异比较大。这些风俗都可以视为卡丁纳的初级风俗的组成部分，初级风俗指儿童出生时所面临的最基本的行为规则的总和，它是形成个体基本人格结构的文化基础。这些初级风俗通过儿童社会化过程塑造了靖远人的迷信性格，其本质是死亡恐惧和家庭安全意识，是靖远人个体人格基本人格结构组成部分，是靖远同一风俗中每个个体都具有的共同的"心理丛或行为丛的集合"。基本人格结构成为个体适应外部世界的有效工具，并成为次级风俗的心理基础。靖远人可以将生活中发生的一切现象用迷信风俗给予解释。进而为了使这些解释更合情合理，不断编制各种宗教和神话传说，形成个体基本人格结构的投射物的次级风俗。在初级风俗的影响下，形成社会个体相似的早期经验。相似的早期经验构成基本人格结构。那么，不同的社会风俗就会造就不同的基本人格结构。个体的基本人格结构是现存风俗塑造的结果，反过来，已形成的基本人格结构决定个体对周围事物的反应，从而导致现存风俗的改变或新风俗的创造。正如前文所述，采用精神分析理论指导下的文化与人格相互作用理论，运用基本人格结构和风俗理论来解释文化与人格仍然较牵强，更深层次的分析和综合需要运用自我理论。

　　历史上的靖远始终尚武，翻开史志，屈指可数的名人都是将军，尤其是明朝设立靖虏卫、靖远卫，强化了靖远人的尚武意识和斗争精神。靖远方言多是舌尖儿化音，说话速度很快，外地人总认为靖远人说话像吵架；靖远人到了外地最爱认老乡，但老乡很难团结；因为每个人都很要强，互相难以服气，都要做"老大"；靖远人很爱卖派，生怕别人不知道自己的家庭和自己的本事；概括起来，靖远文化的核心是农耕文化、男性文化、迷信文化、尚武文化。这些文化特征与靖远人强悍、迷信、刚烈、匪气、卖派的基本人格类型相互作用。按照林顿的理论，基本人格类型是文化的产物，不同的文化背景下有不同的基本人格类型，靖远文化类型与靖远居民性格彼此消长，相互强化，聚集为靖远区域文化心理类型，形成靖远人的内群体偏好，也形成了省内其他市、县区域的外群体对靖远人的刻板印象。

总而言之，在数千年的文化和社会变迁中，中国以县为地理、历史、社会、政治、经济、心理区域，积淀形成了各自独特的地域文化群体性格，这些群体性格反作用于地域文化，相互助长，成为地域文化特色的核心特质，这些特质具有潜隐性、固着性、排他性，有些县域文化性格更加积极、宽和，与主流文化匹配润和，有些则比较消极、狭私，与主流文化相对抗。从文化学、历史学、心理学、社会学、人类学角度开展县域文化与居民性格研究，为区域和谐社会建设提供决策依据，具有独特的现实和理论意义。

第三节　跨文化心理学视野的中国县域文化与性格探析

21世纪以来，我们参照跨文化心理学的学科体系，以中国城乡跨文化心理学研究为基础，新建了一门新的学科——中国区域跨文化心理学，先后发表多篇论文和实证研究报告，论述了中国区域跨文化心理学的学科归属、学科定位、主要研究内容体系，并就甘肃区域河西河东市县区域居民心理健康、社会支持、人格特质、刻板印象、老乡观念、攻击性等进行了比较深入的研究，同时组织研究生开展了初步的省域跨文化比较研究。2010年以来，我们将县域文化与居民性格研究作为中国区域跨文化心理学一个新领域开始探索。申请了甘肃省城市发展研究院科研课题立项，虽然发表了几篇论文和报告，但始终被概念问题所困扰。最近，我们使用跨文化心理学概念框架进行研究，采用田野工作、访问调查、文献综述、民俗分析等方法，开辟了一个新的途径。现以张掖市甘州区域为样本，报告中国区域跨文化心理学视野的县域文化与性格研究成果。

一、跨文化心理学与中国区域跨文化心理学

20世纪80年代以来，结合本土化研究，中国心理学工作者已做了许多跨文化心理学的研究，但绝大多数研究都是民族跨文化心理学研究，没有将地理区域、行政区域、历史区域、生态区域等文化区域作为变量来进行区域跨文化心理学或者区域心理差异的跨文化研究。中国区域跨文化心理学则是将不同区

域的人群的心理共同性和差异性作为研究对象。中国区域跨文化心理学也可以简称为中国区域心理学、区域心理学，其理论假设是不同区域的文化存在很大差异，因而其心理也必然存在很大差异，因为文化是影响社会心理活动的一个重要因素。

甘肃是一个狭长的区域，黄河将全省分割为河西河东两大区域。全省人口约 2700 万，设有 12 个地级市，2 个自治州，86 个县（市、区），地处黄河上游，地域辽阔。2004 年和 2008 年，笔者主持的甘肃省教育厅立项"甘肃城乡和区域社会心理跨文化研究"科研课题和国家社会科学基金项目"区域文化心理差异与和谐社会建设研究"课题组采用一系列量表等对甘肃河东（黄河以东）的天水、平凉、白银、庆阳、定西等 5 个地级市区域的社区、村庄和河西（黄河以西）张掖、武威、酒泉等 3 个地级市区域的社区、村庄进行调查，形成系列报告。2009 年以来，在甘肃省内市级区域间跨文化调查研究基础上，进一步扩展研究范围，开展省域跨文化心理学研究。已经开展了内蒙古人与甘肃人的相互刻板印象实验研究，内蒙古人和甘肃人的自我和谐、人际信任等相互比较研究，以及湖南人与甘肃人刻板印象比较研究。

跨文化心理学研究发现，地理环境、文化传统、经济水平、生活方式与区域居民的性格和心理健康水平密切相关，前期的调查再次从一个侧面证明，由生产方式、地理环境、历史积淀形成的区域文化是影响居民心理差异的重要因素，但这些因素之间是相互作用的机制，需要进一步深入研究。然而，这些研究尚处于探索阶段，仅仅在开展片段性、方便性研究，没有建立起中国区域心理学的理论体系。我们的未来设想是进一步开展全国不同历史、地理、文化区域民众心理差异的调查、实验、田野工作、语意分析比较研究。

二、中国县域文化与性格研究的中国区域跨文化心理学路径

承前所述，中国区域跨文化心理学正在向中国县域文化与性格研究拓展，我们已经以文化人类学的田野工作和民俗分析方法，就靖远县地域文化与居民性格的关系做了初步的探索。[1] 但是这些研究缺乏一个心理学的概念框界，我们试图通过跨文化心理学的进一步本土化，寻找中国县域文化与性格研究的中国区域跨文化心理学路径。

万明钢在《文化视野中的人类行为——跨文化心理学导论》中指出，20

---

[1] 张海钟：《中国县域文化与居民人格的田野工作主位研究》，《社会工作》2012 年第 6 期。

世纪 80 年代以来，心理学家、社会学家、人类学家逐渐形成了一个共识，要真正理解人类行为，就必须建立起一个包括生态学、文化遗传、经验与人类行为关系的知识网络，在自然科学、社会科学的最新成就之上综合研究人类行为。在众多的尝试者中，加拿大著名的跨文化心理学家伯里（J.Ber）提出了一个跨文化心理学的概念构架，这一概念构架讨论了总体水平和个体水平上影响人类行为的各种变量，它包括背景变量、过程变量和心理结果变量等，这一理论的基本假设是生态学的作用是文化与行为的原动力和塑造者，生态学的变量培育出了塑造人类行为的文化模式，同时也对文化模式具有强制性的作用。[①]

表 8-1　伯里的跨文化心理学概念框架[②]

背景变量	过程变量		心理结果变量
生态学背景	主动的或被动的生物适应	生态环境影响	可见的行为	区域人格心理：核心人格特质 普通人格特质
		遗传传递		
文化学背景	主动的或被动的文化适应	文化传递	推论的心理	
		社会化和濡化		
群体水平	群体水平 / 个体水平		个体水平	

（一）生态学和文化学背景变量

1. 生态学变量：生态学变量包括气候、水源、地形等自然因素，自然条件与社会中食物的生产系统有密切的关系，自然条件影响食物的生产，这对社会系统的运行有深刻的影响。强调生态学的因素是基于这样的假设，即在相当长的时期内，社会成员所依赖的生产方式、伙食方式受自然力量的影响。

2. 文化学变量：文化是社会发展与人类创造的才智在历史上所达到的水平，它既体现在物质财富中，也体现在精神财富中。文化因素及其分布、组合和发展在地域内存在复杂的相似性和差异性，因而划分文化类型缺乏统一的分类标志。文化类型是由于自然环境和生存方式差异，以及观念、信仰、兴趣、

---

① 万明钢：《文化视野中的人类行为——跨文化心理学导论》，甘肃文化出版社 1996 年版，第 7 页。

② 万明钢：《文化视野中的人类行为——跨文化心理学导论》，甘肃文化出版社 1996 年版，第 10 页。

行为、习惯、智力发展方向和心理性格不同而形成的具有相似文化特征或文化素质的地理或者行业单元。[①]

（二）文化适应和生物适应过程变量

文化适应就是指对生态环境的压力下人类全部创造物的适应，人类的创造物包括制度、机构和规范等，它就是我们所说的文化。文化社会变量是一种适应变量或过程变量。生物适应，包括人们历代从先辈那里得到的遗传和生物机体，人类的生理机能是与生态环境的长期相互作用而不断得到进化的。人类种族生理和遗传上的差异是对生态环境的生物适应的结果。生物适应和文化适应更多的是相互作用。

（三）心理结果与行为结果变量

心理结果变量是指个体水平的变量，包括所有可以测量的个体行为，这些行为显示出与生态环境有密切的关系。在心理学研究中人们常常注意诸如人格、价值观、动机、能力等特征，这些特征都是从外显行为推论而来的，可见的外显行为和推论的心理特征都包括在心理结果变量之中。文化与生态环境对人类行为的影响可能是直接的，也可能是通过介入适应变量而起作用的。但是它们之间的关系并不仅仅是生态通过文化影响行为这种单一方向，个体的行为也会对文化或生态环境产生影响。

伯里提出的这一理论构架是一个包含所馈系统的关系网络，它最大的特点就是尽可能地注意到了生态学、适应和心理变量之间的关系。按照这样一个理论建设，我们可以从群体水平的生态学和社会学的背景变量、生物适应和文化适应的过程变量、可见的行为和推论的心理以及区域人格特质等几个层面描述分析中国县域文化与性格及其相互关系。

三、张掖甘州区县文化与性格的主位观察描述与分析

张掖市位于甘肃省西北部，河西走廊中段，东邻武威和金昌，西连酒泉和嘉峪关，南与青海省毗邻，北和内蒙古自治区接壤，是甘肃省第四大城市。面积 42400 平方公里，人口 126 万。民族分布以汉族为主，另有回族、裕固族、蒙古族等 26 个民族。现辖甘州区、临泽县、高台县、山丹县、民乐县、肃南裕固族自治县六个县区；共有 93 个乡镇，904 个行政村。总面积 4.2 万平方公

---

① 万明钢：《文化视野中的人类行为——跨文化心理学导论》，甘肃文化出版社 1996 年版，第 12 页。

里。居住着汉族、回族、裕固族、藏族、蒙古族等 26 个民族，126 万人。聚居在祁连山北麓肃南县境内的裕固族，以畜牧业生产为主。其民族风情独特，是我国独有的少数民族之一。张掖市政府设置在甘州区。笔者在此工作 24 年，深入了解张掖的风土人情、民俗文化，并对张掖人民的性格有很深的体验，按照当前人文心理学流行的主位研究、叙事研究方法，结合心理学、文化学、社会学、人类学理论，现就张掖甘州区县域文化与性格的田野工作主位观察结果进行描述与分析，进而探索地域文化与居民性格的关系。为了使这项研究与后续研究构成系列，我们这里的概念主要限定在甘州区范围。

（一）张掖甘州居民性格的生态学背景变量

张掖甘州区域属大陆性气候，气候特点是干燥少雨，年平均气温 6℃，1 月份最冷，7 月份最热。每年 6 月至 9 月，是全年最佳旅游季节。南枕祁连山，北倚合黎山、龙首山，黑河贯穿全境，形成了特有的荒漠绿洲景象。境内地势平坦、土地肥沃、林茂粮丰、瓜果飘香。雪山、草原、碧水、沙漠相映成趣，既具有南国风韵，又具有塞上风情，所以有"不望祁连山顶雪，错将甘州当江南"这样的佳句。

张掖甘州区域资源丰富，有极大的发展潜力。位居全国第二大内陆河黑河中上游、河西走廊腹地，为新亚欧大陆桥沟通国内东西交通的咽喉要道，是国家西部大开发的重点地区之一。全区有耕地 400 万亩（含山丹军马场），有可垦荒地 300 多万亩；有大小河流 26 条，年径流量 26.6 亿立方米，地下水的储量十分丰富；有草原 2600 多万亩；有森林 580 多万亩，森林覆盖率达 9.2%；全年日照 3000 小时。张掖还具有丰富的矿产、土地、水利、光热和劳动力资源，有 30 多种矿藏，其中煤、铁、石灰石、硝等储量过亿吨。已探明的金属非金属资源有煤、石膏、黏土、砖石、铜、铁、锌、钨等，累计储量居全省之首。张掖有黑河水灌溉，地势平坦，土壤肥沃，物产丰饶，以乌江米为最，盛产小麦、玉米、水稻、油菜、胡麻等农作物，为全国重点建设的 12 个商品粮基地之一。土特产品有圆葱、苹果梨、乌江米、红枣、发菜、丝路春酒等。瓜果、蔬菜种类多、品质好，年产 60 多万吨，洋葱、辣椒、茄子、西瓜及新引进的精细瓜菜畅销全国 20 多个省、市、自治区，是著名的西菜东运基地。红枣、苹果、苹果、梨、桃子、葡萄及其他优质水果颇负盛名。同时还出产当归、麻黄等 80 余种中药材。1998 年，被甘肃省政府批准为省级农业高科技示范园区。多年来农业生产条件的不断改善和科学技术的应用推广，使全市农业发展不断跨上新的台阶，粮食、油料连年增产，分别达到 100 万吨和 7 万多吨。

张掖市现已成为全国十大商品粮基地之一、十二大蔬菜瓜果基地之一。

（二）张掖甘州居民性格的文化学背景变量

张掖甘州区域名胜古迹众多，旅游资源丰富，人文景观奇特，造型各异的古建筑，构建精巧，绚丽多姿，古有"一湖山光，半城塔影，苇溪连片，古刹遍地"之美景。有大佛寺、西来寺、土塔、镇远楼、山西会馆、明粮仓等古代建筑，黑水城遗址、汉墓群、古城墙、长城烽燧等历史遗迹；还有甘泉公园、沙漠公园、黑河山庄、大野口自然风景区等融南国秀色与塞外风光为一体的绚丽的自然景观。其中，隋代木塔、明代镇远楼、黑水城遗址等古迹享誉中外，特别是保存完整的西夏大佛寺，以其精湛的建筑艺术和现存全国最大的室内卧佛名扬海内外，大佛寺卧佛身长 35 米，为全国室内卧佛之最，是国家级重点文物保护单位。丹霞地貌、张掖甘州湿地公园、肃南马蹄寺、张掖大佛寺、张掖木塔寺、山丹军马场、山丹新河驿、张掖甘泉公园、河西学院、张掖镇远楼、肃南康隆寺猎场、张掖森林公园、张掖东大山、龙首山、道巷庙、甘州古塔、诸葛楼、东山寺和西武当、黑水国遗址及汉墓群、许三湾城及墓群、牍侯堡、民勤会馆构成了名胜群落。

张掖甘州的小吃也比较有名，比如搓鱼子、拉条子、臊面、酿皮等本地小吃，还有诸如兰州拉面、焖羊肉、羊肉焖卷子、新疆烤羊肉串、四川麻辣烫、陕西肉夹馍等，在保持传统口味的基础上，又增加了张掖甘州特色。张掖甘州的豆腐脑、灰豆汤、醪糟、马场酸奶等特色饮品也是张掖人的最爱。地处西北，光照充足，使得瓜果多而甜。张掖甘州区内交通通讯便利，兰新铁路及国道 312、227 线贯通，县（市）乡公路四通八达；西兰乌通讯光缆横贯全境，数字移动电话与全国并网；县市及乡镇实现了电话程控并与因特网相连。改建后便捷、高速化的国道 227 线、312 线，兰新复线铁路的电气化，民航张掖机场支线业务已开通，加快了张掖立体交通框架的形成；2009 年 11 月 4 日开工建设的兰新二线横穿全境与规划建设的兰州至张掖客运专线将使张掖的交通枢纽位置更加凸显。张掖甘州工业园区和 4 个乡镇企业东西合作示范区呈现出明显的规模优势和聚合效应，成为最具活力的经济增长板块。

（三）张掖居民的生态与文化适应及其性格积淀

1. 张掖甘州居民的生态适应与性格积淀

张掖甘州与河西走廊其他市县一样，其生态环境具有四大特点，第一是干旱，每年降雨很少，但有祁连山积聚的雪水和地下水形成的黑河穿市而过，可以灌溉大部分农田；第二是风大，多数时间在刮风，但因为缺少大型工业企业，基本无环境污染问题；第三是冬天寒冷，夏天炎热，每年就两个季节，冬天和夏天，紫外线比较强；第四是绿洲农业，物产丰富，农作物生长期长，凡是甘肃可以种植的作物，张掖甘州基本都可以种植，而且品质很好。

适应生态环境，张掖甘州居民的生产、生活方式有自己的特色，因为土地宽广，黑河水少（与黄河相比，黑河就象溪流渠），耕地都是井水灌溉，杂草少于黄灌区，耕种比较粗糙，居民性格也显得比较粗犷。而且饭食相对庆阳、白银更为粗糙，农村居民吃饭都离不开肉，主要是牛肉羊肉，兼有猪肉鸡肉，吃食比较粗放，块切得很大。早点臊子面，碗很大，臊子包括豆腐、大肉、香菜等，但都切得粗糙，远不如河东白银、庆阳臊子面精致，带有少数民族特点，正所谓大块吃肉、大碗喝酒，吃拉条子、搓鱼子，只是放几根菜叶子，不如河东某些地区细致，但比起陇中干旱地区如定西、静宁就精致多了。为了适应遮挡大风侵袭的需要，张掖居民的房屋明显区别于陇中、陇东、陇南，类似于北京的四合院，可是建筑比较粗糙。房屋没有明显的上房、耳房、厨房区分，而且明显低于河东兰州、白银的房屋，房子的椽不细致刮皮，直接放在墙上，也不要檩子、担子。河东人修房子都使用糊基或者砖，张掖人修房子多用土坯砖。因为养殖的需要，房子背后有后道，牛羊猪鸡都养殖在后道里。因为房屋与院墙一样高，远处几乎看不见院子里的景况和活动。张掖水多、酒多、肉多、菜多，"河西酒廊"数张掖黑河水最大，张掖每个县都有酒业品牌，养殖业更为发达，家家养牛羊猪鸡，又是甘肃最大的蔬菜供应基地。因此张掖甘州人非常好客，即使是在区县城市居住的小市民也不吝啬，绝不像河东市民那么小气，而与上海、北京人相比就有天壤之别。张掖甘州的生活方式，积淀了张掖甘州人的性格，即忍耐、粗放、吃苦、大方。因为风大，形成忍耐特质；因为生产方式粗放，形成粗放特质；因为气候恶劣，形成吃苦特质；因为物产丰富，形成大方特质。

2. 张掖居民的文化适应与性格积淀

张掖甘州民俗作为文化的主要标志，明显不同于河东市县。相对于河东来说，由于历史的原因，汉族与少数民族杂居，使得张掖甘州文化比较封闭，其民俗既有汉族陇右文化的特征，又有少数民族河西文化的特色。张掖尤其是甘州人非常为子女着想，父母宁可再穷，也要让子女过得好，子女结婚，将所有的房屋、家具、锅灶、床用都要置办齐全，父母则居住十分简陋，但却完全不是子女逼迫的，而是有这样一种文化习惯。张掖甘州酒文化十分发达，比起河东赌博文化、迷信文化，张掖酒文化更加有特色。朋友聚会、婚丧嫁娶，基本就是喝酒，麻将少有。具体表现在性格方面就是豪爽、豪气、礼数齐全、礼节周到。客人造访也好，红白喜事也好，非要把客人喝醉才算是喝好了、招待好了；客人来家，无论年龄大小，每个人都要给客人敬酒，即使80岁的老太太也要给小朋友客人敬酒，所有人敬酒都是六杯。也许是自然环境风大沙大，抑或是少数民族杂居原因，相比而言，张掖甘州人表情比较呆板，说话时似乎只是嘴唇在动，眼神和面部肌肉运动幅度比较小，木讷少言，说话速度慢，不如河东人说话速度快，表情丰富夸张，手舞足蹈；同时，相对来说，张掖甘州居民比较服从领导，贯彻政府的号令非常积极，至今为止，只要村干部用大喇叭喊开会，多数村民都会积极响应，不如河东某些地区城乡居民喜欢和政府叫板，基层组织涣散。

（四）张掖甘州文化类型与居民性格特质的演绎和归纳分析

甘肃文化可以按照历史、地理、传统并结合现行市域行政区分出陇东文化、陇中文化、陇南文化、陇右文化、河西文化；可以根据民族不同区分出藏族文化、裕固族文化、回族文化；可以根据文化特色区分出会宁文化、秦安文化、陇西文化、民勤文化等县域文化；可以区分出金川有色金属集团公司、酒泉钢铁集团公司、白银有色金属集团公司为代表的企业文化，高速公路管理集团为代表的交通文化，兰新线管理机构——兰州铁路集团为代表的铁路文化，窑街煤炭公司、靖远煤炭公司、华亭煤炭公司为代表的煤炭矿区文化，文化与性格交互作用，彼此消长。①

纵向把中国区域文化区分为都市文化和村落文化，简称城乡文化。乡土社会是阿波罗式的，而城市社会则是浮士德式的。现当代中国文化的心理学考察表明，这种区分仍适用于都市文化与乡村文化的比较理解。传统的学术观点认为，城市文化是开放式文化，而乡村文化是封闭式文化。但现在有的学者认为，村落文化才是一种开放式的文化，而城市文化却是封闭式文化。我们认为：所谓城市的开放与封闭是指生活方式的开放和心理的封闭；所谓乡村的封闭与开放是指生活方式的封闭和心理的开放。

参照各种文化分类，作为一个县区，张掖甘州文化首先具有中国文化的特征，比如以儒家文化为主流的自强不息的政治文化、以道家文化为主流的顺应自然的人生文化、以佛家文化为主流的心灵向善的宗教文化；比如按照酒神文

---

① 张海钟：《中国县域文化与居民性格研究导论——以甘肃省为例》，《科学经济社会》2011年第1期。

化和日神文化区分更多地表现为日神文化与酒神文化的异质并存、按照阿波罗式文化和浮士德式文化区分的阿波罗式文化定向。同时作为甘肃省的一个县区，其文化具有甘肃文化的特征，比如按照男性文化和女性文化进行划分，更多地表现为男性文化；按照游牧文化、农业文化、工业文化、信息文化的划分，更多地表现为农业文化、游牧文化的杂交；按照乡土文化和都市文化的划分，更多地表现为乡土文化。如果按照中国文化的历史区域划分，甘肃文化主要可以概括为陇右文化、陇东文化、陇中文化、河西文化[①]，则张掖甘州文化属于河西文化和陇右文化的融合。概括起来，张掖甘州文化的核心是农耕与游牧杂和文化、男性与女性润和文化、沙漠与绿洲融合文化。按照现代当代文化与文明的衡量标准，张掖甘州文化所塑造的居民性格有自己的优势和积极品质，这些积极品质造就了甘州人的总体外在形象和刻板印象，即热情好客、忍耐吃苦、粗放大方、处世低调。文化类型与张掖甘州人的基本人格类型形成相互作用。

我们采用陈会昌编制的气质量表对甘肃省各个市级区域 2764 名城乡男女居民的气质类型调查发现：甘肃省域居民的主要气质类型为混合型，典型类型分布中胆汁质和抑郁质较多；河西居民的抑郁质人数明显高于河东居民[②]；采用 Y—G 性格量表对甘肃省不同区域 1342 名城乡居民性格特征调查发现：甘肃河东河西两地居民性格特征在循环性方面差异显著，河东居民得分高于河西居民；在主观性方面差异显著，河东居民得分明显高于河西居民；在非合作性方面差异显著，河东居民得分明显高于河西居民[③]，这反证了我们的田野观察。

综上所述，张掖甘州区域的文化心理学变量包括作为生态变量的沙漠、绿洲、黑河、风沙、物产丰富，作为文化变量的生产民俗、教育民俗、饮食民俗、婚丧民俗、处世民俗。这些自变量与中介变量的作用，形成了热情好客、忍耐吃苦、粗放大方、处世低调的性格因变量。同时，这些因变量反转为自变量，反作用于生态和文化因变量，形成了文化与人格的相互消长。

总而言之，在数千年的文化和社会变迁中，中国以县为地理、历史、社

---

① 张海钟：《中国县域文化与居民性格研究导论——以甘肃省为例》，《科学经济社会》2011 年第 1 期。

② 张海钟、安桂花：《甘肃河东河西市域城乡居民气质类型的调查研究》，《天水师范学院学报》2010 年第 4 期。

③ 张海钟、安桂花：《甘肃省域河西河东城乡男女居民性格特征调查比较分析》，《兰州学刊》2009 年第 4 期。

会、政治、经济、心理区域，积淀形成了各自独特的地域文化群体性格，这些群体性格反作用于地域文化，相互助长，成为地域文化特色的核心特质，这些特质具有潜隐性、固着性、排他性，有些县域文化性格更加积极、宽和，与主流文化匹配润和，有些则比较消极、狭私，与主流文化相对抗。从文化学、历史学、心理学、社会学、人类学角度开展县域文化与居民性格研究，为区域和谐社会建设提供决策依据，具有独特的现实和理论意义。

第九章　中国本土心理卫生与 心理教育理论探索

第一节　论中国文化与心理咨询治疗的本土化问题

人是自然生物实体，又是社会文化实体。关于文化与人格的各种跨文化研究，使我们知道人的心理行为莫不打上文化的烙印，从这个意义上说，作为研究人类心理与行为规律的心理科学便"越是民族的、本土的越是世界的、人类的"。基于此，中国社会心理学界首先举起本土化的旗帜，港台与大陆遥相呼应，"本土化"成为心理学界的普遍呼声，且日益形成共识。

有的理论心理学家认为，当代心理学的发展有三个理论走向，即科学主义、人本主义和文化主义。科学主义是指以实验为传统的行为主义和生理心理学走向；人本主义是指以现象学为传统的马斯洛心理学走向；文化主义当然是指以文化人类学和心理人类学为核心的本土心理学走向。

其实三种主义或走向并不是运动场上的跑道，而是有机联系的整体，每一项心理学研究都当坚持科学的方法、人本的观点，重视文化的变量。虽然目前还是大路通天，各走一边，但融合却是必然趋势。就当代中国心理学界来看，"科学主义"仍占据十分的优势，心理学家们期望建立一门如物理学那样精密的作为"自然科学"的心理学，而实际上这是不可能的。因为人不仅仅是作为自然实体或生物实体而存在的。我们当然不能反对科学主义的方法论，但必须验证科学主义的结论在本土化背景中的适用性。

心理卫生学作为一门交叉学科，一直坚持着科学的传统方法，虽然近几年的实证研究也趋向本土化，在研究结果的分析中渗透了文化背景的分析，但科学主义仍在排斥文化主义的渗透。尤其是作为心理卫生三级预防体系中二级预防的心理咨询与心理治疗，还处于进口消化阶段，其理论体系几乎"全盘西化"，乃至许多理论家在自己的著作中不得不专章说明各种心理咨询与治疗流派的方法在不同文化背景中的选择问题。中国传统文化中的心理保健理论和方法，虽屡屡有人总结、整理，但却难登心理卫生学的大堂。80年代中期，有人尝试写出了《中国心理分析——认知领悟疗法》，这本著作试图构建中国特色的心理分析学体系，但正如该书"序"中批评的那样："但与此同时，我又感到本书似有不足：书中对经典的心理分析阐述得较为详尽完备，而对中国心理分析——认识领悟疗法只依循经典心理分析的理论提供了事实根据，没有上升到理论的高度重新编织，这不仅使本书有头重脚轻之感，更重要的在于模糊了中国心理分析理论体系的构架"。

近几年来，心理咨询界虽然隐约可见"本土化"的影响，但真正具有中国特色的，适合中华民族文化背景的心理卫生和心理咨询治疗理论和方法仍在摸索之中。作为工作在高校第一线的教师兼心理咨询工作者，我们深有体会：在心理咨询实践中，一方面觉得西方的许多理论和方法对中国人尤其是中国青年不太适用，另一方面又很难创立一套适用于中国社会和文化背景的理论和方法。因此，我们认为，需要进一步阐明自己的主张，从中国文化的内在结构、中国人的民族性格以及我们的心理咨询与治疗实践等方面论证本土化的必要性和思路。

一、中国文化的特质与基本精神

关于文化的定义，近代以来众说纷纭。社会心理学家沙莲香在总结了泰勒、林顿、本尼迪克特、马林诺夫斯基关于文化定义的基础上认为："所谓文化，是人们在长期的社会生活中凝聚起来的生活方式的总体。"这种生活方式包括思考方式和行为方式。有了这些方式才有了物质的或精神的产品。文化自然不是产品本身，但却通过这些产品外显出来，并存在于生活方式之中。文化既然是一种"方式"，就会由于内部各种因素的排列组合而成"类型"，这种文化类型使其具有内聚性和排他性。文化又是历史累积，是凝聚的结果。当文化凝聚为一代又一代人生活方式之总体时，就成为民族性格；当文化凝聚为历史财富中的生活方式之总和时，就成为文化遗产。文化的特点不在于它的普遍性，而在于整体性，这种整体性又派生出固着性和排他性，所以整体性是文化的基本特点。同时文化又具有变移性和相对性。文化会随着生产力、科学技术以及整个上层建筑的变化而变化。由文化的变移性和相对性，又演变出文化的历史性和阶级性，所有的文化类型都打上了历史和阶级的烙印。

文化的累积也叫文化的积淀，文化积淀乃是由对旧文化的保存和新文化的增加所造就的。民族性格正是在文化积淀和文化传播过程中形成的。生物的、地理的、经济的、历史的因素既是文化类型的自变量，也是民族性格的自变量。

基于这些关于文化的基本原理，我们可以着手分析中国文化的特质和形成机制。虽然对中国文化的本质特征各家学说不一，但在以下几个方面可以形成共识：中华民族是一个大陆民族，是黄色人种，其文化主模式的发祥地是黄河流域和黄土高原，地理环境造就了农耕生产方式和自给自足的经济结构。中国传统文化中的政治结构是伦理—政治一体化的结构，这种伦理政治结构又以血缘和地缘关系维系的宗法制度为基础。因此，我们可以说中国文化是大陆文化、黄色文化、农耕文化、伦理文化以及宗法文化。由此地理的、人种的、生产方式的、政治的因素为基础，形成了中国文化不同于西洋文化的特质。

就生活方式总体而言，美籍华人许烺光在《美国人与中国人——两种生活方式比较》中，抽出了最本质的两个差异：美国人是自我依赖，而中国人则是相互依赖；美国人以个人为中心，而中国人则以情境为中心。这两种差异，不仅从思考和行为方式本身表现出来，而且也从各种物质、精神产品中显现出来。

从生命价值取向和文化基本精神而言，Osswald Spensler 在《西方陆沉论》中把文化划分两种模式，一种是阿波罗式，这种文化认定宇宙的安排有一个完善的秩序，这个秩序是超于人力的创造，人不过是去接受它，维持它。另一种是浮士德式，这种文化把冲突看作存在的基础，生命的价值就在于障碍的克服，没有了阻碍，生命便失去了意义，幸福就存在于无尽的创造之中。这种文化精神的划分既可用来解释古典精神与现代精神的差异，又可用来说明中国传统的乡土文化与西方现代的工业文化的区别。实际正是如此，中国的乡土文化是一种阿波罗式的文化。尼采在《悲剧的诞生》中将阿波罗（日神）与狄奥尼修斯（酒神）这两个概念引入文化学与哲学之中。日神是理性的象征，而酒神则是非理性的象征，这两个概念有点类似于弗洛伊德的意识和潜意识、超我与本我。中国文化的基本精神就在于其日神精神，而西洋文化的基本精神则是酒神精神。

许思园在《中国文化之评价》中认为，西洋文化的根植于希腊文化，讲求冲突与开拓；中国文化则讲求融合与自由。两种文化各有优劣，应相互补充。

从文化的民族性格表征上看，韦遨宇认为，文化的分类可用"父性"和"母性"两概念。母性象征自由、民主、解放的向往，生命情感的激荡，神秘的直觉；而父性则象征着理性、独立、专制、压迫、严密的逻辑推理等。韦遨宇认为，由此可把中国文化归入母性文化，西洋文化归入父性文化。

关于文化的类型、模式各家自有见解，抛开概念的扰乱，我们可以对中国文化的特质和基本精神做一些简要的概括：在处理自然与人的关系上，中国文化注重天人合一、天人和谐，人应该适应自然而不是改造自然；从生产关系上着眼，中国文化由于其农耕生产方式的要求形成以家族为本位、以血缘为纽带的宗法等级社会关系；从社会政治体制上管窥，中国文化是以伦理为本位构成的以礼代法、长老中心的伦理政治；从宗教信仰上来看，中国文化是多神崇拜（土产的儒教、道教与进口的佛教）的泛神信仰；从文化心理结构上分析，中国文化是圆伦交往结构，以自己为中心，按血缘与地缘关系层层外推，越是内圈，关系越密，越是外圈，关系越疏；从价值取向上看，中国文化是重义轻利。总之，文化的特质可以从不同角度予以阐释，笔者结合各家学说进行了相对抽象。

二、中国人的民族性格

民族性格也叫国民性，是由一个民族的文化凝聚、积淀、累积而内化为民族心理的东西。民族性格乃是一个民族思考方式和行为方式构成的生活方式在其心理结构中的表征。中国人的民族性格是中国文化一代又一代累积的结果。

李大钊在《东西文明之根本异点》中曾总结说："东西文明有根本不同之点，即东洋文明主静，西洋文明主动是也。……"进而认为中华民族的民族性格在于自然、安息、依赖、直觉；这与西洋的冲突、独立、泛智等形成对照。李大钊所言正是中国传统文化所积淀而成的近代中国人的民族性格。

鲁迅用医生的解剖刀和作家的笔锋，勾勒出了古近代中国人民族性格的漫画。他指出虽然可以把中国人划分为病态型、常态型和超常型，但其共同特征是"瞒和骗"，"大团圆意识"，"深入骨髓的等级意识"，"麻木不仁的奴性意识"，他用阿Q为代表的一组小说人物来投射他的人格理论，他把中国整个的传统封建文化视为"吃人"文化，当然他也发现了"民族的脊梁"。而后来的柏杨、李敖等虽则继承了鲁迅的文风，但却矫枉过正，他们把中国人描画为"丑陋的"，把中国文化视为"酱缸文化"。当代青年博士刘晓波，把中国传统文化中的民本思想看作虚幻的群体意识，将中国人的民族性格概括为自觉的奴性人格，对传统文化和民族性格持完全批判的态度。应该说，从鲁迅、柏杨到李敖、刘晓波，所揭示的民族性格的消极面皆为事实，但在方法论上却背离了辩证法。

相比而言，欧阳仑先生更为客观。他认为，中国人民族性格的积极面在于强大的民族凝聚力；勤劳、坚韧的艰苦奋斗精神；自强不息的进取精神；民族自信与自尊。而消极面在于"崇尚权威的盲目依附心理"；"折衷调和的盲目从众心理"；"守旧落后、安贫乐道的保守心理"。欧阳仑先生着重于当代中国人的民族性格分析。

另一位社会心理学家沙莲香则对中国人的民族性格做了较为系统的实证研究。沙莲香在自己的论著中，抽出了作为民族性格的几种特质，依次排为进取、理智、仁爱、气节、忠孝、勤俭的积极特质和实用、中庸、嫉妒、私德、功利的消极特质。他所概括出的民族精神是"魂和知的圆满结合"、"刚和柔的圆满结合"。

笔者以为，中华民族的民族性格是儒道互补的性格。儒和道是两种土产的宗教哲学。佛学实际已被儒道部分同化，中国不存在真正的佛学。儒和道是两种不同取向的人生哲学，儒所坚持的是"修身、齐家、治国、平天下"，道所坚持的却是"自然、无为、无名、无妄"；儒的最高理想人格是圣人人格，而道的最高理想人格则是真人人格；儒是一种入世哲学，而道则是一种出世哲学。中国人的民族性格核心是儒道互补，是外儒内道或外道内儒的二重性格。但圣人人格与真人人格有一个共同特质，就是中庸。以中庸为共同特质的儒道对立统一的民族性格具体表现为：长于适应，缺乏进取；优在勤俭，缺在实用；忠孝为上，流于屈从；乐于知足，趋向保守。总之，宽厚和平、安分知足、听天由命、善恶谦恭、自然放任、宁静乐观、委曲忍耐、迷信保守、阴柔内向，如此等等。

当代中国经历了数次文化大改造、大革命。尤其是市场经济体制建立以后，随着工业化、信息化社会的到来，中国文化以生活方式为轴心正在发生巨大的旋转与突破，中国人的思维生活方式和行为方式都在随生产力、生产方式、科学技术、经济结构、政治结构的变化而变化。但恰恰是在这巨变的时代，我们才真正体会到中国文化的强大包容性、同化力和中华民族的凝聚力、向心力。虽然我们的城市已经在价值观、道德观、爱情观、职业观、荣辱观、知识观上发生了重大转向，但不得不承认这种转向的步履维艰。而且，我们发现，在市场经济条件下，民族性格特质中的那些消极面有被强化的危险，如实用、功利、嫉妒、欺骗、私德等，而同时那些优秀特质在被淡化和抛弃，如气节、仁爱、勤俭、侠义等。这一方面说明民族性格往往会被积淀为"集体潜意识"的东西，同时也说明了民族性格对民族文化的反作用。更重要的是，我们错误地把当代文化改造与民族性格改造集中在城市，却忘记了中国还有 7 亿农民。乡村文化是中国文化的根，农民性格是民族性格的大内核。在民族性格研究中，如果没有对农民性格的研究，那将是不完整的研究。只有搞清中国农民的性格特质和结构，方可对中国人的民族性格有一个更为全面的理解。

三、中国文化与心理咨询和治疗的本土化

王宏印在《跨文化心理学导论》中指出："根植于欧美文化中的西方变态心理学在理论和实践上对于治疗和解释这些文化经常发作的精神障碍和人格异常可能具有普遍性和有效性，但对于其他文化则未必如此。"当我们对中国文化的基本精神和中国人的民族性格做了深入研究之后，就更能理解这句话的重要性了。

我国现在通用的心理咨询与治疗教科书（包括变态心理学、精神病学、医学心理学、健康心理学、临床心理学）从心理异常(障碍、变态、疾病、问题)的诊断标准到成因解释，从理论模型到治疗手段，从研究方法到概念术语都搬用以美国为核心的西洋文化背景下形成的心理卫生学框架和体系，尤其是心理咨询与心理治疗体系和方法。

就心理诊断而言，现在所能见到的标准化量表几乎全是从西方进口后移植的，虽然修订者花费了大量的时间、精力验证这些量表在中国文化背景中的效度、信度，但在具体施测过程中仍面临许多无法克服的困难。例如现在通用的症状自评量表（SCL—90），仅其中某些语句的表达结构就使中国被试茫然失措。韦氏智力量表所测出的智力水平与中国人所理解的智力内涵相距甚远。在交往焦虑量表、认知偏差量表、人际信任量表等许多测评工具中，常常出现参与竞选等问题。诸如家庭环境量表中文版（FES—CV）只能适用于测评中国当代的高级干部、高级知识分子家庭环境，其中许多问题与中国绝大多数家庭的生活方式毫不相干。就心理咨询理论与方法而言，主要有心理分析理论和方法、人本主义理论和方法、行为主义的理论和方法以及合理情绪的理论和方法。除此而外，还有进口的日本的森田疗法及其他许多微型疗法。这些理论和方法多是在西方尤其是美国的工业文化中产生和成长起来的，适用于西方文化和民族性格，一旦移植到中国文化土壤之中，便发生扭曲、变形，从而难以操作。

在西方，有许多运用弗洛伊德心理分析方法开业的医生，而在中国，即使在港台地区也是寥寥无几。更重要的是，本土化的呼声又恰恰首先来自港台学

者。虽然大陆的心理咨询教科书把心理分析作为主要内容，但很少见到临床上成功的案例报道。对这种现实的唯一解释是，弗洛伊德把人的身心看作能量系统并在内部不断发生冲突的物理主义观念，与中国传统的儒道文化把人与环境的关系看作互感系统的观念完全不同。弗洛伊德把人看作超我与本我的冲突体，且认为本我主要指向本能，文化对本能的限制是导致心理疾病的根源。进而采用自由联想、宣泄、移情、挖掘潜意识等方法来进行治疗。这些理论和方法一旦进口到中国这个讲求相互依赖、情境中心、直觉思维、恪守秩序、中庸调和的文化国度里，便失去了它的应用价值。我们很难使中国人当着医生宣泄那些被压抑的潜意识，更难以做到移情。弗洛伊德把长矛、大刀、房子、洞穴等梦中意象看作性器官象征的释梦理论，把一切都解释为性本能压抑和升华的学说，无法得到中国文化的认同，更不用说使用俄狄浦斯情结、阉割焦虑等术语，这些术语来自古希腊神话。而古希腊文化与中国民族文化有质的不同。单从概念上看，中国神话中原始意象所积淀成的集体潜意识中看不到俄狄浦斯的痕迹。但是，如果我们把弗洛伊德的理论用中国人心理图式进行演说，其认同却非难事。刘文英先生在《梦的迷信与梦的探索》中采用中国传统文化中的太极图这种中华民族的集体潜意识原型来演说弗洛伊德理论，却使中国人恍然大悟。原来意识和潜意识作为心理系统中两个部分，正是太极图的阴和阳。意识和潜意识正如阴阳，你中有我，我中有你。有时阴占上风，有时阳占上风，且阴阳可以相互转化，当然转化是有条件的。虽然刘文英未做深入的"建模"研究，但这至少可以说明，我们可以建立中国特色的心理系统论。

行为治疗被认为是具有跨文化适用性的治疗方法，从巴甫洛夫、华生到斯金纳、班杜拉，从物理行为主义到社会行为主义的行为治疗理论和方法，在中国医生的临床病例中也多有成功的报道。但那不过是采用中国传统教育中本来就很有效的奖罚和榜样示范的效果，而在研究报告中，只不过为了趋附"科学主义"而使用了行为治疗的名词而已。中国传统医学中的辨正治疗其实比行为治疗更有效。我们没有必要硬套一些系统脱敏、冲击疗法、厌恶疗法而使国人把心理治疗看得神秘莫测，望而却步。

提起罗杰斯，人们自然会想到马斯洛，人本主义者所倡导的人的价值、尊严、自我实现，与中国文化所倡导的伦理本位和血缘、地缘为中心的圆伦人际心理结构以及自然、安息、依赖的民族性格形成矛盾。罗杰斯的以当事人为中心的疗法要求患者通过治疗过程调整"自我"概念，成为高适应的人，成为实现自己潜能的人。而在中国文化中，自我实现与社会适应是冲突的，自我实现在很多情况下会成为自私和个人主义的同义语，个人主义倾向浓重的人很难在讲求相互依赖、情境中心的文化圈中获得适应。中国人有一种麻木不仁的奴性人格或自觉的奴性人格，他们认为医生理当是权威，心理医生更应如此；他们要求医生对自己的病状做出明确的诊断然后提出合理的治疗方案。尽管罗杰斯认为"一切心理困扰均来自实现倾向的受阻"的病因论是无可非议的，但他要求当事人摆开外部力量的控制进行自我成长，这在中国文化中很难行得通，中国人很难摆脱世俗伦理本位意识的控制，如果摆脱了这种控制也就失去了自我实现的基础。从理论源头上分析，罗杰斯、马斯洛的人本主义心理学不过是"拿去主义"的产物，他们把中国的道学思想拿去，铸进了西方人的价值内核，然后再推销出来，中国人却把使用了一套不同术语的传统文化中固有的思想奉为圭臬。试想马斯洛的顶峰体验论不正是中国道学中"物我合一"的翻版吗？事实上，马斯洛正是在研究了中国传统文化后才提出了自己的理论。

总而言之，中国文化有自己的基本精神，中国人有自己的民族性格特质，在西方文化产生的心理卫生咨询与治疗理论和方法，有些具有全人类的有效性，有些却不能用来解释和治疗中国文化中人的心理疾病。我们完全有理由抛开西方心理学理论（包括研究方法、概念体系），建立自己的本土的适应中国文化与民族性格的心理卫生与心理咨询理论体系，创立一套中国人可以接受的有效的心理治疗方法。本土化要求首先解决中国心理学界对心理学发展方向的认识问题，要求首先研究中国民族文化与民族性格。

第二节　逻辑起点的变态心理学与临床起点的精神病学

笔者曾数次受聘有关培训机构，为心理咨询师应考学员讲授考试课程变态心理学和健康心理学，同时坚持开展心理卫生与心理教育、心理健康与心理素质、心理咨询与心理治疗的理论研究 20 年，专门整合心理卫生与心理教育概念体系。最近以来，又为变态心理学、精神病学、健康心理学体系之混乱、名词概念之混乱不定等苦恼不已。

一、变态心理学与精神病学的历史发展

关于变态心理学和精神病学的历史发展，各类教材专著的表述体例不同，但总体一致。重新整理可以用下列文字给予总结。但问题在于没有一本教材说

明世界上第一本变态心理学和精神病学是谁编写的，哪年出版的。这或许说明，中国学术界至今并没有认真研究变态心理学的学科发展史。

（一）中国变态心理学和精神病学研究的历史演变

变态心理的讨论自古代就有，但作为一种系统探讨和科学解释只有百年历史。我国从秦汉时期一直到 18 世纪末，变态心理的讨论和实践一直走在世界各国前列。春秋战国时期（公元前 770—前 222 年）产生了我国最早的医学经典著作《内经》，它包括《素问》和《灵枢》两部书，共 18 卷 162 篇。它从整体观点出发，运用朴素的唯物论和自然辩证法思想对人的生理、病理和疾病的诊治预防做了较为系统全面的阐述，其中有不少内容涉及到心理异常和心身的关系等方面，如"怒伤肝、喜伤心、思伤脾、忧伤肺、恐伤肾"等成为心身医学和变态心理研究的至理名言。《内经》奠定了中国医药学的理论基础，自它以后，随着祖国医学的不断发展，变态心理的讨论在分类、症状描述、理论探讨、诊治方法等方面也不断深入，但仍未建立一套完整的变态心理的系统研究框架，科学的变态心理解释和研究是 18 世纪以后的事。[①]

（二）西方变态心理学和精神病学研究的历史演变

西方的变态心理研究最有代表性的人物是被称为医学之父的古希腊医生希波克拉底（Hippocrates，公元前 460—前 360 年），他把心理异常归结为体内四种体液（血液、粘液、黄胆汁、黑胆汁）的失衡，认为心理疾病有其器官上的原因，必须进行医学治疗，反映了变态心理研究的生物模式思想；他还把心理异常现象分为躁狂、忧郁和诲妄三大类。公元前 100 年，希腊另一名医生 Asclepiades 首先使用了"心理障碍"和"心理缺陷"等术语。这些均说明古希腊学者对心理变态已有初步认识，并指出了心理异常和人脑的联系。中世纪（公元 476—1700 年）被称为是黑暗时代，由于神学和宗教占统治地位，心理异常现象被看作是魔鬼力量的体现，不同的心理异常是由于附体魔鬼的不同特点造成的，治疗心理异常就得采用"驱魔"手段，即用残酷的禁闭、停食、拷打、水淹和火烧等方法处理精神病患者，给他们带来悲惨的后果。17 世纪以后，在文艺复兴运动的推动下，医学逐渐摆脱中世纪神学的束缚，心理异常被看作是精神病的表现，它需要治疗。从此，变态心理学和精神病学一起作为科学逐步发展起来。[②]

[①]　张伯源等：《变态心理学》，北京大学出版社 2005 年版，第 31—63 页。
[②]　张伯源等：《变态心理学》，北京大学出版社 2005 年版，第 31—63 页。

（三）现代变态心理学和精神病学的发展历程

现代变态心理的研究大致经历了以下几个变更历程：1. 从黑暗到复兴：法国医生 Pinel（1745—1826 年）是这一变更历程的代表人物，他认为精神病是一种需要治疗的疾病，主张给予精神病人以人的待遇，并亲自解开精神病人身上的锁链，使精神病收容所状况完全改观。这种对心理异常者的同情和人道主义精神有着划时代的意义，人性主义思想逐步取代神权思想，解放精神病人的运动提到上了议事日程。2. 从思辨到实验：德国精神病学家 Kraepelin（1856—1926）是这一变更历程的代表人物，他改变了心理异常讨论的思辨方法，通过实验把变态心理学和现代医学联系起来。他跟随近代心理学的创始人、德国著名心理学家冯特在世界第一个心理学实验室里研究了药物对人的心理作用，精神病人的反应时间、工作曲线、记忆、思维、情感、人格和书写特点等，提出了变态心理的许多研究课题。3. 从外因到内因：奥地利医生弗洛伊德（Freud·S，1856—1939）是这一变更的杰出代表人物，他改变了以往只注重精神病人外在因素和生理病因的看法，而重视病人的内部冲突和动机，使心理异常的研究变成探究内心动力的精神分析。尽管他的理论体系有明显的错误和弊端，尤其受到注重外因的行为主义心理学派的批评，但仍旧是变态心理研究的一块重要基石。4. 从医院到社区：20 世纪 50 年代以来，随着医学模式的转变，精神异常的研究更加重视心理和社会因素对人类健康的影响，对精神病人的防治工作也从医院扩大到社区，一大批学者主张变态心理的研究要放弃对病人内部作用的探讨，而重视家庭、学校和社区的各种因素对人心理的致病机制，认为任何人在相应的内外紧张刺激作用下都可能引起精神障碍，社区环境不良、对人缺乏支持是人精神崩溃的重要原因，心理健康的研究要重在社区预防和促进，这一变更使得社区心理卫生运动在世界范围深入发展，变态心理的研究渗透到人们的日常生活中。[①]

二、当代变态心理学和精神病学的概念和理论体系

20 世纪 80 年代以来，我国学者先后出版了许多变态心理学著作和精神病学教材，比如张伯源等编著的《变态心理学》、王登峰著的《变态心理学》、刘毅的《变态心理学》、刘新民与李建明的《变态心理学》、王玲的《变态心理学》、钱铭怡的《变态心理学》、郑晓边主编的《变态心理与健康》、北京师范大学心

---

① 张伯源等：《变态心理学》，北京大学出版社 2005 年版，第 31—63 页。

理学院王建平编的《变态心理学》、四川大学法学院王建平编的《变态心理学》、沈渔邨主编的《精神病学》、郝伟主编的《精神病学》（第七版）、何仅等主编的《精神病学》、张亚林的《精神病学》。通过比较可以看出，20世纪80—90年代的张伯源变态心理学和王登峰变态心理学，基本上都是以普通心理学学科体系为参照，先部分后整体，先单一后综合，先轻度后重度。章节次序是认知障碍（感知障碍、记忆障碍、思维障碍）、情绪障碍、意志障碍、人格障碍、性心理和行为障碍、神经症、心身障碍、精神病，随后就是应用领域，比如成瘾行为、迷信心理等。但21世纪新出版的两部王建平著作的变态心理学都参照CCMD-2-R或CCMD-3编辑成了临床精神病学体系，人格障碍、性心理障碍都编写到神经症、心身障碍、精神病的后边。钱铭怡主编《变态心理学》则干脆就是CCMD-3精神疾病分类的理论实践扩展，精神分裂症作为重度精神疾病直接进入第三章，心理过程障碍纯粹没有，人格障碍放在重度、中度精神疾病后边。至于精神病学则基本按照临床实践来编写，正好与早期变态心理学体系相反，先严重后轻度，先药物治疗后心理治疗，先综合后单一。所以章节顺序是"器质性精神病"、"精神分裂症"、"精神活性物质造成的精神疾病"、"心身疾病"、"身心疾病"、"心境障碍"、"人格障碍"、"性心理障碍"等。总体的趋势是变态心理学体系精神病学化，无论医学出身的精神病学家还是心理学出身的变态心理学家，都是这个走向。这并不是好事，它意味着变态心理学作为一门学科的消失。它使用的概念与心理学不再有关联，几乎只有人格障碍还是心理学词汇，其他概念都是临床概念。像心境障碍这样的概念，无法纳入心理学体系。大学心理学系开设变态心理学课程，与前期所学习的普通心理学、认知心理学、人格心理学社会心理学、发展心理学等基础课程之间成了两张皮。至于心理咨询师考试，学习了心理学专业的本科生、研究生反而考不过非专业的农学学生，原因在于心理咨询师考试教材体系完全是精神病学，这个体系的学习使心理学专业学生的认知结构发生了严重的错位和混乱，心理咨询师考试倾向于精神病学化、临床化、医学化。实践是检验真理的标准，20年前关于心理咨询、心理治疗、心理辅导、心理保健概念的争论，今天看来已经没有意义。教育部管辖的中小学的心理保健采取了教育模式，无论是共青团、学生处还是心理咨询室，都坚持着发展教育模式；而心理咨询师考试，因为是人力资源和社会保障部负责，选择了医学模式，于是变态心理学也不得不医学化、精神病学化。为此心理学家要么教育学化要么医学化，纯粹的心理学家既不能做心理咨询师，也做不了心理辅导员。

三、变态心理学与精神病学体系的整合设想

变态心理学偏重于对异常心理活动规律性的认识，并为心理治疗提供理论基础，这种认识对精神病学也是一种有益的促进。而精神病学侧偏重于对精神疾病的诊断、临床治疗以及护理和预防，它也是变态心理学的基础之一，它的临床实践可丰富变态心理学的内容，验证变态心理学的某些理论和假设。

造成这一结果的历史的原因有，民众都不喜欢变态心理、精神病这样的词汇，尽管学者可以三番五次告诫公众，变态心理、精神病有轻重之分，大多数精神病人并不会打人毁物，但民众还是不喜欢甚至恐惧变态的人、精神病人。于是，学者们做了许多探索，比如把轻度精神病称为心理变态、心理障碍，倡导心理卫生，普及心理保健知识，开展心理教育。但不管做什么，都必须研究普通心理学、社会心理学、发展心理学等常态心理学和变态心理学，以此为基础开展工作。既然变态心理学已经精神病学化，而精神病又难以为大家所接受，我们不妨来个整合，取消这两个名称，整合成心理疾病学，或者就叫病理心理学，干脆让精神病学这个概念成为历史。心理疾病总没有精神病那么可怕，所有心理过程、人格方面的障碍以及神经症、精神病统一为心理疾病，有利于学术交流，也有利于科学普及。况且，mental 本身也可以翻译成"心理"，《中国心理卫生杂志》就是这样对应翻译的。当然，学科概念的约定俗成是很难改变的，但随着实践的发展和社会需要也不是完全没有可能。笔者主张心理疾病学既包括变态心理学中原有的基础理论，也包括精神病学的治疗技术。

第三节　生理心理类型受害者与社会预防导泄机制

全世界每年有数万人因为犯罪而被判入狱，其中包括一部分因为脾气暴烈而冲动的犯罪者，每年都有许多男人因为脾气暴躁而成为家庭暴力的实施者，进而受到谴责或追究；每年都有许许多多的男性和女性因为太强的攻击性（包括口头的和手脚的）而惹来许多人际关系上的麻烦，陷入人际困境。我们的社会更多地把这些人归入品行不良的范畴之中，认为对这些人应当进行教育和制裁乃至惩罚。但是笔者认为，制裁和惩罚仅仅是解决问题的一种途径，从心理学角度，建立一种生理—心理—社会预防导泄系统才是根本的途径。因为许多人的攻击性其实并不是后天的养成教育问题，而是由先天的神经系统类型和内分泌系统类型决定的，是客观存在的规律，教育和惩罚并不能改变其生理类

型，只不过是压抑，使其心理上痛苦、紧张、焦虑、后悔，陷入心理与生理的矛盾之中。确切地说，为了保证人与人之间互不侵犯的社会秩序，我们用社会文化（文明）规范再压抑部分人的本能生理特点，使其不外显。这正是弗洛伊德的观点。弗洛伊德主张人类回到原始社会，但是不可能。我们主张，在文明和本能之间有一个调节机制。因为许多攻击性生理或心理伤害可能并不是当事人的主观道德品质问题，而是他或她无法控制自己的情绪，而这些强烈的情绪反应又是由其神经系统类型和内分泌类型（反映在心理外显上即气质类型）决定的。

心理是脑对客观现实的主观能动的反映，行为正是人的心理与客观相互作用的结果。但是，不是所有人的所有心理活动都是主观能动的。人在许多情况下做出的行为都是被动地受到本能的驱动或者先天的神经系统和内分泌系统类型的驱动。人类有许多的本能，比如饮食男女是基本本能。当这些本能的需要不能满足时，人就会想方设法进行满足。如果社会不能提供正常的满足渠道，人就会采用非正常的渠道来满足，从而造成违规行为乃至犯罪行为。只不过由于人的神经系统的强度、速度、灵活性、耐受性、可塑性等差异而会形成不同的越轨风格而已。

心理学家把因人的神经系统、内分泌系统生理特征不同而组合成的心理类型称为气质，实际上可以视为个性的生理基础。早在古希腊时期，希波克拉底就假设人体内有四种体液，即黄胆汁、血液、黏液、黑胆汁，因为不同的体液在人体内占的优势不同，形成了不同的心理类型——气质类型，即胆汁质（黄胆汁占优势）、多血质（血液占优势）、黏液质（黏液占优势）、抑郁质（黑胆汁占优势）。后来的德国精神病学家克瑞奇米尔根据临床实践总结出体型与气质类型的关系，把人分为四种体型，即运动型、矮胖型、瘦长型、畸形型。四种体型的人各有气质特点，比如运动型的人肌肉发达，攻击性较强，因而又可称为斗士型。我国古代对人的心理类型的解释是以阴阳五行学说为基础的。比如孔子把人分为狂、狷、中和三类；比如中医学把人分为太阳、少阳、太阴、少阴、阴阳和平五种类型。时至现代，关于气质类型的生理基础又提出了三种学说：一种是柏曼的激素理论，这种学说认为内分泌腺的活动类型决定了气质类型；一种是血型学说，这是日本学者能见正比古、古川竹二等人的理论，他们认为不同的血型决定了不同的气质类型；另一种是苏联生理学家巴甫洛夫的高级神经系统活动类型学说。他认为神经系统活动的强度、速度、灵活性、平衡性等的不同组合形成了相应的高级神经系统活动类型及其相应的气质表现。

激素理论把人分为甲状腺型（包括过少和过多）、脑垂体型、肾上腺分泌过分活动型、甲状旁腺型、性腺过分活动型等。血型理论则把人按血型不同分为 A 型、B 型、AB 型、O 型等。大家比较公认的决定人的心理类型——气质类型——是高级神经系统活动类型理论。巴甫洛夫按神经系统活动的几个指标，把人组合为兴奋型（强度大、不平衡、灵活）；活泼型（强度较大、平衡、灵活）；安静型（强度较大、平衡、不灵活）；抑制型（强度小、不平衡、不灵活）。

　　显然，胆汁质、O 型血、甲状旁腺型和性腺过分活动型、兴奋型、太阳型等是按不同标准区分出的生理类型的人，其情绪激动水平较高，速度较快，行为上更富于侵犯性、攻击性、冲动性，更容易造成对社会其他成员的身体或心理的伤害。然而，这并不是他们自己的错误，相对于粘液质、AB 型、安静型、甲状腺分泌过少型、脑垂体型、少阳少阴之人，他们受到了更多的社会文化道德规范的压抑，但是社会并没有为他们释放自己的攻击性和冲动性生理—心理能量提供一个可被社会文化道德规范接受的出口。于是，他们天生就背上了本能的生理/心理类型与后天社会文化道德冲突造成的包袱，一旦社会文化道德规范对他们的生理/心理能量的压抑超过了限度，他们的生理/心理能量就会突然释放，冲破社会文化道德规范为他们的行为设置的栅栏，而造成对社会其他成员的不同程度的伤害。

　　弗洛伊德的心理分析学说早就揭示了人的本能与文明的冲突。他们认为，是文明对本能的压抑造成了人的心理痛苦，进而发展出多种多样的心理/精神病。所以弗洛伊德发表了对文明的不满的看法。认为要解决精神病问题，人类只有回到原始社会。但弗洛伊德的方案显然不现实，缺乏文明制度设计上的可操作性。我们所关注的问题更现实一些，那就是在不冲撞或毁灭社会文化道德规范的前提下，建立一种导泄机制，以减少社会文化道德系统的不稳定性，同时对生理/心理类型受害者给予人道主义援助。

　　当然，并不是说只有那些天生就攻击性较强，富于侵犯性，脾气急躁，情绪不稳定、易冲动气质类型（表现为性格类型）的人应当受到保护和导泄，其他类型的人也应受到关注。但是，神经系统活动兴奋性太高，强度较大且不平衡的人更应得到援助。原因是粘液质、多血质、安静型、活泼型等的人，其生理特征影响下的心理行为表现与社会文化道德规范所期望的心理行为特征是相一致的。无论是西方文明还是东方文明，其政治经济制度、文化传统、道德规范、宗教习俗都要求人要有稳重、平衡、灵活、情绪表现平静、行为收敛等特征，进入到道德教养领域还要有同情心、有教养、有礼仪。这对某些生理/心理类型的人实在是一种压抑，而对另外一些平和气质的人则正好适合。所以说，在人类文明史上，受欢迎者、人际关系良好者、在有生之年获得更多成就者总是那些气质/性格符合社会文化道德规范要求的人，而另外一些气质/性格类型的人则成为受害者。他们有些人通过压抑自己的生理/心理能量转而进行科学创造、文艺创作、社会政治活动，从而成为有成就的人，但其心理行为表现却不受人们的欢迎，心理人生总是伴随更多的痛苦、孤独、焦虑。还有更多的人则因为难以压抑自己的生理/心理特征，成为社会文化道德规范的冲撞者，失去自由或者受到谴责；有一些人则因为内向压抑自己的生理/心理能量，而成为心理/精神病病患者。文明社会总是抱怨某些人伶牙俐齿、富于侵犯/攻击行为，令人讨厌乃至仇恨，但却没有考虑过他们的生物性天然特征，在他们努力接受社会文化道德规范约束的过程中他们所承受的心理痛苦和孤独。只有在特殊的历史时期，比如战争状态下，那些富于攻击性、侵犯性、冲动性的人才可能使自己的生理/心理特征与社会文化道德的要求相一致，但是，我们的社会文明是反对战争的。

鉴于上述思想，我们认为，社会应当建立一种导泄机制或预防机制，以减少这些神经系统和内分泌系统强度太大引起的心理行为对社会其他成员或公共财物的伤害或破坏。这种机制的建立应当与当代社会所倡导的心理卫生预防系统设计结合起来，但却不能把这些人视为心理变态者。无论是心理学科普杂志还是电视广播媒体，或者是心理咨询和心理辅导机构，都必须首先将这些人视为心理正常的人。

20世纪80年代以来，随着心理学研究成果的日益普及、心理保健观念的增强，西方国家都在建立心理卫生预防系统，而且大多数已经很成熟。近十年来，国内许多大企业都在模仿西方国家的做法，比如设置总经理模型，供有怨气的职工发泄不满，已被媒体报道。但是，人们并没有改变对脾气暴躁、情绪冲动、富有攻击性的人的看法。大家都习惯把这些人归于品行不好的一类，较少关心他们的痛苦，而且对他们避而远之，使他们感到人际关系不良，陷入孤独之中，成为"另类"。这实际上是推波助澜。所以我们呼吁，在对他们进行教育、谴责、惩罚的同时，从生理学/心理学角度上理解他们的痛苦，给他们一些倾诉的场所和机会，给他们一些宣泄生理/心理能量的机会，体现文明社会的人道主义和人性化管理理念。

但是有两点必须说明，那就是我们并不认为应该对他们失去自我控制造成社会危害的行为给予迁就，而应当依法惩处。同时，我们也并不认为，为了部分人的利益，要重新设计现有社会文化制度。因为如果这样做，必将使更多的人失去安全。

第四节　生命周期理论与人生心理周期及老年心理问题

20世纪的一百年，社会科学家发现和提出了许多理论，用于解释和预测人类行为和社会发展，其中包括各种学科的生命周期理论，但却没有提出人生生命周期理论，特别是生理心理周期理论。笔者试图通过回溯发展心理学、经济学、社会学的生命周期理论，反转而论人的生理心理周期论，为老年心理学的研究提供一种思路。

一、发展心理学家的人生心理发展理论综述

著名心理学家弗洛伊德将心理发展分为口欲期（约至1岁）、肛欲期（约2—4岁）、俄狄浦斯情结期（婴儿性器期，性蕾期）（约4—6岁）、潜伏期（约6—10岁）、青少年期和青春期（10—20岁）。埃里克森则把人的心理发展分为(1)婴儿期（0—1.5岁）：基本信任和不信任的冲突；(2)儿童期（1.5—3岁）：自主与害羞和怀疑的冲突；(3)学龄初期（3—5岁）：主动对内疚的冲突；(4)学龄期（6—12岁）：勤奋对自卑的冲突；(5)青春期（12—18岁）：自我同一性和角色混乱的冲突；(6)成年早期（18—25岁）：亲密对孤独的冲突；(7)成年期（25—65岁）：生育对自我专注的冲突；(8)成熟期（65岁以上）。皮亚杰的发生认识论把心理发展划分为感觉运动阶段（0—2岁）、前运算阶段（2—7岁）、具体运算阶段（7—12岁）、形式运算阶段（12岁以后）。前苏联心理学家艾利康宁将儿童的心理发展按其相应的主导活动类型划分为六个阶段：婴儿期：直接的情绪性交往类型（0—1岁）、先学前期：物体操作活动类型（1—3岁）、学前期：游戏活动类型（3—7岁）、学龄初期：学习活动类型（7—11岁）、学龄中期：社会公益活动系统中的交往活动类型（11—15岁）、学龄晚期：学习职业活动类型（15—17岁）。柯尔伯格品德发展的三水平六阶段模式是：前习俗水平、习俗水平、后习俗水平。中国心理学家朱智贤认为，心理发展经历六个较大阶段：乳儿期（从出生到1岁）；婴儿期（从1岁到3岁）；幼儿期或学龄前期（从3岁到6岁）；童年期或学龄初期（从6—7岁到11—12岁）；少年期或学龄中期（从11—12岁到14—15岁）；青年初期或学龄晚

期（从 14—15 岁到 17—18 岁）。①

二、经济学社会学管理学的生命周期理论举隅

20 世纪 60 年代以来，产品生命周期理论流行后，随即流行家庭生命周期理论、企业（组织）生命周期理论、团队生命周期理论、领导生命周期理论、行业生命周期理论等概念。

（一）家庭生命周期理论

美国学者 Duvall（1977）就以孩子为主线，对一个完整的中产阶级美国家庭的生命周期提出一种八阶段论。这八阶段是：（1）第一阶段是新婚未生育期（2 年）；（2）第二阶段是老大出生至老大两岁半（2.5 年）；（3）第三阶段是家中有学龄前的小孩，老大两岁半至六岁，属于"混乱期"（3.5 年）；（4）第四阶段是家中有学龄中的小孩，老大六岁至十三岁（7 年）；（5）第五阶段是家中有青少年阶段的小孩，老大十三岁至二十岁（7 年）；（6）第六阶段是孩子陆续离开家庭，俗称"发射中心期"（8 年）；（7）第七阶段是由家庭空巢期至退休，"中年危机期"（15 年左右）；（8）第八阶段是由退休至夫妇两人都死亡（10 至 15 年左右）。这一有关家庭生命周期的划分方式适用于独立生活的核心家庭。彭怀真在《婚姻与家庭》中还提到家庭生命周期也可以和个人生命周期相结合考察，因为每个人生命发展的不同阶段各有不同的任务。对成人的生涯分期又划分为探索期、建立期、维持期、衰退期、死亡期等，每期又各有过渡转型期。家庭生命周期也可以根据妇女和儿童所遇到的主要问题来划分阶段，彭怀真将之划分成七个阶段：（1）新婚家庭，相关的妇女与儿童问题是：婚姻调适、性骚扰、就业妇女单身条款的压力；（2）有幼年子女的家庭，相关问题是：儿童照顾疏忽、妇女受虐、就业妇女托儿压力；（3）有学龄子女的家庭，相关问题是：儿童虐待、妇女就业、子女反抗；（4）有青春期子女的家庭，相关问题是：性虐待、妇女二度就业；（5）有年轻成年子女的家庭，相关问题是：性别歧视、妇女健康；（6）子女成长独立后的家庭，相关问题是：贫穷女性化、妇女更年期；（7）老年人家庭，相关问题是：贫穷女性化，寡居心理调适。王思斌把我国的家庭生命周期大致划分为五个阶段：新婚期（2 年左右），从结婚到生育第一个孩子；育儿期（5 到 6 年），从生第一个孩子到最后一个孩子上小学；教育期（15 年左右），从孩子上小学到孩子独立；向老期（20 年左右），子女

---

① 林崇德：《发展心理学》，北京师范大学出版社 2012 年版，第 32 页。

相继离家;孤老期(10 到 15 年),夫妻中只剩一人直至该家庭生命终结。①

(二)领导生命周期理论

领导的生命周期理论把领导风格分为命令型领导方式(高工作—低关系)、说服型领导方式(高工作—高关系)、参与型领导方式(低工作—高关系)、授权型领导方式(低工作—低关系)。将下属成熟度的四个阶段定义为:第一阶段(不成熟):这些人对于执行某任务既无能力又不情愿。他们既不胜任工作又不能被信任。第二阶段(初步成熟):这些人缺乏能力,但愿意执行必要的工作任务。他们有积极性,但目前尚缺乏足够的技能。第三阶段(比较成熟):这些人有能力,却不愿意干领导者希望他们做的工作。第四阶段(成熟):这些人既有能力又愿意干让他们做的工作。有效领导方式的选择方法为:当下属成熟程度为第一阶段时,选择命令型领导方式。当下属成熟程度为第二阶段时,选择说服型领导方式。当下属成熟程度为第三阶段时,选择参与型领导方式。当下属成熟程度为第四阶段时,选择授权型领导方式。②

(三)旅游地的生命周期理论

巴特勒生命周期模型理论认为,旅游地发展的不同生命周期阶段表现出不同的特点和规律。探查阶段:只有零散的游客没有特别的设施,其自然环境和社会环境未因旅游而发展变化。参与阶段:旅游者人数增多,旅游活动变得有组织、有规律,本地居民为旅游者提供一些简陋的膳宿设施,地方政府被迫改善设施与交通状况。发展阶段:旅游广告加大旅游市场,外来投资骤增,简陋膳宿设施逐渐被规模大、现代化的设施取代,旅游地自然面貌的改变较大。巩固阶段:游客量持续增加但增长率下降。旅游地功能分区明显,地方经济活动与旅游业紧密相连。常住居民中开始对旅游产生反感和不满。停滞阶段:旅游地自然和文化的吸引力被"人造设施"代替,旅游地良好形象已不再,市场维持逐渐艰难。旅游环境容量超载,相关问题随之而至。衰落或复苏阶段:旅游市场衰落进而房地产的转卖率很高,旅游设施也大量消失,最终旅游地将变成名副其实的"旅游贫民窟",另一方面旅游地也可能采取增加人造景观、开发新的旅游资源等措施,增强旅游地的吸引力从而进入复苏阶段。③

---

① 杨善华:《家庭社会学》,高等教育出版社 2006 年版,第 52 页。

② 吴见平等:《市场营销学教程》,科学出版社 2004 年版,第 23—26 页。

③ 程正方:《管理心理学》,高等教育出版社 2011 年版,第 78—79 页。

（四）产品生命周期理论

费农认为产品生命是指市场的营销生命，产品要经历形成、成长、成熟、衰退这样的周期。1. 第一阶段引入期：指产品从设计投产直到投入市场进入测试阶段。新产品投入市场，便进入了介绍期。此时产品品种少，顾客对产品还不了解，除少数追求新奇的顾客外，几乎无人实际购买该产品。生产者为了扩大销路，不得不投入大量的促销费用，对产品进行宣传推广。该阶段由于生产技术方面的限制，产品生产批量小，制造成本高，广告费用大，产品销售价格偏高，销售量极为有限，企业通常不能获利，反而可能亏损。2. 第二阶段成长期：当产品进入引入期，销售取得成功之后，便进入了成长期。成长期是指产品通过试销效果良好，购买者逐渐接受该产品，产品在市场上站住脚并且打开了销路。这是需求增长阶段，需求量和销售额迅速上升。生产成本大幅度下降，利润迅速增长。与此同时，竞争者看到有利可图，将纷纷进入市场参与竞争，使同类产品供给量增加，价格随之下降，企业利润增长速度逐步减慢，最后达到生命周期利润的最高点。3. 第三阶段成熟期：指产品步入大批量生产并稳定地进入市场销售，经过成长期之后，随着购买产品的人数增多，市场需求趋于饱和。此时，产品普及并日趋标准化，成本低而产量大。销售增长速度缓慢直至转而下降，由于竞争的加剧，导致同类产品生产企业之间不得不在产品质量、花色、规格、包装服务等方面加大投入，在一定程度上增加了成本。4. 第四阶段衰退期：是指产品进入了淘汰阶段。随着科技的发展以及消费习惯的改变等原因，产品的销售量和利润持续下降，产品在市场上已经老化，不能适应市场需求，市场上已经有其他性能更好、价格更低的新产品，足以满足消费者的需求。此时成本较高的企业就会由于无利可图而陆续停止生产，该类产品的生命周期也就陆续结束，以致最后完全撤出市场。[①]

（五）组织生命周期理论

管理界普遍认为，组织像任何有机体一样，存在生命周期。1972 年，格林纳（Greiner）提出了组织成长与发展的五阶段模型，他认为，一个组织的成长大致可以分为创业、聚合、规范化、成熟、再发展或衰退五个阶段。一般来说，企业生命周期变化规律是以 12 年为周期的长程循环。它由四个不同阶段的小周期组成，每个小周期为 3 年。由于不同的企业存在着不同的生命周期，故不同的生命周期体现不同的变化特征。尽管它们有共同的规律，但在四个不

---

① 李天元：《旅游学概论》，南开大学出版社 2009 年版，第 12—13 页。

同周期阶段变化各异，各自的发展轨迹也不同。这些不同的变化特征归纳为如下三种变化：1. 普通型：周期运行顺序：上升期（3年）→高峰期（3年）→平稳期（3年）→低潮期（3年）。普通型变化最为常见，60%左右的企业属于这种变化。它的四个小周期的运行相对比较稳定，没有大起大落。属于普通型变化的企业，即使经营业绩平平，但只要在低潮期不出现大的投资失误，一般都能比较顺利地通过四个小周期的循环。2. 起落型：周期运行顺序：上升期（3年）→高峰期（3年）→低潮期（3年）→平稳期（3年）。起落型变化比较复杂，不易掌握，属于盛极而衰、大起大落的类型。这类变化企业的比例约占20%。它的运行轨迹在周期转换过程中突发剧变，直接从高峰落入低谷。处于这个周期阶段的企业，经营者一般都会被眼前的辉煌所迷惑，错误估计形势，拼命扩大投资规模，准备大干一场。殊不知这种投资决策的失误，结果往往导致前功尽弃，甚至全军覆没。3. 晦暗型：张勇著《现代企业生命力》认为，周期运行顺序是：下落期（3年）→低潮期（3年）→高峰期（3年）→平稳期（3年）。名曰晦暗，隐含韬晦之意。这类变化的企业与上述两类变化相比，运转周期中减少一个上升期，多出一个下落期。这就表明在12年4个小周期的循环中，这类企业可供发展的机会少了3年，而不景气的阶段多出3年。这类企业的比例约占20%。①

三、人类个体生命心理周期理论臆说

承前所述，生命是生物体从出生、成长、成熟、衰退到死亡的全部过程。目前我们所建设的所有生命周期理论如产品生命周期理论、家庭生命周期理论、企业生命周期理论、团队生命周期理论、领导生命周期理论、行业生命周期理论都是单向的理论，发展心理学家没有使用生命周期理论的概念。而实际上，发展心理学才是真正研究生命心理周期的学科理论。至今为止，许多心理学家都从不同角度，对人生生理心理生命进行了分期。但是这些理论都是单项的理论，没有考虑轮回问题。我们所使用的轮回是指人生到45岁，便开始心理回归，50岁心理回归到30岁，60岁心理回归到20岁，70岁心理回归到10岁，80岁心理回归到1岁，90岁心理回归到1岁，100岁心理回归到胎儿。这正如俗话所言，爷爷孙子老弟兄、老顽童、老小孩。为什么呢？就是因为心理轮回。这才是真正的生命心理发展周期理论。因此可以认为，心理学家的发展心理学理论，即使是毕生发展心理学理论，也是不完整的，需要建立人生发展心

---

① 程正方：《管理心理学》，高等教育出版社2011年版，第78—79页。

理学理论，或者称为生命心理周期理论。

假设人生可以生活 90 年，按照中国虚岁计算，可以把胎儿期也算入年龄，经过胎儿期到出生、婴儿期出生 0—1 岁、幼儿期 1—3 岁、童年期 3—6 岁、儿童期 6—12 岁、少年期 12—18 岁、青年期 18—30 岁、成年期 30—45、45—90 岁。这一时期人的心理逐步成熟，无论感觉知觉、记忆思维、表象想象、言语语言、情绪情感或意志行为都在上升，以心理机能发展为基础，个性人格、自我意识、社会心理都逐步发展成熟。然而正如潮起潮落、阴阳轮回，人生心理机能到达顶峰后便开始回落。虽然心理经验越来越丰富、思想越来越成熟，但从 45 岁之后开始，身体和心理状态开始转回，45 到 55 岁相当于下降的成年期，55—65 岁相当于回到青年期，65—70 岁相当于回到少年期，70—75 岁相当于回到儿童期，75—80 岁相当于回到童年期，80—85 岁相当于回到幼儿期，85—90 岁相当于回到婴儿期，90 岁以上相当于回到胎儿期。

我们认为，这个比喻和比拟，为老年心理学的研究提供了一个思路。如果我们这样理解人生心理周期，就可以理解为什么 70 岁的老人总是在家待不住，总是满世界到处跑。就可以理解为什么 80 岁的老人会和小孩争零食。为什么 60 岁的老人住医院会象小孩一样任性撒娇。为什么 90 岁的老人大小便失禁。那是因为大脑萎缩，经过几十年建立的条件发射随着脑萎缩已经开始退化。为什么我们会发现 50 岁的人好象进入了青春期，也可以称为第二青春期。但是这并不意味着老人真正与儿童、少年完全一样，因为老人面临的最大问题是死亡，而儿童和少年却急切盼望早日长大成人。老人的大脑和身体正在退化，而儿童、少年的大脑和身体正在发育。

人生的轮回当然也不像企业、产品、旅游地这些物质的、精神的事物可以起死回生，以另一种形式和存在重新显现在世界，而人不行，人死不能复生。那些伟大人物、著名学者还可以以自己在世界上留下的痕迹，如伟大的事迹、文字著作、发明的产品等供人怀念，或者留存于史书，而普通民众则永远消失，这就是人这个万物之灵的悲剧。人可以创造一切，但创造不了自己，你只能听凭生命周期命运的摆布而无能为力。

第五节 心理保健辅导咨询治疗中的价值干预问题

新世纪以来，西方进口的心理卫生与心理教育过程中的价值干预中立立场受到了我国学界和实践者的普遍怀疑，大家都认为，来访者中心主义心理咨询与治疗学派主张的心理咨询治疗不应干预咨询治疗对象的价值观的思想是西方化的观点，在我国的实际心理保健辅导咨询治疗过程中，价值干预无法避免。现在许多学者都认同可以进行功能干预，而不要进行内容干预，但也有不同的看法。笔者长期从事心理卫生与心理教育的理论研究，试图结合自己的心理健康和心理素质概念、标准问题以及本土化问题研究提出自己的意见。

一、心理保健辅导咨询治疗中价值干预问题起源与争论

江光荣先生通过分析当事人中心疗法和理性情绪疗法的理论和实践问题，结合社会心理学理论指出，从干预的合法性来说，心理保健辅导咨询治疗无权干预当事人的价值取向，而从干预的必要性和必然性来说，价值干预是既有必要又有必然。这就是说心理咨询中价值干预的必然性、必要性与其合法性之间存在矛盾，他通过分析西方（主要是美国）心理咨询治疗实务中对价值问题的处理方式，归纳出若干公认和通行的原则，最后概括为：侧重价值的功能性干预，避免内容上的干预。[1]有的学者如陈华 [2]、邓亚琴 [3]，比较同意江光荣的观点，认为应进行功能干预，而不是内容干预，还应切实提高咨询人员自身的素质，以保证价值干预的可行性。张松也认为，心理咨询是心理咨询师与来访者价值观交流的人际互动过程。价值干预应对终极性价值进行功能性干预，而避免对工具性价值进行内容性干预。[4]

柳海、李秀、翟成蹊认为，有着明显德育色彩的高校心理咨询不可能回避价值干预也更容易发生价值干预，在大学生心理咨询的过程中，价值干预是必要的，但尊重和接纳是成功价值干预的先决条件。[5][6]

何光耀则认为，应该以功能干预为主，同时也要进行内容干预；应该运用协商和引导的方式与方法进行干预；咨询员应该自觉加强自身的人生观修养和价值观建设。[7]叶一舵也认为，"价值参与"是必要的也是必然的。"价值导向"

---

① 江光荣：《心理咨询中的价值干预》，《心理学动态》2001 年第 3 期。

② 陈华：《心理咨询中的价值干预有关问题》，《内蒙古师范大学学报》2000 年第 2 期。

③ 邓亚琴：《心理咨询中的价值干预》，《南通大学学报》（教育科学版）2005 年第 4 期。

④ 张松：《论心理咨询的价值干预问题》，《许昌学院学报》2006 年第 1 期。

⑤ 柳海、李秀：《大学生心理咨询中的价值干预》，《中国学校卫生》2006 年第 4 期。

⑥ 翟成蹊：《高校心理咨询中的价值干预》，《消费导刊》2007 年第 7 期。

⑦ 何光耀：《在高校学生心理咨询中进行价值干预应注意的几个问题》，《教育探索》2007 年第 10 期。

是"价值参与"的最佳选择。"价值导向"的主要方式有：价值澄清、价值归因、价值选择、价值干预和价值认同等。①

王贵林等和叶一舵一样，指出价值干预是指价值参与的过程。根据干预程度可分为价值中立、价值澄清、价值归因、价值选择、价值评判和价值灌输六种形式。在王贵林这里，价值中立本身成为价值参与的一个形式。② 罗明则认为必须解决好"价值中立"与中国本土心理咨询实践的相悖性、冲突性。③

二、心理卫生与心理教育的区别和价值干预的强度

我们认为，心理卫生与心理教育是两个属于不同学科的概念。健康是一个人生理和心理机能在与自然和社会相互作用的过程中适应和发展的协调状态。卫生是维护生命、保持健康的活动。途径有二，一是生理卫生，二是心理卫生。心理健康是一个人心理的认知、情感、意志等各种机能能够适应生存的需要，并在适应中不断发展的协调状态。心理卫生就是利用人类已经发现的身体和心理规律运用预防、锻炼、治疗等手段，维护健康、保护生命，为人类的正常工作、学习、生活提供基本条件的工作过程。生理卫生的主要工作内容是科普宣传、检查诊断、药物治疗、手术治疗等。其主要的工作承担者包括体育工作者、狭义的卫生工作者、医疗工作者、心理学工作者；心理卫生的主要内容有科普宣传、咨询指导、心理治疗、药物治疗，其主要的工作承担者是心理学工作者、卫生工作者、精神病工作者以及教育工作者。④

素质是在遗传的基础上，经过后天社会环境的熏染和教育的作用，而形成的个体品质的总和。教育是一种培养人的社会活动，其总目标是提高人的素质。其途径有体育和心育（包括智力教育/智育、情感教育/德育和美育等）。心理素质就是人的认知、情感、意志等心理机能在社会实践中所表现出来的个

---

① 叶一舵：《论心理辅导与咨询中的"价值参与"》，《福建师范大学学报》（哲学社会科学版）2001 年第 4 期。

② 王贵林、马林芳：《论高校心理咨询中价值干预的基本原则》，《广西社会科学》2006 年第 12 期。

③ 罗明：《论心理咨询中的价值中立和价值干预》，《辽宁警专学报》2006 年第 4 期。

④ 张海钟：《论心理教育与心理卫生》，《健康心理学》1997 年第 2 期；张海钟：《论身心健康教育与全面发展教育之间的逻辑关系——兼对"五育"加"心育"的质疑》，《上海教育科研》1996 年第 6 期；张海钟：《论身心健康教育与思想政治教育及其心理咨询的关系》，《教育探索》1996 年第 6 期；张海钟：《论中小学提高学生心理素质的两种工作模式》，《教学与管理》1999 年第 3 期。

性行为品质。心理教育是利用教育的各种途径和方法，提高和塑造学生的各类认知、情感、意志品质的活动过程。体育的主要途径是生理知识传授、锻炼、运动。心育的主要途径有心理知识传授、辅导、咨询。前者的主要工作承担者是卫生工作者、体育工作者；后者的主要工作承担者是心理学教师、班主任、任课教师等。

按照这个逻辑体系，心理治疗属于心理卫生范畴，心理辅导属于心理教育范畴，心理保健、心理咨询则既属于心理卫生范畴，又属于心理教育范畴。卫生活动本身是不涉及价值干预问题的，它的使命就是维护生命、保持健康，不管病人是良民还是罪犯，不管患者持有何种价值观，心理预防工作者、心理医疗工作者的任务均是预防疾病发生，对发生的疾病进行治疗；而教育工作则不同，教育活动是培养的社会活动，它的使命是提高人的素质，促进人的发展。人是社会性动物，人的发展必须符合社会发展的方向。特定时代有特定的主流价值观，教育工作者必须使受教育者最大限度内化主流价值观，成为其知识行为结构的组成部分，所以心理教育工作者就必然要干预受教育者的价值观。心理卫生院开展的心理卫生角度的心理咨询、心理治疗以及心理保健可以不涉及病人或患者的价值观，或者仅仅给予价值观的功能干预，不要内容干预。但学校、社区等机构开展的心理教育角度的心理咨询、心理辅导以及心理保健活动，就必然会涉及价值观干预，不仅要给予价值观的功能干预，而且要涉及内容干预。

心理保健有狭义广义的区分，广义的心理保健包括了心理、辅导、咨询、治疗，我们这里使用狭义。心理保健就是保持心理健康，是对尚未发生心理疾病的人进行心理卫生知识宣传、心理调节技巧传授等活动。这些活动可以是专门报告厅、电视、广播、杂志的讲座，也可以穿插在心理辅导咨询治疗活动中。它是纯粹的心理卫生活动，可以不涉及价值干预。但实际上，报告人、撰稿人的价值观必然会渗透到讲座和文章之中，存在隐性价值干预。

心理辅导是港台"进口"的概念，我们理解的心理辅导主要是指中小学心理辅导员对学生的心理困惑、烦恼、痛苦、焦虑进行的一般心理疏导活动，它本质上是一种教育活动。而中小学生的一般心理问题大多与价值观、人生观、世界观有关，其核心是价值观念冲突，所以不进行价值干预是不可能的，而且干预也是必需的。

心理咨询本来就如法律咨询一样，是一种咨询活动，但心理学家理解的心理咨询其实具有心理治疗的性质。学校心理咨询其实也是一种心理辅导。它的对象可以是一般的心理问题，也可以是心理过程障碍，更可以是严重的神经症和人格障碍。所以，心理咨询既是心理卫生活动，又是心理教育活动。不论是什么具体内容的心理咨询，当事人都必须是具有自知力的人，这就必然涉及价值干预问题。特别是认知咨询治疗、当事人中心咨询治疗，本身就是一个价值观改变过程。

心理治疗是与身体治疗相对应的概念，我们理解，现在的心理治疗其实具有狭义、广义之分。广义心理治疗包括心理咨询和精神病治疗。精神病实际上称为心理疾病更科学，但现在仍然保持习惯用法。狭义心理治疗主要是指神经症、人格障碍以及精神病的治疗，它和心理咨询的区别在于，心理咨询不用药物辅助，而心理治疗有时使用药物治疗。所以心理治疗基本上是心理卫生活动，治疗对象的疾病不是价值观问题引起的，也就基本不涉及价值观干预。

至于在心理辅导和咨询中价值干预究竟应该保持什么样的强度，我们认为，也要区分作为教育活动的辅导和卫生活动的咨询。在心理辅导中，肯定不仅要进行功能干预，还要进行内容干预，不仅要进行工具性价值干预，而且要进行终极性价值干预。就这一点而言，心理辅导和思想教育、道德教育没有多少区别。但在心理咨询中就要进一步区分当事人的具体问题。如果婚姻咨询中当事人的心理问题是因为一方当事人的道德问题引起，我们不可能不进行内容干预；如果家庭咨询中当事人的心理问题是因为家庭成员的虐待，我们不可能袖手旁观，我们肯定要进行终极性价值干预；团体行为训练本身就是为了培养团队精神，我们不可能不干涉当事人的个人主义思想；如果面对一个因为迷信思想而发作癔症的当事人，我们也可以保持价值中立吗？我们也面临一个普及科学知识、追求终极真理的问题。但是如果一个人出现的是焦虑症，那就只要工具性的价值功能干预就可以了。

三、心理保健辅导咨询治疗的本土化问题再重申

从 20 世纪 90 年代初，心理学界就在讨论心理保健辅导咨询治疗的本土化问题，但一到具体问题处理上，大家就被美国人发明的心理咨询治疗理论和规范吓倒，似乎美国的那些理论、规范、章程就是不可改变的。每个民族、每个国家都有自己的文化特点，中国文化特点如此鲜明，使得我们在心理卫生和心理教育活动中不得不时刻挂记本土化问题。我们早就旗帜鲜明地认为，理性情绪治疗的 ABCDE 治疗原理和我国的德育工作中的晓之以理、动之以情、导之以行、持之以恒原理如出一辙，但我们的理论工作者和心理咨询师却极力排斥

本土的理论。西方文化具有强烈的个人主义色彩，心理咨询治疗者主张价值中立并不为怪，但我们本土的心理保健辅导咨询治疗不一定要照搬美国学者的立场。马克思主义认为，立场决定观点，观点决定方法，要总结本土的心理问题处理方法，首先要有本土的立场。

笔者早在 20 世纪 90 年代就认为，行为治疗被认为是具有跨文化适用性的治疗方法，从巴甫洛夫、华生到斯金纳、班杜拉，从物理行为主义到社会行为主义的行为治疗理论和方法，在中国医生的临床病例中也多有成功的报道。但细究其中，那不过是采用中国传统教育中本来就很有效的奖罚和榜样示范的效果，而在研究报告中，只不过为了趋附"科学主义"而使用了行为治疗的名词而已。中国传统医学中的辨正治疗其实比行为治疗更有效，我们没有必要硬套一些系统脱敏、冲击疗法、厌恶疗法，使国人把心理治疗看得神秘莫测，望而却步。

提起罗杰斯，自然会想到马斯洛，人本主义者所倡导的人的价值、尊严、自我实现，与中国文化所倡导的伦理本位和以血缘、地缘为中心的圆伦人际心理结构以及自然、安息、依赖的民族性格形成矛盾。罗杰斯的以当事人为中心的疗法要求患者通过治疗过程调整"自我"概念，成为高适应的人，成为实现自己潜能的人。而在中国文化中，自我实现与社会适应是冲突的，自我实现在很多情况下会成为自私和个人主义的同义语，个人主义倾向浓重的人很难在讲求相互依赖、情境中心的文化圈中获得适应。中国人认为医生理当是权威，心理医生更应如此；他们要求医生对病人的病情做出明确的诊断然后提出合理的治疗方案。尽管罗杰斯认为"一切心理困扰均来自实现倾向的受阻"的病因论是无可非议的，但他要求当事人摆开外部力量的控制进行自我成长，这在中国文化中很难行得通，中国人很难摆脱世俗伦理本位意识的控制，如果摆脱了这种控制也就失去了自我实现的基础。从理论源头上分析，罗杰斯、马斯洛的人本主义心理学不过是"拿去主义"的产物，他们把中国的道学思想拿去，铸进了西方人的价值内核，然后再推销出来，中国人却把使用了一套不同术语的传统文化中固有的思想奉为圭臬。试想马斯洛的"顶峰体验论"不正是中国道学中"物我合一"的翻版吗？事实上，马斯洛正是在研究了中国传统文化后才提出了自己的理论。[①]

总而言之，中国文化有自己的基本精神，中国人有自己的民族性格特质，

① 张海钟：《论中国文化与心理咨询的本土化问题》，《心理学探新》1995 年第 3 期。

在西方文化产生的心理保健辅导咨询与治疗理论、方法以及规则，有些具有全人类的有效性，有些却不能用来解释和治疗中国文化中人的心理疾病。我们完全有理由抛开西方心理学理论（包括研究方法、概念体系），建立自己的本土的适应中国文化与民族性格的心理卫生与心理教育理论体系，创立一套中国人可以接受的有效的心理保健辅导咨询治疗方法。

第十章 中国本土心理卫生与心理教育实践探索

第一节 中国本土的心理咨询辅导形式与方法举隅

改革开放以来，以心理咨询与治疗、心理教育与辅导为主要方式的心理卫生工作逐步走向火爆，但我们发现，在心理卫生和心理保健热潮的背后，存在许多问题，比如西方进口的许多心理咨询治疗模式并不适合中国人和中国文化，这已被许多临床心理专家所证明。比如有些理论和方法，其实在中国古人的著作中就已有描述和使用，而我们却把进口的理论和方法看得神乎其神；比如人本心理学的那些理论和方法，其实都是出口转内销，换了一套名词概念而已；比如认知疗法，其实与中国思想教育工作机制异曲同工，但我国的心理学者宁可用认知疗法这个概念，对思想教育方法极力排斥。更主要的是，我国文化、卫生、教育中采用的一些传统的所谓思想工作方法，其实也是心理咨询与治疗方法，但却被视为不科学，而在理论著作中弃而不用。相反的是，外国学者却十分感兴趣。比如荣格、马斯洛、罗杰斯的心理治疗理论和方法，就是受到东方宗教及世俗生活方式的启发而创立的。关于这个论调，本人已在前几年的论著中做了阐发，本处不再赘述。我们所要进一步论述的是中国本土的或者说传统的心理咨导形式和方法，产生的文化背景，及其与西方式心理咨导形式的异同。

一、亲友安慰式的心理咨导

在我国，无论城市乡村，除了特别前卫的新人类和新新人类之外，绝大多数人（包括各个年龄段、各种职业的人）在有了心理问题之后，都寻找朋友或亲戚来倾诉，如果是亲戚加朋友则更好。在倾诉中得到安慰，从而获得心理压力的解除。通常亲友可以提供安慰的心理问题主要有：子女教育中的烦恼；工作中的挫折心理；学习中的心理疲劳；夫妻吵架后的愤怒、伤心、孤独、痛苦；婆媳关系引起的心理上的不平衡；社交中被人歧视、欺侮造成的心理矛盾、冲突、委屈等。这些问题在西方发达国家逐渐都由心理咨导机构来解决。而在中国则由亲友的支持性安慰来解决。亲友们自觉或不自觉地相互扮演着心理咨询导师的角色。在许多情况下，亲友的作用仅仅是作为倾听者和情绪宣泄的替代对象，除此之外，就是提供一些处理问题的经验和样板。这种心理咨导使当事人当时觉得十分具有安全感。但当情绪过后，则后悔心理的出现是必然的。因为中国人的性格结构有一种根深蒂固的观念，即"家丑不可外扬"，同时，许多人还认为，向自己亲近的而且有一定利害关系的人讲述自己的失败、挫折、不幸，只能招来别人的嘲笑和幸灾乐祸。尽管如此，大多数人仍然习惯性地选择这样一种心理咨导形式。当然选择具体对象时要权衡各种关系，尽量趋利避害。一般情况下，选择倾诉对象的规律是：越是知心朋友越易成为倾诉对象，而知心并不随血缘关系、上下级关系以及地域关系、职业关系而变化。

无疑，这种亲友安慰式的心理学咨导是中国传统心理治疗的一种独特形式。它为中国几千年的社会稳定和精神构建提供了心理的支撑。尽管当代社会工业化、信息化进程在不断加快，城市的生活和工作节奏也在不断加快，城市人群的心理问题日益增多，但亲友安慰式的心理咨导仍是解决心理问题的主导形式，心理门诊和精神卫生医疗仍是人们最后无奈的选择，这与西方社会动辄找心理医生的心理问题解决方式形成鲜明的对比。

二、领导谈心式的心理咨导

自新中国成立以来，形成了一种以领导谈心、关怀、支持为主要形式的思想教育方法。几十年来，这种方法有力地保证了社会政治思想的统一，促进了社会精神文明建设，使人民群众把领导视为心理指导者。尤其是在一些企事业单位，党支部书记或单位的行政领导，如果具有了良好的思想品德，往往会成为下级或群众们倾诉自己烦恼、寻求感情支持的对象。同时因为自新中国成立至 80 年代初，大多数人的心理问题多来自物质的贫富，而领导又可以利用自己的身份对群众的疾苦提供帮助，从而使群众更加在心理上依赖于单位的领导。

甚至到 20 世纪 80 年代之后的市场经济条件下，中国企事业单位的许多职工仍愿意找直接领导倾诉自己的心理问题，包括家庭关系、子女教育、消费冲突、人际关系矛盾以及工作压力等等。这种心理咨导形式之所以有如此强的生命力，除了长期的思想教育工作积淀的心理定式之外，还有一个重要原因就是中国长期封建社会的文化心理传承，使国人的权力崇拜意识极强，个人（作为一般民众）做出决定、独立解决问题的能力较弱。因为一般公共活动和个人命运都决定于当权者的好恶喜悲，所以个人一旦有了心理上的困难，特别是与名利相关的心理困难，便会寻求领导的安慰、支持乃至许诺，从而使自己得到安全感。一旦领导对其价值予以认可，并表示了一定的重视和尊重，便会使心理问题解决多半。

尽管随着经济、政治、社会运行体制的变化，以及生活方式和社交范围的多元化、扩大化，这种形式正在被淘汰，但在计划经济仍然困扰人们的思想观念的西部各省（市区），人们寻求的心理咨询形式仍是领导谈心。我们以为这不能视为落后，恰恰应该提倡。

三、权威评导式的心理咨询

当代中国的广大农村，生活水平仍比城市低得多，农民的文化水平又相对较低，多神崇拜的迷信心理仍很盛行。许多农民面临身心问题，都是在无钱可求治的情况下，求助于庙里的神仙，因为中国人多是功利性的信神，所以信则灵、不信则无。求神问卜、烧纸点香起的是一种心理咨询作用。农村妇女特别是老年妇女甚至是中老年男性，其家庭关系心理问题、农业收入、天灾人祸引起的心理问题多半通过求神问卜以得到心理支持。所以尽管迷信活动弊大于利，但心理治疗方面的利还是有一点的。

由于这种迷信心理，农村社会的权威崇拜意识也大大强于城市。中国农民总是把某方面的权威人物与神仙联系在一起，尤其是一些懂得天文地理的小知识分子。因此落第秀才便研究周易、万年历、算卦书等，一旦小有名气，便成为农村社会的精神权威，从而成为心理咨询工作者。他们不仅为群众提供为人处世的原则、风俗习惯的指导，而且也成为农村人倾诉自己心理问题的对象。这些人年龄一大，便会成为长老。他们在一个村落里（自然村而非行政村）会有很高的权威。农村所有无社会地位的人的行为都会受他的控制。而他自己又会用权威评导的力量解决农村中的人际关系问题、家庭矛盾问题以及子女教育问题等等。

农村人家里有婆媳矛盾、子女不学好、生活困顿、疾病缠身而又无可奈何，引起焦虑、紧张、烦恼等问题时，都会自觉地在长老那里寻求咨询。长老的话无论有没有逻辑性、有没有科学性，都会得到无原则的服从。尽管有些时候也会引起更大的麻烦，但在多数情况下，长老的评论和指导会使问题得以暂时解决。

这种传统的心理咨导形式甚至在一些发达的城市社会中也仍然存在。城市的大领导往往扮演着长老的角色。前述的领导谈心式的心理咨导方式正是农村长老评导在城市中的表现。

现当代心理咨询和治疗的理论和方法多源于洋人（美国、德国、英国、日本）。西方资本主义社会是一个实用主义、功利主义、物质主义、商业主义盛行的社会，亲情、友情、爱情皆附着于物质、金钱的交换之中。精神危机和心理冲突成为普遍的社会问题。家庭、乡村、员工单位不能提供心理的支持，导致心理压力大增、心理疾病日甚，于是心理咨询和治疗便盛行于西方面发达国家。实践的需要使其理论颇多、方法特异。而中华民族恰是一个文化心理积淀十分浓厚的民族。这种文化往往把心理问题与道德上的失范、良心的谴责联系在一起。与此同时，中华民族的儒家文化又是十分讲人情的，仁义礼智信，核心在于情。于是便形成了前述的几种不以心理咨导命名的心理咨导形式。这些形成虽然不比西方进口的形式有规范的理论和方法，但其方式更适合中国人。这也是西方进口的理论和方法在中国难以普及的原因。当然，有西方人曾说过，心理咨询是富人的奢侈品。中国大多数城乡民众目前还不富裕，享受不起专门心理咨导，因此，选择传统的心理咨导形式便成为必然。

我们以为，总结传统的心理咨导形式推而广之，并与进口理论和形式相结合，更有利于心理保健意识的增强。所以应当视传统的心理咨导形式为一种准科学形式，剔除其负面影响，发扬其积极作用，建立本土的心理咨导模式。

第二节　心理教育功能的有限性及其职业发展理念

人本主义心理学是 20 世纪 50 年代兴起的心理学思潮，是继精神分析心理学和行为主义心理学之后的第三思潮，其主要理论有需要层次理论和自我实现理论。当时，受过正统的精神分析训练的马斯洛博士出版了《动机与人格》，为人本主义心理学的兴起奠定了理论基础。20 世纪 60 年代便有一大批著名的心理学家团结在他的周围，组成了人本主义心理学联盟，诸如罗杰斯、罗洛梅、戈尔德斯坦、霍妮、弗洛姆、沙利文等都成了这个联盟的成员。在当代美国心理学界，虽然认知心理学逐步占据优势，而且认知神经科学已经兴起，但人本主义心理学成果仍然被广泛地应用。

马斯洛所感兴趣的是人格中的需要和动机以及自我实现，他的需要分层理论为人们熟知。他认为人有五种基本需要，即生理需要、安全需要、爱与归属的需要、尊重的需要和自我实现的需要。这五种需要都是人的天性。随着年龄的增长它们不断地表现出来。在成年人身上，当低层次的需要满足以后，就会产生高层次的需要。自我实现的天赋倾向是人格发展的内在驱动力，也是人格发展的终极目标和状态；但是，很少有人能达到他为自我实现所制定的标准，六十岁以前的人大多数只是在向这个目标进行。后来他又修改了这个理论，增加了审美和认知需要，形成七级需要理论。当代心理学界认为，目前这个理论能够比较好地解释人类的需要。

一、需要层次理论与心理卫生和心理教育功能和范围

改革开放 40 年来，关于心理健康和心理素质及其相关的概念一直存在争论，我们认为，健康是一个人生理和心理机能在与自然和社会相互作用的过程中适应和发展的协调状态。卫生工作的总目标是维持健康、保护生命。其途径有二，一是生理卫生，二是心理卫生。心理健康是一个人心理的认知、情感、意志等各种机能能够适应生存的需要，并在适应中不断发展的协调状态。心理卫生就是利用人类已经发现的身体和心理规律运用预防、锻炼、治疗等手段，维护健康、保护生命，为人类的正常工作、学习、生活提供基本条件的工作过程。生理卫生的主要工作内容是科普宣传、检查诊断、药物治疗、手术治疗等。其主要的工作承担者包括体育工作者、狭义的卫生工作者、医疗工作者、心理学工作者；心理卫生的主要内容有科普宣传、咨询指导、心理治疗、药物治疗，其主要的工作承担者是心理学工作者、卫生工作者、精神病工作者以及教育工作者。

素质是在遗传的基础上，经过后天环境的熏染和教育的作用而形成的个体品质的总和。教育是一种培养人的社会活动，其总目标是提高人的素质。其途径有体育和心育（包括智力教育/智育、情感教育/德育和美育等）。心理素质就是人的认知、情感、意志等心理机能在社会实践中所表现出来的个性行为品质。心理教育是利用教育的各种途径和方法，提高和塑造学生的各类认知、情感、意志品质的活动过程。体育的主要途径是生理知识传授、锻炼、运动。心育的主要途径有心理知识传授、辅导、咨询。前者的主要工作承担者是卫生工作者、体育工作者；后者的主要工作承担者是心理学教师、班主任、任课教师

等。但是，在具体工作中，以健康为目标的心理卫生工作如心理咨询、心理治疗和以素质为目标的心理教育工作如心理教学、心理辅导、心理咨询等，往往很难分清。所以，我们主张从理论上分清，但在具体工作中要结合实际，把二者结合起来。既要注重心理问题的预防，又要注重心理学知识的教学，更要积极开展心理辅导活动，也要为学生提供相应的心理咨询。至于发生严重的心理疾病，则要送有关的治疗机构。因为学校毕竟是教育机构，不是卫生机构。

无论是心理卫生还是心理教育，它首先是卫生，首先是教育，是根据有关理论，按照有关技术，为了解决人的中层次、高层次需要受阻造成的心理问题而开展的工作，并发展出的职业领域。无论是一般的心理问题，较为严重的人格障碍、神经症，还是严重的精神病；无论是学习心理问题、性爱心理问题、社交心理问题，还是家庭心理问题、教育心理问题、管理心理问题，都是人的需要，比如生理需要、安全需要、爱与归属的需要、自尊与尊重的需要、自我实现的需要等不能满足或者满足过程中遇到障碍引发的。但是以心理健康为目标的心理保健、心理咨询、心理治疗等心理卫生工作和以心理素质为目标的心理教学、心理辅导、心理咨询等心理教育工作，主要功能和职能是解决高层次的爱与归属的需要、自尊与尊重的需要、自我实现的需要受阻所引发的心理问题，对于由生理、安全需要不能满足而引发的心理问题，心理学工作者既会感到力不从心，其实也不是职责所在。比如一个没有工作、没有妻子或丈夫、没有住房的人，既吃不上饭，又无法解决性的欲求，更没有安全的住所，生命时刻受到威胁，由此引起的心理问题，心理学专家是不可能解决的。所以，心理学家所面对的职业对象应该是生理、安全需要已经获得基本满足的人。国外有的心理学家说，心理咨询、心理治疗是富人的奢侈品，虽然话说得不太好听，但道理是一样的。

二、当前我国心理卫生与心理教育工作中存在的问题

20 世纪 80 年代以来，我国的心理卫生与心理教育学科与事业获得了空前的发展，取得了巨大成就，心理保健知识的普及水平逐步获得提高，心理咨询、心理辅导、心理治疗事业和职业正在逐步引起公众的重视，从业人员逐步增加，科学性也有所提高，但也出现了发展中的问题，其中之一就是心理卫生和心理教育万能观念。其夸大了心理保健、辅导、咨询、治疗技术的适用范围和功能，试图用解决高层次社会需要的心理技术解决低层次生理需要问题。

目前我国正处于转型时期，由于区域差距、城乡差距、贫富差距日益拉

大，逐步超出了公众可以接受的心理底线，社会矛盾日益复杂，社会动荡冲突时有发生，特别是企业转制造成工人失业；人口膨胀、农民土地太少造成失业；大学生就业困难，使全民社会心理问题越来越复杂，政府面对巨大的压力，就从心理卫生和心理教育事业的蓬勃发展中看到了一些希望，希望以心理学的理论和技术来缓解社会心理冲突，为政府的改革争取时间。于是就鼓励、倡导思想工作者、心理学工作者配合政府工作，用心理辅导、心理咨询的办法解决失业工人的心理问题和贫困大学生的心理问题。但是根据人性也就是人的需要理论，人在基本的衣食住行需要得不到满足的情况下，其心理问题是难以用心理干预来解决的，何况就目前健康心理技术的成熟程度来看，也没有达到生理卫生技术的水平。所以目前心理学界存在着夸大心理保健、心理辅导、心理咨询、心理治疗的功能的问题，因为心理学技术还没有发展到像身体医疗技术那样的水平，所以这种夸大的结果使公众对心理学产生了误解，当寻求心理咨询的当事人通过咨询得不到问题解决时，就会认为心理学是无用的科学。而且还造成了江湖心理学的泛滥，一些没有受到过心理学训练的人，打着心理学的旗号，用血型理论等进行算命，以达到麻痹公众、骗取钱财的目的。所以，以满足生理需要为主要目的的失业问题仍然要依靠政府首先解决就业，依靠科学发展观，逐步消解两极分化，使人民群众安居乐业，只有这样，心理学家才可以发挥作用，来解决由于各种需要不能较充分地得到满足而引发的心理问题。

三、心理卫生与心理教育的理论研究与职业发展理念

（一）心理卫生与心理教育的理论研究和技术发明现状

心理卫生与心理教育的理论基础是生理心理学、健康心理学、人格心理学和教育心理学，就心理卫生和心理教育内部而言，主要有概念问题、心理健康和心理素质标准问题、心理疾病的分类问题等，这些问题至今仍然困惑着我们。一方面心理学本身就是一个概念混乱的学科，另一方面目前从事心理卫生和心理教育工作的理论工作者、心理医生、心理辅导员、心理咨询师、心理治疗师，都来源于不同的学科领域，比如教育学、医学、心理学、思想教育学、体育学、社会学等，这就使这一专业和职业领域的概念更加复杂化。同时，无论生理心理学、健康心理学还是人格心理学、教育心理学，基本都是进口的学科，本土化进程非常慢，乃至于这些学科仍然让公众感到神秘。所以加强心理卫生与心理教育的基础理论研究，需要学术界的高度重视。

心理保健、心理咨询、心理治疗、心理辅导的程序和方法很多，比如支撑精神分析理论的梦境分析法、自由联想法；由行为主义理论推导出的系统脱敏法、厌恶疗法、奖励惩罚法；由人本主义理论指导下总结出的当事人中心治疗法；由认知心理学推导出的理性情绪法；由日本移植中国的道学理论推导出的森田疗法；由伊朗心理学家根据东方寓言故事对人的人生哲学教育推导出的积极心理治疗法；如此等等，这些方法我们更愿意称为技术，否则会让学术界的同人误解心理学没有技术，大家都正在推广。但是，在咨询所和治疗临床中，这些技术需要当事人的密切而漫长的配合，需要当事人有比较高的文化程度，从而严重影响公众对心理卫生和心理教育专业技术的信念。公众期望心理咨询与治疗就像目前的身体疾病治疗那样，能够通过望闻问切，通过仪器检查，通过体液化验，通过心理测验，确切诊断心理问题或疾病，然后发明一种技术，就像感冒后打一针，或者吃药做手术一样，很快可以解决心理问题，解除心理痛苦。但是，我们目前没有这样快速有效的技术。只有精神病院里的医生在采用一套药物、仪器、安慰综合技术，可是精神病治好后的复发率和痔疮的治疗预后没有多大差异。所以说，连心理学专业的博士也对现在西方进口的这些技术缺乏信心，有人评价说，强烈的社会需求与相对软弱的应对能力是心理卫生与心理教育事业的现状之一。

（二）心理保健、辅导、咨询、治疗事业与职业的发展

无论在美国还是在欧洲许多国家，心理卫生事业从萌生到形成一种社会职业，所经历的时间均在20—30年。中国的心理卫生工作，从20世纪30年代发端，曲曲折折走过了近80年的历程，而心理教育事业则是从20世纪80年代后期随着素质教育概念的提出而开始的。至今为止，相互紧密联系的领域已经获得了引人注目的进展，心理保健、心理辅导、心理咨询、心理治疗等具体的职业正在逐步专业化、社会化。就其广度来说，已涵盖社会现实生活的许多层面。治疗机构中建立的心理咨询与治疗科室，除将心理咨询治疗工作落实到各科疾病患者身上外，还将其服务广泛地拓展到社会人群；而不同社会群体的职业领域，如交通、煤炭、铁路、石油、学校等也各有自己的心理卫生组织。针对不同职业群体的职业特点和不同的心理健康特点，正在探索和实施具有职业特点的心理保健措施；近几年来心理卫生与心理教育已扩展到监狱、部队等特殊领域。另外，配合国家政策的贯彻执行，还开展了专项心理卫生服务，如计划生育中的心理卫生工作等。同时，来自社会各阶层和各学科领域的从业人员迅速增长。有的来自医学领域、教育领域，有的来自工会系统、妇联系

统、共青团系统等。卫生部在制定三级甲等医院的指标时，要求必须设临床心理科或心理咨询科。这种由政府职能部门做出的决定，使心理卫生和临床心理学家进驻了医院，也使"心理医生"的称谓似乎找到了依据。同时，国家从2001年开始实施国家心理咨询师和心理治疗师职业标准，并组织心理咨询师和心理治疗师考试，今年已经有第一批从业者获得资格证书。国家教育部已经印发了两个文件，推进各级各类学校的心理保健和心理辅导工作，有些学校已经实行心理辅导员制度，促进心理教育活动的开展。从业人员的社会身份的社会认可是职业化的重要指标之一。心理卫生工作者社会职位的确立，促进了心理卫生工作职业化。

然而，正如一些理论工作者指出的那样，知识一旦变为商品，必须要在流通（使用）中去实现它的使用价值，从而获取应用的经济效益。一种事业的职业化，哪怕是理发、美容、开饭馆，关键标志是从业者的劳动能够获得社会承认，并从社会中获得经济的等价报酬。就我国心理卫生和心理教育事业现状来看，心理卫生和心理教育的社会效益已经逐步获得了社会认可，但经济效益极微。主要是缺乏一套科学评价体系和机制。许多公众认为，医生、教师、青年工作者、妇女工作者兼职做一些心理咨询、心理辅导工作，不过是动一动嘴皮子。这主要与目前从事这些工作的同志专业化程度不高有关。1985年，中国心理卫生协会的成立，标志着中国心理卫生工作已形成了一种有生命力的和科学化的职业力量。从那时起职业队伍越来越庞大，队伍的来源主要是临床医学界和教育界，也有其他学界的人员转入心理卫生和心理教育领域；真正心理学界、精神病学工作者比例较小。当然从文献看，美国和欧洲许多国家在心理卫生事业开始初期，也都是非专业人员广泛介入，所以这也是正常的。

鉴于此，我们认为，为适应经济转型和生活现代化背景下心理卫生和心理教育事业发展的社会需要，要从两个方面着手推进心理保健、辅导、咨询、治疗事业与职业的发展。一是利用政府行为，大力推进各类心理卫生与心理教育机构工作人员的专业化水平，主要包括在大学中开设专业，在实行心理咨询师、心理治疗师资格考试的同时，实行心理保健师和心理辅导师的资格认定考试制度，把心理卫生院、心理咨询辅导中心、心理治疗医院的审批纳入工商管理系统，按照事业单位企业管理机制进行审批管理，制定心理保健、辅导、咨询、治疗指导价格，使公众逐步认可这些工作的劳动价值；二是由政府牵头，教育、卫生、司法、企业等部门参与，建立心理健康卫生和心理素质教育体系，实行三级预防三级教育。

第三节 心理医生流动工具箱的实践需求和设计思路

新世纪以来，北京、上海、广州许多心理测验和心理学著作软件开发公司，开发了许多心理学著作工具箱和心理咨询师工具箱。考察这些工具箱，都是静态被动使用的工具。也就是心理咨询师只能在心理咨询所里等待当事人或心理疾病患者前来咨询、请求治疗时，用来进行心理检查或心理保健知识宣传。

一、当前流行的心理咨询师心理测验辅导工具箱举隅

20 世纪 90 年代以来，有些心理学软件研发公司、出版社、心理测验工具科技开发公司，研发了各种不同类型的心理测验技术、心理咨询技术、心理保健技术、心理管理技术、心理教育技术工具箱。综合起来可以分为三类。

第一类是出版社出版的工具书，如电子工业出版社出版的齐忠玉编著的系列工具箱——《超级主管必备心理工具箱》[①]、杨玉柱编著的《人力资源经理必备心理工具箱》[②]以及孙科柳编著的《行政经理必备心理工具箱》[③]都是心理学知识的应用技术和方法介绍。比如创造一个高效率的工作环境；找到最适合与下属沟通的方式；快速提升团队成员的士气；强化执行力，做团队最成功的推手；积累主管人气，培养忠心耿耿的下属等等。其中创造了许多新名词，如"懒蚂蚁"管理、角色心理实验、规避权威效应、内耗效应、错位效应、答布效应、山头效应、零缺陷意识、温水煮青蛙、牢骚效应、场化效应、马蝇效应、鲶鱼效应等。还有刘振中编著的《人际高手的 50 个心理工具》[④]，汇集了 50 种与人际交往有关的常用心理工具，这些心理工具分为五个门类，包括认识并提升自己的交际能力、发现并运用自己的交际风格、表现自己的交际魅力、读懂他人的交际密码、工作中的交际。每个门类都包括多份评估表或调查问卷，用以调查人际交往方面的技能、态度和行为，以展示人际交往方面的技能、素质和性格特征。这些工具来自长期工作实践和理论研究成果，主要用于诊断个人在人际交往中可能遇到或存在的问题，对认识和提高个人的人际交往能力、提高人

---

① 齐忠玉：《超级主管必备心理工具箱》，电子工业出版社 2010 年版，第 1 页。
② 杨玉柱：《人力资源经理必备心理工具箱》，人民邮电出版社 2009 年版，第 1 页。
③ 孙科柳：《行政经理必备心理工具箱》，中华工商联合出版社 2006 年版，第 1 页。
④ 刘振中：《人际高手的 50 个心理工具》，电子工业出版社 2008 年版，第 1 页。

际交往不平、改善生活和工作中的人际关系很有帮助。比如上海林紫心理咨询中心王怀齐编制的心理咨询师工具箱，是北京师范大学心理测量专家以多年的科研实践研发的量表汇编①，包含能力测评、心理健康、学习能力、人格特征、职业指导、家庭教育等方面，每个量表的信度和效度都有可靠的保证。通过测试，可系统地反映出咨客的心理健康状况和心理素质水平，为心理健康辅导、心理咨询等提供直接依据。

第二类是科技开发公司研发的心理咨询师或团体辅导测评工具箱。比如PES 系列产品之 PES 心理测评工具箱（简称 Toolbox）②，由北京大学心理系INSIGHT 工作组研制。它由人格测评（8 个）、心理健康测评（17 个）、临床诊断（6 个）及能力兴趣测评（3 个）四部分组成。该产品具有当场施测、数据输入及大规模施测后的光电阅读三种方式。比如依托北京师范大学心理学实验室成立的京师博仁（北京）信息科技有限公司开发的团体心理辅导活动工具箱。该工具箱是针对不同年龄阶段学生的心理发展特点专门开发的心理辅导活动课程工具箱，结合了国内热门心理辅导活动培训经验和国内外的最新团体辅导活动，致力于通过不同的主题活动促进学生的心理健康和积极成长。博仁团体心理辅导活动工具箱分为小学版、中学版和大学版。每版工具箱包括十几个主题，约三十个活动。工具包内有工具 30 多类，300 件。同时配有活动指导手册、活动工具、活动音乐盘、活动指导手册的电子光盘等。再比如韦志中监制的团体心理咨询技术工具箱学校 1.0 版，每个工具背后都有一套完整的技术、流程和操作，同时也是一套心理教育课程，还配备了相应的团体心理道具以及活动光盘，为团体心理咨询工作的开展提供硬件支持。产品具备专业性、系统性、经济性。工具箱包括三个主题，每个主题 20 个技术，共计 60 个团体技术。还有盛世智心团体心理活动辅导工具箱，由北京盛世智心文化交流中心研究发展，包括大、中、小学和各课程对应的活动器材。团体心理辅导活动工具活动器材箱含有环境适应、沟通交往、竞争合作、自我意识、创新实践、心灵成长活动内容以及与活动内容相匹配的专用器材。团体心理辅导活动指导手册详细介绍了各个活动：每个活动的名称、目的、时间、器材、场地、程序、活动评价以及注意事项。工具箱包括十几个主题，约三十个活动。工具包内有工具

---

① 王怀齐：《心理咨询师工具箱》，上海画报出版社 2005 年版，第 1 页。

② 北京大学心理系 INSIGHT 工作组：《PES 系列产品之 PES 心理测评工具箱》，《中国心理卫生杂志》2003 年第 9 期。

30多类，300件，同时配有活动指导手册、活动工具、活动音乐盘、活动指导手册的电子光盘等。

第三类是全套心理测量工具箱软件系统，由北京大学心理测量实验室研发，弗奥心理咨询公司提供。[①]软件系统集中了临床实践和科研工作中常用的成熟、优秀的心理测验量表，是各种类量表工具的集成，故名为心理测量工具箱。共34个量表，用于智力、个性、人格特征、潜意识、职业兴趣、婚姻质量、心理健康、精神障碍测评。能快速提供成才、就业、交友、择偶、婚姻、教育子女及心身疾病预防指导。自动生成诊断与分析报告，帮助人们了解、诊断并提供咨询服务。计算机自动生成诊断与分析报告，"使您成为您自己的心理医生"。具体包括瑞文推理测验（简称SPM）、职业兴趣测验（简称VIS）、艾森克人格问卷（简称EPQ）、卡特尔人格量表（简称16PF）、气质量表、儿童行为量表（简称CBCL）、症状自评量表（简称SCL—90）、中学生心理健康量表、婚姻质量问卷（简称ENRICH）、家庭环境量表（简称FES）、幸福度量表（简称MUNSH）、生活事件量表（简称LES）、老年抑郁量表（简称GDS）等。还有许多公司开发的适于实验室使用的幼儿心理研究工具，人力资源开发测评、智力测验工具。

二、电子化心理测评工具箱的问题和现场实践简易化需求

考察目前流行的电子化心理测评工具箱，存在许多问题，首先是难以适应医师出诊治疗的需要。当代中国民众的生活水平还未达到发达国家水平，心理疾病的咨询治疗都是本人或者家属带到心理咨询辅导机构或者心理康复机构进行咨询治疗，我们可以充分利用这些机构的实验室和测评中心工具。但是，我们必须考虑到，就像身体医生一样，有时候我们需要出诊家庭治疗，处理突发个体心理危机事件，或者对难以到心理咨询辅导机构或心理康复机构接受治疗和辅导的当事人。面对这种情境，我们需要心理测验评价工具时，不可能把庞大的电子化测验工具背到当事人家里。其次是大型自然灾害、人为灾祸、群体心理危机、家庭心理变故等事件发生时，我们也不可能把需要心理危机处理的集群带到我们工作的心理危机处理机构。有些情况下我们找不到电源，更多情况下，当事人难以配合操作复杂的电子化测验软件。而且，处于应急状态的民众或者心理疾病患者，即使使用微型手机测验也是无济于事。更重要的是许多

[①]　北京大学：《心理测量工具箱》，《弗奥心理咨询公司》2012年第5期。

心理测验良表耗时太多，根本不适合现场测验评价。

总而言之，如果发生大型自然灾害、人为灾祸、群体心理危机、家庭心理变故、个体突发心理疾病乃至急性精神疾病，需要心理咨询师、心理医生现场诊治辅导治疗，则那些计算机化的、笨重的、只能安装在电脑中的工具就难以派上用场。心理咨询师、心理医生只能凭借自己对诊断标准的记忆来诊断治疗或者咨询辅导。如果我们能够研发一种简便易携带又易于现场操作的工具箱，这一问题就可以得到比较好的解决。

三、组织研发心理医生流动诊断测评工具箱的技术设计思路

依据前述问题，笔者经过多年的实践和思考认为，我们应该编制一套适用于心理医生或者说心理咨询师随身携带的、便携式的心理咨询师工具箱。好在医院的医生随身可以携带的药箱为我们提供了一个可以参考的思路。如果我们采用20世纪无电子化时代身体医生出诊的药箱制式，特别是20世纪中国乡村赤脚医生使用的药箱制式，就能够实现这一创设。

通过资料查阅我们可以看到，20世纪初的基督教医院里，就给医生配发出诊药箱，说是药箱，其实包括许多诊断工具。20世纪70年代，赤脚医生使用的药箱是棕色牛皮，长34.5厘米、宽15厘米、高25厘米，当时内置听诊器、止血带、消毒玻璃瓶、剪刀、急救药品等10多件药品器械。1984年虽然配发的新式药箱规格有所变化，但变化不是很大。新世纪以来，医疗器械公司如深圳固龙铝箱制品厂研制的药箱产品材质是铝合金彩铝圆角包边、密度板面料、上等皮料、常规五金。可根据要求定做：PVC/ABS、密度板、真铝片、透明亚克力、五金塑料配件等。产品包装是汽泡袋、白盒、外箱，5层瓦楞纸箱，并可根据要求定做中盒（白盒，瓦楞纸盒，彩盒）。产品采用铝合金构架，高密度板材及其他五金配件制作而成。产品外观精美，设计新颖，结实耐用。内衬方面可采用各种布料，也可根据要求制作EVA、海绵模型，箱体也可根据要求印制图案。广泛应用于各类产品包装，能有效提升产品档次，保护产品，避免产品在运输途中损坏，是赠送亲友、产品促销、家用、户外作业等佳选。

笔者设想制作开发一种轻便的、容易携带的工具箱，其中包含许多纸质的简易心理障碍测评量表和DSM、ICD、CCMD等各种版本的精神疾病评价手册，包括团体辅导的简易工具和供当事人改变认知的科学普及杂志，包括精神医生常用的治疗抑郁、焦虑的药物以及常用镇静药物，也包括镊子、创可贴、剪刀、放大镜、铅笔、油笔、铅笔刀、计算器、信封、稿纸、扑克牌、积木、

魔方等。但是，可以将心理障碍测评量表和 DSM、ICD、CCMD 等各种版本的精神疾病评价手册分为单册装订，进而过塑，防止多次使用后脏、旧、烂。同时答题卡或纸张，则需要多准备几套乃至百套。为了便于心理咨询师和心理医生区别使用，在销售过程中，装有药物的工具箱只为具有医生和心理咨询师双重执业资格证的人员配发。无医生执业资格证的纯粹心理咨询师不予销售。当然，全国的执业心理咨询师预计也就几十万，这个市场不是很大。研究过程中要充分考虑三个机构，一是医院的心理卫生机构，包括精神卫生科、中心、心理治疗科、独立的精神病院等，这些机构的医生使用的工具箱里可以装听诊器、血压计以及各类药物。二是学校心理咨询辅导机构，包括大学的心理健康教育与咨询辅导中心、中小学的心理咨询辅导室等。这些机构的心理咨询辅导员使用的工具箱里，可以多配备一些教育性材料和团体辅导工具。三是社区心理卫生机构，如社区心理康复机构、乡镇卫生院、社区心理咨询所等。这些机构的心理医生需要更多与老年心理康复、家庭心理治疗有关的材料，应该区别对待。

综上所述，笔者认为，当前流行的心理咨询师心理测验辅导工具箱难以适应医师出诊治疗的需要，难以适应大型自然灾害、人为灾祸、群体心理危机、家庭心理变故等事件发生时心理危机处理需要。我们应该编制一套适用于心理医生或者说心理咨询师随身携带的、便携式的、非电子化的心理咨询师工具箱，好在医院的医生随身可以携带的药箱为我们提供了一个可以参考的思路。我们期望有心者与我们合作开发这个产品，为心理咨询辅导和心理保健治疗事业做出自己的贡献。

第四节　心理症状自评量表中国本土适用问题举隅

20 世纪 80 年代中期，国内一度掀起一股翻译和修订国外量表的热潮，其实修订就是本土化的过程，目前国内普遍使用的国外量表几乎都是在那个时期修订的，量表陈旧、常模过时。而修订的水平和施测人员的专业素质也直接影响心理测量的信、效度。有报道称：一位从德国留学回来的心理咨询师使用 SCL—90 量表时惊讶地发现，一些专为西方人设置的题目依然存在，而且这个量表的计算机化测量报告的用语非常直接和刺激，比如会出现"严重忧郁"这样的字眼。

为了进一步廓清这些问题，通过查阅相关文献资料，结合我们在劳教人员心理测量、农民心理研究以及大学生心理辅导中发现的问题，现对我国临床心理治疗、门诊心理咨询以及团体心理辅导甚至心理学研究中使用最广泛的"SCL—90 症状自评量表"信度和效度进行讨论。

一、SCL—90 症状自评量表简介

SCL—90 症状自评量表，又名 90 项症状清单（Symptom Checklist 90，SCL—90），有时也叫作 Hopkin's 症状清单（HSCL）。现版本由 Derogatis 编制于 1973 年。HSCL 的最早版本编于 1954 年，称为"不适感量表"（Discomfort Scale）；至 1965 年，发展为 64 项的 HSCL；70 年代初，Derogatis 编制了 58 项版本，即 HSCL—58，这是在 SCL—90 问世前应用和研究得最为广泛的版本，至今仍有人应用。以后发现，HSCL—58 中恐怖性焦虑、愤怒—敌对的症状项目不足，而且缺乏反映更严重的精神病理症状——偏执观念和精神病性的项目，因此诞生了 SCL—90。近年，Derogatis 又编制了一个 51 项的文本，称为"简易症状问卷"（Brief Symptom Inventory，BSI）。但后者的应用时间尚短，还难做出确切的评价。

格瑞思在中国普遍应用的版本的基础之上，分别制定了最新的不同年龄群的常模，并且将最原始的版本"SCL—90 症状自评量表"晦涩难懂的解释修改为通俗易懂的、适合中国人的解释系统（测验共 90 个自我评定项目。测验的 9 个归类因子分别为躯体化、强迫症状、人际关系敏感、抑郁、焦虑、敌对、恐怖、偏执、精神病性）。当前最广泛使用该量表门诊检查精神障碍和心理疾病，适用对象为 16 岁以上的用户。测量的目的是从感觉、情感、思维、意识、行为直至生活习惯、人际关系、饮食睡眠等，评定一个人是否有某种心理症状及其严重程度如何。它的每一个项目均采取 5 级评分制，具体说明如下：1. 无：自觉并无该项症状；2. 轻度：自觉有该项症状，但对受检者并无实际影响，或影响轻微；3. 中度：自觉有该项症状，对受检者有一定影响；4. 相当重：自觉常有该项症状，对受检者有相当程度的影响；5. 严重：自觉该症状的频度和强度都十分严重，对受检者的影响严重。这里所指的"影响"，包括症状所致的痛苦和烦恼，也包括症状造成的社会功能损害。"轻"、"中"、"重"的具体定义，则应该由自评者自己去体会，不必做硬性规定。SCL—90 没有反向评分项目。它的适用范围颇广，主要人群为成年的神经症、适应障碍及其他轻性精神障碍患者，但不适合于躁狂症和精神分裂症。

二、SCL—90 症状自评量表的中国本土适用问题举隅

（一）劳教人员心理诊断与 SCL—90 症状自评量表使用中的问题

2000 年以来，我国劳教系统逐步开展劳教人员的心理矫治工作，但心理矫治对改造劳教人员的作用却逐渐被人为地夸大，导致了一些片面甚至错误的舆论，认为劳教人员的改造中心理矫治比传统的手段更有效。而实际上心理矫治有它的局限性和特定性，其作用只能是传统改造手段的一种辅助。心理矫治在我国劳教系统运用的时间还很短，理论研究还很欠缺，实践操作还存在很多弊端。

目前国内很多劳教所对劳教人员进行的心理测验所用的工具大多是引进的国外有名的心理测验量表，如 16PF、EPQ、MMPI、SCL—90 等等，这些未经"本土化"的"进口量表"是否适用于中国人？何况是中国的劳教人员，而国内研究人员研制的各类量表还均有待于验证。除此之外，在心理测验的实施过程和结果分析中存在着表面化、简单化的倾向，从而影响测验的可信度。有的地方只是把几个测验结果放在一起，把各种相关的描述进行简单的拼凑，然后做个"10 分钟咨询"，就作为对一个劳教人员的心理诊断，再用一个档案袋把测验结果和咨询记录放进去，就算是建立了一份心理档案，这种档案，除了测验的结果及简单的几句描述之外，什么也没有。

心理测验是建立在自愿基础上的一项工作，它要求受测者必须主动、高度地配合，可劳教人员心理测验往往是被强迫作为完成任务来完成的，因为劳教人员不去做心理测验是要被扣考核分的，在这种心态下做出来的心理测验结果信度值得怀疑。再者，SCL—90 的指导语首先要让被测人员回答"最近一星期以内"题目中症状是否存在或者存在的程度，但 SCL—90 中的部分题目实际上并不适合劳教人员回答，譬如，"对异性的兴趣减退"、"担心自己的衣饰整齐及仪态的端正"、"害怕空旷的场所或街道"、"胃口不好"、"同异性相处时感到害羞不自在"、"怕单独出门"、"怕乘电车、公共汽车、地铁或火车"、"在商店或电影院等人多的地方感到不自在"等，试想，劳教人员至少最近一年都是整天待在宿舍、工厂和餐厅，主要的事情除了吃饭做工就是睡觉，甚至在生活区楼道里都不允许随便转悠，上厕所都须"打报告"，哪有机会和精力"去电影院看电影"、"乘电梯"或者"对异性产生兴趣"，要回答这些问题只有应付和想象。据我调查，国家每天给每位劳教人员的伙食费不高，哪能存在"最近胃口好与不好"的问题。这样的量表测出来的结果信度和效度就更值得怀疑了。

（二）大学生心理诊断与 SCL—90 症状自评量表使用中的问题

20世纪90年代以来，我国许多大学都会给新入校的大学生建立心理档案，它是学校心理咨询中心的一个规范化要求。全国各高校心理健康建档中所普遍采用的两个量表是 SCL—90（90 项症状自评量表）和 UPI（大学生人格健康调查表），由于这些量表都不是根据我国大学生实际编写的，所以我认为在使用过程中必须有一个本土化的过程，这些量表大部分只是对大学生心理状况的某些方面进行衡定，偏重于病理方面等消极心理因素，而对心理发展、精神状态等积极心理因素方面的作用却被忽视，因而有一定的局限性，概括起来主要有以下几点：1.选择的量表都是引进修改版，而比较和解释结果的常模缺乏本土化，其中的题目基本不适合我国大学生来回答。如 SCL—90，其中关于"性"题目用于成人还可以，但用到学生身上，明显不妥，好在有一点，UPI 中的题目还比较适用于我国大学生群体，对缺乏本土化量表的使用是一个很好的补充。2.测量工程很大，档案中的测量结果很少使用，厚厚的卷宗平时都在"睡觉"。3.问卷的发放及施测人员大多是学习心理学专业的学生，只是经验不足，统计与分析都有纰漏；有些大学没有开设心理学专业，就只好请专家或靠兼职辅导教师来施测，没有经过专业培训，对数据的解读凭想当然，有很多人甚至看不懂。4.行政部门对大、中小学心理档案的建立没有出台规范化的统一标准，更没有配备相应的软件。或者更准确地说，适合中国国情的大、中小学心理测量软件及其配套的常模尚未诞生。

（三）农民心理诊断与 SCL—90 症状自评量表使用中的问题

为了完成"甘肃城乡和区域社会心理跨文化研究"项目，2004—2006 年，我们利用寒暑假，选派河西学院心理学专业 2003 和 2004 级各 24 名本科生，到自己家乡所在社区和村庄，采用症状自评量表、男女双性化人格量表、社会支持量表对甘肃河东（黄河以东）的天水、平凉、白银、庆阳、定西等 5 个地级市区域的 9 个社区、9 个村庄和河西（黄河以西）张掖、武威、酒泉等 3 个地级市区域的 5 个社区、5 个村庄针对 1500 名城乡居民进行心理差异调查。结果发现，首先该问卷的许多题目不适合农民，比如对异性的兴趣减退一项，首先是学生不好意思问，其次是农民不愿意说；比如担心自己的衣饰整齐及仪态的端正一项，农民认为只有在重要的婚丧嫁娶场合才会打扮一下；比如害怕空旷的广场和街道一项，很多农民觉得特别可笑；比如对事物不感兴趣项目，大多数农民说，就看是啥事物了，如果是好衣服或者钱，就感兴趣，时装模特就没有多少兴趣；比如怕乘地铁、电梯、电车等项目，农民基本上没有办法答；至于身体症状几乎所有调查对象都比较严重。所以按照这个量表测验农民的心理健康很难，必须进一步本土化。

所以，"SCL—90 症状自评量表"不太适于对农民心理的研究和农民心理健康的评定。由于文化程度和生活环境的限制，特别是生活经验的限制，这些农民无法回答或者无法理解其中的许多问题。有些问题没有充分考虑乡村文化的心理特性；有些问题超出了农民的经验范围；大多数问题的表达句式和词汇没有考虑文化程度较低的农民的理解问题。

三、关于心理健康测验和问卷编制本土化的意见

命途多舛的心理测量，在不少人眼里，至今依然不是一门严格意义上的科学研究和临床诊断技术，而是与求签算命一样，"不可全信，不可不信"，是一种不登大雅之堂的"奇技淫巧"。目前许多人甚至开始厌弃心理测量，原因到底在哪儿？华东师范大学金瑜教授认为：有些人赶时髦滥用测量，不考虑使用的范围和场合，甚至不切实际地夸大其作用，把测量弄得非驴非马，致使社会对其产生反感。有些测量使用者缺乏系统训练，不能按规范施测，对测量结果的解释也不慎重，降低了测量的效能，造成了人们的误解。如此导致心理测量的科学性和准确性一泻千里。那心理测量量表的本土化到底该从哪儿做起呢？

（一）建立适合中国文化的本土化的心理保健服务体系

我国心理保健服务工作始于 20 世纪 80 年代中期，在政策法规建设、队伍建设、社会服务、理论研究、机构设置等方面取得了一系列成就，但也存在一些问题，如发展不平衡、地区差别较大，队伍的科学化、专业化水平不高，缺乏有效的督导体系和统一管理、指导机构，与先进国家的心理健康服务体系相比存在较大的差距。中国心理保健服务体系建设旨在为中国的心理健康服务，为科学、社会发展服务，有必要从理论和方法上进行创新性的研究，而且有必要从考虑中国人的特点做起，中国人毕竟是中国人，用外国人的量表来测试中国人的心理特点，只能测到外国人量表中已有的一些特点，而不易测到中国人实际的心理特点。因此，进一步提高对心理保健工作重要性的认识，完善心理保健服务的法律与制度建设，重视心理保健服务人员的专业化、资格化培训，加强管理，建立督导、监督和评价机制，对完善、丰富我国社会支持和援助系统具有重要的理论和实践意义。所以我们首先必须让心理学真正地"新"起来。

（二）培养专业化本土化的心理保健辅导咨询治疗服务队伍

我国目前"心理咨询师"的考核门槛太低，形成了谁想考谁就可以考，而

且是"凡考必中"的局势，所以有必要抬高门槛，不要再让专业是化学的、数学的、英语的甚至普通民警都成为心理咨询师，从而让心理学真正地"纯"起来。要从源头上减少非专业人员从事心理学教育教学及研究工作，让学习心理学专业的人员担负起心理学本土化重担，从刚刚接触心理学开始就以严谨的态度对待心理学的研究工作，不断积累经验，提高水平。

（三）编制适应我国文化心理特征的心理健康测评理念和体系

西方心理测验应用于中国的理论研究和实践中出现的问题，归根结底，是由于文化差异的客观存在。要想解决这一根本问题，不外乎两条途径：一是消除文化差异，二是积极编制中国自己的心理测验。所以必须充分考虑我国劳教人员、学生及农民心理研究的适用性问题，在心理学基础研究的抽样中，也要让样本"纯"起来，同时应当吸收和借鉴人类学、社会学、哲学的研究方法。作者早在 1993 年就已经发表论文，提出将对联、传统游艺、故事等群众喜闻乐见的形式和内容引入心理测量量表的思路和尝试，也在 1997 年就提出把《故事会》、《读者》等杂志上的哲理故事、幽默等引入心理测量量表的思路。今后在中国城乡跨文化心理学研究中，也必须进一步落实这些思路，争取编制出能够用来研究本土心理学的、常人的量表，从而让心理学真正地"本土化"起来。

近二十年来我国心理测量取得了前所未有的突破性进展，各界心理学工作者们编制、修订了大量的测验工具，心理测量方法学取得新的进展，心理测验的社会效益也不断扩大，心理与教育学界再次掀起了心理测验的热潮。但是，中国的心理学基本理论研究和心理测量技术毕竟有限，中国的心理测验编制工作任务也非常艰巨，短时期内不可能取得完满成功。在 1997 年浙江教育出版社出版的张厚粲老先生的《心理教育与测量》的序言中，两岸学者均表示，要共同努力编制出适合我们中华民族使用，并具有国际水平和影响力的测验工具，从而使中国的心理测验工作更上一个台阶，这无疑给心理测量甚至心理学的本土化带来了福音。

第五节　心理健康教育中的心理教育与心理学教育

21 世纪的 18 年，我国中小学的心理健康教育活动逐步走向普遍化、规范化，主要表现为心理健康教育活动课程逐步成为学校的常规教育活动，学校的心理健康教育教师逐步本科化、硕士化、编制化，学校的心理咨询辅导机构设备配置越来越信息化、现代化。但是，心理健康教育的内容和形式却日益脱离心理学的知识结构和概念原理，游戏化、玩耍化的活动课程，多数进口香港台湾的心理辅导，形式虽然活泼，气氛虽然活跃，却与心理学原理越来越远，这是值得高度重视的趋势和走向，需要深入探讨矫正。现结合笔者为心理咨询辅导方向应用心理学专业开设"中小学心理健康教育活动课程设计与实施"课程的教学活动进行讨论。

一、中小学心理健康教育活动课程内容举隅

笔者为心理咨询辅导方向应用心理学专业开设《中小学心理健康教育活动课程设计与实施》课程，为了将课程设计与方法实训结合起来，原计划每一章节先设计活动课程方案，随后到中小学进行实操，但因为中小学教学时间与笔者教学时间冲突，而且中小学因为担心教学质量问题，并不欢迎学生见习实习，同时直接到中小学开展活动课程存在交通问题和时间冲突。因此，笔者将全班学生分为小学一年级直到高中三年级 12 个组，每组 4 名学生负责一个年级的活动课设计，要求组员分工，一名学生写一个自己在中小学某年级阶段的心理自传，一名学生带领大家到中小学某年级某班调研，一名学生负责活动课程设计教案和课件，一名学生随堂观摩教学活动。以初二年级为例，课堂教学时，第一名同学汇报自己初二阶段的感觉、知觉、记忆、思维、注意等认知机能，情绪情感机能，意志机能，以及人格和自我意识发展的特点和案例分析；第二名同学汇报到附近学校初二年级调研的数据分析和心理特点；第三名同学说课汇报初二心理教育活动课程设计；第四名同学用一节课时间做初二年级心理教育课程观摩教学。经过整个学期的教学，笔者发现，这种教学存在一个令人困惑的问题，学生设计的教学活动内容中，绝大多数都是网络下载的现成教案及配套课件，其中多数是游戏活动，虽然课堂气氛很活跃，但都是港台引进的活动课程，有的就是团体辅导的变种。突出的表现是与心理学无关，标题概念虽然使用了心理学的情绪、自我等概念，但内容都没有贯穿心理学科学知识的普及和渗透。

比如有两节课程是这样：导引活动是寓言故事《小马过河》，通过一个故事来认识自我，教师说：一起来看看，这匹小马在干什么？随后引导学生讨论：小马为什么不敢过河？后来为什么又敢过河了？学生讨论后，指名 2—3 名学生回答。教师总结说：一个人正确地认识自己很重要，因为小马不了解自己，所以才不敢过河。第一个活动是"猜猜他是谁？"。请 5 个同学走到讲台上来，背向大家。座位上的同学在老师的指挥下，有次序地发出各种声音，如笑声、说话声、唱歌声、叹气声、欢呼声等，请台上的同学猜猜是谁发出的声音，并讲出他们的名字。教师说大家想一想，他们是怎么猜对的呢？学生讨论后，指定 2—3 名学生回答。第二项活动是"我的特别之处"，要求学生多方面夸夸我自己，比如：1. 谁能从能力上夸夸自己，夸得越多越好。举例：我会讲故事。2. 谁能从品德行为上夸夸自己，夸得越多越好。举例：我尊敬老人。3. 谁能从学习上夸夸自己，夸得越多越好。举例：我作业从不拖拉。4. 谁能从身体素质上夸夸自己，夸得越多越好。举例：我的手指灵活。5. 谁能从性格上夸夸自己，夸得越多越好。举例：我很细心；引导学生发现自己的优点，分别找学生回答。活动结束后，请同学们谈谈自己的感受。第三个活动是"聪明的我"，每个人以"我为自己感到骄傲，因为我在 ×××× 方面做得比较好"夸夸自己做得好的三件事，小组交流，相互之间找优点。问学生，通过刚才的优点自察和优点轰炸，你有什么感受？随后引导学生讨论，学生讨论后，指名 2—3 名学生回答。教师总结说：每个人都有自己的优点和缺点。要善于发现自己和他人的优点，展示自己的优点并学会发扬自己的优点。对待别人要宽容，多看他人的优点和长处。最后是讲解寓言故事《春季森林运动会》。最后教师总结说：正确地认识自己，不但要善于发现自己的优点，还要意识到自己的不足，发扬优点，克服缺点，就能完善自己。愉快地接纳自己，接纳别人，你就会有拥有快乐的人生！

二、中小学心理教育课程中脱离心理学教育的归因分析

按照笔者的理解，心理教育就是时下流行的心理健康教育，也就是心理机能的教育，比如认知机能教育、情绪机能教育、意志机能教育，同时融合的是人格教育和自我教育。而心理学的教育其实就是心理知识的传授、心理能力的培养、心理素质的提升。应该说这两种教育同体于教育过程，但当前的心理健康教育内容却并没有同体，这就涉及教育的本质和心理健康教育的本质问题。教育的本质是人才培养的社会活动，心理健康教育的本质是使学生理解心理学的基本知识，培养学生的心理健康维护能力，提高学生的心理素质。时下的港台进口心理健康教育教学材料、视频资料都是游戏活动，其中并未融合心理学的知识，甚至学生到了高级中学毕业还不知道有心理学这门学科，对心理学的认识还处于流行的那些心灵鸡汤层次，停留在江湖心理学的层次。我们浏览下载了大量视频，只发现一个视频的教学中穿插了叶尔克斯—多德森定律，其他

视频都是用美术、音乐、体育活动代替心理健康教育活动。

问题的根源有:第一,教育部1999和2012版《中小学心理健康教育指导纲要》都规定,中小学心理健康教育不得成为心理学学科化教育,全部要求是活动课程,但是教育部并没有规定不得穿插心理学知识,即使不用心理学的概念,起码应该以心理学的原理为教育活动设计的基础。第二,中小学现有心理健康教育教师多半不是心理学专业毕业生,很多教师是语文、政治甚至音乐教师转业,通过心理咨询师考试获得证书,有些甚至通过作弊手段获得证书,完全没有心理学的基本知识储备和理解,参加某些培训班照猫画虎开展心理健康教育活动。第三,心理健康教育缺乏基于心理学知识的教材,很多教材都是互相抄袭,甚至每个年级教材缺乏差别,难以针对中小学生年龄特点开展教育活动。第四,心理学的概念、原理过于深奥抽象,直接给学生讲难以理解,但结合游戏活动讲解,很多教师缺乏教材编制能力和教学组织设计能力。

如果认真分析就会发现,现行的心理健康教育活动课程内容不是完全脱离心理学知识,活动本身包含了心理学的原理,但教师并没有显意识层面地认识和把握。可能教材或活动设计者自己心里清楚,而教师则无法理解。因此笔者认为,应该在编制心理健康教育教科书或者手册的同时,编制教师教学用书,解析每个活动的心理学背景,特别是中小学发展心理学的年龄针对性,使教师在教育活动中增强教学针对性,穿插心理学知识的普及。笔者认为,既然数学这样抽象的学科都可以在小学低年级开设,心理学与每个人的自身紧密联系,完全可以在低年级穿插讲解。

三、中小学心理教育活动课程与心理学教育结合的基本思路

早在10年前笔者就在论著中厘定了本土化的心理卫生与心理教育、心理健康与心理素质的概念。[①] 心理健康是一个人心理的认知、情感、意志等各种机能能够适应生存的需要,并在适应中不断发展的协调状态。心理卫生是利用人类已经发现的身体和心理规律,运用预防、锻炼、治疗等手段,维护健康、保护生命,为人类的正常工作、学习、生活提供基本条件的工作过程。心理素质是人的认知、情感、意志等心理机能在社会实践中所表现出来的个性行为品质。心理教育是利用教育的各种途径和方法,提高和塑造学生的各类认知、情

---

① 张海钟:《心理健康与心理素质——中国本土的概念标准测评》,敦煌文艺出版社2008年版,第32页。

感、意志品质的活动过程。心理健康标准应当是卫生学角度的标准，心理素质标准应当是教育学角度的标准，心理学可以分别制定心理健康标准和心理素质标准。在心理健康标准和心理素质标准测验的编制和具体测量中，要以心理健康标准和心理素质标准为依据，分别编制心理健康测验和心理素质测验。在心理健康卫生和心理素质教育工作中，要分别建立工作体系。

"心理健康教育"虽然是个病句，但已经约定俗成。因为心理健康是不能教育的，维护心理健康必须依靠心理卫生活动，心理教育是教育活动，是心理素质的教育。但无论称为"心理健康教育"还是"心理素质教育"或者"心理教育"，其本质其实都是心理机能和心理品质的教育。教育是以传授知识、发展能力、提高素质为目的的社会活动，心理教育就是传授心理知识、发展心理能力、提高心理素质的活动。如果教师在教学方案和教学过程中能贯穿心理学知识的传授，将更加有利于心理教育的科学化。至少应该使学生知道认知（感觉、知觉、记忆、思维、想象、言语、注意）、情感、意志、人格（气质、性格、能力、兴趣、动机）、自我意识（自我知觉、自我认知、自我评价、自我体验、自我监控、自我管理、自我教育）这些基本概念，至少应该知道学习心理学、社交心理学、性爱心理学、生活心理学、职业心理学的基本原理。如果只是组织学生游戏辅导，就会使学生误解心理学这门学科的科学性。当然，单纯向学生讲解心理学知识可能行不通，因此教育部文件的要求是正确的。所以，融合心理教育辅导中的游戏教学活动和心理学知识传授活动，无疑是中小学心理教育的良佳选择。

中小学心理教育活动穿插传授心理学知识，需要分年级阶段进行，根据12个年级学生心理发展的阶段性和差异性，安排相应的心理学知识传授内容。比如小学阶段可以安排在认识自己的活动中，知道感觉分为外部感觉和内部感觉，外部感觉包括视觉、听觉、嗅觉、味觉、皮肤觉等。初级中学起码知道机械识记和意义识记，知道遗忘的规律、复习巩固的重要性。高级中学起码知道思维的分类和过程、情绪情感发生的机制、意志行为的品质，特别是人格的基本概念和人格障碍。各个年级的学生起码知道心理健康的标准和心理保健的基本方法，知道心理咨询、心理辅导机构的功能，如何到心理咨询机构去寻求帮助。人的心理发展有阶段性，根据维果茨基的最近发展区理论，应该引导学生的思维向更高层次的理性理智阶段发展，而不是只强调适应学生的感性心理发展阶段。我国中小学的语文、数学、外语、物理、化学、生物、音乐、美术、体育等学科知识的教科书编排，向来都是既尊重学科内部的演进逻辑，同时尊重学生的心理发展阶段，特别是认知发展阶段。心理教育和心理学知识的教育应该与学科教育保持同步。

四、中小学心理教育课程贯穿心理学知识的策略举例

正如前文所述，因为中小学心理健康教育教师多数非心理学专业毕业，同时因为很多教材的港台化、游戏化，实现心理学知识润和于心理教育活动，需要建立长效机制，首先是教师专业化，教师专业化后还需要观念转型、策略交流。比如前述心理教育课程案例，教师起码应该在最后总结时告诉学生，心理学中有一个概念，叫作自我意识，它包括自我认知、自我体验、自我监控、自我教育，具体表现为自豪、自强、自卑、自信、自尊、自爱、自力、自主、自制等，我们每个人都应该有正确的自我认识，客观的自我评价，积极的自我提升，努力的自我成长。如果没有正确的自我认识，就像小马不敢过河一样；如果不经常表扬自己、夸奖自己，就会失去自信，不能自我提升；如果不努力地自我成长，就会在森林运动会上落在后面。

有个教师给高中二年级讲情绪情感的定义，其举例导引很独特，可以参考。导言说，宋朝有两个大文豪，一个是苏东坡，一个是范仲淹。范仲淹写的《岳阳楼记》大家都读过，苏东坡写的《喜雨亭记》大家也知道一些。《岳阳楼记》描述那场大雨是"若夫淫雨霏霏，连月不开，阴风怒号，浊浪排空；日星隐曜，山岳潜形；商旅不行，樯倾楫摧；薄暮冥冥，虎啸猿啼。登斯楼也，则有去国怀乡，忧谗畏讥，满目萧然，感极而悲者矣"。随后作者感慨："嗟夫！予尝求古仁人之心，或异二者之为，何哉？不以物喜，不以己悲；居庙堂之高则忧其民；处江湖之远则忧其君。是进亦忧，退亦忧。然则何时而乐耶？其必曰'先天下之忧而忧，后天下之乐而乐'乎？噫！微斯人，吾谁与归？"苏东坡写的《喜雨亭记》则云：既以名亭，又从而歌之，曰："使天而雨珠，寒者不得以为襦；使天而雨玉，饥者不得以为粟。一雨三日，伊谁之力？民曰太守。太守不有，归之天子。天子曰不然，归之造物。造物不自以为功，归之太空。太空冥冥，不可得而名。吾以名吾亭。"同样是亭楼，同样是下雨，两位文豪描述的性情截然相反。范仲淹"感极而悲者矣"！苏东坡"又从而歌之"。问学生，为什么两人的心情不一样呢？学生说：因为情绪不一样，因为感受不一样。这等于没说，说明学生的思维停留在感性阶段、形象阶段。老师说这是因为两人的需要不一样，认知不一样。范仲淹当时面临庆历新政失败，被贬官，需要晴朗的天气排遣郁闷，却遇上大雨，更加悲凉。苏东坡因为当时的扶风三年不下

雨，急切盼望下雨，修建园亭落成之际，天降小雨，所以在文章中歌之咏之舞之蹈之。由此可以发现，情绪情感的性质决定于我们的需要，如果我们认知到，客观世界中的人和事满足我们的需要，就产生积极的、肯定的、愉快的情绪情感；反之，客观世界中的人和事不能满足我们的需要，或者阻碍了需要的满足，就产生消极的、否定的、不愉快的情绪情感。情绪情感是客观世界是否满足我们的需要而产生的内心体验。

总而言之，现行的中小学心理健康教育活动课程内容和形式，虽然其中隐喻了心理学的知识原理，但因为概念日常化、生活化，形式游戏化、活动化，学生以为心理学就是游戏、就是玩耍，长此以往，会使学生误解心理学的科学性，阻碍学生的心理水平发展速度，而且某些心理教育活动实际上已经变成思想品德课程，失去了心理教育的独立性，因此需要将心理学教育融入心理教育活动之中，逐步提升心理教育的科学性。

第十一章　中国文化与甘肃省域
心理教育模式探索

第一节　甘肃省域中小学心理教育体制机制
保障实践问题

　　教育部印发的《中小学心理健康教育指导纲要》第五部分"心理健康教育的组织实施"第12—20条中指出，要加强对中小学心理健康教育工作的领导和管理，各级教育行政部门和学校，要切实加强对心理健康教育工作的领导，保证心理健康教育时间，课时可在地方课程或学校课程时间中安排。把心理健康教育工作纳入到对学校督导评估之中，加强对教师和咨询人员的管理，建立相应的规章制度。加强师资队伍建设，逐步建立在校长领导下，以班主任和专兼职心理辅导教师为骨干，全体教师共同参与的心理健康教育工作体制。专职人员的编制可从学校总编制中统筹解决。统筹安排中小学专职心理辅导教师专业技术职务评聘工作。根据学校实际情况，可聘请一定数量的兼职教师或心理咨询人员。积极开展心理健康教育的教师培训。教育部将组织有关专家编写教师培训用书，并有计划、分期分批地培训骨干教师。高等学校的心理学专业和教育学专业要积极为中小学输送合格的心理健康教育教师。师范院校要开设与心理健康教育有关的课程，以帮助师范学生和中小学教师掌握心理健康教育的基础知识和技能。这些问题概括起来就是中小学心理健康教育体制机制保障问题。基于甘肃省中小学心理健康教育专项课题"甘肃省中小学心理健康教育体制机制保障研究"（GJXLZX200911-15）研究工作需要，我们查阅了近20年发表的有关中小学心理健康教育体制机制保障研究论著，结合我们的前期研究成果和基本现状调研数据，综述并分析甘肃省中小学心理健康教育体制机制保障方面的问题和对策。

一、甘肃省中小学心理健康教育体制机制保障实践

20 世纪 80 年代，甘肃省部分中小学就已经在开展心理健康教育工作，有些学校积极与当地高等学校联合开展行动研究，积累了许多经验和成果，而且有些学校经过逐步探索已经形成了自己的特色，省教育厅、省教育科学研究所实施的科研计划项目和教育科学规划项目也积极支持心理健康教育研究，每年增列几个课题支持研究。1999 年和 2002 年，教育部分别印发了《关于加强中小学心理健康教育的若干意见》和《中小学心理健康教育指导纲要》，2012 年又印发了修订版。最近二十年，心理健康教育实验研究、行动研究更加广泛，形成区域特色，各个地州市、县市区也逐步加强了中小学心理健康教育指导和领导，进一步规范化、制度化、科学化。

（一）甘肃省中小学心理健康教育领导体制

1. 省级领导体制：基于甘肃省中小学心理健康教育工作的需要，甘肃省政府教育行政主管部门挂靠甘肃省教育科学研究所，于 2007 年 11 月成立了甘肃省中小学心理健康教育专业指导委员会，教育厅主要领导亲自担任委员会主任，主管基础教育的领导担任副主任，基础教育处、师范教育处、教育科学研究所以及西北师范大学几位教授级专家担任委员。领导体制建立之后，该中心先后多次邀请省内外专家开展中小学心理健康教育师资和辅导员培训，编写教育辅助材料，开展基本现状调研和课题研究，着力总结经验，研究区域特色，起草指导纲要和评价指标体系，配置示范性心理咨询（辅导）室，有力促进了省中小学心理健康教育工作规范化。

2. 市县级领导体制：20 世纪 80—90 年代，甘肃省中小学心理健康教育始终处于自发开展与研究状态，20 世纪 90 年代中期，部分地市教育行政部门开始通过教学研究课题立项形式支持指导部分学校开展心理健康教育第一批实验。20 世纪 90 年代后期，地市第二批实验学校设立，为心理健康教育工作实施提供了实践经验。新世纪以来，为了贯彻教育部指导纲要，随着甘肃省中小学心理健康教育指导专业委员会的成立，各地州市、县市区成立相应机构，有的地州市、县市区成立了领导小组，有的直接成立指导中心，保证了心理健康教育的行政领导和专家指导。

3. 学校管理体制：经过 20 年的探索，各类各级学校逐步形成校领导牵头，政治教育处或德育处（室）规划指导，共青团、教育科学研究室为依托，班主任具体实施的管理体制，这种体制促进了各具特色的运行机制的形成。小学主要由德育处（室）负责管理，中学主要由政治教育处（简称政教处）负责管理。

（二）甘肃省中小学心理健康教育运行机制

20 世纪 80—90 年代，甘肃省中小学心理健康教育的运行主要是以教学研究课题立项形式自发开展与实验研究，在教育行政部门领导下逐步形成成熟稳定的运行机制。

1. 高中心理健康教育运行机制：甘肃省与全国其他省份一样，绝大多数高级中学设立在县城、市城、省城，而且独立设置，只有很少的学校是完全中学。学校规模保持在 5000—8000 人，绝大多数学生寄宿学校，由于学生规模太大，升学压力太大，学生之间竞争激烈，学习时间特别紧张，心理健康教育课时难以保证，主题班会很难开展，因此运行方式主要是主管领导负责，通过政治教育处领导的心理咨询中心开展个别心理咨询、团体专题心理辅导以及高考心理指导和调节。

2. 初中心理健康教育运行机制：甘肃省与全国其他省份一样，绝大多数初级中学设立在乡镇、县城，市城、省城也有一定数量，而且独立设置，一般规模在 2000—5000 人，初中是青少年心理发展的过渡时期、急风暴雨时期、青春骚动时期，这个时期面对的问题主要是恋爱和品德问题。心理健康教育运行机制是主管校长负责，政治教育处制定规划计划，多数学校设立教育科学研究室和心理辅导室或中心，具体指导班主任和任课教师开展活动。

3. 小学心理健康教育运行机制：随着计划生育成效的显现，甘肃省的小学生数量逐年递减，农村小学最大规模 200 人，城市小学最大规模 2000 人。而且小学阶段的心理问题非心理咨询所能解决，学生不会主动寻求帮助。绝大多数学校受规模限制，尚未设立心理辅导咨询机构，也没有专职的心理教育教师。运行机制通常是校长负责，教导处制订计划，教育科学研究室配合，班主任、任课教师具体实施，定期、不定期针对学生中普遍存在的问题开展主题班会、团体辅导活动，同时通过手抄报、墙报、黑板报等形式开展心理保健知识普及。

（三）甘肃省中小学心理健康教育师资设备资料保障

1. 中小学心理健康教育师资培养培训保障

20 世纪 80—90 年代，甘肃省只有西北师范大学有心理学学历教育专业，但所培养的师资绝大多数到高校、中专工作，因此，中小学从事心理健康教育工作的教师都是因为自己的兴趣专长兼职做这个工作。直到 2000 年以后，河西学院、天水师范学院、陇东学院等几所新建本科院校才开始设立应用心理学专业或者思想政治教育专业心理咨询方向，培养心理健康教育人才，每年招生约 300 名，现在毕业专科、本科生约 1800 名。但因为地方教育行政部门的认识问题和编制限制，毕业生普遍改教其他课程，兼做心理辅导工作，部分毕业生转行到其他职业。但职后培训工作也从 2000 年开始加强。首先是各个地州市利用寒假暑假的教师培训增加了心理健康教育课程；其次是各个学校利用培训机会对教师开展心理健康教育培训；最后是甘肃省中小学心理健康教育指导中心从 2007 年以来开展的心理健康教育兼职教师培训工作和获得心理咨询师资格的教师培训工作。这些工作为中小学心理健康教育成效提供了有效保障。

2. 中小学心理咨询辅导室的建设与设备配置保障

20 世纪 80—90 年代，甘肃省许多中小学校也极力争取建设心理咨询辅导室，但因为地方教育行政部门认识局限，学校财力有限，只有很少的实验学校设立了简陋的咨询辅导室。21 世纪以来，全省绝大多数高中设立了心理咨询室，部分独立初中也设立了心理咨询或辅导室，而小学因为规模小，只有很少的省城、市城小学设立了心理辅导室。这些咨询辅导室的设备非常简陋，只有一张桌子两把椅子，再放一些与心理健康关系不大的图书。2008 年以来，随着省教育厅专项建设经费的支持，部分学校的心理咨询室建设开始走向规范化。

3. 中小学心理健康教育专门经费保障

教育经费是保障心理健康教育有效活动的基础，但 2007 年以前，省、市、县各级教育行政部门和各级各类学校几乎从来没有设立过专项经费，仅有的经费来自于实验学校科研课题经费，或者学校其他经费的附带投入。直到 2008 年甘肃省教育厅实施基础教育六项工程，以品德教育工程名义设立 100 万元专项经费开展心理健康教育师资培训、咨询辅导室建设和专题研究。

二、甘肃省中小学心理健康教育体制机制保障问题分析

通过前述现状分析，结合调研数据，我们发现，甘肃省中小学心理健康教育虽然取得了一定成效，但远远不能适应维护学生心理健康、提高学生心理素质的要求，概括起来，有如下几个问题和障碍需要逐步给予解决。

（一）领导和管理体制需要进一步理顺：虽然省级领导和管理体制基本理顺，但许多市、县、学区的领导体制和学校管理体制尚未建立，有些县、市成立了机构，但职责不明确，也没有开展工作。有些规模较大的学校至今尚未设立相关机构，也没有开展活动，或者为了应付检查，象征性请个专家开展讲座，做一些表面工作。

（二）组织和运行机制需要进一步优化：有些学校的工作仍然采用行政命

令的方式，许多学校把心理健康教育当作装点门面的工作，政治教育处、教务处、教育科学研究室、心理咨询辅导室各自为政，尚未形成有效的分工合作机制。班主任、任课教师认识欠到位，将心理健康教育要么理解为心理学知识传授，要么理解为变态心理治疗，要么理解为思想品德教育，未能很好地按照教育部纲要要求开展工作。有的学校随意使用心理测验，随意解释学生心理障碍比例，造成了社会对青少年心理问题的过度关注。

（三）师资和设备保障需要进一步加强：高等学校培养了基本可以满足中小学心理健康教育需要的合格师资，但因为编制问题、认识问题以及人力资源管理中的腐败现象，使得许多合格师资难以上岗，而被委派兼职从事心理健康教育工作的教师又勉为其难。有个别学校甚至安排教学岗位淘汰的教师从事心理教育工作。由于学校经费紧张，绝大多数心理辅导咨询中心（室）的建设尚未达到规定标准。

三、甘肃省中小学心理健康教育体制机制保障问题对策

针对甘肃省中小学心理健康教育体制机制保障方面的问题，我们认为，需要进一步学习教育部的指导意见和指导纲要，深刻领会和理解其重要性，提高认识，起草审定印发《甘肃省中小学心理健康教育指导纲要》，建立学校工作和教育行政部门工作评价指标体系，开展考核验收工作，定期评价各级各类学校学生的心理健康和心理素质状况，以评促建，使心理健康教育工作早日进入制度化、科学化轨道。

（一）继续加强对中小学心理健康教育工作的领导和管理，通过省级教育行政和专家委员会指导形式，督促市州、县区、乡镇各级教育行政部门和学校成立切合实际的领导和管理机构，建立相应的规章制度，切实加强对心理健康教育工作的领导。

（二）通过起草审定印发《甘肃省中小学心理健康教育指导纲要》和相应的评估活动，把心理健康教育工作纳入对学校的督导评估之中，促进各级各类学校逐步建立在校长领导下，在政治教育处负责下，在教育科学研究室指导下，以班主任和专兼职心理辅导教师为骨干，全体教师共同参与的心理健康教育工作机制。

（三）选择西北师范大学、兰州城市学院、河西学院、陇东学院、天水师范学院、甘肃民族师范学院等院校相应院系为中小学心理健康教育师资培训基地，为中小学培养专职或兼职师资和心理咨询师、心理辅导员。鼓励师范院校其他专

业开设与心理健康教育有关的课程。加强对教师和咨询人员的管理，教育行政部门积极与人事部门协调增加规模较大学校的专职人员的编制。统筹安排中小学专职心理辅导教师专业技术职务评聘工作。督促教育行政部门和学校继续开展心理健康教育的教师培训，系统培训已经在岗的兼职教师和咨询员、辅导员。

（四）以 2009 年遴选的 20 多个中小学示范性心理咨询室、辅导室建设为契机，积极推进中小学心理咨询室、辅导室建设计划，通过评估验收考核，争取市、县经费投入，早日实现每个学校有初步达到标准的心理咨询辅导机构的目标。同时，省级心理健康教育指导中心要积极组织编写符合甘肃各个区域、各级各类学校实际的心理保健读本，防止工作运行中的医学化、心理学化、课程化。

（五）积极推广具有区域特色的心理健康教育教研活动成果，加强心理健康教育的课题研究与科学管理，进一步开展心理健康教育与德育、与人的全面发展关系的研究。坚持理论与实践相结合，通过带课题培训与合作研究等方式推广优秀科研成果。保证心理健康教育工作科学、健康发展。

总而言之，甘肃省中小学心理健康教育工作经过 20 多年努力，由自发到实验、由探索到推广、由无序到有序，已经取得一定成效，但鉴于师资和经费保障问题，这项工作需要进一步规范，通过建立中小学心理健康教育考核评价体系，调控师资准入和经费保障，是促进心理健康教育成效的必然对策。

第二节　中小学心理健康教育的实践起点和逻辑起点探论

学科建设的起点问题是 20 世纪 80 年代以来人文社会科学界普遍关心的问题，其中教育学界的争论最为激烈。最后大家没有形成共识，其主要原因是大家对逻辑起点的概念本身发生了分歧。[①] 笔者比较同意孙绍荣的观点"所谓逻辑起点，其实就是本学科内的一些基本的概念以及对这些概念之间的最基本关系的规定"[②]。而实践起点，按照我的理解，就是我们工作实践中要解决的问题和实现的目标以及工作机制。1995 年以来，笔者发表多篇论著论述心理学理

[①]　瞿葆奎、郑金洲：《教育学逻辑起点：昨天的观点与今天的认识》，《上海教育科研》1998 年第 3 期。

[②]　瞿葆奎、郑金洲：《教育学逻辑起点：昨天的观点与今天的认识》，《上海教育科研》1998 年第 3 期。

论在教育和卫生事业中应用的概念问题，虽然也强调实践中的卫生活动与教育活动的交叉，但更多是强调概念和工作中的逻辑关系。经过这两年的调研和项目实施，有了一些新的思考，为了更好地表述这种变化，先回顾一下笔者逻辑起点的心理卫生和心理教育理论实践体系建设。

一、逻辑起点的心理卫生与心理教育理论和实践体系

正如前述，逻辑起点就是基本的概念以及对这些概念之间的最基本关系的规定。心理卫生和心理教育中之所以概念混乱，就是因为概念定义混乱，而且概念之间关系混乱，为此，我们经过 20 年研究，在多篇论文中，就健康、卫生；素质、教育；心理健康、心理卫生；心理素质、心理教育；心理问题、心理异常、心理障碍、心理疾病；心理保健、心理辅导、心理咨询、心理治疗等概念做了如下定义，并阐述了它们之间的逻辑关系。

健康是一个人生理和心理机能在与自然和社会相互作用的过程中适应和发展的协调状态。卫生工作的总目标是维持健康、保护生命。其途径有二，一是生理卫生；二是心理卫生。心理健康是一个人心理的认知、情感、意志等各种机能能够适应生存的需要，并在适应中不断发展的协调状态。心理卫生就是利用人类已经发现的身体和心理规律，运用预防、锻炼、治疗等手段，维护健康、保护生命，为人类的正常工作、学习、生活提供基本条件的工作过程。生理卫生的主要工作内容是科普宣传、检查诊断、药物治疗、手术治疗等。其主要的工作承担者有教育工作者，包括体育工作者、狭义的卫生工作者、医疗工作者、心理学工作者；心理卫生的主要内容有科普宣传、咨询指导、心理治疗、药物治疗，其主要的工作承担者是心理学工作者、卫生工作者、精神病工作者以及教育工作者。

素质是在遗传的基础上，经过后天环境的熏染和教育的作用而形成的个体品质的总和。教育是一种培养人的社会活动，其总目标是提高人的素质。其途径有体育和心育（包括智力教育／智育、情感教育／德育和美育等）。心理素质就是人的认知、情感、意志等心理机能在社会实践中所表现出来的个性行为品质。心理教育是利用教育的各种途径和方法，提高和塑造学生的各类认知、情感、意志品质的活动过程。体育的主要途径是生理知识传授、锻炼、运动。心育的主要途径有心理知识传授、辅导、咨询。前者的主要工作承担者是卫生工作者、体育工作者；后者的主要工作承担者是心理学教师、班主任、任课教师等。但是，在具体工作中，以健康为目标的心理卫生工作如心理咨询、心理治

疗和以素质为目标的心理教育工作如心理教学、心理辅导、心理咨询等，往往很难分清。所以，我们主张从理论上分清，但在具体工作中要结合实际，把二者结合起来。既要注重心理问题的预防，又要注重心理学知识的教学，更要积极开展心理辅导活动，也要为学生提供相应的心理咨询。至于发生严重的心理疾病，则要送有关的治疗机构。因为学校毕竟是教育机构，不是卫生机构。为了更清楚地表达这个逻辑关系，我们设计了两个表格来表述。

表 11-1　心理健康卫生与心理素质教育逻辑理论与实践体系表

一级目标	卫生工作：维护健康		教育工作：提高素质	
二级目标	维护身体健康	维护心理健康	提高身体素质	提高心理素质
一级途径	生理卫生	心理卫生	生理教育（体育）	心理教育（心育）
二级途径	生理保健 生理治疗	心理保健 心理治疗	预防知识传授 科学运动锻炼	心理知识教学 心理辅导咨询
实施机构	科学普及杂志 疾病控制中心 各类专科医院	科学普及杂志 心理保健所 精神病医院	社会体育机构 学校体育机构	社会培训机构 心理教育中心 辅导咨询机构
实施人员	杂志编辑； 网络管理；电视 编导；预防人 员；医生护士	杂志编 辑；网络管 理；电视编 导；心理保健 师；心理治疗 师；精神病医 师	杂志编辑； 网络管理；电视 编导；社会体育 机构教练；学校 体育教师	杂志编辑；网 络管理；电视编导； 社会心理咨询师； 学校心理辅导教师

表 11-2　中小学心理健康教育理论实践体系建构

一级概念	健康是一个人生理和心理机能在与自然和社会相互作用的过程中适应和发展的协调状态	素质是在遗传的基础上，经过后天环境的熏染和教育的作用而形成的个体品质的总和
二级概念	心理健康是一个人心理的认知、情感、意志等各种机能能够适应生存的需要，并在适应中不断发展的协调状态	心理素质就是人的认知、情感、意志等心理机能在社会实践中所表现出来的个性行为品质

续表

目标	维护心理健康		提高心理素质	
一级途径	心理卫生就是利用人类已经发现的身体和心理规律，运用预防、锻炼、治疗等手段，维护健康、保护生命，为人类的正常工作、学习、生活提供基本条件的工作过程		心理教育（心育）就是利用教育的各种途径和方法，提高和塑造学生的各类认知、情感、意志品质的活动过程	
主要内容	心理卫生的主要内容有科普宣传、咨询指导、心理治疗、药物治疗		主要途径有心理知识传授、辅导、咨询指导	
工作人员	主要的工作承担者是心理学工作者、卫生工作者、精神病工作者		主要工作承担者是心理学教师、班主任、任课教师等	
二级途径	心理保健	心理咨询与治疗	心理保健与辅导	心理咨询

二、实践起点的心理健康教育理论和实践体系

正如前述，实践起点就是我们工作实践中要解决的问题、实现的目标以及工作机制。我国的教育学、卫生学、经济学、法学基本都是实践起点为主兼顾逻辑体系，但伦理学、哲学基本是逻辑起点。因此，社会科学特别是教育学长期被批评为政策图解，缺乏逻辑性，这与政府思维和学术思维的差异有关。政府思维更多指向现实问题，而学术思维更多指向逻辑推理；政府考虑的更多的是做什么、怎样做；学者考虑的更多的是为什么、是什么；政府思维是实践性思维、操作性思维，而学者则是理论性、学术性思维；政府研究一个问题解决首先必须考虑政治因素、经济条件、全局发展，而学者们只考虑自己的学科，自己所从事学科实践中的问题。所以，学者与政府的沟通就显得非常重要。

就中小学生心理问题而言，包括笔者在内的学者更多思考逻辑理论问题，而且多对中小学生的心理发展持理想化态度，总想尽快解决问题，呼吁政府投入经费，抱怨政府不作为，但政府必须考虑编制需要多少、到底问题有多大、需要从何处入手解决。所以教育部 2002 年 2 月印发的《中小学心理健康教育指导纲要》就更多地体现了实践起点。这个实践起点就是针对应试教育正在大力开展的素质教育。因此开宗明义：良好的心理素质是人的全面素质中的重要组成部分，心理健康教育是提高中小学生心理素质的教育，是实施素质教育的重要内容。进而指

出中小学心理健康教育的指导思想和基本原则是：一要坚持育人为本，根据中小学生生理、心理发展特点和规律，运用心理健康教育的理论和方法，培养中小学生良好的心理素质，促进他们身心全面和谐发展。二要立足教育，重在指导，遵循学生身心发展规律，保证心理健康教育的实践性与实效性。

《纲要》不仅规定了指导思想和基本原则，还规定了教育的总目标和目标以及主要任务。总目标是：提高全体学生的心理素质，充分开发他们的潜能，培养学生乐观、向上的心理品质，促进学生人格的健全发展。其中工作原则是按照"积极推进、实事求是、分区规划、分类指导"，要求区分大中城市和经济发达地区的普遍开展，有条件的城镇中小学和农村中小学计划步骤开展、暂不具备条件的农村和边远地区重点试验开展，根据本地实际，积极做好心理健康教育的工作。同时分大城市、城镇、农村和小学低年级、小学中高年级、初中年级、高中年级开展不同内容的心理健康教育。

《纲要》要求中小学分小学、初中、高中开展不同形式的心理健康教育。包括开设心理健康选修课、活动课或专题讲座、个别咨询与辅导，在各课程和班级、团队活动以及班主任工作要渗透心理健康教育。积极开通学校与家庭同步实施心理健康教育的渠道。特别强调各级教育行政部门和学校要切实加强对心理健康教育工作的领导，保证心理健康教育时间，要把心理健康教育工作纳入到对学校督导评估之中，加强对教师和咨询人员的管理。以班主任和专兼职心理辅导教师为骨干，全体教师共同参与的心理健康教育工作体制。各种心理健康教育自助读本或相关教育材料的编写、审查和选用要根据本指导纲要的统一要求进行。要求谨慎使用心理测试量表或其他测试手段，不能强迫学生接受心理测试，禁止使用影响学生心理健康的仪器，如测谎仪、CT脑电仪等。不能把心理健康教育搞成心理学知识的传授和心理学理论的教育，也不能把心理健康教育看成是中小学各学科课程的综合或思想品德课的重复，更不许考试。

三、中小学心理健康教育的实践起点和逻辑起点理论辨正

实践起点的心理健康教育理论认为，良好的心理素质是人的全面素质中的重要组成部分。心理健康教育是提高中小学生心理素质的教育，是实施素质教育的重要内容。逻辑起点的理论认为，健康是一个人生理和心理机能在与自然和社会相互作用的过程中适应和发展的协调状态。素质是在遗传的基础上，经过后天环境的熏染和教育的作用而形成的个体品质的总和。卫生工作的总目标是维持健康、保护生命。教育是一种培养人的社会活动，其总目标是提高人的

素质。健康作为"状态"是不能通过教育直接改善的。健康必须通过卫生活动来改善，而素质则可以通过教育来提高。正确的概念之间的关系是心理健康卫生和心理素质教育，可以简称为"心理卫生和心理教育"。所以"心理健康教育"和"心理健康素质"概念都存在逻辑问题。但从实践角度而言，这个概念的提法也是合情合理的，因为理论总是理想化的，而实践总是现实化的。

马克思主义哲学认为，人类认识客观世界的基本规律是从感性认识到理性认识，理性认识形成的理论还必须回到实践中检验，实践是检验真理的唯一标准。实践表明，笔者和其他学者建设的心理卫生学、心理教育学体系，有逻辑上的合法性、合理性，但缺乏实践上的合情性。因为我国的教育、卫生行政系统的设立和中小学教育工作存在许多实践问题。比如大家已经习惯心理健康教育的概念，所以《纲要》要求各地根据中央和教育部的文件精神，对此项工作统一规范称为"心理健康教育"。比如我国是政府机构设立有些庞杂而又互相配合颇烦的系统，卫生系统只负责疾病预防和身体保健，教育系统只负责素质教育和人才培养，相互不能越位；比如城乡和区域经济社会文化发展不平衡，就需要制定政策时考虑各个地区的实际。

就此可以认为，逻辑起点是理论的科学，实践起点是实践的科学。逻辑起点的理论可以成为实践起点的政策咨询报告，而实践起点的政策可以成为逻辑起点理论的基础。中小学心理健康教育工作的十年实践充分说明，学术理论的实践化、政策化和政策指导的学术化是实现维护中小学生心理健康、提高中小学生心理素质的有效理念和途径。

第三节　中小学心理教育的区域特色与甘肃省域模式探索

20 世纪 90 年代以来，针对中小学生的独生子女特点和生理心理的发育发展失衡以及竞争压力的增大、社会阅历的扩展、思维方式变化导致的学习、生活、人际交往和自我意识等方面产生的各种心理问题，为了全面贯彻实施《面向 21 世纪教育振兴行动计划》，落实《跨世纪素质教育工程》，培养跨世纪高质量人才，1999 年和 2002 年，教育部分别印发了《关于加强中小学心理健康教育的若干意见》和《中小学心理健康教育指导纲要》。《纲要》提出要按照"积极推进、实事求是、分区规划、分类指导"的工作原则，不同地区应根据本地实际，积极做好心理健康教育的工作。这为全国中小学心理健康教育指明了方向。但在贯彻实施中，有许多具体问题尚需进一步明确。比如，有无必要编制区域性的心理健康和心理素质测评量表就是笔者在主持甘肃省中小学心理健康教育专项课题之甘肃省中小学心理健康教育体制机制保障研究课题讨论中遇到的问题。有些学者认为，中小学心理健康教育有许多现成的量表，应该是全国通用，没有必要以省为区域单位单独另行编制量表或问卷。但笔者以为很有必要，因为每个省的实际情况有很大差异，现结合自己近年来关于中国区域心理学的研究成果，就中小学心理健康教育的区域特色与甘肃省域模式探索提出一些看法，就教于学界同人。

一、中国区域心理学与区域心理健康教育特色创建的必要性

中国主流跨文化心理学主要研究的是不同民族的心理差异，没有把不同省市县或不同地理历史文化区域人群的心理差异研究纳入研究范围，中国区域跨文化心理学属于跨文化心理学分支，简称中国区域心理学，是将不同区域人群的心理共同性和差异性作为研究对象。笔者自 2005 年以来发表系列论文论述中国区域心理学的研究对象、范围、原则、方法、体系等问题，并以甘肃省为样本，开展了系列调查和实验研究，得到了国家社会科学基金项目"区域文化心理差异与和谐社会建设研究"课题的资助支持。

研究认为，区域文化是区域地理环境、生产方式、历史积淀、经济发展水平、政治文化影响的结果，所有这些因素最后都积淀为区域文化性格。这些性格又反作用于区域文化。我们把区域文化分成纵向和横向，中国区域心理学把中国不同地理环境区域心理差异作为横向比较研究任务；中国区域心理学把中国城乡区域心理差异作为纵向比较研究任务。

横向比较研究主要是指东南西北中各个地理历史区域的文化心理比较，比如江南水乡与北国风光，东部海洋与西部大漠的不同环境，形成了不同的文化区，也导致了不同的群体与个体社会心理差异。南方人的清秀、含蓄与北方人的粗犷、豪放形成显明的性格和气质对照。东南沿海城市人口密度大，人们不得不游离谋生，而且形成了适应各种陌生环境的心理习惯。相对而言，西北贫困山区的农民，则宁可在死亡线上挣扎，也难离故土。有的学者结合历史、地理、政治、经济等各种因素，总结了齐鲁文化、中原文化、燕赵文化、关中文化、巴蜀文化、荆楚文化、吴越文化、岭南文化、滇黔文化、闽台文化及西藏文化、蒙古草原文化、松辽文化等类型和模式，这些文化类型造就了全国各地不同的文化圈，形成了不同文化性格。

纵向比较是把中国区域文化区分为都市文化和村落文化，简称城乡文化。前已述及，中国社会学家费孝通认为，乡土社会是亚普罗式（阿波罗式）的，而城市社会则是浮士德式的。现当代中国文化的心理学考察表明，这种区分仍适用于都市文化与乡村文化的比较理解。传统的学术观点认为，城市文化是开放式的文化，而乡村文化是封闭式的文化。但现在有的学者认为，村落文化才是一种开放式的文化，而城市文化却是封闭式文化。我们认为所谓城市的开放与封闭是指生活方式的开放和心理的封闭；所谓乡村的封闭与开放是指生活方式的封闭和心理的开放。

基于这样一种理论建设，我们认为，省域中小学生心理健康差异也属于中国区域心理学研究范畴。中国有 34 个省级行政区域，每个省域的经济发展水平、地理历史环境、文化民俗习惯都有很大差异，这使得学生的认知、情感、意志、人格等方面都有很大差异，在心理问题、障碍、疾病的类型、面临的心理困惑、烦恼、焦虑特点上也有很大差异。因此，开展区域中小学生心理健康特征与对策研究，就是一个很好的选题。21 世纪以来，全国许多地区都根据本区域学生的心理特点，开展区域心理健康教育特色研究和模式推广。2004年福建台州就开始区域性心理健康教育的探索，2007 年，在中央教育科学研究所的引领下，山东滨州召开了全国区域学校心理健康教育成果现场观摩会议，与会代表对博兴县区域心理健康教育的经验给予充分肯定，对提供现场的三处学校正在开展的各类各项心理健康教育活动给予高度赞扬。甘肃省是一个经济欠发达、民族众多、文化独特、特点鲜明的省份，更应该结合省域实际开展中小学心理健康教育工作，创建有甘肃特色的中小学心理健康教育模式。

二、甘肃省域经济文化特点与中小学生心理健康教育现状

中国是世界上人口最多的国家，也是面积最大的国家之一；不仅可以划分出许多层级的地理区域、历史区域、经济区域、文化区域，也可以按照行政建制划分出省、直辖市、自治区、特别行政区。不仅各个大区域的地理环境、历史人文、经济发展水平、民族构成不同，而且省县乡区域在文化传统、生活方式等方面也有巨大差异。

就经济方面而言，相对于全国其他省域，甘肃经济发展落后。虽然甘肃资源比较丰富，河西农业基础较好，但整体生态环境恶化，工业基础薄弱，河东农业基础很差，许多县至今未能实现小康，教育投资明显低于全国其他省区，

少数民族地区基础教育存在许多问题，中小学心理方面的特点明显不同于沿海省份。中小学心理健康教育工作的开展受到观念、经费、场地、师资等方面的限制，比如校长、老师的观念问题，辅导咨询人员的专业化问题。多数农村学校还没有心理辅导室，但心理保健专栏、墙报、主题班会都在开展。绝大多数城乡中小学都没有配备有心理学、教育学、医学专业背景的辅导人员，主要是编制限制，结果形成师范院校心理学、教育学专业本科、专科学生就业困难，但中小学的心理辅导、咨询人员缺乏，只有通过短期培训来解决。同时，心理健康教育与德育、师资的专业化与兼职化仍然存在争论。

就文化类型和模式而言，中国文化可以区分出许多区域亚文化，比如甘肃文化可以按照历史地理传统并结合现行市域行政区分出陇东文化、陇中文化、陇南文化、陇右文化、河西文化；可以根据民族不同区分出藏族文化、回族文化、裕固族文化；可以根据文化特色区分出会宁文化、秦安文化、陇西文化、民勤文化等县域文化；还可以区分出金川有色金属集团公司、酒泉钢铁集团公司、白银有色金属集团公司为代表的企业文化，高速公路管理集团为代表的交通文化，兰新线管理机构—兰州铁路集团为代表的铁路文化，窑街煤炭公司、靖远煤炭公司、华亭煤炭公司为代表的煤炭矿区文化。区域文化与心理性格交互作用，彼此消长，这些文化类型直接间接地影响中小学生心理问题的特点。就整个甘肃来说，青少年普遍表现出吃苦耐劳、艰苦朴素的品质，但每个市域、县域学生有所不同，会宁、民勤学生的聪慧与吃苦精神，陇西、靖远学生的刚烈与艺术气质，秦安、肃州学生的精明与商业意识等，都反映出学生的区域差异；所以，市县区域中小学心理健康教育应该有各自的针对性。

三、甘肃省中小学生心理健康教育特色模式建构思路

教育部《纲要》指出，大中城市和经济发达地区，要普遍开展心理健康教育工作。教师要在具有较全面的心理学理论知识和进行心理辅导的专门技能以及提高自身良好的个性心理品质上有显著提高。有条件的城镇中小学和农村中小学，要从实际出发，有计划、有步骤地开展心理健康教育工作。要抓好心理健康教育骨干教师队伍建设，同时在总结经验的基础上加强区域性心理健康教育的整体推进工作。暂不具备条件的农村和边远地区，要从实际出发，制定出中小学地区性的心理健康教育的发展规划；重点抓好一批心理健康教育的试点学校，积极开展心理健康教育教师的培训工作；逐步推进心理健康教育。

《纲要》还根据小学低年级、中高年级、初中阶段和高中阶段等不同的阶段，

确定了各自侧重的心理健康教育的内容；并就开展心理健康教育的主要途径和方法做了解释和规定；尤其强调要避免心理健康教育学科化、医学化倾向。

甘肃作为一个行政省，其域内不仅可以划分出以黄河为界的河西和河东两大区域，设兰州市、嘉峪关市、金昌市、白银市、天水市、武威市、张掖市、酒泉市、平凉市、庆阳市、定西市、陇南市、临夏回族自治州、甘南藏族自治州。不同市县区域地理环境、历史人文、经济发展水平、民族构成、生活方式等方面有巨大差异不同，形成独特的区域教育特色。还可以依据经济社会发展状况划分出兰州白银天水大城市区域、陇南区域、陇东区域、陇中区域、河西区域等。同时各个市、县区域也有自己的地理、历史、经济、文化特点，这些特点造成了各级各类学校的特色和学生、教师在心理方面的差异性。因此，推进中小学心理健康教育，不仅应该全面贯彻指导纲要的共同性要求，更要结合省县乡区域的实际，借鉴全国其他省区的经验，形成自己的独特模式。

我们认为，甘肃模式是一个区域模式，这个模式的目的是通过甘肃省各个区域的中小学省心理健康状况调研，总结各个地区学生的心理问题、障碍、疾病的特点、教师配备现状、领导体制、运行机制、经费保障等经验和问题，针对甘肃经济社会教育发展特点形成有效的模式。

（一）总体思路：推进中小学心理健康教育，在工作模式上以发展性和预防性辅导为重点，以补救性的个别辅导为辅；在队伍建设上以班主任为主，逐步配备专职人员，倡导全员参与，实施专兼结合；在操作途径上以班级心理辅导活动课为主渠道，倡导学校积极开展多种形式，全程、全方位渗透的心理健康教育渠道；在工作策略上以"区域性推进，学校个性发展"为实施目标，引进"赛马"机制，以行政搭桥、科研探路为主要手段，以心理健康教育课题研究为主线，边试点边推广；在师资培训上，倡导"我与心理健康课同行"，实施参与性培训模式，实践—反思模式，师生互动模式，个案分析模式，探究性学习模式，校本研训模式，以面向全体的、集中的基础培训为主要形式，同时兼顾专业化培训；在管理体制上，将心理辅导工作与学校德育工作紧密结合，实施"政教、教务"齐抓共管，"学校、家庭、社区"三力合一，营造良好的心育氛围。①

（二）具体思路：组建队伍，营造氛围；明确任务，狠抓培训；整体推进，突出重点；强化管理，确保质量。

---

① 天津市河西区教育局：《区域推动心理健康教育，为青少年健康成长奠基》，天津市河西区教育局网站。

1.组建队伍，创设氛围：市县教育局、学校两级组织指定专人（兼职）负责心理健康教育，学校组建心理健康教育专兼职教师队伍，组建心理健康教育研究课题组，边研究实践边推广，选取部分学校外出参观，学习外地先进经验。营造以科研为先导，以师训为重点，以培养学生健康人格为目标，为学生持续发展服务，人人重视心理健康教育的氛围。

2.明确任务、做好培训：甘肃省中小学心理健康教育指导中心适时召开心理健康教育工作会议，传达上级文件精神，请专家进行理论讲座和实践辅导，在专业教师的培训上，与高校联合，进行提高培训。

3.整体推进，突出重点：采取整体推进，突出重点，典型引路，不断拓展的工作思路。课题研究＋实验校实践，及时组织小区域的学习和交流，不断辐射，加强组织管理，注重科研指导，提高心理健康教育实效。

4.强化管理，确保质量：通过行政决策，推进教研、科研、师训联合培训心理健康教师，把教师业务能力培训情况，课题研究情况，心理教育资格证取得情况等纳入人事管理，与教师切身利益挂钩。与督导部门协调，把心理健康教育纳入教育评估系列中。完善学习培训制度，建立教师自我发展机制。①

四、甘肃省中小学心理健康教育特色模式的创建

（一）在教育目标和原则上，总体定位是维护心理健康，提高心理素质。同时坚持科学性兼系统性、趣味性兼灵活性、全员性兼参与性、情境性兼体验性、协同性兼持续性的原则。在此基础上区分大城市、中等城市、县城、农村；区分民族地区和非民族地区；区分河西河东区域，分别制定目标和原则体系。

（二）在教育内容和形式上，以学生心理发展的年龄特点为基础，以学生每个年龄阶段所存在的心理问题为主线，以学生的思维品质为核心，以学生的自我意识为出发点，以学生的个体差异为根据。例如，初一学生主要面对的心理问题是学生适应问题；初二、三学生面对的是异性交往与学习策略问题；到了初四则变为了升学压力问题；高一学生又一次面临学习适应的问题；高二学生主要面对学习压力与人际交往问题；高三学生面临着考试焦虑与职业选择问题。在教学实践中努力提高学生的思维水平，能使许多心理问题得到解决。以心理活动课的设计过程为基本形式，活动设计内容要紧扣课堂主题，避免为设

---

① 天津市河西区教育局：《区域推动心理健康教育，为青少年健康成长奠基》，天津市河西区教育局网站。

计活动而设计活动。活动设计内容要适合学生年龄段特征。活动设计内容要贴近学生的实际。活动设计内容要具有可操作性。

（三）在教育体制机制上，将心理健康教育作为教师继续教育的一项重要内容，培训应分三个层次，一是首先培训一批骨干教师，起到示范作用；二是普遍轮训班主任，提高班主任心理健康教育意识，提高教育水平；三是对全体教职员工进行心理健康知识讲座，培训中关键的问题是转变教育观念，规范教育教学行为，掌握心理教育的基本方法。各学校由一名校领导分管，政教处牵头具体落实，教务处协助安排课时，校教科处、室（组）、心理咨询辅导中心业务指导。利用班会活动课的时间由班主任来给学生上心理活动课。利用减少每节课的课堂时间专门设心理活动课的办法解决缺乏课时的问题。如果每节课减少 5 分钟，那么就可以腾出一节课的时间给学生上心理活动课。

（四）在教育督导评价上，要制定区域性的学生心理健康与心理素质评价方案，同时制定符合甘肃实际的中小学心理健康卫生与心理素质教育工作评价方案。毕竟甘肃经济欠发达，如果套用其他省份方案，就会造成标准过高或过低。而且一定要区分心理健康和心理素质分别制定评价标准。评价标准落实的量表要区分小学、初中、高中；农村、城市；河西、河东；还要区分自评版、教评版、家评版，以适应地理区域、行政区域、城乡区域差异的要求。

第四节　甘肃省中小学生心理健康与心理素质问卷编制报告

20 世纪 90 年代以来，随着中小学心理健康问题的日益突出，随着健康心理学、临床心理学、心理教育学的发展，甘肃与全国其他省区一样，各地中小学自发开展了各种探索性的心理健康教育工作，有些地区还专门立项开展研究，比较好地推动了心理健康教育的发展。特别是 2002 年教育部印发《关于加强中小学心理健康教育的意见》和 2006 年印发《中小学心理健康教育指导纲要》以来，许多市县采取政府行为推动心理健康教育的发展，包括培训心理辅导员和心理咨询员、开设心理健康教育主题班会、拓展训练等活动课程、设立心理咨询室等。2007 年，甘肃省教育厅为了进一步推动这项工作，挂靠甘肃省教育科学研究所，成立了甘肃省中小学心理健康教育指导委员会，办公室设立在省教育科学研究所，随后开展了一系列培训活动和科研活动。这些活动已经和正在促进甘肃省中小学心理健康教育的实效。但中小学心理健康教育实效的评价标准始终是困扰学术界和政府部门的一个棘手课题。

一、甘肃省中小学生心理健康与心理素质问卷编制的实践背景

改革开放40年来，甘肃省和其他省市一样，开展了大量的心理健康教育实践活动，但有一个问题一直困扰着这项工作的开展，这就是如何评价中小学生心理健康水平？如何评价中小学心理健康教育成效？国内许多高校的专家编制了标准化问卷，但都要么太复杂，要么太城市化，许多中小学探索性编制了一批校本问卷，但都没有理论基础。我们做了15年理论建设研究，但都没有编制出符合实际的问卷。至今为止，我们的中小学心理健康研究还在使用SCL—90来评价学生的心理健康，包括小学生心理健康，而实际上，这个问卷仅仅适合于临床检查，它的时间限定在一个月内，年龄限制在16岁以上成人。2008年，甘肃省教育厅实施品德教育六大工程，其中中小学心理健康教育工程为六大工程之一。为了开展这项工作，教育厅设立了甘肃省2009年中小学心理健康教育专项课题。我们申报的《甘肃中小学生心理健康与心理素质评价问卷编制研究》获得立项，这为我们结合甘肃实际，验证我们的心理健康与心理素质理论，丰富区域心理学学科理论，提供了很好的契机。

二、甘肃省中小学生心理健康与心理素质问卷编制的意义问题

（一）甘肃是一个欠发达省份，一些少数民族县份尚未完全普及义务教育，由于地理环境限制，还有许多村办小学实行复式教学，学校规模小，教师编制少，城乡教育水平差距很大，与发达地区比较更大，许多县市没有财力配备专门的心理教育师资，更没有财力设立心理咨询室机构，外地编制了许多问卷、量表，不一定适合甘肃中小学尤其是农村中小学实际，虽然教育部有指导纲要，但必须结合甘肃实际给予贯彻，盲目照搬其他地区的模式和评价指标肯定有问题，因此要通过研究探索有甘肃区域特色的心理健康和心理素质评价问卷，更要探索结合甘肃实际的心理健康教育工作评价体系。如果作为教育行政部门召集专家委员会评估中小学的心理健康教育工作，采用上海、江苏的评价指标，那就没有多少学校合格。甘肃的最大实际是经济不发达，有些地方还没有解决温饱，强行要求市县地方政府配备专职辅导员，肯定不符合实际。因此必须针对农村城市、大城市小城镇、陇东、陇南、陇中、河西的经济发展状况和教育发展实际制定指标体系，分类评估，分步推进这项工作。

（二）长期以来，中小学生心理健康评价都是医学、变态心理学、精神病学模式，并不区分健康和素质，这两者虽然有联系但有区别。健康是一种状态，素质是一种品质。盲目使用 SCL—90 等问卷，不能有效测验心理素质，不能为教师提供有效依据。中小学心理健康教育的根本目标是提高素质，心理疾病、心理障碍是卫生领域的工作，不是教师的本职工作。素质提高了，健康问题也就基本解决了。所以我们要探索把心理健康和心理素质评价问卷分开编制。现行的许多问卷都是西方进口的，更要结合甘肃实际修订。

三、甘肃省中小学生心理健康与心理素质评价问卷的理论建构

20 世纪 90 年代以来，我们在甘肃省教育厅科研课题立项和甘肃省 555 创新人才工程基金立项资助下，发表系列论文和著作，就健康、心理健康、卫生、心理卫生、心理保健、心理治疗；素质、心理素质、教育、心理教育、心理辅导、心理咨询等概念和心理健康评价标准、心理素质评价标准进行了理论建设。根据已经发表的理论设计，甘肃省中小学心理健康与心理素质评价问卷设计包括高中、初中、小学三套问卷。实行 5322 框架，甘肃省按照地理经济区域可以分为兰州天水（大型城市）、陇南、陇东、陇中、河西等，每个区域再分城市、乡村；自评、师评、家评，每个城乡维度再区分高中、初中、小学；每个阶段再分心理健康、心理素质。

表 11-3　甘肃省中小学生心理健康与心理素质问卷编制理论维度表

区域类别		城市			农村		
层次类别		自评	师评	家评	自评	师评	家评
高中	心理健康	问卷	问卷	问卷	问卷	问卷	问卷
	心理素质	问卷	问卷	问卷	问卷	问卷	问卷
初中	心理健康	问卷	问卷	问卷	问卷	问卷	问卷
	心理素质	问卷	问卷	问卷	问卷	问卷	问卷
小学	心理健康		问卷	问卷	问卷	问卷	问卷
	心理素质		问卷	问卷	问卷	问卷	问卷

如此划分后，形成36个问卷，如果再考虑大城市和地理经济区域则过于复杂，因此取消了地理和行政区域的划分。鉴于小学生文化水平所限，取消自评问卷；同时为了进一步简化，合并高中生和初中生问卷。合并后形成小学生心理健康测验评价问卷（城市教师版、农村教师版、城市家长版、农村家长版）、小学生心理素质测验评价问卷（城市教师版、农村教师版、城市家长版、农村家长版）、中学生心理健康测验评价问卷（城市自评版、农村自评版、城市教师版、农村教师版、城市家长版、农村家长版）、中学生心理素质测验评价问卷（城市自评版、农村自评版、城市教师版、农村教师版、城市家长版、农村家长版），合计22个问卷。

四、甘肃省中小学生心理健康与心理素质问卷的维度设计

按照我们发表的发表系列论文和著作中对健康、心理健康、卫生、心理卫生、心理保健、心理治疗；素质、心理素质、教育、心理教育、心理辅导、心理咨询等概念和心理健康评价标准、心理素质评价标准的界定，无论心理健康还是心理素质标准的制订都需要有一个立场，这个立场就是人类文化的进步，人的自我实现。有了这个立场的定位，我们才可能从心理学角度确定心理健康标准和心理素质标准。

（一）心理健康与心理素质的标准设计

1.心理学角度的心理健康标准

心理健康是一种状态，是心理机能与外部环境相互作用过程中，能够在适应基础上释放自己的潜能反作用于环境的状态。其判断标准如下：（1）认知（包括感知、记忆、思维、想象、言语）、情绪（情感）、意志等心理机能的活动在社会环境中"自然成熟"，与所处文化环境规定的性别、年龄角色要求相符合。（2）人格内部各要素是和谐统一的，而不是分裂的、矛盾的。（3）自我意识（包括自我认知、自我体验、自我控制）是明确的。基本没有持久的痛苦、焦虑、紧张、恐惧等症状，偶有此类症状，能够进行有效的自我调控。（4）在与他人相互作用的过程中，能够根据道德原则而选择交往，在利己不损人和不违背公共利益的前提下，建立自己的人际关系圈。（5）有长远而且稳定的符合社会进步方向的人生观、价值观、道德观。（6）了解自我的潜能，努力利用环境实现自我潜能，如果受到环境的限制，能利用自己的能力改善乃至改造环境来实现自己的潜能。

2.心理学角度的心理素质标准

心理素质指的是一簇品质，是指个体为了适应和改造环境，实现自己的潜能，促进人类进步而发展和培养起来的一簇心理品质。包括认知品质、情感品质、意志品质等心理机能品质，综合表现为个体的个性品质（人格品质），包括需要、动机、兴趣、理想、信念、世界观、性格、能力等。其判断标准如下：（1）就认知过程而言，要有良好的感知品质（如观察的目的性、准备性、条理性、准确性）、记忆品质（如记忆的准确性、保持的持久性、再认和回忆的敏捷性）、思维品质（如深刻性与批判性、敏捷性与灵活性）等；（2）就情感方面而言，要在保持健康状态的基础上，具有良好的道德感、理智感、美感，具有良好的道德习惯；（3）就意志品质方面而言，要有良好的自觉性、果断性、坚韧性、自制性品质；（4）在需要与动机方面，具备满足生理需要的基本品质并能把自己的高级需要与社会进步结合起来，协调自己的各类不同层次的需要；（5）在兴趣方面，具有一定的广泛性、稳定性、效能性、持久性等品质；（6）在理想、信念、世界方面，能够把自己的理想与人类社会的进步、自由、幸福结合起来，形成以自我潜能实现为核心的心理；（7）在性格方面，具有内部各要素（如态度、理智、情感、意志）品质的统一性；（8）在具备基本能力的条件下，发展出自己的潜在特殊能力，并以这些能力服务于社会的同时，使自己获得价值感、成就感。

（二）心理健康与心理素质问卷设计

1. 心理健康的问卷设计

为了区分心理疾病与精神疾病以及心理咨询辅导与精神病治疗的职业分工，我们参考 SCL—90，设计中小学生心理健康问卷时没有涉及精神病。同时，根据我们关于心理健康的定义，按照心理机能和人格来评价心理健康，将心理健康评价问卷的维度设计为：认知障碍、情感障碍、人格与自我意识障碍、神经症。这其中认知障碍包括感觉、知觉、记忆、思维、想象、言语等，情意障碍包括情感、意志障碍，但在统计时予以合并，人格障碍包括性格、气质、态度、自我意识等，神经症主要包括以情绪表现为核心的各种心理机能综合障碍。以甘肃省中学学生心理健康评价问卷（城市学生家评版）为例，第一部分是认知障碍：感知障碍（　　）1. 他／她觉得开门关门的声音非常刺耳吗？（　　）2. 他／她对别人觉得很难闻的气味没感觉吗？（　　）3. 他／她能看见别人看不到的东西吗？（　　）4. 他／她觉得饭菜里有很奇怪的味道吗？（　　）5. 他／她有时候觉得身体上有虫子爬来爬去吗？（　　）6. 他／她觉得别人的头变大了，身体变细了吗？（　　）7. 他／她吃饭时经常走神吗？（　　）8. 您给他／她讲过的事情很快就忘记了吗？（　　）9. 他／她会想不起来很熟悉人的名字吗？（　）10. 他／她常常会详细回忆起小时候的事情吗？（　）11. 他／她常常回忆不起来几天前发生的事情吗？（　）12. 他／她碰见陌生人常觉得在哪里见过吗？（　）13. 他／她在与家人说话时别人插不上话吗？（　）14. 他／她总感到有人在背后谈论自己吗？（　）15. 他／她的许多想法总与别人不一样吗？（　）16. 他／她总是说些半截子话吗？（　）17. 他／她总觉得身体有病，但医生检查不出来吗？（　）18. 他／她认为是个有罪的人，应该受到惩罚吗？（　）19. 他／她觉得自己才智超群没有得到重视吗？（　）20. 他／她觉得网络上或生活中经常有人给自己造谣吗？

第二部分是情意障碍：情感障碍（　）21. 他／她常发脾气，想控制但控制不住吗？（　）22. 他／她经常大叫或摔东西吗？（　）23. 他／她时常与人争论、抬杠吗？（　）24. 他／她觉得非常虚弱悲伤，觉得活着没有意思吗？（　）25. 他／她觉得大祸快临头了但无能为力吗？（　）26. 他／她总是觉得自己非常高兴，非常幸福吗？意志障碍：（　）27. 他／她整天忙忙碌碌，啥都想干吗？（　）28. 他／她觉得干啥都没有意义，喜欢一个人待着吗？（　）29. 他／她觉得控制不了自己的行为吗？（　）30. 他／她觉得自己的身体很僵硬吗？

第三部分是人格与自我意识障碍：（　）31. 他／她觉得对大多数人都不可信任吗？（　）32. 他／她感到别人不理解，不同情吗？（　）33. 他／她总是要求别人十全十美吗？（　）34. 他／她不能容忍别人开玩笑调侃吗？（　）35. 他／她被别人看着或谈论时，感到不自在吗？（　）36. 他／她对家里人忽冷忽热吗？（　）37. 他／她自己瞧不起自己，觉得别人总在嘲笑自己吗？（　）38. 他／她觉得别人对自己的表现公平吗？（　）39. 他／她为别的同学穿戴好有钱感到不舒服吗？（　）40. 他／她在商店或人多的地方感到不自在吗？（　）41. 他／她对朋友求全责备吗？（　）42. 他／她总担心自己的衣饰整齐及仪态的端正吗？（　）43. 他／她喜欢嘲笑别人的缺点吗？（　）44. 他／她相信鬼神和特异功能是存在的吗？（　）45. 他／她的学习生活很少有计划吗？（　）46. 他／她经常逃学、欺负小同学、向同学借钱吗？（　）47. 他／她对别人的批评表扬无动于衷吗？（　）48. 他／她喜欢追求刺激，参加社交活动吗？（　）49. 他／她做任何事情都追求完美无缺吗？

第四部分是神经症：（　）50. 他／她怀疑自己患了严重疾病，反复看医书或去医院检查吗？（　）51. 他／她经常做噩梦，早晨醒来就感到倦怠无力、焦虑烦躁吗？（　）52. 他／她无缘无故地突然感到害怕吗？（　）53. 他／她同异性在一起时，感到害羞不自在吗？（　）54. 他／她在家做作业必须反复检查吗？（　）55.他／她必须反复洗手或反复数数吗？（　）56.他／她对稍微奇怪的东西有恐怖倾向吗？（　）57.他／她一旦与异性交往就脸红心慌或想入非非吗？（　）58.他／她经常怀疑自己接触的东西不干净，反复洗手或换衣服吗？（　）59.他／她担心是否锁门和可能着火，反复检查吗？（　）60.他／她害怕见陌生人，人多时说话就脸红吗？（　）61.他／她一遇到考试，即使有准备也紧张焦虑吗？（　）62.他／她上床后，怎么也睡不着，即使睡着也容易惊醒吗？（　）63.他／她经常早醒1—2小时，醒后很难再入睡吗？（　）64.他／她有自杀的念头吗？（　）65.他／她感到内心痛苦无法解脱，只能自伤或自杀吗？（　）66.他／她站在阳台上，有摇摇晃晃要掉下去的感觉吗？（　）67.他／她会无缘无故地突然感到害怕吗？（　）68.他／她有想打人或伤害他人的冲动吗？（　）69.他／她感到在公共场合吃东西很不舒服吗？第五部分是身体症状：（　）70.他／她经常头痛吗？（　）71.他／她胸部疼痛吗？（　）72.他／她恶心或胃部不舒服吗？（　）73.他／她一阵阵发冷发热吗？（　）74.他／她感到身体的某一部分软弱无力吗？（　）75.他／她感到手或脚发重吗？（　）76.他／她感到自己的身体有严重的问题吗？（　）77.他／她感到自己的脑子有毛病吗？（　）78.他／她喉咙有梗塞感吗？

2.心理素质的问卷设计

为了区分心理健康与心理素质，我们把心理素质评价问卷的维度设计为：认知素质、情感素质、意志素质、性格素质。以甘肃省小学生心理素质评价问卷（城市学生家评版）为例，我们继续按照心理机能和性格素质来编制，包括第一部分是认知素质：感知素质（如观察的目的性、准备性、条理性、准确性）（　）1.我发现我的孩子观察事物很有条理性；（　）2.我发现我的孩子能有目的地观察外部世界；（　）3.我发现我的孩子看周围的人和事物总是比较准确；（　）4.我发现我的孩子平时就喜欢观察周围的人和事。记忆素质（如记忆的准确性、保持的持久性、再认和回忆的敏捷性）；（　）5.我发现我的孩子记忆人名和数字很准确；（　）6.我发现我的孩子记下的东西一般不容易遗忘；（　）7.我发现我的孩子好久不见的人很容易一见就认出来；（　）8.我发现我的孩子复习时能很快回忆起来学习过的内容。思维素质（如深刻性与批判性、敏捷性与灵活性）；（　）9.我发现我的孩子看问题很深刻；（　）10.我发现我的孩子对课堂上、社会上发生的各种事情都有自己的看法；（　）11.我发现我的孩子平时和家人讨论问题很敏捷；（　）12.我发现我的孩子会很灵活地分析各种问题。

第二部分是情感素质：道德感、理智感、美感素质（　）13. 我发现我的孩子很孝顺父母；（　）14. 我发现我的孩子如果干了错事很内疚；（　）15. 我发现我的孩子穿着打扮追求朴素高雅；（　）16. 我发现我的孩子如果家长说的不对会试图给予纠正；（　）17. 我发现我的孩子对别人拿缺点开玩笑会给予自嘲。

第三部分为意志素质：自觉性、果断性、坚韧性、自制性（　）18. 我发现我的孩子学习生活比较有目的性；（　）19. 我发现我的孩子遇到难以决断的事情能当机立断；（　）20. 我发现我的孩子承受心理打击的能力很强；（　）21. 我发现我的孩子在公共场合能很好地控制自己的行为。

第四部分性格素质：需要协调性、合理性、层次性（　）22. 我发现我的孩子认为一辈子吃好喝好就行了；（　）23. 我发现我的孩子有一些朋友；（　）24. 我发现我的孩子非常渴望得到同学老师的尊重；（　）25. 我发现我的孩子没有老师父母的爱护会很伤心；（　）26. 我发现我的孩子为了实现自己的理想，不讲究吃穿。兴趣信念素质（广泛性、稳定性、效能性、持久性）（　）27. 我发现我的孩子兴趣爱好非常广泛；（　）28. 我发现我的孩子兴趣爱好很稳定；（　）29. 我发现我的孩子感兴趣的事情就一定能做好；（　）30. 我发现我的孩子兴趣比较持久，不会今天喜欢这个明天喜欢那个；（　）31. 我发现我的孩子理想是为社会做些事情（　）；32. 我发现我的孩子有坚定的信念——我们的社会会越来越好；（　）33. 我发现我的孩子是个有理想的青年；（　）34. 我发现我的孩子和同学都很友好；（　）35. 我发现我的孩子对班级活动积极参加，关心集体荣誉；（　）36. 我发现我的孩子觉得只有把自己的能力贡献给社会，才有价值感。

五、甘肃省中小学生心理健康与心理素质问卷检验的形式和方法

为了检验这些问卷的信度和效度，并进行实验性测验，我们抽取甘肃省张掖市、白银市和定西市三个地级市三个县的城乡中小学各年级学生作为调查对象，每个学生发放三个问卷，即自评版、家评版、师评版，共发放问卷4000 份，回收 3789 份，有效问卷 3054 份。其中张掖市域党寨中学（小学部243 人，中学部 366 人）、青西中学（195 人）、张掖中学（129 人）、北街小学（270 人）、陈家墩小学（87 人）、雷寨小学（81 人）。白银市域大坝小学（222人）、砂梁小学（171 人）、乌兰小学（303 人）、大坝中学（177 人）、东湾中学（105 人）、靖远二中（120 人）、乌兰中学（114 人）。定西市域常河小学

（111 人）、大城小学（90 人）、固堆河小学（59 人）、定西一中（54 人）、公园路中学（30 人）、通河中学（63 人）、通渭二中（54 人）。具体调查方式是：研究人员将小学生的班主任集中，详细讲解问卷填写注意事项，并当场要求班主任或任课老师填写师评版问卷，评价被调查学生的心理健康状况和心理素质水平。家评版问卷由被调查学生的班主任连同关于问卷详细说明的《给家长的一封信》发给调查对象带回家，由其家长将问卷填好后回收。在中学调查时，研究人员按照小学方式将师评版和家评版集中发放给每个同学，自评版问卷由学生的班主任协助研究人员将其集中在班，统一发放问卷并讲解问卷填写方法，然后统一将问卷收回。

六、中小学生心理健康与心理素质问卷的信度和效度检验

（一）信度分析

1. 分半信度：甘肃中小学生心理健康与心理素质评价问卷的斯皮尔曼—布朗分半信度为 0.750—0.850，Guttman 分半信度为 0.830—0.885，分半信度较高。

2. 同质性信度：同质性信度的结果为：克伦巴赫一致性系数为 0.855—0.898。

表 11-4　甘肃中小学生心理健康与心理素质评价问卷信度检验表

	Sperm—Brown 分半信度	Guttman 分半信度	同质性信度
小学心理健康评价问卷（师评版）	0.832	0.821	0.857
小学心理健康评价问卷（家评版）	0.766	0.803	0.866
小学心理素质评价问卷（师评版）	0.798	0.766	0.876
小学心理素质评价问卷（家评版）	0.821	0.769	0.877
中学心理健康评价问卷（师评版）	0.850	0.844	0.855
中学心理健康评价问卷（家评版）	0.836	0.850	0.864
中学心理健康评价问卷（自评版）	0.750	0.846	0.898
中学心理素质评价问卷（师评版）	0.778	0.750	0.887
中学心理素质评价问卷（家评版）	0.814	0.758	0.892
中学心理素质评价问卷（自评版）	0.759	0.812	0.879

说明：由于农村版和城市版评价问卷仅在个别项目上的表述中有所不同，因此将农村版和城市版问卷合在一起进行信度检验。

（二）效度分析

1.内容效度：问卷的维度构想和题项编拟是基于理论文献综述、个别访谈、开放式问卷调查等几方面综合考虑的结果。从原始问卷的初步形成到正式问卷的最终确立，问卷先后恳请多位心理学家、理论心理学以及心理测量学博士、负责学生工作的中学教师进行了指导和审查，并在专家们的建议下，对题项进行了多次的删减和修订。由此，基本保证了问卷的维度和题项能够涵盖甘肃中小学生心理健康与心理素质各方面的特征，并具有较强的代表性。这表明，本问卷具有良好的内容效度。

2.结构效度：表 11-5 显示，甘肃中小学心理健康与心理素质评价问卷的各个分问卷的各维度既有一定的独立性，又反映了问卷所要测查的内容。因此，问卷的结构是合理的。

表 11-5　甘肃省中小学心理健康与心理素质评价问卷各维度之间及维度与总体相关表

	各维度之间相关	维度与总体相关
小学心理健康评价问卷（师评版）	0.146—0.572	0.388—0.797
小学心理健康评价问卷（家评版）	0.132—0.453	0.448—0.783
小学心理素质评价问卷（师评版）	0.113—0.588	0.301—0.722
小学心理素质评价问卷（家评版）	0.354—0.468	0.448—0.751
中学心理健康评价问卷（师评版）	0.201—0.398	0.525—0.624
中学心理健康评价问卷（家评版）	0.187—0.500	0.453—0.630
中学心理健康评价问卷（自评版）	0.149—0.577	0.307—0.791
中学心理素质评价问卷（师评版）	0.198—0.467	0.513—0.649
中学心理素质评价问卷（家评版）	0.222—0.566	0.322—0.669
中学心理素质评价问卷（自评版）	0.117—0.482	0.389—0.772

说明：1.由于农村版和城市版评价问卷仅在个别项目上的表述中有所不同，因此将农村版和城市版问卷合在一起进行效度检验；2.由于问卷数目较多，本表中只列出各个问卷的维度之间以及维度同总体之间的相关系数的范围。

七、中小学心理健康和心理素质评价问卷各版本相关分析

（一）甘肃省中学生心理健康自评、家评、师评问卷之间的相关分析

甘肃省中学生心理健康评价问卷分为自评版、家评版和师评版，三个版本之间的各维度相关情况如表 11-6 所示。甘肃省心理健康评价问卷的三个版本的各维度之间的相关系数都在 .604—.823，且在 .001 水平上显著。甘肃省小学生心理健康评价问卷家评版和师评版各个维度之间的相关情况如表 11-7 所示。甘肃省小学生心理健康问卷的各个维度在家评版和师评版之间的相关系数在 .624—.838，且在 .001 水平上显著。

表 11-6　甘肃省中学生心理健康评价问卷自评版、家评版和师评版各维度之间相关系数

	自评和家评	自评和师评	家评和师评
认知障碍	.611**	.656**	.604**
情意障碍	.819**	.823**	.737**
人格与自我意识障碍	.616**	.701**	.773**
神经症	.644**	.771**	.642**
身体症状	.671**		
总分	.705**	.722**	.725**

**.Correlation is significant at the 0.01 level（2-tailed）.

表 11-7　甘肃省小学生心理健康评价问卷家评版和师评版各维度之间相关系数

	家评和师评
认知障碍	.624**
情意障碍	.755**
人格与自我意识障碍	.763**
神经症	.838**
身体症状	
总分	.779**

**.Correlation is significant at the 0.01 level（2-tailed）.

（二）甘肃中学生心理素质自评、家评、师评问卷之间的相关分析

甘肃省中学生心理素质评价问卷分为自评、家评和师评三个版本，为了考察学生自己、学生家长以及老师之间对学生心理素质水平的评价的一致性，对心理素质各个维度在三个版本上的相关做一定的分析，分析的结果如表 11-8 所示。由上表可知，甘肃省中学生心理素质评价问卷的各个维度在自评、家评和师评三个版本上的得分的相关系数在 .609—.869，且在 .001 水平上显著。甘肃省小学生心理素质评价问卷涉及家评版和师评版两个版本，为了考察学生家长及老师对学生心理素质水平评价的一致性，对两个版本的结果进行相关分析，其结果如表 11-9 所示。甘肃省小学生心理素质评价问卷的家评版和师评版在各个维度上的相关系数在 .588—.891，且在 .001 水平上显著。

表 11-8　甘肃省中学生心理素质评价问卷自评版、家评版和师评版各维度之间相关系数

	自评和家评	自评和师评	家评和师评
认知素质	.693**	.702**	.869**
情感素质	.712**	.843**	.751**
意志素质	.801**	.758**	.609**
性格素质	.754**	.613**	.698**
兴趣与信念素质	.733**	.767**	.678**
总分	.852**	.831**	.701**

**.Correlation is significant at the 0.01 level（2-tailed）.

表 11-9　甘肃省小学生心理素质评价问卷家评版和师评版各维度之间相关系数

	家评和师评
认知素质	.588**
情感素质	.891**
意志素质	.749**
性格素质	.753**
兴趣与信念素质	.666**

	家评和师评
总分	.782**

**.Correlation is significant at the 0.01 level（2-tailed）.

（三）甘肃省中小学心理健康和心理素质评价问卷各版本之间的相关分析

为了增强问卷结果的可信性，甘肃省中小学心理健康和心理素质评价问卷均分为自评、家评和师评三个版本（小学无自评），心理素质和心理健康各个维度以及总分在这三个不同版本中得分的相关性分析，可以明确知道被调查者本人、家长以及老师对于被调查者心理健康状况和心理素质水平评价的一致性。结果显示，各维度在三个版本中均有良好的相关，这说明学生本人、家长和老师对于被调查者的心理健康状况和心理素质水平有相当好的了解，且评价具有相当的一致性。

第五节　甘肃省中小学生心理健康与心理素质问卷调研报告

20世纪90年代以来，我们在甘肃省教育厅科研课题立项和甘肃省555创新人才工程基金课题立项资助下，就健康、心理健康、卫生、心理卫生、心理保健、心理治疗；素质、心理素质、教育、心理教育、心理辅导、心理咨询等概念和心理健康评价标准、心理素质评价标准进行了理论建设。2009年，在甘肃省2009年中小学心理健康教育专项课题之"甘肃中小学生心理健康与心理素质评价问卷编制研究"立项支持下，我们编制了甘肃省中小学心理健康与心理素质评价系列问卷，结合甘肃实际，验证了我们的心理健康与心理素质理论，前文已经报告了信度、效度检验工作，本节主要报告按照系列问卷开展甘肃省中小学生心理健康与心理素质调查的结果。

一、甘肃省中小学生心理健康与心理素质问卷的设计

根据已经发表的理论设计，甘肃省中小学心理健康与心理素质评价问卷设

计包括高中、初中、小学三套问卷。实行 5322 框架，甘肃省按照地理经济区域可以分为兰州天水（大型城市）、陇南、陇东、陇中、河西等，每个区域再分城市、乡村；自评、师评、家评，每个城乡维度再区分高中、初中、小学；每个阶段再分心理健康、心理素质。如此划分后，形成 36 个问卷，考虑到大城市和地理经济区域过于复杂，取消地理和行政区域的划分。鉴于小学生文化水平所限，取消自评问卷；同时为了进一步简化，合并高中生和初中生问卷。合并后形成小学生心理健康测验评价问卷（城市教师版、农村教师版、城市家长版、农村家长版）、小学生心理素质测验评价问卷（城市教师版、农村教师版、城市家长版、农村家长版）、中学生心理健康测验评价问卷（城市自评版、农村自评版、城市教师版、农村教师版、城市家长版、农村家长版）、中学生心理素质测验评价问卷（城市自评版、农村自评版、城市教师版、农村教师版、城市家长版、农村家长版），合计 22 个问卷。

二、甘肃省中小学生心理健康与心理素质问卷调查对象和方法

抽取甘肃省张掖市、白银市和定西市三个地级市三个县的城乡中小学各年级学生作为调查对象，每个学生发放三个问卷，即自评版、家评版、师评版，共发放问卷 4000 份，回收 3789 份，有效问卷 3054 份。其中张掖市域党寨中学（小学部 243 人，初中学部 366 人）、青西中学（195 人）、张掖中学（129 人）、北街小学（270 人）、陈家墩小学（87 人）、雷寨小学（81 人）。白银市域大坝小学（222 人）、砂梁小学（171 人）、乌兰小学（303 人）、大坝中学（177 人）、东湾中学（105 人）、靖远第二高级中学（120 人）、乌兰中学（114 人）。定西市域常河小学（111 人）、大城小学（90 人）、固堆河小学（59 人）、定西第一中学（54 人）、公园路中学（30 人）、通河中学（63人）、通渭第二中学（54 人）。具体调查方式是：研究人员将小学生的班主任集中，详细讲解问卷填写注意事项，并当场要求班主任或任课老师填写师评版问卷，评价被调查学生的心理健康状况和心理素质水平。家评版问卷由被调查学生的班主任连同关于问卷详细说明的《给家长的一封信》发给调查对象带回家，由其家长将问卷填好后收回。在中学调查时，研究人员按照小学方式将师评版和家评版集中发放给每个同学，自评版问卷由学生的班主任协助研究人员将其集中在班，统一发放问卷并讲解问卷填写方法，然后统一将问卷收回。

三、甘肃省中小学生心理健康状况调查分析

（一）中学生心理健康的差异比较

1. 城乡差异比较

自评版情况：对甘肃省中学生心理健康问卷自评版的各个维度和总分在城乡变量上做独立样本 T 检验，结果如表 11-10 所示，甘肃省中学生心理健康问卷自评版在认知障碍（Sig=.016<.05）、人格与自我意识障碍（Sig=.000<.05）、神经症（Sig=.000<.05）、身体症状（Sig=.007<.05）和总分（Sig=.000<.05）上，农村学生得分显著高于城市学生。但是在情感障碍维度上不存在显著的城乡差异。

家评版情况：对甘肃省中学生心理健康问卷家评版的各个维度和总分在城乡变量上做独立样本 T 检验，结果如表 11-11 所示，甘肃省中学生心理健康问卷家评版在各个维度和总分上均存在显著差异（Sig=.000<.05），农村学生得分高于城市学生。

师评版情况：对甘肃省中学生心理健康问卷师评版的各个维度和总分在城乡变量上做独立样本 T 检验，结果如表 11-12 所示，甘肃省中学生心理健康问卷师评版在认知障碍（Sig=.000<.05）、情意障碍（Sig=.013<.05）、神经症（Sig=.000<.05）和总分（Sig=.000<.05）上都存在显著差异。农村学生得分高于城市学生。但是在人格与自我意识障碍维度上不存在显著的城乡差异。

表 11-10　甘肃省中学生心理健康问卷自评版各维度与总分城乡比较表

	t	df	Sig.（2-tailed）
认知障碍	2.407	469	.016
情意障碍	.925	471	.355
人格与自我意识障碍	3.535	472	.000
神经症	4.357	468	.000
身体症状	2.701	472	.007
总分	3.601	464	.000

表 11-11　甘肃省中学生心理健康问卷家评版各维度与总分城乡比较表

	t	df	Sig.（2-tailed）
认知障碍	5.142	3503	.000

续表

	t	df	Sig.（2-tailed）
情感障碍	3.811	3503	.000
人格与自我意识障碍	4.238	3503	.000
神经症	6.493	3503	.000
身体症状	4.579	3503	.000
总分	5.453	3503	.000

表 11-12　甘肃省中学生心理健康问卷师评版各维度与总分城乡比较表

	t	df	Sig.（2-tailed）
认知障碍	4.551	3503	.000
情意障碍	2.831	3503	.013
人格与自我意识障碍	.832	3503	.345
神经症	3.684	3503	.000
总分	4.537	3503	.000

2. 年级差异比较

自评版情况：对甘肃省中学生心理健康问卷自评版的各个维度和总分在年级变量上做方差分析，结果如表 11-13 所示，甘肃省中学生心理健康问卷自评版在神经症的维度上存在显著的年级差异（Sig.=.021<.05），在其他各维度与总分上都不存在显著差异。事后比较发现，初一年级和初三年级（Sig=.002<.05）、初一年级和高一年级（Sig=.039<.05）、初一年级和高二年级（Sig=.011<.05）之间存在显著差异，且均为初一年级得分高于初三年级、高一年级和高二年级。

家评版情况：对甘肃省中学生心理健康问卷家评版的各个维度和总分在年级变量上做方差分析，结果如表 11-14 所示，甘肃省中学生心理健康问卷家评版在各个维度和总分上均存在显著的年级差异。事后比较发现，在各个维度与总分上，总体呈现初一年级的得分高于初二、初三、高一、高二年级，且存在显著差异，但是与高三年级之间不存在显著差异。具体结果如表 11-15 所示。

师评版情况：对甘肃省中学生心理健康问卷师评版的各个维度和总分在年级变量上做方差分析，结果如表 11-16 所示，甘肃省中学生心理健康问卷师评版在认知障碍（Sig=.024<.05）、情意障碍（Sig=.021<.05）、神经症（Sig=.020<.05）和总分（Sig=.027<.05）上存在显著差异，在人格障碍上不存在显著差异。事后比较结果与甘肃省中学生心理健康问卷家评版一致，此处不再做赘述。

表 11-13　甘肃省中学生心理健康问卷自评版各维度与总分年级比较表

	Sum of Squares	F	df	Mean Square	Sig.(2-tailed)
认知障碍	728.354	1.110	5	145.671	.354
情感障碍	195.995	.900	5	39.199	.481
人格与自我意识障碍	1049.479	1.193	5	209.896	.312
神经症	2846.034	2.685	5	569.207	.021
身体症状	485.490	2.174	5	97.098	.056
总分	18762.661	1.702	5	3752.532	.133

表 11-14　甘肃省中学生心理健康问卷家评版各维度与总分年级比较表

	Sum of Squares	F	df	Mean Square	Sig. (2-tailed)
认知障碍	1868.185	3.019	5	373.637	.011
情感障碍	584.00	2.867	5	116.800	.015
人格与自我意识障碍	1699.903	2.320	5	339.981	.042
神经症	2903.341	3.937	5	580.668	.002
身体症状	458.072	2.264	5	91.614	.047
总分	31478.788	3.212	5	6295.758	.007

表 11-15　甘肃省中学生心理健康问卷家评版各维度与总分事后比较表

			Mean	Sig.
认知障碍	初一（M=37.63）	初三	33.67	.008

			Mean	Sig.
认知障碍	初一 (M=37.63)	高一	31.29	.001
		高二	33.70	.035
情感障碍	初一 (M=17.94)	初二	15.51	.003
		初三	115.48	.004
		高二	15.09	.007
人格与自我意识障碍	初一 (M=35.077)	初二	30.69	.004
		初三	30.35	.004
神经症	初一 (M=34.62)	初二	29.75	.002
		初三	28.23	.000
		高一	29.59	.018
		高二	28.74	.004
身体症状	初一 (M=14.76)	初二	12.55	.006
		初三	12.51	.008
		高一	12.25	.024
总分	初一 (M=140.26)	初二	122.27	.001
		初三	120.24	.001
		高一	120.38	.011
		高二	123.00	.020

表 11-16 甘肃省中学生心理健康问卷师评版各维度与总分年级比较表

	Sum of Squares	F	df	Mean Square	Sig. (2-tailed)
认知障碍	157.067	2.617	5	31.413	.024
情感障碍	167.052	3.945	5	83.526	.021
人格障碍	278.883	2.886	5	139.442	.058
神经症	69.930	3.974	5	34.965	.020
总分	1987.604	3.659	5	993.802	.027

（二）小学生心理健康的差异调查分析

1. 城乡差异比较

家评版情况：对甘肃省小学生心理健康问卷家评版的各个维度和总分在城乡变量上做独立样本 T 检验，结果如表 11-17 所示。从表 11-17 可以看出，甘肃省小学生心理健康问卷家评版在认知障碍（Sig.=.000<.05）、情感障碍（Sig.=.000<.05）、人格与自我意识障碍（Sig.=.000<.05）、神经症（Sig.=.000<.05）和总分（Sig.=.000<.05）上都存在显著差异，但是在身体症状维度上不存在显著的城乡差异。

师评版情况：对甘肃省小学生心理健康问卷师评版的各个维度和总分在城乡变量上做独立样本 T 检验，结果如表 11-18 所示。从表 11-18 可以看出，甘肃省小学生心理健康问卷师评版在各个维度和总分上均存在显著的城乡差异（Sig.=.000<.05）。

表 11-17　甘肃省小学生心理健康问卷家评版各维度与总分城乡比较表

	t	df	Sig.（2-tailed）
认知障碍	6.352	3053	.000
情感障碍	4.262	3053	.000
人格与自我意识障碍	6.569	3053	.000
神经症	5.507	3053	.000
身体症状	-.887	3053	.376
总分	6.265	3053	.000

表 11-18　甘肃省小学生心理健康问卷师评版各维度与总分城乡比较表

	t	df	Sig.（2-tailed）
认知障碍	7.020	3053	.000
情感障碍	5.561	3053	.013
人格与自我意识障碍	6.608	3053	.000
神经症	6.212	3053	.000
总分	7.887	3053	.000

2. 年级差异比较

家评版情况：对甘肃省小学生心理健康问卷家评版的各个维度和总分在年级变量上做方差分析，结果发现各个年级之间不存在显著差异。

师评版情况：对甘肃省小学生心理健康问卷师评版的各个维度和总分在年级变量上做方差分析，结果如表 11-19 所示。从表 11-19 可以看出，甘肃省小学生心理健康问卷师评版在神经症维度（Sig=.030<.05）上存在显著差异。在其他各维度和总分上都不存在显著差异。事后比较发现，四年级与一年级（Sig=.003<.05）、四年级与二年级（Sig=.003<.05）、四年级与三年级（Sig=.047<.05）之间存在显著差异，且四年级的得分高于一年级、二年级和三年级。

表 11-19　甘肃省小学生心理健康问卷师评版各维度与总分年级比较表

	Sum of Squares	F	df	Mean Square	Sig.（2-tailed）
认知障碍	151.132	1.743	5	30.226	.123
情感障碍	110.076	2.063	5	22.015	.072
人格障碍	487.736	1.218	5	97.547	.299
神经症	86.742	2.491	5	17.348	.030
总分	1438.802	1.128	5	287.760	.344

四、甘肃省中小学生心理素质调查结果分析

（一）甘肃省中学生心理素质差异比较

1. 城乡差异比较

自评版情况：对甘肃省中学生心理素质问卷自评版各维度和总分进行独立样本 T 检验，结果如表 11-20 所示，甘肃省中学生心理素质自评得分在认知素质维度上，农村学生得分显著低于城市学生得分（Sig=.005 < .05）；情感素质维度上，农村学生得分低于城市学生，且差异显著（Sig=.000 < .05）；农村学生意志素质维度得分低于城市学生，且差异显著（Sig=.001 < .05）；在性格素质维度上，农村学生得分低于城市学生，且差异显著（Sig=.000 < .05）；在兴趣信念素质维度上，农村学生得分低于城市学生，且差异显著（Sig=.000 < .05）；在总分上，农村学生得分低于城市学生，且差异显著（Sig=.000 < .05）。

　　家评版情况：对甘肃省中学生心理素质问卷家评版各维度和总分进行独立样本 T 检验，结果如表 11-21 所示，甘肃省中学生心理素质家评得分在认知素质维度上，农村学生得分显著低于城市学生得分（Sig=.025 ＜ .05）；情感素质维度上，农村学生得分低于城市学生，且差异显著（Sig=.023 ＜ .05）；在性格素质维度上，农村学生得分低于城市学生，且差异显著（Sig=.042 ＜ .05）。在意志素质、兴趣信念素质维度和总分上不存在显著差异。

　　师评版情况：对甘肃省中学生心理素质问卷师评版各维度和总分进行独立样本 T 检验，结果如表 11-22 所示，甘肃省中学生心理素质师评得分在认知素质维度上，农村学生得分显著高于城市学生得分（Sig=.000 ＜ .05）；情感素质维度上，农村学生得分高于城市学生，且差异显著（Sig=.009 ＜ .05）；意志素质维度上，农村学生得分高于城市学生，且差异显著（Sig=.000 ＜ .05）；性格素质维度上，农村学生得分高于城市学生，且差异显著（Sig=.009 ＜ .05）；总分上，农村学生得分高于城市学生，且差异显著（Sig=.000 ＜ .05）。在兴趣信念素质上不存在显著差异。

表 11-20　甘肃省中学生心理素质问卷自评版城乡比较表

	T	df	Sig
认知素质	-2.86	3053	.005
情感素质	-5.448	3053	.000
意志素质	-3.455	3053	.001
性格素质	-7.082	3053	.000
兴趣信念素质	-4.459	3053	.000
总分	-5.361	3053	.000

表 11-21　甘肃省中学生心理素质问卷家评版各维度和总分比较表

	T	df	Sig
认知素质	-2.242	3053	.025
情感素质	-2.273	3053	.023

续表

	T	df	Sig
意志素质	-1.544	3053	.123
性格素质	-2.039	3053	.042
兴趣信念素质	-.448	3053	.654
总分	-1.945	3053	.052

表 11-22　甘肃省中学生心理素质问卷师评版城乡比较表

	T	df	Sig
认知素质	5.277	3053	.000
情感素质	2.642	3053	.009
意志素质	11.248	3053	.000
性格素质	2.642	3053	.009
兴趣信念素质	.466	3053	.641
总分	4.490	3053	.000

2. 年级比较

自评版情况：对甘肃省中学生心理素质问卷自评版各维度和总分在年级变量上做方差分析，结果如表 11-23 所示，甘肃省中学生心理素质问卷自评版，在情感素质维度上（Sig=.007 < .05）、性格素质维度上（Sig=.002 < .05）和总分上（Sig=.027 < .05）存在显著的年级差异；在认知素质、意志素质和兴趣信念素质上不存在显著的年级差异。事后比较发现，总体上呈现初一年级得分低于初二年级、初三年级、高一年级和高二年级，且差异显著，其他各年级之间均不存在显著差异。

家评版情况：对甘肃省中学生心理素质问卷家评版各维度和总分在年级变量上做方差分析，结果如表 11-24 所示，甘肃省中学生心理素质问卷家评版，在性格素质维度上（Sig=.022 < .05）和总分上（Sig=.027 < .05）存在显著的年级差异；在认知素质、情感素质、意志素质和兴趣信念素质上不存在显著的年级差异。事后比较发现，结果与甘肃省中学生心理素质自评版一致，此处不再做赘述。

　　师评版情况：对甘肃省中学生心理素质问卷师评版各维度和总分在年级变量上方差分析，结果如表 11-25 所示，甘肃省中学生心理素质问卷师评版，各个维度和总分上均存在显著差异。事后比较发现，总体上呈现出初二年级与其他五个年级存在显著差异的趋势，且初二年级得分均高于其他各年级。

表 11-23　甘肃省中学生心理素质问卷自评版各维度与总分年级比较表

	Sum of Squares	F	df	Mean Square	Sig.（2-tailed）
认知素质	787.937	1.830	5	157.587	.105
情感素质	377.913	3.255	5	75.583	.007
意志素质	120.318	1.643	5	24.064	.147
性格素质	401.566	3.741	5	80.313	.002
兴趣信念素质	663.478	1.574	5	132.696	.166
总分	8601.309	2.557	5	1720.262	.027

表 11-24　甘肃省中学生心理素质问卷家评版各维度与总分年级比较表

	Sum of Squares	F	df	Mean Square	Sig.（2-tailed）
认知素质	1184.949	1.909	5	236.990	.091
情感素质	301.074	2.220	5	60.215	.051
意志素质	147.784	1.319	5	29.557	.255
性格素质	264.758	2.652	5	52.952	.022
兴趣信念素质	1328.932	2.288	5	265.786	.045
总分	12270.288	2.555	5	2454.058	.027

表 11-25　甘肃省中学生心理素质问卷师评版各维度与总分年级比较表

	Sum of Squares	F	df	Mean Square	Sig.（2-tailed）
认知素质	3272.847	4.095	5	654.569	.001
情感素质	437.880	2.816	5	87.576	.016

续表

	Sum of Squares	F	df	Mean Square	Sig. (2-tailed)
意志素质	707.784	9.080	5	141.557	.000
性格素质	380.667	4.441	5	76.133	.001
兴趣信念素质	1296.186	3.268	5	259.237	.007
总分	18109.977	3.927	5	3621.995	.002

(二) 小学生心理素质差异分析

1. 城乡差异比较：家评版情况：对甘肃省小学生的心理素质问卷家评版各维度及总分进行城乡之间的独立样本 T 检验，结果如表 12-26 所示。甘肃省小学生心理素质家评得分在性格素质上城市学生的得分高于农村学生得分，且差异显著（sig=.002＜.05）。其他各维度以及总分没有显著差异。师评版：甘肃省心理小学生心理素质问卷师评版各维度及总分进行城乡之间的独立样本 T 检验，结果如表 11-27 所示。甘肃省小学生心理素质师评得分在情感素质上，农村学生得分高于城市学生，且差异显著（Sig=.012＜.05）；意志素质维度上，城市学生得分显著高于农村学生（Sig=.000＜.05）；兴趣信念素质维度上，农村学生得分高于城市，且差异显著（Sig=.000＜.05）；心理素质总分农村学生得分显著高于城市学生（Sig=.040＜.05）。

表 11-26　甘肃小学生心理素质问卷家评版城乡比较表

	T	df	sig
认知素质	1.53	3053	.878
情感素质	-1.884	3053	.060
意志素质	1.456	3053	.146
性格素质	-3.059	3053	.002
兴趣信念素质	-1.729	3053	.084
总分	-1.663	3053	.105

表 11-27 甘肃小学生心理素质问卷师评版城乡比较表

	T	df	sig
认知素质	-.435	3053	.664
情感素质	2.508	3053	.012
意志素质	-4.897	3053	.000
性格素质	-1.495	3053	.135
兴趣信念素质	-4.503	3053	.000
总分	-2.061	3053	.040

2. 年级比较：家评版情况：对甘肃省小学生心理素质家评得分进行年级变量上的单因素方差分析，结果发现小学各个年级在心理素质上不存在显著差异。师评版：对甘肃省小学生心理素质师评得分进行年级变量上的单因素方差分析，结果如表 11-28 所示。甘肃省小学生心理素质各年级在认知素质维度（Sig=.010 < .05）、情感素质维度（Sig=.008 < .05）、兴趣信念素质维度（Sig=.038 < .05）以及总分（Sig=.028 < .05）上差异显著。事后比较发现，上述各个维度以及总分的差异均表现在三年级同一、二年级之间的差异，即三年级的上述各维度得分高于一年级和二年级，其他年级之间没有显著差异。

表 11-28 甘肃省小学生心理素质问卷师评版年级比较表

	Sum of Squares	df	Mean Square	F	Sig
认知素质	3192.922	5	638.784	3.042	.010
情感素质	404.495	5	80.899	3.149	.008
意志素质	207.982	5	41.586	2.364	.039
性格素质	133.981	5	26.796	1.418	.213
兴趣信念素质	1128.648	5	255.730	2.380	.038
总分	14098.821	5	2819.764	2.525	.028

五、甘肃省中小学生心理健康与心理素质状况讨论

(一) 甘肃省中小学生心理健康城乡比较

甘肃省中学生心理健康自评得分认知障碍 (Sig=.016<.05)、人格与自我意识障碍 (Sig=.000<.05)、神经症 (Sig=.000<.05)、身体症状 (Sig=.007<.05) 和总分 (Sig=.000<.05) 上，农村学生得分显著高于城市学生。甘肃省中学生心理健康问卷家评版在各个维度和总分上均存在显著差异 (Sig=.000<.05)，农村学生得分高于城市学生。甘肃省中学生心理健康问卷师评版在认知障碍 (Sig=.000<.05)、情感障碍 (Sig=.013<.05)、神经症 (Sig=.000<.05) 和总分 (Sig=.000<.05) 上都存在显著差异。农村学生得分高于城市学生。甘肃省小学生心理健康问卷家评版在认知障碍 (Sig=.000<.05)、情感障碍 (Sig=.000<.05)、人格与自我意识障碍 (Sig=.000<.05)、神经症 (Sig=.000<.05) 和总分 (Sig=.000<.05) 上都存在显著差异。甘肃省小学生心理健康问卷师评版在各个维度和总分上均存在显著的城乡差异 (Sig=.000<.05)。

综上所述，城市中小学生的心理健康水平总体高于农村中学生，这说明农村中小学生的心理健康水平在各个维度以及总分上较城市中小学生更低。中国城乡二元经济文化格局决定了农村经济文化发展水平低于城市，而这种格局是影响中小学生心理健康水平的一种重要因素。在农村，特别是甘肃省的农村，大部分地区贫困落后，生活水平低。中小学生的低层次的生理需要得不到满足，从而引起心理健康水平的落后。另外，农村中小学生从小受着"奋发图强，走出大山"的教导，心理压力较大，心理健康水平容易受到影响。因此，要提高农村中小学生的心理健康水平，除了来自心理学工作者的努力以外，还需要相关政府部门通过一系列政策法规，改善农村生活水平，提高农村生活品质，扶持农村教育事业。只有这样，农村中小学生心理健康水平才会逐步提高。

(二) 甘肃中小学生心理健康年级比较

甘肃省小学生心理健康问卷师评版在神经症维度 (Sig=.030<.05) 上存在显著差异，在其他各维度和总分上都不存在显著差异。四年级与一年级 (Sig=.003<.05)、四年级与二年级 (Sig=.003<.05)、四年级与三年级 (Sig=.047<.05) 之间存在显著差异，且四年级的得分高于一年级、二年级和三年级。甘肃省中学生心理健康问卷自评版在神经症维度上存在显著的年级差异 (Sig=.021<.05)，在其他各维度与总分上都不存在显著差异。初一年级和初三年级 (Sig=.002<.05)、初一年级和高一年级 (Sig=.039<.05)、初一

年级和高二年级（Sig=.011<.05）之间存在显著差异，且均为初一年级得分高于初三年级、高一年级和高二年级。甘肃省中学生心理健康问卷家评版在各个维度和总分上均存在显著的年级差异。事后比较发现，在各个维度与总分上，总体呈现初一年级的得分高于初二、初三、高一、高二年级，且存在显著差异，但是与高三年级之间不存在显著差异。甘肃省中学生心理健康问卷师评版在认知障碍（Sig=.024<.05）、情感障碍（Sig=.021<.05）、神经症（Sig=.020<.05）和总分（Sig=.027<.05）上年级之间存在显著差异，初一年级的得分高于初二、初三、高一、高二年级，且存在显著差异，但是与高三年级之间不存在显著差异。

综上所述，甘肃省小学生四年级是一个分界点，四年级学生的心理健康水平显著低于一、二、三年级。四年级学生由低年级进入高年级，学业负担加重，影响了其心理健康水平。另外，随着生活水平的提高，学生的青春期呈现提前的趋势。在青春期，青少年儿童自我意识高涨，心理矛盾急剧增加，神经症症状在这一时期表现尤为强烈。

在中学生方面，初一年级的心理健康水平低于其他年级，这是由于初一年级学生刚从小学升入中学，其生活学习环境和模式陡然发生变化，而该阶段学生的心理调节能力还不是很强，容易出现这样那样的问题。而结果同时显示，高三年级的心理健康水平也低于其他年级学生，面对强大的升学压力和学习压力，高三年级的学生心理承受着巨大的压力，影响了其心理健康水平。因此，高三学生在强大的学习压力下，同时要注意心理保健，提高心理健康水平。

（三）甘肃省中小学生心理素质城乡比较

甘肃省中学生心理素质自评得分在认知素质维度上，农村学生得分显著低于城市学生得分（Sig=.005 < .05）；情感素质维度上，农村学生得分低于城市学生，且差异显著（Sig=.000 < .05）；农村学生意志素质维度得分低于城市学生，且差异显著（Sig=.001 < .05）；在性格素质维度上，农村学生得分低于城市学生，且差异显著（Sig=.000 < .05）；在兴趣信念素质维度上，农村学生得分低于城市学生，且差异显著（Sig=.000 < .05）；在总分上，农村学生得分低于城市学生，且差异显著（Sig=.000 < .05）。甘肃省中学生心理素质家评得分在认知素质维度上，农村学生得分显著低于城市学生得分（Sig=.025 < .05）；情感素质维度上，农村学生得分低于城市学生，且差异显著（Sig=.023 < .05）；在性格素质维度上，农村学生得分低于城市学生，且差异显著（Sig=.042

< .05）。在意志素质、兴趣信念素质维度和总分上不存在显著差异。甘肃省中学生心理素质师评得分在认知素质维度上，农村学生得分显著高于城市学生得分（Sig=.000 < .05）；情感素质维度上，农村学生得分低于城市学生，且差异显著（Sig=.009 < .05）；意志素质维度上，农村学生得分低于城市学生，且差异显著（Sig=.000 < .05）；性格素质维度上，农村学生得分低于城市学生，且差异显著（Sig=.009 < .05）；总分上，农村学生得分低于城市学生，且差异显著（Sig=.000 < .05）。甘肃省小学生心理素质家评得分在性格素质上城市学生的得分高于农村学生得分，且差异显著（sig=.002 < .05）。甘肃省小学生心理素质师评得分在情感素质上，农村学生得分高于城市学生，且差异显著（Sig=.012 < .05）；意志素质维度上，城市学生得分显著高于农村学生（Sig=.000 < .05）；兴趣信念素质维度上，农村学生得分高于城市学生，且差异显著（Sig=.000 < .05）；心理素质总分农村学生得分显著高于城市学生得分（Sig=.040 < .05）。

综上所述，甘肃省农村中小学生心理素质水平普遍低于城市中小学生，这和中国城乡二元经济文化结构有关，城市学生从小接触的事物较多，受教育水平以及教育资源优于农村学生，其心理素质的各个维度能得到更好的发展，因此无论是自评、家评还是师评，城市中小学生的心理素质得分都要普遍高于农村中小学生的心理素质得分。

（四）甘肃中小学生心理素质年级比较

甘肃省中学生心理素质问卷自评版，在情感素质维度上（Sig=.007 < .05）、性格素质维度上（Sig=.002 < .05）和总分上（Sig=.027 < .05）存在显著的年级差异，初一年级得分低于初二年级、初三年级、高一年级和高二年级。甘肃省中学生心理素质问卷家评版，在性格素质维度上（Sig=.022 < .05）和总分上（Sig=.027 < .05）存在显著的年级差异；在认知素质、情感素质、意志素质和兴趣信念素质上不存在显著的年级差异。初一年级得分低于初二年级、初三年级、高一年级和高二年级。甘肃省中学生心理素质问卷师评版，各个维度和总分上均存在显著差异。初二年级与其他五个年级存在显著差异，且初二年级得分均高于其他各年级。甘肃省小学生心理素质各年级在认知素质维度（Sig=.010 < .05）、情感素质维度（Sig=.008 < .05）、兴趣信念素质（Sig=.038 < .05）以及总分（Sig=.028 < .05）上差异显著。上述各个维度以及总分的差异均表现在三年级同一、二年级之间的差异，即三年级的上述各维度得分高于一年级和二年级，其他年级之间没有显著差异。

　　综上所述，甘肃省中小学生在心理素质的发展上有两个关键时期，分别是小学三至四年级和初中一至二年级。在这两个阶段，学生从小学或中学低年级升入高年级，其意志情感、兴趣信念等心理素质得到急剧发展，人生观价值观进一步成熟。因此，对于儿童青少年心理素质的培养和发展，一定要抓住这两个发展的关键期，促成儿童青少年心理素质的完全发展。

第十二章　中小学生心理健康与
心理素质测评问卷

　　笔者自 1987 年开始中小学生心理健康教育和心理疾病卫生的理论研究和行动研究，2007 年之前发表论文 11 余篇，出版专著 4 部，2009 年，甘肃省教育厅实施中小学思想品德教育工程，将心理健康教育作为工程组成部分，立项资助开展中小学心理健康教育专项课题研究，笔者组建团队投标，中标主持"中小学生心理健康与心理素质测评问卷编制研究"和"甘肃省中小学心理卫生与心理教育工作评估指标体系研究"子课题，其间发表了系列论文，论述中国本土和甘肃区域特色的心理健康卫生和心理素质教育工作评价指标体系研究论文，按照自己关于心理健康和心理素质的定义和中国本土心理学和区域文化心理学思想，编制了中国本土的中小学生心理健康与心理素质系列问卷，随后在《现代中小学教育》发表了问卷编制报告和研究报告[①]，其中包括信度、效度检验报告。因为系列问卷使用方法当时不够成熟，没有发表。2015 年以来，在全国教育科学"十二五"规划之教育部规划课题立项支持下，经过几年完善，现予以发表，供中小学心理教育教师开展团体测评和临床诊断咨询使用。

　　西方进口的心理测验人格和心理健康系列量表和我国近 30 年部分心理学家编制的心理健康测评问卷或者量表，多数都有按照心理测量学、心理统计学原理，经过大样本统计形成的常模，主要用于基础心理学科学研究，采用实验心理学的方法，研究各种心理机能和人格特质之间的关系以及影响因素。这套问卷主要用于小学心理辅导教师和班主任配合观察，评估诊断学生可能存在的一般心理问题、轻度心理障碍、重度心理疾病，评价诊断学生的认知心理素质、情意心理素质、个性心理素质，目前尚未做出实验心理学意义上的常

---

　　① 　张海钟、张小龙、刘建瑛、胡志军、张万里：《甘肃省中小学生心理健康与心理素质问卷编制报告》，《现代中小学教育》2011 年第 5 期。

模，使用者可以结合平时观察和进一步的专业机构诊断评估，进而做出心理保健、心理辅导、心理咨询、心理治疗处理决策，我们将在随后的研究中进一步完善。

甘肃省域中小学心理健康与心理素质评价问卷的编制，原设计是5322理论构建框架，包括高中、初中、小学三套问卷，按照甘肃省地理经济区域可以分为兰州天水、陇南、陇东、陇中、河西等，每个区域分城市、乡村；再按照评估主体，分为自评、师评、家评，每个城乡维度再区分高中、初中、小学；每个阶段再分心理健康、心理素质。但研制过程中发现，按照地理和行政市级区域调查存在很大困难，只好暂时取消。随后的理论推导应该是36个问卷，但因为编制过程中发现实践操作比较困难，体系过于庞大，又将高中与初中合并，同时考虑到小学生文化水平有限，做自评问卷存在语文困难，随即取消了小学自评问卷编制。最后实际编制问卷22套。包括小学生心理健康测验评价问卷（城市教师版、农村教师版、城市家长版、农村家长版）、小学生心理素质测验评价问卷（城市教师版、农村教师版、城市家长版、农村家长版）、中学生心理健康测验评价问卷（城市自评版、农村自评版、城市教师版、农村教师版、城市家长版、农村家长版）、中学生心理素质测验评价问卷（城市自评版、农村自评版、城市教师版、农村教师版、城市家长版、农村家长版），合计20个问卷，基本体现了中国本土和甘肃省域文化背景下的心理教育特色。

表12-1　甘肃省中小学生心理健康与心理素质问卷编制理论维度表

区域类别		城市			农村		
主体类别		自评	师评	家评	自评	师评	家评
高中	心理健康	问卷	问卷	问卷	问卷	问卷	问卷
	心理素质	问卷	问卷	问卷	问卷	问卷	问卷
初中	心理健康	问卷	问卷	问卷	问卷	问卷	问卷
	心理素质	问卷	问卷	问卷	问卷	问卷	问卷
小学	心理健康	问卷	问卷	问卷	问卷	问卷	问卷
	心理素质	问卷	问卷	问卷	问卷	问卷	问卷

第一节　甘肃省城乡小学生心理健康与心理素质系列测评问卷

一、甘肃省小学生心理健康与心理素质测评问卷版本

甘肃省小学生心理健康与心理素质测评问卷共计 8 套，包括小学生心理健康测验评价问卷（城市教师版、农村教师版、城市家长版、农村家长版）、小学生心理素质测验评价问卷（城市教师版、农村教师版、城市家长版、农村家长版）。因为每一大类的测评问卷指导语共性较高，故予以合并。鉴于版面限制，将问卷题目连行排列，题目之间用分号分开。同时将各量表评分标准合并，举例说明使用方法。

（一）甘肃省城市小学生心理健康测评系列问卷指导语

尊敬的家长、教师：您好！后面的问题将能有效地反映您的孩子、学生近来的心理状态，请您仔细阅读每一个题目，根据自己的实际情况认真填写。每一个题目没有对错之分，请您尽快回答，不要过多思考。这个量表，各有 25 和 30 个项目，每个题目后边有 5 个等级供您选择，分别按照程度的高低用 1，2，3，4，5 表示。每个题目前只能选一个等级，在相应的括号里填写。每个题目都要答。如果自觉这个题目自己没有问题就在括号中填写 1；如果自觉轻度有问题，就在括号中填写 2；如果自觉中度有问题，就在括号中填写 3；如果自觉问题偏重，就在括号中填写 4；如果自觉有严重问题，就在括号中填写 5。在回答问题之前，请先填写你的学生的姓名、性别、出生年月、年级、班级等。

第一套：甘肃省城市小学生心理健康问卷评价表（城市家评版）

学生姓名_____　性别_____　出生年月_____　学校名称_____

年级_____　班级_____　身体疾病父_____　亲职业_____　母亲职业_____

家长姓名_____　性别_____　身份_____　填写时间_____

（　）1. 当你与他 / 她对视时，他 / 她的眼睛不敢正视；（　）2. 他 / 她说话口齿不清；（　）3. 他 / 她有时候听不懂大人的话；（　）4. 他 / 她一天到晚动个不停；（　）5. 他 / 她不会对亲人微笑；（　）6. 他 / 她很少与小朋友一起玩耍；（　）7. 他 / 她不能正常一样用玩具玩游戏；（　）8. 他 / 她对家里房间的任何变化都表示反对和不安；（　）9. 他 / 她从小一到陌生的地方，就会拼

命哭闹；（　）10. 他 / 她不愿意上学，说同学会嘲笑她；（　）11. 房间一黑，他 / 她就不敢一个人活动；（　）12. 他 / 她晚上睡不好觉，经常做噩梦；（　）13. 他 / 她对家里大人细微的变化都很敏感；（　）14. 他 / 她很害怕家里有突发事件；（　）15. 他 / 她胆小不合群；（　）16. 他 / 她经常丢三落四；（　）17. 他 / 她学习成绩很差；（　）18. 他 / 她饭来张口，衣来伸手，凡事都要依赖别人；（　）19. 他 / 她任性固执，稍不如意就大吵大闹；（　）20. 他 / 她存心与父母"对着干"；（　）21. 他 / 她对任何活动都缺乏热情，也不与人交往；（　）22. 他 / 她爱吮吸手指头或者铅笔；（　）23. 他 / 她家里不讲话，但在学校讲话；（　）24. 他 / 她在睡眠中突然惊醒，惊惶失措，表情痛苦；（　）25. 他 / 她非常挑食；（　）26. 他 / 她爱抢别人的东西（或玩具）；（　）27. 他 / 她每天的排尿次数过多；（　）28. 他 / 她吃饭后反复地呕吐；（　）29. 他 / 她喜欢模仿异性穿戴和行为；（　）30. 他 / 她经常撒谎。

第二套：甘肃省城市小学生心理健康问卷评价表（城市师评版）：

学生姓名_____　性别_____　出生年月_____　学校名称_____

年级_____　班级_____　学习成绩_____　思想品德_____

填表教师姓名_____　是否班主任_____　任教课程_____　时间_____

（　）1. 当你与他 / 她对视时，他 / 她的眼睛不敢正视；（　）2. 他 / 她说话口齿不清；（　）3. 他 / 她对一些复杂句子无法明白；（　）4. 他 / 她上课时总是难以安静；（　）5. 他 / 她不会对同学微笑；（　）6. 他 / 她很少与小朋友一起玩耍；（　）7. 他 / 她不能正常一样用玩具玩游戏；（　）8. 他 / 她不愿意上学，说同学会嘲笑她；（　）9. 他 / 她对班级里细微的变化很敏感；（　）10. 他 / 她很害怕教室里有突发事件；（　）11. 他 / 她胆小不合群易紧张；（　）12. 他 / 她记忆不牢，经常丢三落四；（　）13. 他 / 她不会思考，学习成绩极差；（　）14. 他 / 她任性固执，不听别人批评劝解，稍不如意就大吵大闹；（　）15. 他 / 她存心与老师"对着干"；（　）16. 他 / 她对任何活动都缺乏热情，也不与人交往；（　）17. 他 / 她爱吮吸手指头；（　）18. 他 / 她学校里不讲话，但在家里讲话；（　）19. 他 / 她非常嫉恨相貌人缘好的同学；（　）20. 他 / 她对自己缺乏信心，有低人一等的感觉；（　）21. 他 / 她迫切希望摆脱家长和老师的监护；（　）22. 当自尊心受到伤害时，他 / 她就会愤怒；（　）23. 他 / 她常常神经过敏多疑；（　）24. 他 / 她爱吹嘘自己的家庭成员；（　）25. 他 / 她经常撒谎。

（二）甘肃省城市小学生心理素质测评系列问卷指导语

指导语：老师好！家长好！下面的问题将能有效地反映您的学生近来的心理素质表现，请您仔细阅读每一个题目，根据该学生的实际情况认真填写。每一个题目没有对错之分，请您尽快回答，不要过多思考。这个量表，各有36个项目，每个题目有5个等级供您选择，分别按照程度的高低用1，2，3，4，5表示。请按照您的学生的实际情况选择最合适描述的等级，在括号里标出相应数字。如果自觉这个题目符合学生实际就在括号中填写1；如果自觉比较符合就在括号中填写2；如果自觉很符合就在括号中填写3；如果自觉非常符合就在括号中填写4；如果自觉完全符合就在括号中填写5。在回答问题之前，请先填写学生的姓名、性别、出生年月、年级、班级等。

第三套：甘肃省小学生心理素质评价问卷（城市师评版）

学生姓名_____ 性别_____ 出生年月_____ 学校名称_____
年级班级_____ 学习成绩_____ 思想品德_____
填表教师姓名_____ 是否班主任_____ 任教课程_____ 时间_____

（　）1.该同学观察事物有条理性；（　）2.该同学能有目的地观察外部世界，按老师要求写记叙文；（　）3.该同学看周围的人和事物总是比较准确；（　）4.该同学平时就喜欢观察周围的人和事；（　）5.该同学记忆人名和数字很准确；（　）6.该同学记下的东西一般不容易遗忘；（　）7.该同学好久不见的人很容易一见就认出来；（　）8.该同学考试时能很快回忆起来复习过的内容；（　）9.该同学看问题很深刻；（　）10.该同学对课堂上发生的各种事情都有自己的看法；（　）11.该同学平时和同学们讨论问题很敏捷；（　）12.该同学会很灵活地分析各种问题；（　）13.该同学很尊敬老师，怕受到谴责；（　）14.该同学如果因为影响了班级荣誉会感到羞耻；（　）15.该同学穿着打扮追求朴素高雅；（　）16.如果老师说的不对该同学会试图给予纠正；（　）17.该同学对什么事都缺乏自信；（　）18.该同学学习时总是不知道该学什么好；（　）19.该同学在人面前顽固地不说好话；（　）20.该同学承受心理打击的能力很强；（　）21.该同学公共场合能很好地控制自己的行为；（　）22.该同学觉得非常喜欢吃喝；（　）23.该同学喜欢交朋友；（　）24.该同学非常渴望得到同学老师的尊重；（　）25.该同学觉得没有老师父母的爱护是很伤心的事；（　）26.该同学总是在吃穿上与同学攀比；（　）27.该同学有非常广泛的兴趣和爱好；（　）28.该同学兴趣爱好很稳定；（　）29.该同学感兴趣的事情就一定能做好；（　）30. 该同学今天喜欢做这个明天喜欢做那个；（　）31. 该同学学习时，总是只学习自己喜欢的学科；（　）32. 该同学作业马马虎虎，杂乱无章；（　）33. 该同学做事总是心不在焉；（　）34. 该同学对同学都很友好；（　）35. 该同学对班级活动积极参加，关心集体荣誉；（　）36. 该同学很关心社会上的事情。

第四套：甘肃省城市小学生心理素质评价问卷（城市家评版）

学生姓名_____　性别_____　出生年月_____　学校名称_____

年级_____　班级_____　身体疾病_____　父亲职业_____　母亲职业_____

家长姓名_____　性别_____　身份_____　填写时间_____

（　）1. 我发现我的孩子观察事物很有条理性；（　）2. 我发现我的孩子能有目的地观察外部世界；（　）3. 我发现我的孩子看周围的人和事物总是比较准确；（　）4. 我发现我的孩子平时就喜欢观察周围的人和事；（　）5. 我发现我的孩子记忆人名和数字很准确；（　）6. 我发现我的孩子记下的东西一般不容易遗忘；（　）7. 我发现我的孩子好久不见的人很容易一见就认出来；（　）8. 我发现我的孩子复习时能很快回忆起来学习过的内容；（　）9. 我发现我的孩子看问题很深刻；（　）10. 我发现我的孩子对课堂上、社会上发生的各种事情都有自己的看法；（　）11. 我发现我的孩子平时和家人讨论问题很敏捷；（　）12. 我发现我的孩子会很灵活地分析各种问题；（　）13. 我发现我的孩子很孝顺父母；（　）14. 我发现我的孩子如果干了错事很内疚；（　）15. 我发现我的孩子穿着打扮追求朴素高雅；（　）16. 我发现我的孩子如果家长说的不对会试图给予纠正；（　）17. 我发现我的孩子对别人拿缺点开玩笑会给予自嘲；（　）18. 我发现我的孩子学习生活比较有目的性；（　）19. 我发现我的孩子遇到难以决断的事情能当机立断；（　）20. 我发现我的孩子承受心理打击的能力很强；（　）21. 我发现我的孩子公共场合能很好地控制自己的行为；（　）22. 我发现我的孩子认为一辈子吃好喝好就行了；（　）23. 我发现我的孩子有一些朋友；（　）24. 我发现我的孩子非常渴望得到同学老师的尊重；（　）25. 我发现我的孩子没有老师父母的爱护会很伤心；（　）26. 我发现我的孩子为了实现自己的理想，不讲究吃穿；（　）27. 我发现我的孩子兴趣和爱好非常广泛；（　）28. 我发现我的孩子兴趣爱好很稳定；（　）29. 我发现我的孩子感兴趣的事情就一定能做好；（　）30. 我发现我的孩子兴趣比较持久，不会今天喜欢这个明天喜欢那个；（　）31. 我发现我的孩子理想是为社会做些事情；（　）32. 我发现我的孩子有坚定的信念——我们的社会会越来越好；（　）33. 我发现我的孩子是个有理想的青年；（　）34. 我发现我的孩子对同学都很友好；（　）35. 我发现我的孩子对班级活动积极参加，关心集体荣誉；（　）36. 我发现我的孩子觉得只有把自己的能力贡献给社会，才有价值感。

（三）甘肃省农村小学生心理健康测评系列问卷指导语

尊敬的家长、老师：您好，下面的问题将能有效地反映您的孩子、学生近来的心理状态，请您仔细阅读每一个题目，根据自己的实际情况认真填写。每一个题目没有对错之分，请您尽快回答，不要过多思考。这两个量表，各有 25 个和 30 个项目，每个题目有 5 个等级供您选择，分别按照程度的高低用 1，2，3，4，5 表示。请按照您的孩子（学生）的实际情况选择最合适描述您的等级，标出相应数字。每个题目只能选一个等级，在相应的括号里填写。每个题目都要答。如果自觉这个题目自己没有问题就在括号里填写 1；如果自觉轻度有问题，就在括号里填写 2；如果自觉中度有问题，就在括号里填写 3；如果自觉问题偏重，就在括号里填写 4；如果自觉有严重问题，就在括号里填写 5。在回答问题之前，请先填写你的学生的姓名、性别、出生年月、年级、班级等。

第五套：甘肃省农村小学生心理健康问卷评价表（农村家评版）

姓名_____ 性别_____ 出生年月_____ 学校名称_____

年级_____ 班级_____ 身体疾病_____ 父亲职业_____ 母亲职业_____

家长姓名_____ 性别_____ 身份_____ 填写时间_____

（　）1. 当你与他 / 她对视时，他 / 她的眼睛不敢正视；（　）2. 他 / 她说话口齿不清；（　）3. 他 / 她有时候听不懂大人的话；（　）4. 他 / 她手脚总是动个不停；（　）5. 他 / 她不会对亲人微笑；（　）6. 他 / 她很少与小朋友一起玩耍；（　）7. 他 / 她不能像正常一样用玩具玩游戏；（　）8. 他 / 她对家里房间的任何变化都表示反对和不安；（　）9. 他 / 她从小一到陌生的地方，就会拼命哭闹；（　）10. 他 / 她不愿意上学，说同学会嘲笑她；（　）11. 房间一黑，他 / 她就不敢一个人活动；（　）12. 他 / 她晚上睡不好觉，经常做噩梦；（　）13. 他 / 她对家里大人细微的变化都很敏感；（　）14. 他 / 她很害怕家里有突发事件；（　）15. 他 / 她胆小、不合群、易紧张；（　）16. 他 / 她记忆不牢，经常丢三落四；（　）17. 他 / 她不会思考，学习成绩极差；（　）18. 他 / 她饭来张口，衣来伸手，凡事都要依赖别人；（　）19. 他 / 她很任性，稍不如意就大吵大闹；（　）20. 他 / 她存心与父母"对着干"；（　）21. 他 / 她对任何活动都缺乏热情，也不与人交往；（　）

22. 他／她爱吮吸手指头；（　）23. 他／她家里不讲话，但听说在学校话多；（　）24. 他／她在睡眠中突然惊醒，瞪眼坐起，惊惶失措，表情痛苦；（　）25. 他／她非常挑食；（　）26. 他／她爱抢别人的东西（或玩具）；（　）27. 他／她每天的排尿次数过多；（　）28. 他／她吃饭后反复地呕吐；（　）29. 他／她喜欢模仿异性穿戴和行为；（　）30. 他／她经常撒谎。

第六套：甘肃省农村小学生心理健康问卷评价表（农村师评版）

姓名_____ 性别_____ 出生年月_____ 学校名称_____

年级班级_____ 学习成绩_____ 思想品德_____

填表教师姓名_____ 是否班主任_____ 任教课程_____ 时间_____

（　）1. 当你与他／她对视时，他／她的眼睛不敢正视；（　）2. 他／她说话口齿不清；（　）3. 他／她对一些复杂句子无法明白；（　）4. 他／她上课总是动个不停；（　）5. 他／她不会对同学微笑；（　）6. 他／她很少与小朋友一起玩耍；（　）7. 他／她不能像正常人一样用玩具玩游戏；（　）8. 他／她不愿意上学，说同学会嘲笑她；（　）9. 他／她对班级里细微的变化都很敏感；（　）10. 他／她很害怕教室里有突发事件；（　）11. 他／她胆小不合群易紧张；（　）12. 他／她记忆不牢，经常丢三落四；（　）13. 他／她不会思考，学习成绩极差；（　）14. 他／她任性固执，稍不如意就大吵大闹；（　）15. 他／她存心与老师"对着干"；（　）16. 他／她对任何活动都缺乏热情，也不与人交往；（　）17. 她爱吮吸手指头或者咬笔根；（　）18. 他／她学校里很少说话，但听说在家里话多；（　）19. 他／她嫉恨相貌人缘好的同学；（　）20. 他／她对自己缺乏信心，有低人一等的感觉；（　）21. 他／她迫切希望摆脱家长和老师的管理；（　）22. 当自尊心受到伤害时，他／她就会愤怒；（　）23. 他／她常常神经过敏多疑；（　）24. 他／她吹嘘自己是名人的孩子；（　）25. 他／她经常撒谎。

（四）甘肃省农村小学生心理素质测评系列问卷指导语

尊敬的家长、老师：您好！下面的问题将能有效地反映您的孩子、学生近来的心理素质表现，请您仔细阅读每一个题目，根据该学生的实际情况认真填写。每一个题目没有对错之分，请您尽快回答，不要过多思考。这个量表，各有 36 个项目，每个题目后边有 5 个等级供您选择，分别按照程度的高低用 1，2，3，4，5 表示。请按照您的孩子、学生的实际情况选择最合适描述的等级，标出相应数字。如果自觉这个题目符合孩子、学生实际就在括号中填写 1；如果自觉比较符合就在括号中填写 2；如果自觉很符合就在括号中填写 3；如果自觉非常符合就在括号中填写 4；如果自觉完全符合就在括号中填写 5。在回答问题之前，请先填写孩子、学生的姓名、性别、出生年月、年级、班级等。

第七套：甘肃省农村小学生心理素质评价问卷（农村家评版）

学生姓名_____ 性别_____ 出生年月_____ 学校名称_____

年级_____ 班级_____ 身体疾病_____ 父亲职业_____ 母亲职业_____

家长姓名_____ 性别_____ 身份_____ 填写时间_____

（ ）1. 我发现我的孩子对什么事都没有认真注意过；（ ）2. 我发现我的孩子能有目的地观察外部世界；（ ）3. 我发现我的孩子看周围的人和事物总是比较准确；（ ）4. 我发现我的孩子平时就喜欢观察周围的人和事；（ ）5. 我发现我的孩子记忆人名和数字很准确；（ ）6. 我发现我的孩子记下的东西一般不容易遗忘；（ ）7. 我发现我的孩子好久不见的人很容易一见就认出来；（ ）8. 我发现我的孩子任何事都不想去记住；（ ）9. 我发现我的孩子看问题很深刻；（ ）10. 我发现我的孩子读书时比同学读得慢；（ ）11. 我发现我的孩子平时和家人讨论问题很敏捷；（ ）12. 我发现我的孩子从不预习和复习功课；（ ）13. 我发现我的孩子很孝顺父母；（ ）14. 我发现我的孩子如果干了错事会很内疚；（ ）15. 我发现我的孩子穿着打扮追求朴素高雅；（ ）16. 我发现我的孩子如果家长说的不对会试图给予纠正；（ ）17. 我发现我的孩子对人有明显的好恶；（ ）18. 我发现我的孩子学习生活比较有目的性；（ ）19. 我发现我的孩子考试前十分紧张；（ ）20. 我发现我的孩子承受心理打击的能力很强；（ ）21. 我发现我的孩子公共场合能很好地控制自己的行为；（ ）22. 我发现我的孩子生活没有规律；（ ）23. 我发现我的孩子有一些朋友；（ ）24. 我发现我的孩子很喜欢炫耀；（ ）25. 我发现我的孩子没有老师父母的爱护会很伤心；（ ）26. 我发现我的孩子作业马马虎虎，杂乱无章；（ ）27. 我发现我的孩子兴趣和爱好非常广泛；（ ）28. 我发现我的孩子兴趣爱好很稳定；（ ）29. 我发现我的孩子感兴趣的事情就一定能做好；（ ）30. 我发现我的孩子兴趣比较持久，不会今天喜欢这个明天喜欢那个；（ ）31. 我发现我的孩子学习时总是不知道该学什么好；（ ）32. 我发现我的孩子学习时总是只学习自己喜欢的学科；（ ）33. 我发现我的孩子是个有理想的孩子；（ ）34. 我发现我的孩子同学都很友好；（ ）35. 我发现我的孩子对班级活动积极参加，关心集体荣誉；（ ）36. 我发现我的孩子做事时大多是心不在焉。

第八套：甘肃省农村小学生心理素质评价问卷（农村师评版）

学生姓名_____　性别_____　出生年月_____　学校名称_____

年级_____　班级_____　学习成绩_____　思想品德_____

填表教师姓名_____　是否班主任_____　任教课程_____　时间_____

（　）1.该同学观察事物有条理性；（　）2.该同学能有目的地观察外部世界，按老师要求写记叙文；（　）3.该同学看周围的人和事物总是比较准确；（　）4.该同学的感觉非常敏锐；（　）5.该同学记忆数字和外语单词很准确；（　）6.该同学记下的东西一般不容易遗忘；（　）7.该同学好久不见的人很容易一见就认出来；（　）8.该同学考试时能很快回忆起来复习过的内容；（　）9.该同学看问题很深刻；（　）10.该同学对课堂上、社会上发生的各种事情都有自己的看法；（　）11.该同学平时和同学们讨论问题很敏捷；（　）12.该同学会很灵活地分析各种问题；（　）13.该同学的家庭责任感很强；（　）14.该同学很爱护班级荣誉；（　）15.该同学在竞争性活动中很冷静；（　）16.该同学上课如果老师说的不对会试图给予纠正；（　）17.该同学碰到陌生人会觉得很拘束；（　）18.该同学学习生活有规律，很少违反作息制度；（　）19.该同学遇到难以决断的事情能当机立断；（　）20.该同学承受心理打击的能力很强；（　）21.该同学公共场合能很好地控制自己的行为；（　）22.该同学喜欢吃喝不求上进；（　）23.该同学有许多朋友；（　）24.该同学非常渴望得到同学老师的尊重；（　）25.该同学非常在乎老师的关爱；（　）26.该同学有远大的志向；（　）27.该同学有非常广泛的兴趣和爱好；（　）28.该同学兴趣爱好很稳定；（　）29.该同学感兴趣的事情就一定能做好；（　）30.该同学兴趣比较持久，不会今天喜欢这个明天喜欢那个；（　）31.该同学的理想是为社会做些事情；（　）32.该同学认准一个目标就希望尽快实现，不达目的誓不罢休；（　）33.该同学爱看情节起伏跌宕、激动人心的小说；（　）34.该同学对同学都很友好；（　）35.该同学对班级活动积极参加，关心集体荣誉；（　）36.该同学注意力集中于一事物时很难分心。

二、甘肃省小学生心理健康与心理素质测评量表使用方法

（一）甘肃省小学生心理健康与心理素质测评量表编制的理论依据

小学心理健康与心理素质系列评定量表之心理健康测评部分，采用变态心理学的指标体系，参照SCL—90问卷，分为第一部分认知障碍，包括感知障碍、记忆障碍、思维过程和内容障碍（妄想）；第二部分情意障碍，包括情感

障碍和意志障碍；第三部分人格与自我意识障碍；第四部分神经症；第五部分身体症状。评价分数分为总体症状分数和因素症状分数。同时根据小学生和年龄心理特点适当调整。

小学心理健康与心理素质系列评定量表之心理素质测评部分，采用普通心理学的指标体系，参照心理素质测验问卷，第一部分认知素质，包括感知素质（如观察的目的性、准备性、条理性、准确性）；记忆素质（如记忆的准确性、保持的持久性、再认和回忆的敏捷性）；思维素质（如深刻性与批判性、敏捷性与灵活性）。第二部分情感素质（道德感、理智感、美感）。第三部分意志素质（自觉性、果断性、坚韧性、自制性）。第四部分性格素质测验，包括需要素质（协调性、合理性、层次性、发展性）；兴趣信念素质（广泛性、稳定性、效能性、持久性），同时根据小学生和年龄心理特点适当调整。

（二）甘肃省小学生心理健康与心理素质测评量表测题评分方法

第一套：甘肃省小学生心理健康问卷评价表（城市家评版）有30个题目，第1、8、11、12、13、14、24题主要反映有无孤独症、恐惧症倾向；第2题主要测验语言障碍；第三题主要测验有无听觉障碍；第4、22题主要测验有无多动症倾向；第5题主要测验情绪障碍；第6、15、21题主要测验有无社交障碍；第7、17题主要测验有无智力障碍；第16、19、20、21、23、25、26、30题主要测验有无人格障碍；第29题主要测验有无性别障碍；第27、28题主要测验有无心理原因导致的身体症状。

第二套：甘肃省小学生心理健康问卷评价表（城市师评版）有25个题目，第1、2题主要测验有无感知障碍；第3、12、13题主要测验学习障碍；第4题主要测验多动倾向；第5、6、7、8、11、16、18题主要测验交往障碍；第9、10、14、15、19、20、22题主要测验自我意识障碍；第17、21、23、24、25题主要测验人格障碍。

第三套：甘肃省小学生心理素质评价问卷（城市师评版）有36个题目，第一部分认知素质测验，包括第1、2、3、4题，主要测验感知素质（如观察的目的性、准备性、条理性、准确性）；第5、6、7、8题主要测验记忆素质（如记忆的准确性、保持的持久性、再认和回忆的敏捷性）；第9、10、11、12题主要测验思维素质（如深刻性与批判性、敏捷性与灵活性）。第二部分主要测验情感素质（道德感、理智感、美感），包括第13、14、15、16、17题。第三部分主要测验意志素质（自觉性、果断性、坚韧性、自制性），包括第18、19、20、21题。第四部分性格素质测验，包括第22、23、24、25、26题，主要测验需要素质（协调性、合理性、层次性、发展性）；第27、28、29、30、31、32、33、34、35、36题，主要测验兴趣信念素质（广泛性、稳定性、效能性、持久性）。

第四套：甘肃省小学生心理素质评价问卷（城市家评版）有36个题目，第一部分认知素质测验，包括第1、2、3、4题，主要测验感知素质（如观察的目的性、准备性、条理性、准确性）；第5、6、7、8题主要测验记忆素质（如记忆的准确性、保持的持久性、再认和回忆的敏捷性）；第9、10、11、12题主要测验思维素质（如深刻性与批判性、敏捷性与灵活性）。第二部分主要测验情感素质（道德感、理智感、美感），包括第13、14、15、16、17题。第三部分主要测验意志素质（自觉性、果断性、坚韧性、自制性），包括第18、19、20、21题。第四部分性格素质测验，包括第22、23、24、25、26题，主要测验需要素质（协调性、合理性、层次性、发展性）；第27、28、29、30、31、32、33、34、35、36题，主要测验兴趣信念素质（广泛性、稳定性、效能性、持久性）。

第五套：甘肃省小学生心理健康问卷评价表（农村家评版）有30个题目，第1、8、11、12、13、14、24题主要反映有无孤独症、恐惧症倾向，第2题主要测验语言障碍；第3题主要测验有无听觉障碍；第4、22题主要测验有无多动症倾向；第5题主要测验情绪障碍；第6、15、21题主要测验有无社交障碍；第7、17题主要测验有无智力障碍；第16、19、20、21、23、25、26、30题主要测验有无人格障碍；第29题主要测验有无性别障碍；第27、28题主要测验有无心理原因导致的身体症状。

第六套：甘肃省小学生心理健康问卷评价表（农村家评版）有30个题目，第1、8、11、12、13、14、24题主要反映有无孤独症、恐惧症倾向；第2题主要测验语言障碍；第3题主要测验有无听觉障碍；第4、22题主要测验有无多动症倾向；第5题主要测验情绪障碍；第6、15、21题主要测验有无社交障碍；第7、17题主要测验有无智力障碍；第16、19、20、21、23、25、26、30主要测验有无人格障碍；第29题主要测验有无性别障碍；第27、28主要测验有无心理原因导致的身体症状。

第七套：甘肃省小学生心理素质评价问卷（农村家评版）36个题目。第一部分认知素质测验，包括第1、2、3、4题，主要测验感知素质（如观察的目的性、准备性、条理性、准确性）；第5、6、7、8题主要测验记忆素质（如记忆的准确性、保持的持久性、再认和回忆的敏捷性）；第9、10、11、12题主要测验思维素质（如深刻性与批判性、敏捷性与灵活性）。第二部分主要测验情感素质（道德感、理智感、美感），包括第 13、14、15、16、17 题。第三部分主要测验意志素质（自觉性、果断性、坚韧性、自制性），包括第 18、19、20、21 题。第四部分性格素质测验，包括第 22、23、24、25、26 题，主要测验需要素质（协调性、合理性、层次性、发展性）；第 27、28、29、30、31、32、33、34、35、36 题，主要测验兴趣信念素质（广泛性、稳定性、效能性、持久性）。

第八套：甘肃省小学生心理素质评价问卷（农村师评版）有 36 个题目。第一部分认知素质测验，包括第 1、2、3、4 题，主要测验感知素质（如观察的目的性、准备性、条理性、准确性）；第 5、6、7、8 题主要测验记忆素质（如记忆的准确性、保持的持久性、再认和回忆的敏捷性）；第 9、10、11、12 题主要测验思维素质（如深刻性与批判性、敏捷性与灵活性）。第二部分主要测验情感素质（道德感、理智感、美感），包括第 13、14、15、16、17 题。第三部分主要测验意志素质（自觉性、果断性、坚韧性、自制性），包括第 18、19、20、21 题。第四部分性格素质测验，包括第 22、23、24、25、26 题，主要测验需要素质（协调性、合理性、层次性、发展性）；第 27、28、29、30、31、32、33、34、35、36 题，主要测验兴趣信念素质（广泛性、稳定性、效能性、持久性）。

（三）甘肃省小学生心理健康与心理素质测评量表评分标准

1. 心理健康测评量表测评评分标准：小学生心理健康测评量表分总分和因子分，如果平均每个项目达到 3 分，比如有 30 道题目，总体分数达到 90 分，就有心理疾病，需要尽快送心理咨询辅导机构或精神卫生康复机构治疗；如果总体分数达到 60 分，也就是假设所有项目都达到 2 分，就需要尽快送心理咨询辅导机构或精神卫生康复机构进一步检查；如果总体分数达到 30 分，也就是假设所有项目都达到 1 分，就需要逐一核查各个项目的分数；如某个项目分数达到 3 分，需要进一步核查谈话，以便确诊。

2. 心理素质测评评分标准：心理素质测验问卷得分越高，说明心理素质越好，可以记录总分，也可以记录分项目分数。比如有 36 个题目，如果低于 108 分，也就是说，各个项目平均分数都在 3 分以下，说明需要心理辅导训练，提高心理素质。如果某一因子得分很高，应该重点给予培养，使其进一步发展。比如有的学生记忆品质特别好，有的学生兴趣品质特别好，都应该重点培养发展。如果某一因子品质特别差，应该进一步诊断，找到原因，有针对性地训练培养。

第二节　甘肃省农村中学生心理健康与心理素质系列测评问卷

一、甘肃省农村中学生心理健康与心理素质测评问卷版本

甘肃省城乡中学生心理健康与心理素质测评问卷共计 12 套，其中农村 6 套，包括中学生心理健康测验评价问卷（农村教师版、农村家长版；农村自评版）；小学生心理素质测验评价问卷（农村教师版、农村家长版、农村自评版）。鉴于版面限制，将问卷题目连行排列，题目之间用分号分开。每个题目前面加括号，用于测评记分。

（一）甘肃省农村中学学生心理健康评价问卷（农村学生家评版）

指导语：尊敬的家长先生/女士：您好！下面的问题将能有效地反映您的孩子近来的心理状态，请您仔细阅读每一个题目，根据自己的实际情况认真填写。每一个题目没有对错之分，请您尽快回答，不要过多思考。这个量表，共有 78 个项目，每个题目后边有 5 个等级供您选择，分别按照程度的高低 1，2，3，4，5 表示。请按照您的实际情况选择最适合描述您的等级，标出相应数字。每个题目只能选一个等级，在相应的括号里填写。每个题目都要答。如果自觉这个题目自己没有问题就在括号里填写 1；如果自觉轻度有问题，就在括号里填写 2；如果自觉中度有问题，就在括号里填写 3；如果自觉问题偏重，就在括号里填写 4；如果自觉有严重问题，就在括号里填写 5。在回答问题之前，请先填写你的姓名、性别、出生年月、年级、班级等。

学生姓名_____　性别_____　出生年月_____　学校名称_____

年级_____　班级_____　身体疾病_____　父亲职业_____　母亲职业_____

家长姓名_____　性别_____　身份_____　填写时间_____

（　）1. 他/她觉得鸡鸭牛羊的叫声非常刺耳吗？　（　）2. 他/她对别人觉得很难闻的气味没感觉吗？（　）3. 他/她能看见别人看不到的东西吗？（　）4. 他/她觉得饭菜里有很奇怪的味道吗？　（　）5. 他/她有时候觉得身体上有虫子爬来爬去吗？　（　）6. 他/她觉得别人的头变大了，身体变细了吗？（　）7. 他/她吃饭时经常走神吗？　（　）8. 您给他/她讲过的事情很快就忘记了吗？（　）9. 他/她会想不起来很熟悉人的名字吗？　（　）10. 他/她常常会详细回忆起小时候的事情吗？　（　）11. 他/她常常回忆不起来几天前发生的事情吗？（　）12. 他/她碰见陌生人常觉得在哪里见过吗？　（　）

13. 他／她在与家人说话时别人插不上话吗？（　）14. 他／她总感到有人在背后谈论自己吗？（　）15. 他／她的许多想法总与别人不一样吗？（　）16. 他／她总是说些半截子话吗？（　）17. 他／她总觉得身体有病，但医生检查不出来吗？（　）18. 他／她认为是个有罪的人，应该受到惩罚吗？（　）19. 他／她觉得自己才智超群没有得到重视吗？（　）20. 他／她觉得生活中经常有人给自己造谣吗？（　）21. 他／她常发脾气，想控制但控制不住吗？（　）22. 他／她经常大叫或摔东西吗？（　）23. 他／她时常与人争论抬杠吗？（　）24. 他／她觉得非常虚弱悲伤，觉得活着没有意思吗？（　）25. 他／她觉得大祸快临头了但无能为力吗？（　）26. 他／她总是无缘无故觉得自己非常高兴吗？（　）27. 他／她整天忙忙碌碌，啥都想干吗？（　）28. 他／她觉得干啥都没有意义，喜欢一个人待着吗？（　）29. 他／她觉得控制不了自己的行为吗？（　）30. 他／她觉得自己的身体很僵硬吗？（　）31. 他／她觉得对别人都不可信任吗？（　）32. 他／她感到别人不理解，不同情吗？（　）33. 他／她总是要求别人十全十美吗？（　）34. 他／她不能容忍别人开玩笑调侃吗？（　）35. 他／她被别人看着或谈论时，感到不自在吗？（　）36. 他／她对家里人忽冷忽热吗？（　）37. 他／她自己瞧不起自己，觉得别人总在嘲笑自己吗？（　）38. 他／她觉得别人对自己的表现公平吗？（　）39. 他／她为别的同学穿戴好有钱感到不舒服吗？（　）40. 他／她在人多的地方感到不自在吗？（　）41. 他／她对朋友求全责备吗？（　）42. 他／她总担心自己的服装整齐吗？（　）43. 他／她喜欢嘲笑别人的缺点吗？（　）44. 他／她相信鬼神和特异功能是存在的吗？（　）45. 他／她的学习生活很少有计划吗？（　）46. 他／她经常逃学、欺负小同学吗？（　）47. 他／她对别人的批评表扬无动于衷吗？（　）48. 他／她喜欢三五成群地胡逛吗？（　）49. 他／她做任何事情都追求完美无缺吗？（　）50. 他／她怀疑自己得了严重疾病，反复看医书或去医院检查吗？（　）51. 他／她经常做噩梦，早晨醒来就感到倦怠无力、焦虑烦躁吗？（　）52. 他／她无缘无故地突然感到害怕吗？（　）53. 他／她同异性在一起时，感到害羞不自在吗？（　）54. 他／她在家做作业必须反复检查吗？（　）55. 他／她必须反复洗手或反复数数吗？（　）56. 他／她对稍微奇怪的东西有恐怖倾向吗？（　）57. 他／她一旦与异性交往就脸红心慌或想入非非吗？（　）58. 他／她经常怀疑自己接触的东西不干净，反复洗手或换衣服吗？（　）59. 他／她担心是否锁门和可能着火，反复检查吗？（　）60. 他／她害怕见陌生人，人多时说话就脸红吗？（　）61. 他／她一遇到考试，即使有准备也紧张焦虑吗？（　）62. 他 / 她晚上总失眠，即使睡着也容易惊醒吗？（　）63. 他 / 她经常早醒 1—2 小时，醒后很难再入睡吗？（　）64. 他 / 她有自杀的念头吗？（　）65. 他 / 她感到内心痛苦无法解脱，只能自伤或自杀吗？（　）66. 他 / 她站墙上或者比较高的地方会眩晕吗？（　）67. 他 / 她会无缘无故地突然感到害怕吗？（　）68. 他 / 她有想打人或伤害他人的冲动吗？（　）69. 他 / 她感到在人多的地方吃东西很不舒服吗？（　）70. 他 / 她经常头痛吗？（　）71. 他 / 她胸部疼痛吗？（　）72. 他 / 她恶心或胃部不舒服吗？（　）73. 他 / 她一阵阵发冷发热吗？（　）74. 他 / 她感到身体的某一部分软弱无力吗？（　）75. 他 / 她感到手或脚发沉吗？（　）76. 他 / 她感到自己的身体有严重的问题吗？（　）77. 他 / 她感到自己的脑子有毛病吗？（　）78. 他 / 她喉咙有梗塞感吗？

（二）甘肃省农村中学学生心理健康评价问卷（农村学生师评版）

指导语：老师您好！下面的问题将能有效地反映您的学生近来的心理状态，请您仔细阅读每一个题目，根据自己的实际情况认真填写。每一个题目没有对错之分，请您尽快回答，不要过多思考。这个量表，共有 80 个项目，每个题目后边有 5 个等级供您选择，分别按照程度的高低 1，2，3，4，5 表示。请按照您的实际情况选择最适合描述您的等级，标出相应数字。每个题目只能选一个等级，在相应的括号里填写。每个题目都要答。如果自觉这个题目自己没有问题就在括号里填写 1；如果自觉轻度有问题，就在括号里填写 2；如果自觉中度有问题，就在括号里填写 3；如果自觉问题偏重，就在括号里填写 4；如果自觉有严重问题，就在括号里填写 5。在回答问题之前，请先填写你的学生的姓名、性别、出生年月、年级、班级等。

姓名_____　性别_____　出生年月_____　学校名称_____

年级_____　班级_____　学习成绩_____　思想品德_____

填表教师姓名_____　是否班主任_____　任教课程_____　时间_____

（　）1. 该同学觉得开门关门的声音非常刺耳；（　）2. 该同学别人觉得很难闻的气味他没感觉；（　）3. 该同学能看见别人看不到的东西；（　）4. 该同学觉得饭菜里有很奇怪的味道；（　）5. 该同学有时候觉得身体上有虫子爬来爬去；（　）6. 该同学有时候觉得讲台上老师的头变大了，身体变细了；（　）7. 该同学上课时经常走神；（　）8. 该同学对于老师讲过的内容很快就忘记了；（　）9. 该同学很熟悉的同学会想不起来名字；（　）10. 该同学常常能详细回忆起小时候的事情；（　）11. 该同学几天前发生的事情都回忆不起来；（　）12. 该同学碰见陌生人常觉得在哪里见过；（　）13. 该同学在与同学或家人说话时滔滔不绝，别人插不上话；（　）14. 该同学总感到有人在背后谈论他；（　）15. 该同学的想法总与别人不一样；（　）16. 该同学常说半截子话；（　）17. 该同学总觉得身体有病，但医生检查不出来；（　）18. 该同学认为自己是个有罪的人，应该受到惩罚；（　）19. 该同学觉得才智超群，但得不到重视；（　）20. 该同学觉得报纸上、网络上经常有人给他造谣；（　）21. 该同学常发脾气，想控制但控制不住；（　）22. 该同学经常大叫或摔东西；（　）23. 该同学时常与人争论、抬杠；（　）24. 该同学非常虚弱悲伤，觉得活着没有意思；（　）25. 该同学觉得大祸快临头了，但无能为力；（　）26. 该同学觉得自己非常高兴，非常幸福；（　）27. 该同学整天忙忙碌碌，啥都想干；（　）28. 该同学干啥都没有意义，喜欢一个人待着；（　）29. 该同学觉得控制不了自己的行为；（　）30. 该同学有时觉得自己的行动很僵硬；（　）31. 该同学觉得对大多数人都不可信任；（　）32. 该同学感到别人不理解他，不同情他；（　）33. 该同学总是要求别人十全十美；（　）34. 该同学不能容忍别人对他开玩笑调侃；（　）35. 该同学遇到别人看着他或谈论他时，感到不自在；（　）36. 该同学对同学忽冷忽热；（　）37. 该同学自己瞧不起自己，觉得别人总在嘲笑自己；（　）38. 该同学认为别人对他的表现评价不恰当；（　）39. 该同学感情容易受到别人的伤害；（　）40. 该同学觉得别的同学穿戴比他好，有钱，感到不舒服；（　）41. 该同学在商店或电影院人多的地方感到不自在；（　）42. 该同学对同学求全责备；（　）43. 该同学总担心自己的衣饰整齐及仪态的端正；（　）44. 该同学喜欢嘲笑别人的缺点；（　）45. 该同学相信鬼神和特异功能是存在的；（　）46. 该同学的学习生活很少有计划；（　）47. 该同学经常逃学、欺负小同学、向同学借钱；（　）48. 对别人的批评表扬无动于衷；（　）49. 该同学喜欢追求刺激，参加社交活动；（　）50. 该同学做任何事情都追求完美无缺；（　）51. 该同学怀疑自己患了不治之症，反复看医书或去医院检查；（　）52. 该同学经常做恶梦，惊恐不安，早晨醒来就感到倦怠无力、焦虑烦躁；（　）53. 该同学无缘无故地突然感到害怕；（　）54. 该同学同异性在一起时，感到害羞不自在；（　）55. 该同学做作业必须反复检查；（　）56. 该同学必须反复洗手或反复数数；（　）57. 该同学对稍微奇怪的东西有恐怖倾向；（　）58. 该同学一旦与异性交往就脸红心慌或想入非非；（　）59. 该同学经常怀疑自己接触的东西不干净，反复洗手或换衣服；（　）60. 该同学担心是否锁门和可能着火，反复检查；（　）61. 该同学害怕见陌生人，人多时说话就脸红；（　）62. 该同学一遇到考试，即使有准备也紧张焦虑；（ ）63. 该同学上床后，怎么也睡不着，即使睡着也容易惊醒；（ ）64. 该同学经常做恶梦，惊恐不安，早晨醒来就感到倦怠无力、焦虑烦躁；（ ）65. 该同学经常早醒1—2小时，醒后很难再入睡；（ ）66. 该同学经常有自杀的念头；（ ）67. 该同学感到内心痛苦无法解脱，只能自伤或自杀；（ ）68. 该同学站在阳台上，有摇摇晃晃要跳下去的感觉；（ ）69. 该同学无缘无故地突然感到害怕；（ ）70. 该同学有想打人或伤害他人的冲动；（ ）71. 该同学感到在公共场合吃东西很不舒服；（ ）72. 该同学经常头痛（ ）；73. 该同学胸部疼痛；（ ）74. 该同学恶心或胃部不舒服；（ ）75. 该同学一阵阵发冷发热；（ ）76. 该同学感到身体的某一部分软弱无力；（ ）77. 该同学感到手或脚发重；（ ）78. 该同学感到自己的身体有严重的问题；（ ）79. 该同学感到自己的脑子有毛病；（ ）80. 该同学喉咙有梗塞感。

（三）甘肃省农村中学学生心理健康评价问卷（农村学生自评版）

指导语：各位同学！下面的问题将能有效地反映您近来的心理状态，请您仔细阅读每一个题目，根据自己的实际情况认真填写。每一个题目没有对错之分，请您尽快回答，不要过多思考。这个量表，共有80个项目，每个题目有5个等级供您选择，分别按照程度的高低1，2，3，4，5表示。请按照您的实际情况选择最适合描述您的等级，标出相应数字。每个题目只能选一个等级，在相应的括号里填写。每个题目都要答。如果自觉这个题目自己没有问题就在括号里填写1；如果自觉轻度有问题，就在括号里填写2；如果自觉中度有问题，就在括号里填写3；如果自觉问题偏重，就在括号里填写4；如果自觉有严重问题，就在括号里填写5。在回答问题之前，请先填写你的姓名、性别、出生年月、年级、班级等。

姓名_____ 性别_____ 出生年月_____ 学校名称_____

年级_____ 班级_____ 身体疾病_____ 父亲职业_____ 母亲职业_____

（ ）1. 我觉得开门关门的声音非常刺耳；（ ）2. 别人觉得很难闻的气味我没感觉；（ ）3. 我能看见别人看不到的东西；（ ）4. 我觉得饭菜里有很奇怪的味道；（ ）5. 我有时候觉得身体上有虫子爬来爬去；（ ）6. 我有时候觉得讲台上老师的头变大了，身体变细了；（ ）7. 上课时我经常走神；（ ）8. 老师讲过的内容我很快就忘记了；（ ）9. 很熟悉的同学我会想不起来名字；（ ）10. 我常常能详细回忆起小时候的事情（ ）11. 几天前发生的事情我都回忆不起来；（ ）12. 碰见陌生人我常觉得在哪里见过；（ ）13. 我在与同学或家人说话时滔滔不绝，别人插不上话；（ ）14. 我总感到有人在背后谈论我；（ ）

15. 我的想法总与别人不一样；（　）16. 别人都说我常说半截子话；（　）17. 我总觉得身体有病，但医生检查不出来；（　）18. 我是个有罪的人，应该受到惩罚；（　）19. 我才智超群，但得不到重视；（　）20. 报纸上、网络上经常有人给我造谣；（　）21. 我常发脾气，想控制但控制不住；（　）22. 我经常大叫或摔东西；（　）23. 我时常与人争论、抬杠（　）24. 我非常虚弱悲伤，觉得活着没有意思；（　）25. 我觉得大祸快临头了，但我无能为力；（　）26. 我觉得自己非常高兴，非常幸福；（　）27. 别人说我整天忙忙碌碌，啥都想干；（　）28. 我觉得干啥都没有意义，喜欢一个人待着；（　）29. 我觉得控制不了自己的行为；（　）30. 我有时觉得自己的行动很僵硬；（　）31. 我觉得对大多数人都不可信任；（　）32. 我常感到别人不理解我，不同情我；（　）33. 我总是要求别人十全十美；（　）34. 我不能容忍别人对我开玩笑调侃；（　）35. 当别人看着我或谈论我时，感到不自在；（　）36. 我对同学忽冷忽热；（　）37. 我自己瞧不起自己，觉得别人总在嘲笑自己；（　）38. 别人对我的表现评价不恰当；（　）39. 我感情容易受到别人的伤害；（　）40. 别的同学穿戴比我好，有钱，我感到不舒服；（　）41. 我在参加农村婚礼葬礼时感到不自在；（　）42. 我对同学求全责备；（　）43. 我总担心自己的衣饰及仪态；（　）44. 我喜欢嘲笑别人的缺点；（　）45. 我相信鬼神和特异功能是存在的；（　）46. 我的学习生活很少有计划；（　）47. 我经常逃学、欺负小同学、向同学借钱；（　）48. 我对别人的批评表扬无动于衷；（　）49. 我喜欢追求刺激，参加社交活动；（　）50. 我做任何事情都追求完美无缺；（　）51. 我怀疑自己患了不治之症，反复看医书或去医院检查；（　）52. 我经常做恶梦，惊恐不安，早晨醒来就感到倦怠无力、焦虑烦躁；（　）53. 无缘无故地突然感到害怕；（　）54. 同异性在一起时，感到害羞不自在；（　）55. 做作业必须反复检查；（　）56. 必须反复洗手或反复数数；（　）57. 对稍微奇怪的东西有恐怖倾向；（　）58. 一旦与异性交往就脸红心慌或想入非非；（　）59. 经常怀疑自己接触的东西不干净，反复洗手或换衣服；（　）60. 担心是否可能着火，反复检查；（　）61. 害怕见陌生人，人多时说话就脸红；（　）62. 一遇到考试，即使有准备也紧张焦虑；（　）63. 晚上经常睡不着，即使睡着也容易惊醒；（　）64. 经常做恶梦，惊恐不安，早晨醒来就感到倦怠无力、焦虑烦躁；（　）65. 经常早醒1—2小时，醒后很难再入睡；（　）66. 经常有自杀的念头；（　）67. 感到内心痛苦无法解脱，只能自伤或自杀；（　）68. 到高处有摇摇晃晃要跳下去的感觉；（　）69. 无缘无故地突然感到害怕；（　）70. 有想打人或伤害他人的冲动；（　）71. 感到在公共场合吃东西很不舒服；（　）72.经常头痛；（　）73.胸部疼痛；（　）74.恶心或胃部不舒服；（　）75.一阵阵发冷发热；（　）76.感到身体的某一部分软弱无力；（　）77.感到手或脚发重；（　）78.感到自己的身体有严重的问题；（　）79.感到自己的脑子有毛病；（　）80.喉咙有梗塞感。

（四）甘肃省农村中学学生心理素质评价问卷（农村学生家评版）

指导语：家长您好！下面的问题将能有效地反映您的孩子近来的心理素质，请您仔细阅读每一个题目，根据自己的实际情况认真填写。每一个题目没有对错之分，请您尽快回答，不要过多思考。这个量表，共有 36 个项目，每个题目有 5 个等级供您选择，分别按照程度的高低 1，2，3，4，5 表示。请按照您的实际情况选择最适合描述您的等级，标出相应数字。如果自觉这个题目符合学生实际就在括号中填写 1；如果自觉比较符合就在括号中填写 2；如果自觉很符合就在括号中填写 3；如果自觉非常符合就在括号中填写 4；如果自觉完全符合就在括号中填写 5。在回答问题之前，请先填写你的姓名、性别、出生年月、年级、班级等。

孩子姓名_____　性别_____　出生年月_____　学校名称_____

年级_____　班级_____　身体疾病_____　父亲职业_____　母亲职业_____

填写问卷的家长姓名_____　父亲或母亲身份_____　时间_____

（　）1.我发现我的孩子观察事物很有条理性；（　）2.我发现我的孩子能有目的地观察外部世界；（　）3.我发现我的孩子看周围的人和事物总是比较准确；（　）4.我发现我的孩子平时就喜欢观察周围的人和事；（　）5.我发现我的孩子记忆人名和数字很准确；（　）6.我发现我的孩子记下的东西一般不容易遗忘；（　）7.我发现我的孩子好久不见的人很容易一见就认出来；（　）8.我发现我的孩子复习时能很快回忆起来学习过的内容；（　）9.我发现我的孩子看问题很深刻；（　）10.我发现我的孩子对课堂上、社会上发生的各种事情都有自己的看法；（　）11.我发现我的孩子平时和家人讨论问题很敏捷；（　）12.我发现我的孩子会很灵活地分析各种问题；（　）13.我发现我的孩子很孝顺父母；（　）14.我发现我的孩子如果干了错事会很内疚；（　）15.我发现我的孩子穿着打扮追求朴素高雅；（　）16.我发现我的孩子如果家长说的不对会试图给予纠正（　）17.我发现我的孩子对别人拿缺点开玩笑会给予自嘲；（　）18.我发现我的孩子学习生活比较有目的性；（　）19.我发现我的孩子遇到难以决断的事情能当机立断；（　）20.我发现我的孩子承受心理打击的能力很强；（　）21.我发现我的孩子公共场合能很好地控制自己的行为；（　）22.我发现我的孩子认为一辈子吃好喝好就行了；（　）23. 我发现我的孩子有一些朋友；（　）24. 我发现我的孩子非常渴望得到同学老师的尊重；（　）25. 我发现我的孩子没有老师父母的爱护会很伤心；（　）26. 我发现我的孩子为了实现自己的理想，不讲究吃穿；（　）27. 我发现我的孩子兴趣和爱好非常广泛；（　）28. 我发现我的孩子兴趣爱好很稳定；（　）29. 我发现我的孩子感兴趣的事情就一定能做好；（　）30. 我发现我的孩子兴趣比较持久，不会今天喜欢这个明天喜欢那个；（　）31. 我发现我的孩子的理想是为社会做些事情；（　）32. 我发现我的孩子有坚定的信念——我们的社会会越来越好；（　）33. 我发现我的孩子是个有理想的青年；（　）34. 我发现我的孩子同学都很友好；（　）35. 我发现我的孩子对班级活动积极参加，关心集体荣誉；（　）36. 我发现我的孩子觉得只有把自己的能力贡献给社会，才有价值感。

（五）甘肃省农村中学学生心理素质评价问卷（农村学生师评版）

指导语：老师您好！下面的问题将能有效地反映您的学生近来的心理素质，请您仔细阅读每一个题目，根据自己的实际情况认真填写。每一个题目没有对错之分，请您尽快回答，不要过多思考。这个量表，共有 35 个项目，每个题目有 5 个等级供您选择，分别按照程度的高低 1，2，3，4，5 表示。请按照您的实际情况选择最适合描述您的等级，标出相应数字。如果自觉这个题目符合学生实际就在括号中填写 1；如果自觉比较符合就在括号中填写 2；如果自觉很符合就在括号中填写 3；如果自觉非常符合就在括号中填写 4；如果自觉完全符合就在括号中填写 5。在回答问题之前，请先填写你的姓名、性别、出生年月、年级、班级等。

姓名_____　性别_____　出生年月_____　学校名称_____

年级_____　班级_____　学习成绩_____　思想品德_____

填表教师姓名_____　是否班主任_____　任教课程_____　时间_____

（　）1. 该同学观察事物很有条理性；（　）2. 该同学能有目的地观察外部世界；（　）3. 该同学看周围的人和事物总是比较准确；（　）4. 该同学平时就喜欢观察周围的人和事；（　）5. 该同学记忆人名和数字很准确；（　）6. 该同学记下的东西一般不容易遗忘；（　）7. 该同学好久不见的人很容易一见就认出来；（　）8. 该同学复习时能很快回忆起来学习过的内容；（　）9. 该同学看问题很深刻；（　）10. 该同学对课堂上、社会上发生的各种事情都有自己的看法；（　）11. 该同学平时和家人讨论问题很敏捷；（　）12. 该同学会很灵活地分析各种问题；（　）13. 该同学很孝顺父母；（　）14. 该同学如果干了错事会很内疚；（　）15.该同学穿着打扮追求朴素高雅；（　）16.该同学如果家长说的不对会试图给予纠正；（　）17.该同学对别人拿缺点开玩笑会给予自嘲；（　）18.该同学学习生活比较有目的性；（　）19.该同学遇到难以决断的事情能当机立断；（　）20.该同学承受心理打击的能力很强；（　）21.该同学公共场合能很好地控制自己的行为；（　）22.该同学认为一辈子吃好喝好就行了；（　）23.该同学有一些朋友；（　）24.该同学非常渴望得到同学老师的尊重；（　）25.该同学没有老师父母的爱护会很伤心；（　）26.该同学为了实现自己的理想，不讲究粗吃穿；（　）27.该同学兴趣和爱好非常广泛；（　）28.该同学兴趣爱好很稳定；（　）29.该同学感兴趣的事情就一定能做好；（　）30.该同学兴趣比较持久，不会今天喜欢这个明天喜欢那个；（　）31.该同学的理想是为社会做些事情；（　）32.该同学有坚定的信念——我们的社会会越来越好；（　）33.该同学是个有理想的青年；（　）34.该同学与同学都很友好；（　）35.该同学觉得只有把自己的能力贡献给社会，才有价值感。

（六）甘肃省农村中学学生心理素质评价问卷（农村学生自评版）

指导语：同学您好！下面的问题将能有效地反映您近来的心理素质状况，请您仔细阅读每一个题目，根据自己的实际情况认真填写。每一个题目没有对错之分，请您尽快回答，不要过多思考。这个量表，共有36个项目，每个题目后边有5个等级供您选择，分别按照程度的高低1，2，3，4，5表示。请按照您的实际情况选择最适合描述您的等级，标出相应数字。如果自觉这个题目符合您的实际就在括号中填写1；如果自觉比较符合就在括号中填写2；如果自觉很符合就在括号中填写3；如果自觉非常符合就在括号中填写4；如果自觉完全符合就在括号中填写5。在回答问题之前，请先填写你的姓名、性别、出生年月、年级、班级等。

姓名＿＿＿　性别＿＿＿　出生年月＿＿＿　学校名称＿＿＿

年级＿＿＿　班级＿＿＿　身体疾病＿＿＿　父亲职业＿＿＿　母亲职业＿＿＿

（　）1.同学们都说我观察事物有条理性；（　）2.我能有目的地观察外部世界，按老师要求写记叙文；（　）3.我看周围的人和事物总是比较准确；（　）4.我平时就喜欢观察周围的人和事，需要时脑子里就浮现出来了；（　）5.我记忆人名和数字很准确；（　）6.我记下的东西一般不容易遗忘；（　）7.好久不见的人我很容易一见就认出来；（　）8.考试时我能很快回忆起来复习过的内容；（　）9.老师说我看问题很深刻；（　）10.我对课堂上、社会上发生的各种事情都有自己的看法；（　）11.平时和同学们讨论问题，他们都说我很敏捷；（　）12. 我会很灵活地分析各种问题；（　）13. 我觉得不孝顺父母的人应该受到谴责；（　）14. 如果因为我的原因影响了班级荣誉，我会感到羞耻；（　）15. 我穿着打扮追求朴素高雅；（　）16. 如果老师说的不对，我会试图给予纠正；（　）17. 当有人拿我的缺点开玩笑时，我会给予幽默的自嘲；（　）18. 我的学习生活比较有目的性；（　）19. 遇到难以决断的事情我能当机立断；（　）20. 我承受心理打击的能力很强；（　）21. 公共场合我能很好地控制自己的行为；（　）22. 我觉得一辈子吃好喝好就行了；（　）23. 我觉得一个人必须有一些朋友；（　）24. 我非常渴望得到同学老师的尊重；（　）25. 我觉得没有老师父母的爱护是很伤心的事；（　）26. 我认为只要让我实现自己的理想，粗茶淡饭都可以；（　）27. 我有非常广泛的兴趣和爱好；（　）28. 我的兴趣爱好很稳定；（　）29. 我感兴趣的事情就一定能做好；（　）30. 我的兴趣比较持久，不会今天喜欢这个明天喜欢那个；（　）31. 我的理想是为社会做些事情；（　）32. 我有坚定的信念——我们的社会会越来越好；（　）33. 我觉得有理想的青年应该为人类进步而奋斗；（　）34. 我对同学都很友好；（　）35. 我对班级活动积极参加，关心集体荣誉；（　）36. 我觉得只有把自己的能力贡献给社会，才有价值感。

二、甘肃省农村中学生心理健康与心理素质测评量表使用方法

（一）甘肃省农村中学生心理健康与心理素质测评量表编制的理论依据

中学生心理健康与心理素质系列评定量表之心理健康测评部分，采用变态心理学的指标体系，参照 SCL—90 问卷，分为第一部分认知障碍，包括感知障碍、记忆障碍、思维过程和内容障碍（妄想）；第二部分情意障碍，包括情感障碍和意志障碍；第三部分人格与自我意识障碍；第四部分神经症；第五部分身体症状。评价分数分为总体症状分数和因素症状分数。同时根据小学生和中小学生年龄心理特点适当调整。

中学生心理健康与心理素质系列评定量表之心理素质测评部分，采用普通心理学的指标体系，参照心理素质测验问卷，第一部分认知素质，包括感知素质（如观察的目的性、准备性、条理性、准确性）；记忆素质（如记忆的准确性、保持的持久性、再认和回忆的敏捷性）；思维素质（如深刻性与批判性、敏捷性与灵活性）。第二部分主要测验情感素质（道德感、理智感、美感）。第三部分主要测验意志素质（自觉性、果断性、坚韧性、自制性）。第四部分性格素质测验，包括需要素质（协调性、合理性、层次性、发展性）；兴趣信念素质

（广泛性、稳定性、效能性、持久性），同时根据小学生和中学生年龄心理特点适当调整。

（二）甘肃省农村中学生心理健康与心理素质测评量表测评评分方法

第一套：甘肃省中学生心理健康评价问卷（农村家评版）第一部分认知障碍，其中1、2、3、4、5、6题主要测验感知障碍；7、8、9、10、11、12题主要测验记忆障碍；13、14、15、16、17、18、19、20题主要测验思维过程和内容障碍（妄想）。第二部分情意障碍，其中21、22、23、24、25、26题主要测验情感障碍；27、28、29、30题主要测验意志障碍。第三部分人格与自我意识障碍，31、32、33、34、35、36、37、38、39、40、41、42、43、44、45、46、47、48、49题主要测验人格与自我意识障碍。第四部分神经症，包括50、51、52、53、54、55、56、57、58、59、60、61、62、63、64、65、66、67、68、69题，主要测验神经症。第五部分身体症状，含70、71、72、73、74、75、76、77、78题，主要测验身体症状。

第二套：甘肃省中学生心理健康评价问卷（农村师评版）有80道题目。第一部分认知障碍，其中1、2、3、4、5、6题主要测验感知障碍；7、8、9、10、11、12题主要测验记忆障碍；13、14、15、16、17、18、19、20题主要测验思维过程和内容障碍（妄想）。第二部分情意障碍，其中21、22、23、24、25、26题主要测验情感障碍；27、28、29、30题主要测验意志障碍。第三部分人格与自我意识障碍，31、32、33、34、35、36、37、38、39、40、41、42、43、44、45、46、47、48、49、50题主要测验人格与自我意识障碍。第四部分神经症，包括51、52、53、54、55、56、57、58、59、60、61、62、63、64、65、66、67、68、69、70、71题，主要测验神经症。第五部分身体症状，72、73、74、75、76、77、78、79、80题主要测验身体症状。

第三套：甘肃省中学生心理健康评价问卷（农村自评版）有80道题目。第一部分认知障碍，其中1、2、3、4、5、6题主要测验感知障碍；7、8、9、10、11、12题主要测验记忆障碍；13、14、15、16、17、18、19、20题主要测验思维过程和内容障碍（妄想）。第二部分情意障碍，其中21、22、23、24、25、26题主要测验情感障碍；27、28、29、30题主要测验意志障碍。第三部分人格与自我意识障碍，31、32、33、34、35、36、37、38、39、40、41、42、43、44、45、46、47、48、49、50题主要测验人格与自我意识障碍；第四部分神经症，包括51、52、53、54、55、56、57、58、59、60、61、62、63、64、65、66、67、68、69、70、71题主要测验神经症。第五部分身体症状，含 72、73、74、75、76、77、78、79、80 题，主要测验身体症状。

第四套：甘肃省中学生心理素质评价问卷（农村家评版）有 36 道题目。第一部分认知素质测验，包括 1、2、3、4 题，主要测验感知素质（如观察的目的性、准备性、条理性、准确性）；5、6、7、8 题主要测验记忆素质（如记忆的准确性、保持的持久性、再认和回忆的敏捷性）；9、10、11、12 题主要测验思维素质（如深刻性与批判性、敏捷性与灵活性）。第二部分主要测验情感素质（道德感、理智感、美感），包括 13、14、15、16、17 题。第三部分主要测验意志素质（自觉性、果断性、坚韧性、自制性），包括 18、19、20、21 题。第四部分性格素质测验，其中 22、23、24、25、26 题主要测验需要素质（协调性、合理性、层次性、发展性）；27、28、29、30、31、32、33、34、35、36 题主要测验兴趣信念素质（广泛性、稳定性、效能性、持久性）。

第五套：甘肃省中学生心理素质评价问卷（农村师评版）有 36 道题目。第一部分认知素质测验，其中 1、2、3、4 题主要测验感知素质（如观察的目的性、准备性、条理性、准确性）；5、6、7、8 题主要测验记忆素质（如记忆的准确性、保持的持久性、再认和回忆的敏捷性）；9、10、11、12 题主要测验思维素质（如深刻性与批判性、敏捷性与灵活性）。第二部分主要测验情感素质（道德感、理智感、美感），其中 13、14、15、16、17 题。第三部分主要测验意志素质（自觉性、果断性、坚韧性、自制性），包括 18、19、20、21 题。第四部分性格素质测验，其中 22、23、24、25、26 题主要测验需要素质（协调性、合理性、层次性、发展性）；27、28、29、30、31、32、33、34、35、36 题主要测验兴趣信念素质（广泛性、稳定性、效能性、持久性）。

第六套：甘肃省中学学生心理素质评价问卷（农村自评版）有 36 道题目。第一部分认知素质测验，其中 1、2、3、4 题主要测验感知素质（如观察的目的性、准备性、条理性、准确性）；5、6、7、8 题主要测验记忆素质（如记忆的准确性、保持的持久性、再认和回忆的敏捷性）；9、10、11、12 题主要测验思维素质（如深刻性与批判性、敏捷性与灵活性）。第二部分主要测验情感素质（道德感、理智感、美感），包括 13、14、15、16、17 题。第三部分主要测验意志素质（自觉性、果断性、坚韧性、自制性），包括 18、19、20、21 题。第四部分性格素质测验，其中 22、23、24、25、26 主要测验需要素质（协调性、合理性、层次性、发展性）；27、28、29、30、31、32、33、34、35、36 题主要测验兴趣信念素质（广泛性、稳定性、效能性、持久性）。

（三）甘肃省农村中学生心理健康与心理素质测评量表评分标准

1.心理健康测评量表测评评分标准：城市中学生心理健康测评量表分总分和因子分，如果平均每个项目达到3分，比如有30个题目，总体分数达到90分，就有心理疾病，需要尽快送心理咨询辅导机构或精神卫生康复机构治疗；如果总体分数达到60分，也就是假设所有项目都达到2分，就需要尽快送心理咨询辅导机构或精神卫生康复机构进一步检查；如果总体分数达到30分，也就是假设所有项目都达到1分，就需要逐一核查各个项目的分数；当某个项目分数达到3分时，需要进一步核查谈话，以便确诊。

2.心理素质测评评分标准：城市中学生心理素质测验问卷得分越高，说明心理素质越好，可以记录总分，也可以记录分项目分数。比如有36个题目的量表，如果低于108分，也就是说，各个项目平均分数都在3分以下，说明需要心理辅导训练，提高心理素质。如果某一因子得分很高，应该重点给予培养，使其进一步发展。比如有的学生记忆品质特别好，有的学生兴趣品质特别好，都应该重点培养发展。如果某一因子品质特别差，应该进一步诊断，找到原因，针对性训练培养。

第三节　甘肃省城市中学生心理健康与心理素质系列测评问卷

一、甘肃省中学生心理健康与心理素质测评问卷版本

甘肃省中学生心理健康与心理素质测评问卷共计12套，其中城市学生6套，包括中学生心理健康测验评价问卷（城市教师版、城市家长版、城市自评版）；中学生心理素质测验评价问卷（城市教师版、城市家长版、城市自评版），因为每一大类的测评问卷指导语共性较高，予以合并。鉴于版面限制，将问卷题目连行排列，题目之间用分号分开。

（一）甘肃省中学生心理健康评价问卷（城市学生家评版）

指导语：尊敬的家长先生/女士：您好！下面的问题将能有效地反映您的孩子近来的心理状态，请您仔细阅读每一个题目，根据自己的实际情况认真填写。每一个题目没有对错之分，请您尽快回答，不要过多思考。这个量表共有78个项目，每个题目后边有5个等级供您选择，分别按照程度的高低1,2,3,4,5表示。请按照您的实际情况选择最适合描述您的等级，标出相应数字。每个

题目只能选一个等级，在相应的数字上画圈。每个题目都要答。请按照您的实际情况选择最适合描述您的等级，标出相应数字。每个题目只能选一个等级，在相应的括号里填写。每个题目都要答。如果自觉这个题目自己没有问题就在括号里填写1；如果自觉轻度有问题，就在括号里填写2；如果自觉中度有问题，就在括号里填写3；如果自觉问题偏重，就在括号里填写4；如果自觉有严重问题，就在括号里填写5。在回答问题之前，请先填写你的姓名、性别、出生年月、年级、班级等。

学生姓名_____ 性别_____ 出生年月_____ 学校名称_____

年级_____ 班级_____ 身体疾病_____ 父亲职业_____ 母亲职业_____

家长姓名_____ 性别_____ 身份_____ 填写时间_____

（ ）1. 他/她觉得开门关门的声音非常刺耳吗？（ ）2. 他/她对别人觉得很难闻的气味没感觉吗？（ ）3. 他/她能看见别人看不到的东西吗？（ ）4. 他/她觉得饭菜里有很奇怪的味道吗？（ ）5. 他/她有时候觉得身体上有虫子爬来爬去吗？（ ）6. 他/她觉得别人的头变大了，身体变细了吗？（ ）7. 他/她吃饭时经常走神吗？（ ）8. 您给他/她讲过的事情很快就忘记了吗？（ ）9. 他/她会想不起来很熟悉的人的名字吗？（ ）10. 他/她常常会详细回忆起小时候的事情吗？（ ）11. 他/她常常回忆不起来几天前发生的事情吗？（ ）12. 他/她碰见陌生人常觉得在哪里见过吗？（ ）13. 他/她在与家人说话时别人插不上话吗？（ ）14. 他/她总感到有人在背后谈论自己吗？（ ）15. 他/她的许多想法总与别人不一样吗？（ ）16. 他/她总是说些半截子话吗？（ ）17. 他/她总觉得身体有病，但医生检查不出来吗？（ ）18. 他/她认为是个有罪的人，应该受到惩罚吗？（ ）19. 他/她觉得自己才智超群没有得到重视吗？（ ）20. 他/她觉得网络上或生活中经常有人给自己造谣吗？（ ）21. 他/她常发脾气，想控制但控制不住吗？（ ）22. 他/她经常大叫或摔东西吗？（ ）23. 他/她时常与人争论、抬杠吗？（ ）24. 他/她觉得非常虚弱悲伤，觉得活着没有意思吗？（ ）25. 他/她觉得大祸快临头了但无能为力吗？（ ）26. 他/她总是觉得自己非常高兴，非常幸福吗？（ ）27. 他/她整天忙忙碌碌，啥都想干吗？（ ）28. 他/她觉得干啥都没有意义，喜欢一个人待着吗？（ ）29. 他/她觉得控制不了自己的行为吗？（ ）30. 他/她觉得自己的身体很僵硬吗？（ ）31. 他/她觉得对大多数人都不可信任吗？（ ）32. 他/她感到别人不理解、不同情吗？（ ）33. 他/她总是要求别人十全十美吗？（ ）34. 他/她不能容忍别人开玩笑调侃吗？（ ）

35. 他 / 她被别人看着或谈论时，感到不自在吗？（　）36. 他 / 她对家里人忽冷忽热吗？（　）37. 他 / 她自己瞧不起自己，觉得别人总在嘲笑自己吗？（　）38. 他 / 她觉得别人对自己的表现评价不公正吗？（　）39. 他 / 她为别的同学穿戴好、有钱感到不舒服吗？（　）40. 他 / 她在商店或人多的地方感到不自在吗？（　）41. 他 / 她对朋友求全责备吗？（　）42. 他 / 她总担心自己的衣饰整齐及仪态的端正吗？（　）43. 他 / 她喜欢嘲笑别人的缺点吗？（　）44. 他 / 她相信鬼神和特异功能是存在的吗？（　）45. 他 / 她的学习生活很少有计划吗？（　）46. 他 / 她经常逃学、欺负小同学、向同学借钱吗？（　）47. 他 / 她对别人的批评表扬无动于衷吗？（　）48. 他 / 她喜欢追求刺激，参加社交活动吗？（　）49. 他 / 她做任何事情都追求完美无缺吗？（　）50. 他 / 她怀疑自己患了严重疾病，反复看医书或去医院检查吗？（　）51. 他 / 她经常做噩梦，早晨醒来就感到倦怠无力、焦虑烦躁吗？（　）52. 他 / 她无缘无故地突然感到害怕吗？（　）53. 他 / 她同异性在一起时，感到害羞不自在吗？（　）54. 他 / 她在家做作业必须反复检查吗？（　）55. 他 / 她必须反复洗手或反复数数吗？（　）56. 他 / 她对稍微奇怪的东西有恐怖倾向吗？（　）57. 他 / 她一旦与异性交往就脸红心慌或想入非非吗？（　）58. 他 / 她经常怀疑自己接触的东西不干净，反复洗手或换衣服吗？（　）59. 他 / 她担心是否锁门和可能着火，反复检查吗？（　）60. 他 / 她害怕见陌生人，人多时说话就脸红吗？（　）61. 他 / 她一遇到考试，即使有准备也紧张焦虑吗？（　）62. 他 / 她上床后，怎么也睡不着，即使睡着也容易惊醒吗？（　）63. 他 / 她经常早醒 1—2 小时，醒后很难再入睡吗？（　）64. 他 / 她有自杀的念头吗？（　）65. 他 / 她感到内心痛苦无法解脱，只能自伤或自杀吗？（　）66. 他 / 她站在阳台上，有摇摇晃晃要掉下去的感觉吗？（　）67. 他 / 她会无缘无故地突然感到害怕吗？（　）68. 他 / 她有想打人或伤害他人的冲动吗？（　）69. 他 / 她感到在公共场合吃东西很不舒服吗？（　）70. 他 / 她经常头痛吗？（　）71. 他 / 她胸部疼痛吗？（　）72. 他 / 她恶心或胃部不舒服吗？（　）73. 他 / 她一阵阵发冷发热吗？（　）74. 他 / 她感到身体的某一部分软弱无力吗？（　）75. 他 / 她感到手或脚发重吗？（　）76. 他 / 她感到自己的身体有严重的问题吗？（　）77. 他 / 她感到自己的脑子有毛病吗？（　）78. 他 / 她喉咙有梗塞感吗？

（二）甘肃省城市中学生心理健康评价问卷（城市学生自评版）

指导语：同学您好！下面的问题将能有效地反映你近来的心理状态，请您仔细阅读每一个题目，根据自己的实际情况认真填写。每一个题目没有对错之分，请您尽快回答，不要过多思考。这个量表，共有 80 个项目，每个题目后边有 5 个等级供您选择，分别按照程度的高低 1，2，3，4，5 表示。请按照您的实际情况选择最适合您的等级，标出相应数字。每个题目只能选一个等级，在相应的括号里填写。每个题目都要答。如果自觉这个题目自己没有问题就在括号里填写 1；如果自觉轻度有问题，就在括号里填写 2；如果自觉中度有问题，就在括号里填写 3；如果自觉问题偏重，就在括号里填写 4；如果自觉有严重问题，就在括号里填写 5。在回答问题之前，请先填写你的姓名、性别、出生年月、年级、班级等。

姓名_____ 性别_____ 出生年月_____ 学校名称_____

年级_____ 班级_____ 身体疾病_____ 父亲职业_____ 母亲职业_____

（ ）1. 我觉得开门关门的声音非常刺耳；（ ）2. 别人觉得很难闻的气味我没感觉；（ ）3. 我能看见别人看不到的东西；（ ）4. 我觉得饭菜里有很奇怪的味道；（ ）5. 我有时候觉得身体上有虫子爬来爬去；（ ）6. 我有时候觉得讲台上老师的头变大了，身体变细了；（ ）7. 上课时我经常走神；（ ）8. 老师讲过的内容我很快就忘记了；（ ）9. 很熟悉的同学我会想不起来名字；（ ）10. 我常常能详细回忆起小时候的事情；（ ）11. 几天前发生的事情我都回忆不起来；（ ）12. 碰见陌生人我常觉得在哪里见过；（ ）13. 我在与同学或家人说话时滔滔不绝，别人插不上话；（ ）14. 我总感到有人在背后谈论我；（ ）15. 我的想法总与别人不一样；（ ）16. 别人都说我常说半截子话；（ ）17. 我总觉得身体有病，但医生检查不出来；（ ）18. 我是个有罪的人，应该受到惩罚；（ ）19. 我才智超群，但得不到重视；（ ）20. 报纸上、网络上经常有人给我造谣；（ ）21. 我常发脾气，想控制但控制不住；（ ）22. 我经常大叫或摔东西；（ ）23. 我时常与人争论、抬杠；（ ）24. 我非常虚弱悲伤，觉得活着没有意思；（ ）25. 我觉得大祸快临头了，但又无能为力；（ ）26. 我觉得自己非常高兴，非常幸福；（ ）27. 别人说我整天忙忙碌碌，啥都想干；（ ）28. 我觉得干啥都没有意义，喜欢一个人待着；（ ）29. 我觉得控制不了自己的行为；（ ）30. 我有时觉得自己的行动很僵硬；（ ）31. 我觉得对大多数人都不可信任；（ ）32. 感到别人不理解我，不同情我；（ ）33. 我总是要求别人十全十美；（ ）34. 我不能容忍别人对我开玩笑调侃；（ ）35. 当别人看着我或谈论我时，感到不自在；（ ）36. 我对同学忽冷忽热；（ ）37. 自己瞧不起自己，觉得别人总在嘲笑自己；（ ）38. 别人对我的表现评价不恰当；（ ）39. 我感情容易受到别人的伤害；（ ）40. 别的同学穿戴比我好，有钱，我感到不舒服；（　　）41. 我在商店或电影院人多的地方感到不自在；（　　）42. 我对同学求全责备；（　　）43. 我总担心自己的衣饰整齐及仪态的端正；（　　）44. 我喜欢嘲笑别人的缺点；（　　）45. 我相信鬼神和特异功能是存在的；（　　）46. 我的学习生活很少有计划；（　　）47. 我经常逃学、欺负小同学、向同学借钱；（　　）48. 我对别人的批评表扬无动于衷；（　　）49. 我喜欢追求刺激，参加社交活动；（　　）50. 我做任何事情都追求完美无缺；（　　）51. 我怀疑自己患了严重不治之症，反复看医书或去医院检查；（　　）52. 经常做噩梦，惊恐不安，早晨醒来就感到倦怠无力、焦虑烦躁；（　　）53. 无缘无故地突然感到害怕；（　　）54. 同异性在一起时，感到害羞不自在；（　　）55. 做作业必须反复检查；（　　）56. 必须反复洗手或反复数数；（　　）57. 对稍微奇怪的东西有恐怖倾向；（　　）58. 一旦与异性交往就脸红心慌或想入非非；（　　）59. 经常怀疑自己接触的东西不干净，反复洗手或换衣服；（　　）60. 担心是否锁门和可能着火，反复检查；（　　）61. 害怕见陌生人，人多时说话就脸红；（　　）62. 一遇到考试，即使有准备也紧张焦虑；（　　）63. 上床后，怎么也睡不着，即使睡着也容易惊醒；（　　）64. 经常做恶梦，惊恐不安，早晨醒来就感到倦怠无力、焦虑烦躁；（　　）65. 经常早醒1—2小时，醒后很难再入睡；（　　）66. 经常有自杀的念头；（　　）67. 感到内心痛苦无法解脱，只能自伤或自杀；（　　）68. 站在阳台上，有摇摇晃晃要掉下去的感觉；（　　）69. 无缘无故地突然感到害怕；（　　）70. 有想打人或伤害他人的冲动；（　　）71. 感到在公共场合吃东西很不舒服；（　　）72. 经常头痛；（　　）73. 胸部疼痛；（　　）74. 恶心或胃部不舒服；（　　）75. 一阵阵发冷发热；（　　）76. 感到身体的某一部分软弱无力；（　　）77. 感到手或脚发重；（　　）78. 感到自己的身体有严重的问题；（　　）79. 感到自己的脑子有毛病；（　　）80. 喉咙有梗塞感。

（三）甘肃省中学生心理健康评价问卷（城市学生师评版）

指导语：老师您好！下面的问题将能有效地反映您的学生近来的心理状态，请您仔细阅读每一个题目，根据自己的实际情况认真填写。每一个题目没有对错之分，请您尽快回答，不要过多思考。这个量表，共有80个项目，每个题目后边有5个等级供您选择，分别按照程度的高低1，2，3，4，5表示。请按照您的实际情况选择最适合描述您的等级，标出相应数字。每个题目只能选一个等级，在相应的括号里填写。每个题目都要答。如果自觉这个题目自己没有问题就在括号里填写1；如果自觉轻度有问题，就在括号里填写2；如果自觉中度有问题，就在括号里填写3；如果自觉问题偏重，就在括号里填写4；如果自觉有严重问题，就在括号里填写 5。在回答问题之前，请先填写您的学生的姓名、性别、出生年月、年级、班级等。

学生姓名_____ 性别_____ 出生年月_____ 学校名称_____

年级_____ 班级_____ 学习成绩_____ 思想品德_____

填表教师姓名_____ 是否班主任_____ 任教课程_____ 时间_____

（　　）1. 该同学觉得开门关门的声音非常刺耳；（　　）2. 该同学别人觉得很难闻的气味我没感觉；（　　）3. 该同学能看见别人看不到的东西；（　　）4. 该同学觉得饭菜里有很奇怪的味道；（　　）5. 该同学有时候觉得身体上有虫子爬来爬去；（　　）6. 该同学有时候觉得讲台上老师的头变大了，身体变细了；（　　）7. 该同学上课时经常走神；（　　）8. 该同学老师讲过的内容很快就忘记了；（　　）9. 该同学很熟悉的同学会想不起来名字；（　　）10. 该同学常常能详细回忆起小时候的事情；（　　）11. 该同学几天前发生的事情都回忆不起来；（　　）12. 该同学碰见陌生人常觉得在哪里见过；（　　）13. 该同学在与同学或家人说话时滔滔不绝，别人插不上话；（　　）14. 该同学总感到有人在背后谈论他 / 她；（　　）15. 该同学想法总与别人不一样；（　　）16. 该同学常说半截子话；（　　）17. 该同学总觉得身体有病，但医生检查不出来；（　　）18. 该同学觉得是个有罪的人，应该受到惩罚；（　　）19. 该同学觉得才智超群，但得不到重视；（　　）20. 该同学说报纸上、网络上经常有人给他造谣；（　　）21. 该同学常发脾气，想控制但控制不住；（　　）22. 该同学经常大叫或摔东西；（　　）23. 该同学时常与人争论、抬杠；（　　）24. 该同学非常虚弱悲伤，觉得活着没有意思；（　　）25. 该同学觉得大祸快临头了，但我无能为力；（　　）26. 该同学觉得自己非常高兴，非常幸福；（　　）27. 该同学整天忙忙碌碌，啥都想干；（　　）28. 该同学觉得干啥都没有意义，喜欢一个人待着；（　　）29. 该同学觉得控制不了自己的行为；（　　）30. 该同学有时觉得自己的行动很僵硬；（　　）31. 该同学觉得对大多数人都不可信任；（　　）32. 该同学感到别人不理解他，不同情他；（　　）33. 该同学总是要求别人十全十美；（　　）34. 该同学不能容忍别人对他开玩笑调侃；（　　）35. 该同学当别人看着他或谈论他时，感到不自在；（　　）36. 该同学对同学忽冷忽热；（　　）37. 该同学自己瞧不起自己，觉得别人总在嘲笑自己；（　　）38. 该同学觉得别人对他的表现评价不恰当（　　）39. 该同学感情容易受到别人的伤害；（　　）40. 该同学看到别的同学穿戴比我好，有钱，他感到不舒服；（　　）41. 该同学在商店或电影院人多的地方感到不自在；（　　）42. 该同学对同学求全责备；（　　）43. 该同学总担心自己的衣饰及仪态；（　　）44. 该同学喜欢嘲笑别人的缺点；（ ）45.该同学相信鬼神和特异功能是存在的；（ ）46.该同学学习生活很少有计划；（ ）47.该同学经常逃学、欺负小同学、向同学借钱；（ ）48.该同学对别人的批评表扬无动于衷；（ ）49.该同学喜欢追求刺激，参加社交活动；（ ）50.该同学做任何事情都追求完美无缺；（ ）51.该同学怀疑自己患了严重不治之症，反复看医书或去医院检查；（ ）52.该同学经常做噩梦，惊恐不安，早晨醒来就感到倦怠无力、焦虑烦躁；（ ）53.该同学无缘无故地突然感到害怕；（ ）54.该同学同异性在一起时，感到害羞不自在；（ ）55.该同学做作业必须反复检查；（ ）56.该同学必须反复洗手或反复数数；（ ）57.该同学对稍微奇怪的东西有恐怖倾向；（ ）58.该同学一旦与异性交往就脸红心慌或想入非非；（ ）59.该同学经常怀疑自己接触的东西不干净，反复洗手或换衣服；（ ）60.该同学担心是否锁门和可能着火，反复检查；（ ）61.该同学害怕见陌生人，人多时说话就脸红；（ ）62.该同学一遇到考试，即使有准备也紧张焦虑；（ ）63.该同学上床后，怎么也睡不着，即使睡着也容易惊醒；（ ）64.该同学经常做恶梦，惊恐不安，早晨醒来就感到倦怠无力、焦虑烦躁；（ ）65.该同学经常早醒1—2小时，醒后很难再入睡；（ ）66.该同学经常有自杀的念头；（ ）67.该同学感到内心痛苦无法解脱，只能自伤或自杀；（ ）68.该同学站在阳台上，有摇摇晃晃要掉下去的感觉；（ ）69.该同学无缘无故地突然感到害怕；（ ）70.该同学有想打人或伤害他人的冲动；（ ）71.该同学感到在公共场合吃东西很不舒服；（ ）72.该同学经常头痛；（ ）73.该同学胸部疼痛；（ ）74.该同学恶心或胃部不舒服；（ ）75.该同学一阵阵发冷发热；（ ）76.该同学感到身体的某一部分软弱无力；（ ）77.该同学感到手或脚发重；（ ）78.该同学感到自己的身体有严重的问题；（ ）79.该同学感到自己的脑子有毛病；（ ）80.该同学喉咙有梗塞感。

（四）甘肃省中学生心理素质评价问卷（城市学生家评版）

指导语：各位家长！下面的问题将能有效地反映您孩子近来的心理素质，请您仔细阅读每一个题目，根据自己的实际情况认真填写。每一个题目没有对错之分，请您尽快回答，不要过多思考。这个量表，共有36个项目，每个题目后边有5个等级供您选择，分别按照程度的高低1，2，3，4，5表示。请按照您孩子的实际情况选择最适合描述您的等级，标出相应数字。如果自觉这个题目符合实际就在括号中填写1；如果自觉比较符合就在括号中填写2；如果自觉很符合就在括号中填写3；如果自觉非常符合就在括号中填写4；如果自觉完全符合就在括号中填写5。在回答问题之前，请先填写您孩子的姓名、性别、出生年月、年级、班级等。

孩子姓名_____ 性别_____ 出生年月_____ 学校名称_____
年级_____ 班级_____ 身体疾病_____ 父亲职业_____ 母亲职业_____
问卷填写人姓名_____ 父亲或母亲身份_____ 时间_____

（ ）1.我发现我的孩子观察事物很有条理性；（ ）2.我发现我的孩子能有目的地观察外部世界；（ ）3.我发现我的孩子看周围的人和事物总是比较准确；（ ）4.我发现我的孩子平时就喜欢观察周围的人和事；（ ）5.我发现我的孩子记忆人名和数字很准确；（ ）6.我发现我的孩子记下的东西一般不容易遗忘；（ ）7.我发现我的孩子好久不见的人很容易一见就认出来；（ ）8.我发现我的孩子复习时能很快回忆起来学习过的内容；（ ）9.我发现我的孩子看问题很深刻；（ ）10.我发现我的孩子对课堂上、社会上发生的各种事情都有自己的看法；（ ）11.我发现我的孩子平时和家人讨论问题很敏捷；（ ）12.我发现我的孩子会很灵活地分析各种问题；（ ）13.我发现我的孩子很孝顺父母；（ ）14.我发现我的孩子如果干了错事会很内疚；（ ）15.我发现我的孩子穿着打扮追求朴素高雅；（ ）16.我发现我的孩子如果家长说的不对会试图给予纠正；（ ）17.我发现我的孩子对别人拿缺点开玩笑会给予自嘲；（ ）18.我发现我的孩子学习生活比较有目的性；（ ）19.我发现我的孩子遇到难以决断的事情能当机立断；（ ）20.我发现我的孩子承受心理打击的能力很强；（ ）21.我发现我的孩子公共场合能很好地控制自己的行为；（ ）22.我发现我的孩子认为一辈子吃好喝好就行了；（ ）23.我发现我的孩子有一些朋友；（ ）24.我发现我的孩子非常渴望得到同学老师的尊重；（ ）25.我发现我的孩子没有老师父母的爱护会很伤心；（ ）26.我发现我的孩子为了实现自己的理想，不讲究吃穿；（ ）27.我发现我的孩子兴趣和爱好非常广泛；（ ）28.我发现我的孩子兴趣爱好很稳定；（ ）29.我发现我的孩子感兴趣的事情就一定能做好；（ ）30.我发现我的孩子兴趣比较持久，不会今天喜欢这个明天喜欢那个；（ ）31.我发现我的孩子的理想是为社会做些事情；（ ）32.我发现我的孩子有坚定的信念——我们的社会会越来越好；（ ）33.我发现我的孩子是个有理想的青年；（ ）34.我发现我的孩子对同学都很友好；（ ）35.我发现我的孩子对班级活动积极参加，关心集体荣誉；（ ）36.我发现我的孩子觉得只有把自己的能力贡献给社会，才有价值感。

（五）甘肃省中学生心理素质评价问卷（城市学生师评版）

指导语：老师您好！下面的问题将能有效地反映您的学生近来的心理素质表现，请您仔细阅读每一个题目，根据该学生的实际情况认真填写。每一个题目没有对错之分，请您尽快回答，不要过多思考。这个量表，共有 36 个项目，每个题目后边有 5 个等级供您选择，分别按照程度的高低 1，2，3，4，5 表示。请按照您的实际情况选择最适合描述您的等级，标出相应数字。如果自觉这个题目符合学生实际就在括号中填写 1；如果自觉比较符合就在括号中填写 2；如果自觉很符合就在括号中填写 3；如果自觉非常符合就在括号中填写 4；如果自觉完全符合就在括号中填写 5。在回答问题之前，请先填写学生的姓名、性别、出生年月、年级、班级等。

学生姓名＿＿＿＿　性别＿＿＿＿　出生年月＿＿＿＿　学校名称＿＿＿＿

年级＿＿＿＿　班级＿＿＿＿　学习成绩＿＿＿＿　思想品德＿＿＿＿

填表教师姓名＿＿＿＿　是否班主任＿＿＿＿　任教课程＿＿＿＿　时间＿＿＿＿

（　）1. 该同学观察事物有条理性；（　）2. 该同学能有目的地观察外部世界，按老师要求写记叙文；（　）3. 该同学看周围的人和事物总是比较准确；（　）4. 该同学平时就喜欢观察周围的人和事，需要时脑子里就浮现出来了；（　）5. 该同学记忆人名和数字很准确；（　）6. 该同学记下的东西一般不容易遗忘；（　）7. 该同学好久不见的人很容易一见就认出来；（　）8. 该同学考试时能很快回忆起来复习过的内容；（　）9. 该同学看问题很深刻；（　）10. 该同学对课堂上、社会上发生的各种事情都有自己的看法；（　）11. 该同学平时和同学们讨论问题很敏捷；（　）12. 该同学会很灵活地分析各种问题；（　）13. 该同学很孝顺父母，怕受到谴责；（　）14. 该同学如果自己影响了班级荣誉会感到羞耻；（　）15. 穿着打扮追求朴素高雅；（　）16. 该同学如果老师说的不对会试图给予纠正；（　）17. 该同学当有人拿缺点开玩笑时会给予幽默的自嘲；（　）18. 该同学学习生活比较有目的性；（　）19. 该同学遇到难以决断的事情能当机立断；（　）20. 该同学承受心理打击的能力很强；（　）21. 该同学公共场合能很好地控制自己的行为；（　）22. 该同学觉得一辈子吃好喝好就行了；（　）23. 该同学觉得一个人必须有一些朋友；（　）24. 该同学非常渴望得到同学老师的尊重；（　）25. 该同学觉得没有老师父母的爱护是很伤心的事；（　）26. 该同学认为只要让他实现自己的理想，粗茶淡饭都可以；（　）27. 该同学有非常广泛的兴趣和爱好；（　）28. 该同学兴趣爱好很稳定；（　）29. 该同学感兴趣的事情就一定能做好；（　）30. 该同学的兴趣比较持久，不会今天喜欢这个明天喜欢那个；（　）31.该同学的理想是为社会做些事情；（　）32.该同学有坚定的信念；（　）33.该同学觉得有理想的青年应该为人类进步而奋斗；（　）34.该同学对同学都很友好；（　）35.该同学对班级活动积极参加，关心集体荣誉；（　）36.该同学觉得只有把自己的能力贡献给社会，才有价值感。

（六）甘肃省中学生心理素质评价问卷（城市学生自评版）

指导语：同学您好！下面的问题将能有效地反映您近来的心理素质状况，请您仔细阅读每一个题目，根据自己的实际情况认真填写。每一个题目没有对错之分，请您尽快回答，不要过多思考。这个量表，共有 36 个项目，每个题目后边有 5 个等级供您选择，分别按照程度的高低 1，2，3，4，5 表示。请按照您的实际情况选择最适合描述您的等级，标出相应数字。如果自觉这个题目符合学生实际就在括号中填写 1；如果自觉比较符合就在括号中填写 2；如果自觉很符合就在括号中填写 3；如果自觉非常符合就在括号中填写 4；如果自觉完全符合就在括号中填写 5。在回答问题之前，请先填写你的姓名、性别、出生年月、年级、班级等。

姓名_____　性别_____　出生年月_____　学校名称_____

年级_____　班级_____　身体疾病_____　父亲职业_____　母亲职业_____

（　）1.同学们都说我观察事物有条理性；（　）2.我能有目的地观察外部世界，按老师要求写记叙文；（　）3.我看周围的人和事物总是比较准确；（　）4.我平时就喜欢观察周围的人和事，需要时脑子里就浮现出来了；（　）5.我记忆人名和数字很准确；（　）6.我记下的东西一般不容易遗忘；（　）7.好久不见的人我很容易一见就认出来；（　）8.考试时我能很快回忆起来复习过的内容；（　）9.老师说我看问题很深刻；（　）10.我对课堂上、社会上发生的各种事情都有自己的看法；（　）11.平时和同学们讨论问题，他们都说我很敏捷；（　）12.我会很灵活地分析各种问题；（　）13.我觉得不孝顺父母的人应该受到谴责；（　）14.如果因为我的原因影响了班级荣誉，我会感到羞耻；（　）15.我穿着打扮追求朴素高雅；（　）16.如果老师说的不对我会试图给予纠正；（　）17.当有人拿我的缺点开玩笑时，我会给予幽默的自嘲；（　）18.我的学习生活比较有目的性；（　）19.遇到难以决断的事情我能当机立断；（　）20.我承受心理打击的能力很强；（　）21.在公共场合我能很好地控制自己的行为；（　）22.我觉得一辈子吃好喝好就行了；（　）23.我觉得一个人必须有一些朋友；（　）24.我非常渴望得到同学老师的尊重；（　）25.我觉得没有老师父母的爱护是很伤心的事；（　）26.我认为只要让我实现自己的理想，粗茶淡饭都可以；（　）27.我有非常广泛的兴趣和爱好；（　）28.我的兴趣爱好很稳定；（　）29.我感兴趣的事情就一定能做好；（　）30.我的兴趣比较持久，不会今天喜欢这个明天喜欢那个；（　）31.我的理想是为社会做些事情；（　）32.我有坚定的信念，我们的社会会越来越好；（　）33.我觉得有理想的青年应该为人类进步而奋斗；（　）34.我对同学都很友好；（　）35.我对班级活动积极参加，关心集体荣誉；（　）36.我觉得只有把自己的能力贡献给社会，才有价值感。

三、甘肃省城市中学生心理健康与心理素质测评量表使用方法

（一）甘肃省城市中学生心理健康与心理素质测评量表编制的理论依据

中学生心理健康与心理素质系列评定量表之心理健康测评部分，采用变态心理学的指标体系，参照 SCL—90 问卷，分为第一部分认知障碍，包括感知障碍、记忆障碍、思维过程和内容障碍（妄想）；第二部分情意障碍，包括情感障碍和意志障碍；第三部分人格与自我意识障碍；第四部分神经症；第五部分身体症状。评价分数分为总体症状分数和因素症状分数，同时根据中学生年龄心理特点适当调整。

中学生心理健康与心理素质系列评定量表之心理素质测评部分，采用普通心理学的指标体系，参照心理素质测验问卷，第一部分认知素质，包括感知素质（如观察的目的性、准备性、条理性、准确性）；记忆素质（如记忆的准确性、保持的持久性、再认和回忆的敏捷性）；思维素质（如深刻性与批判性、敏捷性与灵活性）。第二部分主要测验情感素质（道德感、理智感、美感）。第三部分主要测验意志素质（自觉性、果断性、坚韧性、自制性）。第四部分性格素质测验，包括需要素质（协调性、合理性、层次性、发展性）；兴趣信念素质（广泛性、稳定性、效能性、持久性），同时根据中学生年龄心理特点适当调整。

（二）甘肃省城市中学生心理健康与心理素质测评量表测题评分方法

第一套：甘肃省中学生心理健康评价问卷（城市家评版）78 个题目。第一部分认知障碍，其中 1、2、3、4、5、6 题主要测验感知障碍；7、8、9、10、11、12 题主要测验记忆障碍；13、14、15、16、17、18、19、20 题主要测验思维过程和内容障碍（妄想）。第二部分情意障碍，其中 21、22、23、24、25、26 题主要测验情感障碍；27、28、29、30 题主要测验意志障碍。第三部分人格与自我意识障碍，含 31、32、33、34、35、36、37、38、39、40、41、42、43、44、45、46、47、48、49 题，主要测验人格与自我意识障碍。第四

部分神经症，包括 50、51、52、53、54、55、56、57、58、59、60、61、62、63、64、65、66、67、68、69 题，主要测验神经症。第五部分身体症状，含 70、71、72、73、74、75、76、77、78 题，主要测验身体症状。

第二套：甘肃省中学生心理健康评价问卷（城市自评版）80 个题目。第一部分认知障碍，其中 1、2、3、4、5、6 题主要测验感知障碍；7、8、9、10、11、12 题主要测验记忆障碍；13、14、15、16、17、18、19、20 题主要测验思维过程和内容障碍（妄想）。第二部分情意障碍，其中 21、22、23、24、25、26 题主要测验情感障碍；27、28、29、30 题主要测验意志障碍。第三部分人格与自我意识障碍，含 31、32、33、34、35、36、37、38、39、40、41、42、43、44、45、46、47、48、49、50 题，主要测验人格与自我意识障碍。第四部分神经症，包括 51、52、53、54、55、56、57、58、59、60、61、62、63、64、65、66、67、68、69、70、71 题，主要测验神经症。第五部分身体症状，含 72、73、74、75、76、77、78、79、80 题，主要测验身体症状。

第三套：甘肃省中学生心理健康评价问卷（城市师评版）80 个题目。第一部分认知障碍，其中 1、2、3、4、5、6 题主要测验感知障碍；7、8、9、10、11、12 题主要测验记忆障碍；13、14、15、16、17、18、19、20 题主要测验思维过程和内容障碍（妄想）。第二部分情意障碍，其中 21、22、23、24、25、26 题主要测验情感障碍；27、28、29、30 题主要测验意志障碍。第三部分人格与自我意识障碍，含 31、32、33、34、35、36、37、38、39、40、41、42、43、44、45、46、47、48、49、50 题，主要测验人格与自我意识障碍。第四部分神经症，包括 51、52、53、54、55、56、57、58、59、60、61、62、63、64、65、66、67、68、69、70、71 题，主要测验神经症。第五部分身体症状，包括 72、73、74、75、76、77、78、79、80 题，主要测验身体症状。

第四套：甘肃省中学生心理素质评价问卷（城市家评版）36 个题目。第一部分认知素质测验，其中 1、2、3、4 题主要测验感知素质（如观察的目的性、准备性、条理性、准确性）；5、6、7、8 题主要测验记忆素质（如记忆的准确性、保持的持久性、再认和回忆的敏捷性）；9、10、11、12 题主要测验思维素质（如深刻性与批判性、敏捷性与灵活性）。第二部分主要测验情感素质（道德感、理智感、美感），含 13、14、15、16、17 题。第三部分主要测验意志素质（自觉性、果断性、坚韧性、自制性），包括 18、19、20、21 题。第四部分性格素质测验，其中 22、23、24、25、26 题主要测验需要素质（协调性、合理性、层次性、发展性）；27、28、29、30、31、32、33、34、35、36题主要测验兴趣信念素质（广泛性、稳定性、效能性、持久性）。

第五套：甘肃省中学生心理素质评价问卷（城市师评版），第一部分认知素质测验，其中1、2、3、4题主要测验感知素质（如观察的目的性、准备性、条理性、准确性）；5、6、7、8题主要测验记忆素质（如记忆的准确性、保持的持久性、再认和回忆的敏捷性）；9、10、11、12题主要测验思维素质（如深刻性与批判性、敏捷性与灵活性）。第二部分主要测验情感素质（道德感、理智感、美感），包括13、14、15、16、17题。第三部分主要测验意志素质（自觉性、果断性、坚韧性、自制性），包括18、19、20、21题。第四部分性格素质测验，其中22、23、24、25、26题主要测验需要素质（协调性、合理性、层次性、发展性）；27、28、29、30、31、32、33、34、35、36题主要测验兴趣信念素质（广泛性、稳定性、效能性、持久性）。

第六套：甘肃省中学生心理素质评价问卷（城市自评版）有36道题目。第一部分认知素质测验，其中1、2、3、4题主要测验感知素质（如观察的目的性、准备性、条理性、准确性）；5、6、7、8题主要测验记忆素质（如记忆的准确性、保持的持久性、再认和回忆的敏捷性）；9、10、11、12题主要测验思维素质（如深刻性与批判性、敏捷性与灵活性）。第二部分主要测验情感素质（道德感、理智感、美感），其中13、14、15、16、17题。第三部分主要测验意志素质（自觉性、果断性、坚韧性、自制性），包括18、19、20、21题。第四部分性格素质测验，其中22、23、24、25、26题主要测验需要素质（协调性、合理性、层次性、发展性）；27、28、29、30、31、32、33、34、35、36题主要测验兴趣信念素质（广泛性、稳定性、效能性、持久性）。

（三）甘肃省城市中学生心理健康与心理素质测评量表评分标准

1. 心理健康测评量表测评评分标准：城市中学生心理健康测评量表分总分和因子分，如果平均每个项目达到3分，比如有30道题目，总体分数达到90分，就有心理疾病，需要尽快送心理咨询辅导机构或精神卫生康复机构治疗；如果总体分数达到60分，也就是假设所有项目都达到2分，就需要尽快送心理咨询辅导机构或精神卫生康复机构进一步检查；如果总体分数达到30分，也就是假设所有项目都达到1分，就需要逐一核查各个项目的分数；当某个项目分数达到3分时，需要进一步核查谈话，以便确诊。

2. 心理素质测评评分标准：城市中学生心理素质测验问卷得分越高，说明心理素质越好，可以记录总分，也可以记录分项目分数。比如有 36 个题目的量表，如果低于 108 分，也就是说，各个项目平均分数都在 3 分以下，说明需要心理辅导训练，提高心理素质。如果某一因子得分很高，应该重点给予培养，使其进一步发展。比如有的学生记忆品质特别好，有的学生兴趣品质特别好，都应该重点培养发展。如果某一因子品质特别差，应该进一步诊断，找到原因，针对性训练培养。

后 记

这部著作是以我独立或者合作发表的 50 余篇论文为基础，整理主要思想形成的作品，其中少部分论文是我与自己的学生或同事合作的成果，合作者主要有我在西北师范大学教育学院、心理学院指导的硕士研究生姜永志、李红霞、胡志军、张万里、张小龙、陈小萍、糟艳丽、赵静、李娜、刘芳、蔡丹丰、马永霞、李娜、于倩，学士本科生薛银花、冯蕾、蒋彦妮、张安旺、魏绎濡，我的同事王小卫、王晓丽、弋文武、雒焕国、秦积翠、焦丽霞、刘燕君、安容瑾、王进才、马红霞等等。有几篇论文发表时第一作者是同事，我是通讯作者。我必须感谢这些同事、学生在学术道路上同行，给予我坚持做学问的信心和耐心。

这部著作也是甘肃省教育厅 2014 年高等学校科研项目自筹经费课题"中国社会老乡心理效应与社会管理创新"（2014B-077）；甘肃省中小学品德教育工程之心理健康教育专项课题总课题"甘肃省中小学心理健康教育体制机制保障研究"（GJXLZX2009［S］）和子课题"甘肃省中小学生心理健康与心理素质测评问卷暨学校心理健康教育工作评价指标体系研究"（GJXLZX2009［14］）；全国教育科学规划之教育部规划自筹经费课题"中国本土心理学视野的中小学生心理健康与心理素质测评研究"（FBB150504）；甘肃省高等学校新型智库（人文社会科学）建设项目—城市社会心理研究智库建设项目；兰州城市学院重点学科建设项目—城市文化与社会心理学项目成果的联合出版物，是各个项目经费共同资助出版的著作。

我要特别感谢中国心理学会前任理事长，陕西师范大学校长、教授、心理学博士生导师游旭群教授作序点评推荐。我要特别感谢我的学生和朋友姜永志博士，将近十年来，他从一个硕士研究生成长为一个大学教师、心理学博士、青年学者，其间始终与我保持学术联系。前几年我们是教学相长，现在他是青出于蓝而胜于蓝，我必须经常光顾他的博客，以吸取营养。这本著作的第一章内容虽然是我的思想，但其实都是他执笔的作品，祝愿小志更上层楼。

当然必须感谢的是王怡石编辑付出的辛苦。同时感谢兰州城市学院党委宣传部石虹部长、周彦新副部长支持使用智库经费出版著作，感谢兰州城市学院教育学院海存福院长支持使用重点学科建设费资助出版。感谢我在甘肃农业大学管理学院指导的研究生张丽、贺鹏所做的校对工作。

我要特别感谢我的妻子、兰州城市学院图书馆副研究馆员张维英，30年如一日支持我的教学与研究，全心全意带孙娃张含墨；感谢我的兄弟姐妹、妻兄弟姐妹长期照顾年迈的父母、岳父母，使我静心做学问、搞教学；感谢我的儿子陕西师范大学教育技术学博士研究生张靖，我的儿媳西北师范大学现代教育技术硕士研究生郑新，为我的学术研究提供英语翻译工作。

张海钟

2017 年 8 月 15 日

责任编辑：王怡石

责任校对：秦　婵

封面设计：王欢欢

图书在版编目（CIP）数据

中国文化与城市社会心理学探论/张海钟　著 . —北京：人民出版社，
　2018.12

ISBN 978－7－01－019904－7

I. ①中…　II. ①张…　III. ①城市社会心理学 — 研究 - 中国

　IV. ① C912.81

中国版本图书馆 CIP 数据核字（2018）第 229042 号

中国文化与城市社会心理学探论

ZHONGGUO WENHUA YU CHENGSHI SHEHUI XINLIXUE TANLUN

张海钟　著

人民出版社 出版发行

（100706　北京市东城区隆福寺街 99 号）

北京汇林印务有限公司印刷　新华书店经销

2018 年 12 月第 1 版　2018 年 12 月北京第 1 次印刷
开本：710 毫米 ×1000 毫米 1/16　印张：27.75
字数：495 千字

ISBN 978－7－01－019904－7　定价：98.00 元

邮购地址 100706　北京市东城区隆福寺街 99 号
人民东方图书销售中心　电话（010）65250042　65289539